全本全注全译丛书

中华经典名著

尤学工　翟士航　王　澎◎译注

读通鉴论 二

中华书局

目 录

第二册

卷七

卷七

明 帝

【题解】

汉明帝刘庄(28—75)是东汉第二位皇帝(57—75在位),光武帝刘秀第四子,其母为光烈皇后阴丽华。刘庄于建武十九年(43)被立为皇太子,建武中元二年(57)即皇帝位。刘庄即位后,遵奉光武帝生前制度,与民休息,多次下诏招抚流民,以郡国公田分赐贫民,兴修水利。同时他也提倡儒学,注重刑名文法,严格督查官吏,总揽权柄。刘庄执政后期,开始对外采取积极进取的政策,在永平十六年(73)命窦固率大军征伐北匈奴,其后又命班超出使西域,复置西域都护,恢复了汉朝对西域地区的统治。刘庄及其子章帝刘炟在位时期,吏治清明,境内安定,民安其业,户口滋殖,被后世称为"明章之治"。

史书中称明帝在位时期百姓殷富,粮价低廉,"粟斛三十钱"。实际上,以谷价低廉的记述来表现承平之世农业丰收的情况是历代史书的通常做法,王夫之对于这一记述却产生了怀疑。他认为,谷价低廉固然意味着农业丰收、没有粮食短缺的风险,但谷贱势必伤农,过于低廉的粮价会减少农民的收入,甚至使其陷入破产的境地。而粮价维持如此低廉的水平也表明政府没有及时对市场进行干预,对农民的保护是不够的。因此,他怀疑太平盛世谷价过分低廉的记述可能只是史家溢美之词。王夫之对低谷价的思考充分显示了他清晰的经济头脑和敢于质疑的精神。

　　王夫之对于明帝的执政表现总体比较赞赏,但也指出了明帝政策的一些不足。如永平三年(60),明帝以左冯翊郭丹为司徒,开了由郡守直接擢拔为三公的先例。王夫之认为明帝此举并不妥当。他指出,通过擢升官位来奖励功绩卓著的地方官吏固然有其道理,但地方官吏的职责特点是因地制宜地施政,纲目并举,巨细无遗;而三公的职责在于总览天下大政,"举其纲而不得复察其目"。两者职责特点的不同决定了由郡守到三公的转变很难实现快速无缝对接,优秀的地方官吏未必能立即胜任三公之职,所以后世择相不应该效仿明帝的做法。此外,王夫之还注意到,汉明帝时期,广陵王刘荆、楚王刘英、淮阳王刘延等诸侯王先后因谋逆而被惩处,诸侯王处境险恶,如履薄冰。他认为这反映了明帝对于宗室的猜疑心理,这种打压宗室的政策使得宗室力量被削弱,间接导致了明帝死后外戚势力的逐步膨胀,为东汉中期外戚专政局面的出现埋下了伏笔。

　　汉明帝在位时派使者前往天竺,带回了僧人和佛经,佛教得以正式传入中国,国内也因此出现了楚王刘英等早期佛教信徒。但楚王刘英虽然虔诚事佛,却并未能得到善终。与他相类似,东汉末年的军阀笮融、南朝梁武帝萧衍等著名佛教徒也都因虔诚事佛引来杀身之祸。究其原因,王夫之认为是佛教违背人情,蔑视世俗,其严苛的戒律教条束缚人性,物极必反,在"巨细同报"等观点的催动下,势必会带来欲望的放纵,如此则佛教名为仁慈而实则残忍,给个人和社会带来祸患也就不足为奇了。这一论断反映了王夫之一贯的辟佛思想。

一　明帝墓祭为至孝恻隐

　　明帝即位之元年[①],率百官朝于先帝之陵,上食奏乐[②],郡国计吏以次占其谷价及民疾苦[③],遂为定制。迨后灵帝时,蔡邕从驾上陵,见其威仪,察其本意,叹明帝至孝恻隐之不易夺,而古不墓祭之未尽也[④],邕于是乎知通矣。

【注释】

①元年:帝王即位的第一年。

②上食:指掌宫廷膳食宴会的太官献食。

③计吏:州郡掌簿籍并负责上计的官员。占:估计并上报。

④古不墓祭:指周代以前,人们主要在宗庙前祭祀,而非在陵墓前
祭祀。

【译文】

明帝即位后的第一年,就率领百官到光武帝陵墓前祭拜,太官上食,太常奏乐,各郡国的上计官吏依次上前,估计并上报其郡国的谷物价格和民众疾苦,于是成为定制。等到后来灵帝的时候,蔡邕随从汉灵帝车驾前往先帝陵墓拜祭,见到这一严肃仪式,考察其本意,感叹明帝的至孝、恻隐之心是不可更易的,而古时不在陵墓前祭祀的传统还有不完备的地方,蔡邕对此的看法可谓是明智通达了。

夫云古不墓祭,所谓古者,自周而言之,盖殷礼也。孔子于防墓之崩,泫然流涕曰:"古不修墓。"①其云古者,亦殷礼也。孔子殷人也,而用殷礼,示不忘故也。然而泫然流涕,则圣人之情亦见矣。殷道尚鬼,贵神而贱形,礼魂而藏魄,故求神以声,坐尸以献②,是亦一道也,而其弊也,流于墨氏之薄葬③。若通幽明一致而言之,过墓而生哀,岂非夫人不自已之情哉!

【注释】

①"孔子"三句:据《礼记·檀弓上》记载,孔子把父母合葬于防这个地方,不久天降大雨,墓因雨而坍塌了,孔子弟子们赶紧修墓。孔子听到这个消息后,伤心地流下眼泪,说:"吾闻之:古不修

墓。"意思是，我听说过，古时候是不修坟墓的。防，地名，鲁国的
防山，在今山东曲阜东。

②坐尸：古代祭祀时以臣下或晚辈象征死者神灵，代死者受祭，称
为"尸"。殷代之尸坐于堂上受祭，称为"坐尸"。献：进酒。

③墨氏：指墨子，名翟（dí），战国初宋国（今河南商丘一带）人。墨家
学派创始人及主要代表人物。他提出了"兼爱""非攻""尚贤"
"明鬼""节葬""节用"等观点，其中"节葬"即主张薄葬。

【译文】

至于说古时不在陵墓前祭祀，所谓古时，是站在周朝角度而言的，
大概是属于殷商礼仪。孔子在其父母位于防地的墓因下雨而被冲塌
后，伤心流泪，说："古时候是不修坟墓的。"他说的古时，也是指殷礼。
孔子是殷人后裔，而采用殷礼，是表示不忘其祖先。然而他伤心流泪，
则圣人的情感也流露了出来。殷人之道崇尚鬼，以精神为贵而以形体
为贱，以礼对待灵魂而将魄藏起来，所以用乐声来求神，用尸代表死者
坐在堂上接受祭献，这也是一种祭祀之道，而其弊端则是容易流为墨子
提倡的"薄葬"。如果把阴间阳间统一起来说，那么经过先人坟墓而产
生悲哀之情，难道不是人们的感情情不自禁地流露出来了吗！

　　且夫谓神既离形而形非神，墓可无求，亦曰魂气无不之
也。夫既无不之矣，则亦何独墓之非其所之也？朝践于
堂①，事尸于室，祝祭于祊②，于彼乎，于此乎，孝子之求亲也
无定在，则墓亦何非其所在。始死之设重也③，瓦缶也④；既
虞而作主也⑤，桑栗也⑥；土木之与人，异类而不亲，而孝子事
之如父母焉，以为神必依有形者以丽而不舍也⑦；岂繄形之
所藏⑧，曾瓦缶桑栗之不若哉？墓者，委形之藏也；孙者，委
形之化也。以为非其灵爽之故⑨，则皆非故矣；以为形之所

委,则皆其体之遗矣;事尸之礼,以孙为形之遗而事之如生,乃于其形之藏而弃之于朽壤乎? 夫物各依于其类,不得其真,则以类求之。形之与神,魂之与魄,相依不舍以没世,则神如有依,不违此也审矣。

【注释】

①朝践:古代祭礼仪节之一。《周礼·春官·司尊彝》云:"其朝践用两献尊。"郑玄注云:"朝践,谓荐血腥(以腥熟之食献神),酌醴(以香酒灌地),始行祭事,后于是荐朝事之豆笾(biān)。"孙诒让则认为朝践为荐腥后之献礼。

②祝祭:一种以向神祷告为主要内容的祭祀。祊:宗庙的门。

③设重:祭祀时设重帘、重案。

④瓦缶:小口大腹的瓦器,用来盛放祭品。

⑤虞:既葬而祭为虞,有安神之意。作主:为故去的长辈制作灵牌。

⑥桑栗:桑木和栗木,制作神主牌位的材料。

⑦丽:附着。

⑧繄:惟,只。

⑨灵爽:灵魂。

【译文】

　　况且说精神既然已经离开了形体而形体并非精神,墓葬中没有精神可供寻求,也就是说灵魂是无处不在的。既然灵魂无处不在,那灵魂又为什么唯独不到坟墓中去呢? 在堂上举行朝践仪式,在室内举行事尸仪式,在宗庙门口举行祝祭仪式,在这里或在那里,孝子祷求父母灵魂没有固定的位置,那么坟墓又为什么不能是灵魂所在的地方呢? 人刚死时设重帘、重案,用瓦缶来盛放祭品;安葬死者以后制作神主牌位,用桑木和栗木做材料;陶土、木材与人是不同类的东西,相互不亲近,而孝子对待它们就像对待父母一样,认为精神必须依附有形的东西而存在,所以不能舍弃;难道贮藏形体的地方,连瓦器、桑木、栗木都不如吗?墓葬,是贮藏灵魂所附着的形体的地方;作为"坐尸"的晚辈,是灵魂所附着的形体的化身。如果认为这些不是灵魂所在的地方,那么所有地方都不是灵魂所在的地方;如果认为这些是灵魂所附着的形体,那么这些都是形体的遗留;事尸之礼,将晚辈作为死者形体的遗留而像对待生前的死者那样对待他,但是对于坟墓里贮藏的真正形体,难道就把它丢弃在腐朽的土壤里不管了吗? 各种物质都依附于其同类物质中,不能得到其真实存在,就在其同类中寻找它。形体与精神,魂与魄,都相互依存而不舍弃,直到人去世,那么精神如果有依托,也一定不会违背这一点。

　　孝者,生于人子之心者也;神之来格者①,思之所成也;过墓而有哀怆之情,孝生于心,而神即于此成焉。且也,是形也,为人子者寒而温之,暑而清之②,疾痛疴痒而抑搔之③,事之生平,一旦而朽壤置之,曰有尊形者在焉,其情恝④,其道过高而亡实。庄也、墨也,皆尝以此为教,而贼人恻隐之良;虽为殷道,自匪殷人,何为效之哉? 子曰:"其或继周者,虽百世可知也⑤。"损益于礼之中,而不伤仁义,百世之后,王者有作,前圣不得而限之矣。故曰:"丧,与其易也,宁戚⑥。"执古礼以求合,抑情以就之,易之属也;情有所不忍,虽古所未有而必伸,戚之属也;守章句以师古者,又何讥焉!

【注释】

①来格:降临,到来。

②清(qìng):凉。

③疾痛疴痒:疾病痛痒。抑搔:按摩抓搔。

④恝(jiá):淡漠。

⑤其或继周者,虽百世可知也:语出《论语·为政》:"子曰:'殷因于
夏礼,所损益可知也;周因于殷礼,所损益可知也。其或继周者,
虽百世可知也。'"意思是将来有继承周朝的,就是一百世以后的
情况,也是可以预先知道的。

⑥"丧"三句:语出《论语·八佾》:"子曰:'大哉问! 礼,与其奢也,
宁俭;丧,与其易也,宁戚。'"意思是丧礼,与其礼仪周到悲哀不
足,不如礼仪不足而悲哀有余。

【译文】

孝,是产生于人子心中的;父母魂灵的降临,是思念所造成的;经过
父母坟墓而有哀伤、悲怆的感情,孝产生于内心,而魂灵也由此而产生。
况且,父母的形体,作为人子的人,寒冷的时候使其温暖,炎热的时候使
其清凉,疾病痛痒时通过照料来缓解,活着的时候侍奉这形体,一旦父
母死去就将这形体放置在腐朽土壤中不管,而说这体现了尊重其形体,
这种感情太淡漠了,其道过高而没有实在的情感。庄子、墨子,都曾经
将这作为教导,而妨害人们的恻隐之良知;虽然是殷商旧制,但自己不
是殷商人,为什么要效仿它呢? 孔子说:"将来有继承周朝的,就是一百
世以后的情况,也是可以预先知道的。"在礼仪中有所损益,而不损伤仁
义本身,百代以后,王者有所更改,而之前的圣人也就不能限制了。所
以说:"丧礼,与其礼仪周到悲哀不足,不如礼仪不足而悲哀有余。"拿古
代的礼仪来生套今天的现实,压抑自己的感情以迁就它,是属于礼仪周
到悲哀不足一类;情感上有所不忍心,即使古礼所没有的内容也一定要
增加以表达悲伤之情,这是属于礼仪不足而悲哀有余;遵守章句而以古
礼为师的人,又怎能讥讽什么呢!

二 明帝于光武崩未期年即修礼乐毋乃过急过泰

养老之典,有本有标。文其标也,文抑以动天下之心而
生其质,则本以生标,标以荫本,枝叶荣而本益固矣。养老

于庠,袒而割牲,执酱而馈,执爵而酳①,标也。制民田里,教之树畜,免其从政,不饥不寒,而使得养其老,本也。王者既厚民之生,使有黍稷、酒醴、丝絮、鸡豚可以养其老矣②;然恐民之怙其安饱,而孝弟之心不生也,于是修其礼于太学,躬亲执劳,惇宪乞言③,以示天子之必有尊,而齿为天下之所重,乃以兴起斯民之心而不敢凭壮以遗老,则标以荫本而道益荣。明帝修三老五更之礼④,养李躬、桓荣尽敬养之文⑤,于时之天下,果使家给户饶遂其衣帛食肉以奉其父母乎?抑尚未也?民未给养而徒修其文,则固无以兴起孝弟而虚设此不情之仪节矣。虽然,文与质相辅以成者也;本与标相扶以茂者也。以天下之未给而不遑修其礼焉,俟之俟之,而终于废坠矣。修其文以感天下之心,抑可即此以自感其心,俯仰磬折之下⑥,顾文而思之,必有以践之,而仁泽之下流⑦,亦将次第而举矣。明帝之时,内寇靖,边陲无警,承光武之余泽,犹挹水于江、承火于燧也⑧。则文以滋质,标以荫本,亦不得曰虚致此不情之仪节也。乃若其不可者,《记》曰:"敬老为其近于父也⑨。"以近父故敬,则敬老以父而推尔。光武崩,曾未期年,而雍容于冠冕笙磬之下,不已急乎!躬与荣凭几受馈⑩,而寝门之视膳⑪,天夺吾欢,则固有慆怛而不宁者⑫。明帝、东平王苍皆斩焉衔恤之子也⑬,王亟请之,帝辄行之,无已泰乎!是则斫本而务其末也。

【注释】

①"养老"四句:语本《礼记·乐记》:"食三老、五更于太学,天子袒而割牲,执酱而馈,执爵而酳。"庠,学校。袒而割牲,袒右膊而割

切牲肉。馈，进献，进食于人。爵，酒爵，一种饮酒用器皿。酳(yìn)，吃东西后用酒漱口。

②黍稷：黍和稷。为古代主要农作物，亦泛指五谷。酒醴：曲酒和甜酒，泛指酒类。

③惇宪：勤勉恭敬状。

④三老五更：古代荣誉称号。统治者为提倡孝悌，设此位以父兄之礼尊养年老德高的退休官员。

⑤李躬：东汉初儒学家，因年高博学而被汉明帝拜为“三老”。

⑥磬折：弯腰，表示谦恭。

⑦下流：指上位者的恩泽向下传布并扩及百姓。

⑧挹(yì)：舀。燧：取火的器具。

⑨敬老为其近于父也：语出《礼记·祭义》：“贵老，为其近于亲也。”意思是尊重老年人，是因为他们近乎自己的双亲。

⑩凭几：古时供人们凭倚而用的一种家具。

⑪寝门：天子内室之门。视膳：古代臣下侍奉君主或子女侍奉双亲进餐的一种礼节，包括观察膳食的冷热、父母饮食的状况等。

⑫憯怛：悲伤，忧伤。

⑬东平王苍：即刘苍(？—83)。光武帝刘秀之子，汉明帝刘庄同母弟。刘苍于建武十五年(39)受封为东平公，建武十七年(41)进封为东平王，定都无盐。汉明帝即位后，以骠骑将军身份在朝辅政，永平七年(64)归国。传见《后汉书·光武十王列传》。斩焉：因丧哀痛貌。斩，斩缞，丧服中最重要的一种，为子女为父母所服。衔恤：含哀，心怀忧伤。

【译文】

养老的制度，有根本有枝叶。礼仪是枝叶，礼仪也能打动天下人的心而产生孝的根本，则由根本产生枝叶，枝叶又可以庇荫根本，枝叶繁盛而根本就更加稳固了。在学校中奉养老人，袒露右胳膊而割切牲肉，手执酱来献食,手执酒爵来侍候老人用酒漱口,这是枝叶。让百姓安居乡里,教他们种树、养牲畜,免去他们的徭役,使他们不饥饿也不寒冷,从而可以在家中赡养老人,这是根本。作为帝王既然使得百姓生活富足了,使他们有黍和稷、酒和醴、丝绸和棉絮、鸡和猪可以赡养他们的老人;但是又恐怕百姓自恃已经过上了安逸温饱的生活,而孝悌之心没有产生,于是在太学中施行养老之礼,天子亲自出席、不避辛劳,殷勤恭敬地向老人们求教,以宣示天子也一定要尊重老人,老人应受到天下人的重视,通过这些活动来唤起民众的孝心,使他们不敢凭借自己年轻力壮而遗弃老人,如此则枝叶可以庇荫根本而社会道德风尚日益提高。明帝施行尊奉三老五更的礼仪,奉养李躬、桓荣以尽敬老、养老的礼节,在当时的天下,果真能使每家每户都富饶到能拿出衣帛、肉食来奉养他们的父母吗? 或者是尚未达到这种程度? 如果百姓没有足够的东西来养活父母,而仅仅施行某些礼节仪式,则固然没有办法唤起百姓的孝悌之心,而只是虚设这种没有真情实感的礼节形式罢了。尽管如此,形式与实质是相辅相成的;根本与枝叶是相互扶持而相互促进的。如果因为天下尚未家给户足,就不急于施行养老之礼,那么等啊等,最终会使养老之礼被全部废弃。施行礼节仪式以感动天下人的心,也可以由此使自己的心被感动,在俯仰进退、谦卑施礼的过程中,通过仪式礼节来思考养老的本质,必然会有按照仪式来践行孝道的人,而仁义恩泽得以向下传布,也将逐步在全社会推行开来。明帝的时侯,内部贼寇已经平定,边境没有外敌侵扰,继承光武帝的余泽,就好像从江河中舀水、用火种取火一样。那么用礼节形式来滋养本质,用枝叶来庇荫根本,也不能说是虚设这没有真情实感的礼节仪式。至于他做的不适当的,《礼记》中说:"尊重老年人,是因为他们近乎自己的父亲。"因为近于自己的父亲所以尊敬老人,则敬老是由敬父推衍而来的。光武帝驾崩,还不满一年,就雍容地在冠冕笙磬之下举行盛大仪式,不也是太急了吗? 李躬与桓荣倚着凭几接受明帝献食,而昔日明帝在内室门口侍奉光武帝进餐,上天夺去了这一天伦之乐,则明帝心中固然有忧伤悲痛而难以安宁的感情。明帝和东平王刘苍都是处在光武帝丧期之中、心怀悲痛的儿子,东平王急于提出行三老五更之礼的奏议,明帝立即准予施行,这不也太过分了吗!这就是损伤了根本而只追求细枝末节的表现。

三　郡守入为三公非择相法

明帝永平三年①,以左冯翊郭丹为司徒②,郡守入为三公,循西汉之制也,而尤不待内迁而速拔之以升。其后邢穆、鲍昱皆以太守践三公之位③,其重吏事也甚矣。是道也,以奖郡守,使劝进于治理,重其权而使安于其职则得也;若以善三公之选,则有不贵于此者。何也?道者,事之纲也,天下者,郡之积也。即事而治之,目与纲并举而不可有遗;即道而统之,举其纲而不得复察其目;此郡守三公详简之殊也。以郡守纤悉必察之能,赞君道而摄大纲,则琐细而亏其大者多矣。

【注释】

①永平三年:公元60年。

②郭丹(前25—62):字少卿,南阳穰县(今河南邓州)人。新莽时期受到大司马严尤征辟,郭丹推辞有病不去,逃往北地。建武年间被任命为并州牧,后迁左冯翊。汉明帝永平三年(60),出任司徒。永平五年(62)在家去世。传见《后汉书·郭丹列传》。

③邢穆:南阳(今河南南阳)人,东汉初官员。永平十四年(71),以钜鹿太守身份被拜为司徒。鲍昱(10—81):字文泉,上党屯留(今山西屯留)人。东汉初官员,历仕光武帝、汉明帝、汉章帝三朝,明帝永平十七年(74)由汝南太守升任司徒。后改任太尉。传见《后汉书·鲍昱列传》。

【译文】

汉明帝永平三年(60),明帝任命左冯翊郭丹为司徒,郡守入朝做三公,是遵循西汉的制度,东汉的特别之处是郡守不需要先经过内迁为中央官员的程序而提拔、晋升为三公的速度特别快。其后邢穆、鲍昱都以太守身份登上三公之位,可见汉明帝是非常重视吏事的。这种办法,用来奖励郡太守,鼓励他们为朝廷尽力治理地方,加重其权威,而使他们安于本职是可以的;如果从妥善选择三公的人选这一点考虑,那么这种办法就有不值得崇尚之处了。为什么呢?因为道是事情的纲,天下是由众多郡县组成的。就具体事务的处置而言,具体事务与重要事务需要并举而不可有遗漏;就整个天下的治理而言,就只能重视重要的事务,而不必再考虑具体琐碎的事务;这就是郡守与三公职位的详简之别。以郡守无论大小事务都能明察的能力,辅佐君王统治国家而总摄大纲,那么因关注琐细事务而影响到重大事务处理的情况会很多。

五方之政,刚柔之性异于天,饶瘠之产异于地,一郡之利病,施于百里以外,则利其病而病其利。郡守之得民也,去其郡之病以兴其利,而民心悦矣。遂以概之于天下,是强山国以舟、泽国以车,徒为病而或足以毙也。然则郡守果贤,固未可坐论清宫,而平章四海①。况乎名之所自成,实之所自损,黄霸之贤,且以鶃雀之欺为鼎足羞②,况不能如霸者,而遽以宗社托之乎?是则旦郡守而夕三公,庙堂无广大从容之化,其弊也,饰文崇法以伤和平正直之福,非细故也。明帝勤吏事,而不足与于治道,未可为后世择相法也。

【注释】

①平章:平处,商酌处置。

②以鹐(fén)雀之欺为鼎足羞：据《汉书·黄霸传》记载，黄霸担任丞相期间，召集九卿、博士一起接见各郡前往京师汇报政绩的官吏，黄霸想按照治理情况，对各地的官吏划分等级。恰巧京兆尹张敞家中的鹖(hé)雀飞到了丞相府，黄霸以为是神雀，便想上书称瑞，后来知道是张敞所养，就没有奏报皇帝。张敞反对变更法令，就将事情的始末禀告了宣帝："臣家的鹖雀飞到丞相府，在场的官吏都认得这种鸟，丞相问及，却都说不认识，可见众人都惧怕丞相的权势。如今朝廷制定的法令，劝民从善，防盗禁奸，条文已经详备了，不可增改。应该令大臣训示各地官吏，回去禀告郡守，推举人才一定要名副其实，郡中公务应依法而行，不可擅自制定法令。"天子采纳了张敞的奏言，黄霸因此十分惭愧。鹐雀，即鹖雀。鼎足，指三公之位。

【译文】

　　天下各地的事务，上天赋予的刚柔秉性不同，大地赐予物产的富饶与贫瘠不同，对一个郡有利或有害的措施，放在百里之外的其他地方施行，则有害变成了有利而有利变成了有害。郡守要得到民众的支持，就需要去除对本郡有害的措施而努力发展有利的措施，百姓心里就会高兴。如果把这种措施推广到整个天下，那就是强迫山区使用舟船、水乡使用车马，只能成为祸害，甚至足以将整个事情搞砸。如此则郡守若果真贤能，固然不可以在清凉的宫室中坐论治道，处理四海之内的全部事务。况且一个人的名声自然形成后，总会出现实际与名声不相符的事情，以黄霸的贤能，尚且因为将鹖雀当作神雀，而成为三公的耻辱，何况是比不上黄霸的人，怎么能不经过考察历练就匆忙将国家社稷托付给他们呢？如此则早上为郡守而晚上就被提拔为三公，庙堂之上没有广大从容的德化，其弊端是，缘饰繁文缛节、崇尚法律而损伤了和平正直的福泽，这不是无关紧要的小事。明帝勤于吏事，但对国家治理之道尚嫌不足，他选择三公的做法不足以被后世所效法。

四 文法廉吏不足以止奸

宗均去槛阱①,而九江之虎患息②,其故易知也。人与虎争,而人固不胜矣。槛阱者,人所与虎争之具也,有所恃而轻与虎遇,蹈危而不觉,虎与人两毙之术也。均之令曰:"江、淮之有猛兽,犹北土之有鸡豚。"谓其繁有而不可使无也。常存一多虎于心目,而无恃以不恐,则自远其害。推此道也,以治民之奸可矣。

【注释】

①槛阱:捕捉野兽的机具和陷坑。

②九江:郡名,治所在寿春(今安徽寿县)。

【译文】

宗均下令除去境内捕虎的机关、陷阱,而九江的虎患得以平息,其中的原因是容易知道的。人与虎相争斗,而人固然不能胜过老虎。机关、陷阱,是人拿来与虎争斗的用具,人因为有所凭恃而不在乎与虎相遇,处于危险的境地而不自觉,这是导致老虎与人双双毙命的办法。宗均下令说:"江、淮有猛兽,就像北方有鸡、猪那样平常无奇。"他是说,凶猛的野兽很多,而且不可能使其完全绝迹。如果人们心中能常存有很多老虎的念头,而不再因有所凭恃就不感到害怕,那么自己就会远离老虎的祸害。以此类推,那么整治老百姓犯法乱禁的现象也可以采用这一方法。

故其论治,谓文法廉吏不足以止奸①,亦以鸡豚视奸而奸者诎,与天下息机而天下之机息也②。文法之吏,恃文法以与奸竞而固不胜;廉吏恃廉以弗惧于奸,而奸巧以伤之;

惟其有恃也,而遂谓奸之不足防也。挈大纲,略细法,讼魁猾胥不得至于公廷矣③,奚以病吾民哉?均之所挟持者弘远矣。刘先主、诸葛武侯尚申、韩,而蜀终不竟,包拯、海瑞之悁疾④,尤其不足论者已。

【注释】

①文法:指文法吏,即通晓法令、执法严峻的官吏。

②息机:灭绝机心。息,停止,灭绝。机,机心,巧诈之心。

③讼魁:犹讼棍,唆使别人打官司,借以从中取利的恶棍。

④悁疾:急躁易怒。

【译文】

所以他谈论国家的治理,认为只靠执法严峻的官吏和清正廉洁的官吏不足以制止作奸犯科的行为,如果也将作奸犯科现象看作是鸡猪那样普遍的存在,则作奸犯科的人就会屈服,治理天下时灭绝自己的机心,而天下人的机心也自然会灭绝。执法严峻的官吏,凭恃法令以与作奸犯科之徒竞争而本来就不能取胜;廉洁的官吏凭恃廉洁而对作奸犯科之人无所畏惧,而奸诈狡猾之人会用奸计来伤害廉洁的官吏;正是因为他们有所凭恃,他们才会说作奸犯科的行为不值得防范。如果能抓住事务的大纲,忽略细枝末节,则讼棍和狡猾的官吏就不能到公堂上去,他们又如何能伤害我们的民众呢?宗均所秉持的治理理念可谓是广大深远了。刘备、诸葛亮崇尚申不害、韩非的法家理论,而蜀国最终短命夭折,包拯、海瑞急躁易怒,就更不值得谈论了。

五 事浮屠召祸

楚王英始事浮屠①,而以反自杀;笮融课民盛饰以事浮屠②,而以劫掠死于锋刃;梁武帝舍身事浮屠③,而以挑祸乐杀亡其国;邪说暗移人心,召祸至烈如此哉!

【注释】

①楚王英(? —71):光武帝庶子,母亲为许美人。建武十七年(41)被封为楚王。刘英喜好黄帝、老子的学说,是中国较早接受佛教的贵族之一,曾为佛教立祠,并在府中供养僧人。永平十三年(70),刘英被控告与渔阳王平、颜忠等造作图书,有谋反之意,汉明帝废除刘英王位,将其迁徙到丹阳。次年(71),刘英到丹阳后自杀。传见《后汉书·光武十王列传》。浮屠:"佛陀"之异译,亦代指佛教、佛教徒、佛寺。

②笮(Zé)融(? —195):丹阳(今安徽宣城)人。东汉末豪强。早年依附徐州牧陶谦,监督广陵、彭城运漕,并任下邳相,笮融趁机将三郡财赋据为己有,在下邳郡广兴佛寺庙宇,要百姓日夜诵读佛经,斥巨资举办"浴佛会",花费无度。兴平二年(195),被孙策击败,逃奔豫章。后又被刘繇击破,败走入山,被当地百姓杀死。其事见于《后汉书·陶谦列传》。

③梁武帝舍身事浮屠:指梁武帝萧衍崇尚佛教,多次舍身同泰寺之事。舍身,本指佛教徒牺牲肉体表示虔诚,也指坚决出家修行。

【译文】

楚王英最早开始事奉佛陀,结果因被控告谋反而自杀;笮融向百姓征收重税以华丽地装饰佛教寺院来事奉佛陀,结果因为劫掠百姓而成为刀下之鬼;梁武帝舍身事奉佛陀,结果因挑起祸端、喜好杀伐而导致国家灭亡;异端邪说潜移默化地改变人的思想,招来的祸患竟惨烈到了这个地步!

　　浮屠之教,以慈愍为用②,以寂静为体②,以贪、嗔、痴为大戒。而英、融、梁武好动嗜杀,含怒不息,迷乎成败以召

祸,若与其教相反,而祸发不爽,何也? 夫人之心,不移于
迹,而移于其情量之本也③。情量一移,反而激之,制于此
者,大溃于彼,溃而不可复收矣。浮屠之说,穷大失居④,谓
可旋天转地而在其意量之中,则惟意所规,无不可以得志,
习其术者,侈其心而无名义之可守。且其为教也,名为慈而
实忍也;发肤可忍也,妻子可忍也,君父可忍也,情所不容已
而急绝之,则愤然一决而无所恤矣。

【注释】

①慈愍(mǐn):仁慈怜悯。

②寂静:佛教用语,指摆脱一切烦恼忧患的纯静心境。

③情量:依个人情感而定的考量标准。

④穷大失居:语出《周易·序卦传》:"穷大者必失其居。"意思是盲
　目追求广大的人,必定失去他的居所。

【译文】

佛教的教义,以仁慈怜悯为功用,以寂静为本体,以贪婪、嗔怒、痴
迷为大戒。而刘英、笮融、梁武帝好动而嗜好杀戮,怒火攻心而难以停
息,沉迷于事情成败之中,从而招来了祸患,看起来与其信奉的教义相
反,而发生祸患这一点从没有差错,为什么呢? 因为人心的变化,并没
有表现在行迹上,而是表现在情感考量的标准上。情感考量标准一旦
发生变化,反过来会刺激人心的变化,在这个方面能控制住自己,在另
外的方面就难以控制自己,因此而溃败,甚至溃败到难以再收拾的程
度。佛教的说法,盲目追求广大而失去了它的居所,声称其可以根据自
己的意量使天地旋转,按照这个说法,则信佛教的人根据自己的意图可
以谋求自己想得到的一切东西,都会如愿以偿,所以学习佛教之术的
人,就会放纵自己的野心,而没有名和义的约束。而且佛教作为一种宗

教,名义上仁慈而实际上残忍;身体发肤可以残忍地毁伤,妻子儿女可以残忍地抛弃,君父也可以残忍地不管不顾,只要是自己情所不能容的东西都可以马上抛弃,那么他们一旦愤然做出决定后,就无所顾忌、无所考虑了。

又其为说也,禁人之欲而无所择;于是谓一饮、一食、一衣、一宿,但耽著而无非贪染也①。至于穷极无厌,毒流天下,而其为贪染,亦与寸丝粒米之贪同其罪报而无差别。则既不能不衣食以为物累,又何惮于穷极之贪饕而不可为乎②?迫持之,则举手扬目而皆桎梏;宽假之,则成毁一同,而理事皆可无碍,心亡罪灭而大恶冰释,暴逆凶悖无非梦幻泡影,一悟而悉归于空。故学其学者,未有不骘戾以快于一逞者也③。

【注释】

①耽著:沉湎其中,不能自拔。贪染:贪图染指,意欲占有。

②贪饕(tāo):贪得无厌。

③骘(zhì)戾:蛮横凶暴。

【译文】

而且佛教的教义,对于人的欲望无所选择地加以禁止;于是声称一口水、一顿饭、一件衣服、一个住处,只要沉湎其中就都是贪得无厌的表现。至于穷奢极欲,毒害天下,这种贪得无厌,也与贪图一寸丝、一粒米得到的罪恶报应相同而没有差别。如此则既然不能不吃饭穿衣,被外物所累,又如何会忌惮穷奢极欲的贪婪而不敢做出这样的事情呢?如果极力地秉持教义,那么一举手一抬眼都会受到严厉的限制;如果放宽要求,那么成功与失败都是一样,而做什么事情都可以没有障碍,心中一旦没有了罪恶的念头，即使犯下滔天大恶也可以消除，暴逆凶悖也无非是梦幻泡影，一旦开悟就可以将这些统统归结为虚空。所以学习佛法的人，没有不蛮横凶暴而为了自己一时痛快放纵自己的。

桎梏一脱，任翱翔于剑锋虎吻以自如一真法界①，放屠刀、出淫坊②，而即获法身③。操之极而继以纵，必然之势也。英何惮而不反，融何恤而不掠，衍何忌而不纳叛怒邻以驱民于锋刃哉？赵阅道、张子韶、陆子静之不终于恶④，幸也；王钦若、张商英、黄潜善⑤，则已祸人家国矣。

【注释】

①虎吻：虎口。一真法界：佛教华严宗所用极理之称，即是诸佛平等法身、从本以来、不生不灭、非空非有、离名离相、无内无外、唯一真实、不可思议之界。

②淫坊：妓女所居之处。

③法身：佛教用语。佛教认为，如果不受贪嗔痴慢疑五毒的侵害，人的自性是清净无瑕的，这就是法身。

④赵阅道（1008—1084）：名抃（pàn），字阅道，号知非，衢州（今浙江衢州）人。北宋中期大臣。曾任成都知府、太子少保等职，笃信佛教。张子韶（1092—1159）：名九成，字子韶，号无垢，海宁（今浙江海宁）人。南宋官员、理学家。喜与佛僧交游、善谈禅理。陆子静（1139—1193）：名九渊，字子静，抚州金溪（今江西金溪）人。南宋哲学家、陆王心学的代表人物。他是宋明两代"心学"的开山之祖，与朱熹齐名，因讲学于象山书院，被称为"象山先生"，学者常称其为"陆象山"。他主张"心（我）即理""宇宙便是吾心，吾心即是宇宙""学苟知道，六经皆我注脚"。著有《象山先

生全集》。三人《宋史》皆有传。

⑤王钦若(962—1025)：字定国，临江军新喻(今江西新余)人。宋
真宗时期宰相。澶渊之战时，王钦若主张迁都金陵。为迎合宋
真宗仙道需求，伪造天书，争献符瑞，封禅泰山，深为后世所诟
病。张商英(1043—1121)：字天觉，号无尽居士，蜀州新津(今四
川新津)人。宋徽宗朝官至右相。信奉佛教，以僧人为师学习禅
理，因通过僧人与术士郭天信交往而被拘捕，遭贬官，死于贬所。
黄潜善(1078—1130)：字茂和，邵武(今福建邵武)人。南宋初年
宰相。北宋末年知河间府。赵构开大元帅府后，他被任为副元
帅。赵构即位后任右仆射，逐李纲、张所，杀陈东、欧阳澈，主谋
南迁扬州。后与汪伯彦同居相位，因循苟安，不做备战，为军民
所痛恨。后被贬逐至梅州，不久病死。三人《宋史》皆有传。

【译文】

桎梏一旦解脱，他们就翱翔在剑锋虎口之下，自由自在地像是到了
一真法界一样，放下屠刀、走出淫坊，就立即可以获得法身。操守戒律
到了极限，而接下来必定是放纵，这是必然的趋势。刘英有什么忌惮而
不造反，笮融有什么顾虑而不劫掠，萧衍有什么顾忌而不招降纳叛、惹
怒邻国而把民众驱赶到刀锋剑刃之下呢？赵抃、张九成、陆九渊没有发
展到罪大恶极，算是幸运的了；王钦若、张商英、黄潜善，则已经祸害了
别人的国家。

六　丁鸿逃爵非义

让国之义，伯夷、泰伯为昭矣①，子臧、季札循是以为
节②，而汉人多效之。丁鸿逃爵③，鲍骏责之曰：“《春秋》之
义，不以家事废王事。”允矣，而犹未尽也。汉之列侯，非商、
周之诸侯也。古之诸侯，有其国，君其民，制其治，盖与天子

迭为进退者也,君道也。汉之列侯,食租衣税,而无宗社人民之守,臣道也。君制义,臣从义,从天子之义,非己所得制也。古之诸侯,受之始祖,天子易位,而国自如。汉之列侯,受之天子,天子失天下,则不得复有其封。国非己所得私也,何敢以天子之爵禄唯己意而让之也。

【注释】

①让国之义,伯夷、泰伯为昭:参见卷二"文帝二"条注。

②子臧:姬姓,名欣时(一作喜时)。春秋时期曹国公族,曹宣公之子。曹宣公死后,曹公子负刍杀太子自立,是为曹成公。各国诸侯和曹国人都认为新立的曹君不义,晋国抓住曹成公,想要让周天子立子臧为曹君,子臧离开曹国,以成全曹君继续在位。其事见于《左传·襄公十四年》。季札(前576—前484):姬姓,名札,又称公子札、延陵季子。春秋时吴王寿梦第四子,为避王位"弃其室而耕"于舜过山下。其事见于《史记·吴太伯世家》。

③丁鸿(? —94):字孝公,颍川定陵(今河南舞阳)人。东汉时期名儒、大臣。其父丁綝死后,丁鸿本应世袭受封阳陵侯,但他上书让国给丁盛,没有得到回批,便在安葬父亲后逃离封地,以避封爵。与过去的同门鲍骏在东海国相遇,丁鸿装作不认识鲍骏。鲍骏就挽住丁鸿,责备他道:"从前伯夷、吴季札处在乱世,所以得以申其让国之志。《春秋》的大义,不因家事废王事,现在你以兄弟的私情而断绝父亲不灭的基业,可说是聪明吗?"丁鸿很受感动,流泪叹息,于是回去接受封爵,开门教授学徒。后受汉明帝赏识,召拜侍中,改封鲁阳乡侯。汉和帝时代任太尉兼卫尉,奉命收缴大将军窦宪的印绶,逼窦氏兄弟自杀。传见《后汉书·丁鸿列传》。

【译文】

让出国家统治权的大义,以伯夷、泰伯的事迹尤为昭著,子臧、季札遵循他们的举动以保持节操,而汉代人多仿效他们。丁鸿逃避封爵,鲍骏责备他说:"《春秋》之义提倡,不能因为家事而耽误了君王的大事。"这是允当的话,但尚未说透彻。汉代的列侯,并非商、周时候的诸侯。古时的诸侯,拥有自己的国,统治自己的民,独立地制定治理政策,大概他们与天子的地位基本相同,都遵从君道。汉代的列侯,仅依靠享用租税来维持衣食,而没有宗庙社稷和人民可以直接统治,遵循的是臣道。君王制定大义,臣子服从大义,应该遵从天子的大义,而不是臣子自己可以制定的。古时候的诸侯,从始祖那里接受国家,天子更易,而他们的国家与往常一样,没有随之变化。汉代的列侯,是从天子那里接受的,天子失去了天下,则列侯之国不能再保存下去了。封地并不是自己能据为己有的私产,怎么敢把天子赐予的爵禄只根据自己的意愿就转让给别人呢?

　　且君子之让国,非徒让其禄也。叔齐之贤,王季、文王之德,故伯夷、泰伯以保国康民兴王制治之道德勋名让之。若禄,则己所不屑,而可以非分之得污弟为爱弟乎?鸿弟盛而贤也,不必侯而可以功名自见也;如其不能,则亦温饱以终身而已矣。禄食者,箪食豆羹之类也,让者小而受者愧,商、周之义,恶可效之后世乎?读古人书,欲学之,而不因时以立义,鲜不失矣。子曰:"以与尔邻里乡党乎①!"受列侯之封,分禄以与弟,斯得矣,侯岂鸿所得让者哉?

【注释】

①以与尔邻里乡党乎:语出《论语·雍也》:"原思为之宰,与之粟九

百,辞。子曰:'毋,以与尔邻里乡党乎。'"意思是如果你认为你
的俸禄有多余的话,可以赠给你的邻里乡党,而不要推辞。

【译文】

　　而且君子让国,不仅仅是辞让其俸禄。因为叔齐的贤能,王季、文
王的德行,所以伯夷、泰伯才把保护国家、使民众安康、兴起王道、达成
大治的道德勋名让给了他们。至于俸禄,则是自己所不屑的,而又怎么
可以用非分之得污辱弟弟的名声,以此作为爱护弟弟的表现呢? 丁鸿
的弟弟丁盛如果贤能,没有必要接受这个侯爵而可以依靠自己去争取
功名、显现自我;如果他不贤能,也不过是使自己过着终身温饱的生活
罢了。俸禄,是箪食豆羹一类的东西,推让的人显得气量小而接受的人
也会有愧,商、周的大义之举,难道可以在后世生硬地加以仿效吗? 读
古人的书,想学习古人,却不根据时势而树立大义,很少有不失败的。
孔子说:"如果你认为你的俸禄有多余的话,可以赠给你的邻里乡党
啊!"丁鸿接受列侯的封爵,将俸禄分给弟弟,这是正确的,侯爵难道是
丁鸿可以让给他弟弟的吗?

七　粟斛三十钱

　　史有溢词,流俗羡焉,君子之所不取。纪明帝之世,百
姓殷富,曰"粟斛三十钱"。使果然也,谋国者失其道,而民
且有馁死之忧矣。

【译文】

　　史书中有一些溢美夸大的话语,流俗之人对此很羡慕,君子是不相
信这些说法的。史书中记载明帝的时候,百姓生活殷实富裕,称"每斛
粟只值三十钱"。假如真是这样,那就说明治理国家的人偏离了治国之
正道,而百姓将会有饿死的危险。

一夫之耕,中岁之获①,得五十斛止矣。古之斛,今之石也②。终岁勤劳,而仅得千五百钱之利,口分租税徭役出于此③,妇子食于此,养老养疾死葬婚嫁给于此,盐酪耕具取于此,固不足以自活,民犹肯竭力以耕乎?所谓米斛三十钱者,尽天下而皆然乎?抑偶一郡国之然而诧传之也?使尽天下而皆然,尚当平籴收之④,以实边徼,以御水旱,而不听民之狼戾⑤。然而必非天下之尽然也,则此极其贱,而彼犹踊贵⑥,当国者宜以次输移而平之,讵使粟死金生⑦,成两匮之苦乎?

【注释】

①中岁:农业收成一般的年景。

②古之斛,今之石(dàn)也:古代一斛为十斗,宋代开始改为五斗;一石为十斗,所以宋以前的一斛相当于明清时的一石。

③口分:指按人口征收的人头税。

④平籴:指官府在丰年用平价买进粮食,以待荒年卖出。

⑤狼戾:散乱堆积,此指因丰收而造成谷贱伤农。

⑥踊贵:指物价上涨。

⑦粟死金生:指粮贱钱贵。

【译文】

一个农夫耕地,收成一般的年景,能得到五十斛粮食就算不错了。古代的斛,相当于今天的石。农夫一年的辛苦劳作,仅能得到一千五百钱的收入,人头税、租税、徭役都要从这里面出,妻子儿女也要靠这些钱吃饭,赡养老人、医治疾病、婚丧嫁娶的费用都要从这笔钱里出,购买盐、奶酪、农具也需要从这里拿钱,本来就不足以养活自己,百姓还怎么肯竭尽全力耕田种地呢?所谓的每斛米只值三十钱,是整个天下都如此吗？还是偶尔有一个郡国是这样，于是讹传成全国都如此呢？如果整个天下都如此，尚且应当由官府平价征收百姓的粮食，以充实边境的粮食储备，预备防范水旱灾荒，而不应该听任百姓丰收后遭遇谷贱伤农。然而整个天下必定不都是如此，那么某个地方谷价极其便宜，而另外的地区则谷物价格上涨，治理国家的人应当按照次序把粟米由便宜的地方输送到较贵的地区，以平抑物价，难道能够使粮食也失去了、货币也过分活跃，结果造成两者都匮之吗？

故善为国者，粟常使不多余于民，以启其轻粟之心，而使农日贱；农日贱，则游民商贾日骄；故曰："粟贵伤末①，粟贱伤农。"伤末之与伤农，得失何择焉？太贱之后，必有饿殍②，明帝之世，不闻民有馁死之害，是以知史之为溢词也。虽然，亦必有郡国若此者矣，故曰谋国者失其道也。

【注释】

①末：指商业。古代以农为本业，工商为末业。

②饿殍（piǎo）：饿死的人。

【译文】

所以善于治理国家的人，要常常让百姓手中没有多余的粮食，否则就会引起百姓滋生轻视粮食的心思，从而使得农民的地位下降；农民地位日益卑贱，则游民和商贾日益骄横；所以说："粮食贵了伤害末业，粮食便宜了伤害农业。"伤害末业与伤害农业之间，我们应该怎样权衡得失加以选择呢？粮食太便宜了以后，必然会有饿死的人，明帝在位的时候，没有听说有百姓饿死的消息，由此知道史书上所说的是溢美夸大之词。虽然如此，也一定有郡国的粮价确实如此便宜，所以说治理国家的人偏离了治国之正道。

八　明帝疑忌兄弟

广陵王荆、楚王英、淮阳王延^①，以逆谋或诛或削。夫三王者诚狂悖矣；乃观北海王睦遣中大夫入觐^②，大夫欲称其贤，而叹曰："子危我哉！大夫其对以孤声色狗马是娱是好，乃为相爱。"则明帝之疑忌残忍，夫亦有以致之也。

【注释】

①淮阳王延：指刘延（8—89），汉光武帝刘秀之子，母亲为郭皇后。建武十七年（41）封淮阳王。后因参与私作图谶被告发，汉明帝将其迁为阜陵王。刘延心怀不满，再次被告发密谋造反。汉章帝将他贬为阜陵侯。后来章帝出巡见到他，出于怜悯恢复了他的王位。传见《后汉书·光武十王列传》。

②北海王睦：指刘睦（？—74），汉光武帝刘秀侄孙，北海靖王刘兴之子。永平七年（64）嗣父爵为北海王，在位十年。刘睦博通书传，著有《春秋旨义》《终始论》及颂、赋数十篇。其事见于《后汉书·宗室四王三侯列传》。

【译文】

广陵王刘荆、楚王刘英、淮阳王刘延，因为谋逆或被诛杀或被削爵。这三个诸侯王确实狂妄悖逆；但是北海王刘睦派遣中大夫入朝觐见明帝时，中大夫想称赞他的贤德，而刘睦感叹说："你这是在害我呀！大夫您如果见到皇上以后说我只喜好声色狗马的娱乐，那才是爱护我。"从中可以看出明帝的疑忌和残忍，刘睦对中大夫交代那些话是有原因的。

且三王者，未有如濞、兴居之弄兵狂逞也^①，绥之无德^②，教之无道,愚昧无以自安,而奸人乘之以告讦,则亦恶知当日之狱辞,非附会而增益之哉? 楚狱兴而虞延以死③,延以舜之待象者望帝,意至深厚也,而不保其生。寒朗曰④:"公卿口虽不言,而仰屋窃叹。"则臣民之为寒心者多矣。作图谶,事淫祀⑤,岂不可教,而必极无将之辟以加之⑥,则诸王之寝棘履冰如睦所云者,善不敢为,而天性之恩几于绝矣。

【注释】

①兴居:指西汉济北王刘兴居(? —前177)。汉高帝刘邦之孙,齐悼惠王刘肥第三子。公元前178年,刘兴居被封为济北王。他因为兄长刘襄没能当上皇帝,心怀不满。公元前177年,匈奴大举入侵,刘兴居趁机起兵反朝廷。汉文帝命柴武为大将军讨伐,刘兴居被俘自杀。其事见于《汉书·高五王传》。

②绥:安抚。

③楚狱:指楚王刘英被告发谋反一案。虞延:字子大,陈留东昏(今河南兰考)人。建武年间曾任细阳县令、洛阳令、南阳太守等职。汉明帝即位后先后任太尉、司徒。楚王刘英谋反,外戚阴氏要中伤他,偷偷指使人将刘英的阴谋告诉虞延,虞延认为刘英是藩王中与皇上血缘关系最亲的人,不相信这种传言。又要聘任幽州从事公孙弘,因为公孙弘跟楚王通谋而作罢,这两件事都没有上报明帝。及至刘英谋叛败露,明帝下诏严厉责问身为司徒的虞延,虞延于是自杀。传见《后汉书·虞延列传》。

④寒朗:字伯奇,鲁国薛地(今山东滕州)人。东汉官员。好经学,博通书传。汉明帝以谒者的官职暂时署理侍御史,曾负责审理楚地颜忠、王平诉讼的案件,供词牵连到隧乡侯耿建、朗陵侯臧信、护泽侯邓鲤和曲成侯刘建,寒朗经过调查认为供词不实,面

见明帝为四人申冤,言辞中提到"公卿大人们朝会,陛下您问我们得失,大臣们都长跪着回复,原有的律制,大罪祸及九族,陛下您大恩大德,只是处罚到犯罪者本人,天下非常幸运。等到大臣们回到家,口中虽然不说,却在屋内暗自仰头叹息,没有人不知道冤屈,可是没有人敢违逆您。"明帝听了他的建议,审查清理狱中囚徒,放出一千多人。后来,王平、颜忠死在监狱中,寒朗就把自己关押起来。正赶上皇帝赦免,被免去官职。传见《后汉书·寒朗列传》。

⑤淫祀:不符合礼仪规范的祭祀。

⑥无将:心存谋逆。辟:法,刑。

【译文】

况且这三位诸侯王,并没有像西汉吴王刘濞、济北王刘兴居那样狂妄地举兵反叛,明帝没有用德行来安抚他们,没有用道来教育他们,他们愚昧而无法保证自己的安全,而奸佞之人乘机加以告发、攻击,那又怎么能知道当时所取的供词,不是牵强附会、添油加醋的呢?楚王刘英谋反案兴起而虞延受此案牵连而死,虞延对汉明帝寄予厚望,希望他能以舜对待其弟弟象的方式对待刘英,其情意可谓极其深厚了,却不能保住性命。寒朗说:"公卿大臣虽然嘴上不说,却在屋内暗自仰头叹息。"如此则臣民为此案而寒心的人很多。制作图谶,事奉淫祀,难道是不能教育的吗,而又何必一定要按大逆不道的罪名施以严厉的刑罚呢,如此则诸侯王就像刘睦所说的那样,如卧针毡、如履薄冰,不敢做好事,而兄弟之间天性的恩泽也几乎断绝了。

西京之亡,非诸刘亡之也;汉之复兴,诸刘兴之也。乃独于兄弟之间,致其猜毒而不相舍,闻睦之言,亦可为之流涕矣。身没而外戚复张,有以也夫!

【译文】

西汉的灭亡，并非刘姓宗室导致的；汉朝的复兴，则是刘姓宗室共同完成的。汉明帝却唯独在处理其兄弟之间关系时，猜忌狠毒而不能宽恕他们，听到刘睦的话，也是可以让人为之心酸流泪的。明帝死后，外戚势力再次得到扩张，是有原因的呀！

九　班超之定西域不足为智勇

班超之于西域，戏焉耳矣；以三十六人横行诸国，取其君，欲杀则杀，欲禽则禽①，古今未有奇智神勇而能此者。盖此诸国者，地狭而兵弱，主愚而民散，不必智且勇而制之有余也。万里之外，屠弱之夷，苟且自王，实不能逾中国一亭长。其叛也，不足以益匈奴之势；其服也，不足以立中夏之威；而欺弱凌寡，挠乱其喙息②，以诧奇功，超不复有人之心，而今古艳称之，不益动妄人以为妄乎？发穴而攻蝼蛄③，入沼而捕鳅鲦④，曰："智之奇勇之神也。"有识者笑之久矣。

【注释】

①禽：同"擒"。

②喙息：有口能呼吸者。代指人和一切动物。

③蝼蛄：一种常见昆虫，多生活在泥土或沙土中。

④鳅鲦(tiáo)：泥鳅和鲦鱼。

【译文】

班超在西域的作为，不过如同儿戏一样罢了；率领三十六人横行于西域诸国，对于各国的君主，想杀就杀，想擒获就擒获，古往今来从没有具有奇智神勇而能做到这些事情的人。大概这些西域国家，地域狭小而且士兵软弱，君主愚昧而且人民散居，不一定必须要有智谋和勇敢就可以制服他们,且绰绰有余。万里之外的西域,孱弱的夷狄聚居地区,即使苟且称王,其实力也不能超过中原地区的一个亭长。他们即使反叛,也不足以增加匈奴的势力;他们即使归服,不足以树立华夏的威风;像班超这样欺侮孱弱的人民、欺凌百姓稀少的国家,挠乱这里的生灵,以此显示自己的奇功,班超已不再有人的良心,但是古往今来的人都称颂他,这不更加鼓动胆大妄为的人轻举妄动吗?像这种挖开洞穴去攻击蝼蛄,进入沼泽去捕获泥鳅和鲦鱼的行为,有人却说:"他的智慧令人称奇,勇气如同神明一般。"有远见卓识的人已经对此讥笑很久了。

光武闭玉门,绝西域,班固赞其盛德。超,固之弟也。尝读固之遗文,其往来报超于西域之书,述窦宪殷勤之意,而羡其远略,则超与固非意异而不相谋也。其立言也如彼,其兄弟相奖、诬上徼幸以取功名也如此,弄文墨趋危险者之无定情,亦至此乎!班氏之倾危,自叔皮而已然①,流及妇人而辩有余②,其才也,不如其无才也。

【注释】

①叔皮:指班彪,书皮是其字。

②妇人:此指班昭(45—117)。又名姬,字惠班,扶风安陵(今陕西咸阳)人。东汉史学家、文学家,史学家班彪之女、班固之妹,嫁给同郡曹世叔为妻。班昭博学高才,其兄班固著《汉书》,未竟而卒,班昭奉旨续写《汉书》。其后汉和帝多次召班昭入官,并让皇后和贵人们以其为老师,号"大家"。邓太后临朝后,曾参与政事。著有《东征赋》《女诫》等。传见《后汉书·列女传》。

【译文】

光武帝刘秀关闭玉门关,断绝与西域的交往,班固称赞光武帝有盛大的美德。班超是班固的弟弟。我曾经读班固的遗文,其中有班固与身在西域的班超之间的来往书信,其中记述了窦宪殷勤关怀班超的情意,而且羡慕他能经略远方、立下功勋,那么班超与班固并非因意见不同而不能一起谋划议论。班固写史书时那样称颂光武帝绝西域,而他们兄弟相互劝勉、欺骗皇上而侥幸获取功名却又是如此,舞文弄墨而又想冒险取得功名的人,没有固定的思想,竟然达到了如此地步!班氏家族的狡诈,从班彪时就已经这样了,到他的女儿班昭仍然是巧言善辩有余,他们这样有才华,还不如没有才华的好。

章　帝

【题解】

汉章帝刘炟(57—88)是汉明帝刘庄第五子,东汉第三位皇帝,75—88 年在位。章帝在位期间,劝勉农桑,兴修水利,减轻徭役,使民众得以继续休养生息。同时他"好儒术",重视儒学经典,曾召集白虎观会议,巩固了儒家学说的统治地位。他还曾两度派班超出使西域,使得西域地区重新归服汉朝。由于章帝治下政治清明,经济繁荣,史家将汉明帝与汉章帝统治时期的治世称为"明章之治"。

王夫之在本篇中重点讨论了章帝对明帝施政方针的革新,以及章帝在外戚干政问题上的责任。章帝与明帝尽管都以"守成之君"著称,但两人的施政风格却存在明显差异。魏文帝曹丕曾评价说:"明帝察察,章帝长者。"章帝鉴于明帝过于明察而失于烦苛、使得臣民心生厌恶的教训,在即位之初就禁用酷刑,除刑罚残酷的条文五十余条,凡事"务从宽厚",对臣民也不吝赏赐。王夫之对于章帝即位后迅速改弦更张的做法不甚赞同。他认为,一方面,儒家讲"三年无改于父之道",明帝尸骨未寒章帝就厉行革新,不符合孝道;更重要的是,明帝虽然为政严苛,却并未法外加刑,章帝改行宽厚之政,固然迎合了不满明帝烦苛要求的臣民的心愿,却也容易因过于宽厚而使其滋生怠惰心理,严苛与宽厚的政策"一激一反",国政难免产生混乱。王夫之认为,治理天下终究需要

"刚柔文质"并用,章帝偏执于"柔",并非可取之道。

　　外戚干政是困扰东汉王朝的一大顽疾,而外戚势力的抬头正始于章帝时期:先是马太后的兄弟马防等皆被封侯,其后窦皇后的家族又获得了炙手可热的权势;章帝又废长立幼,他去世后,继位的和帝年仅十岁,窦太后临朝摄政,开了东汉母后专政的先例。王夫之认为,章帝对于外戚专权局面的形成负有不可推卸的责任,正是章帝对外戚无原则的"柔",才使得外戚势力一步步膨胀起来,东汉的衰落实则始于章帝。王夫之的这一见解,得到历代史家的重视,值得进一步思考。

一　第五伦议弃耿恭

　　陈汤幸郅支之捷[①],傅介子徼楼兰之功[②],汉廷议者欲绌而勿录,可矣;介子、汤无所受命,私行以徼幸,既已遂其所图,而又奖之,则妄徼生事之风长,而边衅日开。若第五伦之欲弃耿恭也[③],则无谓矣。

【注释】

①陈汤(?—约前6):字子公,山阳瑕丘(今山东兖州)人。西汉名将。汉元帝时任西域都护府副校尉。当时,原本归附汉朝的匈奴郅支单于怨恨汉朝拥护呼韩邪单于而不帮助自己,杀害汉朝使者谷吉等人,并占据康居,攻击西域诸国,胁迫其进贡。陈汤假托圣旨,以汉元帝的名义密调屯垦军以及西域各国军队,与西域都护甘延寿一起远征康居,攻破单于王城,斩杀郅支单于。后官至射声校尉、从事中郎,封关内侯,在长安去世。传见《汉书·陈汤传》。

②傅介子徼楼兰之功:参见卷四"汉昭帝三"条注。

③第五伦之欲弃耿恭:永平十七年(74),东汉重新设立西域都护,

耿恭、关宠被任命为戊己校尉,屯驻车师金蒲城。次年,北匈奴单于派兵进攻车师,杀死车师后王,并转而攻打耿恭驻地。耿恭击退匈奴军队后,转移到疏勒城中固守。关宠守卫的柳中城也被匈奴围攻。此时正值汉明帝已死,救兵不至,车师国又背叛汉朝,与匈奴合兵进攻耿恭,耿恭处境日益艰难,遂派部下范羌回国求援。汉章帝得到关宠从柳中城传来的消息后,召集群臣商议对策,司空第五伦认为不宜救援,司徒鲍昱力主救援,说:"今使人于危难之地,急而弃之,外则纵蛮夷之暴,内则伤死难之臣。诚令权时后无边事可也,匈奴如复犯塞为寇,陛下将何以使将?"最终章帝派军前往救援耿恭,耿恭最终得以生还。事见《后汉书·耿恭列传》。第五伦:字伯鱼,京兆长陵(今陕西咸阳)人。东汉时期大臣。光武帝时曾任会稽太守,汉明帝时任蜀郡太守。汉章帝即位后,被征召入朝,出任司空。以为官正直无畏、不惧权贵著称。传见《后汉书·第五伦列传》。耿恭:字伯宗,扶风茂陵(今陕西兴平)人。建威大将军、好畤侯耿弇之侄。东汉名将。因固守金蒲、疏勒城之功被封为骑都尉。建初三年(78)获罪免官。传见《后汉书·耿恭列传》。

【译文】

陈汤侥幸取得斩杀郅支单于的大捷,傅介子侥幸获得斩杀楼兰王的功劳,汉朝廷中的议论者想贬斥他们,不给他们记功,这是可以的;傅介子、陈汤没有受到朝廷命令,私自行动以图侥幸,他们既然已经达到其图谋,朝廷却又要奖励他们,会助长轻举妄动、以图侥幸的风气,而边境上的争端、冲突将连绵不断。至于第五伦想要放弃耿恭而不救,则是没有道理的。

恭之屯车师也①,窦宪奏遣之,明帝命之。金蒲城者②,汉所授恭使守者也;车师叛,匈奴骄,围之经年,诱以重利,胁以必死,而恭不降。车师之屯,其当与否,非事后所可归咎于恭也;恭所守者,先帝之命,所持者汉廷之节,死而不易其心,斯不亦忠臣之操乎! 车师可勿屯,而恭必不可弃,明矣。伦独非人臣子与? 而视忠于君者,如芒刺之欲去体,何也? 鲍昱之议是已,然犹未及于先帝之命也。山陵无宿草③,忿疾而委其衔命之臣于原野,怨怼君父以寄其恶怒于孤臣,伦之心,路人知之矣。伦之操行矫异④,无孝友和顺之天良,自其薄待从兄以立名而已然⑤,是讵足为天子之大臣乎?

【注释】

①车师:古代中亚东部西域城郭诸国之一。汉宣帝时将车师国分为车师前部、后部,亦称"车师前、后王国"。前王国都城交河在今新疆吐鲁番,后王国都城名务涂谷在今新疆吉木萨尔。

②金蒲城:在今新疆吉木萨尔。

③山陵:皇帝陵墓。宿草:指墓地上隔年的草。

④矫异:故意与众不同。

⑤薄待从兄:据《后汉书·第五伦列传》记载,光武帝有一次召见第五伦,和他开玩笑说:"闻卿为吏笞妇公(捶打岳父),不过从兄饭,宁有之邪?"第五伦回答说:"臣三娶妻皆无父。少遭饥乱,实不敢妄过人食。"从兄,指父亲的亲兄弟的儿子中比自己年龄大的(从父兄),或是祖父的亲兄弟的孙子中比自己年龄大的(从祖兄)。

【译文】

耿恭屯住在车师,是窦宪奏请皇帝派遣的,是汉明帝亲自下了命令的。金蒲城,是汉朝廷授予耿恭、让他守卫的;车师叛变,匈奴骄横,围困耿恭超过一年,用重利引诱他,用死亡来威胁他,而耿恭始终不投降。在车师屯驻军队,这件事是否允当,并非事后可以归咎到耿恭身上的;耿恭所坚守的,是受先帝命令防御的地方,他所持有的是汉朝廷的符节,宁死也不改变他的忠心,这难道不也是忠臣的节操吗!可以不在车师屯驻军队,可耿恭却必定不能放弃,这是显而易见的。难道只有第五伦不是人的臣子吗?他把忠于君王的人,看作身体上的芒刺而一定要去除才痛快,这是为什么呢?鲍昱的议论是正确的,然而还是没有说到耿恭的行动是受先帝的命令。明帝陵墓前还没有长出隔年的杂草,第五伦就挟着私愤把受命的大臣抛弃在原野中,他怨恨先帝,而把自己的怒火发泄在孤忠臣子的身上,第五伦的心思,可以说是路人皆知了。第五伦故意在节操品行方面显得与众不同,没有孝顺父母、友爱兄弟、温和柔顺的天良,自从他靠刻薄对待自己的从兄以树立名声起就如此了,他这种人难道配得上做天子的大臣吗?

二　章帝即位听鲍昱陈宠亟矫明帝之明察

"三年无改于父之道"①,道者,刚柔质文之谓也。刚柔质文,皆道之用也,相资以相成,而相胜以相节。则极重而必改,相制而抑以相生,消息之用存乎其间②;非即有安危存亡之大,则俟之三年而非需滞③,于是而孝子之心遂,国事亦不以相激而又堕于偏。明帝之明察,诚有过者;而天下初定,民不知法,则其严也,乃使后人可得而宽者也。章帝初立,鲍昱、陈宠急挢先君之过④,第五伦起而持之,视明帝若胡亥之惨,而已为汉高,章帝听而速改焉,将不得复为人子矣。

【注释】

①三年无改于父之道:语出《论语·学而》:"子曰:'父在,观其志;

父没,观其行;三年无改于父之道,可谓孝矣。'"

②消息:消长,指此消彼长。比喻荣枯盛衰。

③需滞:官员被授职后迟迟不能赴任。

④陈宠(？—106):沛国浚县(今安徽固镇)人。东汉大臣。世习律令,初为州郡吏,后辟司徒府,掌狱讼,断案公平。上书要求去烦苛,行宽政,被章帝采纳。后任廷尉、司空等职。他在职期间不徇私情,熟悉法律,常断难案,并兼通经学,号为"任职相"。传见《后汉书·陈宠列传》。挢(jiǎo):纠正。

【译文】

《论语》中说"三年不改变父亲生前之道",所谓道,就是通常所说的刚柔质文。刚柔质文,都是道的具体功用,他们之间相辅相成,而又相互促进,相互压服而又相互节制。如此则物极必反,相互制约而又能相互促进,在它们之间存在着此消彼长、互相交替的关系;如果不是有关系到安危存亡的大事,那么等待三年也算不上失职误事,如此则孝子的心愿得以达成,国家事务也不会因为操之过急而失于偏颇。汉明帝的明察,确实有过分之处;但天下刚平定,民众不了解法律,他从严施政,是为了让后人可以施行宽政。章帝刚即位,鲍昱、陈宠就急切地矫正汉明帝的过错,第五伦也起来坚持这种观点,将汉明帝看作是像胡亥那样恶毒,而把自己当作汉高祖一样宽仁,章帝听从了他们的建议迅速改正,他将不能再做汉明帝的孝子了。

人君当嗣位之初,其听言也,尤不容不慎也。臣下各怀其志于先君之世,而或不得逞,先君没,积愤懑以求伸①,遂若鱼之脱于钩,而唯其洋洋以自得。斯情也,名为谋国,而实挟怨怼君父之心,幸其死以鸣豫者也②。为人子者,奈何其殉之③!且君而尚宽弛与④,则人臣未有不悦矣;君而尚严察与^④，则人臣未有不怨矣。故察吏治、精考核、修刑典，皆臣下之所大不利焉者；幸先君之没，属望于新君，解散法纪以遂其优游，啧有烦言^⑤，无所顾忌；立心若此，而殉之以干臣民之誉，过听之病，成乎忘亲，而可不慎哉！

【注释】

①愤懑(mèn)：气愤，抑郁不平。

②鸣豫：比喻自鸣得意。语出《周易·豫卦》爻辞："初六，鸣豫，凶。"鸣，鸟兽叫。豫，安闲舒适。

③殉：跟从，附和。

④与：同"欤"，文言助词。

⑤啧有烦言：形容议论纷纷，抱怨责备。啧，争辩。烦言，气愤不满的话。

【译文】

国君在刚继位的时候，听从大臣的建言，尤其不能不慎重。臣下在先帝时代各自怀有自己的志向，而有的人意愿得不到满足，先君去世以后，他们积累多年的怨愤之情要求得发泄的途径，就像鱼儿脱离了吊钩一样，洋洋自得。这种情感，名义上是为国谋划，而实际上是怀着对先帝的怨恨之心，为先帝的死感到庆幸而自鸣得意罢了。作为人子，怎么能够附和这些人呢！况且，如果君王崇尚宽松缓和的政策，则人臣没有不高兴的；如果君王崇尚严格督察的政策，则人臣没有不抱怨的。所以明察吏治、严格考核、修订刑典，都是对臣下大不利的举措；他们为先帝的死感到庆幸，将希望寄托在新君王身上，指望其废除先帝所定的法纪以便能悠游自在，他们议论纷纷，抱怨责备，无所顾忌；君王如果这样树立心志，附和他们的建议以获取臣民的赞誉，错误听信臣下的意见，忘记了先君的政策，新君即位后听取别人的建议时能不慎重吗！

明帝之过于明察也,非法外而加虔刘^①,如胡亥之为也,尽法而无钦恤之心耳^②。其法是,其情则过;其情过,其法固是也。即令大狱之兴,罹于囚隶者,有迫待矜释者焉;章帝自得以意为节宣,姑即事而贷之,渐使向宽,以待他日;则先帝之失不章,嗣君之孝不损,而臣民之禁忌乐育,亦从容调燮以适于中^③,无或骤释其衔勒^④,以趋于痿痹^⑤,俾奸宄探朝廷之意旨^⑥,以罔戒于吞舟^⑦。今陈宠之言曰:"荡涤烦苛之法。"帝之诏曰:"进柔良,理冤狱。"皆唯亟反明帝以表异。君若臣相劝于纵弛,一激一反,国事几何而不乱哉!

【注释】

①虔刘:杀戮,诛戮。

②钦恤:指理狱量刑慎重不滥,心存怜悯抚恤之情。

③调燮:调和阴阳。

④衔勒:马嚼口和马络头。比喻控制、限制。

⑤痿痹:比喻软弱柔靡的风格。痹,同"痹"。

⑥奸宄(guǐ):奸邪作乱的人。

⑦吞舟:比喻人事之大者。

【译文】

明帝过于明察,但并不是像胡亥那样,在法律之外滥杀无辜,仅仅是严格依法办事而没有怜悯抚恤之心罢了。其法律是正确的,但从感情上讲是过分了;尽管从感情上讲是过分的,但其法律固然是正确的。即使他兴起重大案件,那些沦为囚犯的人中,有迫切需要被怜悯释放的人;章帝也可以根据自己的意愿加以调适,姑且就事论事地宽恕他们,逐渐地使政策向宽松的方向调整,以等待有朝一日彻底改变;如此则先帝的过失不会彰显,嗣君的孝子之名不会受到损害,而臣民的禁忌培育,也可以进行从容的调整,以达到中允合适的境界,否则如果突然放开他们身上的约束限制,他们就会趋于软弱,如果让奸邪作乱的人探明了朝廷的意图,他们就会无所禁忌地犯下更严重的罪行。如今陈宠说:"要荡涤繁琐苛刻的法律。"皇帝的诏书说:"要提拔任用温柔善良的人,清理冤狱。"这些都是急于纠正汉明帝的过失以显得与从前不同的言论。君臣之间如果相互鼓励实行宽松的政策,那么一激一反,国家的事务又怎么能不混乱呢!

故刚柔文质,道原并建,而大中即寓其间①。因其刚而柔存焉,因其文而质立焉,有道者之所尚也。怀忿懟而遽更张之②,如攻仇雠,如救暴乱,大快于一时,求逞而不忌,其弊也,又相反而流以为天下蠹。为此说者佞人也,明主之所放流者也。此道不明,唐、宋以降,为君子者,矫先君之枉以为忠孝,他日人更矫之,一激一随,法纪乱,朋党兴,国因以敝。然后知三年无改之论,圣人以示子道也,而君道亦莫过焉矣。

【注释】

①大中:没有过与不及的中正之道。

②忿懟:怨恨。

【译文】

所以刚柔和文质,道与本原一并建设,而大中之道就寄寓在其中。柔因为刚而存在,质因为文而得以树立,这是有道者所崇尚的。如果怀着怨恨迅速对先帝政策进行改革,就像攻击仇敌一样,就像从暴乱中救人一样,只求一时的大快,贪求实现自己的意志而无所顾忌,其弊端,就会使政策由一个极端发展到另一个极端,最终成为国家的祸患。提出这种说法的肯定是奸佞小人，是英明的君主所要流放的人。正因为对此道理不明白，所以唐、宋以后，作为君王之子的人，矫正先君的过失以作为忠孝，他去世以后，别人再来矫正他的过失，这样一激一随，法纪会混乱，朋党会兴起，国家因此而凋敝。然后知道三年不改父亲之道的言论，是圣人向世人展示做人子之道的，而君王之道，也没有比这个道理更高明的了。

三　东京外戚之害始于明德马后

称母后之贤，至明德马后而古今无异词①，读其诏②，若将使人涕下者，后盖好名而巧于言者也。建初二年大旱③，言者以为不封外戚之故，奸人邪说，言之而罔所愧忌，亦至此哉！

【注释】

①明德马后：指东汉明德皇后马氏(39—79)。扶风茂陵(今陕西兴平)人。伏波将军马援的小女儿，汉明帝刘庄的皇后。建武二十八年(52)被选入太子宫。中元二年(57)，汉明帝即位，马氏被封为贵人。永平三年(60)春，马氏被立为皇后。马皇后一生以俭朴自奉、不信巫祝、待人和善、约束外家著称，建初四年(79)去世，与汉明帝合葬于显节陵。著有《显宗起居注》一书。传见《后汉书·皇后纪》。

②读其诏：指建初元年(76)，汉章帝想给自己的几个舅舅封爵，而马太后不允许。后遭遇旱灾，有人认为是"不封外戚之故"，有司因此上奏，认为应该依从以前的典章制度。太后因此下诏，认为"凡言事者皆欲媚朕以要福耳"，言及汉成帝时曾给王太后的五个弟弟同日封侯之事，坚决不允许给外戚封爵。事见《后汉书·

686   读通鉴论

皇后纪》。

③建初二年:77年。建初是汉章帝刘炟的第一个年号(76—84)。

【译文】

　　称颂母后的贤德,到明德马皇后这里,古往今来都没有不同的意见,读她的诏书,好像是将要使人感动得流下眼泪一样,马皇后大概是喜欢好名声而又善于言辞的人吧。建初二年(77)天下大旱,议论的人认为这是因为章帝没有封外戚为侯,这是奸佞小人的歪理邪说,他们公然说这些话而没有顾忌、不感到惭愧,他们的无耻竟到了这种地步!

　　夫人不从上之言,而窥上之心以为从,久矣;言者之无愧忌,有致之者也。章帝屡欲封诸舅,后屡却之,受封已定,复有万年长恨之语①,人皆以谓封诸马者章帝强为之,非后意也。乃后没未几,奏马防兄弟奢侈逾僭②,悉免就国,且有死于考掠者③,同此有司,而与大旱请封之奏邈不相蒙也。奸人反覆以窥上意,则昔之请封,为后之所欲;后之劾治,为章帝之所积愤而欲逞,明矣。是以知帝之强封诸舅,阳违后旨,而实不获已以徇母之私也。

【注释】

①万年长恨之语:据《后汉书·皇后纪》记载,汉章帝封舅舅马廖、马防、马光为侯后,马皇后表示了自己对封侯一事的不满和担忧,其中提到:"何意老志复不从哉? 万年之日长恨矣!"

②马防兄弟:指马皇后的兄弟马廖、马防、马光等人。章帝即位后,他们任中郎将、城门校尉等职,其中马防率军出征羌人,因功封车骑将军。在建初四年(79)被章帝封为侯。马皇后去世后,建初八年(83),因马廖之子非议朝廷之事,有关部门上奏说

马防、马光兄弟奢侈过度，扰乱教化，章帝将他们全部罢官回封地。后来窦宪的家奴诬告马光和窦宪谋反，马光自杀。其事见于《后汉书·马援列传》。逾僭：指超越本分，冒用在上的名义或物品。

③考掠：拷打。

【译文】

人们不遵从皇帝的言论，而是窥探皇帝的心思以据此行事，这种情况由来已久；公然说天下大旱是因为章帝不封诸舅父为侯的议论者，之所以无所顾忌、毫不羞愧，是有原因的。章帝屡次想要封诸舅父为侯，马太后屡次拒绝，等到马氏兄弟受封一事已成定局后，马太后又有所谓"万年长恨"的话，人们都认为封马氏兄弟为侯是章帝强行要做的，并非出于马太后的意愿。可是太后死后没多久，上奏弹劾马防、马光兄弟奢侈僭越，使其全被罢免回到封国，且后来还有被拷打而死的情况的，同样是先前的同一有关部门，而他们此时的表现与因大旱而上奏请求封外戚为侯时完全相反。奸邪小人反覆无常，以窥测皇帝的意图，则昔日请封外戚为侯，是太后想要这么做；后来弹劾纠治马氏兄弟，是章帝心中积累的愤怒想要发泄，这是很显然的。由此可以知道章帝强行封诸舅父为侯，表面上是违背了太后旨意，而实际上是出于不得已，为了讨马太后的欢心才这么做。

车骑之盛①，丁宁戒责②，而操国之兵柄，讨羌以为封侯地，第五伦争之而不克；兵柄在握，大功既建，复饰恭俭以要誉③；此王莽之故智，后所属望于诸马者将在是乎！东京外戚之害④，遂终汉世，而国祚以亡，自马氏始，后为之也。故言不足以征心，誉不足以考实。马后好名而名成，工于言而言传，允矣其为"哲妇"矣⑤。哲妇之尤，当时不觉，后世且不知焉，以欺世而有余，可不畏哉！

【注释】

①车骑：指车骑将军马防。

②丁宁：嘱托，嘱咐。

③要：求取。

④东京：指东汉。

⑤哲妇：多谋虑的妇人。语本《诗经·大雅·瞻卬》："哲夫成城，哲妇倾城。懿厥哲妇，为枭为鸱。"

【译文】

　　以车骑将军马防权位之盛，马太后对他反复叮嘱告诫，而让他操持国家的兵权，讨伐羌人以作为封侯的理由，第五伦争论抗议这件事而不能成功；兵权已经握在手中，大功已然建立，又用恭敬俭朴来涂饰自己，以求得好名声；这是王莽曾使用过的伎俩，马太后对马氏兄弟所寄予的希望也是这样吧！东汉外戚的祸害，一直伴随东汉一朝，而国家也由此灭亡，正是从马氏开始的，这是马太后造成的。所以，一个人的言论不能代表其内心，一个人的名誉也不足以反映真实情况。马太后喜欢好名声，而她也得到了好名声，她善于言辞，而她的言辞也确实流传后世，称她为"哲妇"是公允的呀。这位"哲妇"的罪过，当时的人不能觉察出来，后世的人也不能知晓，以其智谋、手腕欺世盗名而绰绰有余，能不让人觉得可怕吗！

四　第五伦言刘豫驷协务为严苦

　　论守令之贤，曰清、慎、勤，三者修，而守令之道尽矣乎？夫三者，报政以优，令名以立，求守令之贤，未有能置焉者也。虽然，持之以为标准，而矜之以为风裁，则民之伤者多而俗以诡,国亦以不康。矜其清,则待物也必刻;矜其慎,则察物也必细;矜其勤,则求物也必烦。夫君子之清、清以和,君子之慎、慎以简,君子之勤、勤以敬其事,而无位外之图。于己不浼①,非尽天下而使严于笾豆也;于令不妄,非拘文法而求尽于一切也;于心不逸,非颠倒鸡鸣之衣裳②,以使人从我而不息也。君子修此三者,以宜民而善俗,用宰天下可矣。然而课政或有所不逮③,而誉望减焉,名实之相诡久矣。第五伦言"陈留令刘豫、冠军令驷协务为严苦,吏民愁怨,议者反以为能",谓此也。使豫与协不炫其曲廉小谨勤劳之迹,岂有予之以能名者?欲矫行以立官坊而不学④,则三者之蔽,民愁而俗诡。故曰:"君子学道则爱人⑤。"弦歌兴而允为民父母⑥,岂仅恃三者哉!

【注释】

①浼(měi):沾污,玷污。

②颠倒鸡鸣之衣裳:语出《诗经·齐风·东方未明》:"东方未明,颠倒衣裳。颠之倒之,自公召之。"意为天色未明,百姓就被公家征召,急匆匆起床劳作,连上下衣都颠倒了。喻指百姓遭受官府的残酷剥削和压榨。鸡鸣,指天明以前。衣裳,古人称上衣为衣,下衣为裳。

③课政:考课政绩。

④官坊:表彰为官政绩的牌坊。

⑤君子学道则爱人:语出《论语·阳货》:"昔者偃也闻诸夫子曰:'君子学道则爱人,小人学道则易使也。'"意思是君子学习了道就能爱护民众。

⑥弦歌:依琴瑟而咏歌,喻指礼乐教化。

【译文】

评论郡守县令是否贤能，就是从清廉、谨慎、勤劳三个方面加以考察的，如果这三方面都具备，那是否就可以说尽到了郡守县令的职责呢？通过这三个方面，官员得以陈报自己优良的政绩，树立美好的名声，要求得贤能的郡守县令，没有能够把这三方面标准置之不理的。尽管如此，假若把这三方面作为衡量地方官吏优劣的标准，重视它而把它作为裁夺的准则，那么百姓受到的伤害就会很多，而风俗也会变坏，国家也因此变得不安宁。过分注重官员的清廉，则他们待人处事必定会过于苛刻；过分注重官员的谨慎，则他们审察事务必定会过于琐细；过分注重官员的勤劳，则他们对其他人的要求必然会过于繁杂。君子的清廉，是清廉而平和，君子的谨慎，是谨慎而宽简，君子的勤劳，是在职责范围之内的勤劳，而没有职责以外的其他企图。自己洁身自好，并非是要求天下人都一点不能贪图小利；自己发布政令谨慎而不虚妄，并不是拘泥于法律条文而试图以条文来管辖一切；自己的内心不贪图安逸，并非是要严酷地逼迫百姓劳作，来役使别人跟随自己而不得休息。君子做好这三点，就可以给百姓带来好处，改善风俗，即使任用他治理天下也是可以的。然而这样做在考课政绩方面会有所不利，而名誉声望也会有所降低，名与实之间的不相符由来已久了。第五伦说"陈留令刘豫、冠军令驷协为政特别严酷，属吏和民众都忧愁怨恨，议论的人反而认为他们很贤能"，说的正是这种情况。如果不让刘豫和驷协炫耀他们过分廉洁、谨小慎微、勤劳的行迹，怎么会有给予他们贤能名声的人呢？想通过矫饰造作的行为来树立为官贤能的牌坊却不好好学习，则清廉、谨慎、勤劳三方面的缺陷，会使得民众愁苦、风俗败坏。所以说："君子学习道就能爱护民众。"兴起礼乐教化而能够做好民众的父母官，怎么能仅仅依靠这三个方面呢！

五　直言极谏补外吏

纳谏之道，亦不易矣。君无爵赏以劝之，则言者不进；

以爵赏劝之，言者抑不择而进；故纳谏难也。抑有道于此，士之有见于道而思以匡君者，非以言雠爵赏也，期于行而已矣。故明君行士之言，即所以报士，而爵赏不与焉。子曰："君子不以言举人①。"此之谓与！

【注释】

①君子不以言举人：语出《论语·卫灵公》："子曰：'君子不以言举人，不以人废言。'"意思是君子不因为别人的话说得好就推举、提拔他，也不因为一个人有不足而不采纳他的正确意见。

【译文】

君王接纳谏言的方法，也并不是容易把握的。君王如果不设立爵位赏赐来鼓励进谏，那么主动进谏的人就很少；君王如果设立爵位赏赐来鼓励进谏，那么进谏的人或许会不加选择地针对任何事情进言；所以纳谏是很难的。然而这其中也还是有正确方法的，士大夫中有一些人认识到了治理之道而想要进谏以匡正君王的过失，并不是想用进谏换来爵位赏赐，只是期望自己的建议能够实行。所以贤明的君主实行士大夫的建议，就是报答进谏士人的方法，而并不给予爵位赏赐。孔子说："君子不因为别人的话说得好就推举、提拔他。"说的就是这种情况啊！

　　且夫进言者，绳君之愆而匡之①，则言虽未工而知其为忠直之士，心识其人，而以爵赏继其后，其失焉者鲜矣。若夫所言者，求群臣之得失而抑扬之，取政事之沿革而敷陈之②，其言允，洵可行矣，而人之贤不肖未可知也。此而以爵赏酬焉，则佞人杂进而奚保其终哉？

【注释】

①绳:纠正。愆:过失,罪过。

②敷陈:详尽地陈述。

【译文】

况且进谏的人,如果纠正君王的过失以辅佐他,则进谏的言辞即使不够得当,也可以知道他是忠诚正直的士人,心中了解了这个人,然后再给予爵位赏赐,则出现失误的情况是很少的。至于某些进言的人,访求群臣的得失而加以褒贬,拿政事的沿革来详加陈述,如果其言辞允当,则确实可以拿来实行,而进谏之人是否贤能则不得而知。如果就此给予他们爵位赏赐,则奸佞小人混杂其中,这怎么能保证有一个好的结果呢?

抑其言是矣,其人非不肖矣,因其言之不讳,而置之左右,使旦夕纳诲焉①。上既唯言是取,人且引言为己任而欲终其敢言之名,于是吹求在位者无已②,而毛举庶务之废兴以为言资③。将有事止于此,而言且引之以无穷,非奸而斥之奸,非贤而奖之贤;事不可废而欲已之,事不可兴而欲行之;荒唐苛细之论,皆以塞言之责,而国是乱。故言者可使言也,未可使尽言也;可使尽言也,不可使引伸为无已之言也。斟酌之权,在乎主心,乐闻谏而不导人以口给④,爵赏之酬,其可轻乎哉!

【注释】

①纳诲:进献善言。

②吹求:吹毛求疵。

③毛举:列举不重要的小事。

④口给：口才敏捷，能言善辩。

【译文】

如果进谏者的意见是正确的，其人并非不肖之徒，因为他能直言不讳，就把他安置在自己身边，使他能够朝夕进献善言。君主既然只依据谏言来举用士人，那么人们都将把进谏作为自己的任务，而想要保持敢直言进谏的名声，于是不停地对在位的官吏吹毛求疵，而把普通政务中的细微小节成败拿来当作进谏的话题。许多事情将不得不到此为止，而人们会针对这些事情发表无穷无尽的评论，当事者不奸邪也要斥之为奸邪之人，不贤能也要用贤能的名声奖赏他；不可废弃的事情想要停止，不能兴起的事情想要施行；荒唐、苛刻、琐碎的言论，都认为是阻塞言路的责任，而国家却因此而发生混乱。所以进谏的人可以让他们进言，却不能让他们无限制地尽情发言；可以让他们尽情发言，却不能引导他们发展到没完没了地发表意见的地步。斟酌权衡的考量，取决于君主的心理，要乐于听到别人的谏言，却不能引导人养成能言善辩、无休无止的习惯，对进谏之人予以爵位赏赐的酬劳，怎么能轻率从事呢！

章帝于直言极谏之士，补外吏而试其为①，非无以酬之，而不引之以无涯之辩，官守在而贤不肖抑可征焉，庶几得之。

【注释】

①外吏：指京外的地方官吏，与京吏相对而言。

【译文】

汉章帝对于能直言极谏的士人，让他们补任京外官吏以试验他们的作为，并非不对直言进谏者予以奖赏，而是不把他们引向没有尽头的空谈，有了实际的职位，他们的贤能与否就可以得到验证，这差不多是正确的做法了。

六　废太子庆立肇

与贤者在于得人，与子者定于立嫡，立嫡者，家天下一定之法也。虽然，嫡子不必贤，则无以君天下而保其宗祏①，故必有豫教之道，以维持而不即于咎。太甲颠覆典刑，而终迁仁义，以伊尹也②。乃夫人气质之不齐，则固有左伊尹右周公而不能革其恶者。和峤困于晋惠帝之愚③，而教且穷，故汉元、晋武守立適之法④，卒以亡国。则知適子之不可教，而易之以安宗社，亦讵不可，古之人何弗虑而守一成之例以不通其变乎⑤？君子所垂法以与万世同守者，大经而已。天下虽危，宗社虽亡，亦可听之天命而安之。何也？择子之说行，则后世昵宠嬖而易元良⑥，为亡国败家之本，皆托之以济其私。君子不敢以一时之利害，启无穷之乱萌，道尽而固可无忧也。

【注释】

①宗祏(shí)：宗庙中藏神主的石室。亦借指宗庙，宗祠。

②"太甲"三句：参见卷一"秦始皇三"条注。

③和峤困于晋惠帝之愚：据《晋书》记载，晋惠帝司马衷是晋武帝司马炎的嫡子，因其兄司马轨早死，于泰始三年(267)被立为太子。但司马衷智力低下，引发臣下对其治国能力的担忧。曾任太子舍人的和峤就直接向晋武帝提出："皇太子有淳古之风，而季世多伪，恐不了陛下家事。"晋武帝理解和峤的忠心，但对于和峤的意见并未采纳。和峤(？—292)：字长舆，汝南西平(今河南西平)人。曹魏后期至西晋初年大臣。起家太子舍人，历任颍川太

守、给事黄门侍郎、中书令等职,颇受晋武帝器重。后在任上病死,谥号简。传见《晋书·和峤列传》。

④適(dí):同"嫡"。

⑤侀(xíng):成法,定规。

⑥宠嬖(bì):得宠的佞幸。元良:太子的代称。

【译文】

君主之位传给贤者,关键在于选出合适的人选;君主之位传给儿子,关键在于定下立嫡长子的规矩。立嫡长子,是家天下的固定不变的规则。尽管如此,嫡长子并不一定都是贤能的,那么他们就可能没有能力统治天下、保护宗庙社稷。所以,对于嫡长子一定要有一套预先教育的办法,以便使他能够做一个称职的接班人,而不使他有太多的过失。商代太甲做君主时,不遵君道,但最后成为一位仁义的君主,这是伊尹教育的结果。但是由于人的心理和生理素质不一样,那么也确实有即使在伊尹和周公两位贤臣的辅佐下也不能革去其恶劣本性的人。西晋和峤对于晋惠帝的愚蠢束手无策,想教育他都没办法,所以汉元帝、晋武帝坚守立嫡长子为太子的规矩,结果导致了国家的灭亡。如此,既然知道嫡长子愚昧不可教诲,就换其他人做自己的接班人来安定社稷,又有什么不可以的呢?古代的人为什么没有考虑到这一点,非要坚持一成不变的继承规则而不知道变通呢?君子所制定并与后世共同坚守的规则,只是一个大的原则而已,并非不能变通。他们虽然知道让这些愚昧的嫡长子继承皇位,天下会因此而危险,宗庙社稷会因此而灭亡,但仍然听天由命,让愚昧的嫡长子继承皇位。这是为什么呢?自从君主可以自由选择继承人的说法出现以后,那么一些君主就以此为理由废掉太子而立自己宠爱的儿子,为亡国败家打下了基础,而他们都是借着为国家社稷考虑的名义来实现自私的目的。所以,君子也不敢为一时的利害,而埋下无穷之乱的祸根,办法已经用尽,确实也没有什么可担忧的了。

　　光武以郭后失宠而废太子彊,群臣莫敢争者。幸而明帝之贤,得以掩光武之过。而法之不臧①,祸发于异世,故章帝废庆立肇②,而群臣亦无敢争焉。呜呼!肇之贤不肖且勿论也,章帝崩,肇甫十岁,而嗣大位,欲不倒太阿以授之妇人而不能③。终汉之世,冲、质、蠡吾、解渎皆以童昏嗣立④,权臣哲妇贪幼少之尸位,以唯其所为,而东汉无一日之治。此其祸章帝始之,而实光武贻之也。故立適与豫教并行,而君父之道尽。过此以往,天也,非人之所能为也,而又奚容亿计哉⑤!

【注释】

①不臧:不善,不良。

②章帝废庆立肇:据《后汉书》记载,汉章帝的皇后窦氏无子,宋贵人生皇子刘庆,梁贵人生皇子刘肇。建初四年(79)章帝立刘庆为皇太子。窦皇后妒忌宋贵人和梁贵人,屡屡在汉章帝面前说她们的坏话,使她们逐渐被汉章帝疏远嫌弃,并收养皇子刘肇为养子。建初七年(82),窦皇后诬陷宋贵人在宫中施展蛊术,宋贵人自杀,汉章帝废皇太子刘庆为清河王,立刘肇为皇太子。建初八年(83),窦皇后又诬陷刘肇生母梁贵人的父亲,致使梁贵人忧郁而死。

③太阿:也作"泰阿",战国时期著名宝剑,此处喻指权柄。

④冲:指汉冲帝刘炳,即位时年仅一岁。质:指汉质帝刘缵,即位时年仅八岁。蠡吾:指汉桓帝刘志。他原袭父爵为蠡吾侯,十五岁即位为皇帝。解渎:指汉灵帝刘宏。刘宏早年世袭解渎亭侯。汉桓帝逝世后,刘宏被外戚窦氏挑选为皇位继承人,即位时年仅十二岁。童昏:此指年幼无知。

⑤亿计：臆度，臆断。

【译文】

　　光武帝刘秀因郭皇后失宠而废掉了太子刘彊，群臣中没有敢进行谏争的人。幸亏明帝还算是贤能的君主，这样就掩盖了光武帝废嫡立爱的过失。但由于树立了这样一个不好的继承先例，使得祸患又发生在其他时代。所以章帝废掉太子刘庆而改立刘肇为太子，群臣中也没人敢争论这件事。唉！刘肇是贤能或是不肖暂且不论，汉章帝死后，刘肇年仅十岁就继承皇帝之位。想使国家大权不旁落于母后之手是不可能的。东汉一代，冲帝、质帝、桓帝、灵帝都是以年幼无知的小孩子身份继承皇帝之位的，权臣和有野心的太后就趁皇帝年幼无知、尸位素餐，把持国家大权，为所欲为，从此以后东汉就没有一天平静日子了。这个祸根是章帝埋下的，实际上又是光武帝刘秀留下来的。所以，立嫡长子为太子与对太子进行教育同时进行，这样才算是尽到了君父之道。除此以外的事情，都是出自天意，不是人所能决定的，又怎么能臆测得到呢！

七　张纡释获杀降

　　不测之恩威无常经，谋略之士所务也，谓足以震人于非所期而莫敢不服。虽然，岂足恃哉？张纡守陇西①，羌人反，其酋号吾首乱入寇，追而生得之，纡释之遣归；已而迷吾寇金城塞②，纡与战，败之，迷吾将人众诣临羌纳降③，纡以毒酒杀之。战而获，则释之；降而来，则杀之；纡以是为不测之恩威也。于是而羌祸之延于秦、陇者几百年而后定。一生一杀，不可测者如是也，彼将何据以为顺逆之从哉？

【注释】

①张纡：汉章帝时将领。他任陇西太守期间，羌人叛乱，羌人首领

号吾侵扰陇西郡,战败被生擒,张纡将号吾放走,号吾将自己的属军解散。不久护羌校尉傅育率军深入羌地征讨,结果中埋伏而死。汉章帝任命张纡为护羌校尉,率领一万余人前往征讨羌人。张纡击败羌人首领迷吾,迷吾决定投降,张纡假意受降,在受降仪式中用毒酒和伏兵杀死羌人首领八百余人,并割下迷吾的头颅祭祀傅育。其事见于《后汉书·西羌列传》。

②金城塞:在今甘肃永靖,一说在今青海民和。

③临羌:在今青海湟源。

【译文】

不可测度的恩威没有固定的原则,这是谋略之士所从事的事,他们称这样可以因为出乎预料之外而使人感到震动,从而没有敢不服的人。尽管如此,难道这种不测的恩威就足以凭恃吗?张纡镇守陇西,当地的羌人反叛朝廷,他们的首领叫号吾,首先率军入侵陇西,张纡紧急追捕,生擒了号吾,并把他释放遣归原籍。不久,又有一个叫迷吾的羌人首领进犯金城要塞,张纡与其交战,大败迷吾。迷吾不得已就率众到临羌请求投降,张纡却用毒酒毒杀了他。交战以后擒获的人,就释放他们;投降归顺的人,就杀掉他们;张纡就把这当作是不可测度的恩威。结果使羌人在秦、陇地区的暴乱持续了几百年之久,而后才得以平定。张纡的这一生一杀,是如此不可测度,羌人们又将根据什么来判断要顺从还是叛逆呢?

战而禽,禽而释,何惮乎不战;胜可以逞,败犹可以生也。降而来,来而杀,何利乎降;降而必死,不如战而得生,其不决计相寻于死斗者鲜矣。故恩威者,必有准者也,在己可白,而在物可信也。感其恩者不渝,畏其威者不可犯,乃以服天下而莫敢不服。尚勿轻言不测哉!

【译文】

交战之后被擒获，擒获之后被释放，有什么可忌惮而不继续交战呢？胜利了可以逞强，失败了还可以生还。投降归顺的人，只要来就杀掉，投降又有什么好处呢？投降了就一定得死，不如战斗下去还可以得生。其结果是很少有人不决心死战到底。所以恩威，一定要有一个标准，对于自己来说可以表白心迹，对于别人来说是可信的。被其恩义所感动的人就会坚持不渝，畏惧其威力的人也不敢侵犯，这才可以使天下服从，而没有人敢不服从。所以还是不要轻易说什么深不可测呀！

八　章帝柔处外戚

西汉之衰自元帝始，未尽然也；东汉之衰自章帝始，人莫之察也。元帝之失以柔，而章帝滋甚。王氏之祸，非元帝启之，帝崩而王氏始张；窦宪之横，章帝实使之然矣。第五伦言之而不听；贵主讼之，怒形于言，不须臾而解①；周纡忤窦笃而送诏狱②；郑弘以死谏③，知其忠，问其疾，而终不能用。若此者，与元帝之处萧、张、弘、石者无以异④。而元帝之柔，柔以己也，章帝之柔，柔以宫闱外戚也，章帝滋甚矣。托仁厚而溺于床第⑤，终汉之世，颠越于妇家⑥，以进奸雄而陨大命，帝恶能辞其咎哉？

【注释】

①"贵主"三句：窦宪倚仗其作为窦皇后之兄的权势，强行以低价侵夺沁水公主的园田，沁水公主畏惧其权势而不敢计较。汉章帝听闻此事后大怒，召窦宪前来，予以痛责，窦宪大为恐惧，窦皇后为其谢罪，将园田归还公主，章帝的怒气于是缓解。事见《后汉书·窦宪列传》。贵主：尊贵的公主，此指沁水公主。

②周纡:字文通。东汉著名酷吏,为人苛刻严酷。汉章帝时任洛阳令,整顿风纪,打击贵戚,为权贵所愤恨。窦宪之弟窦笃某日深夜从宫中回家,路上被周纡属下亭长霍延拦截,双方发生冲突,窦笃向章帝告状,章帝于是将周纡抓捕,送往诏狱,数日后放出。后周纡被免官,窦氏外戚被诛杀后复出,任御史中丞、将作大匠等职,卒于任上。传见《后汉书·酷吏列传》。窦笃:汉章帝时外戚,窦宪之弟,曾任虎贲中郎将,后来官至卫尉,封郾侯,食邑六千户。兄长窦宪败亡后,窦笃回到封地,不久自杀。其事见于《后汉书·窦融列传》。

③郑弘(?—86):字巨君。会稽山阴(今浙江绍兴)人。东汉大臣。汉明帝时任淮阳太守、尚书令。章帝时被拜为太尉。因直言忤逆了窦宪,被汉章帝责备,后来他病重,上书揭发窦宪的罪恶。汉章帝遣医生探视他,而此时郑弘已卒。传见《后汉书·郑弘列传》。

④萧、张、弘、石:指汉元帝时大臣萧望之、张猛和元帝宠臣弘恭、石显。

⑤床第:指后宫、宫闱之欢。

⑥颠越:陨落,坠落。引申为废失。

【译文】

西汉的衰落是从元帝时期开始,这种说法并不一定完全正确;东汉的衰落是从章帝时期开始的,这一点人们都没有察觉到。元帝的失误在于其软弱,而汉章帝比元帝更软弱。王氏外戚颠覆汉室的祸患,并不是元帝开启的,元帝去世以后,王氏的势力才开始扩张。而窦宪的蛮横,则确实是章帝造成的。第五伦一再进言提醒章帝,可章帝并不听从;沁水公主向章帝诉说窦宪的霸道,章帝当时也暴怒地说出严厉的话语,但不一会儿怒气就消解了;周纡因得罪了窦笃就被逮捕送入诏狱治罪;郑弘冒死劝谏章帝不可重用外戚窦氏,章帝知道他出于忠心,在郑弘生病时，也曾过问过他的病情，但最终也没有采纳他的谏言。这与汉元帝对待萧望之、张猛、弘恭、石显等人的态度是一样的。然而，元帝的软弱，是对自己的软弱，章帝的软弱，是对后宫嫔妃和外戚的软弱，相比之下，章帝更软弱。章帝假托仁厚之名，沉溺于后宫之欢，整个东汉一代，就是被外戚搞衰落的，他引进奸雄掌权，使汉朝的天命最终陨落，章帝怎么能够推卸他的责任呢？

　　曹子桓曰①："明帝察察，章帝长者。"为长者于妇人姻娅之间，脂韦嚅唲以解乾纲②，恶在其为长者哉！范晔称帝之承马后也③，尽心孝道。乃合初终以观之，帝亦恶能孝邪！马后崩未几，而马氏被遣，有考击以死者矣。是其始之欲封诸舅、后辞而不得也，非厚舅氏也，面柔于马后之前，而曲顺其不言之隐也。其终之废马氏于一旦也，非忘母恩也，窦氏欲夺其权，面柔于哲妇之前，而替母党以崇妻党也。于母氏，柔也；于诸父昆弟，柔也；于床闼④，柔也；于戚里⑤，柔也；于臣民，柔也；于罪罟⑥，柔也；虽于忠直之士，柔也；亦无异于以柔待顽谗者也。柄下移而外戚宦寺怙恩以逞，和、安二帝无成帝之淫昏，而汉终不振，章帝之失，岂在元帝下哉？

【注释】

①曹子桓：即魏文帝曹丕（187—226），子桓是其字。三国时期著名政治家、文学家，曹魏开国皇帝（220—226 在位）。传见《三国志·魏书·文帝纪》。

②脂韦：油脂和软皮。比喻阿谀或圆滑。嚅唲（rú ér）：强颜欢笑，谄媚地笑。

③范晔称帝之承马后也：指范晔称赞章帝"奉承明德太后，尽心孝

道"。事见《后汉书·肃宗孝章帝纪》。

④床闼(tà)：指内室。

⑤戚里：帝王外戚聚居的地方，借指外戚。

⑥罪罟：罪网，此指犯罪行为和罪犯。

【译文】

曹丕说："明帝善于明察，章帝是一位长者。"章帝对待后妃外戚确实像长者，在阿谀谄媚之中使自己丧失了乾纲独断的大权，怎么能称得上是长者呢！范晔称赞章帝上承马太后旨意，尽心于孝道。纵观章帝前后的所作所为，他又怎么能称得上是孝顺呢！马太后去世不久，马氏外戚就被免去爵位，还有人被拷打致死。所以，章帝当初想封他的三位舅舅为侯、马太后再三推辞而不得，这并不是章帝想厚待他的舅舅，而是他在马太后面前表现得太软弱，而曲意顺从马太后无法明说的心思。因此，他最终废掉马氏外戚的封爵，并非一朝就忘掉了母后的养育之恩，而是其妻族窦氏要夺取马氏的权力，他又在窦皇后面前表现出软弱，只好废掉母党，宠信妻党。对于马太后，他是软弱的；对于同父的其他兄弟，他是软弱的；对于后妃，他是软弱的；对于外戚，他是软弱的；对于臣民，他是软弱的；对于罪犯，他是软弱的；即使对待忠直之士，他也是软弱的。他对这些人的软弱，与对奸佞小人的软弱并无差别。他的权柄逐渐旁落，外戚、宦官倚仗其宠信，为非作歹，为所欲为。和帝、安帝两位君主，虽然不像汉成帝那样昏庸无能，但汉朝最终没能再振兴起来。汉章帝的过失，怎么会在汉元帝之下呢？

九　巡幸病天下

明帝车驾屡出，历兖、并、冀、豫、徐、荆之域，章帝踵之，天下不闻以病告，然天下亦恶能不病哉！供亿有禁[1]，窥探有禁，践蹂有禁；能禁者乘舆也，不能尽禁者从官也，不可必

禁者军旅也、台隶也②，天下恶能不病也！天子时出巡游，则
吏畏觉察而饰治，治可举矣。乃使果有循吏于此，举大纲而
缓细目，从容以綦乎治③，而废者未能卒兴，且无以酬天子之
省视；于是巧宦以逃责者，抑将缘饰其末而置其本，以徒扰
吏民；天下恶能不病也！

【注释】

①供亿：所供给的东西，这里指地方供应皇帝出行所需的用度。

②台隶：衙役、吏卒。

③綦(qí)：极，很。

【译文】

汉明帝屡次乘车驾出巡地方，游历过兖州、并州、冀州、豫州、徐州、荆州的广大地区，汉章帝也继承了明帝出巡地方的传统。虽然没有听到皇帝出巡给天下造成祸害的报告，但是天下怎么能不遭受其祸害呢！皇帝出巡，禁止地方供给物资，禁止臣民窥探圣驾，禁止践踏蹂躏百姓。然而皇帝的车驾队伍必定可以严格遵从禁令，皇帝的随从人员却不能完全遵守，随从出巡的军队和侍从的衙役、吏卒却一定不能遵守禁令，怎么能不给天下造成祸害！天子不时地出巡游历，地方官因害怕皇帝的检察而提升治理政绩，使一地出现大治的形势。如果确实有这样的好官员，先攻克主要问题而逐渐解决小问题，从容地使地方得到良好治理，但百废待兴的局面难以猝然扭转，因而无法接受天子的视察。于是，一些善于投机的官员为逃避皇帝的责备，就弄虚作假地粉饰细枝末节的政绩，颠倒本末，徒然扰乱百姓的正常生活。所以说皇帝频繁出巡怎么能不给天下造成祸害呢！

光武之明以立法，二帝之贤以继治，岂綦不念此，而乐

为驰驱以病民者,何也? 光武承乱而兴,天下盗贼蜂起,己
亦繇之以成大业,故重有疑焉,冀以躬亲阅历,补罅整纷,而
销奸桀之心①,以是为建威销萌之大计焉耳。乃国用耗于刍
粮②,小民狎其举动,羌祸一起,军兴不给,张伯路一呼于草
泽③,数年而不解,蔓延相踵,垂及黄巾之起④,而汉遂亡。盗
贼横行,以丧天下,前此未有而自汉始之。然则厚疑天下,
而恃目击足履以释忧,徒为召忧之媒,亦何益乎?

【注释】

①奸桀:奸恶的魁首。

②刍粮(zhāng):粮草,多指供应军队的饲料和粮食。粮,为粮食。

③张伯路:东汉中期农民起义军领袖。汉安帝永初三年(109)七
　　月,张伯路自称"将军",率三千余人在青州发动起义,攻占沿海
　　九郡。永初五年(111)四月,被东汉将领法雄击败,张伯路被地
　　主武装李久等击杀,起义失败。其事见于《后汉书·安帝纪》。

④黄巾:指东汉末年由张角领导的农民起义军,因起义者头裹黄巾
　　而得名"黄巾军"。

【译文】

　　光武帝以其圣明立下法度,明帝、章帝以他们的贤能承继治世,难
道他们就不知道经常出巡地方会给天下带来祸害吗? 为什么还乐于四
处出巡给百姓带来灾祸呢? 光武帝刘秀是承继天下大乱的局面而兴起
的,当时天下盗贼蜂拥而起,光武帝在镇压他们的过程中成就了自己的
事业,所以他对于地方抱有深重的疑虑,希望能够通过自己的亲身巡
阅,填补治理的漏洞、整顿纷杂的状况,从而消除地方上奸恶首领的反
叛之心,将此作为树立威信、消除祸患苗头的大计。可是这样一来国家
用度就大量消耗在军队、车驾所需的粮草上了,刁民轻举妄动,羌族一

起来造反，国家兴兵镇压，就显得军用供给不上，张伯路在草泽之中登高一呼，百姓纷纷起来响应，几年都难以平息下去，而且还不断地蔓延，发展到黄巾军起义，最后导致了汉朝的灭亡。因为盗贼横行而丧失了天下，以前从没有这样的情况，这是从汉朝才开始的。明帝、章帝因此而对天下的臣民极不信任，于是就靠自己亲自到各地走走看看，以发现问题、解除忧患，结果他们的出巡非但没有解决多少问题，反而白白增加了一些新问题，他们频繁出巡又有什么好处呢？

　　有虞氏五载一巡守①，岁不给于道途，所谓"尽信书则不如无书"也。周制：十有二年，王乃时巡。历三传而昭王以死②，四传而穆王以荒③。封建之世，天子之治，止千里之畿，则有暇以及远。五服之君④，各专刑赏之柄，则遥制而不能。然且非虞舜、成王而利不偿害。况以一人统天下而耳目易穷，自非廓然大公、推诚以听监司郡县之治，未有能消天下之险阻者也。又况乐酒从禽、游观无度⑤，如顺、桓二帝之资以为口实哉！

【注释】

①有虞氏：指虞舜。巡守：亦作"巡狩"，指天子出行，视察邦国州郡。

②昭王以死：指周昭王十九年，昭王亲自统帅六师南攻楚国，结果全军覆没，昭王死于汉水之滨。

③穆王：指周穆王爱好出游和远征，传说他曾西征昆仑，"周行天下"，"肆意远游"。

④五服：先秦时期一种理想的政区制度。在王畿外围，以五百里为一区划，由近及远分为侯服、甸服、绥服、要服、荒服，合称五服。

服,服事天子之意。

⑤从禽:追逐禽兽,指田猎。

【译文】

史书记载,虞舜每五年到各地巡游一次,整个一年都在道路上奔波,这就是所谓的"尽信书则不如无书"。周代的制度:每隔十二年,天子才按时出巡地方一次。经过三传到昭王时死于南征途中,四传到周穆王就因肆意周游而荒废了国政。在分封制的时代,由于天子治理的地方仅限于王畿周围近千里的地区,所以有时间和精力到远方出巡游历。五服内的各地君主,各自掌握着本地区的刑罚、赏赐大权,天子对他们很难遥相控制,因此出巡就成为控制地方的一种手段。然而,如果不是虞舜、成王,帝王出巡的利处抵不上其害处。况且,以一人来统治天下,耳目所能及的范围是很有限的,如果不推诚布公地信任地方官员对地方的治理,就不能消除天下的险阻。更何况,他们出巡的时候饮酒作乐、田猎无度、游山玩水,像顺帝、桓帝给人们提供可资利用的话柄。

和　帝

【题解】

汉和帝刘肇(79—105)是汉章帝刘炟第四子,生母为梁贵人,被过继给皇后窦氏为子。在窦皇后的扶持下,刘肇得以取代原太子刘庆,成为章帝新的继承人。章和二年(88),章帝去世,年仅十岁的刘肇继位,其养母窦太后临朝称制。永元四年(92),刘肇剪灭窦氏外戚势力,开始亲政。他勤于政事,多次下诏求贤,减免赋税,安抚流民,使东汉国力达到极盛,时人称之为"永元之隆"。元兴元年(105),和帝病逝于章德殿。

在和帝消灭窦氏外戚的行动中,宦官郑众直接参与了策划和实施,并在行动成功以后得到和帝的封赏和重用,开始逐渐参与到朝政决策中。这被历代史家普遍认为是东汉"宦官用权"之始。此后,外戚与宦官交替执政逐渐成为东汉政治的主旋律。对于宦官专政为何反复出现,王夫之从权力结构的角度予以了剖析:东汉立国之初,光武帝对三公权重颇为忌惮,于是着力削减三公实权,"虽置三公,事归台阁",尚书等近臣掌握了事权,但他们作为"代言之臣",权重而位卑,难以与皇帝坐而论道,且无以自固,面对外戚势力尤其无力反抗。如此一来,皇帝与外朝臣子之间的联系不畅,势必重用自己身边的宦官居间联络、处理政务,而宦官利用君王的信任和"秉笔"之权,便逐渐把持了权柄。实际上,这种催生宦官专权现象的权力结构,在唐、明等朝代也都普遍存在。

　　王夫之没有全盘否定宦官,更没有将宦官专权简单归结于宦官个人品性,而是从权力结构的角度对宦官专权予以深入解释,这种力透纸背的探求精神,正是其史论的魅力所在。

　　天人感应理论和谶纬思想在东汉社会中大行其道,影响了东汉社会的方方面面。曹褒在制定礼仪时杂引谶纬,正是对这种社会思潮的一种反映,而王夫之直斥其浅陋。和帝时发生日食,有关部门竟认为这是由于皇帝的兄弟诸王留居京师造成的,要求遣诸侯王归国。王夫之对于这种以人事强行附会天象的行径表示愤慨和不屑。他明确指出,人事可知而天未可知,日食等天象自有常度,汉儒的天人感应之说不过是"挟私意以相附会"的荒谬之言,不值得信从。这一见解,充分反映了王夫之的唯物主义思想。

一　邓训保护诸胡得专力以攻迷唐

　　议者曰:"夷狄相攻,中国之利。"谁为此言者,以贻祸于无穷矣。邓训力破浮议①,保护诸胡,免于羌难,群胡悦从,训乃专力以攻迷唐,而迷唐远窜,智矣哉!楚庄吞舒蓼②,而后灭陈、破郑,败晋于邲③;夫差栖越于会稽④,而后大败齐师,胁晋于黄池⑤;冒顿破东胡,而后困高帝于平城;苻坚吞慕容、卷河西⑥,而后大举以寇晋;蒙古灭金、灭夏,西收钦察、畏吾儿⑦,南收六诏⑧,而后举襄、樊以亡宋⑨。夷狄之起也,恒先并其丑类,而后及于中国。中国偷庸之士,犹且曰:夷狄相攻,吾利也。地益广,人益众,合众小而成一大,犹疥癣之毒聚为一痈也⑩。屡胜之气益壮,习于攻击之术益熟,得利而其愿益奢,我且鼾齁自得⑪,以为虎斗于穴而不暇及于牧厩也⑫,祸一发而不可收矣。

【注释】

①邓训(40—92)：字平叔，南阳新野(今河南新野)人。东汉官员，高密侯邓禹第六子，其女邓绥是汉和帝的皇后。元和三年(86)，卢水胡反叛，邓训被拜为张掖太守。章和二年(88)，护羌校尉张纡诱杀烧当种羌首领迷吾等人，因此羌人各部落都非常愤怒，谋划想报仇。朝廷很担心这件事，大臣们推荐邓训替代张纡为护羌校尉。羌人集结四万多人，约定黄河结冰后渡河攻打邓训。此前小月氏胡人散居在塞内，能作战的二三千骑兵，都骁勇健壮，每次和羌人交战，常常能够以少胜多。虽然他们首鼠两端，但汉人也时常收容并利用他们。当时迷吾的儿子迷唐，另与武威种羌合兵共一万多骑，来到塞下，不敢攻打邓训，想先胁迫月氏胡人。邓训护卫延滞，使双方不能交战。谋士们都认为羌人、胡人互相攻击，对汉朝有利，用夷人攻打夷人，不应该阻止他们交战。邓训说："不对。现在张纡不讲信誉，羌人各部落大举行动，汉朝平时屯守的兵力不少于二万人，运送军需品的花费，耗尽了仓库的钱财，凉州的官吏百姓，性命岌岌可危。追究胡人各部落不能满意的原因，都是因为我们对他们的爱护和信誉不够。现在趁他们处境危急，用恩德来安抚他们，可能会有用处。"于是下令打开城门，放所有的胡人的妻子儿女进来，派重兵守卫。通过安抚取得胡人支持后，邓训趁机进攻迷唐所部，将其消灭殆尽。传见《后汉书·邓训列传》。

②舒蓼：春秋时期偃姓诸侯国，属于群舒(包括舒、舒蓼、舒庸、舒鸠、舒龙、舒鲍、舒鲍、宗、巢等九国)之一，在今安徽舒城一带。

③败晋于邲(bì)：指公元前597年，楚国在邲之战中大败晋国，奠定了楚庄王称霸的根基。

④夫差栖越于会稽：指公元前494年，吴王夫差在夫椒之战中击败越王勾践，迫使勾践率军逃到会稽山上坚守不出。最终在吴军

围困下勾践只得出城投降,屈辱求和。

⑤黄池:在今河南封丘。吴王夫差在西破楚、北败徐、齐、鲁后,率
军北上,与晋定公相会于黄池,凭借军势慑服了晋国,达成了称
霸目的。

⑥符坚吞慕容、卷河西:指符坚在建元五年(369)至建元十二年
(376)间分别攻灭前燕、前仇池国和前凉政权。

⑦钦察:古代中亚的游牧民族,主要由突厥乌古思人及部分东胡后
裔构成,活动范围大致在今哈萨克斯坦一带。畏吾儿:即西州回
鹘、高昌回鹘,古代回鹘人的一支,唐宋时期在今新疆东部建立
政权,后被蒙古征服。

⑧六诏:唐初,分布在云南洱海地区的众多少数民族部落经过相互
兼并,最后形成六个大的部落,称为"六诏"。后来,六诏中的南
诏统一诸诏。南诏在宋代又被大理国取代。蒙古远征云南时六
诏早已不存在,故王夫之是以"六诏"指代大理国。

⑨襄、樊:指襄阳和樊城。南宋军队曾在此长期抵抗蒙古军。

⑩疥癣:皮肤表面的疾病。瘫:恶性脓疮。

⑪鼾齁(hān hōu):熟睡时打呼噜的声音。

⑫牧厩:马棚,泛指牲口棚。

【译文】

议论的人说:"夷狄之间相互攻伐,是对中国有利的。"不知是谁说
了这种话,却给天下带来了无穷无尽的祸患。邓训奋力破除轻浮的议
论,保护各胡人部族,使他们免于遭受羌人的攻击,胡人因此心悦诚服,
邓训于是得以集中力量进攻迷唐,而迷唐远远逃窜,邓训真是有智慧
呀!楚庄王吞并舒蓼国,而后攻灭陈国、击破郑国,在邲之战中击败晋
国;夫差将越王勾践围困在会稽山上,而后大败齐国军队,在黄池之会
上胁迫晋国而称霸;冒顿击破东胡,而后将汉高祖围困在平城;符坚吞
并前燕、席卷河西,而后大举入侵东晋;蒙古灭金、灭夏,向西收服钦察、

畏吾儿,向南攻占大理国,而后攻下襄阳、樊城,灭亡了南宋。夷狄崛起的时候,总是先吞并他们的同类,然后就会把矛头指向中原政权。中原苟且偷安的平庸士人,还在那里说:夷狄之间相互攻伐,是对我们有利的。夷狄统治的土地日益广大,人民日益增多,将众多小部落合并成一个大的政权,就好像皮肤表面疥癣的毒素最终汇聚为恶性脓疮一样。他们屡战屡胜,气势更加旺盛,攻击的技术在战争中磨炼得更加成熟,不断得利而其贪欲越来越大,而我方却还在酣睡、洋洋自得,自以为老虎在洞穴中争斗,而无暇顾及牧厩中的牲畜,祸患因此就一发不可收拾了。

善制夷者,力足以相及,则抚其弱、抑其强,以恩树援,以威制暴,计之上也。力不足以相及,闻其相攻也而忧之,修城堡,缮甲兵,积刍粮,任将训卒,以防其突出,策之次也。听其蹄啮以增其强①,幸不我及以缓旦夕之祸,坐毙之术也。其尤烈者,激之、奖之、助之,以收兼弱拾残之余利,不知戎心之熟视我吭而思扼之也②。悲夫! 庸人一言而祸千古,有如是夫!

【注释】

①蹄啮:马用蹄踢和用嘴咬,比喻相互倾轧。

②吭:喉咙。

【译文】

善于制御夷狄的人,如果我方的力量足够与夷狄匹敌,则扶持其中的弱者、抑制其强者,以恩德来树立外援,以威势来制约暴力,这是上策。如果我方的力量不足以与夷狄匹敌,那么听到他们之间相互征伐就感到担忧,修建城堡,修缮铠甲、兵器,储存粮草,任用将领,训练士卒,以防备夷狄突然出击,这是中策。听任夷狄之间相互倾轧吞并,以增强其实力,对他们没有进攻我方感到侥幸,以延缓迟早要发生的灾祸,这是坐以待毙的策略。更有甚者,还刺激他们、鼓励他们、帮助他们,想要坐收渔翁之利,却不知道夷狄之人注视着我方的喉咙,想要有朝一日扼住它。悲哀啊!平庸的人一句蠢话就足以祸害千古,竟到了如此地步!

二　袁安任隗奏令南单于反北庭为万世长策

南单于降汉,光武置之西河塞内①,迨和帝之世,窦宪出塞五千里,大破北匈奴,北单于逃亡,其余种於除鞬请立②,袁安、任隗欲乘朔漠之定③,令南单于反北庭④,驱逐於除鞬,而安其故庐,此万世之长策也。於除鞬不得立,而汉亡一敌。送南匈奴反北庭⑤,统一匈奴,而南单于抑且以为恩。乃若阳以施大德于南房,而阴以除中国腹心之蠹,戎心不启,戎气不骄,夷风不淫于诸夏,判然内外之防,无改于头曼以前之旧⑥,刘渊、石勒之祸,恶从而起哉?

【注释】

①西河塞内:指今河套地区。

②"窦宪"四句:据《后汉书》记载,东汉章和二年(88),鲜卑击败北匈奴,杀死了北匈奴优留单于,北匈奴大乱,优留单于之异母弟在混乱中被立为单于。永元元年(89)夏,东汉派窦宪、耿秉率军与南匈奴军队会合,与北单于战于稽落山,北单于大败逃走,汉军追击,班固和窦宪、耿秉登燕然山刻石纪功而还。两年后东汉军队再次大败北匈奴军,北单于被迫西迁,率残部西逃乌孙与康居。北匈奴右谷蠡王於除鞬自立为北单于,向东汉求和,东汉赐

予其印绶。但不久於除鞬反叛，东汉派遣将兵长史王辅，率千余骑兵出击，消灭了於除鞬。

③袁安（？—92）：字邵公，汝南汝阳（今河南商水西南）人。东汉大臣。曾任司空、司徒。汉和帝时，袁安与太尉宋由、司空任隗等上书劝阻窦宪北征，北征胜利后，他又反对窦宪立匈奴降将於除鞬为北单于，但没有成功。传见《后汉书·袁安列传》。任隗（？—92）：字仲和，南阳宛县（今河南南阳）人。东汉大臣。曾任将作大匠、太仆、司空。汉和帝即位后，窦宪攻打匈奴，任隗前后十次上奏，建议召窦宪回朝。传见《后汉书·任隗列传》。朔漠：北方沙漠地带，此指匈奴所居之地。

④反：通“返”。北庭：指北单于统治之地。

⑤南匈奴：指东汉时匈奴分裂后南迁入塞附汉的匈奴人。

⑥头曼：指头曼单于，匈奴第一任单于，冒顿单于之父。

【译文】

南单于归降汉朝，光武帝将他们安置在河套地区，等到和帝的时候，窦宪出塞五千里，大破北匈奴，北单于逃亡，其残余势力首领於除鞬请求被东汉册立为单于，袁安、任隗想要趁着北单于被平定的机会，让南单于重返漠北，驱逐於除鞬，而使南单于安居于其故乡，这是有利于万世的长远计策。於除鞬不被册立，而汉朝就少了一个劲敌。把南匈奴送回漠北，使其统一匈奴，而南单于会把这当作汉朝的恩德。这样，汉朝名义上是对南匈奴施予了大的恩德，而实际上也除去了中原地区的心腹大患，夷狄不会再产生侵略之心，他们的气焰不会骄横，夷狄的风俗也不会在中原地区流布，内外之防分明，就像头曼单于以前那样，如此则刘渊、石勒的祸患，又怎么会发生呢？

夷狄阑居塞内，狎玩中国①，而窥间乘弱以恣寇攘，必矣。其寇攘也，抑必资中国之奸宄以为羽翼，而后足以逞，使与民杂居,而祸烈矣。尤不但此也,民之易动于犷悍慆淫、苟简噘息②,而畏礼法之检束,亦大化之流所易决而难防也。古之圣王忧之切,故正其氏族,别其婚姻,域其都鄙③,制其风俗,维持之使若其性。而民之愚也,未能安于向化而利行之也。廉耻存,风俗正,虽有不利,而固不忍于禽行以不容于乡党。夷狄入而杂处焉,必且与之相市易矣,必将与之相交游矣,浸乃与之结昏姻矣;其衣、其食、其寝处、其男女,盖有与愚不肖之民甘醉饱、便驰逐而相得者矣。彼恶知五帝、三王之前,民之蹄啮弃捐与禽兽伍,而莫保其存亡之命者,固若此也。则且诧为新奇,大利于人情,而非毁五帝、三王之为赘疣④。然而强力不若也,安忍儇利不若也⑤,则君之、宗之、乐奉而率从之,而不知元后父母之必就吾同类而戴以德乘时之一人矣。

【注释】

①狎玩:接近,轻侮。

②慆(tāo)淫:享乐过度,怠慢放纵。苟简:草率而简略。噘息:指含有人在内的各种动物。

③域:划分。都鄙:王畿和边邑。

④赘疣:皮肤上长的肉瘤,比喻多余无用的东西。

⑤安忍:安于做残忍的事,残忍。儇(xuān)利:狡猾贪利。

【译文】

夷狄之人入居塞内,接近华夏地区,他们一定会窥测机会、趁着中原衰弱之时大肆劫掠侵扰。他们劫掠侵扰中原,也一定会借助中原地区的奸佞小人并将其作为他们的羽翼,而后才足以得逞,因此让他们与内地百姓杂居在一起,灾祸是尤其严重的。而且事情还不止于此,百姓容易被夷狄粗野强悍、怠慢放纵、草率简略的风俗所打动，而畏惧礼法的约束，这也是广远深入的教化之河流容易冲垮堤岸而难以防御的原因。古代的圣王对此深切忧虑，所以整顿其氏族，区别其婚姻，划分其都鄙，制定风俗，长久加以维持，使这些融入百姓的习性中。而百姓愚昧，不能安于归服并践行教诲。然而只要廉耻之心存在，风俗醇正，即使百姓并非满心欢喜地主动践行教化，但他们终究不忍心做出禽兽之行，以使自己不被乡里所容忍。夷狄进入内地而与百姓杂居相处，百姓必将与他们交易货物，也必定会与他们相互结交，逐渐地还会与他们互通婚姻；其服饰、其饮食、其坐卧举止、其男女关系，都有能够影响到内地愚蠢而不肖的百姓、使得他们甘于酒食过度、以纵马驰逐为便利、从而彼此相处融洽的地方。这些百姓怎么会知道在五帝、三王之前，民众相互倾轧、相互抛弃、与禽兽为伍，而不能保住自己的性命，本来就像夷狄现在的生活状态一样。如此他们将会对夷狄的风俗感到诧异、新奇，认为这些风俗大大有利于顺应人心，而诋毁五帝、三王的教化为多余的无用之物。然而他们的强壮有力比不上夷狄，狡猾残忍、贪图利益也比不上夷狄之人，则他们会将夷狄作为君主、宗主，乐于尊奉他们而相继服从他们，就不知道天子、父母必定会接近同族同类而拥戴以德行顺应时势的君王了。

女奚之酿也①，必择其酸醅而去之②，恶其引旨酒而酸之也③；慈父之教也，必禁其淫朋而绝之，恶其引朴子而胥淫也。祸莫重于相引，而相害者为轻；害知御，引不知避也。于是而知袁安、任隗之识远矣。其言曰："光武招怀南单于，非谓可永安内地，正以权计之算，扞御北狄④。"夫光武岂可谓之权哉？倒置重轻，而灭五帝、三王之大经也。

【注释】

①女婓：女奴，奴婢。古代有女婓酒,俗称"女奴酒",是古代一种由
　没入官府的女婢所酿的酒。

②酸醅(pēi)：酿酒过程中产生的发酸的酒糟。

③旨酒：美酒。

④扞御：防御。

【译文】

在酿制女婓酒的时候,一定要将其中发酸的酒糟挑出来扔掉,这是
厌恶它会将美酒都染酸;慈父教育儿子,一定会禁止其与狐朋狗友来
往、使其断绝关系,这是厌恶他们会将自己淳朴的儿子引向荒淫。没有
比相互引诱更严重的祸患了,相比之下,害人算是比较轻的了;对于别
人的伤害,尚且可以抵御,对于别人的引诱,人们却往往不知回避。由
此可以知道袁安、任隗是有远见卓识的。他们说："光武帝招引、怀柔南
单于入塞居住,并不是说可以让他们永远居住在内地,这样做仅仅是权
宜之计,以便抵御北匈奴。"光武帝招引南匈奴入塞居住难道可以说是
权宜之计吗? 他轻重不分、本末倒置,实际上是破坏了五帝、三王区分
华夷的大原则。

三　宦寺亡汉之祸开于光武之不亲大臣

孝和之世,袁安、任隗、丁鸿为三公,何敞、韩稜为尚
书①,皆智勇深沉,可与安国家者也。窦宪之党,谋危社稷,
帝阴知而欲除之,莫能接大臣与谋,不得已而委之郑众②,宦
寺之亡汉自此始。非和帝宠刑人、疏贤士大夫之咎也③,微
郑众,帝其危矣。揆所自始④,其开自光武乎! 崇三公之位,
而削其权,大臣不相亲也;授尚书以政,而卑其秩,近臣不自
固也。故窦宪缘之制和帝不得与内外臣僚相亲,而唯与阉

宦居⑤。非宪能创锢蔽之法以钳天子与大臣也⑥，其家法有旧矣。三公坚持匈奴之议，而不能违宪之讨虏，权轻则固莫能主也。尚书郅寿抗窦宪而自杀⑦，则诛赏待命于权臣也。西汉之亡也，张禹、孔光悬命于王氏之手而宗社移矣。光武弗知惩焉，厚其疑于非所疑者，使冲人孤立于上⑧，而权臣制之，不委心膂于刑人⑨，将谁委乎？明主一怀疑而乱以十世，疑之灭德甚矣哉！

【注释】

①何敞（？—约105）：字文高，扶风平陵（今陕西咸阳）人。东汉经学家、官员。汉和帝时任尚书，屡次上书弹劾外戚奢侈不法之举。后出任济南王太傅、汝南太守等职。传见《后汉书·何敞列传》。韩棱（？—98）：字伯师，颍川舞阳（今河南舞阳）人。东汉官员，曾任尚书令。窦氏兄弟专权，韩棱不畏权贵，多次与窦氏抗争，举荐良吏。窦氏败亡后，韩棱负责追究其党羽，数月未曾休息。传见《后汉书·韩棱列传》。

②郑众（？—114）：字季产，南阳犨（chōu）县（今河南鲁山）人。东汉宦官。汉章帝时，由小黄门迁中常侍。汉和帝时加位钩盾令。郑众为人谨慎机敏、有心计，又忠于和帝，因此得到了和帝的宠信。永元四年（92），郑众帮助汉和帝发动政变，诛杀窦氏外戚，因功升任大长秋。此后汉和帝常与郑众议事。宦官用权，自郑众开始。永元十四年（102），郑众被封为鄛（cháo）乡侯，食邑一千五百户。传见《后汉书·宦者列传》。

③刑人：刑余之人，指宦官。

④揆：揣度，揣测。

⑤阉宦：宦官。

⑥锢蔽：禁锢闭塞。

⑦郅寿：字伯孝，汝南西平（今河南西平）人。东汉时期官员。汉和帝时任尚书仆射，因上书讥刺窦宪而被投入监狱，判处流放之刑，郅寿愤而自杀。其事见于《后汉书·窦宪列传》。

⑧冲人：年幼的人。

⑨心膂：心和脊梁骨，比喻重要的职任。

【译文】

和帝在位的时候，袁安、任隗、丁鸿做三公，何敞、韩棱担任尚书，他们都是机智勇敢、深沉干练的人才，是可以与其共同安定国家的人。窦宪一伙，谋划危害社稷，皇帝私下里知道了这件事而想要除掉他们，没办法接近大臣以便与他们谋划，不得已而将除掉窦宪的重任委托给了宦官郑众，宦官灭亡东汉就是从此开始的。这并不是汉和帝宠信宦官、疏远贤能士大夫的过错，如果没有郑众，和帝处境就危险了。追溯这种情况出现的源头，大概还是从光武帝时期开始的吧！光武帝尊崇三公的地位，却削夺其实权，大臣与君王并不相互亲近；将政务授给尚书处理，而压低其官位品级，所以尚书虽是皇帝近臣，却无法巩固自己的地位。所以窦宪利用这种制度控制和帝，使他不得与内外臣僚相互亲近，而只能与宦官相处。这并不是窦宪能创造出禁锢闭塞的办法来钳制天子和大臣，而是光武帝留下的家法中就有这样的旧制。三公都坚持不能对匈奴用兵，却不能阻止窦宪征讨北匈奴，他们的实权太轻，所以本来就无法做主。尚书郅寿因为反对窦宪而自杀，如此则赏罚都取决于权臣的命令。西汉灭亡时，张禹、孔光的性命掌握在王氏外戚手中，而宗庙社稷最终易主。光武不知道吸取教训，反而对不该怀疑的人施加强烈的怀疑，使年幼的皇帝孤立地处在上位，而权臣对其加以操纵，皇帝不把除掉外戚的重任委托给宦官，又能委托给谁呢？英明的君主一旦怀有疑心就会祸乱十代人，疑心毁灭德行也太厉害了！

　　创业之主而委任大臣,非仅为己计也。英敏有余,揽大政于一心,而济之以勤,可独任矣。大臣或有一二端之欺己,而遂厚致其疑;然其疑君子也,必不信小人;君子且疑,而小人愈惧;此岂可以望深宫颐养中材以下之子孙乎①? 公辅无权,中主不胜其劳,而代言之臣重;代言之臣秩卑,不得与坐论而亲扆坐②,则秉笔之宦寺持权;祸乱之兴,莫挽其流矣。天下皆可疑,胡独不疑吾子孙之智不逮,而昵于宴安也乎③?

【注释】

①颐养:保护调养。

②扆(yǐ)坐:亦作"扆座",帝王的座位。

③宴安:安逸享受。

【译文】

　　创业的君王将政务委任给大臣,并不是仅为自己考虑。开国君王英明聪敏有余,如果他们将天下大政集于一身,再加上他的勤奋,是可以独自承担治理天下的重任的。大臣有时会在一两件事情上欺骗君王,君王就会对他们产生强烈的怀疑;然而君王猜疑君子,必定不会信任小人;君子尚且会被怀疑,而小人会更加恐惧;但这种手腕,难道可以期望那些在深宫中被抚养长大、仅有中等以下才智的子孙也有吗? 宰辅没有权力,才智平庸的君主不能承受治理天下的辛劳,那么为君王代言的臣子权力就重;可代言的臣子品级低下,不能参与国家大事的谋划和决策并亲近君主,如此则替皇帝执笔批阅奏章的宦官将把持权力;于是祸乱兴起,没有办法加以挽救了。开国君主认为天下人都可疑,为什么唯独不怀疑自己的子孙才智不足以治国,而只会沉溺于安逸享受呢?

　　当其始也,大臣与宦寺犹相与为二也,朝纲立而士节未堕,则习尚犹端,而邪正不相为借。若袁安、任隗、丁鸿者,虽忧时莫能自效,而必不攀郑众以有为。事不求可,功不求成,自靖以听天①,而不假枉寻以直尺,故郑众虽有成劳,而尚存捡柙②。迨及君臣道隔,宦寺势成,大臣之欲匡君而卫国者,且绍介之以行其志③,而后宦寺益张而无所忌。杨一清因张永以诛刘瑾④,杨涟且不得不左袒王安以抑魏忠贤⑤,则忠端之大臣不能绝内援以有为,又恶能禁小人之媚奄腐哉⑥?高拱、张居正之废兴⑦,一操于冯保之荣落⑧。上失其道,下莫能自主,祸始于东汉,而流毒万年,不亦憯乎!

【注释】

①自靖:各自谋行其志。

②捡柙(xiá):规矩,法度,约束。捡,通“检”。柙,关兽的木笼。

③绍介:介绍。

④杨一清因张永以诛刘瑾:据《明史》记载,明武宗时宦官刘瑾专权,骄横跋扈,引起公愤。杨一清等大臣意欲扳倒刘瑾。当时,另一位受武宗信任的宦官张永也对刘瑾不满。正德五年(1510),明武宗派杨一清与张永共同征讨叛乱的安化王。杨一清与张永在扳倒刘瑾问题上达成一致,于是张永利用献俘之机,向武宗揭露了刘瑾的罪状,明武宗下令抓捕刘瑾并抄其家,最终以谋反罪名将其处死。

⑤杨涟且不得不左袒王安以抑魏忠贤:据《明史》记载,宦官王安在明神宗时保护和服侍皇太子朱常洛,光宗朱常洛即位后,擢升他为司礼监秉笔太监。王安劝光宗重用东林党杨涟等人,后又协助明熹宗和东林党处理“移宫案”。后来王安被魏忠贤陷害致

死,杨涟为其鸣不平,在向明熹宗上书时将害死王安作为魏忠贤的重大罪状。左袒:袒护,偏袒一方。

⑥奄腐:亦作"阉腐",指宦官。

⑦高拱(1512—1578):字肃卿,号中玄,开封新郑(今河南新郑)人。明中期大臣。嘉靖二十年(1541)进士。穆宗朱载垕为裕王时,任侍讲学士。嘉靖四十五年(1566)因徐阶推荐,拜文渊阁大学士。隆庆五年(1571)升任内阁首辅。明神宗即位后,高拱因皇帝年幼,想将司礼监之权收归内阁。与张居正谋划,张居正与司礼监太监冯保交好,冯保于是向李太后进言,指责高拱专权妄为,高拱被勒令致仕。传见《明史·高拱列传》。

⑧冯保(1543—1583):字永亭,号双林,深州(今河北深州)人。明代太监。于嘉靖年间入官,隆庆初年掌管东厂兼理御马监,后负责陪伴、保护年幼的万历皇帝。万历即位后,历任司礼监秉笔太监和司礼监掌印太监。他支持张居正改革,使大明政权一度出现复苏局面。冯保有着较好的文化素养,在司礼监监刻了《启蒙集》《帝鉴图说》等很多书。后来冯保因为万历皇帝对他的忌恨而被放逐到南京,因病而死,家产也被抄收。传见《明史·宦官列传》。

【译文】

刚开始的时候,大臣与宦官还泾渭分明,朝廷纲纪得以确立,而士人的节操未曾堕落,如此则风尚还很端正,而奸邪与正直也不会相互错位。像袁安、任隗、丁鸿这样的人,即使担忧时局、报国无门,也必定不会攀附郑众以求有所作为。他们不求事情必定成功,不求功业必定能成就,追求自己的志向而听天由命,而不假借弯以求直,所以郑众虽然立有大功,而仍然比较检点。等到君臣之道相隔绝,宦官势力已然形成,想要匡扶君主、保卫国家的大臣,就必须通过宦官的中间引介才能实现自己的志向,而其后宦官的实力日益扩张而无所顾忌。杨一清利用张永来诛杀刘瑾,杨涟尚且不得不偏袒王安以贬抑魏忠贤,则忠诚端正的大臣尚且不能不引宫内宦官为内援以图有所作为,又怎么能禁止小人谄媚宦官呢? 高拱被罢黜、张居正升任首辅,全都取决于宦官冯保。君主失去其正道,臣下不能自主,这种灾祸开始于东汉,而流毒万世,不也太让人痛心了吗!

四 党祸始于尽诛窦宪之宗族宾客

朋党之兴,其始于窦宪之诛乎! 霍氏之败也,止其族类之同恶者,而不及其余;王莽篡而伏诛,王闳其族子而免①,他勿论已。窦宪之即法也,窦笃、窦景、郭璜、邓叠之同恶②,诛之可也;宋繇以大臣而与比③,罢之可也;班固之怙势而横,窜之可也;尽举其宗族宾客名之以党,收捕考治之④,党之名立,而党祸遂延于后世。君子以之穷治小人,小人即以之反噬君子,一废一兴,刑赏听人情之报复,而人主莫能尸焉⑤,汉、唐以还,危亡不救,皆此之繇也,可不悲乎!

【注释】

①王闳:王莽叔父王谭之子。汉哀帝时任中常侍,常规谏哀帝。王莽掌权后对王闳颇为忌惮,将其外放为东郡太守。更始帝刘玄入主洛阳后,委任王闳为琅邪太守。刘玄败亡后,王闳投奔刘秀,保住了性命和地位。传见《汉书·王闳传》。族子:同族兄弟之子。

②窦景:窦宪之弟。郭璜、邓叠:窦宪的心腹党羽。

③宋繇:即宋由,京兆长安(今陕西西安)人。东汉大臣。汉章帝、汉和帝时任太尉,窦宪败亡后,因与窦宪结党获罪,被罢官回老家,最终自杀而死。

④考治：拷问治罪。

⑤尸：执掌，主持。

【译文】

朋党的兴起，大概就是开始于诛杀窦宪吧！霍光家族败亡后，追究牵连的仅限于其同族中参与恶行的人，而没有殃及其他人；王莽篡位而被诛杀，王闳作为其同族兄弟之子而免于一死，也没有再牵连其他人。窦宪被正法后，窦笃、窦景、郭璜、邓叠这些与其一同犯下罪恶的人，诛杀他们是可以的；宋䣊以大臣身份而与窦宪结党，罢免他也可以；班固倚仗窦宪的势力而横行不法，将他流放也可以；把窦宪的宗族宾客都称为他的党羽，全部逮捕入狱、拷问治罪，这样"党"名确立，而党祸于是蔓延到后世。君子以结党为名极力整治小人，小人也立即以结党罪名反咬君子一口，这样一废一兴，刑罚赏赐完全成为他们相互报复的手段，而君主也无法主持其事，汉、唐以来，国家处于危亡而不能挽救，都是由于这一缘故，能不让人感到悲痛吗！

子曰："唯上知与下愚不移①。"然则中材之可移者多矣。无所慕而好善，无所惩而恶不善，中心安仁者，天下之一人也。出而欲仕，仕而欲速，非能择恶而远之，抑非必择善而忌之也。人主不能正于上，大臣不能持于下，授奸邪以奔走天下之柄，使陷于恶，无抑内愧于心乎？捐廉耻，迷祸败，徼一旦之利禄，以蹈于水火，仁人所哀矜而不以得情为喜者也。锢之以党，而蘼之以穷年②，实繁有徒，亦且聚族延颈待国事之非而乘之复起。迨其后也，愤毒积，而善类之死生悬于其手，而唯其斩艾③。国亡人而人亡国，自臣子之迭相衰王酿之，而君亦且无如之何，此抑可为痛哭者矣！

【注释】

①唯上知与下愚不移:语出《论语·阳货》:"子曰:'唯上知与下愚
不移。'"意思是只有上等的智者与下等的愚者是改变不了的。

②穷年:毕生,终其天年。

③斩艾:斩杀。

【译文】

孔子说:"只有上等的智者与下等的愚者是改变不了的。"如此则中
等才智的人中有很多可以被改变。没有仰慕效仿的对象而能好行善
事,没有反面教训而能憎恶不善,心中安于仁义,这样的人,天下只有一
个。出仕而想要做官,做官后想要快速得到提升,不能鉴别出坏人而远
离他们,也必定不能鉴别出好人而忌妒他们。君王不能在上位端正自
身,大臣不能在下面坚持正道,把统治天下的权柄授给奸邪之徒,使天
下人陷入恶行之中,他们内心难道就不感到惭愧吗?抛弃廉耻,对大祸
临头熟视无睹,贪图一时的利禄,不惜赴汤蹈火,仁义之人为此感到悲
哀、可怜,但不会为得到一时的利益而感到高兴。将他们以党人的名义
禁锢,而终生限制、压抑他们,遭遇这样处理的人是很多的,他们也都将
聚族而居、伸长脖子等待国事的变化,企图趁机东山再起。等到他们复
出以后,他们要发泄累积的愤怒,而善良之人的生死又操纵在他们手中
了,只能任由他们宰割。国家毁灭了人,人们又毁灭了国家,大臣之间
相互倾轧、此起彼伏,国家的衰亡由此酝酿,而君王对此也无可奈何,这
又是值得人们为之痛哭的地方啊!

　　邪党之依附者,戚里也、宦寺也、宫闱也。乃陈蕃之死
以窦武,亦戚里也;司马、吕、范之贬以宣仁①,亦宫闱也;杨、
左之杀以王安,亦宦寺也。彼小人者,亦何不可借戚里、宫
闱、宦寺之名以加君子哉?子曰:"举直错诸枉,能使枉者

直。"②枉者直，则直用之，奚党之有乎？舜之所诛者共、驩耳，而告司徒曰："敬敷五教，在宽。"③中材之士，不绝其利禄之径，而又涤除其佥佞之名④，亦何为不濯磨以自新邪⑤？

【注释】

①司马、吕、范之贬以宣仁：据《宋史》记载，宋神宗时任用王安石变法，遭到宣仁高太后和司马光、吕公著、吕大防、范纯仁等守旧大臣的反对。宋神宗死后，高太后以太皇太后身份临朝称制，任用司马光、吕公著、吕大防、范纯仁等大臣为宰辅，尽废新法。高太后去世后，宋哲宗亲政，他任用新党再行元丰新法，贬抑高太后重用的司马光（已死）、吕公著（已死）、吕大防、范纯仁等人。

②"子曰"三句：语出《论语·颜渊》。意思是：孔子说，把直的东西放到弯曲的东西上面，弯曲的东西就能变直了。喻指把正直的人提拔起来，使他们的地位在邪恶的人之上，这就能使邪恶的人正直起来。

③"舜之"四句：据《尚书·舜典》记载，舜帝将邪臣共工流放到幽州，驩兜流放到崇山；他对司徒契说："契，百姓不亲，五品不逊。汝作司徒，敬敷五教，在宽。"敬敷：恭敬地布施教化。五教：五常之教，指父义、母慈、兄友、弟恭、子孝五种伦理道德的教育。

④涤除：清除，去掉。佥佞：奸佞的人。佥，通"憸"，奸邪。

⑤濯磨：洗涤磨炼。比喻加强修养，以期有为。

【译文】

邪党所依附的对象，就是外戚、宦官、后妃。陈蕃因跟随窦武而死，这是依附外戚；司马光、吕公著、吕大防、范纯仁因仰赖宣仁高太后支持而被贬，这是依附后妃；杨涟、左光斗因依靠王安弹劾魏忠贤而被杀，这是依附宦官。君子尚且可以依靠外戚、宦官、后妃来对付他们的对手，那么，那些小人又为什么不能借助外戚、宦官、后妃的名义来对付君子呢？孔子说："把直的东西放到弯曲的东西上面,弯曲的东西就能变直了。"邪恶的人变得正直,那么就把他当作正直的人来用,哪里还会有什么党派呢？虞舜诛杀邪臣共工、驩兜,而告诉司徒契说："要恭恭敬敬地布施五常的教化,要宽以待民。"中等才能的人,如果不杜绝其追求利禄的途径,而又除去其奸佞的名声,他们又怎么会不好好洗涤磨炼自己以改过自新呢？

张酺曰①："宪等宠贵,群臣阿附唯恐不及,言宪怀伊、吕之忠,比邓夫人于文母②。严威既行,皆言当死,不顾其前后。"以此思之,君失道于上,大臣失制于前,使人心摇摇靡定,行不顾言,言不顾心,如饮之狂药而责其狂,狂可恶,而饮之药者能勿疚乎？君子当思有以处之矣。定国者一人,非天下之自能定也。愤奸邪之驰骋,快诛殛于一朝③,博流俗之踊跃,其反也,还以自戕而戕国。搎铁者戒其反覆,任人之宗社,曾爱铁之不若,而亟反亟覆以折之也!

【注释】

①张酺(pú,？—104)字孟侯,汝南细阳(今安徽太和)人。东汉大臣、学者。早年曾负责教授皇太子刘炟(即汉章帝)。刘炟即位后,升任侍中、虎贲中郎将。汉和帝即位后任魏郡太守、河南尹等职。他不畏权贵,敢于纠治外戚窦景等人。窦宪败亡后,他上书反对和帝对窦氏一网打尽的政策,力保夏阳侯窦瑰等人。永元五年(93),升任太仆,不久担任太尉。后因小事被策免。永元十六年(104),复任光禄勋,同年七月任司徒。任职一月多后逝世。传见《后汉书·张酺列传》。

②邓夫人:指窦宪党羽、穰侯邓叠的母亲。她受到窦太后宠爱,时

常出入宫禁。后来窦宪败亡,她也被诛杀。文母:指周文王之妻、周武王之母太姒。

③诛殛(jí):诛杀。

【译文】

张酺说:"窦宪等人为君主所宠信、地位尊贵的时候,大臣们阿谀攀附他们唯恐不及,都说窦宪怀有像商代伊尹、周代吕尚一样的忠心,把邓夫人比作周武王的母亲太姒。圣上的严厉诏命颁行以后,众人又都说窦宪等人应当处死,而不顾他们前后的言论截然相反。"由此想来,君主在上偏离君道,大臣就会在前面失去制约,从而使人心摇摆不定,行事与言论不一致,所言与所思不一致,就如同饮用了使人发狂的药物一样,人们责备他的狂,狂固然可恶,而使他喝下发狂药的人难道就不感到内疚吗?君子应当认真考虑这个问题,然后再决定如何处理。安定国家的是君王一人,并非天下自己能安定下来。愤恨奸邪之人的肆意妄为,只求快点把他们诛杀掉,来博得流俗之人的喝彩,然而自己却不吸取教训,反过来重蹈奸邪之人的覆辙,最终害了自己也害了国家。打铁的人最忌讳反覆,身上担负着别人的宗庙社稷,却还比不上铁匠对铁那样用心,急反急覆,结果造成了国家的灭亡。

五 张酺以专家之学奏曹褒擅制汉礼

章帝命曹褒制汉礼①,不参群议,断自上裁,而褒杂引"五经"、旁及谶纬以成之。和帝之加元服②,亦既用之矣,张酺奏褒擅制、破乱圣术而废之,褒所定礼遂不传于世,亦可惜矣!褒之引谶纬以定彝典③,其说今间见于郑玄④,如号上帝以耀宝魄之类⑤,诚陋矣;若其杂引"五经"以参同异者,初未尝失。而酺以专家保残之学,屈公义以伸其私说,其不能通于吉凶哀乐之大用也庸愈乎?

【注释】

①曹襃(?—102)：字叔通，鲁国薛(今山东滕州)人。东汉时期儒
学家、官员。汉章帝想要重订礼乐制度，于章和元年(87)命曹襃
制订汉礼，曹襃参考旧制，杂引"五经"、谶纬，制定"天子至于庶
人冠婚吉凶终始制度"，共计一百五十篇。曹襃将新礼上奏给章
帝，但群臣议论纷纭。不久章帝去世，和帝按照曹襃所定礼仪举
行了冠礼。后来太尉张酺、尚书张敏等上奏弹劾曹襃擅制《汉
礼》，破乱圣术，《汉礼》遂不行。传见《后汉书·曹襃列传》。

②元服：指皇帝之冠。自汉以下，皇帝加冠，多称"天子加元服"。

③彝典：常典。

④郑玄(127—200)：字康成，北海高密(今山东高密)人。东汉末年
经学家。早年曾入太学攻《京氏易》《公羊春秋》，又从张恭祖学
《古文尚书》《周礼》和《左传》等，后来师从马融学习古文经。游
学归乡之后，聚徒授课，弟子达数千人。党锢之祸中遭到禁锢，
闭门遍注《论语》《尚书》《周易》等儒学经典，著有《天文七政论》
等书。晚年守节不仕，却遭逼迫从军，最终病逝于元城。传见
《后汉书·郑玄列传》。

⑤号上帝以耀宝魄：汉代阴阳谶纬学说中，认为"耀魄宝"即天帝
星，是北极五星的最尊者。《旧唐书·礼仪志一》引《月令》及《周
官》故注称：圆丘所祭昊天上帝即为北辰星耀魄宝。耀宝魄，当
为耀魄宝之误。

【译文】

汉章帝命令曹襃制定汉礼，不参考群臣的建议，完全由自己来裁
决，曹襃交杂引用"五经"中的有关内容，也吸取了谶纬中的一些内容，
制成了汉礼。和帝举行元服加冠礼的时候，就已经采用了曹襃所定的
礼仪。后来，张酺上奏指责曹襃擅自制定礼仪，破坏扰乱圣人之术，因
此废除了曹襃所定的礼仪。于是，曹襃所制定的礼仪就没有流传到后

世,这也太可惜了! 曹褒吸取谶纬中的有关内容来制定国家的常典,他的一些说法从郑玄的著作中还可以间接见到,比如用"耀宝魄"来称呼上帝之类的话,也确实太浅陋了;至于他采纳了"五经"中的有关内容来参定礼仪的异同,当初也未尝就是错误的。而张酺却以专攻一家的抱残守缺之学,不惜委屈公义以倡导自己的学说,他不懂得吉凶哀乐之礼的重要用处,不也太庸俗了吗?

秦废三代之彝典,制氏、戴氏、后氏仅传其一曲①,而不可通之于他,未可执也。且即其存者而犹有不可执者焉。子曰:"殷因于夏礼,所损益可知也②。"因者,仁义之蕴、中和之藏、彝伦之叙耳。夏、殷、周治法相仍,而犹随时以损益,况郡县之天下迥异于三代者哉?

【注释】

①制氏:西汉初鲁地(今山东南部)人。因通晓雅乐声律而世代任乐官。他在汉初传承了古代音乐的一些知识。武帝时,河间献王好儒,窦公与毛生等人共采《周官》及谱子书中谈乐的篇章,作《乐记》,其内容与制氏所传相近。戴氏:指西汉时期梁(今河南商丘)人戴德和戴圣叔侄。他们分别著有《大戴礼记》和《小戴礼记》。后氏:即后苍。东海郯(今山东郯城)人。西汉经学家。后苍也精通《诗》《礼》《孝经》。武帝时立为博士,官至少府。撰有《后氏曲台记》,已佚。三人事迹皆见《汉书·儒林传》。一曲:一隅。曲,局部,片面。

②殷因于夏礼,所损益可知也:语出《论语·为政》:"子曰:'殷因于夏礼,所损益可知也;周因于殷礼,所损益可知也。其或继周者,虽百世可知也。'"意思是商朝继承了夏朝的礼仪制度,所减少和

所增加的内容是可以知道的。

【译文】

　　秦朝废弃了夏、商、周时期的常典,制氏、戴德、戴圣、后苍都仅仅保存了其中的一部分,而不能把所有礼仪贯通起来,因此不能采用他们的学说。况且,即使在那些保存下来的古礼中,也还有不能采用的。孔子说:"商朝因袭了夏朝的礼仪制度,所减少和所增加的内容是可以知道的。"所因袭的内容,就是仁义之道的蕴含于心、中和之道的隐藏锋芒、人伦常道的讲究次序。夏朝、商朝、周朝治理国家的大法是相继的,但也随时做损益调整,更何况实行郡县制的天下已经与三代时期迥然不同了呢?

　　即以彝伦之不易者言之:父子,均也;而汉、唐无自出之帝,不可强立,王侯无社稷之守,长子之丧,不当上视君父。君臣,均也;而令之于守,掾属之于守令,国相长史之于侯王,生杀废置统于天子,令共之谊,自异于三代侯国之臣。兄弟,均也;侯王无国,公卿不世,孝秀登朝①,士农迭为兴废,宗子不得独尊②,支庶不得终贱。夫妇,均也;同姓而婚姻不通,乃同一姓而所出者异,周、齐、楚、郑之各有王氏,非本支也;周宗之支,周、鲁、滕、邢、孟、仲、臧、南,固同姓也③;禁异出而不禁同祖,非其本矣。秦奖节妇,而出妻再适,不齿于人伦;舅姑视父母④,以正家纲,而答拜之仪⑤,且适骄其悍妇。然则彝伦之损益,得"五经"之精意,而无嫌于损益,多矣。他如觐聘之礼⑥,田猎之制,相见之仪,馈赠之节,郡县行之,而情固不浃⑦,事固不治。是必通变以审天则,穷理以察物宜,曲体乎幽明之故,斟酌乎哀乐之原,使贤者可就,不肖可及，以防淫辟，以辨禽兽，而建中和之极，用锡万民⑧，固必参"五经"之大义微言，以出入会通，而善其损益；虽或有过焉，可俟后之作者，继起而改之，可勿虑也。若夫专家之学，守其故常，执闻见而迷其精意，亦恶足尚哉？

【注释】

①孝秀：孝廉和秀才。

②宗子：大宗的嫡长子。

③"周宗之支"三句：据《通志·氏族略》记载，周、鲁、滕、邢、孟、仲、臧、南诸氏同属姬姓。

④舅姑：公婆。

⑤答拜：古代位尊者对于位卑者所行礼拜的回礼。此指婚礼中长辈对晚辈行礼拜的回礼。

⑥觐聘之礼：朝觐聘问的礼仪。朝觐指诸侯入朝觐见天子。聘问指国与国或各个方面之间遣使访问。

⑦浃：融洽。

⑧锡：通"赐"。

【译文】

就以人伦常道中不变的部分来说：父子是相同的；但是汉朝、唐朝没有自己出来做皇帝的，也不能强行拥立皇帝，王侯没有封地、没有宗庙社稷，长子去世，在礼仪上也不能比拟君父。君臣是相同的；县令之于郡守，属吏之于郡守、县令，王国的国相、长史之于王、侯，他们的生杀予夺全部操纵在天子手中，上下级之间共事的情谊，自然不同于三代时期的诸侯国的大臣。兄弟是相同的；诸侯王没有自己的国家宗庙社稷，公卿的地位不能世袭，孝廉、秀才可以升迁进入朝廷，士人与农民的地位在不断更迭变化，大宗嫡长子不能独尊，支庶子弟也不会永远低贱。夫妇是相同的；同姓之间不能通婚姻，可是即使同一姓所出者也有不同的情况,周朝、齐国、楚国、郑国都有王氏,但他们并非同一家族嫡系和庶出子孙的关系;周宗的分支,周、鲁、滕、邢、孟、仲、臧、南,本来就是同姓;禁异出而不禁同一祖先之间的同姓男女通婚并不是其根本。秦代鼓励妇女守节,结过婚的妇女如果再嫁人,就会被人们看不起;对待公婆就应当像对待父母一样,以端正家庭纲纪,而答拜的礼仪,正好会使得悍妇更加骄横。这样说来,人伦常道的损益变革,都是符合了"五经"的精深大义,因此对常道的损益变革,也无须多加疑忌。其他的如朝觐聘问的礼仪、田猎的制度、相见的仪式、馈赠的礼节,郡县推行之后,人情确实不融洽,事情也确实难以处理。所以要制定礼仪,一定要做到考察上天的规则而通晓变化,根据事情来设置规定而能穷尽事理,深入地体察幽明变化的原因,仔细地斟酌哀乐的根源,这样可以使贤者采用,也可使不肖者被影响到,从而防止放纵和邪恶,区分人与禽兽的差别,从而达到极度中正和谐的境界,用以颁赐给天下的百姓,所以本来就一定要采用"五经"中的微言大义,从而使礼法与事情之间的出入得以融会贯通,处理好其损益变革;即使有的地方有错误,也可以等后代的作者继我辈之后修改它,这是不用担心的。至于只专守一家之学,坚守其过去的准则,只执迷于耳闻目睹的东西而迷失了礼法的精深大义,这又何足推崇呢?

　　褒之礼,吾知其必有疵也;虽然,吾知其必有得也。应劭、蔡邕之所传,语而不详,永嘉之后[①],夷礼杂附,而天道人事终于昏翳[②],惜哉!使褒之礼而传也,辨其失,存其得,考其异,验其同,后之人犹有征焉。张醽以迂执之说致其湮没,是亦古今之大缺陷矣。自宋以后,律吕毁而九宫之淫乐兴[③],冠冕废而袍靴之胡服滥,九献亡而酹酒之野祭行[④]。乃至郭守敬以介然之颖明[⑤],废历元而弃天纪[⑥],径以为直,便以为利，人之且沦于禽兽也，悲夫！

【注释】

①永嘉：西晋怀帝司马炽的年号（307—312）。永嘉五年（311），匈奴刘聪攻陷洛阳、掳走晋怀帝，杀太子司马诠、宗室、官员及士兵百姓三万余人，并挖掘陵墓和焚毁宫殿，史称"永嘉之乱"。永嘉之乱使大量人口为避战乱从中原迁往长江中下游，西晋宗室司马睿定都建康（今江苏南京），建立东晋，史称"衣冠南渡"。永嘉之乱深刻地改变了中国古代历史的走向，被视为极其重要的历史分水岭。

②昏翳：昏暗蒙眬。

③九宫：指古代的戏曲音乐，因采用多种宫调，故汇集戏曲音乐的专书常以"九宫"命名，如清代《九宫大成》等书。

④九献：周礼中帝王宴请上公的礼节，宴席中需九次献酒，故名"九献"。酹（lèi）酒：以酒浇地，表示祭奠。古代宴会或祭祀往往行此仪式。

⑤郭守敬（1231—1316）：字若思，顺德邢台（今河北邢台）人。元朝著名的天文学家、数学家、水利工程专家。官至太史令、昭文馆大学士、知太史院事，世称"郭太史"。他自至元十三年（1276）起，奉命修订新历法，历时四年，制订出了通行三百六十多年的《授时历》，成为当时世界上最先进的一种历法。为修订历法，郭守敬还改制、发明了简仪、高表等十二种新仪器。至元二十八年（1291），郭守敬任都水监，负责修治元大都至通州的运河，耗时一年，完成了全部工程，定名通惠河，发展了南北交通和漕运事业。传见《元史·郭守敬列传》。介然：坚定执着的样子。颎（jiǒng）明：明亮。颎，光明。

⑥废历元：历元指历法推算的起点。这个起点，习惯上是取一个理

想时刻,即日月的经纬度正好相同、五大行星又聚集在同一个方位的时刻,这个时刻称为上元。从上元到编历年份的年数叫作积年,通称上元积年。郭守敬的《授时历》正式废除了古代的上元积年,而截取近世任意一年为历元,打破了古代制历的习惯。天纪:指自然时日。

【译文】

曹褒制定的礼仪,我知道它肯定会有缺陷;即使如此,我也知道它肯定有值得肯定的有益之处。应劭、蔡邕虽然传下了其中的一些内容,但说得很不详细,永嘉之乱后,少数民族的礼仪与中原地区汉族的礼仪杂糅,从此天道人事变得昏暗不明了,真是可惜呀!假如曹褒制定的礼仪能流传下来,就可辨正其失误,保存其值得肯定之处,考察不同之处,验证其相同之处,后代之人还能有所参考。张酺以其固执迂腐的学说致使曹褒制定的礼仪被历史所淹没,这也算是古往今来的一大损失。自宋代以后,传统的律吕之乐被毁坏,九宫的靡靡之音兴起,传统的冠冕被废弃,以袍靴为特征的胡服开始泛滥,九献之礼失传,以酒浇地的野祭之礼流行。到元代郭守敬制定《授时历》时,竟然废除了历元,抛弃了自然时日,把小径当作直道,把方便当作有利,人类都快沦落为禽兽了,真是令人痛心啊!

六　东汉不任三公之失

东汉不任三公,三公因不足任,上失御而下遂偷也。刘方、张奋亦有名誉[①],自致大位矣,乃于和帝之世,因仍章帝之柔缓,弗能有补。所诧为敢言者,为梁氏报怨[②],吹求窦氏以迎帝之私情而已[③]。乱先帝夫妇之伦,逢嗣君寡恩之恶,舍旧趋新,犯神人之怨恫[④],而树援于后族,是尚足为天子之大臣乎?帝手诏曰:“恩不忍离,义不忍亏。”三公读此而不愧以死，非人也。夫当窦后生存之日，窦景横逆，何弗一言匡救，而必待后之死，乃践蹊之如斯其酷邪？窦替梁兴，而东汉遂大乱，三公为宫闱妒争之吠犬，而廉耻埽地⑤，固其人之不肖，抑汉以论道之职为养尊处优之余食赘形⑥，休戚不相共，而无以劝之也。则光武作法之凉⑦，不能谢咎矣。

【注释】

①刘方（？—97）：东汉大臣，汉和帝时曾任司空、司徒。后被和帝策免，自杀。张奋（？—98）：字稚通，京兆杜陵（今陕西西安）人。东汉大臣。汉和帝时曾任太常、司空。传见《后汉书·张奋列传》。

②为梁氏报怨：汉和帝生母梁贵人因其父遭窦太后诬陷而忧郁至死。窦太后去世后，梁贵人的姐姐向汉和帝上书陈述梁贵人冤屈而死的情况。太尉张酺、司徒刘方、司空张奋上奏，主张依光武黜吕太后故事，贬窦太后尊号，认为窦太后不宜合葬先帝。事见《后汉书·皇后纪》。

③窦氏：指汉章帝皇后窦氏（？—97）。扶风平陵（今陕西咸阳）人。大司空窦融曾孙女。建初二年（77），窦氏与妹妹同时入宫。次年即被立为皇后。窦氏深受汉章帝宠幸，窦氏外戚因此权势日益膨胀。章和二年（88），汉章帝去世，汉和帝刘肇即位，尊窦氏为皇太后，并由窦氏临朝摄政。永元九年（97），窦氏去世，与汉章帝合葬敬陵，谥号章德皇后。传见《后汉书·皇后纪》。

④怨恫：怨恨，哀痛。

⑤埽：同"扫"。

⑥余食赘形：吃剩的食物，身上的赘瘤。比喻无用而遭人讨厌的东西。

⑦凉：刻薄。

【译文】

东汉不对三公委以重任,三公因此而不足以被委以重任.君主失去其驾驭臣下的手段,臣下于是苟且偷安、得过且过。刘方、张奋也是有名誉的人,他们是自己一步步走上重要位置的,但他们在和帝在位时期,延续了章帝的温和宽厚政策,因此对国事没能有所补益。使他们能夸耀自己敢于说话的事情,就是为梁贵人出怨气,对窦太后吹毛求疵,以此来逢迎和帝私人的情感而已。他们扰乱了先帝夫妇的人伦,曲意逢迎承嗣大位的和帝的寡恩少义的缺点,抛弃旧主投向新君,惹得人神共愤,引外戚为自己的奥援,这样的人还足以做天子的大臣吗？皇帝亲手起草的诏令中说:"对窦太后的处理,从恩情上讲,不忍心使她与先帝分离;从道义上说,不忍心亏待她。"三公读到诏书中的这句话,若不惭愧而死,就不是人了。当窦太后健在的时候,窦景蛮横暴逆,为什么此时不进言匡正他们的过失,挽救他们,而一定要等到窦太后死后,如此残酷地摧残蹂躏窦氏呢？窦氏覆灭而梁氏兴起,东汉于是大乱,三公成为后宫中嫔妃相互嫉妒、争宠夺位的帮手,三公廉耻扫地,固然是与占据三公之位的人是不肖之徒有关,但也与汉代把三公由坐而论道的实职转化为养尊处优的无用虚职有关,三公不能与国家休戚与共,因此也就不能够鼓励他们为国家效力。由此可见光武帝制定相关制度时的刻薄,是不能推卸其责任的。

七　边屯宜荡佚简易

班超之告任尚曰①:"塞外吏士,本非孝子顺孙,皆以罪过徙补边屯,宜荡佚简易②,宽小过,总大纲。"此后世将兵之善术也,然籀此而言兵者难矣。严之,则兵心离而无与效死;宽之,则恣其骄暴而以病民;故曰难也。

【注释】

①任尚(?—118)：东汉将领。初任护羌府长史，后接替班超继任西域都护。永初二年(108)，任尚等与羌族先零部落首领滇零交战。任尚军大败，八千余人战死。永初五年(111)，任尚担任侍御史，在上党郡羊头山打败羌军。元初二年(115)，任尚担任中郎将，驻防三辅。此后数年，他多次率军击败羌人。元初五年(118)，任尚因与邓遵争功，而且虚报斩杀羌人数量、接受贿赂，被召回京师在闹市斩首，尸体暴露街头，财产都被没收。其事见于《后汉书·西羌列传》。

②荡佚：放纵，不受约束。

【译文】

班超告诉任尚说："塞外的官兵，本来就不是孝子顺孙，都是因为犯了罪才被迁徙到边境地区做守军的，应当减少繁琐的约束、力求简易，宽恕他们小的过错，主抓大的纲纪原则。"这是后世带兵的好办法，然而这样说起来容易，实际做起来就难了。对士兵们太严厉，士兵们就会内心离散，没有为国家效死之心；对士兵们太宽松，他们就会恣意妄为，骄奢暴虐祸害百姓；所以说，实际做起来很难。

　　三代即民即兵，井甸之赋①，师还而仍为乡邻，将虽宽而兵自不为民害。故《师》之象曰"容民畜众"②，宽而无损也。后世之兵出于召募，类皆贪酒嗜色樗蒲淫酗之民③，容者所不能容，畜者所不易畜也，其不禁而兵为民害久矣。然而三代之兵，不敢暴于其国，而诸侯相竞于侵伐，则出疆而斩木堙井、俘虏掠夺④，有所不禁。后世所与出塞之士，弥望而皆茅苇逐盗之兵⑤，所克皆为内地，守法而不内侵，则饥渴暴露，生之不保，而况有所利乎？然则三代兵不毒民，但不毒乎国中，而自有余逞。故后世之言兵者，倍为难也。无已，则唯达其贪饕淫荡之情，重其饷犒⑥，椎牛酤酒⑦，优裕有余，而后可持法而严以驭之，而民其不病矣乎！

【注释】

①井甸之赋：周代以九夫为一井，六十四井为一甸，以甸为单位来摊派军赋（包括车马、兵甲、人员）。

②容民畜众：语出《周易·师卦》之《象辞》："地中有水，师；君子以容民畜众。"意为容纳畜养民众。

③樗蒱（chū pú）：古代一种棋类游戏，后来泛指赌博。

④堙（yīn）：堵塞，以土填埋或堆积。

⑤弥望：充满视野，满眼。

⑥饷犒：军饷和犒赏。

⑦椎牛：杀牛。酤（gū）酒：买酒。

【译文】

夏、商、周时期，兵民合一，以甸为单位来摊派军赋、征召士兵，军队作战完毕、回归家乡后，士兵们仍然继续做乡邻，将领虽然宽厚而士兵自己也不会成为民众的祸害。所以《周易·师卦》的《象辞》说"容纳畜养民众"，虽然宽厚而没有损失。后世的士兵召募而来，大体都是贪酒好色、赌博滥饮的人，再大度的人也容不下他们，能蓄养百姓的人也不容易蓄养他们，所以如果不加禁止，则士兵将成为百姓的祸害，这种情况已经很久了。然而三代的士兵，不敢在自己国家侵凌虐待百姓，而诸侯之间相互侵伐，则出国以后士兵就可以砍树填井、俘虏掠夺，不被限制。后世出塞作战的士兵，满眼望去都是在茅草芦苇间追逐盗贼的兵士，所攻克的地方都是内地，如果守法而不对内侵夺百姓，那么他们会又饥又渴、暴露于野外，性命都不保，何况侵夺百姓有利可图呢？然而夏、商、周三代的士兵不祸害百姓，仅仅是不祸害本国的百姓，而自有其放纵的地方。所以,后代的谈兵者,就更加困难了。没有办法,就只能满足其贪婪淫荡之心,加重他们的军饷犒劳,为他们杀牛买酒,使其生活富足有余,然后才可以拿出纪律严格地约束他们,百姓怎么能不被祸害呢!

乃将之严也,尤恶其矜名而邀士大夫之誉也。有恤民之心,而矜惠民之名,法浮于情,而足以召怨。无恤民之实,而徒炫清市德①,斩刈壮士以要盈廷之荐剡②,求兵之以躯命报斗筲之粟③,欲其弗鸟兽散也,其可得乎?故获市井小民之歌颂者,必溃之将也;得学士大夫之称说者,必败之将也;多其兵而寡其食,必亡之国也;以名求将而不以功,授将帅殿最之权于清议者④,必乱之政也。厚以养之,简以御之,弗与民杂处而殊之,屯聚之于边陲,而与民相忘以安之,庶几乎民无所施其恩怨,士大夫无所容其毁誉,为将者坦然任意以斟酌其恩威,而后兵可得而用也。故曰难也。

【注释】

①市德:犹市恩,指以私惠取悦于人。犹言买好,讨好。

②荐剡(yǎn):推荐人的文书,引申为推荐。

③斗筲(shāo):斗与筲。斗容十升,筲为竹器,容一斗二升,皆量小的容器。比喻微小。

④殿最:古代考核政绩或军功,下等称为"殿",上等称为"最"。

【译文】

将领带兵严厉,尤其令人讨厌的是他们只图虚名以博得士大夫的赞誉。将领有体恤百姓之心,就炫耀其惠民的名声,法纪浮在人情之上,结果只能招致怨恨。将领没有体恤百姓的实际行动,而只是炫耀清廉以邀买人心,斩杀壮士以博取满朝官员的举荐,却想要求士兵用性命报答他施予些微粮食的恩德,想不让士兵像鸟兽一样地逃散,难道能做得到吗? 所以,获得市井小民歌颂的将领,一定是溃退的将领;获得学者、士大夫称赞的将领,必定是败军之将;麾下士兵很多而分配粮食很少的将领,一定会导致他的国家灭亡;以名声而不是以战功选拔将领,把评定将帅优劣等级的大权交给那些清谈议论的人,必然会使国家政事混乱。对待军队,给予它丰厚的给养,用简易的方法控制它,不让军队与百姓杂住在一起,让它驻扎在边陲地区,让军队与百姓相互忘掉对方,以此来安定他,使百姓几乎对其既没有恩情可施也没有仇怨要报,士大夫也没法对其进行褒贬毁誉,做将领的,可以坦然地根据意愿斟酌对士兵施予恩威的方法,而后军队才能够为国家所用。所以说这是很难的。

八　汉儒专家相竞以意说为异端

辟异端者[①],学者之任,治道之本也。乃所谓异端者,诡天地之经,叛先王之宪,离析"六经"之微言,以诬心性而毁大义者也。非文辞章句度数沿革之小有合离[②],偏见小闻所未逮而见为异者也。"六经"当秦火之余,非汉儒则愈亡逸,不可谓无功;而专家以相竞,不可谓无罪。善求益者,乐取其所不及以征所已及,丽泽并行竞流以相度越而汇于大川[③],朋友讲习之功[④],所为取诸《兑》也;见善而迁,如风之下流,如雷之相应,而十朋之龟弗克违[⑤],所为取诸《益》也。汉之诸儒,各有师传,所传者皆圣人之道所散见也。而习气相沿,保其专家以相攻击,非其所授受者谓之异端,天子听其说而为之禁,不已陋与!

【注释】

①异端：这里指和儒家思想相违背的邪说。

②度数：标准，道理，规则。

③丽泽：两沼泽并连，交相浸润，互有滋益。丽，附丽，并连。

④朋友讲习之功：语出《周易·兑卦》之《象辞》："丽泽，兑。君子以朋友讲习。"意思是朋友间互相讲所不明之理，习所不熟之理，以使双方互相滋益。

⑤十朋之龟弗克违：语出《周易·损卦》爻辞："六五。或益之，十朋之龟，弗克违。元吉。"意思是有人送来价值连城的灵龟，这是不能拒而不收的。朋，古代货币。龟，古时用龟做占卜。"十朋之龟"表示非常珍贵的礼物。

【译文】

驳斥异端是学者的任务，也是治道的根本。所谓异端，就是违背天地的常规，背叛先王的法令，割裂"六经"精深微妙的言辞，以欺骗人的心性，毁灭大义。并不是文辞、章句、道理在沿革过程中前后稍有不合，或是在局部见闻上有所不及而见解不同。"六经"在秦朝焚书的烈火中保存下来，如果没有汉朝儒生的继承整理，就会散失得更多，因此不能说汉儒没有功劳；但汉儒各治一经，各守一家而互相竞争，又不能说他们没有罪。善于追求长进的人，乐于拿自己所不能见到的来验证自己已经见到的，这样双方就像两沼泽并连一样，交相浸润，互有滋益，最后同汇于大河之中，朋友相互讲习、互相滋益的功效，是取自于《周易》中的《兑卦》。见到好的就想学习、改进，如同风向下风向吹，如同雷之间相互响应，而有人送来价值连城的灵龟，不能拒而不收，这是取自于《周易》中《损卦》的道理。汉代的诸儒生，各自都有自己的师承，所传的、所授的都是散见的圣人的言论或行为。但是他们相互沿袭以成习气，只保守其一家之学，与别家互相攻击，不是由其所传授的就称之为异端，天子听信其言论就对别家加以禁止，这样做不也太狭隘了吗！

　　徐防位三公①,天子所与论道者也。道论定而为天下则。乃首所建白②,禁博士弟子之意说③,坐以不修家法之罪,离析圣道,锢蔽后起之聪明,精义隐而浮文昌,道之不亡也几何哉? 宋承其弊,苏、王二氏之学迭为废兴④,而诐淫以逞⑤。延及于今,经义取士,各有师承。塾师腐士,拾残沈以为密藏⑥,曾不知心为何用、性为何体,三王起于何族,五霸兴于何世。画地为狱,徽缠不解⑦,非是者谓之破裂文体。因而狂迷之士,请以雌黄帖括沉埋烟雾之老生从祀先师⑧。世教衰,正学毁,求斯人之弗化为异物也,恶可得哉?

【注释】

①徐防:字谒卿,沛国铚县(今安徽省濉溪)人。东汉官员、学者。历任司隶校尉、少府、大司农、司空等职。传见《后汉书·徐防列传》。

②建白:提出建议或陈述主张。

③意说:凭个人意见提出的说法。

④苏、王:指苏轼和王安石。

⑤诐(bì)淫:奸邪荒诞的言辞或人。诐,偏颇,邪僻。

⑥残沈:残缺不全的字画。沈,汁。

⑦徽缠(mò):缚绑俘虏或罪犯的绳索。

⑧帖括:迂腐而不切时用的言论。沉埋:埋首故纸堆。

【译文】

　　徐防位居三公,是能与天子一起论道的人。道一旦确定就成为天下共同遵守的准则。但徐防却首先向皇帝建议,禁止博士弟子凭个人的意见创立学说,给他们扣上不修本家之学的罪名,这种行为割裂了圣人之道,禁锢蒙蔽了后起的聪明之人,从而使精深大义隐微不显,轻浮的文章兴盛起来,像这样的做法,还能不灭亡吗? 宋代继承了汉代的这个弊病,苏轼、王安石两家之学互相攻击,轮流废兴,而奸邪荒诞之徒乘此机会而逞强。发展到今天,以经义选拔人才,士人又各有所师承。那些私塾的教师、迂腐的士人,拾起残篇败迹当作宝贝,并不知道心为何而用,性为何而体,三王是从哪个家族兴起的,五霸又是产生于什么时代。他们画地为牢,不解开身上的绳索束缚,谁要是不这样做,他们就称之为破裂文体。因此一些狂妄迷惑的士人,就请以信口雌黄、迂腐而不切时用、埋首于故纸堆中的老书生,来陪祀先师。正统礼教衰落,正宗的儒学被毁灭,想让这样的士人不化为异物,怎么可能做得到呢?

九　有司因日食奏遣诸王就国

善言天者验于人,未闻善言人者之验于天也。宜于事之谓理,顺于物之谓化。理化,天也;事物,人也;无以知天,于事物知之尔。知事物者,心也;心者,性之灵、天之则也。汉儒言治理之得失,一取验于七政五行之灾祥顺逆[1],合者偶合也,不合者,挟私意以相附会,而邪妄违天,无所不至矣。

【注释】

[1]七政:古代天文术语,亦称七曜、七纬。古代中国人将太白星(金星)、岁星(木星)、辰星(水星)、荧惑星(火星)、镇星(土星)称为五星、五曜,加上太阳星(日)、太阴星(月),合称七曜。一说七政指春、秋、冬、夏、天文、地理、人道。

【译文】

善于谈天象的人可以从人事中找到其证明,没有听说过善于谈人事的人从天象变化中找到其证明。适宜于事就叫作理,顺应于物就叫作化。理、化就是指天，事、物就是指人；无从了解天，就可从人事中了解它。了解事物变化的是心；心是人的精神意志，是天的准则。汉代儒生谈论治理天下的得失，都要从七政、五行的吉凶顺逆加以验证，如果符合纯粹是巧合，如果不一致，就根据自己的意志牵强附会，这种行为邪恶狂妄、违背天理，已经到了无所不至的地步。

　　和帝之世，正阳之月①，日有食之②，有司无以塞咎③，举而归之兄弟诸王留京师之应。呜呼！天其欲使人主绝毛里之恩④，蔑鞠子之哀⑤，忍忮以逞阳刚之威焰乎⑥？亡周者六国、强秦，鲁、卫终安其分；亡汉者前有王莽，后有袁、曹、孙氏，而先主犹延其祀；亡魏者司马，亡晋者刘裕，亡唐者朱温，又降而孤立无援，异类乘而灭之，兄弟何尤焉？当和帝时，宗支削，外戚张，此正所谓阴逼天位、离火下熸、明夷之世也⑦。而顾责之天子仅有之兄弟。读和帝之诏，有人之心者，不禁其潸然泣下矣⑧！妄人逞妖诬之辞，援天以制人主，贼仁戕义而削社稷之卫，乃至此哉！

【注释】

①正阳之月：本指古历夏历四月，后泛指农历四月。

②日有食之：指发生日食。

③塞咎：抵补罪过，此指以人事过失对应天象。

④毛里：比喻父母之恩。语本《诗经·小雅·小弁》："不属于毛，不离于里。"《诗经毛传》曰："毛在外，阳为父；里在内，阴为母。"

⑤鞠(jū)子：稚子。

⑥忍忮(zhì)：刻毒忌恨。

⑦离火：在八卦学说中，离卦对应火，故称离火。熸(jiān)：熄灭。

明夷之世：指君王昏庸、贤臣失意的世道。明夷，遭受艰难、失意的贤人。

⑧潸（shān）然泪下：眼泪不由自主地流下来。潸，同"潸"。

【译文】

和帝在位的时候，农历四月出现了日食，有关部门无法找出人事的过失以对应天象，于是就牵强附会把这一天象的出现归咎于天子的兄弟诸王留在京师。唉！难道是天想使君主断绝父母兄弟之恩情，蔑视稚子的悲哀，以其残忍刻薄来一逞其阳刚的威势、气焰吗？灭掉周朝的是六国和强秦，与周同姓的鲁国和卫国始终是安分守己的；灭亡汉朝的，西汉有王莽，东汉有袁绍、曹操、孙权，而同姓的先主刘备还能延续其祭祀；灭掉曹魏的是司马氏，灭掉晋朝的是刘裕，灭掉唐朝的是朱温，比这更不如的，是皇室孤立无援，外族乘机起来灭掉他们，天子的兄弟又有什么过错呢？当和帝在位的时候，宗室势力削弱，外戚气焰嚣张，这正是人们所说的阴逼天位、离火熄灭、君王昏庸、贤臣失意的乱世。看不到这些，却只责备天子仅有的几个兄弟！读和帝的诏书，凡是有人心的人，都会禁不住潸然泪下！愚妄的人借虚伪欺骗的言辞，援引天象来控制君主，戕害仁义，削弱护卫社稷的力量，竟然到了如此的地步！

夫日食有常度，而值其下者蒙其咎。抑惟惩愆思过以避阴阳之沴①，反诸心，征诸事，察诸物，无往而不用其修省，恶可以一端测哉！虽亿中，不足取也，况其妄焉者乎！

【注释】

①沴（lì）：灾害。

【译文】

日食的出现有其自然规律，如果正好碰到日食，就要蒙受其罪过。但只要吸取教训，反思过错，以避免阴阳相克的灾害，在自己的内心反省,从各种事物中加以验证,体察各种事物的情状,到处都可以用以修身反省,怎么能单单从一个方面来妄加推测呢! 即使能偶然料中,也不足信取,更何况是愚蠢狂妄地胡说八道呢!

安　帝殇帝附

【题解】

汉安帝刘祜(94—125)是汉章帝刘炟之孙、清河孝王刘庆之子、汉和帝刘肇之侄。元兴元年(105)十二月,汉和帝去世,他出生仅百余日的儿子刘隆即位,但在位不到一年即夭折,是为殇帝。邓太后遂于延平元年(106)迎立刘祜为帝,自己继续临朝称制。建光元年(121),邓太后去世,汉安帝始得亲政。安帝在位二十年间,东汉饱经内忧外患:先是西域各国纷纷叛汉,继而是羌族暴乱,汉羌战争长达十余年,使东汉元气大伤。国内也连年发生地震、水旱等自然灾害,人心浮动。安帝面对困局,无力作为,反而纵容外戚与宦官势力肆意妄为。延光四年(125),汉安帝南下宛城,在返京途中病死。

在殇帝和安帝时代,临朝称制十六年之久的邓太后邓绥才是政治舞台上的真正主角,王夫之清楚地看到了这一点,在本篇中重点对邓太后进行了评价。总体而言,王夫之对邓太后的否定多于肯定:他虽然承认邓太后本人比较贤德,俭约朴素,能够约束外戚、善待宗室,但他对女性专政充满了不信任感,不仅抨击了邓太后卖官减俸、用人不当、试图更易天子等行径,还将邓太后执政期间出现的一系列问题,如边境不宁、内寇蜂起,都归结到女性专政这一原因上。他甚至直言:称赞妇人贤德,并非良史应该采用的言辞;事奉女主,并非大丈夫应有的节操。

应该承认,王夫之对邓太后的具体批评虽有可取之处,但他对女性参政的固有偏见严重影响了他的判断,至于他公然引"妇人识字则诲淫"的谚语否定邓太后教育外戚的行为,则更属歧视女性的糟粕思想无疑。

东汉前期,对西域采取积极经营的策略,并允许归附的羌人内迁。但到了安帝时期,西域复叛,羌人暴乱,兵连祸结,导致"三辅破败",给东汉王朝带来了巨大困扰。中原王朝究竟应该如何处理与周边少数民族的关系?王夫之在本篇中给出了自己的见解。他认为,中原与"戎狄"关系的核心在于"利害",双方都试图从双边关系中获取利益,而当双方势力处于不对等状态时,得势一方往往力图攫取更大利益,弱势一方遭受严重压抑,这就为其后双方的激烈冲突埋下了祸种,利最终难免转化为害。而双方的接触与碰撞越频繁,这种转化的出现也越频繁。由此他主张,中原王朝对于周边"戎狄",应当"暴则惩之,顺则远之",双方"各安其所"。纵观全书,王夫之"夷夏分处"观点是一以贯之的。

一　清河王庆有泰伯之贤

司马迁有言:"伯夷虽贤,得孔子而名益著①。"吾于泰伯亦云。三代以下不乏贤者,而无与著,贤不著而民不兴行②,世无有师圣人乐善之心者也。汉清河王庆其贤矣③。夫庆之废,章帝之私也。庆废而安于废,母以诬死而不怨,怡然与和帝相友爱而笃其敬,窦后没,和帝崇梁氏之礼,庆垂涕念母,欲求作祠堂而守礼不敢言,和帝崩,立襁褓之子于民间④,而无所窥望,庶几乎知命而安土以敦仁者乎⑤!

【注释】

①伯夷虽贤,得孔子而名益著:语出《史记·伯夷列传》:"伯夷、叔齐虽贤,得夫子而名益彰。"

②兴行：因受感发起而实行。

③清河王庆：指刘庆(78—106)。汉章帝刘炟之子，生母为宋贵人，汉安帝刘祜的父亲。建初四年(79)被立为皇太子，建初七年(82)，窦皇后诬陷宋贵人在宫中施展蛊术，宋贵人自杀，刘庆被废为清河王。刘庆被废后，遵纪守法，谨小慎微，得到和帝信任，参与诛灭窦氏外戚。窦太后去世后，汉和帝生母梁贵人的冤情得以昭雪，刘庆流泪追思生母，想建造祠堂纪念宋贵人，但始终未敢向朝廷提出。后来刘庆之子刘祜被立为皇帝，是为汉安帝，追尊刘庆为孝德皇帝。传见《后汉书·章帝八王列传》。

④立襁褓之子于民间：据《后汉书》记载，汉和帝皇子多夭折，前后十数个，故后来生子多秘密养于民间。元兴元年(105)十二月，汉和帝病逝，邓皇后从民间将皇子收回，因长子刘胜有疾病，所以立出生仅百余天的刘隆为皇帝，是为汉殇帝。襁褓，包裹婴儿的被子和带子，借指未满周岁的婴儿。

⑤知命而安土以敦仁：语出《周易·系辞上》：“乐天知命，故不忧；安土敦乎仁，故能爱。”知命，知天命。安土，安于所处环境。敦仁，敦行仁义。

【译文】

司马迁曾说过：“伯夷虽然贤德，得到孔子宣扬后名声才愈加显著。”我说对于泰伯而言也是如此。三代以下并不缺少贤者，但他们的名声却不显著，贤德的名声不显著，民众就不会被其感化而自觉践行其精神，这是因为世上没有能学到圣人乐善之心的人。东汉清河王刘庆是个有贤德的人。刘庆被废除太子之位，是出于汉章帝的私情。刘庆被废后安于被废的现实，母亲被窦太后诬陷至死也没有公开表达怨恨，安适自在地与和帝相互友爱，而且对和帝非常忠诚敬重，窦太后去世后，和帝给予其生母梁贵人很高的礼仪规格，刘庆流泪思念自己的母亲宋贵人，想要请求兴建祠堂纪念母亲，但因恪守礼法而终究不敢提出，和帝驾崩，邓太后拥立养在民间、尚在襁褓中的汉殇帝，而刘庆对皇位丝毫没有觊觎之心，这大概可以算是知晓天命、安于所处环境而敦行仁义之道的人了吧！

　　当东汉时，兄弟以相让为谊①，刘恺、丁鸿皆闻东海王彊之风以起②，然而逃匿颠沛，效伯夷、泰伯而徇其迹，则谓之好名非苟也。庆从容于章、和之世悍后之旁，优游辇毂③，徐就藩封，执臣礼而处之若忘，德弥隐，志弥深，礼弥谨，行弥庸，其不膺至德之称④，天下后世无有师圣人乐善之心为心者也。庆之所为，亦可谓"民无得而称"矣⑤。

【注释】

①谊：同"义"。

②刘恺（？—约124）：字伯豫，沛国丰县（今江苏丰县）人。东汉宗室大臣，居巢侯刘般之子。刘般死后，刘恺本应继承父爵，但他让爵位给弟刘宪，遁逃避封十余年，最终朝廷准许封恺弟刘宪为居巢侯。后入朝担任侍中、太常、司空、司徒、太尉等职。传见《后汉书·刘恺列传》。

③辇毂：皇帝的车舆。代指京城。

④膺：接受，承受。

⑤民无得而称：语出《论语·泰伯》："子曰：'泰伯，其可谓至德也已矣！三以天下让，民无得而称焉。'"意思是百姓简直找不出恰当的词语来称赞他。一说意为百姓找不到实迹来称道他。

【译文】

　　东汉时期，兄弟之间以相互礼让为义举，刘恺、丁鸿都是听闻东海王刘彊辞让太子之位的事情后起而仿效，然而他们四处逃亡、藏匿，颠沛流离,仿效伯夷、泰伯而模仿其行迹,则称他们喜好美名也不算苛刻。刘庆在章帝、和帝时期从容地处在骄悍太后的身旁,悠闲自在地呆在京师,很晚才回到自己的封国,对天子执行臣子之礼,好像忘了自己曾是太子一样,品德日益隐而不露,志气愈加深沉,守礼日益谨慎,行事日益符合中庸之道,他如果配不上至德的称号,那么天下后世就没有学习圣人乐善之心以作为己心的人了。刘庆的所作所为,也可以称得上是"民众简直找不出恰当的词语来称赞他"了。

东海王之安于废也,母氏固存而不失其尊养也,然且山阳王荆假之以称乱,无抑彊有可乘之间,而荆乘之。安帝以赤子卧天下之上①,而无有拥庆以起者,庆有以弭之也,非彊之所能逮也。唐宋王成器委顺于玄宗之世②,其近之矣。乃玄宗以戡乱之大功③,虽嗣睿宗而若其自致,成器固不敢干,非若庆之以私爱相妨而坐废。成器虽不争,岂能望庆之项背乎? 三代以下未尝无贤也,人不知也。殇帝夭,庆子祐终嗣天位④,人所不知,天佑之矣。

【注释】

①赤子:刚出生的婴儿,此指年幼的孩子。

②唐宋王成器委顺于玄宗之世:宋王李成器(679—741)是唐睿宗李旦长子,其母为肃明皇后刘氏。李成器在文明元年(684)被立为皇太子。后来睿宗李旦被武则天废黜,直到中宗去世后才得以复位。他复位后仍准备以李成器为太子,但李成器坚决辞让,让位于三弟李隆基。李隆基登基后,李成器恭谨自守,不妄交结,不干预朝政,深为唐玄宗所重。开元二十九年(741)去世,追谥为让皇帝,葬于惠陵。事见《旧唐书·睿宗诸子列传》《新唐

　　书·三宗诸子列传》。

　③戡乱:平定叛乱。

　④庆子祐:指刘庆之子、汉安帝刘祜。"祐"当为"祜",疑为王夫之
　　　笔误或传写、刊印致误。

【译文】

　　东海王刘彊安于被废的现实,他的母亲仍活着,所以没有失去尊奉侍养她的机会,虽然如此,山阳王刘荆尚且假借刘彊舅父的名义举兵作乱,这无非是因为刘彊自身有可利用的间隙,而刘荆利用了这一点。汉安帝以年幼小儿的身份位居天下之上,而没有拥立刘庆起来作乱的人,这是因为刘庆有安抚他们的理由和办法,这是刘彊所比不上的。唐代宋王李成器在唐玄宗在位时期恭谨顺从,与刘庆的事迹相近。但唐玄宗因为有平定变乱的大功,即使继承睿宗的皇位,也是自己争取来的,李成器固然不敢干预,并非是像刘庆那样因为妨碍章帝对窦皇后的宠爱而被废。李成器虽然也不争,怎么能望得到刘庆的项背呢?三代以下并不是没有贤德之人,只是人们不知晓罢了。殇帝夭折,刘庆的儿子刘祜最终继承皇位,人们固然不知晓,上天却在保佑他这个贤德之人。

二　纠多张垦田竞增户口之罪

　　延平之诏曰①:"郡县欲获丰穰之誉②,多张垦田,竞增户口,不畏于天,不愧于人,自今以后,将纠其罪。"庶几乎仁者之怒矣。

【注释】

　①延平之诏:指汉殇帝延平元年(106)七月发布的诏书。延平,汉
　　　殇帝年号(106)。

　②丰穰:丰熟,丰产。

【译文】

汉殇帝延平元年的诏书中说："各地方官府想要得到丰产的虚名假誉，夸大垦田面积，竞相增加户口，不知畏惧上天，也不知愧对于人。从今以后，将加重对其罪行的处罚。"这差不多算是仁者的愤怒了。

垦田之不足为守令功，不待再思而知也。田芜而思垦之，民之不能一夕安寝而忘焉者，而特力不足耳。其能垦与，吏虽窳①，不能夺也；其不能垦矣，吏虽勤，不能劝也。病而不甘食者，慈父不能得之于子，无亦防其强食而噎焉耳。必欲劝之垦也，则无如任其垦而姑不以闻之县官也。张垦田而民愈不敢垦，欺天罔人，毒流原野而田终以芜，国终以贫，此孝宣之世②，窃循吏之名者，祸之所延，而贪君利之，纠以罚而害其弭乎！

【注释】

①窳（yǔ）：恶劣，坏。

②孝宣：即汉宣帝刘询。

【译文】

开垦田地不足以作为郡守、县令的功绩，这是不需要再三思考就可以知道的。田地荒芜而想着要开垦它，百姓没有一天能安稳地睡着而忘记这件事的，而只是力量不足罢了。如果他们能开垦，即使官吏恶劣，也不能阻挠他们开垦荒地；如果他们力量不足以开垦，则官吏即使勤快，也不能成功劝勉百姓来开垦。生病以后没有胃口吃饭，即使是慈父也不能强迫孩子吃饭，无非也是为了防止其因强行吃东西而被噎着。如果一定要劝勉百姓开垦荒地，则不如任由百姓开垦而姑且不将此事报告给朝廷。越是夸大垦田面积而百姓越不敢开垦，骗天骗人，流毒弥漫于原野而田地最终因此而荒芜,国家最终因此而贫困,这是汉宣帝时期,窃取循吏之名的人祸害的延续,而贪婪的君主将多垦田看作有利,惩罚那些垦田少的官吏,这样祸害难道能够平息吗!

　　若夫户口之增,其为欺谩也尤甚①。春秋、战国之世,列国争民以相倾,则以小惠诱邻国之民而归己,国遂以强,非四海平康之道也②。郡县之天下,生齿止于其数③,人非茂草灌木,蹶然而生④,实于此者虚于彼,飞鸿偶有所集,哀鸣更苦,非可藉为土著也。曷抑问所从来而知增者之为耗乎?不然,抑将析人父子兄弟而赋及老稚,虐莫甚焉。贪君以为利,酷吏以为名,读延平之诏,知章、和之世,守令之贼民以邀赏者多矣。张伯路之援棘矜而起⑤,非一朝一夕之故也。

【注释】

①欺谩:欺诳,哄骗。

②平康:平安。

③生齿:古时把已经长出乳齿的男女登入户籍,后来借指人口、家口。

④蹶然:忽然,突然。

⑤棘矜(qín):戟柄,此指锄头、耰(类似耙子)等农具。棘,通“戟”。矜,矛柄。

【译文】

　　至于户籍人口的增加,其中欺骗作伪的现象就更严重了。春秋、战国时期,列国为了在争雄中取得优势而相互争夺民众,以小的恩惠引诱邻国的百姓归顺自己,国家于是得以强大起来,这并非能使天下安宁富裕的正道。实行郡县制后的天下,人口是有一定数量的,人并非茂草灌木,不会突然增长起来,人口在此地比较多,在另一地就比较少,就像鸿雁偶然聚集在某个地方一样,凄厉哀鸣更觉悲苦,因此不能将这些流浪聚集而来的民众登记为土著居民。他们难道不知道追问这些人口是从哪里来的,从而知道此地增加的人口就是别的地方减少的人口吗? 如果不这样,官吏或许还会将父子兄弟组成的大家庭析分成若干小家庭,使得收取赋税的范围扩展到老人和儿童头上,没有比这更暴虐的了。贪婪的君主以户籍人口多为有利,酷吏以此来树立自己的名声,读延平元年的诏书,可以知道章帝、和帝时期,郡守、县令残害民众以邀功请赏的情况是很多的。张伯路靠着锄头、耙子当武器,揭竿而起,并不是一朝一夕造成的。

三　邓后以贤后听政十年天下大困

母后临朝,未有不乱者也。邓后之视马后也为尤贤①,马后贤以名,邓后较有实矣。厚清河王庆而立其子,诏有司捡救邓氏家门非过②,遣邓骘兄弟还第③,皆实也,宜乎其贤无以愈也。然而听政十年,国用不足,至于鬻爵④,张伯路起于内,羌叛于外,三辅流亡④,天下大困,非后致之而孰使然邪?

【注释】

①邓后:指汉和帝的皇后邓绥(81—121)。南阳新野(今河南新野)人。东汉女政治家,高密侯邓禹的孙女。邓绥十五岁入宫,二十二岁被册封为皇后。汉和帝死后,邓绥先后拥立汉殇帝和汉安帝,临朝称制十六年。邓绥执政期间,对内帮助东汉王朝度过了"水旱十年"的艰难局面,对外则坚决派兵镇压了西羌之乱。她对于邓氏外戚约束也比较严格。永宁二年(121),邓绥去世,谥

号"和熹",与汉和帝合葬于慎陵。传见《后汉书·皇后纪》。

②捡敕:约束整治。捡,通"检"。敕:通"饬"。

③邓骘(zhì)兄弟:指邓太后的兄弟邓骘、邓京、邓悝、邓弘等人。邓
骘(?—121)字昭伯,南阳新野(今河南新野)人。东汉时期外
戚、将领。太傅邓禹之孙、和熹皇后邓绥之兄。永元十四年
(102),邓绥被立为皇后,邓骘升任虎贲中郎将。永初元年
(107),封上蔡侯,拜大将军。他曾提倡节俭,并辟召杨震等名
士。建光元年(121),邓太后去世,不久,邓骘为宦官李闰等诬
陷,改封罗侯,回到封国后绝食自杀。传见《后汉书·邓骘
列传》。

④鬻爵:指当权者出卖官职、爵位以聚敛财富。

⑤三辅:西汉在都城长安(今陕西西安)及周边地区设立京兆尹、左
冯翊、右扶风三个政区,合称为三辅。东汉三辅所辖地区除京兆
尹、左冯翊、右扶风外,还包括弘农郡西部。

【译文】

　　母后临朝称制,没有不产生祸乱的。邓太后与马太后相比,更加贤
德,马太后贤德的名声较高,而邓太后实际的贤德事迹更多。邓太后厚
待清河王刘庆而立他的儿子刘祜为皇帝,下诏让有关部门约束整治邓
氏家族的过错,让邓骘兄弟辞爵归家,都是她贤德的实际表现,可以说
东汉太后中没有能超过她的贤德的。然而她临朝听政十年,国家费用
不足,以至于要靠出卖官爵来敛财,张伯路在国内揭竿而起,羌人在外
反叛,三辅地区民众流亡,天下陷入非常困顿的境地,这不是邓太后导
致的,又能是谁造成的呢?

　　盖后之得贤名者,小物之俭约、小节之退让而已,此里
妇之炫其修谨者也①。所见所闻,不出闺阃②,其择贤辨不
肖,审是非,度利害,一唯琐琐姻亚之是庸③。故任尚屡败而

不黜，一得罪于邓氏而死不旋踵，徙民蹙地，唯邓骘之意而人不能争。其尤忮害者，杜根、成翊世进归政之谏④，而扑杀于廷⑤。则擅国昵私，縻国于无名之费以空国计，人不得而知者多矣。张禹、尹勤、梁鲔、徐防、张敏、李脩、司马苞、马英⑥，皆以庸劣之才，取容邓氏⑦，而致三公，袁敞铮铮而早不能容⑧，则崇佞替忠，上下相蒙以酿乱而不自觉者多矣。呜呼！后之始立以贤名，后之终总大政以贤著，干愚贱之誉，而蠹隐于中，蚀木不觉，阴始凝而履霜，亦孰知坚冰之至哉？

【注释】

①里妇：乡里妇女。泛指平民妇女。

②闺闼（tà）：宫禁的门户。

③庸：通"用"。

④杜根：字伯坚，颍川定陵（今河南舞阳）人。东汉大臣。汉安帝时任郎中。当时邓太后执政，杜根认为安帝长大了，应该亲自处理政务，就和成翊世等一起上书，要求太后归政。邓太后怒而逮捕杜根等人，下令用袋子装着，在大殿上活活打死。执法的人怜悯杜根，未下死手，杜根苏醒过来，就装死躲避检查的人，这才得以逃跑，到宜城山里做了一个酒保。等到邓氏一族被诛杀，杜根回到老家，被拜为侍御史。顺帝年间，任济阴太守。后来，辞官返回故里。传见《后汉书·杜根列传》。成翊世：字季明，平原（今山东平原）人。东汉官员。汉安帝初，因上书请邓太后归政于安帝而入狱。邓太后去世后，征为尚书郎。安帝末，又因上书为太子刘保申辩而被罢官。顺帝时复为尚书。其事见于《后汉书·杜根列传》。

⑤扑杀：古代的一种刑法，指把人装进袋子里，乱棒打死。

⑥张禹(? —113):字伯达,赵国襄地(今河北邢台)人。东汉大臣,
　曾任太傅,受到邓太后重用。汉安帝即位后,凭借尊立天子的功
　劳被封为安乡侯。后因与邓太后不和而被策免。传见《后汉
　书·张禹列传》。尹勤:字叔梁,南阳(今河南南阳)人。汉和帝
　时任太常、司空,因拥立汉安帝的定策之功被封为福亭侯。不久
　被策免。其事见于《后汉书·陈宠列传》。梁鲔:字伯元,河东平
　阳(今山西汾西)人。东汉大臣,汉殇帝、汉和帝时任司徒。张
　敏:字伯达,河间(今河北河间)人。东汉大臣。历仕和帝、殇帝、
　安帝三朝,永初元年(107)调入朝廷任司空,永初六年(112)因年
　老而被免官。传见《后汉书·张敏列传》。李脩:字伯游,颍川襄
　城(今河南襄城)人。汉安帝时官至太尉。司马苞(? —115):字
　仲成,山阳东缗(今山东金乡)人。安帝时为太尉。马英:东汉大
　臣,汉安帝时官至太尉。

⑦取容:曲从讨好,取悦于人。

⑧袁敞(? —117):字叔平,汝南汝阳(今河南商水)人。东汉中期
　官员。汉和帝至安帝时期,历位侍中、东郡太守、太仆、光禄勋、
　司空等职。元初四年(117),因其子与尚书郎张俊交往时泄露机
　密,被策免。袁敞廉劲而不阿权贵,因此违背外戚邓氏的旨意,
　被邓氏忌恨,于是在被免职后自杀。传见《后汉书·袁敞列传》。

【译文】

　　大概邓太后能得到贤德的名声,就是因为她对小物的节约、在小节
方面的退让而已,这跟乡里妇女炫耀自己行事谨慎守礼是差不多的。
她的所见所闻,不出于宫禁,她选择贤人、辨别不肖之徒,审视是非,权
衡利害,都只会听信平庸外戚们的意见。所以任尚屡次战败而不被罢
黜,一旦得罪了邓氏外戚就很快被处死了,把民众迁徙到拥挤的地方,
也只按照邓骘的意志办事而别人不能与他争论。尤其显出她残忍狠毒
的,是杜根、成翊世进谏要求她归政于安帝,她竟将杜根等人装进袋子

里,乱棒打死。以此推想,则邓太后专擅国政、亲昵私人,以各种名义耗费国家的资财,致使国库空虚,人们不知道的情况还有很多。张禹、尹勤、梁鲔、徐防、张敏、李脩、司马苞、马英等人,都以庸劣的才能,谄媚讨好邓氏,而得到了三公的职位,袁敞这样铁骨铮铮的正直臣子,早就不能为邓氏所容,如此则奸佞被宠信重用,排挤了忠臣,上下相互欺骗,酿成了祸乱却不能自己觉察到的情况是很多的。唉! 邓太后刚开始因为贤德的名声而被立为皇后,最后总揽大政又以贤能著称,获得愚蠢贪贱之人的称赞,而蠹虫却隐藏在树干中,侵蚀木头而人们不能察觉,天气变阴、人们开始踩到霜的时候,又有谁能知道结着坚冰的天气将要到来呢?

故奖妇贤者,非良史之辞也;事女主者,非丈夫之节也。司马温公历鉴于汉、唐,而戴宣仁后以行其志,佞者为之说曰:母改子道①。岂非过乎?

【注释】

①母改子道:指宋神宗死后,高太后以太皇太后身份临朝称制,尽废新法,有臣下议论认为新君即位应“三年无改于父之道”。司马光认为这是太皇太后“以母改子”,并非以子改父。事见《宋史·司马光列传》。

【译文】

所以称赞妇人贤德,并不是良史应该采用的言辞;事奉女主,并非大丈夫应有的节操。司马光把汉、唐的历史作为镜鉴,而拥戴宣仁高太后以实现他的志向,奸佞的人为此说:母亲改变了儿子的治国之道。这难道不是太过分了吗?

四 降羌布在郡县因征发而结聚入寇

利之所在,害之所兴,抑之已极,其纵必甚。故屈伸相

感而利生,情伪相感而害起,屈伸利害之相为往复,而防之
于早,以无不利。智者知之明也,而庸愚不知。知者则立法
以远害,不知则徇利以致凶①,利害之枢机在此矣②。

【注释】

①徇利:不惜身以求利。徇,通"殉"。

②枢机:比喻事物运动的关键。

【译文】

　　利所在的地方,也是害兴起的地方,如果将某种事物压抑到了极
点,那么它一旦放纵起来就非常严重。所以屈和伸相互感应就会有利
产生,情和伪相互感应就会有害产生,屈伸利害相互往复变化,而早早
加以提防,就能使事物向有利方向转化。智者对此是非常了解的,而平
庸愚昧的人却不懂得这一规律。了解这一规律的人会采取措施以远离
祸害,不懂得这一规律的人则会不顾安危地贪图利益而招致灾祸,利与
害的关键就在于此。

　　永元之后①,降羌布在郡县,为吏民豪右所徭役,积以愁
怨,及迎段禧之役②,征发羌骑,诸羌犇溃③,因结聚入寇,而
陇右、三辅、并、益皆残杀破败,内乱乘之,汉因以衰。制之
不早,火郁极而燎原,屈伸必然之数也。

【注释】

①永元:东汉和帝刘肇的第一个年号(89—105)。

②段禧之役:延平元年(106),西域诸国反叛,进攻西域都护任尚。
　　朝廷派西域副校尉梁慬征发河西四郡羌、胡族五千骑兵驰援。
　　任尚之围被解后,朝廷召回任尚,任命段禧为西域都护,与骑都

　　尉赵博共同据守它乾城。段禧、赵博、梁慬等人与叛军交战数
　　月，平定了龟兹。事见《后汉书·西羌列传》。
　　③犇(bēn)：同"奔"。

【译文】

　　东汉永元以后，降服的羌人分布在各个郡县，被当地的官吏、豪强
所役使，积累了许多怨恨情绪，等到后来遭遇段禧平定西域的战役，朝
廷征发羌族骑兵，羌人诸部四处奔逃，后来就势聚集起来入侵内地，而
陇右、三辅、并州、益州的民众都因此被羌人残杀，地方变得破败，内乱
乘机而起，汉朝因此而衰落下去。对他们不早采取措施控制，使得他们
像火一样燃烧到极致，最终形成了燎原之势，这是屈与伸必然的规律。

　　中国之智，以小慧制戎狄；戎狄之智，以大险覆中
国；中国之得势而骄，则巧以渔其财力；戎狄之得势而逞，则很以
恣其杀掠①；此小胜而大不胜之固然也。役其力，听役矣；侵
其财，听侵矣；债帅、墨吏、猾胥、豪民②，施施自得，而不知腰
领妻孥之早已在其锋刃羁络间矣③。

【注释】

　　①很：同"狠"，凶恶，凶残。
　　②债帅：借高利贷买武官爵位的军官。墨吏：贪官污吏。
　　③腰领：腰部与颈部。两者为人体的重要部分，断之即死，故常喻
　　　致命之处。妻孥(nú)：妻子和儿女。

【译文】

　　中原地区的办法，是靠小聪明来控制戎狄；戎狄的办法，是用大险
来倾覆中原王朝；中原政权因得势而骄傲，则巧妙地掠夺夷狄的财力；
戎狄因得势而逞能，则会凶残地肆意杀戮、掠夺；这是中原政权对夷狄

能小胜而不能大胜的根本原因。汉人役使夷狄的力量,他们就听任被役使;汉人侵夺夷狄的财产,他们就听任财产被侵夺;汉人中借贷买官的将帅、贪官污吏、狡猾的胥吏衙役、地方豪强,都洋洋自得,却不知道自己的腰和脖子、妻子儿女都早已经在夷狄的刀锋和络头之间了。

　　制吏民而使勿虐之者,下策也。贪猾者幸快其须臾之意欲,刑罚非所畏也。或且献其佞说,曰“何事苦吾民以奖异类”,如汲黯之言矣。力可役,财可侵,大险之伏,不敌小慧,贪猾者何知,近取股掌而弗利之邪? 迨及郁极而熺①,蒙其利者死骨已朽,而后生食报于毒②,亦痛矣哉!

【注释】

①熺(xī):炽热。

②食报:受报应。

【译文】

　　控制官吏、百姓,使他们不要虐待夷狄之人,这是下策。贪婪狡猾的人为了满足片刻痛快的欲望,是不畏惧刑罚的。有人或许会献谄媚说“为什么要使我们的民众受苦而厚待那些异族之人呢”,就像汲黯说的话一样。他们只看到夷狄的力量可以役使,财产可以侵夺,夷狄潜伏的大险,敌不过汉人的小聪明,贪婪狡猾的人又知道些什么呢? 他们只知道就近所得的小利,以为一切尽在掌握,又怎么知道暗藏着巨大的不利呢? 等到火势郁积到极点而熊熊燃烧的时候,之前获利的那些人尸骨已经腐朽,而后世之人却遭受残酷的报应,也太令人痛心了!

　　故王者之于戎狄,暴则惩之,顺则远之,各安其所,我不尔侵,而后尔不我虐。《旅獒》之戒①,白雉之却②,圣人之虑,非中主具臣所测也③。

【注释】

①《旅獒》之戒：据《尚书·旅獒》记载，周武王灭商后，西方的部族献上一种大犬，称为旅獒，当时的太保作《旅獒》，劝诫武王不要沉湎于享乐。

②白雉之却：据《尚书大传》《后汉书·南蛮西南夷列传》等记载，周成王时越裳国（在今越南一带）进献白雉，即白色羽毛的野鸡。成王将白雉赐予周公，但周公自认为德行功绩不足以接受这一赏赐，又将白雉归还给成王。

③具臣：备位充数之臣。

【译文】

所以君王对于戎狄，他们如果作乱就惩罚他们，他们如果顺从就远远地安置他们，使汉人与戎狄之人各安其所，我不侵犯对方，而后对方也就不能暴虐地对待我。《尚书·旅獒》中太保对周武王的劝诫，周公推辞越裳国进贡的白羽野鸡，圣人的思虑，不是中等才能的君主和备位充数的臣子所能揣测的。

五 鲁恭之言刑有得有失

赏以春夏，刑以秋冬。赏者，封国受爵之锡命①也；刑者，五刑大辟之即市也②。天有恒经，王有恒政，顺天以不违其温肃之气，王道之精微也。而夷狄盗贼之主，逞喜怒而不为之节，则干天而伤民。然其为义，止此而已。进忠贤者，引之若不及；赏军功者，劝之使复效；秋冬不举，万一溘先朝露③，王者之心恻矣，贤者功臣之心亦沮矣。若夫听讼断狱，《易》固曰"明慎用刑而不留狱"④。留狱者，法之所为大扰也。留以俟秋冬，而枉者直者交困于心而不能释，怨且繇是而深，而变计滋起矣。

【注释】

①锡命：天子有所赐予的诏命。

②五刑：秦以前指墨（脸上刺字）、劓（yì，割鼻）、刖（yuè，砍双脚）、宫（阉割）、大辟（死刑）五种肉刑。隋唐以后，五刑逐渐开始指笞、杖、徒、流、死五种刑罚。即市，在闹市等公共场合处刑，以儆戒世人。

③溘先朝露：生命比朝露消失得还快。形容死得过早。

④明慎用刑而不留狱：语出《周易·旅卦》之《象辞》："君子以明慎用刑，而不留狱。"意思是君子明决、谨慎地使用刑罚，不稽留狱讼之事。

【译文】

赏赐要在春夏季节举行，刑罚要在秋冬季节施行。赏赐，是君主以公开诏命的形式赐予臣民封国、官爵；刑罚，是在公开场合对犯人处以五刑、死刑。上天有恒常的规律，君王有恒常的政治举措，顺应上天而不违其温和、肃杀之气，是王道的精微之处。而夷狄盗贼的君主，喜欢任意放纵自己的喜怒而不按照上天的时节行事，则会扰乱上天的常规、伤害百姓。然而赏罚依据时节的大义，也不过止于此罢了。任用忠贤之臣，招引他们唯恐不及；赏赐有军功的人，勉励他们使其能继续为君王效力；如果死守"在春夏赏赐"的教条，在秋冬不举荐贤人，那么万一贤人死得过早，君王的心会为其悲痛，贤人和功臣的心也会变得沮丧。至于听取诉讼、审理判决案件，《周易》中本来就说："要明决、谨慎地使用刑罚，不稽留狱讼之事。"稽留狱讼之事，是对法律执行的巨大干扰。把案件稽留下来，等待秋冬季节到来再审判，而有罪的人或被冤枉的人都会内心感到困窘而不能释怀，怨恨之情于是变得越来越深，而思谋改变的计划就会逐渐产生。

　　且其留而待时也，将拘禁之与？徽缧丛棘之苦^①，剧于笞杖^②，逮连证佐，浸以贿而游移其初心。若纵之与？自知不免，几何而不逋也^③！故夫子取子路之无宿诺^④，诺不宿，狱不留矣。唯大辟抵罪已定，囚之以待秋冬，缓死而不拂天之和气；肉刑未除，劓、刖、宫、墨，有事刀锯，不可戾温和之化；王者之慎，慎以此尔。夫岂流刑使即三居^⑤，扑刑旋施教诫，纵证佐于南亩^⑥，省簿书于掾史之谓哉^⑦？

【注释】

①丛棘：古时囚禁犯人的地方，四周用荆棘堵塞，以防犯人逃跑。

②笞杖：古代用竹条或木棍对犯人进行抽打的刑罚。

③逋（bū）：逃亡。

④夫子取子路之无宿诺：语本《论语·颜渊》："子曰：'片言可以折狱者，其由也与？'子路无宿诺。"意思是孔子说："只听了单方面的供词就可以判决案件的，大概只有仲由吧。"子路说话没有不算数的时候。夫子，指孔子。宿诺，拖了很久而没有兑现的诺言。

⑤三居：指古代依罪行的轻重分别将犯人流放到远近不同的三个地方。

⑥南亩：指田野。

⑦簿书：官府办案的文书簿册。

【译文】

　　况且将案件稽留下来等待秋冬季节，是要将当事人都拘禁起来吗？那么在高墙大狱之中被绳索捆绑拘禁的苦楚，比受到鞭笞、杖责之刑还要剧烈,还要牵连逮捕证人,逐渐因为贿赂等而改变其初衷。如果将当事人都放了呢? 那有罪的人自己知道不能幸免,又怎么会不逃跑呢? 所以孔子称赞子路没有拖了很久而没有兑现的诺言,诺言不能拖太久而不实现,案件也不能稽留太久而不判决。唯独对于死刑,如果根据案情已经确定判处死罪,那么将囚犯关押起来以等待秋冬季节执行死刑,是延缓死刑而不违逆上天的和气;肉刑没有废除的时候,剕、刖、宫、墨等刑罚,都需要用到刀锯,不可违背上天温和的教化;君王的慎重,就是因此而慎重。对刑法慎重,难道是说对被判处流刑的人分三等执行流放,对被判处鞭打、杖责之刑的人立即施予教训、告诫,将证人放走,让属官小吏来检查办案的文书簿册吗?

　　《月令》非三代之书①,然其曰“孟夏断薄刑”②。孟夏,正阳之月也,可以断刑,则春夏之余月可知矣。鲁恭之言③,有得有失,言治理者不可不辨。若呴呴之仁④,缓之乃以贼之,以是为顺天而爱民,岂理也哉? 哀矜清问,则四时皆春,不徒以其文也。

【注释】

①《月令》:古代天文历法著作,现存《礼记》中有《月令》一篇,《逸周书》中原来也有《月令》,然已佚失。《月令》按照一年十二个月的时令,记述朝廷的祭祀礼仪、职务、法令、禁令,并把它们归纳在五行相生的系统中。《月令》一般被认为是战国时作品,也有人认为是两汉人杂凑撰集而成的。

②孟夏断薄刑:语出《礼记·月令》:“(孟夏之月)断薄刑,决小罪,出轻系。”孟夏,初夏,指农历四月,因古人认为此月阳气极盛,也称“正阳之月”。薄刑,轻罪,轻刑。

③鲁恭之言：据《后汉书》记载，和帝末年下令初夏时节可以案验薄
刑，而州郡官吏大多以苛察为政，因此多在盛夏断狱。鲁恭上疏
劝谏，主张"今孟夏之制，可从此令，其决狱案考，皆以立秋为断，
以顺时节，育成万物，则天地以和，刑罚以清矣"。鲁恭（32—
112），字仲康，扶风平陵（今陕西咸阳）人。东汉中期官员、学者。
东汉章帝时任中牟县令，注重以道德风尚感化人，政绩卓著，有
"鲁恭三异"（蝗不入境，化及鸟兽，竖子有仁心）的传说。汉安帝
时官至司徒。传见《后汉书·鲁恭列传》。

④呴呴（xǔ）：温和的样子。

【译文】

《月令》并非三代时的书，然而其中说"在孟夏判决罪行较轻的案
件"。孟夏，是阳气极盛的一个月份，尚且可以判处刑罚，则春夏季节其
余的月份也可想而知了。鲁恭的言论，有得也有失，谈论治理的人不可
以不加以辨析。至于有些人怀抱温和仁慈之心，想按季节来延缓处理
案件，实际上是伤害了百姓，把这当作顺天爱民的表现，难道还有道理
可言吗？如果断案的人心存怜悯之情，清楚、详细地审查案情，则一年
四季都是春天，所以断案不能只依据一些没有意义的形式。

六　任尚为后世债帅

和、安之世，汉所任将者，任尚也，军安得不覆，乱安得
不极也！尚严急而不知兵，见于班超之说。而犹不仅此。
章帝以来，历三世而国事屡变，窦宪盛，尚则为宪之爪牙；邓
骘兴，尚则为骘之心膂；宪败，宾客皆坐，而尚自若；西域叛
乱，北边丧师，汉法严矣，而尚自若；尚者，一后世之债帅
也。平襄之败①，死者八千余人，羌遂大盛而不可制；尚翱
翔汉阳者三载②，坐视羌人之暴，罚谪弗及，复以侍御史将兵于上

党③,迁中郎将,屯于三辅,保禄位、怙兵权而不惧。尚何以得此哉?其辇金帛以曲媚宫闱戚里者可知矣④。然则其严急也,乃以渔猎吏士而为结纳之资也。三辅残,国帑空,并、凉、益土死不收,徙不复,羌人力尽而瓦解,尚乃起而与邓遵争功以死⑤,天殛之也。尚之诛也,赇赃千万以上⑥。宪与骘所为护尚以稔其恶者在此矣。债帅之兴,其始于东汉乎!而邓骘之为汉蟊贼可知矣。母后听政而内外交寇,其所繇来亦可知矣。

【注释】

①平襄之败:指永初二年(108)冬,邓骘派任尚、司马钧率领各郡的部队,在平襄与羌族先零部落首领滇零率领的数万羌军交战,结果任尚的军队大败,八千多人战死。事见《后汉书·西羌列传》。

②汉阳:东汉郡名。永平十七年(74)由天水郡改置,属凉州,治冀县(今甘肃甘谷东)。

③上党:汉代郡名,治所在壶关(今山西长治)。

④辇:载送,运送。

⑤邓遵(?—121):南阳新野(今河南新野)人。邓禹的孙子,汉和帝皇后邓绥的堂弟,东汉将领、外戚。邓遵初任乌桓校尉,元初元年(114)任度辽将军。他在任期间,多次击败羌人和鲜卑人,因功封武阳侯。建光元年(121),邓遵因受邓氏被诬陷事件牵连而自杀。传见《后汉书·邓遵列传》。

⑥赇(qiú)赃:贪污受贿所得财物。

【译文】

汉和帝、安帝时期,汉朝所任用的将领是任尚,军队怎么能不覆灭,天下的混乱怎么能不达到极致呢!任尚为人严厉急躁而不懂用兵之术,从班超嘱托他时说的话就可以看出来了。而他的问题还不止于此。自章帝以来,历经三世而国家政局屡屡发生变化,窦宪势力鼎盛的时候,任尚是窦宪的爪牙;邓骘兴起,任尚则成了邓骘的心腹;窦宪败亡,其宾客都遭到牵连惩治,而任尚却泰然自若、没有被波及;执掌西域时西域发生叛乱,又在北部边境损失了大量军队,汉朝的律法很严厉,而任尚却没有受到相应的惩罚;任尚,就是一个后世所称的"债帅"。他率军在平襄战败,士兵死者有八千余人,羌人由此势力大为强盛而难以再控制;任尚在汉阳郡驻扎三年之久,坐视羌人的暴乱,却没有受到朝廷的惩罚和贬谪,又以侍御史身份在上党带兵,升迁为中郎将,率军屯驻在三辅地区,他保住了爵禄官位、依仗自己掌握着兵权而无所畏惧。任尚何以能够做到这些呢?可想而知他一定曾用车子载送金银财物向后妃外戚行贿。这样他严厉急躁,通过渔猎侵夺官兵而获得结交和贿赂权贵的本钱。三辅地区残破,国库空虚,并州、凉州、益州土地荒芜,粮食颗粒不收,迁徙走的百姓再也没能迁回来,羌人力量用尽而土崩瓦解,任尚这时才起来与邓遵争功,导致自己身死,这是上天要诛灭他。任尚被诛杀后,查出他贪污受贿所得财物价值在千万以上。窦宪与邓骘之所以任用和包庇任尚,放任其作恶,原因正在于此。债帅的兴起,就是从东汉开始的吧!而邓骘是汉朝的蠹贼也由此可知了。母后临朝听政而形成内敌与外敌交相侵犯的局面,其由来也由此可知了。

七 王莽听民告讦守令启盗贼窥天之径

盗贼之兴,始于王莽之世。莽篡,天下相师以寇攘,而抑刘崇、翟义以草泽起义先之,未足开盗贼窥天之径也。张伯路一起而滨海九郡陷没,孙恩、窦建德、黄巢、方腊、李自成踵兴[1],而四海鼓动,张伯路实为之嚆矢焉[2]。

【注释】

①孙恩(?—402):字灵秀,琅琊(今山东临沂)人。东晋五斗米道首领。于东晋隆安三年(399)在海岛上起兵反晋,三次登陆浙江沿海,攻破会稽、余姚等地。后来东晋派北府兵刘裕等人征讨孙恩,孙恩屡次战败。元兴元年(402)三月,孙恩进攻临海失败,跳海自杀。传见《晋书·孙恩列传》。窦建德(573—621):贝州漳南(今山东武城)人。隋末农民起义军领袖。大业七年(611),隋炀帝募兵征讨高句丽,窦建德在军中任二百人长,他抗拒东征,在高鸡泊举兵抗隋。他先后击败魏刀儿、宇文化及、孟海公等割据势力,建立夏国,称雄河北。武德四年(621)五月,南下救援洛阳王世充,在虎牢关一役中被李世民击败,本人被俘,同年被唐高祖处死于长安。传见新、旧《唐书·窦建德列传》。李自成(1606—1645):原名鸿基,小字黄来儿,又字枣儿,榆林米脂(今陕西米脂)人。明末农民起义领袖。早年曾为银川驿卒,参加农民起义后,成为闯王高迎祥部下,高迎祥牺牲后继称闯王。李自成提出"均田免赋"等口号,获得广大人民的欢迎,部队发展到百万之众,崇祯十六年(1643)在襄阳称新顺王,同年进占西安。次年正月,建立大顺政权,年号永昌。不久攻克北京,推翻明王朝。四月,在山海关战役中被吴三桂、多尔衮击败,退出北京,率军在河南、陕西继续抗击清军。顺治二年(1645)死于湖北九宫山。传见《明史·李自成列传》。

②嚆(hāo)矢:响箭。因发射时声先于箭而到,故常用以比喻事物的开端或先声。

【译文】

盗贼的兴起,开始于王莽当政时期。王莽篡位,天下人相互效仿,纷纷起兵反抗他,而刘崇、翟义最先在草泽中起兵,但是这尚不足以开启盗贼觊觎天子之位的途径。张伯路一起兵,滨海九郡就迅速沦陷,孙恩、窦建德、黄巢、方腊、李自成等接踵而起，而天下人纷纷被鼓动，张伯路实际上是他们的先驱。

　　三代之盛，大权在天子也。已而在诸侯矣，已而在大夫矣，已而在陪臣矣①，浸以下移而在庶人矣。郡县之天下，诸侯无土，大夫不世，天子与庶人密迩②；自宰执以至守令，所为尊者，荣富而已，其他未有尊也。十姓百家相雄长而莫能制，丰凶不能必之于天③，贪廉不能必之于吏，风会移之④，怨毒乘之，欻然狂起⑤，抑将何法以弭之哉！

【注释】

①陪臣：大夫的家臣。

②密迩：很接近。

③丰凶：指农作物收成的好坏。

④风会：风气，时尚。

⑤欻（xū）然：忽然。

【译文】

　　夏、商、周三代兴盛的时候，大权是掌握在天子手中的。后来大权落入诸侯手中，继而又掌握在大夫手中，再后来又掌握在陪臣手中，最后逐渐下移，落入庶民手中。实行郡县制的天下，诸侯没有封土，大夫的职位不能世袭，天子与庶人很接近；从宰执到郡守、县令，他们尊贵的地方，也只有荣耀、富裕而已，其他并没有非常尊贵之处。十姓百家的民众起来相互称雄，他们都不能控制，庄稼收成的好坏不能完全由上天决定，贪腐廉洁不能完全取决于官吏，风气可以改变它，怨恨狠毒可以趁机利用它，如同火焰一样忽然狂暴地燃烧，又将用什么样的办法来将其扑灭呢？

　　《易》曰："天险不可升也^①。"谓上下之分相绝,而无能陵也。易国而郡县,易侯而守令矣;安守令也有体,严守令也有道。守令之仁暴,天子之所操也;其次,廷臣之所衡也;其次,省方之使所纠也^②;非百姓之所可与持也。赇吏兴,上下蔽,天子大臣弗能廉察,激民之重怨,而假民以告讦之权,制守令之黜陟诛赏,是进庶人而分天子之魁柄^③。不肖之吏,弱者偷合于民,强者相仇而竞,豪民视守令如鸡豚,可豢也、可圈也、可讦也、斯可杀也^④,而何弗可称兵以胁天子也? 盗之所以死此而又兴彼也。

【注释】

①天险不可升也:语出《周易·坎卦》之《象辞》:"天险不可升也,地险山川丘陵也,王公设险以守其国。"意思是天险高远,如日月天空不可得而升。

②省方:巡视四方。

③魁柄:权柄,朝政大权。

④豢:喂养。比喻以利益为饵来引诱人为其服务、任其宰割。

【译文】

　　《周易》中说:"天险高远,如日月天空不可得而升。"这是说上下之分相互隔绝,而下不能凌驾其上。实行郡县制后,诸侯国换成了郡县,诸侯换成了郡守县令;使郡守县令安稳施政是得体的,让郡守县令严格施政也是有道的表现。守令的仁慈与残暴,是被天子所操纵的;其次,是被朝廷大臣所制衡的;再其次,是被检察官员、使者所纠劾的;并非百姓所能够参与并掌握的。贪赃枉法的官吏出现后,上下都被蒙蔽,天子大臣不能对其详加考察,则会激起百姓深重的怨恨,而如果把揭发、攻击贪官污吏的权力交给民众,并以此作为升降赏罚官吏的依据,这就是进用庶人而分割了天子的权柄。不肖的官吏,弱者会偷偷地与百姓联合在一起,强者会相互仇视和竞争,豪强将地方官吏看作是鸡和猪,可以豢养、可以圈养、可以攻击谩骂、也可以杀掉他们,而他们又怎么不能起兵威胁天子呢? 这就是盗贼在此地被镇压而在彼地又重新兴起的原因所在。

《易》曰:"上天下泽,履,君子以辨上下、定民志①。"又曰:"小人而乘君子之器,盗思夺之矣②。"上下不辨,民志不定,乘君子之器者,无大别于小人。侯王岂有种哉? 人可隳岸以制守令之荣辱生死③,则人可侯王,而抑可天子矣。察吏不严于上,而听民之讼上,摇动人心而犹谓能达庶人之情,非审于天纲人纪者,莫知其弊也。陵夷天险而授之升,立国者尚知所惩乎!

【注释】

①"上天"四句:语出《周易·履卦》之《象辞》。意思是《履卦》卦象为上天下泽,象征小心行走,君子以此辨别上下的名分,端正百姓循礼的意志。

②小人而乘君子之器,盗思夺之矣:语出《周易·系辞上》。意思是身为小人却乘坐君子的车驾,盗贼就会思谋夺取了。

③隳(ào)岸:高傲,自高自大。隳,同"傲"。

【译文】

《周易》中说:"《履卦》卦象为上天下泽,象征小心行走,君子以此辨别上下的名分,端正百姓循礼的意志。"又说:"身为小人却乘坐君子的车驾,盗贼就会思谋夺取了。"上下尊卑不能分辨,则民众的志向难以安定,乘坐君子车驾的人,与小人就没有大的区别。王侯难道是天生的贵种吗? 如果人人能以自己的高傲控制郡守县令的荣辱生死,则人人都可以做侯王,也都可以做天子。在上不能严格监察官吏,而听任百姓状告上司,动摇人心,却仍然称这可以使君王了解庶民的真实情况,如果不是对天纲人纪有清楚了解的人,是不能知晓其中弊端的。使上下的分隔变得不明显,而授予百姓上升的途径,立国的人还知道应当吸取什么教训吗!

八　吏民入钱谷得为关内侯虎贲羽林郎五官大夫官府吏缇骑营士各有差

国帑屡空,军兴不足①,不获已而加赋于民,病民矣,而犹未甚也;以官鬻钱谷而减其俸,民病乃笃。邓后妇人米盐铢絫之计也②,后人师之,视为两利之术,狂愚不可瘳矣。

【注释】

①军兴:军队作战所需的资财。

②铢絫(lěi):一铢一絫,比喻微小之物。

【译文】

国库屡屡空虚,不能满足军事行动的用度需要,不得已而对民众加征赋税,这是危害百姓的表现,但还没有那么严重;靠卖官得到钱粮而减少官员的俸禄,百姓遭受的危害更严重了。卖官鬻爵是邓太后作为一介妇人实行的像柴米油盐、一铢一絫般的微小计策,后人效仿她的做法,视为有利于国家和个人的两全之术,实在是狂妄愚蠢得不可救药。

万不获已而加赋也,抑必有则。吏方苦其不易征,未有能因而溢者也。獭不饥①,不可使捕;鹰不饥,不可使逐;诱取其钱谷于前,而听其取偿于民,吝予之以生计,而委之以自掠,虽欲惩贪,词先讷涩矣②。不能使徒步布衣草屦粝食冻老馁幼以为国效功也③,则乌能禁饥鹰馁獭之攫而无厌哉^④！乃人主且曰：吾未尝加赋以病民，民如之何而不急公^⑤？上下交怨而国必亡矣。

【注释】

①獭(tǎ)：水栖的哺乳动物，主食鱼类。

②讷涩：言语迟钝，说话艰难。

③草屦：穿草鞋。粝(lì)食：吃粗劣的食物。粝，差的。

④攫(jué)：掠夺。

⑤急公：指为国家着想、替国家排忧解难。

【译文】

如果万不得已而必须要加征赋税，也要遵循一定的规则。地方官吏苦于赋税难以征收，没有能依靠规则制度而多征收的。獭不饥饿，就不能用它捕鱼；鹰不饥饿，就不能使它追逐猎物；朝廷已经通过引诱取得了买官者的资财，而听任他们从百姓那里获取补偿，给他们的俸禄太低而难以维持生计，就听任他们自行掠夺百姓，虽然想要惩处贪腐官员，而话已经难以说出口了。既然不能让徒步行走、身穿布衣草鞋、吃着恶劣食物的、受冻的老人和挨饿的小孩为国家效劳，则又怎么能禁止饥饿的鹰、獭贪得无厌地掠夺百姓呢！可君主却会说：我不曾加征赋税损害百姓，百姓为什么不能为国家着想、替国家排忧解难呢？这样上下相互抱怨，国家必定会灭亡。

三代之世，方百里之国，君卿大夫士世食其禄，下逮于胥史者数百人。饔飧币帛车乘刍粮奔走于四方而有余^①。一郡之大，或兼数圻^②，禄于朝者几何人？官于其地者几何人？守卫缮修公私交际所资于民者几何事？今之天下，其薄取也，视古而什之二三耳。而古之民足，今之民贫；古之国有余,今之国不足。下不在民,上不在君,居其间者为獭为鹰,又使饥而教之攫;金死于一门,而粟贱于四海,则终岁耕耘,幸无水旱,而道殣相望必矣③。

【注释】

①饔飧(yōng sūn):饭食。币帛:缯帛。古代用于祭祀、进贡、馈赠的礼物。

②圻(qí):方圆千里之地。

③道殣(jìn):饿死于道路者。殣,饿死。

【译文】

三代的时候,方圆百里的国家,君王、卿、大夫、士世代都有俸禄收入,下面还有胥吏等办事人员数百人。他们的饭食、缯帛、车马粮草使他们能奔走于四方还绰绰有余。现在一个郡的面积,有的方圆数千里,拿国家俸禄的有多少人?在当地做官的又有多少人?一郡的守卫、修缮、公私交际事务中,需要从百姓那里筹集资金的又有多少事?如今的天下,对百姓的税赋征收不重,也就是古时的十之二三罢了。而古代的民众生活富足,如今的民众生活贫困;古代国家资财有余,如今国家的用度不足。出现这种情况,原因下不在民众,上不在君王,而在于居于其间的是像獭和鹰那样的官吏,卖官鬻爵的政策又让他们保持饥饿而教他们侵夺百姓。财富都集中在豪强大户家中,而天下的粮食价格非常低,如此则即使农民一年到头辛勤耕耘,侥幸没遇上水旱灾害,而道路上饿死的人也一定非常多。

"无野人莫养君子①。"上节宣野人之余以养贤,而使观人朵颐②,以惟攫取之巧拙为贫富哉!鬻官爵以贱之,减俸以贫之,吏既贱而终不肯贫,廉耻堕,贫婪相迫③,避加赋之名,蹈朘削之实④,愚者之虐,虐于暴君,曾不自知其殃民,民亦不知也。怨不知所自起而益亟矣。

【注释】

①无野人莫养君子:语出《孟子·滕文公上》:"无君子莫治野人,无野人莫养君子。"意思是没有百姓就没有人来供养官吏。君子,官吏。野人,农夫,百姓。

②观人朵颐:语本《周易·颐卦》爻辞:"初九:舍尔灵龟,观我朵颐,凶。"意思是观看别人鼓动腮帮进食,比喻只顾满足个人欲望。

③贫窭(jù):亦作"贫窭",贫穷。

④蹈:实行。朘(juān)削:剥削。

【译文】

"没有百姓就没有人来供养官吏。"君主把百姓生产的剩余劳动产品拿来养贤人,难道是让这些贤人忙着满足个人欲望,只以掠夺、攫取百姓财富的巧和拙作为贫富的依据吗!卖官鬻爵使官吏的受尊重程度降低,减少俸禄使官吏变得贫困,官吏地位既然已经卑贱,他们必定不肯安于贫困,于是廉耻之心沦丧,在贫穷的逼迫下,避开加赋的名义,而行剥削百姓之实,愚蠢之人的暴虐,比暴君还要酷烈,他们并不知道自己祸害了百姓,而百姓也不知道自己被他们所残害。不知从何而起的怨恨会变得更加强烈。

九 庞参说邓骘徙边郡入居三辅

汉之强也,北却匈奴,西收三十六国①。未数十年,羌人一梗于河湟②,其志止于掠夺,未有窥觎汉鼎之心也③。而转徙五郡④,流离其民,僵仆载道⑤,如孤豚之避猛虎。悲哉!谁为谋国者,而强弱相贸至此极也⑥!任尚债帅也,邓骘纨

袴也⑦,邓后妇人也;妇人尸于上,纨袴擅于廷,债帅老于边,
三者合而亡国之道备焉。幸而不亡,民之死也,谁恤之哉?
天下未有妇人制命,而纨袴债帅不兴者也。未有阴气凝于
上,而干戈之惨不流于天下者也。故曰:"鹤鸣于九皋,声闻
于野⑧。"气相召,祸相应,而庞参之邪说始乘之⑨,以懦缩消
生人之气,可不戒哉!

【注释】

①三十六国:指西域诸国,大部在今新疆维吾尔自治区和中亚一
带。《汉书·西域传序》记载:"西域以孝武时始通,本三十六国,
其后稍分至五十余,皆在匈奴之西,乌孙之南。"

②梗:起兵反抗。河湟:指今青海东部黄河与湟水流域肥沃的三角
地带。

③窥觎(yú):窥伺觊觎。

④五郡:指汉代河西五郡,包括酒泉郡、张掖郡、敦煌郡、武威郡、金
城郡,皆在今甘肃境内。

⑤僵仆:僵硬倒毙的尸体。

⑥相贸:互相变易。

⑦纨袴(wán kù):本义指富贵人家子弟穿的细绢做成的裤子,借指
富贵人家的子弟。

⑧鹤鸣于九皋,声闻于野:语出《诗经·小雅·鹤鸣》:"鹤鸣于九
皋,声闻于野。鱼潜在渊,或在于渚。"九皋,曲折深远的沼泽。

⑨庞参之邪说:庞参(?—136)字仲达,河南缑氏(今河南偃师)人。
他任左校令时因犯罪而入狱。当时凉州先零种羌人反叛,朝廷
派车骑将军邓骘讨伐他们,庞参让儿子上书劝阻,后来又向朝廷
提议,建议将凉州民众迁徙到三辅地区,实际上是主张放弃凉

州。其上书之语见《后汉书·庞参列传》。

【译文】

汉朝强盛的时候,向北击退了匈奴,向西收服西域三十六国。不到几十年时间,羌人在河湟地区初次起兵,他们的志向仅限于掠夺,没有窥伺、觊觎汉朝天下的野心。而到了汉安帝时期,东汉朝廷却要将凉州五郡的民众迁徙到三辅地区,使民众流转离散,道路上满是僵硬的尸体,就好像孤立无助的猪躲避猛虎袭击一样。真是悲哀啊!是谁为国家谋划,而使得强弱之间的相互转换到了如此严重的地步!任尚是债帅,邓骘是纨绔子弟,邓太后是一介妇人;妇人临朝称制却尸位素餐,纨绔子弟在朝廷上专擅大权,靠贿赂而得位的将帅在边境屡次战败,致使师老兵疲,这三者合在一起,而亡国之道就已经齐备了。国家侥幸没有灭亡,而民众的死亡,又有谁来抚恤呢?天下从没有妇女临朝称制,而纨绔子弟和债帅不兴起的情况。从没有阴气在上面凝结,而战争的祸乱不波及整个天下的情况。所以说:"鹤在曲折深远的沼泽中鸣叫,声音在整个原野中都能听到。"气相互招引,祸乱就相应发生,而庞参弃守凉州的邪说就趁机产生,以懦弱退缩的态度消磨活人的生气,能不引以为戒吗!

一〇　邓后为邓氏近亲开邸第教学致外戚强盛

邓后为邓氏近亲开邸第教学,而躬自试之①,史称之以为美谈。汉武开博望苑,而太子弄兵②;唐高开天策府选文士,而宫门蹀血③;天子之子且以召难,况后族乎?谚有之曰:"妇人识字则诲淫④,俗子通文则健讼⑤。"诗书者,君子所以调性情而忠孝,小人所以启小慧而悖逆者也。故曰:"民可使繇之,不可使知之⑥。"不然,三代王者岂以仁义礼乐齐予斯人;而内不及于宫闱,外不私于姻党,何为也哉?

【注释】

①邓后为邓氏近亲开邸第教学,而躬自试之:元初六年(119),邓太后下令将汉和帝的弟弟济北王、河间王家中子女,年龄在五岁以上的四十多人,和邓氏近亲子孙三十多人召到京师,为他们开府第,"教学经书,躬自监试"。事见《后汉书·皇后纪》。

②汉武开博望苑,而太子弄兵:据《汉书》记载,汉武帝为戾太子刘据建博望苑,以供其交接宾客。于是有好多以异端邪说来进献给太子的。后来太子遭江充诬陷,因不能自明而起兵反抗诛杀江充等人,汉武帝误信谎情,以为太子谋反,遂发兵镇压,刘据兵败逃亡,最终因拒绝被捕受辱而自杀。

③唐高开天策府选文士,而宫门蹀血:据新、旧《唐书》记载,唐高祖武德四年(621),秦王李世民击败王世充、窦建德联军,被封为天策上将,唐高祖为其建"天策府",允许其自行招募人才作为天策府中官员。李世民于是在天策府中开"文学馆",延揽学士。后来,随着李世民与太子李建成矛盾日益激化,最终爆发了"玄武门之变",李世民在天策府部属和谋士帮助下伏击杀死李建成,夺得太子之位。

④诲淫:教唆、引导别人淫乱。

⑤健讼:喜好打官司。

⑥民可使繇之,不可使知之:语出《论语·泰伯》:"子曰:'民可使由之,不可使知之。'"对孔子这句话的断句和理解,学界存在一定争议。以往一般理解为"可以让百姓按照我们指引的道路走,没必要让他们知道为什么"。从上下文推断,王夫之的理解似乎与此相同。

【译文】

邓太后为邓氏近亲开辟专门府第来进行教学,而她亲自监督、考核他们的学习,史书中将这称为美谈。汉武帝为戾太子开博望苑,而戾太子最终起兵作乱；唐高祖为李世民开天策府，为其选拔文士，而李世民最终发动了玄武门之变；天子的儿子尚且会因此而招来灾祸，何况是后族子弟呢？有谚语说："妇人识字则诲淫，俗子通文则健讼。"诗书，对于君子来说是用以调养性情、学习忠孝之道的工具，对小人而言则是用以启发小聪明、为其悖逆之举打下基础的工具。所以孔子说："可以让百姓按照我们指引的道路走，没必要让他们知道为什么。"不然，三代的君王难道都是吝惜仁义礼乐而不舍得教给这些人吗？他们教授仁义礼乐时，对内不教妃嫔，对外不教外戚家族，这是为什么呢？

　　邓后之约饬子弟也屡矣^①，其辞若足观者。乃豫章唐檀告其太守曰^②："方今外戚豪盛，君道微弱"，则后之宠私亲以紊朝纲可知矣。假之兵权，复假之以文教，先王经纬天下之大用，一授之匪人，国尚孰与立也！言治者，知兵权之不可旁落，而不知文教之不可下移，未知治道之纲也。一道德，同风俗，教出于上之谓也。

【注释】

　　①约饬：约束诫饬。

　　②豫章：汉代郡名，治所在今江西南昌。唐檀：字子产，豫章南昌（今江西南昌）人。东汉中期士人，好灾异星占之术。曾因白虹贯日天象而上书朝廷，陈述造成此天象的缘由。不久弃官而去，专心著述，卒于家。传见《后汉书·方术列传》。

【译文】

　　邓太后屡次约束、训诫邓氏宗族的子弟，其言辞看起来似乎值得看。可是豫章郡的唐檀对其太守说："如今外戚势力强盛，君王权力微弱。"由此可以知道邓太后宠幸自己的亲属而使朝廷纲纪混乱。把兵权交给外戚,又对外戚进行文化教育,先王治理天下的文武之道,全部都授给不该授给的人,国家还如何能够保存!谈论治理之道的人,知道兵权不可以旁落,却不知文化教育也不可以下移,这是不懂得国家治理的根本纲要的表现。统一道德和风俗,这就是所谓的教化出于君上。

一一 西域已开不可弃

有其始之,则已之也难,是以君子慎乎其始之也。西域通塞,初无当于中国与匈奴之强弱。乃自张骞始之,班超继之,中国震而矜之曰:吾以断匈奴之右臂。于是匈奴亦因而曰:是可以为吾右臂也。迨安帝之世,羌寇起,陇西隔绝①,凉州几弃,匈奴于是因车师攻杀后部司马②,又杀燉煌长史索班③,盖至是而西域不可弃矣。公卿乃始欲闭玉门、绝西域,置河西、陇右剥床及肤之祸于不恤④,班勇力争其不可,勇之策贤于其父超矣。非勇之果贤也,时异而势不容已也。乃超之出,无挠之者,而重挠勇。勇策不用,汉师不出,匈奴寇抄不息,沈氏因之而乱⑤。害极于邓骘之庸懦,而祸始于张骞之挑引。故曰有其始之,则已之也难也。

【注释】

①陇西:指陇山以西之地,约当今陇山、六盘山以西和黄河以东一带。古代以西为右,又称"陇右"。

②后部司马:汉武帝时,汉将赵破奴率军经河西走廊攻破姑师。姑师破败后,分裂为车师前国、车师后国和山北六国。东汉时在车师后国设置车师后部司马,主管此地的汉朝驻屯军。

③燉煌:汉代郡名,治所在今甘肃敦煌。

④剥床及肤:原意为损害及于肌肤。后形容迫切的灾害或深切的

痛苦。

⑤沈氏：东汉中期羌人的一支，分布在上郡(今陕西榆林)、西河(今山西吕梁)一带。

【译文】

事情一旦有了开头，想要停止它就很难，所以君子都很慎重地对待事物的开端。西域的通畅与阻塞，最初并不能影响到中原政权与匈奴的力量对比。可是自从张骞开通西域以后，班超又继续了他的事业，中原王朝为之震动，并且夸耀说：我们通过开通西域切断了匈奴的右臂。于是匈奴也因此而宣称：西域可以作为我们的右臂。等到安帝时期，羌人起兵反叛，陇西地区被隔绝，凉州几乎被放弃，匈奴于是通过车师攻杀了汉朝的车师后部司马，又攻杀了燉煌长史索班，大概到了这个时候，西域反而是不能放弃的。公卿们却开始想要封闭玉门关、阻绝与西域的往来，将河西、陇右即将陷落的巨大灾祸放在一边不管，班勇据理力争，认为不能这样做，班勇的计策比他父亲班超要好。并非班勇真的贤能，而是当时形势发生了变化，容不得停止对西域的经营。可是当初班超出使西域时，没有人阻挠，而现在班勇却受到重重阻挠。班勇的计策不被采纳，汉朝军队不出玉门关，匈奴的入侵、劫掠就不停息，沈氏羌人部族也因此起来作乱。这一灾祸由于邓骘的平庸懦弱而达到极点，而祸患却开始于张骞出使西域的挑逗之举。所以说事情一旦开始，想要停止它就很难了。

郑于晋、楚①，非果系重轻。而楚争之，晋因争之；晋争之，楚益争之；疲天下之兵力百余年，而两皆无据。高欢、宇文泰之玉璧②，朱友贞、李存勖之杨刘③，一旦而以存亡系之；非其存亡之果系也，力尽于此，而余地皆虚，徒使其土之民人蹂躏而殄无遗种，皆始之者贻之，孰有能包举兴亡胜败之大而游心于余地者乎?《易》曰:"非所据而据焉,身必危④。"凡见可据者,皆非据也,游士炫其谋,武人张其功,后欲已之而不能,故君子必慎乎其始之也。

【注释】

①郑于晋、楚:指春秋中期时,晋、楚两国为争夺对中原地区的控制权进行了一系列战争,而郑国于晋、楚两国间反复。

②高欢、宇文泰之玉璧:指南北朝时期东魏与西魏之间的玉璧之战。武定四年(546)十月,把持东魏朝政的丞相高欢率重兵进攻玉璧城,旨在打开西进的道路。西魏守将韦孝宽深受宇文泰信任,展开积极防守,东魏军屡攻不下,伤亡惨重,高欢忧愤成疾。在五十多日的苦战后,东魏军被迫撤退,玉璧之战以西魏军的胜利告终。

③朱友贞、李存勖之杨刘:指五代时期后梁与晋(后唐前身)之间为争夺郓州渡口杨刘城而进行的两次战争。贞明三年(917)十二月,晋王李存勖趁黄河结冰,渡河攻取杨刘城。次年,梁将谢彦章率军企图复夺杨刘城,未能成功,从此杨刘被晋占据。后唐建立后,后梁大将王彦章袭取德胜南城,为阻挠后唐军南下,再次攻打杨刘。但被李存勖击败,只得退兵。朱友贞(888—923),又名朱锽、朱瑱,五代时期后梁末代皇帝,后梁太祖朱温第三子。乾化二年(912)六月,郢王朱友珪发动政变,弑杀朱温。次年朱友贞策动禁军兵变,诛杀朱友珪而称帝。他在位期间,接连败给李存勖,以致国势日衰。龙德三年(923),晋王李存勖建立后唐,对后梁发动总攻。朱友贞在唐军攻入东京前夕,命亲信将他杀死,后梁随之亡国。传见《旧五代史·梁书·末帝纪》《新五代史·梁本纪·末帝》。李存勖(885—926),小字亚子,生于晋阳(今山西太原),后唐开国皇帝,晋王李克用之子。李克用去世

后，李存勖袭父位为河东节度使、晋王。他骁勇善战，长于谋略，在王位十五年，南击后梁、北却契丹、东取河北、西并河中，使得晋国逐渐强盛。同光元年(923)四月他在魏州称帝，建立后唐，并于同年十二月灭亡后梁，尽取河南、山东等地，定都洛阳。李存勖在位期间，并岐国，灭前蜀，得凤翔、汉中及两川之地。但他沉湎于声色，治国无方，导致百姓困苦、藩镇怨愤，于同光四年(926)四月死于兴教门之变，时年四十二岁。传见《旧五代史·唐书·庄宗纪》《新五代史·唐本纪·庄宗》。杨刘：在今山东东阿北杨柳村，唐宋时黄河重要渡口。

④非所据而据焉，身必危：语出《周易·系辞下》："子曰：'非所困而困焉，名必辱；非所据而据焉，身必危。'"意思是凭据不适宜的地方，其性命必定遭遇危险。

【译文】

春秋时期的郑国，对于晋、楚两国而言，并非真的具有举足轻重的地位。而楚国争取它，晋国因此也争取他；晋国争取它，楚国就更要争取它；两国耗费天下的兵力争夺郑国一百多年，而最终都没能得到郑国。高欢、宇文泰争夺玉璧，朱友贞、李存勖争夺杨刘，战争一旦打响，双方就把自己的生死存亡寄托在这两个地方；并非这两个地方本身真的关系到其生死存亡，而是他们的力量在此用尽，因此其他的地方都空虚了，这样只会使得这里的人民遭受战争踩蹋而死亡殆尽，这都是开启战争引发的祸患，又有谁能放着关系到国家兴亡胜败的大事不管，而有闲心考虑其他的地方呢？《周易》中说："凭据不适宜的地方，其性命必定遭遇危险。"凡是看起来可以凭据的地方，实际上都是不可以凭据的，游说之士为了炫耀自己的谋略，武将为了扩大自己的功劳，即使后来想停止也不可能了，所以君子一定要慎重地对待事情的开端。

一二　杜根逃死不投知故

颍川杜根上书邓后归政安帝，后怒，扑杀之，得苏，逃宜城山中为酒家保①,积十五年,后死乃出。或问以何不投知故而自苦,根言:"发露,祸及亲故。"智哉根乎! 何也? 亲故之能托生死者不易得也。非谓夫叛而执之也,为根之知交者应不至此也。好义之心苟不敌其私利之情,则其气先馁;好义之心与私利之情相半,即不相半而不能忘,其神必乱;气馁神乱,耳目不能自主,周旋却顾②,示人以可疑,则愈密而愈疏,故义利交战于胸者,必交受其祸。今有人于此,而人或投之,邻里乡党不问焉者,以适然听之也。唯大勇者,为能以适然处变;不然,则如酒家之本不觉而固适然者也。非此而必不能矣。

【注释】

①宜城:今湖北宜城。

②却顾:回转头看。

【译文】

颍川的杜根上书邓太后,要求她归政于汉安帝,邓太后大怒,下令将他装进袋子里乱棍打死,杜根昏死过去,后来侥幸复苏,逃到宜城山中在一个酒家做酒保,做了十五年,邓太后死后才复出。有人问他为什么不投靠知交故友而要使自己这样受苦,杜根说:"一旦我被发现,就会牵连到亲朋故友。"杜根真是有智慧啊! 为什么这么说呢? 能托付生死的亲朋故友是不容易得到的。并不是说亲朋故友会背叛杜根而将其抓起来送给官府,能做杜根知交好友的人应当不至于差到如此地步。但是如果喜好正义的心思一旦不能胜过其追求私利的欲望,则他必定会先气馁;如果喜好正义的心思和追求私利的欲望各占一半,即使追求私利的欲望占不到一半而对此事念念不忘,那么他的神志必定慌乱;气馁而神志慌乱,则耳朵眼睛不能自主控制,经常周旋四顾,让别人觉得可疑,那么他越是想保密就越是保不住,所以大义和私利在心中交战,必定会受到其祸害。今天有人在此地,如果有人来投靠他,邻里乡党一般都不会过问,因为这件事很平常。所以只有极为勇敢的人,才能泰然自若地处变不惊;不然,则是像酒家主人那样本就不知道杜根的特别之处,因此本来就能泰然自若。如果不是这两种情况,那么人们肯定做不到泰然自若。

呜呼!士不幸而处乱世,不屈于邪,而抑未可以死,缓急固时有矣,而可不慎所依乎!好苛礼而不简者,恤小利而形于色者,多疑而好谋者,貌愿谨而勤小物者①,吊死问疾而多为容者,皆不可依者也,可弗慎邪?

【注释】

①愿谨:质朴恭谨。

【译文】

唉!士人如果不幸生活在乱世中,不愿屈服于邪恶,而又不能死,危急之事本来就会时有发生,而又怎么能不慎重选择依靠的人呢!喜好苛刻礼节而不简约的人,顾小利而喜怒形于色的人,内心多疑而喜好谋划的人,表面上谨慎而能勤察小物的人,吊唁死者、探问病人时仪容发生变化的人,都是不可以依靠的人,能不谨慎吗?

一三 薛包度己量时辞侍中之征

处士之征而不受命者多矣:或志过亢而不知时者也①;或名高而藏其拙者也;或觊公孤师保之尊而躐级以不屑小官者也②。吾于薛包独有取焉③。包以至行闻,尽孝友、饬门内之修而已;自尽以求仁,而无矫异惊人之节,初未尝规画天人④,谓己有以利天下也。汉征之而拜侍中,非其事也,固非其志也。包曰:吾以尽吾门内之修,天子知我征我以风示天下,而德不孤矣;吾未尝有匡济之心,而何用仕为!

【注释】

①过亢:过高,过甚。

②公孤师保:汉代称负责教习太子的"太师、太傅、太保"为"三公",其下有"少师、少傅、少保",称为"三少",亦称"三孤"。"三公""三少"统称"师保",皆为荣誉性职衔,多以德高望重者充任。躐(liè)级:越级。

③薛包:字孟尝,汝南(今河南上蔡)人。汉安帝时著名孝子、隐士。薛包年少失母,父亲娶后妻,将他逐出,薛包日夜号泣,不忍远离。即使遭遇父亲横加鞭挞,也每日坚持晨昏定省,以尽孝道。父母最终惭愧,允许他回家同住。后来父母相继亡故,诸弟求分产分居,薛包礼让诸弟,甘愿吃亏。后来诸弟屡次破产,薛包都予以接济,因此人人称赞他孝顺友爱。安帝闻听其名声,将其召为侍中,薛包不肯就职,安帝允许其归乡,在家寿终。其事见于《后汉书·刘平列传》。

④规画:筹划,谋划。

【译文】

处士被朝廷征辟而拒不受命的情况很多:他们中有的人是志气过高而不知晓时势;有的是名声虽高,而背后却隐藏着他的拙劣;有的是觊觎"三公""三孤""师保"等职位的尊贵而想要被越级提拔,不屑于做小官。在这些人中我唯独认为薛包有可取之处。薛包以卓绝的品行闻名,他只是尽心孝顺父母、友爱兄弟,做好家庭内的修养而已;他尽自己的力量来求得仁,而没有故意显得与众不同、以使别人震惊的举动,最初就不曾规划天人之间关系,称自己有补益天下的才思。东汉朝廷征辟他而把他拜为侍中，并非他能做的事，也本来就不符合他的志向。薛包说："我所做的是协调家门中的修养，天子知道了我的事迹，征辟我以教诲天下人孝顺、友爱，而我的德行得到了推广，不再孤零零的；但我从来没有匡济天下的心思，又为什么要做官呢！"

　　奚以知其然也？以包之所为，皆循循乎父子兄弟之间，非襄楷、郎颐、樊英窥测天人①，舍己而求诸人者比也。而汉之授以侍中，抑非其道。侍中者，出入讽议之臣也。当安帝之世，外羌戎，内盗贼，外戚、阿母、宦寺②，交相煽构③，此大人抟挽斡运见功之地④，而包之志略固不及此。非天下有不可为之时，而非包敦笃修能所堪之任也，则汉任之固不以其道矣。善处包者，使分司徒之教职，而任之庠序，则得矣。不则使治一郡，以兴教化、抚贫弱，敷其洁己爱物之德⑤，治绩懋焉⑥。如之何以侍中任之邪！包之以死乞免，度己量时之道允协矣；岂志亢名高薄小位而觊公孤者类哉？

【注释】

①襄楷：字公矩，平原漯阴（今山东齐河）人。东汉著名方士，好学博古，善天文阴阳之术。桓帝年间，政治日益腐败，他上书桓帝，以阴阳、天象劝谏他修德省刑、理察冤狱。汉灵帝即位后多次征辟他，襄楷拒不应辟，卒于家。传见《后汉书·襄楷列传》。郎颐（yǐ）：字雅光，北海安丘（今山东安丘）人。东汉易学家、方士。早年在家传习易学，精研占卜，拒不应辟。汉顺帝命公车征召郎颐，询问有关天象变异之事，郎颐引《周易》经传文陈述便宜七事，授为郎中，但他称病归家。后为仇人孙礼所杀。传见《后汉书·郎颐列传》。樊英：字季齐，南阳鲁阳（今河南鲁山）人。东

　　汉易学家、隐士。多次拒绝朝廷征辟,汉顺帝时强征其到京城,
　　他称病不肯起,顺帝礼遇备至,拜其为五官中郎将、光禄大夫,数
　　月后准许其告老归家。传见《后汉书·樊英列传》。

②阿母:乳母,奶妈。

③煽构:煽动连结,煽惑挑拨。

④大人:德行高尚、志趣高远的人。抟捖(tuán wán):调和。斡
　　(wò)运:旋转运行。

⑤敷:传布。

⑥懋:盛大。

【译文】

　　从哪里知道是这样的呢?从薛包的所作所为看,他都是和顺规矩
地处在父子兄弟之间,并非像襄楷、郎颚、樊英那样窥测天人之际的变
化,舍弃自己的修养而向别人提出要求。而汉朝廷授给薛包侍中的职
位,也不是正确的方式。侍中,是出入宫禁、掌管讽议劝谏的官职。安帝
在位的时期,外有羌人强盛,内有盗贼兴起,外戚、乳母、宦官,相互煽动连
结、专擅朝政,这正是有能力和抱负的大臣调和斡旋以建立功勋的时机,
而薛包的志向和才略本来就不能胜任此职。并非是因为天下处在不可
有所作为的时机,而是薛包敦厚淳朴的性格不足以担当此任,则汉朝廷
对他的任命本就不对。妥善安置薛包的方法,是让他分担司徒的教化职
责,而在学校中任职,这是正确的做法。要不然就让他治理一个郡,以兴
起教化、抚慰贫弱百姓,广泛地传布他洁身自好、仁爱他人的品德,治理的
政绩肯定会很显著。为何要任命他为侍中呢!薛包以死求得免于担任
此职,也是很符合度量自身、衡量时势之道的;他难道与那些志气很高、鄙
视小官职位而觊觎三公、三孤职位的人是同一类人吗?

　　　龙有潜也,有见也,有亢也①。孔子知不可而为②,圣人
之亢也;伊吕之兴,大人之见也;包之终隐,君子之潜也。潜

者,非必他日之见也,道在潜,终身潜焉可矣。

【注释】

①"龙有"三句:语出《周易·乾卦》爻辞:"初九,潜龙勿用。""九二,见龙在田,利见大人。""上九,亢龙有悔。"亢,极,达到最高的境界。

②孔子知不可而为:指子路宿于石门,早上守城门的人问他从哪来,子路回答自孔子那里来。守城门的人于是问他:"是知其不可而为之者与?"认为孔子明知不可为而为之。事见《论语·宪问》。

【译文】

龙有潜伏的,有浮现在世间的,也有飞到极高处的。孔子明知不可而为之,这是圣人的"高飞";伊尹、吕尚的兴起,是大人的浮现;薛包最终隐遁于世间,这是君子的潜伏。潜伏,不一定意味着他日会再浮现,道在于潜伏,那么即使终身潜伏也是可以的。

一四　安帝假权宦寺由邓后之反激

安帝之不德,岂至如昌邑王贺之荒悖哉!立十五年矣,邓后宠平原王翼①,欲废帝而立之;杜根请帝亲政,而扑杀之;视天位如置棋,任其喜怒,后之恶烈于吕、武矣。伊尹之放太甲,未尝他有援立,示必反之也。昌邑王之不可一日为君,霍光之不幸,而又幸得宣帝之贤也。且昌邑既废,始求宣帝于民间,未尝豫扳宣帝而后废昌邑也。邓后以妇人而辅以碌碌之邓骘,予夺在手,唯意所授,渎大伦,玩神器②,君子所必诛勿赦也。邓后死,王圣、李闰乘权而乱政③,繇安帝之不君,可谓后之先识而志安社稷乎?

【注释】

①平原王翼：指刘翼，东汉宗室、诸侯王，汉章帝刘炟之孙、河间孝王刘开之子、汉桓帝刘志的父亲。元初六年（119），太后邓绥征召河间王刘开诸子到京城，对刘翼漂亮的仪容感到很惊异，刘翼于是留在京城，备受邓太后喜爱。永宁元年（120），刘翼被封为平原王，奉祀刘胜。邓太后去世后，王圣、李闰等人诬陷刘翼与邓骘等人图谋不轨、阴谋废立，汉安帝于是贬刘翼为都乡侯，遣回河间。刘翼谢绝宾客，闭门自处，直至病死。传见《后汉书·章帝八王列传》。

②神器：指帝位。

③王圣：汉安帝乳母，受到汉安帝宠信。与小黄门李闰等人多次向安帝进言，称邓氏外戚欲以平原王刘翼取代汉安帝。邓太后去世后，王圣权势甚盛，后来还参与了废太子刘保事件。汉安帝死后，王圣被阎显等人弹劾，流放雁门。李闰：东汉宦官。汉安帝时曾为小黄门，受到汉安帝信赖。邓太后去世后，李闰串通皇后阎氏一门，诬告邓氏谋反。以诛杀邓氏之功封雍乡侯，食邑三百户。后来又与大长秋江京等共同陷害太子刘保。汉安帝死后，宦官孙程等人发动政变，诛杀江京，胁迫李闰立废太子刘保为帝。事见《后汉书·宦者列传》。

【译文】

汉安帝缺乏德行，难道到了像西汉昌邑王刘贺那样荒唐悖乱的地步吗！他被立为皇帝已经十五年了，邓太后宠爱平原王刘翼，想要废掉安帝而立刘翼为皇帝；杜根请求让安帝亲政，而太后将其装进袋子里乱棍打死；邓太后把皇位看作手中的棋子，凭自己的喜怒而放置，她的罪恶比吕后、武则天还要严重。伊尹流放太甲，不曾另外再立一个君主，这是向天下显示必定会将皇位还给太甲。昌邑王连做一天皇帝的德行都不具备，这是霍光的不幸，而值得庆幸的是后来又找到了像宣帝这样贤德的皇帝。而且昌邑王被废以后，才在民间搜求宣帝，没有预先拥戴宣帝然后再废掉昌邑王。邓太后一介妇人临朝听政，以庸庸碌碌的邓骘作为辅佐，把生杀予夺的大权操纵在手中，只根据自己的意志授予皇位，襄渎君臣伦理，轻侮皇位，君子必定诛杀而不会宽赦她。邓太后去世后，王圣、李闰乘机弄权，扰乱朝政，是由于汉安帝不堪为君主，但难道就可以说邓太后是具有先见之明，而志向在于安定社稷吗？

乃抑稽圣、闰之得以蛊帝而逞者，谁使然也？十五载见郊见庙之天子①，不能自保，大臣弗能救也，小臣越位孤鸣而置之死也，舍保母宦寺而谁依邪？易位之僇辱②，与死接踵，自非上哲反己自强以潜消内衅，则免己于死而固其位，奚暇择阿母宦寺之非，而不以为恩哉！宦寺之终亡汉，李闰、江京始之也③，而实邓后之反激以延进之也。

【注释】

①见郊见庙之天子：指曾经祭祀过上天和列祖列宗、得到承认的合法而正统的皇帝。

②僇辱：侮辱。

③江京：东汉宦官。汉安帝时曾为小黄门，得到汉安帝信任，因迎立安帝、诛杀邓氏外戚有功，封都乡侯，升迁为中常侍、大长秋。其后江京与皇后阎氏合作，向安帝进谗言，废黜太子刘保。汉安帝死后，宦官孙程等人发动政变，拥立刘保为顺帝，诛杀了江京。其事见于《后汉书·宦者列传》。

【译文】

可是考察王圣、李闰之所以能够蛊惑安帝并得以实现的原因，究竟是谁造成的呢？汉安帝已经做了十五年的合法而正统的皇帝，却不能自保,大臣也没办法救他,职位低微的臣子越位替他鸣冤而被置之于死地,除了乳母和宦官,他又能够依靠谁呢? 被废黜的侮辱,与其自身的死亡是接踵相连的,如果自己不是具有超凡才德的人,能够反躬自省,使自己强大起来以消除内患,则要使自己免于死亡并巩固位置,又哪里顾得上挑乳母、宦官的错,而不把他们看作是自己的恩人呢! 宦官最终导致东汉灭亡,是从李闰、江京开始的,而实际上安帝是在邓太后的反向刺激之下,才重用这些宦官的。

一五　禁锢赃吏子孙为乱国重典

建元中①,守相坐赃,禁锢二世。刘恺以谓"恶恶止其身②,《春秋》之义,请除其禁",持平之论也。抑《书》曰:"刑乱国用重典③。"从重以挽极重之势,施之乱国,亦讵不可哉?

【注释】

①建元:东汉并无"建元"年号,此当为"建光"之误。建光,汉安帝年号,使用时间为 121—122 年。

②恶恶止其身:语出《春秋公羊传·昭公二十年》:"君子之善善也长,恶恶也短,恶恶止其身,善善及子孙。"意思是憎恶坏人只限于当事人自身,而不迁怒于与其相关的其他人。

③刑乱国用重典:语出《周礼·秋官·大司寇》:"三曰刑乱国用重典。"意思是治理混乱的国家要使用严厉的刑罚。王夫之以为此语出自《尚书》,属记忆有误,孔颖达《尚书注疏》中曾引用此语。

【译文】

建光年间,有郡守、诸侯国相犯贪污罪,被判处禁止其两代人出仕做官。刘恺对此抗辩说"憎恶坏人只限于当事人自身,而不迁怒于与其相关的其他人,这是《春秋》的大义,请陛下废除禁锢二世的命令",这是公正持平的言论。然而《尚书》中也说:"治理混乱的国家要使用严厉的刑罚。"从重处罚以挽救极其严峻的形势,在形势混乱的国家施行,又怎么不可以呢?

　　人之贪墨无厌、罪罟不恤者,岂其性然?抑其习之浸淫者不能自拔也。身为王臣,已离饥寒之苦,而渔猎不已,愚之不瘳①,何至于是!斥田庐,藏珠玉,饰第宅,侈婚嫁,润及子孙,姻亚族党艳称弗绝②,则相尚以迷,虽身受欧刀而忘之矣。妻妾子女环向以相索,始于献笑,中于垂泣,终则怨谪交加而无一日得安于其室;则自非卓然自立者,且求徽缧丛棘之不加于身,勿宁他日之系项伏锧以偷免于旦夕也③。一行为吏,身为子孙之仆隶,驱使死辱而莫能逃,乃伏法以还,彼且握爵衔宪④,施施自得,不复忆祖父之惨伤。呜呼!孱柔者内偪于淫威,甚于国宪,亦大可矜也已!

【注释】

①不瘳(chōu):不可救药。

②艳称:羡慕并赞美。

③伏锧:古代有腰斩的死刑,施刑时罪犯裸身俯伏在锧上,故称"伏锧"。亦泛指被处死。锧,砧,古代腰斩用的垫座。

④握爵衔宪:手握王爵、口含天宪,指手中握有巨大的权力,一说话就代表法律。比喻权势很盛。

【译文】

　　人们贪得无厌、不顾虑法网,难道是天性使然吗?或许是他们长期在坏的风气中耳濡目染而不能自拔。身为君王的臣子,早已远离饥饿寒冷之苦，却依然不停地掠夺百姓，其愚蠢不可救药，为何到了这样的地步！他们增扩自己的田产、房屋，收藏珍珠美玉，装饰自己的宅第，在婚嫁典礼方面奢侈无度，他们的权力和掠夺使子孙也跟着受益，亲戚乡党不停地羡慕并赞美，那么他们彼此相互推崇而陷入迷乱的地步，即使招致死刑也已忘到九霄云外了。妻妾子女环绕着他，向他索求各种东西，刚开始是对他讨好地献上笑容，如果不给就会哭泣吵闹，最终还不给则家人会对他怨恨、责备交加，而他在家里就得不到一天的安宁了；那么，如果他不是个能卓然自立的人，他会觉得与其求得自己不被关进监狱、绳索加身，还不如苟且偷安一时，哪怕有朝一日会被送上断头台。他一旦做了官吏，就成了子孙的仆人、奴隶，被驱使到受辱甚至死亡的境地也没办法逃脱，等到他伏法以后，过了一段时间，其子孙又得到了盛大的权势，洋洋自得，不再回忆起祖父、父亲的惨痛遭遇了。唉！性格懦弱的人在家中被家人的淫威所逼迫，比国家法律的约束还严重，也实在是很值得怜悯啊！

　　故贪墨者，其人也；所以贪墨者，其子孙也；拔本塞源，施以禁锢之罚，俾得谢入室之遍谪[1]，亦讵不可哉？为子孙者，虽拥肥暴立[2]，而士类弗齿；即甚不肖，忘情仕进，然世胄耻与为婚姻，人士羞与为朋侣，守令可持法以相按治，仇怨可抗颜以相报复[3]。则子孙先怵，妻妾内忧，庸谨之夫，亦可藉手以寡怨于百姓。则非但弭生民之蟊贼，且以旌别善类，曲全中材，而风俗亦骎之易矣。

【注释】

①遍谪：群起责备。

②拥肥：拥有巨额财富。

③抗颜：神色严正不屈地对抗。

【译文】

所以贪污犯法的，是官吏本人；但他们之所以贪污，则是为了其子孙；所以要铲除根源，对其子孙也施以禁锢的惩罚，使他们为在家里群起责备不肯贪污犯法的官吏而付出代价，又怎么不可以呢？被禁锢的官吏子孙，即使腰缠万贯、傲立在世上，而士人也会瞧不起他们；即使是非常不肖的子孙，不顾廉耻而踏上做官道路，然而世家贵族也以跟他们互通婚姻为耻辱，士人以和他们交往为耻辱，郡守、县令可以根据法律对他们进行惩治，仇家也可以严正不屈地对抗他们，对其施予报复。如此则官吏的子孙会先害怕，妻妾内心也感到担忧，平庸谨慎的官吏，也可以以此为借口来少结怨于百姓。如此则不但可以消弭戕害百姓的蠹贼，而且可以区别、表彰品行良好的官吏，保全中等品德的官吏，而社会风俗也会因此而得到改变。

恶恶止其身，非此之谓也。三代世禄，士不忧贫，虽贪而无为子孙计者，先世之泽，不可自一人而斩也。

【译文】

"恶恶止其身"，并不是指的以上这些情况。三代的时候实行世卿世禄，士人不用担忧贫困，即使贪婪也没有为子孙后代考虑的，因为先世的恩泽，不会因为他一个人出问题而断绝。

一六　丞相三公之分合无关得失

治天下之纲纪，非徒以其名也。其实在，其名虽易，纲纪存焉。其实亡，其名存，独争其名，奚益哉！

【译文】

治理天下的纲纪,并不是仅仅依靠名。如果实存在,则即使名有所变易,纲纪仍然存在。如果实不存在了,名还存在,那么只争名,又有什么益处呢!

宰相之任,唐、虞之百揆合于一,周之三公分于三[①];其致治者[②],非分合之为之,君正于上,而任得其人也。其合也,位次于天子;其分也,职别于专司。然而虽分,必有统之者以合其分。要因乎上所重,而天下之权归之。天子孚以一心,而躬亲重任,唯待赞襄则一也。自汉以后,名数易而权数移,移之有得有失,论者举而归功过于名;夫岂其名哉?操之者之失其实,则末繇以治也。

【注释】

①唐、虞之百揆合于一,周之三公分于三:据《尚书·虞书·舜典》记载,尧命舜"纳于百揆,百揆时叙",总理一切政务。而据《尚书·周书·周官》记载,周成王说尧舜考察古代历史,"建官惟百"。成王"立太师、太傅、太保,兹惟三公",来讲明道理,治理国家,调和阴阳。

②致治:使国家在政治上安定清平。

【译文】

宰相一职,在唐尧、虞舜时期由百官合而为一,周代的三公又将宰相之职一分为三;但宰相发挥安定天下的作用,并不在于职权的分与合,而在于君王在上面行正道,而宰相之职有合适的人来担任。宰相职权合起来,位置仅次于天子;其职权分开来,其职掌也不同于各专门机构。然而宰相之职即使分散,也必定有统合的人将这些分散的职权聚合在一起。宰相之职如果得到天子的重视,而天下的权力就会归于宰相。天子对其一心一意地信任,并亲自承担治理天下的重任,等待宰相来辅佐他们,在任何时代都是一致的。自汉朝以后,宰相之名数次改易而其权力也数次被转移,这些转移有得也有失,议论的人把功过归结到宰相之名的变化上,难道真的是因为名的变化吗? 有宰相之名的人失去了其实权,那么他们就只能去管理细枝末节的事务了。

　　西汉置丞相而无实,权移于大将军;故昌邑之废,杨敞委随①,而生死莫能自必②。东汉立三公而无实,权移于尚书;故陈忠因灾异策免三公③,上书力争,言选举诛赏不当一繇尚书。两汉之异,丞相合而三公分,然其权之上移于将军、下移于尚书同也。晋之中书监④,犹尚书也。唐之三省⑤,犹三公也。宋以参知分宰相之权⑥,南宋立左右相,而移权于平章⑦。永乐以降⑧,名为分任九卿,而权归内阁。或分或合,或置或罢,互相为监,而互相为因。

【注释】

①委随:跟随,顺从。

②自必:自主。

③陈忠(? —125):字伯始,沛国洨县(今安徽固镇)人。东汉大臣。汉安帝时曾任尚书,主管断狱事务。多次上书安帝,提出对法律的修改意见,皆被批准施行。后来他改任仆射,又上书安帝,不要轻易因灾异策免三公,尚书权力也不宜过大。后来历任尚书令、司隶校尉、江夏太守等职,病逝于任上。传见《后汉书·陈忠列传》。

④中书监:古代官职名,三国时魏文帝曹丕始置,与中书令职务相

等而位次略高，分尚书台之权，是旨在加强中央集权的一项举措。到东晋时，中书监权限进一步扩大，多有重臣担任，成为事实上的宰相。

⑤三省：三省制确立于隋朝，完善于唐朝。唐代三省指中书省、门下省和尚书省，分别负责起草诏书、审核诏书和执行政令（决策、审核和执行），是国家处理日常政务的中枢机构。

⑥参知：指参知政事。在唐代此职原为宰相的一种临时差遣名目，到宋初，参知政事逐渐演变成一个常设官职，作为副宰相，分宰相职权，简称"参政"或"参知"。

⑦平章：本义为商量处理。唐代三省长官为宰相，地位尊贵，不常置，故以其他官职任宰相者，称"同中书门下平章事"。北宋沿用此称呼。到南宋时，常以"平章军国重事"名义委任德高位尊的臣子处理政务，逐渐成为权臣专擅国政的工具。

⑧永乐：明成祖年号，使用时间为 1403—1424 年。

【译文】

西汉设置了丞相而丞相没有实权，实权转移到了大将军手里；所以在废黜昌邑王刘贺时，丞相杨敞只能顺从大将军霍光等人，连生死都不能自己做主。东汉设立三公而三公没有实权，实权转移到尚书手中；所以陈忠在皇帝因灾异策免三公的时候，上书力争，说选举人才、施予赏罚的事务不能全部由尚书来决定。两汉的差异在于，西汉丞相合而为一，而东汉分为三公，然而其实权向上转移到大将军手中、向下转移到尚书手中则是相同的。晋代的中书监，与尚书是类似的。唐代的三省，与三公是类似的。宋代以参知政事作为副宰相来瓜分宰相的权力，南宋设立左右丞相，而实权转移到平章军国重事的手中。明永乐以后，名义上把宰相的职责分给九卿，而实际权力却归于内阁。历代宰相之职或分或合，或设置或废除，相互借鉴，而又相互因袭。

若其所以或治或乱者,非此也;人不择则望轻,心不孚则事碍①,天子不躬亲,而旁挠之者,非外戚则宦寺也。使大将军而以德选,则任大将军可矣。使尚书中书而以德进,则任两省可矣。丞相三公其名也,唐、虞、殷、周不相师也。惩权奸而分任于参知,下移于内阁,恶在参知内阁之不足以擅权而怀奸也? 上移于大将军,而仅以宠外戚;下移于内阁,而实以授宦寺;岂其名之去之哉? 实去之耳。天子不躬亲,而日与居者,婢妾之与奄腐;不此之防,徒以虚名争崇卑分合之得失,亦末矣。

【注释】

①不孚:不能使人信服。

【译文】

至于国家之所以有时大治有时大乱,则并非由于宰相制度的变化;如果没有选好宰相人选,则其威望太轻,不能使人信服,就会阻碍事务的处理,如果天子不亲自处理,那么在一旁对宰相加以阻挠的,不是外戚就是宦官。如果大将军一职依据德行选人充任,那么将权力交给大将军也是可以的。如果尚书中书的职位都依据德行选人充任,那么将权力交给尚书、中书两省也是可以的。丞相、三公不过是名义罢了,唐尧、虞舜、商、周几代并未相互仿效。后世为防止奸臣作恶而将宰相权力分散给参知政事,或向下转移到内阁大学士手中,又怎么知道参知政事、内阁大学士就不会完全可以心怀奸诈擅权专政呢? 宰相实权向上转移到大将军手中,仅仅是宠信外戚;向下转移到内阁手中,则实际授给了宦官;难带仅仅是因为把宰相的名义丢掉了吗? 实际上是把"实"也丢掉了。天子不亲自处理政务,而每天与他相处的,就是妃嫔和宦官;如果对这两种人不加以防范,只是以虚名来争尊卑分合的得失,也仅仅是抓住末节不放罢了。

　　为公辅争名不如争实;其争实也,争权不如争道;非励精亲政而慎选有德,皆末也。荧惑守心而翟方进赐死①,地震而陈褒策免②,其时独无天子乎?

【注释】

①荧惑守心而翟方进赐死:参见卷五"成帝九"条注。

②地震而陈褒策免:据《后汉书·孝安帝纪》记载,延光元年(122)四月,京师洛阳地震,司空陈褒因此灾异而被策免。

【译文】

　　所以为三公、宰辅争名不如争实;在争实的过程中,争权力不如争治理之道;如果皇帝不能励精图治、亲自处理政务而谨慎地选择有德的大臣出任三公、宰辅之职,那么这些都是细枝末节罢了。西汉丞相翟方进因为当时出现荧惑守心的天象而被汉成帝赐死,东汉京师地震而司空陈褒被策免,难道唯独当时没有天子吗?

一七　杨震崔瑗受邓骘阎显辟召

　　周之进士也,虽云乡举里选,而必贡自诸侯与卿大夫;非诸侯与卿大夫,未有能达于天子者也。已而大夫执政,士之仕也,必于大夫;非大夫,未有能达于诸侯者也。汉之辟召自州郡①,非州郡,未有能达于三公者也;非三公,未有能达于天子者也。魏、晋之选举,中正司九品之升降②;非中正,未有能达于吏部者也。隋设进士科,而唐以下因之,益以明经、学究、童子诸科③,与太学上舍之选④,学校岁贡之士⑤;逮及任子掾吏⑥,皆特达而登仕籍;士无不可自达于天子。而犹有依附权门、失身匪类、堕其名节者,此尚何所委咎哉!

【注释】

①辟召:征辟,征召。

②中正:魏晋时期官职。汉献帝延康元年(220),曹丕代汉自立前,在尚书陈群建议下设立九品官人之法,于州郡各置中正,负责识别、评鉴人才。两晋、南北朝均沿用此制。九品:魏晋时期选举人才实行九品中正制,将考察对象依据门第、德行等划分为九等,即上上、上中、上下、中上、中中、中下、下上、下中、下下。

③明经:唐代科举基本科目之一,主要考试"帖经(以填空形式默写经文)",以通经比例决定等第。学究:唐代明经一科分为五经、三经、二经和学究一经等。学究一经,即指学通一部经书。宋代将"学究一经"科称为"学究"科。童子:唐以后科举特设科目之一,亦称"童子举"。唐制十岁以下能通经者、宋制十五岁以下能通经作诗赋者,皆可应试,及第后给以出身并授以官职。

④太学上舍之选:宋代一种不用通过科举考试而进入仕途的方法。宋神宗时王安石推行三舍法,将太学生分为上舍、内舍、外舍三等。在一定的年限及条件下,外舍生得升入内舍,内舍生得升入上舍;上舍生考试成绩优异者直接授官,中等者直接参加殿试,下等者直接参加省试。

⑤学校岁贡之士:明清时期,地方定期从府、州、县学中选送学生升入国子监读书,称为"岁贡"。被选入国子监的贡生可以不通过科举而获得功名。

⑥任子:指对有功绩的官员的子弟直接予以保荐并授予官职。掾吏:官府中的辅佐官吏,此指接受官员征辟而进入官府任掾吏。

【译文】

周代选拔人才,尽管说是乡举里选,但实际上选拔上来的人才一定出自诸侯和卿大夫的推荐;这些人才没有诸侯与卿大夫的推荐,就不可能到达天子面前。继而大夫开始执政,士人想要入仕,一定要通过大夫;没有大夫举荐,这些士人就不可能到达诸侯国君面前。汉代征辟的士人都来自州郡推举,没有州郡官员推举,这些士人就不可能被三公征辟;没有三公的举荐,他们不会被天子任用。魏晋时期选拔人才的制度,是由中正掌管评定人才品级的升降;没有中正的举荐,就没人能够得到吏部的任用。隋朝设进士科,而唐代以后沿用,又加上明经、学究、童子诸科,与太学上舍选人的制度、学校岁贡国子监生员的制度;至于任子制和掾吏制,都是一下子步入仕途而获得仕籍;士人没有不能通过自己的才学到达天子面前并得到任用的。而在此背景下,尚且有依附于权门、失身于行为不端之人、丧失名节的人,他们还能把责任推卸给谁呢!

周末之政在大夫也,圣门之贤,亢志陋巷①,颜、闵而已;冉有之失身季氏②,子路之失身孔悝③,夫岂有康衢之可繇而趋邪径哉④!士之仕也,犹农夫之耕也;无畇畇之隰⑤,则阪田虽确⑥,而不能已于蓨蓨⑦。故自隋以上,清直端洁之士,限以地,迫以时,失身于荐辟之匪人,而不免于公论之弹射⑧,士之不幸也,古之不今若也。

【注释】

①亢志:坚持高尚的志气。

②冉有之失身季氏:冉有字子有,名求,鲁国陶(今山东菏泽)人。春秋末年跟随孔子学习,是“孔门七十二贤”之一。他以长于政事见称,尤其擅长理财,曾担任鲁国贵族季氏的宰臣。因帮助季氏进行田赋改革,聚敛财富,受到孔子的严厉批评。

③子路之失身孔悝：子路姓仲名由，又字季路，鲁国卞（今山东泗水）人，"孔门十哲"之一。他为人伉直，好勇力，跟随孔子周游列国，后担任卫国大夫孔悝的邑宰。周敬王四十年（前480），卫国发生内乱，孔悝被前太子蒯（kuǎi）聩劫持，子路前去救援孔悝，被蒯聩部下杀死。

④康衢：宽阔平坦的大路。

⑤畇（yún）畇：形容田地整齐。隰（xí）：低湿的地方。

⑥阪田：山坡上的田。确：坚固。

⑦藨蓘（biāo gǔn）：藨，通"穮（biāo）"，耕耘。蓘，培土。皆为耕作之事。比喻辛勤劳作。

⑧弹射：弹劾指摘，批评指责。

【译文】

　　周朝末年，各国大夫执掌国政，孔子门下的贤人中，能够在简陋巷子里仍坚持高尚节操和志向的，也只有颜回、闵子骞而已；冉有失身事奉季氏，子路失身事奉孔悝，难道是明明有宽阔平坦的道路可以通过却一定要走邪路吗！士人出仕，就像农夫耕田一样；如果没有地势平坦、整齐湿润的土地，那么山坡上的田即使比较坚固，也必须辛勤劳作而不得休息。所以隋朝以前，清廉正直、端正高洁的士人，受到地域的限制，由于时间的紧迫，失身于那些推举他们的品行不端的人，而不能免于被公论批评和指责，这是士人的不幸，古代的士人不如今天的士人自由。

　　杨伯起之刚方①，而谮之者以邓氏故吏为其罪；邓骘辟震，而震不能辞，时使然也。崔瑗之持正②，欲说阎显立济阴王③，不能见显，因陈禅以进说④，禅不代达，犹以显累，终身被斥；瑗受显之辟召，而不能辞，时使然也。夫二子皆有求、路不可夺之节，而浮云之翳⑤，白日减辉。自非蛰龙屈蠖⑥，学颜、闵而终潜德，遭世末流，亦将如之何哉！

【注释】

①杨伯起：指杨震(？—124)。弘农华阴(今陕西华阴东)人。东汉时期名臣。杨震通晓经籍、博览群书，有"关西孔子杨伯起"之称。杨震早年不受征辟，至五十岁时，才接受大将军邓骘征辟。后历任荆州刺史、东莱太守、太尉等职。他为官正直，不屈权贵，曾以"天知，神知，我知，子知"之言，拒收贿金。又屡次上疏直言时政之弊，因而为中常侍樊丰等所忌恨，于延光三年(124)被罢免，并被遣返回乡，途中饮鸩而死。传见《后汉书·杨震列传》。刚方：刚直严正。

②崔瑗(77—142)：字子玉，涿郡安平(今河北安平)人。东汉大臣、书法家、学者。四十余岁才出仕为郡吏，后因事犯法而入狱。获释后被度辽将军邓遵征召，邓遵因案被诛后，又被车骑将军阎显征召。当时阎太后临朝称制，先是令安帝废太子(即后来的汉顺帝刘保)为济阴王，改以北乡侯为继承人。崔瑗想加以劝阻，但阎显日日沉醉，不得面见，便请长史陈禅代为转告，陈禅犹豫不敢说。没多久北乡侯死，顺帝即位，阎显兄弟伏诛，崔瑗连坐遭到斥退，于是辞归，从此不应州郡征辟。后又曾任汲县令、济北相。传见《后汉书·崔瑗列传》。

③阎显(？—125)：东汉外戚，安帝阎皇后的兄长。延光四年(125)安帝病死后，与阎后等合谋立北乡侯刘懿为皇帝。阎太后临朝，以阎显为车骑将军。当年十月，北乡侯死，阎显关闭宫门，秘不发丧，与太后谋另立他人。十一月，宦官孙程等人发动政变，拥立刘保为帝，阎显在政变中被杀。其事见于《后汉书·皇后纪》等。

④陈禅：字纪山，巴郡安汉(今四川南充)人。东汉官员。初为郡功

曹,后得到车骑将军邓骘征辟,任汉中太守、辽东太守等职。邓
骘被杀后,陈禅受牵连免官,不久又被车骑将军阎显征辟为长
史。后官至司隶校尉,卒于任上。传见《后汉书·陈禅列传》。

⑤翳:遮掩,遮蔽。

⑥屈蠖(huò):屈身的尺蠖,比喻委屈不得志。尺蠖,尺蠖蛾的幼
虫,行动时身体向上弯成弧状,像用大拇指和中指量距离一样。

【译文】

杨震刚直不阿,而中伤他的人把他是邓氏的故吏当作其罪过;邓骘
征辟杨震,而杨震不能推辞,是时势造成的。崔瑗秉持正道,想要劝说
阎显立济阴王为帝,不能见到阎显,于是通过长史陈禅来转达自己的意
见,陈禅没有替他传达,他尚且受到阎显的牵连,终身被摒斥而不得做
官;崔瑗接受阎显的征辟,而不能拒绝,也是时势使然。杨震和崔瑗皆
有冉求、子路那样不可被改变的节操,却因为浮云的遮蔽,致使太阳的
光辉减弱。如果士人自身不是蛰伏的龙、屈身的尺蠖,学习颜回、闵子
骞而终生隐居,使其美德不为人知,遇到很糟糕的世道,又将怎么办呢!

后世贡举法行①,举主门生虽有不相忘之雅,而一峰之
于南阳②,念庵之于江陵③,抗疏劾之,而不以为嫌。然且有
别托蹊径以呈身邪党者;使当晋、汉以上,其不为郗虑、贾充
之躬任弑逆者几何也④?览伯起、子玉之始终,为之深悼,而
士可以不恤其身哉?

【注释】

①贡举法:西周时诸侯"岁献贡士于天子",又有乡举里选之制。至
汉代统称取士之法为贡举。而唐宋以后科举诸科考试统称
"贡举"。

②一峰：指罗伦(1431—1478)。字应魁，一字彝正，号一峰。江西永丰(今江西永丰)人。明代理学家、大臣。成化二年(1466)廷试中被大学士李贤擢为第一名(当时吏部尚书王恕主张以书法漂亮的程敏政为第一，但李贤认为取士"论文不论书"，选罗伦为首)，授翰林院修撰。当时，李贤的父亲去世，本应丁忧，但明宪宗下诏夺情起复。罗伦上书反对起复，抨击李贤不守礼制，言辞激烈，触怒明宪宗，遭到贬谪。传见《明史·罗伦列传》。南阳：指李贤(1408—1466)。字原德，河南邓州(今河南邓州)人。明代名臣。明宪宗时官至内阁首辅。传见《明史·李贤列传》。

③念庵之于江陵：江陵指万历首辅张居正，念庵似指罗洪先(号念庵)。然而罗洪先与张居正甚少交集，亦无师生关系，罗洪先更不曾有弹劾张居正之举。故此"念庵"疑为"复庵"之误。复庵指吴中行(1540—1594)，字子道，号复庵，武进(今江苏武进)人。隆庆五年(1571)进士，当时主考官即为张居正，二人有师生之谊。万历五年(1577)，张居正遭父丧，欲夺情视事，吴中行上疏反对，言辞激烈。张居正大怒，对其施予廷杖，几乎将其杖毙。事见《明史·吴中行列传》。

④郗虑：字鸿豫，山阳高平(今山东邹城)人。汉献帝时曾任侍中、光禄勋，建安十三年(208)被曹操拜为御史大夫。建安十九年(214)，献帝伏皇后之父伏完等人涉嫌图谋诛杀曹操，曹操命郗虑、华歆废杀伏皇后及两个皇子。事见《三国志》注引《曹瞒传》。贾充(217—282)：字公闾，平阳襄陵(今山西襄汾东北)人。魏晋之际大臣、西晋开国元勋。贾充曾镇压淮南叛乱，参与弑杀魏帝曹髦，因此深得司马氏信任，与司马氏结为姻亲，地位显赫。晋朝建立后，历任司空、太尉等要职。传见《晋书·贾充列传》。

【译文】

后世施行贡举之法，推荐人和门生虽然有不相忘的雅意，而像罗伦对于李贤,吴中行对于张居正那样,以弟子身份上书弹劾座师,也不会避嫌。然而即使如此,尚且有另辟蹊径而委身于邪党的人;如果让他们处在晋、汉时期,他们中能不像郗虑、贾充那样亲自参与篡逆、弑杀君王的人又有几个呢?纵观杨震、崔瑗的一生,为他们深深哀悼,作为士人能不顾惜自身吗?

一八　耿宝附王圣江京樊丰死于阎显

人之至不仁而欲赖以为宠,人之至不祥而欲附以为援①,天下之至愚,成天下之大恶,终陷天下之大刑,其能免乎?

【注释】

①不祥:不善。

【译文】

对于天下最不仁的人,却想要依赖他而受到其宠信;对于天下最不善的人,却想要攀附他以作为奥援:这是天下最愚蠢的举动,必将酿成天下最严重的恶果,最终受到天下最严厉的惩罚,难道能够幸免吗?

人主即至愚且忍,未有不欲其子为天子者也。其或有所废者,必有所立,类皆私嬖妾、宠庶孽,而要亦授于其子。安帝仅一子尔,旁无嬖庶,年甫十岁,性犹婉顺,而惑于宦寺,忍弃之钟下①,而不恤己之无苗裔,此诚古今之至不仁者矣。奄人之崇恶也,毒螫善类,攻异己以行私尔。即至伤及元良,如伊戾、赵高之为②,亦阴有攀附,仍不舍其君之子,而但逞于一时。王圣、江京、樊丰之琐琐怀忿于王男、邴吉③,

而怨及国本,吾君仅有一子,而敢摧折以濒于死亡,此诚天下之至不祥者矣。而耿宝无知④,丧心失志,徇至不祥之人,行至不仁之事,惑古今至愚至忍之安帝,赖其宠禄,而附险毒之奄妾以为援;帝死未寒,宝先死于阎显之手,与圣、丰而俱烬。呜呼!不可与为父子者,必不可与为君臣。不可与为君臣者,必不可与为朋友。宝也、显也、京也、丰也,歧首之蛇⑤,还自相噬,而阎后亦因以毙。按顺帝虽纳周举之谏⑥,复朝阎后,而数日后阎后辄崩,其死于见迫可知,史讳言之耳。不仁之尤,不祥之甚,未有能终日者也。刘授、刘熹、冯石之为三公⑦,缄默不言,辱人贱行,身逸钺钺⑧,而耻心荡然矣。

【注释】

①弃之钟下:据《后汉书》记载,汉安帝将太子刘保废为济阴王后,令其居于德阳殿西钟下。

②伊戾:春秋时宋国宦官。据《左传·襄公二十六年》记载,宋平公原本立公子座为世子。公子座脾气暴躁,手下人对其颇有怨言。宦官伊戾趁机陷害公子座,诬陷他要谋反,宋平公听信此言,将公子座囚禁,公子座自缢而死。后来宋平公知道公子座是无罪的,非常懊悔,烹杀了拨弄是非的伊戾。

③樊丰(?—125):东汉宦官。汉安帝时为中常侍。建光元年(121)安帝亲政后,樊丰依附外戚耿宝,与阎皇后、宦官江京、安帝乳母王圣等合谋废皇太子刘保为济阴王。又趁安帝出巡之机,诈作诏书,调发钱谷、木材,大起第宅苑囿。太尉杨震上疏告发,反遭樊丰诬陷,被逼令自杀。延光四年(125)三月随安帝出巡,途中安帝驾崩,回京后被外戚阎显下狱处死。传见《后汉书·宦者列传》。王男:太子刘保的乳母。邴吉:太子刘保宫中

的厨监。

④耿宝(? —125):字君达,扶风茂陵(今陕西兴平)人。东汉外戚。其妹耿姬为清河孝王刘庆之妻、安帝刘祜的嫡母。建光元年(121)三月,邓太后卒,汉安帝开始掌权,耿宝以元舅身份监羽林左骑,后为大鸿胪、大将军。延光四年(125)三月,汉安帝南巡至宛,身体不适,令大将军耿宝代理太尉。汉安帝死后,耿宝尊阎皇后为太后,临朝执政,立年幼的北乡侯刘懿为帝。四月,阎显欲独掌朝政,遂授意有关部门弹劾耿宝。耿宝被贬为亭侯,并被勒令出京去封地。耿宝遂于途中自杀身亡。传见《后汉书·耿宝列传》。

⑤歧首之蛇:两个(或多个)头的蛇。

⑥周举(? —149):字宣光,汝南汝阳(今河南商水)人。东汉官员。延光四年(125),周举被辟司徒李郃府。当时宦官孙程等已立顺帝,诛灭阎氏一族,议郎陈禅认为阎太后与帝没有母子的恩情,应该徙居别馆,断绝朝见。周举劝说李郃,认为此举有失孝道,对皇帝名声和社会风俗不利,李郃于是上书反对。后来周举官至光禄大夫。传见《后汉书·周举列传》。

⑦刘授、刘熹、冯石:三人在安帝末期分别任司空、太尉和太傅。他们阿附宦官,无所作为。顺帝刘保上台后,三人皆被罢黜。

⑧铁钺(fū yuè):指刑具。铁,铡刀。钺,古代一种像板斧的兵器。

【译文】

君主即使愚蠢、残忍到了极点,也没有不想让自己的儿子做天子的。君主有时会废掉已立的太子,但一定会另有所立,大体上都是偏心爱妾、宠爱其子,而关键的是皇位仍然会授予自己的儿子。安帝仅有一个儿子,没有其他庶子,太子才刚刚十岁,性情迟疑柔和温顺,而安帝被宦官蛊惑,居然忍心废黜他,将他发落到德阳殿西钟下,而不顾自己已经没有其他后代,这确确实实是古往今来最不仁的举动。宦官推崇恶人，毒害善类，也不过是攻击异己、以此来实现自己的私欲罢了。即使伤害到了太子，比如伊戾、赵高那样，但他们也暗中有所攀附，仍然不舍弃其君主的儿子，而只求逞一时之快。王圣、江京、樊丰这些人，猥琐卑微地对太子身边的王男、邴吉怀有怨恨，而怨恨竟然波及太子这一国家的根本，君王仅有一个儿子，这些人居然敢摧残折磨太子，使其濒于死亡，这确实是天下最不善的人了。而耿宝无知，丧失了自己的心志，居然顺从这些最不善的人，做出了天下最不仁的事，蛊惑了古往今来最愚蠢且残忍的安帝，以巩固自己的权势和利禄，而依附阴险狠毒的宦官、后妃将其作为自己的奥援；安帝死后，尸骨未寒，耿宝就先死在了阎显的手中，与王圣、樊丰一起被烧为灰烬。唉！不能与其做父子的人，也必定不能与其做君臣。不能与其做君臣的人，也必定不能与其做朋友。耿宝、阎显、江京、樊丰这些人，就如同两个头的蛇一样，自相残杀，而阎太后也因此而死。按：汉顺帝虽然采纳了周举的谏言，重新朝见阎太后，但几天后阎太后就死了，由此可知她是被逼迫而死的，只是史书上讳言此事罢了。最不仁的人，最不善的人，没有能得善终的。刘授、刘熹、冯石作为三公，沉默不言，他们那可耻的人格、卑贱的行为，虽然逃过了杀戮之刑，而廉耻之心早已荡然无存了。

卷八

顺　帝

【题解】

汉顺帝刘保(115—144)是汉安帝刘祜独子,于永宁元年(120)被立为皇太子。汉安帝皇后阎氏无子,她与安帝乳母王圣、宦官江京等人联合构陷刘保,竟使得安帝废黜刘保为济阴王。延光四年(125)安帝在南巡途中病死后,阎皇后拥立年幼的宗室北乡侯刘懿为帝,但刘懿不久病死,宦官孙程、王康等十九人趁机发动宫廷政变,拥立刘保为帝。汉顺帝在位十九年间,外患有所缓解,但社会危机持续加深,外戚与宦官势力进一步膨胀,梁氏外戚更是在顺帝死后直接操纵了冲帝、质帝的废立,专政二十余年。

汉顺帝时交趾地区发生叛乱,朝廷大臣多主张以大军进讨,唯独李固主张派遣合适的官吏前往交趾安抚处置,这一策略最终收到成效,交趾之乱被两位单车赴任的官员平定。而在北部边境,马续遵循梁商“乘城固守”的策略,成功使得匈奴右贤王力屈而降。这两件事引发了王夫之对于中原王朝应对边境叛乱问题之策略的思考。他敏锐地观察到,历史上中原王朝对边境叛乱采取大动干戈的手段,不仅难以取得预期成效,反而会适得其反:唐玄宗时期以重兵征南诏,遭遇惨败,为其后安史之乱埋下伏笔;宋朝频繁对西夏用兵,损耗国力,结果招致了女真人的觊觎;明神宗时有所谓“万历三大征”,虽取得胜利,边患却未曾缓解,萨尔浒一战失败,大明王朝的丧钟便悄然敲响。他认为,正如梁商所言,野战交锋、短期决战,是夷狄的特长,中原政权轻率地以重兵与崛起的少数民族决战,一旦失败,不仅双方实力此消彼长,而且天下动摇,难以挽回;中原王朝的优势在于资源充裕,远比夷狄经得起消耗,"乘城固守"才是可行之策,历史上拓跋焘、完颜亮倾国南征,却无法突破南朝防线,正验证了这一点。由此王夫之提出,中原王朝对待边患,要坚持"畜有余以待天下"的整体策略,不要轻易动兵,能安抚则安抚之,交战中坚持固守疲敌的策略,出击则需要等到夷狄"盛极将衰之际"。

　　不过,对待内部的叛乱,王夫之则反对使用安抚、招降的策略,主张尽力剿除,以绝后患。他认为,汉顺帝时张纲单骑深入盗贼营垒中招抚他们,虽然成功使盗贼归顺,实际上其辖区范围内的叛乱却愈演愈烈,其策略并不成功。明末杨鹤、陈奇瑜等人效仿张纲,主张招抚农民军,最终招致亡国。同样是招抚,对内敌与外敌的效果却不同,原因正在于,招抚之后,夷狄之人尚可退到境外,回归原本的部族生活,而内地的盗贼则很难再融入乡里秩序之中,所以常反复叛乱,非剿杀净尽不可。可以看出,王夫之固然是在总结东汉对待内外敌的得失,实际上也未尝不是在总结明王朝亡于内寇与外敌的教训,这种心系故国的遗民心态,在本书中处处有所体现。

一　顺帝朝有君无臣

　　惜天下之不治者,曰有君无臣。诚有不世出之君矣,岂患无臣哉! 所谓有君者,君在中材以上,可与为善,而庸谫之臣[①],无能成其美而遏其恶也,则顺帝是已。帝之废居西钟下也,顺以全生,群奸不忌,非不智也。安帝崩,不得上殿亲临,悲号不食,非不仁也。孙程等拯之危亡之中而登天位[②],一上殿争功,而免官就封,不使终持国政,非不断也。

谅虞诩之谏逐张防③，听李固之言出阿母④，任左雄之策清吏治⑤，非不明也。樊英、黄琼、郎颛公车接轸⑥，纳翟酺之说⑦，广拓学宫，非不知务也。使得丙吉之量，宋璟、张九龄之节⑧，韩琦之忠，姚崇、杜黄裳之才⑨，清本源，振纲纪，以纳之于高明弘远之途，汉其复振矣乎！而桓焉、朱宠、朱伥之流⑩，皆衰病瓦全，无生人之气，涂饰小康，自寡其过，不能取百年治乱之大端谨持其几。而左雄、虞诩因事纳忠之小器，遂为当时之杰。区区一庞参⑪，为时望所归，乃悍妻杀子于室而不能禁，本已先缺，而求物之正，必不能者；盈庭物望，遽尔归之，则其时在位之人才，概可知已。帝德不终，而汉衰不复，良有以也。

【注释】

①庸谫(jiǎn)：庸俗浅薄。

②孙程(?—132)：东汉宦官，字稚卿，涿郡新城(今河北徐水)人。延光四年(125)十月，被阎皇后等人立为皇帝的北乡侯病重，孙程与中黄门王康等十八人共同举事，拥立济阴王(即汉顺帝)称帝，诛灭外戚阎显，因功封浮阳侯。永建元年(126)，孙程与张贤、孟叔、马国等为司隶校尉虞诩讼罪，怀表上殿，呵叱左右。汉顺帝遂罢免其官职，后徙封孙程为宜城侯。两年后被召回京城，仍拜骑都尉。传见《后汉书·宦者列传》。

③谅虞诩之谏逐张防：顺帝时，中常侍张防滥用权势，收受贿赂。司隶校尉虞诩依法追究，但遭到张防百般阻挠，虞诩愤慨之至，于是捆绑自己去见廷尉，上奏弹劾张防。奏章上达顺帝后，张防在顺帝面前流泪为自己申诉，虞诩被罚去左校服役。后来宦官孙程、张贤等相继向顺帝上书，为虞诩鸣冤；虞诩的儿子虞凯与

太学生一百多人,都举着旗帜向中常侍高梵申诉虞诩的冤情。高梵向顺帝说明此事,张防于是被流放边疆,虞诩也在当天被释放。孙程又上书说虞诩有功,言词慷慨,顺帝醒悟,便征拜虞诩为议郎。事见《后汉书·虞诩列传》。虞诩(?—137),字升卿,小字定安。陈国武平(今河南鹿邑)人。东汉时期名将、大臣。最初被太尉张禹召为郎中,历任朝歌县长、怀县令,平定朝歌叛乱。任武都太守时,以增灶计大破羌军,政绩卓然,深受爱戴。后任司隶校尉、尚书仆射、尚书令等职,为官清正廉明,刚正不阿。传见《后汉书·虞诩列传》。

④听李固之言出阿母:阳嘉二年(133)六月初八,京师洛阳宣德亭发生地裂,长八十五丈。顺帝于是召集三公九卿荐举的淳厚朴实之士,让他们对策,并特别向他们询问当代的弊病和应该如何为政。李固在对答中弹劾受宠的顺帝乳母以及宦官,顺帝看了众人的对策,以李固为第一名,并立即命乳母宋娥搬出皇宫,回到她自己的私舍。事见《后汉书·李固列传》。李固(94—147),字子坚。汉中南郑(今陕西汉中)人。东汉中期名臣,司徒李郃之子。年轻时屡次不受辟命,后被大将军梁冀任命为从事中郎,出任荆州刺史、太山太守,成功平息两地的叛乱,之后对朝廷屡有谏言。后历任将作大匠、大司农、太尉,顺帝驾崩后为梁皇后所倚重,但受到梁冀的忌恨。质帝驾崩后,与梁冀争辩,不肯立刘志(即汉桓帝)为帝,欲立清河王刘蒜,最后遭梁冀诬告杀害。传见《后汉书·李固列传》。

⑤左雄(?—138):字伯豪,南阳涅阳(今河南邓州)人。东汉时期官员。汉安帝时被举为孝廉,后任冀州刺史,任内严肃处事。后为虞诩举荐,历任尚书、尚书令等职。他在任内上书建议顺帝实行考试选官制度,对完善察举制做出贡献。传见《后汉书·左雄列传》。

⑥黄琼(86—164):字世英,江夏安陆(今湖北安陆)人。东汉时期名臣。黄琼早年因父荫获授太子舍人,顺帝时被征拜为议郎,迁尚书仆射、尚书令,出任魏郡太守。后历任司空、太仆、司徒、太尉等职,因得罪大将军梁冀而被罢免。梁冀被诛杀后,再次出任太尉,封邟乡侯,因灾异被免。传见《后汉书·黄琼列传》。接轸:车辆相衔接而行,形容其多。

⑦翟酺:字子超,广汉雒县(今四川广汉)人。东汉时期官员。好《老子》之学,尤擅长图纬、天文、历算。后来因为杀人,流亡长安,以算命为业,曾在凉州牧羊。后遇赦还,征拜议郎,安帝时补尚书,出任酒泉太守。顺帝时任光禄大夫,迁将作大匠,上书顺帝,建议重兴太学,拓广学舍,被采纳。传见《后汉书·翟酺列传》。

⑧宋璟(663—737):邢州南和(今河北南和)人。唐朝名相,历仕武后、唐中宗、唐睿宗、殇帝、唐玄宗五朝,与姚崇等同心协力,辅佐唐玄宗开创开元盛世。传见新、旧《唐书·宋璟列传》。张九龄(678—740):字子寿,一名博物,韶州曲江(今广东韶关)人。唐朝开元年间名相、诗人。他任相期间忠耿尽职,秉公守则,直言敢谏,选贤任能,不徇私枉法,不趋炎附势,深受唐玄宗信赖和倚重。传见新、旧《唐书·张九龄列传》。

⑨杜黄裳(738—808):字遵素,京兆万年(今陕西西安)人。唐朝名臣。出身于京兆杜氏,进士及第,早年曾入郭子仪幕府。唐宪宗监国时,被授为门下侍郎、同平章事。唐宪宗继位后,杜黄裳极力主张以武力削弱藩镇,曾举荐高崇文为将,讨平西川节度使刘辟。后以使相出镇,担任检校司空、同平章事、河中节度使,封邠国公。传见新、旧《唐书·杜黄裳列传》。

⑩桓焉(? —143):字叔元,沛郡龙亢(今安徽怀远)人,东汉大臣。汉顺帝在东宫时,曾任太子太傅。汉顺帝即位后被拜为太傅,与

太尉朱宠同参录尚书事,封阳平侯。永和五年(140)任太尉。传见《后汉书·桓焉列传》。朱宠:字仲威,京兆杜陵(今陕西西安)人。他在永初元年(107)被大将军邓骘征辟为幕僚。后来邓太后去世,邓骘被王圣等人诬陷中伤,绝食而死。朱宠袒身载棺,上书为邓骘申冤,遭弹劾而被免职。永建元年(126)刚即位的汉顺帝任用他为太尉,与太傅桓焉共录尚书事,封安乡侯。第二年七月被罢免。其事见于《后汉书·邓骘列传》。朱伥:字孙卿,九江寿春(今安徽寿县)人。东汉大臣。历任少府,太常等职。永建元年(126),继李郃为司徒。当时孙程等人"怀表上殿争功",顺帝大怒,将其"悉徙封远县"。司徒府属官周举对朱伥说,孙程等人是拥立的功臣,万一死于赴封途中,以致"帝有杀功臣之讥",力劝朱伥上表劝谏。然而朱伥认为自己上表,"必致罪谴"。周举则对朱伥说,如果他拒不劝谏,"禄位虽全,必陷佞邪之讥",然而"谏而获罪,犹有忠贤之名"。朱伥于是上表顺帝,谏阻此事。其事见于《后汉书·周举列传》。

⑪庞参(?—136):字仲达,河南缑氏(今河南偃师)人。东汉名臣。初被河南尹推举为孝廉,朝廷委任为左校令。后拜汉阳太守,为政清明深得民心。元初元年(114)迁护羌校尉,招附安抚了羌部。永建四年(129)入为鸿胪,后官至太尉、录尚书事。后来庞参的现任妻子把他前妻生的儿子扔到井里杀死,此事被人举报弹劾,庞参因此被免职。传见《后汉书·庞参列传》。

【译文】

　　痛惜天下不能大治的人,都说原因是有君无臣。假如确实有不世出的君王,难道还会担心没有贤臣吗?所谓有君,就是君王的才能在中等以上,臣子可以与其共同成就一番事业,而庸俗浅薄的臣子,既不能辅佐其充分发挥才干,也不能遏止其作恶,顺帝就是典型的例子。顺帝被废黜太子之位以后,居住在德阳殿西钟之下,委屈顺从而得以保全性命，没有再招致众奸臣的忌恨，不能说他没有智慧。安帝驾崩后，他被阻挠而不得上殿亲临守丧，悲痛地号哭不止，不饮不食，不能说他不仁。孙程等将他从危亡之中拯救出来，使他登上天子之位，可孙程等一旦上殿争功，就被顺帝免官，顺帝要求他们回到封地，不让他们始终把持国家大政，不能说他没有决断。他能谅解虞诩的激烈劝谏而驱逐张防，听李固的话而让乳母出居宫外，采纳左雄的策略使得吏治清明，不能说他不英明。顺帝用公车接连征辟樊英、黄琼、郎颛等名士，采纳翟酺的意见，广开学校，拓展校舍，不能说他不知时务。像顺帝这样的君主，如果能得到具有丙吉一般气量，宋璟、张九龄一般节操，韩琦一般忠诚，姚崇、杜黄裳一般才干的臣子来辅佐自己，正本清源，振兴纲纪，把国家纳入高明弘远的发展轨道，汉王朝就会复兴了吧！而顺帝的辅臣桓焉、朱宠、朱伥之流，都是体衰多病，苟且因循，没有一丝活人的气息，只会粉饰太平，掩盖其过失，不能够抓住百年来国家治乱的关键所在，从而谨慎地加以把握和应对。而左雄、虞诩这些根据事情献纳忠心的无大作为之人，就成为了当时的豪杰。区区一个庞参，在当时是众望所归的人物，而他的凶悍妻子在家中杀死他的儿子，他却不能禁止，自己的本已经先缺失了，却想要别人都恪守正道，必定不能成功；整个朝廷的期望，就这样归于庞参这样的人，则当时身在高位的人才，其真实水准大概可想而知。顺帝的德行不能善始善终，而汉朝最终衰落，不能复兴，确实是有原因的。

夫岂天于季汉之世吝于生才哉①！才焉而不适于用，用焉而不尽其才者多矣。而其故有二：摧之，激之，成于女谒、宦竖、金人之持权者则一也②。女谒、宦竖、金人互相起伏，此败彼兴，而要不出于其局。其摧焉而不克振者，仰虽忧国，俯抑恤己，清谨自持，苟祈免于清议，天下方倚之为重，而不知其不足有为也，则桓焉、朱伾之流是已。近世叶福清、贺江夏以之③。其激焉而为已甚者，又有二焉：一则愤嫉积于中，而抑采草野怨讟之声以求快于愚贱，事本易而难之，祸未至大而张之，有闻则起，有言必诤，授中主以沽直之讥，而小人反挟大体以相难，则李固、陈球之徒是也④。近世谏臣大抵如是。一则伤宿蠹之未消⑤，耻新猷之未展⑥，谓中主必不可与有为，季世必不可以复挽，傲岸物表⑦，清孤自奖，而坐失可为之机，则黄宪、徐稚、陈寔、袁闳之徒是也⑧。唐宋以下无其人矣。激而争者，详于小而略于大，怒湍之水，不可以行巨舟。激而去者，决于弃世而忍于忧天，环堵之光⑨，不可以照广野。呜呼！若是者，皆非不可康济之才，而不终其用。繇来久矣，岂一旦一夕之故哉！故虽有可与为善之君，而终无与弘奖而利成之也。

【注释】

①季汉：汉末。

②女谒：女宠。金人：小人。

③叶福清：指叶向高（1559—1627）。字进卿，号台山，晚号福庐山人。福州福清（今福建福清）人。明朝大臣、政治家，万历、天启年间两度出任内阁辅臣。传见《明史·叶向高列传》。贺江夏：指贺逢圣（1587—1643）。字克繇，一字对扬，湖广江夏（今湖北武汉）人。天启年间为洗马，因拂魏忠贤旨而被削籍。崇祯初复官，崇祯九年（1636），以礼部尚书兼东阁大学士，入阁参政。后来张献忠攻陷武昌，他投湖而死。传见《明史·贺逢圣列传》。

④陈球（118—179）：字伯真，下邳淮浦（今江苏涟水）人。东汉时期将领、大臣。陈球最初被举为孝廉，历受太尉杨秉举荐，任零陵

太守,平定李研、朱盖等人的叛乱,功勋卓著。此后接连任魏郡太守、将作大匠、南阳太守、廷尉。熹平元年(172),窦太后逝世,宦官曹节等欲将其别葬他地,陈球与太尉李咸据理力争,使窦太后得以与汉桓帝合葬。光和二年(179),任永乐少府,与司徒刘郃、步兵校尉刘纳、卫尉阳球一同谋划诛杀宦官,但因密谋泄露而被诬陷下狱,不久后被处死,时年六十二岁。传见《后汉书·陈球列传》。

⑤宿蠹:指长期以来形成的弊政。

⑥新猷:新的谋划、宏图。

⑦物表:物外,世俗之外。

⑧黄宪(75—122):字叔度,号征君,汝南慎阳(今河南正阳)人。东汉著名隐士。其家世代贫贱,父为牛医。黄宪初举孝廉,又辟公府。友人劝其出仕,然而他"暂到京师而还,竟无所就"。传见《后汉书·黄宪列传》。徐稚(97—168):字孺子,豫章南昌(今江西南昌)人。东汉著名隐士。家境贫苦,"常自耕稼,非其力不食"。徐稚恭俭义让,"所居服其德"。屡辟公府而不起,时称"南州高士"。传见《后汉书·徐稚列传》。陈寔(shí,104—187):字仲躬,颍川许县(今河南长葛)人。东汉时期官员、名士。曾任太丘长,故后世称其为"陈太丘"。与子陈纪、陈谌并著高名,时号"三君",又与同邑锺皓、荀淑、韩韶等以清高有德行闻名于世,合称为"颍川四长"。传见《后汉书·陈寔列传》。袁闳:字夏甫,汝南汝阳(今河南商水)人。东汉时期隐士。党锢之乱后,在家乡筑起土室,隐居其中十八年。传见《后汉书·袁闳列传》。

⑨环堵:四周环着每面一方丈的土墙。形容狭小、简陋的居室。

【译文】

　　上天难道是在汉朝的末世吝于产生人才吗!并非如此,只是有才干而没有用武之地,被任用而不能充分发挥自己才干的人太多了。而造成此种现象的原因有两个：其一是人才被打击和挫伤，这都是由女宠、宦官、奸佞之人把持权力造成的。女宠、宦官、奸佞之人此起彼伏，此败彼兴，而国家权力始终掌握在他们手中。那些遭受打击而不能振作的人才，对上虽然也忧心国家，但对下也体恤自己，他们以清廉谨慎自持，以祈求免于受到舆论的褒贬，当天下正要倚重他们的时候，却不知道他们其实并不足以有所作为，桓焉、朱伥之流就是这样的人物。近代的叶向高、贺逢圣也是如此。那些遭受过分摧残挫折的人，又分为两种：一种是心中积蓄着愤怒和不平，而到处搜集民间对当权者的怨恨，公开发表出来，以获得愚昧贫贱之人的欢呼，事情本来容易却说成很难，祸患尚未到来而先大张旗鼓，他们听到一点风声就起来，有话一定要去谏诤，结果被中等才干的君主抓住了他们想获取正直名声的把柄，而小人反倒挟持大体来压他们，李固、陈球之类的人正是如此。近代的谏臣大多如此。另一种则是伤心于积久的弊政尚未被消除，以新的宏图大业尚未展开感到羞耻，说中等才干的君主必定不能与其有所作为，王朝末世必定不能再挽救，于是孤傲轻世，孤芳自赏，从而失去了大有可为的时机，黄宪、徐稚、陈寔、袁闳之流正是如此。唐宋以下就没有这样的人了。遭受挫折后奋起而争的人，详于小节而略于大端，就像异常湍急的水，没有办法承载巨舟。遭受挫折摧残而离开的人，决心弃世归隐而又容忍自己忧国忧民，四面高墙围起的光，不足以照亮整个原野。唉！像上述这些人，都不是不能成为济世之才，而他们却最终不能被任用。这种情况由来已久了，难道是一朝一夕的缘故吗！所以虽然有臣子可以辅佐其成就一番事业的君主，而没有贤明的大臣，最终也难以勉励士人从而得以成就一番大事。

　　悲夫！大权移于女谒、宦竖、金人，则主虽明、臣虽直，相摧相激以贻宗社生民之祸，不可谓无君，抑不可谓无臣，而终不可谓有臣也。此今古败亡之所以不救也。

【译文】

唉！大权转移到女宠、宦官、奸佞之人的手中，则君主即使英明、臣下即使正直，他们也会相互摧残折磨，给宗庙社稷和百姓留下无穷的灾祸。像这种情况，不能说是无君，也不能说是没有贤臣，而最终却不能说是有贤臣。这是自古以来国家衰败、灭亡而难以挽救的原因。

二　左雄四十举孝廉非隘

左雄限年四十乃举孝廉，论者皆讥其已隘，就孝廉而言之，非隘也。孝廉者，尝为郡国之吏，以资满无过而举，亦中材之表见者尔；至于四十矣，所事非一，守相既无偏好之私，而练习民俗，淹通经律①，兢兢焉寡过以无陨其名，超郡职而登王廷，岂患其晚哉！非然者，始试于掾曹，旋登于王国，倖途百启②，猎进无厌，官常毁而狂狡者挠风化之原，是恶可不为之制乎！天子能举人而后可拔非常之士，天子能养士而后可登英少之人③。孝廉之举，至于顺帝之世而已极乎陋矣，士之欲致贵显者，知有郡县而不知有朝廷也，知有请托扳附而不知有学术事功也，故黄宪之流，耻之如浼焉。塞其倖猎之捷径，尚多得之自好之中人，诸葛孔明、周公瑾英年早见，而知己者得之象外④，岂孝廉之谓哉？

【注释】

①淹通：精通。

②倖：希图得到非分的财物或功名利禄等。

③英少：英锐年少。

④象外：超乎常规之外。

【译文】

左雄限定年龄在四十岁以上的人才能被举荐为孝廉,议论的人都讥讽他的标准太过狭隘,其实如果单纯就举孝廉而言,他也算不上狭隘。被举为孝廉的人,都曾经做过郡国的属吏,因为资历已满而又没什么过错,所以会被举荐,这是他们具有中等才干的表现;至于年龄到四十以后,他们事奉过的郡守、国相不止一个,这些郡守、国相既没有偏好某人的私心,而这些孝廉也已经熟习了民俗,精通经义和法律,只要兢兢业业地工作,少犯过错,不使自己的名声受损,那么超越郡国的职务而进入朝廷为官,又何必担心太晚呢!如果不这样,刚开始担任掾属官吏,不久就升任王国高阶官吏,觊觎快速升迁而使出各种手段,贪得无厌,官吏应当遵循的准则遭到破坏,其中的一些狂妄狡猾之徒还会扰乱社会风化的本原,怎么能不从制度上来防范这种情况呢!天子能选举人才,然后才能从中提拔非同寻常的士人,天子能涵养士人,然后才能进用英锐年少的人才。推举孝廉的制度,到了顺帝时期就已经极其简陋了,士人中想要获得显贵名声和富贵的人,只知道有郡县而不知道有朝廷,只知道有请托攀附,而不知有学术事功,所以黄宪等隐士,耻于同这些人同流合污。堵塞这些人寻求升迁、成名的捷径,尚且可以从洁身自好的中等才干士人中选出,至于诸葛亮、周瑜这些在年轻时就已经显露出巨大才干的人,他们的知己、伯乐是以超越常规的方式得到他们的,这难道是举荐孝廉所能解决的吗?

三　马融言嫁娶丧葬宜俭似是实非

言有似是而实非者,马融之对策是已①。行其说,不足以救弊;而导其说,则足以蛊人心、毁仁义而坏风俗。融忧民之不足,而言曰:"嫁娶之礼俭,则婚者以时矣。丧祭之礼约,则终者掩藏矣。"汉之季世,艳后尸政,寺人阿母,穷奢极侈以蠹国；私人墨吏，横行郡国以吭民；民之贫也，岂婚葬之糜之哉？融避不言，而嫁其罪于小民区区未殄灭之孝慈，邪说诬民，充塞仁义，其他日附权门而献颂②，拥绛帐而纵欲③，皆此念为之也。

【注释】

①马融（79—166）：字季长。扶风茂陵（今陕西兴平）人。东汉时期经学家，尤其擅长古文经学。历任校书郎、议郎及武都、南郡太守等职。元初二年（115），马融上《广成颂》以讽谏，"忤邓氏，滞于东观"。又因兄子丧自劾归，触怒邓太后，招致禁锢。安帝亲政后，才"诏还郎署"。后因得罪大将军梁冀而被剃发流放，途中自杀未遂，得以免罪召还。后再任议郎，又在东观校勘儒学典籍，因病离职。传见《后汉书·马融列传》。

②附权门而献颂：据《后汉书》记载，马融曾被邓氏外戚惩办，便不敢再触犯权贵。梁冀当权时，他曾为梁冀起草陷害太尉李固的奏折，后来又作《西第颂》献给梁冀，以求攀附，因此颇为正直之士所耻笑。

③拥绛帐而纵欲：据《后汉书》记载，马融性格放达，其房屋器用衣物，都崇尚奢侈，常常坐在高堂上，挂红纱帐，前面教授门徒，帐后设置女乐。

【译文】

有些话听起来似乎是有道理的，而实际上却是错误的，马融的对策就是这样。施行其对策中的说法，不足以纠正当世的弊端；而如果推行他的建议，却足以蛊惑人心、破坏仁义而败坏风俗。马融担忧民众财用不足，建议说："嫁女娶妻的礼仪都奉行节俭，那么结婚的人都不会错过结婚时节。丧葬祭祀的礼仪简约，那么过世的人可以被及时掩埋。"在汉代的末期，母后干政，宦官和皇帝乳母等穷奢极欲，败坏国家；依附权贵、贪赃枉法的官吏，在郡国横行无忌、剥削民众；民众的贫困，难道是婚丧嫁娶耗费了太多钱财造成的吗？马融对此避而不谈，却把罪过转嫁到百姓尚未泯灭的一点孝顺慈爱之心上，以邪说来蒙骗民众，堵塞仁义，他后来攀附权贵而向梁冀献上颂辞，在高堂上设绛纱帐，设置女乐，纵情享乐，都是这种念头导致的。

　　婚葬者，人事始终之大故，《记》言曰："先王重用民财，而重用之于礼①。"其以奖仁厚、崇廉耻之精意，岂褊夫陋人之所知哉？昔者殷之且亡也，昏姻之礼废，浮僻之行逞，茅束死麕可以诱女②，而文王忧之；《关雎》之诗曰："琴瑟友之，钟鼓乐之③。"盛礼乐以宜淑女也。肃雍之车④，秾如桃李⑤，岂不节而乐以淫乎？崇闺门之廉隅⑥，防野合之滥觞，故虽梅摽盈筐⑦，而不忧其失时。以失时者无损于《归妹》之愆期⑧，而惩刲羊无血、承筐无实之无攸利也⑨。若夫丧祭，则岂君之忍禁其民、民之忍背死以求财之足者乎？家贫而厚葬，非礼也。喻贤者以俯就，使无以不备物为哀而伤其生也。士之禄入亦薄矣，而《士丧礼》之所记⑩，衣衾绞绞罂茵抗席殷奠三虞之盛⑪，不以贫而杀焉⑫。唯夫嬴政之后，穷天下以役骊山，故汉文裁之以俭，以纾生人之急。然天子之俭也，自不至于土亲肤而伤人子之心，若士民则固弗禁也。墨氏无父，而桐棺之制，戕仁寡恩以牖民于利，孟子斥之为禽兽矣⑬。罔极之恩，终天之一日，此而不用吾情，何所用吾情者？融不生于空桑⑭，而欲蔽锢人子之恻隐，吝余财以畜妻子；融也，其能免于枭獍之诛乎⑮？呜呼！此说行，而禽兽食人，人将相食，其伊于胡底也⑯！

【注释】

①先王重用民财,而重用之于礼:查《礼记》中并无此句,疑王夫之
用典有误。

②茅束死麕(jūn)可以诱女:语出《诗经·召南·野有死麕》:"野有
死麕,白茅包之。有女怀春,吉士诱之。"麕,同"麇(jūn)",獐子。

③琴瑟友之,钟鼓乐之:语出《诗经·周南·关雎》。意思是指用弹
琴鼓瑟来亲近她,借以钟鼓的声音来取悦她。

④肃雍之车:语出《诗经·召南·何彼襛矣》:"曷不肃雍,王姬之
车。"指庄严雍容、和谐有序的行车之状,后成为称颂妇德之辞。
雍,同"雝",和谐。

⑤秾:花木繁盛。

⑥廉隅:棱角。比喻人的行为、品性端方不苟。

⑦梅摽(biāo):梅子成熟后落下来。比喻女子已到了出嫁的年龄。
摽,落下。

⑧《归妹》:《周易》六十四卦之一,震上兑下,象征男女婚配。

⑨刲(kuī):刺,割。

⑩《士丧礼》:《仪礼》中的一篇。

⑪衣衾:装殓死者的衣服与单被。紟(jīn)绞:入殓时裹束尸体的束
带。罍:大腹小口的酒器。茵:衬垫。抗席:古代葬具,指墓穴中
加于抗木上的苇席,用以御土。殷奠:大祭。殷,盛。三虞:安葬
死者后的三次虞祭。

⑫杀:减少,减损。

⑬"墨氏"四句:墨子主张兼爱,要求君臣、父子、兄弟都要在平等的
基础上相互友爱,"爱人若爱其身";他还主张薄葬,认为三寸桐
棺就足以遮蔽遗骸。孟子对此批评称:"杨氏(杨朱)为我,是无
君也;墨氏兼爱,是无父也。无父无君,是禽兽也。"语见《孟
子·滕文公下》。

⑭空桑:空心桑树。典出《吕氏春秋·本味》:"有侁氏女子采桑,得
　　婴儿于空桑之中,献之其君,其君令烰人养之。"

⑮枭獍:古人传说枭为恶鸟,生而食母;獍为恶兽,生而食父。比喻
　　忘恩负义之徒或狠毒之人。

⑯伊于胡底:到什么地步为止。用于对坏现象表示感叹。

【译文】

　　婚礼和葬礼,是关系到人们生命开端和终结的大事,《礼记》中说:
"先王重视使用民财,尤其重视把财富用到礼仪上去。"先王以此来鼓励
仁厚、崇尚廉耻的精深意旨,难道是浅薄鄙陋的人所能知晓的吗? 昔日
殷商将要灭亡的时候,婚姻的礼仪被废弃,轻浮邪僻的行为盛行,用白
茅来裹的死獐子就可以引诱到少女,而文王对此很忧虑;《诗经·关雎》
中说:"琴瑟友之,钟鼓乐之。"这是使用隆重的礼乐以合乎淑女的身份。
以庄严雍容、和谐有序的车辆来迎亲,再配上像桃花、李花一样繁盛的
装饰,难道是没有节制而喜欢过于隆重的礼节吗? 因为崇尚闺门女子
端正守礼,防范出现野合、私奔的现象,虽然熟透的梅子落了一满筐(女
子到了适婚年龄),也不用担忧失去了婚配的时机。那些真正会使婚姻
失时的人没有减少婚嫁误期的情况,因为他们实际上是不满足于宰羊
没有血、筐子里没落入果实,也就是没有从其婚姻中获利。至于丧葬和
祭祀,君王难道忍心禁止民众进行这些仪式吗? 民众就忍心背弃死者
以求财物不受损失吗? 家境贫困而要对死者进行厚葬,不符合礼仪规
范。要晓喻贤者迁就现状,使他们不要为葬仪所需要的物品不齐备而
悲哀,因为这会伤害生者。士人的俸禄收入也是很微薄的,而《士丧礼》
中所记载的,装殓死者的衣服与单被、入殓时裹束尸体的束带、大腹小
口的酒器、衬垫、墓穴中加于抗木上用以御土的苇席等用具,大祭和三
次虞祭的仪式之盛,都不能因为贫困而有所减损。只是到了嬴政以后,
他竭尽天下的人力物力来为他在骊山修筑陵墓,所以汉文帝裁减葬礼
用度,崇尚节俭,以纾解活人的燃眉之急。然而天子的俭朴,自然不至

于使土壤直接与死者肌肤接触而使为人子女的伤心，至于士人百姓自然没有这样的限制。墨子兼爱无父，而其所谓桐棺之制，戕害仁义，刻薄寡恩，把人们引导到追求蝇头小利上去，孟子指责他是禽兽。父母无穷无尽的恩泽，在某一天突然终结，此时还不投入我们的感情哭泣哀悼，那我们要感情还有什么用呢？马融并不生于空心桑树之中，而他却想要遮蔽禁锢人子的恻隐之心，希望能使其爱惜钱财以养活妻子儿女；马融难道能够免于枭和獍吞噬父母的惩罚吗？唉！马融的这一说法盛行，禽兽吃人，人们将会自相残杀，到什么地步为止呢！

昏及时而弃礼，则赘婿不知耻，而年未及期者，且配非其类，以启淫乱。葬欲速而趋简，则旦在堂而夕在野，委骼荒崖，而野火狐狸灼啮其未冷之骨。其极也，竞相索而鬻色以自肥①；惑术士之言，而焚割枯骸以邀富贵，利心一逞，何有终极！不知先王斟酌质文而轻财贿，以全天性之至教，为不可及也。融也，固名教之罪魁，无足数于人类者也，其何诛焉！

【注释】

①鬻色：出卖色相。此指将死者遗体用于冥婚以图钱财。

【译文】

追求及时婚配而舍弃应有的礼节，则入赘的女婿会不知羞耻，而尚未到达适婚年龄的，且没有许配给合适的人家，自会开启淫乱的祸端。为了快速埋葬死者而简化葬仪，则死者白天还在灵堂中，傍晚就置身荒野，骨骸被丢弃在荒崖上，而野火将会灼烧、狐狸将会啃咬其尚未冷掉的尸骨。其中极端恶劣的，还会竞相索求死者的尸骨以用作冥婚，出卖死者色相以赚取钱财；或者是被术士的话迷惑，而焚烧或割裂先人的骨骸以求富贵,一旦利欲熏心,又有什么事情做不出来!马融不知道先王斟酌质和文而轻视财物,以保全天性的至高教导,其用心是常人不可企及的。马融,本来就是扰乱名教的罪魁祸首,不能将其算作人类,对他又有什么可责备的呢!

四　李固遣祝良张乔抚循九真交阯岭外复平

善用天下者,恒畜有余以待天下,而国有余威,民有余情,府有余财,兵有余力,叛者有余畏,顺者有余安。不善用之,小警而大震之,以天下之力,争一隅之胜负,虽其胜也,以天下而仅胜一隅,非武也;疲天下而摇之,民怨其上,非情也;民狎于兵而玩兵,非所以安之也。区怜之乱[①],九真、交阯之小衅[②],而在廷者欲发荆、扬、兖、豫四万人赴讨,廷无人矣。微李固之深识,任祝良、张乔以单车而收万里之功[③],汉其危哉!

【注释】

①区怜之乱:东汉永和二年(137),日南象林(今属越南)边境外蛮夷区怜等数千人作乱,进攻象林县城,烧毁城寺,杀害当地汉朝官员长吏。事见《后汉书·南蛮西南夷列传》。

②九真、交阯之小衅:东汉永和二年(137),区怜之乱发生后,东汉交阯刺史樊演发交阯、九真二郡兵万余人前往救援,兵士畏惧打仗路远,于是反叛,进攻郡府。事见《后汉书·南蛮西南夷列传》。九真:郡名,辖境在今越南境内。交阯:即交阯。

③祝良:字邵卿,临湘(今湖南临湘)人。东汉官员。顺帝时曾任洛阳令、并州刺史等职,性格勇决。顺帝永和二年(137),日南郡爆发区怜之乱,交阯、九真二郡兵也哗变,与区怜合攻交阯。大将

军从事中郎李固推荐祝良为九真太守，前往日南平乱。他单骑至区怜军中，晓以利害，说服数万叛军投降，交阯得以平定。张乔：南阳（今河南南阳）人。东汉中期大臣。曾平定益州叛乱。日南叛乱爆发后，被李固推荐，与祝良一道前往日南，平定了叛乱，被任命为交阯刺史。二人事迹皆见《后汉书·南蛮西南夷列传》。

【译文】

善于治理天下的人，总是贮藏天下有余之物以应对不虞之需，如此则国家有余威，民众有余情，府库有余财，军队有余力，叛乱者心存余悸，归顺者心有余安。不善于治理天下的人，有一点小的警报就要大大地震动天下，以全天下之力，去争夺一隅之地的胜负，即使取得胜利，以天下之力而仅仅胜过了一隅之敌，算不上勇武；而且这会使得天下疲惫而人心动摇，民众怨恨在上位者，这算不上体恤百姓；民众习惯于战争而把用兵当作儿戏，这不是安定他们的办法。日南郡蛮夷区怜的叛乱，九真、交阯两军士兵的小哗变，而朝廷上的主事者想要发动荆、扬、兖、豫等州的军队四万人前往征讨，朝廷中可谓是无人了。如果没有李固的深远见识，任用祝良、张乔以单车赴任日南，立下了平定叛乱的功劳，汉朝就危险了！

唯遣吏循抚而不加之兵，将使九真、交阯之人曰：吾之于中国，犹蟁蚋之嘬也[1]，置我于不足较，而姑使贤二千石以绥我也，不轨不顺，而仅与二单车之使抗，吾其如中国何哉！将使中国之人，坦然亡疑而私相语曰：九真、交阯犹蟁蚉之嘬也[2]，一使者单车折之而已款服矣。天下固自定也，无有能摇之者也。使桀骜思逞之人，无所施其技击之勇，无所施其机变之巧，知弄兵而矜智勇，曾不如单车一使之从容而折万里之冲也。将使单车一使之威伸于万里，则浸假大臣殚谋于廷，大将奋扬于外，抑不知其荡涤之功何若；而天子之德威赫赫如是，则即有权奸，亦无敢生其心以尝试。故九真、交阯戢耳以听命③，而天下晏然。

【注释】

①蟁蚋（wén ruì）：蚊子和蚋。蟁，同"蚊"。蚋，一种吸血的蝇子类昆虫。嘬（chuài）：咬。

②蟁蝱（méng）：蚊子和蝱。蝱，一种吸血昆虫。

③戢（jí）耳：耳朵下垂，形容卑屈驯服的样子。

【译文】

　　只派遣官吏前往抚慰招降而不派兵征讨，将会使九真、交阯的人认为：我们的叛乱对于中国来说，就好像蚊蝇叮咬一样微不足道，汉朝根本不把我们当作计较的对象，而姑且派贤德的二千石官员来安抚我们，如果我们仍然坚持反叛、不肯归顺，而仅仅与两位单车赴任的使者相对抗，那我们与中国相比又算什么呢！在国内，也将使民众坦然无疑地私下相互说：九真、交阯的反叛就好像蚊蝱叮咬一样微不足道，只派一个使者单车赴任、前往宣慰招降，就足以使他们折服投降了。天下本来就是自行安定的，没有谁能动摇它。使桀骜不驯、思谋逞能的人，无从施展他们勇猛的格斗技巧，无从施展他们巧妙的权变计谋，认识到轻易动兵而自夸智谋和勇敢，还不如单车赴任的一介使者，能够从容地在万里之外平定蛮夷叛乱。如果能够使单车赴任的一介使者的威力在万里之外伸展，那么假如大臣能够在朝廷上尽心谋划，大将在外面奋发扬威，也不知道其荡涤的功劳究竟如何；而天子的德行威势如此显赫，则即使有把持朝政的奸臣，也不敢萌生叛心来侥幸尝试。所以九真、交阯的叛乱者垂下耳朵，恭顺地听从命令，而天下安定无事。

　　呜呼！枭雄之初起，未必即敢小视天下而睥睨之也[1]；殚天下之力与争胜败于一旦，而枭雄之胆乃张，中国之情日苶[2]。天宝之乱，始于云南之丧师[3]；宋尽心力于西夏，而女真测其荏弱[4]。一良吏制之有余者，合天下震惊以不足；以瓦注者以金注[5]，未有不自乱者也。播州之巢穴初空，奢蔺之连兵遽起[6]；朝鲜之救兵甫旋，辽沈之严关早失[7]；廷无人而贪功者挠之，无余威无余祚矣。悲哉！

【注释】

①睥睨(pì nì)：眼睛斜着看，表示傲视或厌恶。

②苶(nié)：疲倦，疲惫。

③天宝之乱，始于云南之丧师：据新、旧《唐书》记载，唐天宝九载(750)，南诏攻杀唐姚州都督张虔陀。次年，唐政府派剑南节度使鲜于仲通率大军八万征南诏，结果遭遇大败，全军覆没。宰相杨国忠隐瞒兵败的消息，并于天宝十三载(754)再次派将领李宓率十万大军进攻云南邓川，却再次战败，伤亡惨重。次年(755)，安史之乱爆发。

④荏弱：柔弱，软弱。

⑤以瓦注者以金注：典出《庄子·达生》："以瓦注者巧，以钩注者惮，以黄金注者殙。"以瓦注，即用瓦做赌注。以金注，用金子做赌注。

⑥播州之巢穴初空，奢蔺之连兵遽起：据《明史》记载，明万历二十六年(1598)，四川播州世袭土司杨应龙公开作乱，明廷派重兵镇压，于次年六月平定播州，杨应龙自缢而死。此役被视为"万历三大征"之一。到天启元年(1621)，辽东事起，彝族酋长奢崇明趁机叛明自立，割据重庆、泸州、蔺州等地，明军于天启三年

（1623）发动永（永宁）、蔺（蔺州）、尊（遵义）之战，平定了此次叛乱。

⑦朝鲜之救兵甫旋，辽沈之严关早失：据《明史》记载，明万历二十年（1592），日本发动对朝鲜的侵略战争，作为朝鲜宗主国的明朝派军救援朝鲜，历时七年，终于取得战争胜利。但此战明军损失也比较大，此后努尔哈赤迅速在东北崛起，并在萨尔浒之战中击败明军，明军在辽东开始陷入被动局面，接连丢城失地。严关，险要的关隘。

【译文】

唉！枭雄刚崛起的时候，未必就立即敢小视天下而无所顾忌；一旦朝廷倾尽天下之力与其争胜败，则枭雄的胆量就会越来越大，中原政权就会日益感到疲惫。唐天宝年间的安史之乱，始于在云南打了败仗，损失众多军队；宋朝将心力都用在征讨西夏上，而女真已经清楚地窥测到宋朝的软弱。一个良吏足以制伏且绰绰有余的事情，非要惊动天下，倾天下之力也不足以解决；本来用瓦做赌注，却改为用金子下注，没有不因此使自己内心被扰乱的。明代播州杨应龙的巢穴刚被清扫一空，奢崇明在蔺州等地的叛乱就接踵兴起；援助朝鲜的军队刚刚凯旋班师，辽沈地区的险要关隘早早丢失了；朝廷中无人提出良谋，而贪功的人又阻挠正确意见，国家没有余威，国祚也难以再维持。真是悲哀啊！

五　梁商策中国夷狄之短长

梁商之策匈奴曰①："良骑夜合，交锋决胜，夷狄所长，中国所短。乘城固守，以待其衰，中国之长，夷狄之短。"马续从其教令②，而右贤王力屈而降，此万世之诟谟也③。佛貍之强④，而不能拔盱眙；完颜亮之众⑤，而不能渡采石；其衰可待，躁者不能待而自败耳。故杨镐、王化贞之罪⑥，死不偿责也。

【注释】

①梁商(? —141):字伯夏,安定乌氏(今甘肃泾川)人。东汉时期外戚、将领。因其女被顺帝立为皇后,受到顺帝宠信,官至大将军。梁商认为自己因为是外戚才能位居大将军之职,所以谦恭温和,虚心荐贤。永和五年(140),南匈奴左部句龙王吾斯、车纽等人反叛东汉,率领三千多骑兵入侵河西,接着又招引南匈奴右贤王一同入侵汉朝边境,梁商认为羌胡新近反叛,徒众刚刚聚合,主张采用招降的办法,构筑深沟高垒坚守,用恩德和信义招降匈奴。后来这一策略取得了成效。永和六年(141)逝世,谥号"忠"。传见《后汉书·梁商列传》。

②马续:字季则,扶风茂陵(今陕西兴平)人。伏波将军马援侄孙,著名经学家马融之弟,东汉将领。元初六年(119),鲜卑人进犯马城,杀害吏民。时任中郎将的马续大败鲜卑。后任张掖太守、护羌校尉、度辽将军等职。永和五年(140),南匈奴左部句龙王吾斯、车纽等反叛东汉,侵犯河西,招引南匈奴右贤王包围美稷,杀害朔方、代郡长史。马续与中郎将梁并等征调边境部队及乌桓、鲜卑、羌胡的兵力,打败吾斯等。永和六年(141),马续率鲜卑骑兵在谷城攻打吾斯,杀死数百人。同年,因频繁征召各部人马,使民族关系紧张,反叛不断,被免去度辽将军之职。其事见于《后汉书·南匈奴列传》。

③讦谟:远大宏伟的谋划。

④佛狸:指北魏太武帝拓跋焘(408—452)。字佛狸伐,代郡平城(今山西大同)人。鲜卑族,北魏第三位皇帝。他在位期间重用汉族大臣崔浩、高允等人,整顿吏治,励精图治,统一了中国北方。太平真君十一年(450),南朝宋文帝刘义隆发动北伐,但很

快遭遇北魏军反击,拓跋焘亲率大军南下,抵达瓜步,欲攻下盱眙,但由于宋军坚守,攻城不克,损失惨重,只得班师。正平二年(452),被中常侍宗爱弑杀。传见《魏书·世祖纪》。

⑤完颜亮(1122—1161):字元功,女真名迪古乃,金太祖完颜阿骨打庶长孙,金朝第四位皇帝。皇统九年(1149),完颜亮弑杀金熙宗完颜亶而篡位称帝。他在位期间,既残暴弑杀,又励精图治。正隆六年(1161),完颜亮意图统一中国,发大军南征南宋,在采石之战中被虞允文击败,被部下完颜元宜等弑杀。传见《金史·海陵本纪》。

⑥杨镐(? —1629):字京甫,号风筠,商丘(今河南商丘)人。万历年间大臣、将领。万历二十五年(1597),日军再次进犯朝鲜,杨镐被任命为右佥都御史,奉命经略援朝军务。二十六年(1598)正月,明军在蔚山遭遇战败,杨镐隐瞒败讯不报,又谎报军功,被罢职。三十八年(1610),复出任巡抚辽东。万历四十六年(1618),后金兵破抚顺,杨镐以兵部左侍郎经略辽东,力主讨伐。次年(1619)二月,杨镐以十万余人分四路出师出击后金,企图"分进合击",但在萨尔浒遭遇惨败,损军四万余人,开原、铁岭相继失守,杨镐被弹劾下狱,于崇祯二年(1629)被处决。传见《明史·杨镐列传》。

【译文】

梁商谋划应对匈奴时说:"精锐的骑兵在夜间集合,相互交锋以决胜负,这是夷狄的长处,是中原政权的短处。凭借城池坚守,以等待敌人势力衰弱,这是中原政权的长处,是夷狄的短处。"马续听从梁商的命令,而右贤王因力屈而投降,这真是值得万世效法的宏远谋略。以拓跋焘的强大,而不能攻下盱眙城;以完颜亮统率大军的数量之众,而不能从采石渡过长江;其衰弱指日可待,只是暴躁的人不能等待而自取失败罢了。所以杨镐、王化贞的罪过,即使死也不能够抵消。

若夫驱除之于盛极将衰之际，则又有异焉。守位者人也，聚人者财也，金粟足以相赡，而后守可以继。彼虽衰而犹承极盛之余，则彼且倚金粟之余以困我，与之相守而固不敌，则溃败也必矣。主者利于守①，客者利于攻，主客无定，在因其时而迁。负荡平天下之大略者，尚其审此哉！

【注释】

①主者：指主军，即交战时在自己国土上作战的一方。与此相对应，在敌方国土上作战的则称为客军。

【译文】

至于在夷狄强盛到极点而将要衰落的时候予以驱除，则又有所不同。守位的是人，聚集人的是财富，金钱粮食供应充足，然后城池才能坚守下去。夷狄虽然衰弱，而仍然承接极盛的余威，他们将会依靠金钱粮食的充裕以围困我方，与敌方相对峙而守城，固然难以匹敌，则必然会溃败。两军交战中，主军利于防守，客军利于进攻，主客关系并非固定不变，关键在于根据实际而做出相应变化。身负荡平天下大任的人，对此要审慎地加以考虑啊！

六　张纲谕降贼张婴未能弭盗

张纲单骑诣贼垒①，谕张婴而降之，言弭盗者侈为美谈。杨鹤、陈奇瑜、熊文灿遥慕其风②，而祸及宗社。呜呼！孰知纲之为此，为梁冀驱之死地③，迫于弗获已，而姑以谢一时之责者乎！纲卒未几，而婴复据郡以反，滕抚斩之而后绝④，纲何尝能弭东南之盗哉！且婴降而马勉、华孟相继以蜂起⑤，滕抚追剿净尽，而江湖始宁⑥，则抚盗之为盗囮⑦，审矣。

【注释】

①张纲(108—143)：字文纪，犍为武阳(今四川彭山)人。东汉中期
大臣。为人刚直，屡次上书弹劾贪官污吏，曾留下"埋轮献直"的
佳话。后来又不顾个人安危，上书历数当朝国舅、大将军梁冀的
十五条罪状，梁冀怀恨在心，伺机报复。当时，广陵郡人张婴聚
集数万人造反，在扬州和徐州之间抗击官府，杀刺史，朝廷十余
年不能剿除。梁冀便指使尚书推荐张纲出任广陵太守。张纲到
任后，率领郡吏十余人前往张婴营垒宣慰安抚，对张婴晓以利害
祸福，张婴被其诚意和胆识感动而率众投降。一年后张纲病逝
于任上。传见《后汉书·张纲列传》。

②杨鹤(？—1635)：湖广常德(今湖南常德)人。明末大臣，官至兵
部右侍郎、总督陕西三边军务。崇祯年间农民起义爆发后，他提
出"招抚为主、追剿为辅"的战略，在他的努力下，招抚政策取得
了一定的成功，陕西的各部起义军几乎都接受招安。但不久神
一魁等贼兵既降复叛，朝廷主剿派势力抬头，极力攻击杨鹤的绥
靖政策，杨鹤因此被朝廷查办、处死。传见《明史·杨鹤列传》。
陈奇瑜(？—1645)：字玉铉，保德(今山西保德)人。明末大臣。
崇祯五年(1632)出任右金都御史，巡抚延绥，因镇压农民起义军
有功，两年后擢为兵部右侍郎，总督陕西、山西、河南、湖广、四川
军务。他调集诸将围击各路起义军。李自成等部农民军被迫退
入兴安，困于车箱峡，李自成采取诈降计策，陈奇瑜判断失误，导
致起义军得以逃脱包围圈。陈奇瑜因此受到各方弹劾，被罚除
名、戍边。南明唐王立，召其为东阁大学士，因道远未闻命，不久
病死。传见《明史·陈奇瑜列传》。熊文灿(1575—1640)：贵州
永宁卫(今四川叙永)人。明末大臣。崇祯元年(1628)擢右金都
御史，巡抚福建，平定海盗、倭寇有功。崇祯十年(1637)，任兵部
尚书兼右副都御史，主持追剿起义军军务。崇祯十一年(1638)，

熊文灿招抚张献忠、刘国能投降，张献忠名义上归顺明朝，实际是向熊文灿催索饷银，屯兵数万于谷城，伺机而动。崇祯十二年(1639)五月，张献忠再起，势如破竹，熊文灿因此次招抚失败而被捕入狱，次年被斩。传见《明史·熊文灿列传》。

③梁冀(? —159)：字伯卓，安定乌氏(今甘肃泾川)人。东汉时期外戚、权臣，大将军梁商之子，其妹为汉顺帝皇后(顺烈皇后)。梁商病逝后，梁冀接任大将军，袭爵乘氏侯。顺帝驾崩后，梁冀立冲帝，与太尉李固等录尚书事。冲帝驾崩后，又拥立质帝。后因质帝对其不满，便毒杀质帝，另立桓帝刘志。此后他更加专擅朝政，结党营私，任人唯亲，大肆将官爵给予亲族。延熹二年(159)，早对梁冀专权乱政不满的汉桓帝在宦官帮助下发动政变，处死梁冀，并将其灭族。传见《后汉书·梁冀列传》。

④滕抚：字叔辅，北海剧县(今山东昌乐)人。东汉中期官员。顺帝末、质帝初，地方盗贼蜂起，滕抚因具有文武才能，被拜为九江都尉，进剿广陵等地的盗贼。他先击败降而复叛的张婴，又击败马勉、华孟等盗贼。后出任左冯翊，因为性格刚直而得罪了宦官，被弹劾、罢黜，卒于家。传见《后汉书·滕抚列传》。

⑤马勉(? —145)：九江阴陵(今安徽定远西北)人。建康元年(144)起兵，自称"黄帝"。次年为九江都尉滕扶斩杀。华孟(? —145)：历阳(今安徽和县)人。永熹元年(145)起义，自称"黑帝"。后被滕抚所杀。

⑥江湖：泛指四方各地。

⑦盗囮(é)：盗贼的媒介。比喻使盗贼更加猖獗。

【译文】

张纲单骑到了盗贼的营垒之中，对张婴晓以利害祸福，最终使他率众归降，谈论消弭盗贼的人都把这夸大为美谈。杨鹤、陈奇瑜、熊文灿这些人遥遥追慕张纲的风范，效仿他的事迹对盗贼进行招抚，结果带来了殃及宗庙社稷的灾祸。唉！谁又知道张纲之所以这么做，是被梁冀驱赶到了绝境，迫于不得已，而姑且以此来推脱一时的罪责呢！张纲去世后不久，张婴就再次占据广陵郡叛乱，滕抚将他斩杀后，祸根才断绝，张纲又何曾能够消弭东南的盗贼呢！而且张婴投降后，马勉、华孟这些盗贼又前后相继地蜂起造反，滕抚将他们追剿干净，而天下才得以安定，如此看来，安抚盗贼会使盗贼更加猖獗，这是很明白的。

胥吾民也，小不忍于守令之不若，称兵以抗君父，又从而抚之，胜则自帝自王而唯其意，败则卑词荐贿而且冒爵赏之加，一胜一败，皆有余地以自居，而不失其尊富，桀猾者何所忌而不盗也①？南宋之谚曰："欲得官，杀人放火受招安②。"且逆计他日之官爵而冒以逞③，劝之盗而孰能弗盗邪？

【注释】

①桀猾：凶猛而狡黠。

②欲得官，杀人放火受招安：俚语，见载于《鸡肋编》。

③逆计：预计。

【译文】

我国的百姓，对于郡守、县令的不善之举稍有不满，就起兵造反来对抗天子，而朝廷又顺从他们的意志，对他们加以招抚，如果他们胜利了，则自己随心所欲地称帝称王，失败了则用恭顺的话语和贿赂求得招抚，而且以欺骗手段获取封爵和赏赐，一胜一败之间，都给自己留有生存的余地，而且还可以不失其尊贵、富裕，凶猛而狡黠的人又有什么顾忌而不做盗贼呢？南宋的谚语说："欲得官，杀人放火受招安。"作乱的人将预计他日可得到的官爵而冒险一逞、起兵作乱，像鼓励人们做盗贼，又有谁能不做盗贼呢？

夫失业之民，随桀猾所诱胁，尽俘杀之也，诚有所不忍；
歼其渠魁，而籍其党与，以为边关之戍卒，则矜全其死命，已
不伤吾仁矣。而使仍居其故地，则岂徒渠帅哉？失业之民，
一染指于潢池①，而乡党不齿，田庐不保，欲使之负耒而为戢
顺之民，亦终不可得，是宁以抚求其永绥哉？改纪暴政②，慎
择良吏，而饬之以宽恤，以安未乱之民，而已乱者非可旦夕
使顺也，弭盗者慎勿轻言抚哉！

【注释】

①潢池：池塘，积水塘。班固《汉书·龚遂传》中记载龚遂的话说：
"海濒遐远，不沾圣化，其民困于饥寒而吏不恤，故使陛下赤子盗
弄陛下之兵于潢池中耳。"后来因此以"弄兵潢池"作为对人民起
义的蔑称，也指发动兵变。形容捣乱分子无能，造不起反，没有
什么大不了的。

②改纪：革除。

【译文】

那些失去生业的百姓，被凶猛狡黠的人所引诱和胁迫，如果将他们
都俘虏并杀死，确实有所不忍心；消灭他们的首领，而将其他参与叛乱
的人加以籍没，发配到边关做戍守士卒，这样就可以保全他们的生命，
从而不伤害朝廷的仁义。而如果使他们仍旧居住在其故地，难道只处
罚首领吗？失去生业的百姓，一旦染指起兵造反之事，就会使乡党对其
不齿，不能保住田产庐舍，想让他们重新背起农具去做安分听话的顺
民，也终究是做不到的，像这样的人难道能通过安抚保证其永远不会再
作乱吗？革除暴政，谨慎地选择贤能官吏，用宽容体恤的政策治理民
众，以安抚没有作乱的民众，而已经作乱的人是不能在旦夕之间就让他
们归顺的，想消弭盗贼的人一定不要轻言招抚啊！

均之抚也,祝良、张乔用之交阯而定,张纲用之广陵而盗益猖,其术同而效异者,则又有说。蛮夷之寇边鄙,进为寇而退自有其田庐之可居,姻亚乡闾之可与处,则敛戢以退①,而固不失其所,抚之斯顺矣。生中土为编氓②,一行为盗,反而无以自容,使游泳于非逆非顺之交,翱翔而终思矫翮③;抑且豢之豢之④,宠而荣之,望其悔过自惩而不萌异志,岂能得哉? 张纲者,以缓梁冀一时之祸,而不暇为国谋也,何足效哉!

【注释】

①敛戢:收敛。

②编氓:编入户籍的平民。

③矫翮:展翅,比喻施展才能。

④豢(huàn):喂养,比喻以利益为饵来引诱人为其服务。

【译文】

同样是安抚政策,祝良、张乔将其用在交阯,安定了地方,而张纲将其用在广陵,却使得盗贼更加猖獗,策略相同而成效不同,则又有其原因。蛮夷入侵边境地区,进则为贼寇,退则自己有土地、庐舍可以耕种和居住,有亲朋和乡亲仍然可以与之相处,则即使收兵退回原处,而固然不会失去安身之地,这是能够通过安抚使他们顺从的原因。如果生在中原地区,作为编入户籍的平民,一旦做了盗贼,即使想悔改也无处容身,让他们在叛逆和归顺之间游移不定,徘徊再三而最终还会选择重回叛逆的老路;通过安定他们、给他们生路,信任他们、给他们足够的地位和尊重,希望他们能悔过自新,而不再萌生叛逆的念头,难道能够做到吗? 张纲,不过是为了规避梁冀报复他的一时祸患,而无暇为国家进行长远谋划,又有什么值得效仿的呢?

桓　帝

【题解】

　　汉桓帝刘志(132—167)是汉章帝刘炟曾孙、蠡吾侯刘翼之子,原袭父爵为蠡吾侯。本初元年(146),汉质帝被梁冀毒死,刘志被梁太后和梁冀选立为帝,于146—167年在位。桓帝在位的前十三年中,外戚梁冀把持朝廷大权,桓帝形同傀儡。延熹二年(159),桓帝联合宦官单超、唐衡等人发动政变,诛灭梁氏外戚,开始亲政。他亲政期间奢侈靡费,荒淫无度,宦官获得了更大的权势,士大夫群体与宦官的矛盾激化,社会危机日益深重。后世普遍认为东汉的衰亡肇始于桓帝时期。

　　汉桓帝在位时由于国库枯竭,财用匮乏,不仅向民众加征赋税,还公然卖官鬻爵,为灵帝时更大规模的卖官鬻爵开了先河。王夫之对此予以了尖锐批评。他指出,卖官鬻爵的行为,一方面直接消泯了朝廷官职的尊贵性和正当性,造成官员录用、考核、升迁等秩序的混乱,破坏了朝廷纲纪;另一方面变相鼓励贪官污吏搜刮百姓,间接地使贪污成了合法行为,加重了人民的负担,断绝了民众生路。国纪与民生皆被破坏殆尽,必然会带来国家的灭亡。由此而言,东汉的灭亡,"祸始于桓、灵,毒溃于献帝",桓帝的倒行逆施,实在是自取灭亡之道。

　　桓帝时发生了第一次党锢之祸,以李膺、杜密、范滂为代表的党锢诸贤士不畏强暴、挺身抗争的义举在历代受到广泛推崇,但也有人认为他们的行为太过激烈，为自己招来了祸患。王夫之认为，批评党锢贤士行为激烈的观点不足取，党锢贤士的忠诚和操守也毋庸置疑，但他们的斗争策略值得商榷。他指出，忠臣匡扶国家的最佳策略是直接纠正君王的错误思想，使其改正，其次是与危害国家的祸本——"巨奸"直接展开斗争，而党锢贤士却费尽心思地与诛不胜诛的"琐琐"小人斗争，舍本攻末，未能抓住要害，因而尽管做出了牺牲，却未能取得成效。

东汉末期，国内政治糜烂不可收拾，在对外作战中却连奏凯歌，匈奴、西羌都受到东汉军队的沉重打击，然而这种军事上的胜利没能挽救东汉王朝，反而加速了其灭亡。究其原因，王夫之认为，东汉末年军事上的强盛，实际上是强弩之末，在国内政治糜烂的背景下，有才能的士大夫只能转而试图立功疆场，以此扬名避祸。但军事上的胜利刺激了士大夫及民众的好战之心，终致国内兵戈四起、军阀横行，因此"国恒以弱灭，而汉独以强亡"。更为深远的是，东汉对外作战的胜利暂时削弱了周边民族，中原内部开始自相残杀，结果中原疲散，周边民族经过蛰伏后趁机起来与中原对抗，五胡之祸由此发端。这一议论充分显示了王夫之宏阔的历史视野，值得读者思考。

一　李固两欲立清河王蒜卒与俱毙

顺帝崩，冲帝殇[②]，质帝弑[②]，李固两欲立清河王蒜而不克[③]，终与蒜而俱毙。夫固而安能必立蒜也！伊尹、周公相汤、武以取天下，位极尊，任极重，而所戴以立者太甲、成王，皆适冢宜立而无容异议者[④]；是以不顺之徒，毁室之党[⑤]，挠之而不败。若非此而俾天子之立决于一人之意旨，则此一人者，伊尹、周公所不敢任，而李固安能必也！天子之立，决于一人之意旨，以为择贤而戴之。忠者曰：吾所择者贤也。奸者亦曰：吾所择者贤也。贤无定名，随毁誉而移焉。忠奸互角,视权之轻重为凭藉,而奸者常胜。固之言曰:"以天下与人易,为天下得人难⑥。"唯天子有天下可以与人,而后人唯其所择而授之以天下;身为人臣,而可云为天下得人乎?固之言不顺矣。

【注释】

①冲帝:指刘炳(143—145),东汉第八位皇帝,汉顺帝刘保之子,母虞贵人。建康元年(144)被立为皇太子。八月,汉顺帝去世,年仅一岁的刘炳继位为帝,尊汉顺帝梁皇后为皇太后,由梁太后临朝摄政,外戚梁氏把持朝政。永惠元年(145),汉冲帝去世,年仅两岁。死后谥号孝冲皇帝,葬于怀陵。传见《后汉书·孝顺孝冲孝质帝纪》。

②质帝:指刘缵(138—146),一名刘续,东汉第九位皇帝。汉章帝刘炟玄孙,渤海孝王刘鸿之子。汉冲帝因病去世后,外戚权臣梁冀拥立刘缵为帝,承汉顺帝嗣,改元本初。刘缵因不满梁冀的飞扬跋扈,在一次朝会中,称呼梁冀为"跋扈将军",引起梁冀的忌恨,于本初元年(146)闰六月被梁冀毒死。死后谥号孝质皇帝,葬于静陵。传见《后汉书·孝顺孝冲孝质帝纪》。

③清河王蒜:指刘蒜(? —147)。汉章帝刘炟玄孙,清河恭王刘延平之子。东汉宗室、诸侯王。建康元年(144),继承清河王爵位。永惠元年(145),汉冲帝去世,太尉李固想立刘蒜为帝,但大将军梁冀与梁太后共立汉质帝,刘蒜无缘帝位,只得返回封国。本初元年(146),汉质帝被毒死,朝臣议立新帝,李固与司徒胡广、司空赵戒等都认为应立刘蒜为帝。梁冀在中常侍曹腾等劝说下决定立汉桓帝刘志。建和元年(147),刘文与刘鲔勾结谋反,欲立刘蒜为帝,结果事情败露,朝廷诛杀刘文与刘鲔。刘蒜受到牵连,被贬为尉氏侯,流放桂阳,刘蒜于是自杀而死。传见《后汉

书·章帝八王列传》。

④适冢:指身份为嫡长子。

⑤毁室:使国家破败。

⑥以天下与人易,为天下得人难:指质帝被梁冀毒死后,大臣们商议另立新帝,李固找到司徒胡广、司空赵戒,事先给梁冀书信,希望其"详择其人"。其中,谈及《传》曰:'以天下与人易,为天下得人难。'"事见《后汉书·李固列传》。

【译文】

顺帝驾崩,冲帝早早夭折,质帝被梁冀弑杀,李固两次想要立清河王刘蒜为帝而未能成功,最终与刘蒜双双毙命。在当时情况下,李固又哪里能成功立刘蒜为帝呢!伊尹、周公辅佐商汤、周武王取得天下,地位极尊贵,所承担的责任极重,而他们推戴拥立的太甲、成王,都是身为嫡长子、理应即位而令人觉得毫无异议的人;因此不顺从的人、想要败坏国家的人,虽然加以阻挠,而最终不能动摇其帝位。如果不是这样,而使拥立天子取决于一个人的意志,那么这样的一人,连伊尹、周公都不敢承担此任,而李固又怎么能必定成功呢!拥立天子,取决于一个人的意志,拥立的人认为自己是选择贤人而加以拥立。忠诚的人说:我所选择的人是贤德的人。奸佞的人也说:我所选择的人是贤德的人。贤德与否,没有固定的标准,随着人们的毁誉而改变。忠臣与奸臣相互角力,将手中掌握权力的轻重作为凭藉,而奸佞的人常常会获胜。李固说:"把天下交给别人容易,为天下选立一个合适的皇帝很难。"只有天子才拥有天下、可以交给别人,而后人只能根据他的选择,把天下授给他选择的人;作为臣子,怎么能说为天下选立合适的人呢?李固的话是不顺理的。

汉之亡也,母后、外戚、宦竖操立主之权,以持国柄而乱之;其所立者,感立己者之德而捐社稷以徇之;夫其渐积使然,岂一朝一夕之故哉？诸吕诛，惠帝子废，舍齐王而迎立代王者，周勃也。昭帝无后，昌邑废，迎立宣帝于民间者，霍光也。夫二子所择者贤，而二子无奸心，则得矣，然此岂可以为后世法哉？且勃立文帝，而帝目送之曰："鞅鞅非少主臣①。"光立宣帝，而骖乘之日，帝若芒刺。则二子危而汉以安。非然者，跋扈之言出诸口，而鸩毒已入其咽。故为人臣而以为天下得人为己任，虽伊尹、周公弗敢任焉，而况李固乎？

【注释】

①鞅鞅：因不平或不满而郁郁不乐。

【译文】

汉朝的灭亡，是由于母后、外戚、宦官掌握了拥立皇帝的大权，以此来把持国家大权而使国家混乱；他们所拥立的皇帝，感激他们拥立自己的恩德，而把社稷交出来报答他们；这是逐渐积累的结果，难道是一朝一夕造成的吗？诸吕被诛，惠帝的儿子被废，舍弃齐王而迎立代王的人，是周勃。昭帝没有子嗣，昌邑王被废，从民间迎立宣帝的人，是霍光。这两位大臣所选择的继承人很贤德，而他们两个也没有奸佞之心，则取得了成功，然而这难道足以为后世效法吗？况且周勃拥立文帝，而文帝目送他的背影说："他表现得郁郁不乐，不是能做少主臣子的人。"霍光拥立宣帝，而他作为宣帝骖乘前往太庙的时候，宣帝感到好像是芒刺在背一样。如此则他们两个人陷入危险，而汉朝得以安定。如果不是这样，则跋扈的话刚说出口，而鸩毒已经被灌入口中。所以作为臣子，却把为天下选立合适的君主作为自己的责任，这种责任即使伊尹、周公也不敢承担，何况是李固呢？

自禹以后，传子之法定①。无子而以次相继，为母后者不敢择也,为大臣者不敢择也。庶支无觊觎之心,外戚奄人无扳援之望②,则虽得之不令,而亦唯天所授,非臣子所敢以意为从违。故刘子业之凶淫③,而沈庆之有死而不敢废④。忠者无所容其忠,奸者无所容其奸,然后权臣不能操天位之取舍以与人主市。宋仁宗之立英宗⑤,高宗之立孝宗⑥,人主自择之,此则可谓为天下得人尔。先君无前定之命,嗣子无豫建之实⑦,则如杨廷和之迎兴邸⑧,顺次而无敢择焉可也。廷和行其所无事,而世宗曰:"以门生天子待朕⑨。"亦鞅鞅芒刺之谓矣。然廷和危而天下安。固欲为天下得人,而有择焉,恶足以敌梁冀之结奄人、挟母后、以雠其邪心哉?汉法不善,而固无能自审于人臣之义;固争愈力,则桓帝之感冀愈深,而冀之恶愈稔⑩。卒与蒜而俱毙也,哀哉!

【注释】

①自禹以后,传子之法定:指禹崩而以天下授益,三年之丧结束后,益让位于禹之子启,"而辟居箕山之阳"。启驾崩之后,其子太康立。事见《史记·夏本纪》。

②扳援:攀附,依附。

③刘子业(449—465):小字法师,南朝宋第六位皇帝,南北朝时期著名暴君。宋孝武帝刘骏长子,母为文穆皇后王宪嫄。元嘉三十年(453),被立为皇太子。大明八年(464),宋孝武帝去世,刘子业即位。刘子业在位时,凶残暴虐,滥杀大臣,肆行淫乱。景和元年(465),刘子业因乱伦残暴,被其叔父湘东王刘彧等人弑杀,时年十七岁。传见《宋书·前废帝本纪》。

④沈庆之(386—465):字弘先,吴兴武康(今浙江德清)人。南朝宋名将。沈庆之历仕南朝宋高祖、少帝、文帝、孝武帝、前废帝五

朝,官至侍中、太尉、车骑大将军,封始兴郡公。他作战勇猛,善于谋略,战功显赫。孝武帝临终时,以其为顾命大臣。永光元年(465),沈庆之因屡次直言进谏,触怒前废帝刘子业,被赐死,谥号忠武。传见《宋书·沈庆之列传》。

⑤宋仁宗之立英宗:据《宋史》记载,宋仁宗之子皆早亡,其兄弟亦早亡,为解决继承人问题,收养其叔父商王赵元份之孙、堂兄濮王赵允让之子赵曙为养子。仁宗死后,赵曙便以仁宗继承人身份登上皇位。

⑥高宗之立孝宗:据《宋史》记载,宋高宗本有一子,但不幸夭折,后因失去生育能力而无子。由于北宋太宗一系宗室大多在靖康之变中被杀或被俘虏,为解决继承人问题,宋高宗从民间征选宋太祖的直系后裔,最后选中六岁的赵伯琮,改名赵瑗,养育在宫中。绍兴三十年(1160)二月,赵瑗被正式立为皇子,进封为建王,改名赵玮。绍兴三十二年(1162)五月,赵玮被立为皇太子,改名为赵昚。六月,宋高宗禅位给赵昚,是为宋孝宗。

⑦豫建:预先确定。

⑧杨廷和之迎兴邸:据《明史》记载,明武宗朱厚照壮年暴卒,没有子嗣,因此张太后(明武宗的母亲)和内阁首辅杨廷和决定迎立近支的皇室、武宗的堂弟兴献王朱厚熜继承皇位,是为明世宗。兴邸,指兴献王朱厚熜。

⑨以门生天子待朕:嘉靖七年(1528),《明伦大典》修成,明世宗"诏定议礼诸臣罪",认为杨廷和"谬主濮议","自诡门生天子、定策国老",将其削职为民。事见《明史·杨廷和列传》。

⑩稔(rěn):累积,积久养成。

【译文】

从夏禹以后,君位传给儿子的规则就已经确立。如果没有儿子,就按照亲疏次序选择继承人继位,作为母后的人也不敢加以选择,作为大臣的人也不敢加以选择。庶子、支脉没有觊觎的心思，外戚、宦官没有攀附邀宠的希望，则即使拥立的人不够贤能，也只能接受上天的安排，并非臣子所敢依据自己的意志来决定依从或违背的。所以刘子业凶残淫乱，而沈庆之宁可身死也不敢废黜他。忠臣无处容纳其忠诚，奸臣无处容纳其奸佞，然后权臣就不能操纵皇位的取舍，以与君主进行交易。宋仁宗立英宗为继承人，高宗立孝宗为继承人，都是君主自己选择的，这就可以称得上是为天下选择合适的人了。前任君王没有生前指定继承人的命令，继承人没有预先被确立为储君，则像杨廷和迎立兴献王朱厚熜一样，根据亲疏次序拥立而不敢加以选择。杨廷和像没有事一样照常行事，而明世宗说："杨廷和总是把我当成他的门生来对待。"这也像文帝对周勃、宣帝对霍光的感觉一样。然而杨廷和陷入危险，而天下得以安定。李固想要为天下选出合适的君主，而自己有所选择，又怎么足以匹敌交结宦官、挟持母后、以实现他内心邪恶的想法的梁冀呢？汉代的继承之法不够完善，而李固自己不能通晓臣子的大义；李固争得越卖力，则桓帝对梁冀的感情越深，而梁冀的罪恶也累积得越多。他最终与刘蒜一起双双毙命，真是悲哀啊！

二　崔寔譬德教除残为粱肉治疾

读崔寔之《政论》^①，而世变可知矣。譬德教除残为粱肉治疾^②，申韩之绪论，仁义之蟊贼也。其后荀悦、锺繇申言之^③，而曹孟德、诸葛武侯、刘先主决行之于上，君子之道诎，刑名之术进，激于一时之诡随^④，而启百年严酷之政，亦烈矣哉！

【注释】

①崔寔(？—约170)：字元始，涿郡安平(今河北安平)人。东汉大

臣、学者。元嘉元年(151)上书朝廷,谈论当世便利之事数十条,
名为《政论》。后被拜为议郎,与各位儒学博士共同榷定"五经"。
传见《后汉书·崔寔列传》。

②德教:道德教化。除残:去除残秽。梁肉:以粱为饭,以肉为肴。
指精美的膳食。

③锺繇(151—230):字元常,颍川长社(今河南长葛)人。三国时期
曹魏著名书法家、政治家。锺繇早年历任尚书郎、黄门侍郎等
职,因助汉献帝东归有功,封东武亭侯。后被曹操委以镇守关中
的重任,功勋卓著。曹魏建立后,历任廷尉、太尉、太傅等职,累
封定陵侯。太和四年(230)去世,谥号"成"。传见《三国志·魏
书·锺繇传》。

④诡随:不顾是非而妄随人意。

【译文】

　　读崔寔的《政论》,而世道的变化就可以知道了。他将用道德教化
来去除残秽比喻为用精美的饭食治疗疾病,他所推崇的申不害、韩非的
法家学说,是危害仁义的蟊贼。其后荀悦、锺繇又进一步宣扬法家的观
点,而曹操、诸葛亮、刘备在治国中竭力推行法家政策,于是君子之道日
益衰弱,刑名之术得到重视,由于一时的不顾是非而妄随人意,而开启
了长达百年的严酷政治,危害也实在太严重啦!

　　司马温公曰:"慢则纠之以猛,残则施之以宽,宽以济
猛,猛以济宽,斯不易之常道。"是言也,出于左氏①,疑非夫
子之言也②。夫严犹可也,未闻猛之可以无伤者。相时而为
宽猛,则矫枉过正,行之不利而伤物者多矣。能审时而利用
之者,其唯圣人乎!非激于俗而眦于好恶者之所得与也③。
若夫不易之常道,而岂若此哉!

【注释】

①左氏：指《左传》。

②夫子：指孔子。

③毗(pí)：附和，受支配。

【译文】

司马光说："为政太宽大导致民众不在乎法令，则用严刑峻法来纠正；施行严刑峻法导致民众受到伤害，则改施宽大之政。应该用宽大和严猛两种手段互相补充。这是万世不变的常道。"司马光所引的这句话，出于《左传》，我怀疑并非孔子的话。为政严格尚且可以接受，没听说过施政严猛能不对民众造成伤害的。根据时势来决定施政方针是宽和还是严猛，则容易矫枉过正，施行不顺利而伤害民众的情况会很多。能审时度势而加以运用的，大概只有圣人了吧！这并不是受流俗所刺激而被个人好恶所支配的人所能够运用的。至于说不容变易的常道，难道是像这样的吗！

宽之为失，非民之害，驭吏以宽，而民之残也乃甚。汉之季世，驭委其辔①，马骀其衔②，四牡横奔③，皇路倾险者④，岂民之遽敢尔哉？外戚奄人作威福以钳天下，而任贪人于郡邑，使虔刘赤子，而民日在繁霜积雪之下，哀我惮人⑤，而何忍言猛乎！严者，治吏之经也；宽者，养民之纬也；并行不悖，而非以时为进退者也。今欲矫衰世之宽，益之以猛，琐琐之姻亚，仳仳薪薪之富人⑥，且日假威以蹙其贫弱，然而不激为盗贼也不能。犹且追咎之曰：未尝束民以猛也。憔悴之余，摧折无几矣。故严以治吏，宽以养民，无择于时而并行焉，庶得之矣。而犹未也。

【注释】

①辔(pèi)：驾驭牲口用的嚼子和缰绳。

②骀(tái)：马衔脱落。衔：马衔，连着缰绳上套在马嘴巴上的金属部分，借以控制马匹的活动。

③牡：雄性的鸟兽。此指雄性的马。

④皇路：君道，国运。

⑤惮人：劳苦的人，穷苦的人。

⑥仳仳(cǐ)蔌蔌(sù)：卑微浅陋。

【译文】

为政宽厚的失误，并非民众的祸害，驾驭官吏太过宽厚，则必然会使民众受到更残酷的压榨。汉朝末期，驾驭马车的人丢掉了马辔头，松开了马衔，四匹公马横行乱跑，君道面临倾覆的危险，难道百姓敢立即接近吗？外戚和宦官作威作福以钳制天下，而在郡县任用贪婪的人为官，让他们残害、压榨百姓，而百姓每天生活在繁霜积雪之下，可怜这些贫苦的人，又怎么能忍心谈论施行猛政呢！严，是管理官吏的原则；宽，则是蓄养民众的准则；这两者并行不悖，而并不是需要依据时势互为进退的关系。如今想要矫正衰落之世为政太宽的弊端，改行严猛的政策，则言行猥琐的亲戚，卑微浅陋的富人，将会每天狐假虎威来压迫贫弱的百姓，这样百姓不被激为盗贼是不可能的。即使这样，还要追悔说：不曾用严猛的政策约束民众。如此则民众在憔悴之余，已经被摧残得所剩无几了。所以以严来管理官吏，以宽来蓄养百姓，不需要根据时机来选择宽还是猛，而是让其同时并行，这大概可以算是找到好的治理办法了。但这还不足够。

以汉季言之，外戚奄人之族党肆行无惮，是信刑罚之所不赦也；乃诛殛以快一时之众志，阳球用之矣①，范滂、张俭尝用之矣②，卒以激乎大乱而不可止。然则德教不兴，而刑罚过峻，即以施之殃民病国之奸而势且中溃。寔乃曰："德教除残，犹以粱肉治疾。"岂知道者之言乎？上之自为正也无德，其导民也无教；宽则国敝而祸缓，猛则国竞而祸急；言治者不反诸本而治其末，言出而害气中于百年③，申、韩与王道争衡而尤胜。鄙哉寔也，其以戕贼天下无穷矣。

【注释】

① 阳球(？—179)：字方正，渔阳泉州(今天津武清)人。东汉中期官员、酷吏。在任九江太守期间，他曾逮捕了郡内的奸恶官吏，将他们全部杀死。后被朝廷征为议郎，当时中常侍王甫、曹节等人奸恶肆虐，玩弄权术，阳球发誓要惩治他们。光和二年(179)，阳球调任司隶校尉，立即逮捕王甫和太尉段颎等人，将王甫及其子王萌虐杀致死，段颎自杀。后来阳球又与司徒刘郃商议逮捕拷问张让、曹节，曹节等人知道后，一起诬告刘郃等人。结果阳球被逮捕，送进洛阳监狱，本人被处死，其妻子儿女被流放边疆。传见《后汉书·酷吏列传》。

② 范滂(137—169)：字孟博，汝南征羌(今河南漯河)人。东汉时期党人名士。早年被举荐为孝廉，曾任光禄勋主事，后被太尉黄琼征召任职，以正直清廉、不惧权贵著称。汝南太守宗资先前听说过范滂的名声，聘请他到郡府中担任功曹，把政事交给他处理。延熹九年(166)，牢修诬陷指控"党人"结党，范滂获罪被关进黄门北寺狱，后来审判结束释放回乡。建宁二年(169)汉灵帝又大批诛杀党人，范滂随即去监狱投案，英勇就义，死时三十三岁。
张俭(115—198)：字元节，山阳高平(今山东邹城)人。东汉时期名士。汉桓帝时任山阳东部督邮，张俭上书弹劾仗势作恶的宦官侯览及其家属，触怒侯览。党锢之祸起，侯览诬张俭与同郡二

十四人共为部党。朝廷下令通缉,张俭被迫流亡。官府缉拿甚急,张俭望门投止,许多人为收留他而家破人亡。直到党锢解禁他才回到了家乡。建安初年,被征为卫尉。因为曹操专权,张俭闭门不出,后在许都去世。二人传皆见《后汉书·党锢列传》。

③害气:邪气,有害之气。

【译文】

以汉末来说,外戚宦官的亲族、党羽肆无忌惮地为非作歹,对这些人确实应该施以刑罚而绝不能宽赦;但是通过杀戮这些人来满足众人一时之快,阳球就是采用这种政策,范滂、张俭也曾经用过,最终却激起了天下大乱而一发不可收拾。如此则道德教化不能兴起,而刑罚过于严峻,即使以此来惩治祸国殃民的奸臣,也会导致国势的中衰。崔寔却说:"用道德教化来去除残秽,就像是用精美的饭食治疗疾病一样。"这难道是知晓道的人所说的话吗?统治者自己施政缺乏德行,则会将民众也引导到缺乏教化的道路上去;为政宽,则国家疲敝而祸患来得比较慢,为政猛则国家内部争斗激烈,而祸患来得很快;谈论国家治理的人不从本原出发,而只关心细枝末节,一言既出,而对国家的危害持续百年,申、韩的法家学说与王道相互争衡而最终取胜。崔寔真是鄙陋啊,他给天下造成了无穷无尽的灾难。

　　且夫治病者而恃药石,为壮而有余、偶中乎外邪者言也①。然且中病而止,必资粱肉以继其后。若夫衰老羸弱而病在府藏者②,禁其粱肉而攻以药石,未有不死者也。当世之季叶,元气已渗泄而无几,是衰老羸弱之比也。而寔尚欲操砭石、捣五毒以攻其标病乎③?智如孟德,贤如武侯,而此之不审,天其欲以此时刘子遗之余民乎④!夫崔寔者,殆百草欲衰而鹖鴂为之先鸣乎⑤!

【注释】

①外邪：中医特指风、寒、暑、湿、燥、火和疫疠之气等从外侵入人体的致病因素。

②府藏：即腑脏，五脏六腑的总称。

③砭石：古代用来治病的石头。五毒：指蝎子、毒蛇、蜈蚣、蟾蜍、壁虎五种有毒性的动物，中医理论认为这些动物都可以入药，是重要的药材。

④刈：割，杀。孑(jié)遗：遗留，残存。

⑤鹈鴂(tí jué)：杜鹃鸟。

【译文】

　　况且依靠药石来治疗疾病，是针对身体健壮有余、偶然被外邪侵袭的人而言的。然而即使是这些人，病好以后，也必定依靠好的膳食来滋补，以延续疗效。至于衰老体弱而病根在五脏六腑内的，不让其食用好的膳食，而专门用药石来治疗，没有不因此而死的。在王朝的末世，元气已经泄露而所剩无几，就像衰老体弱的人一样。而崔寔却还想要操持砭石、捣碎五毒来单纯治疗病的症状吗？智慧如曹操，贤能如诸葛亮，而对此不能审视清楚，这是上天想在此时杀掉那些在战乱中残存下来的百姓吧！崔寔，大概是那种在百草将要衰落时率先鸣叫的杜鹃鸟吧！

三　张奂却羌豪金马

　　张奂却羌豪之金马①，而羌人畏服。为将者，能不受贼饵以受毙于贼者，鲜矣。岂特中国之盗贼哉？敌国之相攻，强夷之相偪，而未尝不荐贿以饵边将。故或以孤军悬处危地而磐固自安，朝廷夸其坚悍有制寇之劳，乃不知香火之誓，馈问之往还，日相酬酢②，而人莫之觉也。其事甚秘，其文饰甚密,迨其后知受其饵,欲求自拔而莫之能免。夫为将者,类非洁清自好独行之士,其能如奂之卓立以建大功者无几也,而朝廷何以制之哉? 中枢不受贿以论功,司农不后时以畜饷,天子不吝赏以酬劳,庶有瘥乎③! 唐高祖不与突厥通④,则师不可兴;石敬瑭不与契丹为缘,则反不能速。即不尔者,鬻国而贪盗贼夷狄之苴苴⑤,为武人相传之衣盋⑥,能无败亡乎?

【注释】

①张奂却羌豪之金马:据《后汉书·张奂列传》记载,张奂当初击破南匈奴、安定凉州后,东羌首领为了感激张奂招降他们的恩德,献马二十匹;先零羌首领也向张奂送来用金络制成的八件食器。于是张奂便命主管文书和办理事务的主簿召集诸羌,他当众举起酒杯,将酒倒之于地说:"使马如羊,不以入厩;使金如粟,不以入怀。"当场将羌人所献的全部金、马还给羌人。羌人深为他的清廉所感动。

②酬酢(zuò):主客互相敬酒。泛指应酬。酢,客人用酒回敬主人。

③瘥(chài):病有好转,治愈疾病。

④唐高祖不与突厥通:指唐高祖李渊起兵时,刘文静劝李渊"与突厥相结",李渊亲自写信与突厥始毕可汗联系。事见《资治通鉴·隋纪八·恭皇帝·义宁元年》。

⑤苴苴:指馈赠的礼物,引申为贿赂。

⑥衣盋(bō):即衣钵,相传的技能。盋,同"钵"。

【译文】

　　张奂拒绝羌人豪强馈赠的金器和马,而羌人对他感到敬畏和佩服。作为将领,能不受敌人的贿赂引诱而最终丧命于敌人之手的,是很少的。难道只有对中原地区的盗贼是这样吗？敌国之间相互攻击，强大夷狄势力之间相互紧逼争斗，都没有不献纳财物以引诱对方边将的。所以有些人率领孤军孤零零地处在危险地域而能像磐石一样稳固安全，朝廷夸赞其坚固强悍，有制伏敌寇的功劳，却不知道边将与敌人之间，以香火缔结盟誓，相互馈赠慰问，每天相互应酬，而其他人不能察觉。这种事情做得很机密，掩饰工作也做得很细致，等到后来朝廷知道边将已被地方贿赂，想要自拔也不能幸免了。做将领的人，大体都不是洁身自好、特立独行的士人，其中能够像张奂这样卓越不凡、建立大功的没有几个，而朝廷又如何制御他们呢？如果中枢在评定将领功劳时不收受贿赂，司农能够及时向军队供应粮饷补给，天子不吝惜赏赐以酬答将领的功劳，差不多会使情况好一些吧！唐高祖李渊如果不与突厥串通，则不能起兵反隋；石敬瑭如果不与契丹建立君臣关系，则他起兵反后唐的速度不可能那么快。即使不这样，出卖国家利益而贪图盗贼和夷狄馈赠的财物，逐渐成为武将相传的衣钵，这样国家能不败亡吗？

四　崔琦上梁冀外戚策

子曰："不可与言而与言，失言①。"谓夫疑可与言而固不可者也。故其咎也，失言而已，未足以栽及其身②。若夫虎方咥而持其爪③，蛇方螫而禁其齿，非至愚者不为。然而崔琦献箴干梁冀之怒④，乃曰："将军欲使马鹿易形乎⑤？"其自贻死也，更谁咎哉！

【注释】

①不可与言而与言，失言：语出《论语·卫灵公》："子曰：'可与言而不与之言，失人；不可与言而与之言，失言。知者不失人，亦不失言。'"意思是不可以同别人谈的话，却同他谈，这就是说错了话。

②裁(zāi)：同"灾"。带来祸患。

③咥：咬。

④崔琦：字子玮，涿郡安平（今河北安平）人。年轻时曾在京师游学，以文章博通著名。外戚梁冀听说崔琦有才华，要求与他交为朋友。梁冀多行不法，崔琦多次引用古今成败事劝诚他，梁冀不能接受，崔琦于是作《外戚箴》《白鹄赋》劝他。梁冀看到后不悦，召崔琦问话，崔琦直言讽刺，梁冀于是令刺客暗杀他。刺客不忍下手，崔琦得以逃走，但后来终究被梁冀逮捕杀死。传见《后汉书·文苑列传》。

⑤马鹿易形：即指鹿为马。据《史记·秦始皇本纪》记载，赵高想要为乱，恐群臣不听，就先行试验。于是他将鹿献于二世并说是马，二世笑曰："丞相误邪？谓鹿为马。"询问左右大臣，而"左右或默，或言马以阿顺赵高"。

【译文】

　　孔子说："不可以同别人谈的话，却同他谈，这就是说错了话。"这就是说自己认为可以与某些人谈话，而实际上对方本来就不是能谈话的对象。所以其过错，只是失言而已，不足以给自身带来祸患。至于老虎正要咬人而握住它的爪子，蛇正要咬人而去顶它的牙齿，除了最愚蠢的人，没谁能做地出来。然而崔琦向梁冀献《外戚箴》，惹得梁冀大怒，却说："将军你是想要指鹿为马吗？"这是他自寻死路，又能怪得了谁呢！

　　夫冀仰不知有天，上不知有君，旁不知有四海之人，内不知有己，弑君专杀，鸢肩虎视而亡赖①，是可箴也，是虎可持之无咥、蛇可禁之无螫也。琦果有忠愤之心，暴扬于庭，而与之俱碎，汉廷犹有人焉。而以责备贤者之微词，施之狂狡，何为者也！冀之为冀，如此而已矣。藉其为王莽与，则延琦而进之，与温言而诱使忠己，琦且为扬雄、刘歆，身全而陷恶益深矣。故若冀辈者，弗能诛之，望望然而去之可尔②。以身殉言，而无益于救，且不足以为忠直也，则谓之至愚也奚辞？

【注释】

①鸢（yuān）肩：指两肩上耸，像鸱鸟栖止时的样子。虎视：如老虎般极为凶猛的注视。亡赖：即无赖，指品行不良、蛮横放荡的人。

②望望：失望的样子。

【译文】

梁冀仰不知有天，上不知有君王，旁不知有四海之内的人，内不知有自己，弑杀君王、专擅生杀大权，他两肩上耸，像鸱鸟栖止时的样子，如老虎般极为凶猛地注视外界，而又品行不端、蛮横放荡，如果他可以被规谏，那么老虎也可以被禁止而不去咬人、蛇也可以被禁止而不去咬人。崔琦如果真的有忠诚义愤之心，可以将梁冀的罪恶在朝廷上暴露、传扬，而与其同归于尽，则汉朝廷中还算得上有人。而崔琦却把责备贤者的微词，用到梁冀这样狂妄狡猾的家伙身上，又有什么用！梁冀之所以为梁冀，就是如此而已。如果他是王莽的话，则延揽崔琦而对其加以任用，用温和的言谈诱使崔琦忠于自己，则崔琦将成为扬雄、刘歆那样的人，自身得以保全而越来越深地陷入罪恶之中。所以像梁冀这样的人，如果不能杀掉他，就失望地离去是可以的。用生命来为自己的言论殉葬，而对挽救时局无所帮助，且不足以称得上中正正直，那么称其为愚蠢至极，能算是夸大其词吗？

五　桓帝倚单超等诛梁冀

桓帝之诛梁冀也，一具瑗制之①，而如擒鼠于瓮。冀，亡赖子耳,诛之也其易如此;然而举国无人,帝不得已,就唐衡而问中人②。李固、杜乔死③,君孤立于上,以听狂童之骄横④。若胡广之俦⑤,固不足道,乃举国而无深识定力之士,亦至此哉!

【注释】

①具瑗:魏郡元城(今河北大名)人。东汉宦官。桓帝时任中常侍,与宦官单超、左悺、徐璜、唐衡合谋帮助桓帝诛灭外戚梁冀,因功封东武阳侯。他和左悺等骄横贪暴,兄弟亲戚都为州郡刺史、太守,侵夺人民。后被司隶校尉韩演弹劾,贬为都乡侯。卒于家。传见《后汉书·宦者列传》。

②唐衡(? —164):颍川郾县(今河南郾城)人。东汉宦官。桓帝时为小黄门史,帮助桓帝秘密联络宦官单超、左悺、具瑗、徐璜等人,与其合谋诛灭外戚梁冀,因功封汝阳侯。唐衡封侯后贪暴不法,颇受诟病。传见《后汉书·宦者列传》。

③杜乔(? —147):字叔荣,河内林虑(今河南林州)人。东汉时期名臣,与李固齐名。年轻时受司徒杨震征辟,历任南郡太守、东海国相、侍中等职,曾奉命与七使巡行天下,弹劾不法。回京后,杜乔接连担任太子太傅、大司农、光禄勋,多次上疏弹劾外戚梁冀及其亲信,受到梁冀的忌恨。建和元年(147),杜乔升任太尉,旋即受宦官及梁冀诬陷,下狱而死。传见《后汉书·杜乔列传》。

④狂童:狂妄少年。也指狂悖作乱的人。典出《诗经·郑风·褰裳》:"狂童之狂也且。"孔颖达疏:"狂童,谓狂顽之童稚。"

⑤胡广(91—172):字伯始,南郡华容(今湖北监利)人。东汉时期大臣、学者。历任尚书郎、汝南太守、大司农、司徒、太尉等职,因拥立汉桓帝有功,获封安乐乡侯。汉灵帝继位后,拜司徒、录尚书事。陈蕃遇害后,接任太傅。胡广博学多闻,曾作《百官箴》四

十八篇,又在选举上主张"选举人才,无拘定制"。但他性格圆滑,柔媚宦官,以奉行中庸之道著称,京师为其作谚语道:"万事不理问伯始,天下中庸有胡公。"传见《后汉书·胡广列传》。

【译文】

桓帝诛杀梁冀,靠一个具瑗就制服了他,就好像在瓮里面抓老鼠一样容易。梁冀不过是个无赖罢了,诛杀他如此容易;然而举国无人可用,桓帝不得已,只好向唐衡询问哪些宦官可用。李固、杜乔死后,桓帝孤立在朝堂上,只能听任梁冀这个狂妄小子做出骄横不法的行为。像胡广这类的人,本来就不足为道,但整个国家都没有具有深远见识、坚定意志的士人,竟然到了如此地步!

　　呜呼!刘瑾之诛也,非张永不能;魏忠贤之诛也,发其恶者一国子生而已①。岂尽其威劫之乎?悬利以熏士大夫之心,而如霜原之草,藉藉佗佗而无生气②,国不亡也何恃哉!《易》曰:"藏器于身,待时而动③。"故乘高墉以射隼,而无不获。诚笃其忠贞乎,奚待单超等之锄冀④,而后扬王庭以呼号也!能勿愧焉否也?

【注释】

①魏忠贤之诛也,发其恶者一国子生而已:据《明史》记载,天启七年(1627)秋八月,熹宗朱由校驾崩,崇祯帝朱由检即位。崇祯帝素知魏忠贤的罪恶,深加戒备,魏忠贤的党羽开始恐惧。一些官员开始尝试上书弹劾魏忠贤,但崇祯帝隐而不发。此时嘉兴贡生钱嘉征上书弹劾魏忠贤十大罪:一与皇帝并列,二蔑视皇后,三搬弄兵权,四无二祖列宗,五克削藩王封爵,六目无圣人,七滥加爵赏,八掩盖边功,九剥削百姓,十交通关节。奏疏呈上后,崇

祯帝召见魏忠贤,让内官读给他听。魏忠贤非常恐惧。十一月,崇祯帝便将魏忠贤发往凤阳安置,魏忠贤在途中自杀。国子生,国子监贡生。

②藉藉佗佗:雍容自得的样子,此指庸庸碌碌的样子。

③藏器于身,待时而动:语出《周易·系辞下》:"君子藏器于身,待时而动。"意思是怀有卓越的才能或超群的技艺,不到处炫耀,耐心等待施展的时机。

④单超(?—160):河南(今属河南)人。东汉宦官,桓帝初为中常侍,与宦官徐璜、具瑗、唐衡等五人共谋诛灭外戚梁冀兄弟,五人同日封侯,故称"五侯"。单超以功封新丰侯。后被桓帝拜为车骑将军,不久病卒。传见《后汉书·宦者列传》。

【译文】

唉!诛杀刘瑾,如果没有张永的参与就不能成功;诛杀魏忠贤时,出来揭发魏忠贤罪过的,不过是一介国子监贡生而已。难道刘瑾、魏忠贤这些权阉都是靠淫威恐吓朝臣的吗?他们也用厚利来引诱士大夫,而这些士大夫就像霜原上的草一样,庸碌懦弱而没有生气,国家不灭亡又能依靠谁呢!《周易》中说:"君子怀有卓越的才能或超群的技艺,不到处炫耀,耐心等待施展的时机。"所以借着高墙的便利射击恶隼,没有不成功射中的。如果士大夫们都能尽到自己的忠贞之责,又哪里需要单超等人来诛灭梁冀,而后又使其在朝廷上呼号放肆呢!士大夫们能不为此感到惭愧吗?

六　桓帝用陈蕃荐征五处士又征安阳魏桓并不出

徐稚、姜肱、袁闳、韦著、李昙、魏桓①,征而不至,非忘世也,知乱之未讫也。桓之言曰:"后宫千数,其可损乎?厩马万匹,其可减乎?左右权豪,其可去乎?"此知本之论也。

【注释】

①姜肱：字伯淮，彭城广戚（今山东微山）人。东汉隐士，出身世家名族，博通"五经"，兼明星纬，一生不肯做官。传见《后汉书·姜肱列传》。韦著：字休明，扶风平陵（今陕西咸阳）人。东汉名士。早年不应征辟，以隐士自居。汉灵帝即位后，被中常侍曹节强征为东海相。韦著为政威严，专任刑法，被人弹劾，后来又曝出他的妻子骄恣乱政，导致他的名声大损。后来他返回家乡，被奸人杀害，隐士们都以他为耻。其事见于《后汉书·韦彪列传》。李昙：字子云，颍川（今河南许昌）人。东汉著名隐士，与徐孺子等并列为"五处士"之一，曾被尚书令陈蕃等人推荐给皇帝，但李昙推辞不受征辟。其事见于《后汉书·徐稚列传》。魏桓：字仲英，安阳（今河南安阳）人。汉桓帝时期隐士。桓帝时屡被征召，乡人劝行，他却认为干禄求进，目的在行其志。当时权豪当道，奢侈腐败，任官无益，遂隐身不仕。其事见于《后汉书·周燮列传》。

【译文】

徐稚、姜肱、袁闳、韦著、李昙、魏桓，被桓帝征辟而不应召，并非是忘记了尘世，而是知道天下的乱局尚未结束。魏桓说："后宫妃嫔宫女数千人，其数量能减少吗？御马厩中有上万匹马，其数量能减少吗？君王左右的那些权臣，能让君王疏远他们吗？"这是了解根本的言论。

梁冀之横也，人知病冀而已矣，冀诛而天下遂若沉疴之去体①。黄琼为太尉，陈蕃为尚书令，范滂按察冀州，无知者想望新政②。呜呼！冀之生死，乌足系汉之存亡哉！冀之诛，殆痎疟之得汗而解也③。伏邪在桓帝之膏肓，而内竖之以鸩而攻砒也④，天下无能知者。琼与蕃且不知，而况蚩蚩之望影以对语者乎⑤！以桓帝为君，而汉无可复为之理势，其本挠，其末乍正而倾愈疾。故权奸之殛⑥，非必国之福也。况乎帝之诛冀，为邓香之妻报其登屋之怒⑦，而非以其贪浊枉杀之凶于而国哉！

【注释】

①沉疴：久治不愈的病。

②想望：希望，企求。

③痎(jiē)疟：疟疾。

④以鸩而攻砒：即以毒易毒、以毒攻毒。鸩毒和砒霜皆为毒药。

⑤蚩蚩：纷扰无知的样子。

⑥殛：杀死。

⑦为邓香之妻报其登屋之怒：据《后汉书·梁冀列传》记载，汉桓帝的皇后邓猛是邓香与其妻子宣的女儿，后来宣改嫁给梁冀妻子孙寿的舅舅梁纪。孙寿见邓猛漂亮，便将其送入宫中。后来邓猛果然得到桓帝宠幸，被封为贵人。梁冀便想让邓猛改姓梁，以便巩固梁氏的权位。担心邓猛的姐夫邴尊阻挠，梁冀就派刺客刺杀了邴尊，刺客又去刺杀宣，但在登上宣的邻居宦官袁赦家屋顶时被发现，袁赦击鼓示警，刺杀失败。宣立即进宫秉明桓帝，桓帝大怒，于是开始联络宦官，谋划杀死梁冀。

【译文】

梁冀骄横不法，人们都只知道把国家衰败归咎于梁冀，梁冀被诛杀而天下就像久病初愈一样。黄琼做太尉，陈蕃任尚书令，范滂巡察冀州，无知的人都期盼他们能推行新政。唉！梁冀的生死，又哪里足以关系到汉朝的生死存亡呢！梁冀被诛杀，大概就像疟疾在出汗以后得到缓解一样。病邪在桓帝的膏肓之中，宦官取代了梁冀，就像以毒易毒，天下没有能够知道的。黄琼与陈蕃尚且不知道，何况是那些纷扰无知、捕风捉影的人呢！以桓帝为君王，而汉没有能够再复兴的道理和态势，其本弯曲了，则其末再正也只会导致整体更加倾斜歪曲。所以权臣被杀，不一定是国家的福分。何况桓帝诛杀梁冀，是为了替邓香的妻子报被梁氏刺客登屋欲刺杀的仇，而不是因为他贪婪污浊、枉杀无辜而危害国家呢！

　　然则陈蕃之荐五处士为不知时而妄动乎①？曰：此未可以责蕃也。蕃既立乎其位矣，苟可以为焉，则庶几于一当，植正人于君侧，君其有悛心乎②！亦臣子不容已之情也。然而固不能也。故五子者，爱道以全身，斯可尚也。

【注释】

①陈蕃之荐五处士：据《后汉书》记载，延熹二年（159），尚书令陈蕃上疏举荐五处士，即豫章徐稚、彭城姜肱、汝南袁闳、京兆韦著和颍川李昙。桓帝以安车、玄𬘩备礼征辟他们，但五人均未接受征辟。

②悛心：悔改之心。

【译文】

　　如此则陈蕃荐五位处士是不知时而轻举妄动的行为吗？回答是：不能以此来责备陈蕃。因为陈蕃既然已经处在尚书令的位置上，如果可以有所作为，则趁着合适的机会，在君王身边安插正直的人，君王或许会产生悔改之心。这也是做臣子的不容推辞的义务。然而这件事本来就不可能成功。所以五位隐士，热爱道而保全自身，这是值得崇尚的。

七　卖官未有不亡

　　乱政不一，至于卖官而未有不亡者也，国纪尽，民之生理亦尽也。古之天子虽极尊也，而与公侯卿大夫士受秩于天者均。故车服礼秩有所增加，而无所殊异。天子之独备者，大裘、玉辂、八佾、宫县而已①；其余且下而与大夫士同，昭其为一体也。故贵士大夫以自贵，尊士大夫以自尊，统士大夫而上有同于天子，重天之秩，而国纪以昭。秦、汉以下，卿士大夫车服礼秩绝于天子矣，而犹不使之绝也。举之以行，进之以言，叙之以功，时复有束帛安车之征②，访之以道。上下有其大辨，君子小人有其大闲③，以为居此位者，非其人而不可觊，抑且使天下徼幸之徒望崖而返④。卿大夫士且有巍然不可扳跻之等⑤，临其上以为天子者，其峻如天而莫之敢陵。卖官之令行，则富者探囊而得，狡者称贷以营，旦市井而夕庙堂。然则天子者，亦何不可以意计营求于天而倖获之也？而立国之纪，埽地而无余。

【注释】

①大裘：古代天子祀天时所着之礼裘，由黑色羊皮制成，无纹饰以示质朴。玉辂(lù)：古代帝王所乘之车，以玉为饰。八佾(yì)：古代天子用的一种乐舞规格，纵横都是八人，共六十四人。佾，舞列。宫县：古代钟、磬等乐器悬挂在架上，其形制因用乐者身份地位不同而有别。帝王悬挂四面，象征宫室四面的墙壁，故名"宫县"。

②束帛安车之征：指汉武帝时赵绾、王臧请求天子，"欲立明堂以朝诸侯"。然而他们力所不及，于是就推荐其师申公。于是"天子使使束帛加璧安车驷马迎申公"，弟子二人乘着轻便马车跟随。事见《史记·儒林列传》。束帛：帛五匹为一束，作为聘问、婚丧、相馈赠的礼品。安车：指有座位的两轮车。

③大闲：基本的行为准则。

④望崖而返：语出《庄子·山木》："君其涉于江而浮于海，望之而不见其崖，愈往而不知其所穷，送君者皆自崖而反，君自此远矣。"意思是送人到河岸边，所送之人乘舟而去，在水上已望不到河岸，所以送行的人也都从河岸返回。比喻知难而返或者适时回返。崖，河岸。

⑤扳跻：攀登。

【译文】

乱政的表现形式不一而足，但到了卖官的地步，则没有不灭亡的，国家的纲纪被败坏殆尽，百姓也就难以生存下去。古代的天子虽然极为尊贵，但他们与公侯卿大夫士一样接受上天的秩序。所以天子的车马、服饰、礼仪品级虽然有所增加，但与公卿士大夫没有特别不同的地方。天子所独自具备的，只有大裘、玉辂、八佾、宫县而已；其余的东西都与大夫士相同，以此昭示君臣一体。所以让士大夫尊贵就是让天子自己尊贵，尊崇士大夫就是尊崇天子自己，统合士大夫而其上与天子有所同之处，重视上天的秩序，而国家纲纪就足以昭显。秦、汉以后，卿士大夫的车马、服饰、礼仪待遇与天子已经相当不同，但仍然存在千丝万缕的联系。依据士人的行迹来举荐他们，根据其言论来任用他们，根据其为官功绩来评定他们的次序，而天子也时常会用束帛、安车来征辟士人，向他们访求治理之道。君臣上下有其大的区别，士人和平民各有其行为准则，认为凡居于此位的人，不是合适的人就不能觊觎，这将会使得天下心怀侥幸的人知难而返。卿大夫士之间尚且有巍然高耸、不可攀登的等级秩序，那么居于其上做天子的，其高峻像天一样，而没有人敢加以冒犯或觊觎。而一旦卖官政策施行，则富裕的人得到官位就好像探囊取物一样容易，狡猾的人则靠借贷来买得官职，白天还居住在市井之中，而傍晚就登上了庙堂。如此则即使天子之位，又为什么不可以图谋钻营以祈求于上天来侥幸获得呢？而立国的纲纪，由此也就被废弃殆尽了。

古之诏禄，下逮于府史胥徒而皆浃①，曰以代耕。民耕以养吏，而上制之。上敛民以养吏，而民不怨；吏知己之养一出于民，而不敢复渔猎于民。且士唯其不谋利而贫也，是以贵；而既得所养矣，抑谋其丧祭冠昏之资，而士以安。故以天子而养士，不以士养天子；天子制民之财以养士，而士不求养于民。彼之揭金粟以奉一人之欲，非其义也。且非徒邀其荣也，失之于天子，而得之于民，贾道行而希三倍之利②，上弗能禁焉。且贪人之取偿于倍利者，禁之杀之而终不厌。纵千百贾于郡邑，以取偿于贫弱，民之生理不尽者，亡有也。国无纪，民无生，黠者逾垣而冀非望③，弱者泣隅而幸灾祸，故曰国未有不亡者也。

【注释】

①浃：整个的，整体的。

②贾道：做买卖之道。

③逾垣：跳越短墙。比喻不合礼法，逾越礼义。

【译文】

古代天子给予官员的俸禄，向下一直到属吏、衙役之类的小官，都是视为整体的，称之为代耕。百姓耕种土地以供养官吏，而由天子统一管理。天子从百姓那里收取赋税以供养官吏，而百姓不会怨恨；官吏知道供养自己的费用出自百姓，而不敢再对百姓加以剥削压榨。况且士人正是因为不谋私利而贫困，才能得到尊重；士人既然已经得到百姓的供养，又谋求得到了其丧葬、祭祀、冠礼、婚礼所需的费用，而士人的心得以安定。所以由天子来养士，而不以士来养天子；天子收取百姓的财富以养士，而士不求自己被百姓供养。如果官吏搜刮金钱粮食以满足一人的欲望，是不符合为官大义的。况且花钱买官的人并不仅仅为了获得荣耀,他们在天子手里买官所花的钱,就要从民众那里搜刮回来,奉行的是唯利是图的商贾之道,希望获得三倍的利润,天子不能禁止这种行为。况且贪婪的人,为了获取成倍的利润,即使禁止他们、诛杀他们,他们也终究不会厌倦追逐利润。卖官就是将千百个商贾派到了各个郡县里去,他们从贫苦弱小的百姓那里获取补偿,百姓的生路不断绝,是不可能的。国家没有纲纪,百姓没有生路,狡黠的人将会不惜触犯礼法来满足非分的期望,弱者则会在角落里哭泣,而对国家遭遇灾难感到幸灾乐祸,所以说,像这种情况,国家没有不灭亡的。

祸始于桓、灵,毒溃于献帝,日甚日滋,求如前汉之末,王莽篡而人思汉,不可复得矣。石虎、高洋之国贫而用汰①,不屑也;唐僖宗之猥贱②,宋徽宗之骄奢,皇甫镈、裴垍之牟利③,蔡京、贾似道之戕法④,不屑也;孰其继桓、灵而自亡者也!

【注释】

①高洋(529—559):字子进,渤海蓨县(今河北景县)人。南北朝时期北齐开国皇帝。东魏丞相高欢次子。东魏孝静帝武定七年(549),其长兄高澄遇刺身亡,高洋遂趁机继续执掌朝政,被魏帝封为丞相、齐王。武定八年(550),高洋迫东魏孝静帝禅位,遂登基称帝,改国号为齐,史称北齐。高洋在位初期,励精图治,重用杨愔等相才,肃清吏治;屡次击败柔然、突厥、契丹,出击萧梁,拓地至淮南。但他执政后期以功业自矜,纵欲酗酒,残暴滥杀,大兴土木,赏费无度,最终饮酒过度而暴毙。传见《北齐书·文宣帝纪》。汰:奢侈。

②唐僖宗(862—888):即李儇,初名李俨,唐懿宗李漼第五子,母惠

安皇后王氏。唐朝第十八位皇帝,873—888年在位。唐僖宗在位期间,宦官把持朝政,藩镇日益骄横,朝廷权威日渐衰落。百姓生活极为困苦,终于爆发了黄巢起义,起义军攻入长安,唐僖宗仓皇逃往四川避难。后来起义军被镇压,僖宗返回长安,又遭遇藩镇劫持,天子权威扫地。传见新、旧《唐书·僖宗本纪》。

③皇甫镈(bó):泾州临泾(今甘肃镇原)人。唐代大臣。唐德宗时曾为监察御史,后升迁为户部侍郎。唐宪宗即位后,着力征讨藩镇,急于用度,他为迎合皇帝而勾剥严急,克扣将士粮饷和牲畜草料,专事供奉。由此被宪宗提拔为宰相,仍主管度支,又荐方士,为宪宗制"长生药",以求宠信。元和十五年(820)宪宗服药致死,皇甫镈被贬为崖州司户参军。后卒于贬所。传见新、旧《唐书·皇甫镈列传》。裴垍(jì,？—810):字弘中,绛州闻喜(今山西闻喜)人。唐德宗时宰相。裴垍为相以后,奏请将天下留州送使钱,改由省估征收。同时规定观察使或节度使,只征收所在州的赋税作为公费开支,如不足,才可征收所辖支郡。此举减轻了百姓的负担。传见新、旧《唐书·裴垍列传》。

④骫(wěi)法:枉法。

【译文】

祸患开始于桓帝、灵帝时期,而流毒在献帝时期达到了极严重的地步,一天比一天更甚,想要像西汉末年那样,王莽篡位而天下人心思念汉朝,不可能再做到了。石虎、高洋统治的国家贫困,而他们的用度很奢侈,尚且不屑卖官;唐僖宗猥琐卑贱,宋徽宗骄奢淫逸,皇甫镈、裴垍一心牟利,蔡京、贾似道贪赃枉法,也都不屑于卖官;又有谁继承桓帝、灵帝卖官的做法而自取灭亡呢!

八　中人监军自冯绲之请始

中人监军,自冯绲之请始也①。夫绲亦恶知蚁穴之决而泛滥迄于千载乎？绲之请也，以将帅出师，宦官多陷以折耗军资，而诬抵乎罪；使与焉，则以钳其口，而无辞以相倾。然未几而绲竟以军还盗复起免官。则其为此也，何救于祸？而徒决裂防闲②，使内竖操阃外之权，鱼朝恩、童贯、卢受、张彝宪③，小以败而大以亡，绲之贻害烈矣哉！

【注释】

①冯绲(？—167)：字鸿卿，巴郡宕渠(今四川渠县)人。东汉大臣、将领。幽州刺史冯焕之子，早年因帮助父亲洗罪而闻名。建康元年(144)，以御史中丞持节、都督扬州诸军事，与滕抚共同击破扬州盗贼。后调任陇西太守、辽东太守，在辽东时招纳鲜卑。延熹五年(162)，被拜为车骑将军，率军大破武陵蛮夷，纳降十余万人，平定荆州。当时，朝廷派遣的将帅，常被宦官诬赖折耗军资而获罪。冯绲害怕被宦官们中伤，于是上疏请求让宦官监军，以自避嫌疑。但不久还是受宦官诬陷而被罢免。传见《后汉书·冯绲列传》。

②决裂：毁坏，败坏。防闲：防备，禁止。

③卢受：明代宦官。明神宗时任司礼监掌印太监，掌管东厂，纵容下属到处横行。张彝宪：明朝末年宦官。崇祯四年(1631)受命钩校户、工二部出入。九年(1636)，又奉命守备南京。传见《明史·宦官列传》。

【译文】

宦官监军，是从冯绲请求设置宦官监军开始的。冯绲又怎么能知道这就像河堤上的蚁穴最终使得河水泛滥一样，流毒于后世长达千年呢？冯绲这样请求，是因为当时将帅出征，宦官多以损耗军资的罪名诬陷他们，并以此治他们的罪；如果让宦官也参与征讨，则可以堵住他们的嘴,而使他们没有言辞来诬陷将帅。然而不久冯绲竟因为军队班师以后盗贼又一次兴起作乱而被免官。则他这么做,对于躲避灾祸又有什么帮助呢? 而且还白白地破坏了对宦官的防备,使宦官得以把持军权,鱼朝恩、童贯、卢受、张彝宪这些受命领军的宦官,小则导致战败,大则导致国家灭亡,冯绲给后世带来的危害真是太严重啦!

汉至此已无可为矣,无往而非宦官之挟持也。南北军之唯其颐指,所仅存者疆场之军政,皇甫规、张奂几伸几诎于宦官之手①,而犹自行其权藉于师中,绲更引而受之以利器;蹇硕之为八校尉魁也②,熟尝其肯綮③,而取必于人主以威中外,循故事以行之而逌然矣④。

【注释】

①皇甫规(104—174):字威明,安定朝那(今宁夏彭阳)人。东汉时期名将。皇甫规出身将门世家,熟习兵法。曾任太山太守,成功平定叔孙无忌起义。后历任中郎将、度辽将军等职,多次击破、降服羌人,并缓和汉羌矛盾,与张奂、段颍合称"凉州三明",官至护羌校尉。传见《后汉书·皇甫规列传》。诎:屈服。

②蹇硕(?—189):东汉末宦官。中平五年(188),汉灵帝以蹇硕壮健而有武略,对其特别信任,任命为西园军元帅,领导袁绍、曹操等八校尉,以监督司隶校尉以下诸官。中平六年(189),灵帝在病重时将汉献帝刘协托付给蹇硕。灵帝去世后,蹇硕意欲诛杀外戚何进,但消息泄露,反被何进诛杀。其事见于《后汉书·何进列传》。

③肯綮(qìng):筋骨结合的地方,比喻关键之处。

④逌(yóu)然:闲适自得的样子。

【译文】

汉朝至此已经没有什么可作为的了，无论做什么事都会受到宦官的挟持。京城的南北军都只听从宦官的指挥，所仅存的不受宦官控制的就是战场上的军队事务，皇甫规、张奂虽然在宦官手中几起几落，但仍然能够在军队中行使自己的权力，冯绲却把宦官引入军中而授给他们大权；蹇硕作为西园八校尉的首领，对于军队事务的关键很熟悉，能够假借君主的权力而在军队内外树立自己的威势，遵循以往的惯例而闲适自得地控制着军队。

夫汉事不可为矣，竭其忠贞，继之以死，亦何惧于谤谮①。不然，引身而退耳。防之愈密，纵之愈甚，业已假监军之权，而生死成败且唯其意旨，他日者，忠臣元老欲去之而不得。绲胡弗思，而惧祸之情长，以倒行至是乎！推祸原而定罪首，绲不得辞矣。

【注释】

①谤谮：诽谤。

【译文】

汉朝的事情已经不能有所作为了，臣子如果要竭尽其忠贞，不惜以死抗争，那又怎么还会怕被诽谤。如果不是这样，就抽身而退好了。对于宦官的构陷防范得越严密，对其放纵就越严重，既然已经把监军的权力给了他们，那么军队的生死成败都取决于宦官的意志，等到有朝一日，元老忠臣即使想除去宦官的监军之权也做不到了。冯绲没有深谋远虑，而惧怕祸患的感情太重，以至于倒行逆施到这个地步！如果要追根溯源，确定罪魁祸首，那么冯绲必定无法推卸罪首的责任。

九　汉末兵强

汉之末造^①，必亡之势也，而兵强天下。张奂、皇甫规、段颎皆奋起自命为虎臣，北虏、西羌斩馘至百万级^②，穷山搜谷，殄灭几无遗种，强莫尚矣。乃以习于战而人有愤盈之志，不数十年，矢石交集于中原，其几先动于此乎！

【注释】

①末造：末世。

②馘（guó）：割下的左耳。古代战争中割取敌人的左耳以计数献功。

【译文】

汉代的末期，是必将灭亡的态势，而军队却在天下异常强盛。张奂、皇甫规、段颎都奋起率兵作战，自命为勇武的虎臣，北方的匈奴等蛮族、西方的羌人被他们歼灭上百万，他们将山谷搜索穷尽，将敌人消灭得几乎没有残余，没有比这更强大的了。但是因为这些军队熟悉战斗而人人有极度愤恨的想法，没过数十年，中原就爆发了连绵的战争，其开端差不多是在这时候造成的吧！

桓、灵之世，士大夫而欲有为，不能也。君必不可匡者也；朝廷之法纪，必不可正者也；郡县之贪虐，必不可问者也。士大夫而欲有为，唯拥兵以戮力于边徼；其次则驱芟盗贼于中原^①；名以振，功以不可掩，人情以归往，暗主权阉抑资之以安居而肆志。故虽或忌之，或谮之，而终不能陷之于重辟^②。于是天下知唯此为功名之径而祸之所及者鲜也，士大夫乐习之,凡民亦竞尚之,于是而盗日起,兵日兴,究且瓜分鼎峙,以成乎袁、曹、孙、刘之世。故国恒以弱丧,而汉以强亡。

【注释】

①驱芟(shān):驱除。

②重辟:极刑,死罪。

【译文】

　　桓帝、灵帝时期,士大夫想要有所作为是不可能的。君王的过失,士大夫不能匡正;朝廷的法纪,也必定不能使之端正;郡县官吏的贪婪残酷,也必定不能过问、追究。士大夫想要有所作为,只能率领军队在边境为朝廷效力;其次则是在中原地区驱除盗贼;这样可以使自己的名声大振,功劳也不能被掩盖,世人的情感也都归向于他,昏君和掌权的宦官也要利用他们来过上安定的生活,从而肆意妄为。所以即使有人忌妒他们,有人诬陷、诋毁他们,而终究不能使他们被处以极刑。于是天下都知道只有从军可以作为立功名的途径,而且这样做很少会惹来灾祸,所以士大夫们都乐意学习军事,而普通百姓也竞相崇尚从军立功,于是盗贼日益兴起,战争日渐频繁,最终各路军阀瓜分天下、相互对峙,形成了袁绍、曹操、孙权、刘备等势力并存、相互争战的局面。所以国家总是因为军队衰弱而灭亡,而唯独汉朝因为军队强盛而灭亡。

　　夫羌、虏之于汉末,其害已浅矣,驱之迫之,蹙而杀之,而生类几绝。非以纾边疆之急,拯生民之危,扶社稷于不倾,而薙艾之若此其酷①。人长乐杀之气,无虏可杀而自相为杀。自相杀,则自相敝矣;自相敝,则仅存之丑类,徐起而乘之;故垂百年,三国兵息,而五胡之祸起。佳兵不祥②,遂举旷古以来富强卓立之中夏趋于弱，而日畏犬羊之噬搏③。汉末之强，强之婪尾而姑一快焉者④，论世者之所深悲也。

【注释】

①薙(tì)艾：剪除，杀戮。

②佳兵不祥：语出《老子》第三十一章："夫佳兵者，不祥之器。"意思是再好的用兵都是不吉利的。

③噬搏：咬啮搏击。喻残害。

④婪(lán)尾：酒巡至末座。比喻最后，末尾。

【译文】

在汉末，西羌、北虏的危害已经很小了，汉朝军队却驱赶、逼迫他们，使他们走投无路，而加以诛杀，从而使其种群几乎灭绝。并非是为了纾解边疆的危机，拯救处在危难中的百姓，匡扶社稷使其不至于倾倒，却对少数民族施以如此残酷的杀戮。这使得人人都滋长了好杀的习气，没有少数民族可杀以后，就自相残杀。自相残杀，则必然导致自己衰弱；自己衰弱了，则在之前杀戮中幸存的少数民族，将慢慢地起来，趁机报仇；所以百年以后，三国的战争平息，而五胡乱华的灾祸开始了。再好的用兵都是不吉利的，于是自古以来富强卓越的华夏政权趋于衰弱，甚至到了每天害怕狗羊残害的地步。汉末军队的强大，已经是强弩之末，只是姑且求得一时之快罢了，谈论世道的人对此是深感悲哀的。

一〇　仇香知不孝之陈元可化

仇香不致陈元不孝之罚①，感而化之，香盖知元之可化而不骤加之罚也；非尽人之不孝者皆可以化元之道化之也。天下有道，生养遂，风俗醇，无不顺之子弟。非其恻隐之性笃而羞恶之心不可泯也，人率其子弟之常，而己独逆焉，则无以自容于乡闾②。乃天下而无道矣,羞恶之心不泯以亡者不数数矣③。仇香曰:"吾过元舍,庐落整顿,耕耘以时,此非恶人。"元不孝,而于此奚取焉? 取其欲自铮铮于乡闾,而羞恶之心有存焉者也。

【注释】

①仇香不致陈元不孝之罚:据《后汉书·循吏列传》记载,仇香任蒲亭长期间,重视以道德感化民众。当时蒲亭有个叫陈元的人,与母亲居住,可是他的母亲到仇香处控告陈元不孝。仇香吃惊地说:"我近日经过你们家,看到房屋很整齐,田地按时耕耘,这个人不是恶人,应当是没有受到教育感化罢了,你作为母亲,守寡养育孤儿,自己受苦,又接近年老,怎么能因一时发泄愤怒,把不讲道义之名送给儿子呢?"这位母亲听了很感动、很后悔,流着泪离开。仇香就亲自到陈元家,和他们母子饮酒,乘机向陈元讲述人伦孝敬的行为,用祸福之类的话使他自己领会,陈元终于成为孝子。仇香,本名仇览,字季智,陈留考城(今河南兰考)人。东汉循吏。四十岁时,县召补吏,选为蒲亭长。仇览能以德化人,被考城令王涣署为考城县主簿。后入太学学习,学毕归乡里,州郡并请,皆以疾辞。传见《后汉书·循吏列传》。

②乡闾:乡亲,乡里。

③不数数:寥寥无几。

【译文】

仇香不以不孝的罪名处罚陈元,而是感化他,大概仇香是知道陈元可以被感化,所以不对他马上加以惩罚;并不是所有不孝的人都可以用感化陈元的办法来感化的。天下有道,生养子女顺利,风俗淳朴,没有不孝顺的子弟。并非是因为每个人的恻隐之心都很强烈,而且羞恶之心不可以泯灭,而是每个人都要以自己的行为为自己的子女做表率,而如果唯独自己违背孝道，则自己没办法被父老乡亲所容忍。可是如果天下无道，羞恶之心不泯灭的人是寥寥无几的。仇香说："我经过陈元家，看到房屋很整齐，田地按时耕耘，可见这个人不是恶人。"陈元不孝，从这里又能看到什么呢？可以看到陈元想做一个胜过乡里其他人的人，所以可以知道他的羞恶之心还保存着。

　　夫孝者，人之性也，仁之所繇发也。舍其不忍之真，而求之于羞恶，亦已末矣。虽然，苟其有羞恶之心，则戢其狂愚，徐俟天良之复，而恻隐亦旋以生。惰四支①，昵妻子，侵以自偷，于是而生人之气乃绝。故《易》曰："小人不耻不仁②。"仁不仁，岂耻不耻之能辨存亡者哉！荼然而甘于猥贱③，愤然而生其悍戾，不见不仁之可耻，而后天性终迷以不复。故人之无良，莫甚于有胸无心而不自摄者也，而后教化之道穷。

【注释】

①四支：四肢。支，通"肢"。

②小人不耻不仁：语出《周易·系辞传下》："子曰：'小人不耻不仁，不畏不义，不见利不劝，不威不惩。小惩而大诫，此小人之福也。'"意思是小人不以不仁为耻辱。

③荼(nié)然：疲惫不振的样子。

【译文】

孝，是人的天性，仁也是由此而生发出来的。抛弃其不忍不孝的真诚恻隐之心，而利用羞恶之心来求得人们行孝道，已经是末流了。虽然如此，只要一个人还有羞恶之心，则制止他的狂妄愚昧，慢慢等待他的天良恢复，而恻隐之心也就随即产生了。四肢懒惰，只亲昵妻子儿女，日以沉溺于苟且生活，于是生人的气息就断绝了。所以《周易》中说：

"小人不以不仁为羞耻。"仁还是不仁，难道是用羞耻还是不羞耻来衡量其存在与否的吗！精神萎靡而甘于猥琐卑贱，因愤怒而产生骄悍之气，看不到不仁的可耻之处，然后天性最终迷失而不能恢复。所以，人的不良，没有比有胸无心而不自我控制更严重的了，这样教化的途径就穷尽了。

　　仇香知此矣，以其无惰心也，知其有耻；以其有恒度也，知其不迷；急取其羞恶之心而重用之，以徐俟恻隐之生焉，故元终以孝闻。虽有圣人，不能如无耻心者何也。弑父与君，皆介然蹶起①，忘乱贼之名为可恶者也。惰四支，昵妻子，势穷而逆施。故先王之德教，非不如香，而设不孝之诛，无如此无耻者何也。杀之而已矣。

【注释】

①介然：坚定执着的样子。蹶起：疾起。

【译文】

　　仇香知晓这一点，所以因为陈元没有懒惰之心，知道他还懂得羞耻；因为他行事有常度，知道他的天良尚未迷失；所以迅速地取回他的羞恶之心而着重加以利用，以慢慢等待他恻隐之心的产生，所以陈元最终以孝闻名。即使有圣人，也对无耻的人无可奈何。弑杀父亲与君王的，都是坚定地迅速起来作恶，而忘却了乱贼的名声是非常值得厌恶的人。四肢懒惰，只亲昵妻子儿女，情势困窘而必然倒行逆施。所以先王的德教，并非不如仇香，他们设置不孝的死罪，是因为对无耻的人无可奈何。所以只有杀掉他们了。

一一　桓帝诛中常侍侯览等宦官益张

　　巨奸之蠹国殃民而自伏其法，不足以为大快，于国之存亡无当也。左悺自杀^①，具瑗贬，侯览黜^②，非桓帝之能诛之，非杨秉之能取必于桓帝而诛之^③，罪已逾涯^④，自灭焉耳矣。三凶去而宦官之势益张，党锢之狱且起^⑤，曾何救于汉之危亡哉！

【注释】

①左悺(？—165)：河南平阴(今河南孟津东)人。东汉宦官。桓帝时为小黄门史，与宦官具瑗、单超、徐璜、唐衡合谋帮助桓帝诛灭外戚梁冀，因功封上蔡侯。他和具瑗等骄横贪暴，兄弟亲戚都为州郡刺史、太守，侵夺人民。后被司隶校尉韩演弹劾而自杀。传见《后汉书·宦者列传》。

②侯览(？—172)：山阳防东(今山东单县东北)人。东汉宦官。汉桓帝初年任中常侍，因诛梁冀有功，进封高乡侯，后迁为长乐太仆。任官期间，专横跋扈，贪婪放纵，还掠夺妇女，肆虐百姓。督邮张俭籍没其资财。侯览为了报复，诬张俭与长乐少府李膺、太仆杜密等为党人，造成历史上有名的党锢之祸，先后被杀被流放者三百余人，被囚禁者六七百人。熹平元年(172)，有关部门举报侯览专权骄奢，汉灵帝下诏收其印绶，他随即自杀身亡。传见《后汉书·宦者列传》。

③杨秉(92—165)：字叔节，弘农华阴(今陕西华阴)人。东汉中期名臣，杨震之子。杨秉四十多岁时，才接受司空征辟，历任豫、荆、徐、兖四州刺史，以廉洁著称。汉桓帝即位后，杨秉因通晓《尚书》而被征入朝，先后任侍中、尚书、光禄大夫等职。后因直言救白马县令李云而被罚至左校劳作，后得赦免，再次被朝廷征召为太常。延熹五年(162)升任太尉，与司空周景一同弹劾具瑗、侯览等宦官及其亲属的不法行为，使其受到了惩处。传见《后汉书·杨秉列传》。

④逾涯：超过界限。

⑤党锢之狱：指东汉桓帝、灵帝时，士大夫对宦官乱政的现象不满，
与宦官发生党争，最终被宦官残酷镇压、以"党人"罪名禁锢终身
的事件。前后共发生过两次。两次党锢之狱使得反宦官的士大
夫集团受到了严重打击。当时的言论以及日后的史学家多同情
士大夫一党，并认为党锢之狱伤害汉朝根本，为黄巾之乱和汉朝
的最终灭亡埋下伏笔。

【译文】

巨奸祸国殃民而自行伏法，不足以作为大快人心的事，对于国家的
存亡也没有什么影响。左悺自杀，具瑗被贬斥，侯览被罢黜，并非桓帝
能惩罚他们，也不是杨秉能够从桓帝那里得到权力来惩治他们，而是他
们的罪行已经超越界限，所以自取灭亡罢了。左悺等三个元凶或死或
罢，而宦官的势力日益扩张，党锢之狱将要兴起，则惩治左悺等人又何
曾挽救得了汉朝的危亡呢！

外戚灭，宦官兴，大臣无事焉，天子欲行其意以诛僭
偪①，而大臣不与，宦官除君侧之奸，事已显著，而后摘其罪
以请诛，未有倾心而听者。故曰："人不足与适也，唯大人为
能格君心之非②。"能之者，有以能之者也。无坚识定力为天
子除患，则虽日陈尧、舜之道，而固视之如梦呓。汉之大臣
道不足，而与宦竖争存亡，亦晚矣。快一时之人情，去三凶
而若拔牛之一毛，不救其亡，固矣。

【注释】

①僭偪：超越本分而胁迫君上。

②人不足与适也，唯大人为能格君心之非：语出《孟子·离娄上》：

"人不足与适也，政不足间也，唯大人为能格君心之非。"意思是
人事不值得过于指责，只有君子才能够纠正国君内心的错误。
适，通"谪"，过错，指责。

【译文】

外戚被诛灭，宦官兴起，大臣无所作为，天子想要贯彻自己的意志
而惩罚超越本分、胁迫君上的人，而大臣却不参与这件事，宦官清除君
王身边之人的奸计，事情已经很明显，然后大臣才上疏揭发这些奸贼的
罪过，当然没有倾心听从他们意见的人了。所以说："人事不值得过于
指责，只有君子才能够纠正国君内心的错误。"所谓能纠正，是指有能力
来纠正。如果没有坚定的见识和毅力来为天子去除祸患，则即使每天
向天子灌输尧、舜之道，而天子也会将其视为无济于事的梦话。汉代的
大臣之道不足，而要与宦官争生死存亡，也已经晚了。去除三元凶虽然
能使人们高兴一阵子，但就像拔去牛身上的一根毛一样，不足以挽救国
家的危亡，这是可以肯定的。

一二　荀爽策出后宫采女为探本之论

桓、灵之世，君道渐灭①，而臣之谏之也呕，探本以立论
者，唯荀爽乎②！当其时，荼毒生民而椓杙正气者③，无如宦
官之甚。乃宦官之于人主，亦何亲而过信之？且其声音笑
貌之无可悦者，夫人而知厌恶之矣，而人主昵之，若乳子之
依母也，何故？非艳妻哲妇之居间，则宦官之不敌士大夫久
矣。内宠盛而后宦官兴，密迩于宫闱④，而相倚以重；溺君于
晏寝⑤，而视听以衰。付诏令刑赏之权于宦官，而床第之欢
始得晏闲于娱乐。非然，则声音、采色、肥甘、轻暖⑥，人主自
可给其欲，而何藉此嚬笑可憎之刑人为邪⑦？爽之对策，直
斥而切言之，女谒远，奄权自失矣。故曰探本立论也。

【注释】

①澌灭:消失干净。

②荀爽(128—190):一名谞,字慈明,颖川颖阴(今河南许昌)人。东汉末年大臣、经学家。荀爽出身于世家大族,汉桓帝在位时曾被太常赵典举为至孝,拜郎中,上疏请求桓帝裁减宫女和嫔妃数量,节省财用,不久弃官离去。为了躲避第二次党锢之祸,隐遁汉滨达十余年,专心著述,先后著《礼》《易传》《诗传》等,号为"硕儒"。董卓专权时,强征荀爽为官,拜为司空。荀爽见董卓残暴,便暗中与司徒王允等谋除董卓。但在举事前,荀爽便于初平元年(190)病逝。传见《后汉书·荀爽列传》。

③椓杙(zhuó yì):本义指捶钉木桩,比喻摧残、打击。

④密迩:接近。

⑤晏寝:晚睡,此指耽于女色。

⑥肥甘:滋味鲜美的食物。

⑦顣:同"蹙",皱眉。

【译文】

桓帝、灵帝时期,君王无道,而臣下对他们的规谏也过于急切,能够抓住根本而提出意见的,大概只有荀爽了吧!当时,荼毒百姓而摧残正气的,没有比宦官更严重的了。可是宦官对于君主来说,又有什么值得亲近并且予以信任的呢?况且宦官的音容笑貌没有什么令人愉悦之处,人人都知道厌恶他们,而君主却亲近他们,就好像吃奶的孩子依赖母亲一样,这是什么缘故呢?如果没有君王的后妃居于皇帝和宦官之间牵线搭桥,那么宦官早就敌不过士大夫了。君王对于后妃非常宠幸,然后宦官势力才能兴起,宦官与后妃在宫闱之中相互接近,相互倚重;使君王沉溺于女色之中,而眼睛看不见、耳朵听不见其他事情,完全被蒙蔽。于是君王将诏令刑赏的权力交付给宦官,这样自己才能够有时间沉浸在床笫之欢中,肆意享乐。如果不是这样,则听什么音乐,看什

么颜色,吃什么食物,穿什么衣服,君主都可以自行满足自己的欲望,何
必要依靠一颦一笑都令人厌恶的宦官呢?荀爽的对策,直截了当而非
常恳切,后妃被疏远,则宦官的权力自然也会丧失。所以说荀爽的话是
抓住了根本而发出的议论。

一三　党锢诸贤诛奸邪舍本攻末

　　党锢诸贤,或曰忠以忘身,大节也;或曰激以召祸,畸行
也①。言畸行者,奖容容之福以堕士气②。言大节者,较为长
矣,而犹非定论也。

【注释】

①畸行:超俗的、非凡的行为。

②容容:随众附和。

【译文】

对于诸位党锢贤人,有人说他们是忠诚而不顾自身安危,这是有大
节的表现;有人说他们太过激进而招来了祸患,其行为是超凡拔俗的偏
激行为。说他们言行偏激拔俗的,是在鼓励老好人的和事老态度,会使士
人的气节沦丧。说他们有大节的人,相对比较有道理,但仍然不是定论。

　　人臣捐身以事主,苟有裨于社稷,死之无可辟矣①。暗
主不庸②,谗臣交构,无所裨于社稷,而捐身以犯难,亦自靖
之忧也。虽然,太上者,直纠君心之非而拂之以正;其次视
大权之所倒持,巨奸之为祸本,而不与之俱生,犹忠臣之效
也。然一奸去而一奸兴,莫之胜击也。若夫琐琐之小人,
凭藉权奸而售其恶者,不胜诛也,不足诛也。君志移,权奸
去,则屏息以潜伏而萧条窜匿③,亦恶用多杀以伤和哉!然

其流毒于天下,取恶于士大夫,则琐琐者易激人怒而使不平;贤者知之,则以为不胜诛、不足诛者也。乃诸贤之无所择而怒,无所恤而过用其刑杀,但与此曹争胜负,不已细乎!

【注释】

①辟:同"避"。

②庸:任用。

③萧条:消沉,寥落。

【译文】

臣子舍弃自身而事奉君王,只要对社稷有好处,即使冒着死的危险也不应回避。如果不能被昏君任用,还被奸臣纷纷进谗言陷害,对于社稷不能有所补益,而以身犯险,也是为自己志向献身的热忱表现。虽然如此,最重要的,是直接纠正君王内心的过失而使其归于正途;其次则是审视大权被谁把持,谁是祸害国家根源的大奸臣,而与其势不两立,这仍是忠臣为国家和君王效劳的方式。然而一个奸臣被罢退,而另一个奸臣就会兴起,难以消灭干净。至于猥琐的小人,依附权奸而作恶的人,是没法诛杀干净的,也不值得一一诛杀。君王回心转意,权奸被除掉,则这些攀附他们的人就会屏息潜伏下来,或是四处逃亡藏匿,又哪里用得着对他们多加杀戮以伤害宽和之道呢!然而这些人的流毒遍及天下,被士大夫所厌恶,而且他们这些猥琐的行为也容易激起人的愤怒而使人心中不平;贤能的人了解这一点,所以认为他们是杀不光、也不值得杀的。可是诸位党锢贤士不加选择地发怒,过度地使用刑罚杀戮的手段而不加体恤,只顾与这些人争胜负,难道不是格局太小了吗!

李膺、杜密①,天子之大臣也,匡君之邪而不屈其节也。

膺尝输作左校矣②，非以击大奸而刑，所击者一无藉之羊元群而已③。既已诎于时而被罔，则悔向之攻末而忘本，以争皇极之安倾，夫岂无道焉？所与伉直之流搏杀以快斯须者，一野王令张朔耳，富贾张汜耳，小黄门赵津耳，下邳令徐宣耳，妄人张成耳④，是何足预社稷之安危，而愤盈以与仇杀者邪！侯览也，张让也⑤，蟠踞于桓帝之肘腋，而无能一言相及也。杀人者死，而诛及全家；大辟有时，而随案即杀；赦自上颁，而杀人赦后；若此之为，倒授巨奸以反噬之名，而卒莫能以片语只词扬王庭以祛祸本。然则诸君子与奸人争兴废，而非为君与社稷捐躯命以争存亡乎！击奸之力弱，而一鼓之气易衰，其不敌凶慝而身与国俱毙⑥，无他，舍本攻末而细已甚也。

【注释】

①李膺（110—169）：字元礼，颍川襄城（今河南襄城）人。东汉时期名士、官员。李膺最初被举为孝廉，又被司徒胡广征辟，历任青州刺史、蜀郡太守、乌桓校尉、度辽将军等职，为官功绩卓著，声威远播。后入朝为河南尹，因检举不法之徒，被诬陷免官，因应奉上疏援救被赦免，又升任司隶校尉，使众宦官感到畏惧。"党锢之祸"时，李膺遭到迫害下狱，后被赦免回乡。陈蕃、窦武图谋诛杀宦官时，起用李膺为永乐少府，二人遇害后，再次被免职。建宁二年（169），第二次"党锢之祸"爆发，李膺主动自首，被拷打而死，终年六十岁。传见《后汉书·李膺列传》。杜密（？—169）：字周甫，颍川阳城（今河南登封）人。东汉时期名臣。被司徒胡广征召任职，历任代郡太守、太山太守、尚书令、河南尹、太仆等职。党锢之祸发生后，他被罢免官职回到老家，并同李膺一

　　块获罪,而且他们的名气和品行相近,所以当时人称他们为"李
　　杜"。后来太傅陈蕃辅佐朝政,杜密再次出任太仆。第二年,他
　　因为党锢事件而被惩治,于是自杀。传见《后汉书·杜密列传》。

②输作左校:被发配到左校服苦役。左校,汉代官署名,是将作大
　　匠的下属机构,主要负责京师工程劳作。

③羊元群:桓帝时宛陵的大族。他从北海郡罢官回家,将为官时所
　　贪污的财物也用车装载了带回家。李膺上表想要治他的罪,羊
　　元群贿赂了宦官,李膺反被判诬告罪,发配到左校服苦役。事见
　　《后汉书·党锢列传》。

④"一野"五句:张朔是野王县令,依仗其兄宦官张让的权势,横行
　　霸道,贪婪残暴,杀害怀孕妇女,李膺任司隶校尉时,有人向他告
　　发了张朔的严重罪行,李膺立即将其逮捕归案。富商张汎是汉
　　桓帝贵人的亲戚,靠贿赂宦官谋得官位,他贪赃枉法,被南阳太
　　守成瑨收捕。张汎与其宗族宾客二百余人,后被功曹岑晊所杀。
　　赵津是桓帝宫中的小黄门,横行不法,被时任郡吏的王允逮捕处
　　死。徐宣是宦官徐璜的侄子,时任下邳令,他强抢汝南太守李嵩
　　的女儿,并将其折磨致死,东海相黄浮接到举报后怒不可遏,把
　　徐宣全家老少全部逮来细加拷问,最终处死了徐宣,并把尸体放
　　在闹市上示众,东海郡的百姓无不拍手称快。张成是一个术士,
　　依附宦官做其党羽。他在大赦前故意指使其子杀人,时任河南
　　尹的李膺在大赦后依然按律法处决其子。最后张成弟子牢修诬
　　告李膺,引发了第一次党锢之祸。

⑤张让(? —189):颖川(今河南禹州)人。东汉宦官。桓帝、灵帝
　　时,历任小黄门、中常侍等职,封列侯。他以搜刮暴敛、骄纵贪婪
　　见称,灵帝对其极为宠信,常称"张常侍是我公"。中平六年
　　(189),何进谋诛宦官,事情泄露,张让和其余几个常侍设伏杀
　　何进。袁绍、袁术等人听说何进被杀,入宫杀尽宦官,张让走投

无路,投水自尽。传见《后汉书·宦者列传》。

⑥凶憝(duì):凶恶。

【译文】

李膺、杜密,都是天子的大臣,他们匡正君主的邪恶而不屈臣子的气节。李膺曾经被罚到左校服劳役,但并不是因为攻击大奸臣而获罪,他所攻击的不过是一个无赖的羊元群而已。既然已经被冤枉而遭受惩罚,则对以前只攻击细枝末节而忘记根本的行为进行反思,从而为王朝的安危展开斗争,这难道没有道理吗?他与那些正直的大臣一起,诛杀奸臣以逞一时之快,他们所杀的,不过一个野王令张朔,一个富商张汜,一个小黄门赵津,一个下邳令徐宣,一个狂妄术士张成罢了,这样又怎么足以影响到社稷的安危,他们却嫉妒愤怒而与这些人相互仇杀!侯览、张让这些人,盘踞在桓帝的身边,党锢诸贤士却没有一句话涉及这些人。杀人者应该被处死,却杀了杀人者全家;死刑自有固定的执行时间,却随案件进展而立即诛杀犯人;大赦的命令是皇帝颁布的,却在大赦以后处决犯人;像这些行为,只会反过来授给大奸臣反咬一口的名义,而最终不能靠自己的只言片语在朝廷上宣扬,以除去罪魁祸首。如此则党锢诸贤人是在与奸佞的人争兴废,而不是为君王与社稷舍弃生命来争夺生死存亡!攻击奸臣的力量太弱,而一鼓作气所积累的志气容易衰退,他们不能敌过凶恶的奸贼,而自身与国家一起灭亡,这没有别的原因,只是他们舍本攻末而格局太小而已。

直击严嵩①,而椒山之死以正②;专劾魏阉③,而应山之死以光④;党锢诸贤,其不得与二君子颉颃焉,无他,岑晊、张俭之流有以累之也与⑤!

【注释】

①严嵩(1480—1567):字惟中,号介溪,分宜(今江西分宜)人。明

朝著名权相。他积极迎合明世宗崇道斋醮、追求长生的欲望,依靠撰写青词获得明世宗青睐,逐步被委以重任,于六十三岁时拜相入阁,从此专擅专国政达二十年之久。《明史》将严嵩列为明代六奸臣之一,称其"唯一意媚上,窃权罔利"。后来,他失去明世宗信任,被言官弹劾,被没收家产,削官还乡,寄食于墓舍,两年后病卒。传见《明史·严嵩列传》。

②椒山:指杨继盛(1516—1555)。字仲芳,号椒山,直隶容城(今河北容城)人。明朝中期著名谏臣。嘉靖三十二年(1553),上疏弹劾严嵩"五奸十大罪",遭诬陷下狱。在狱中备经拷打,最终嘉靖三十四年(1555)遇害,年四十。明穆宗即位后,以杨继盛为直谏诸臣之首,追赠太常少卿,谥号"忠愍"。传见《明史·杨继盛列传》。

③魏阉:指魏忠贤。

④应山:指杨涟。

⑤岑晊:字公孝,南阳棘阳(今河南新野)人。其父岑像为南郡太守,因贪污而被处死。岑晊因此被视为非良家子,但他聪颖好学,得到了乡里名士的认同。后被南阳太守成瑨征辟。当时富贾张汎犯法,岑晊劝成瑨将其收捕,不久遇到大赦,岑晊竟还是诛杀了张汎,并杀其宗族宾客二百多人。于是中常侍侯览指使张汎之妻上书讼冤,桓帝大为震怒,将成瑨下狱处死。岑晊逃亡,藏匿于齐鲁之间。后来被赦免,又遭遇党锢之祸,再次逃窜,最终在江夏病逝。传见《后汉书·岑晊列传》。

【译文】

直接攻击、弹劾严嵩,杨继盛死得光明正大;专注弹劾魏忠贤,杨涟死得光荣;诸位党锢贤士,不能与这两位君子相提并论,没有其他的原因,只是因为岑晊、张俭这样的人拖累了他们!

灵 帝

【题解】

汉灵帝刘宏(156—189)是汉章帝刘炟的玄孙,其父解渎亭侯刘苌早逝,年幼的刘宏袭父爵为解渎亭侯。永康元年(167),汉桓帝刘志驾崩,身后无子,刘宏被临朝听政的窦太后与其父窦武选为皇位继承人,于建宁元年(168)正月即位。刘宏在位二十二年间,亲小人、远贤臣,委政于宦官,听任其打压士人、鱼肉百姓,还巧立名目搜刮钱财以供享乐,终于导致了黄巾起义的爆发。东汉政府虽勉强扑灭了起义,但军阀割据、东汉政权名存实亡的局面已不可挽回。

张角借助"太平道"来组织黄巾起义,这种以佛教、道教分支为名号组织起义力量的事例在其后的农民起义史中屡见不鲜。古代专制社会中许多人据此认为,佛、道二教实为祸国殃民的罪魁祸首。王夫之并不认同这一观点。他认为,与直接被利用的佛、道二教相比,两汉儒学中对谶纬和灾异的宣扬才是更为根本的致乱之源。两汉谶纬灾异之说上动天子、下鼓士人学者,背离了儒学正道,扰乱了国家教化治理的根本方略,佛、道二教不过是应和这种学说罢了。纵观全书,王夫之始终旗帜鲜明地批判和反对谶纬、灾异之说,坚持反玄倡实的唯物主义思想。

汉灵帝喜爱文学,专门设立鸿都门学以招引擅长文赋和其他艺术的人士,乐松等人由此得以显达。蔡邕反对灵帝的做法,认为文赋是不足道亦不足取的雕虫小技。对此，王夫之指出，文赋虽然存在雅俗相杂、华而不实的问题，但其陶冶性情、荡涤志气的作用也是不容否定的，历代士人皆从事文赋创作，蔡邕自己也不例外，不应对文赋本身予以否定。但唐宋以来，文赋成为科举的重要内容，与选拔人才挂钩，则造成了士人趋向浮华、不注重自身修养和经义学习的弊病，从这个角度说，蔡邕反对以文赋取士也有其合理性。王夫之认为，科举取士应追求华实兼茂，王安石对科举内容的改革就是一次不错的尝试。

一 窦武策立灵帝

桓帝淫于色，而继嗣不立，汉之大事，孰有切于此者！窦武任社稷之重，陈蕃以番番元老佐之①，而不谋及此。桓帝崩，大位未定，乃就刘儵而问宗室之贤者②，何其晚也！况天位之重，元后之德，岂区区一刘儵寡昧之识片言可决邪？持建置天子之大权，唯其意以为取舍，得则为霍光，失则为梁冀矣。武以光之不学、冀之不轨者为道，社稷几何而不危，欲自免于赤族之祸③，讵将能乎哉！

【注释】

①番番：头发全白的样子，比喻年高资深。

②刘儵(tiáo)：河间(今河北河间)人。东汉大臣。永康元年(167)十二月，汉桓帝死于德阳前殿，窦皇后执掌政权，与其父城门校尉窦武商议立新帝。窦武召见当时为侍御史的刘儵，问以国中宗室之贤者，刘儵建议立十二岁的解渎亭侯刘宏。于是窦武与窦后决定立刘宏为帝，任命刘儵为光禄大夫，并派他与中常侍曹节率中黄门、虎贲、羽林千人，持节奉迎刘宏进京为帝。事见《后汉书·灵帝纪》。

③赤族:诛灭全族。

【译文】

　　桓帝沉迷于女色,而没有确立继承人,汉朝的大事,有比这更迫切的吗!窦武肩负社稷的重任,陈蕃以资深元老的身份辅佐他,却没有考虑到这一点。桓帝驾崩后,皇位的归属没有确定,窦武才向刘儵咨询宗室之中的贤者,真是太晚了!何况以皇位的重要性,天子的道德品行,难道可以根据区区一个孤陋寡闻、昏庸愚昧的刘儵的只言片语来决定吗?窦武掌握着立天子的大权,完全根据自己的意志进行取舍,成功了会像霍光一样,失败了则会像梁冀一样。窦武以霍光的不学无术、梁冀的心怀不轨为参照,江山社稷又怎么能不危险呢?窦武想要使自己免于被灭族的危险,难道能办得到吗!

　　武也,一城门校尉也①,非受托孤之命如霍光之于武帝也。所凭藉以唯意而立君者太后耳。宫闱外戚之祸,梁氏之覆车不远,宦官安得不挟以为名哉?夫武也,既不能及桓帝之时谏帝以立储之大义;抑不于帝崩之后,集廷臣于朝堂,辨昭穆、别亲疏、序长幼、审贤否,以与大臣公听上天之命。儵以为贤而贤之,武谓可立而立之,天子之尊,若其分田圃以授亚旅而使治②。则立之唯己,废之唯己,朱瑀恶得不大呼曰③:"武将废帝为大逆。"而灵帝能弗信哉?汉之亡也,亡于置君,而置君者先族,武不蚤死,吾不保其终也。获诛奄之名,以使天下冤之,犹武之幸也夫!

【注释】

　　①城门校尉:官名。汉代设置,秩比二千石。掌管京师城门屯兵。窦武曾任此职。

②亚旅:指兄弟及众子弟。

③朱瑀(? —132):东汉宦官。灵帝时任长乐五官史。建宁元年(168),外戚窦武和太傅陈蕃决议铲除以曹节、王甫为首的宦官集团,并借此举为党锢事件中的士人翻案。他们抓获了长乐尚书郑飒,想以郑飒为缺口追查曹、王的罪责。当时奏章是由长乐官处理的,典中书宦官发现了窦武等人参奏郑飒的文书,里面牵扯了许多长乐官的属官,于是就将这件事告诉了朱瑀。朱瑀看到奏折后大怒,痛恨窦武意欲株连自己,大呼:"陈蕃、窦武奏白太后废帝,为大逆!"于是当夜召集长乐从官史共普、张亮等十七人,与曹节、王甫等人联合劫持了汉灵帝和窦太后,以诏书的名义宣布窦武等人谋反,将参与事件的人全部处死。此后朱瑀以"保驾功"封侯。数年后病死。其事见于《后汉书·窦武列传》。

【译文】

窦武,不过是一个城门校尉罢了,并不是像霍光从汉武帝那里领受了托孤大任一样被委以托孤重任。他能凭自己意志选立皇帝,所凭借的不过是窦太后的支持罢了。后妃外戚的祸患,梁氏外戚的前车之鉴过去没多久,宦官又怎么会不借此名义来发难呢? 窦武既不能在桓帝还活着的时候用早立储君的大义劝谏桓帝,也不能在桓帝驾崩以后,在朝堂上召集群臣,辨析候选继承者的昭穆、亲疏次序,依据长幼顺序,审视其是否贤能,与大臣一起听从上天的命令来确立天子。刘儵认为桓帝贤能他就贤能,窦武认为桓帝可以立就立他为皇帝,天子之位多么尊贵,窦武他们却像是把田圃分给众兄弟及其子弟让他们各自耕种一样草率地处置。如此则立皇帝只凭自己的意志,废皇帝也只凭自己的意志,朱瑀怎么能不大声呼叫说:"窦武将要做出废皇帝的大逆不道的举动。"而灵帝又怎么能不相信呢? 汉朝的灭亡,亡于立君主,而拥立君主的人总是先被灭族,窦武如果不早死,我不能保证他获得善终。窦武得到了诛杀宦官的名声,从而使天下人为他感到冤屈,这也还算的上是窦武的幸运了!

二 卢植说窦武辞侯封

忠直有识之言,亦无难听也;庸主具臣不能听,毁而家亡而国也①,谁其哀之?窦武以椒房之亲②,任立君之事,踵梁冀之所为,虽心行之无邪与梁冀异,而所为者亦与冀奚别?录定策功,封闻喜侯,灵帝亦按冀之故事而以施之武。卢植说之曰③:"同宗相后,披图按牒,以次建之,何勋之有?宜辞大赏以全身名。"斯亦皎然如白日之光,昆虫皆喻于昏旦;而武不能用,悲夫,其自取覆亡也!

【注释】

①而:同"尔"。

②椒房:西汉皇后居住的宫殿,泛指后妃的居处,后来也用以指代后妃。

③卢植(?—192):字子干,涿郡涿县(今河北涿州)人。东汉末年大臣、经学家。卢植早年师从太尉陈球、大儒马融等学者。曾先后担任九江、庐江太守,平定蛮族叛乱。黄巾起义时为北中郎将,率军与张角交战,后被诬陷下狱,皇甫嵩平定黄巾后力救卢植,于是得以复任为尚书。后因上书劝谏激怒董卓而被免官,隐居在上谷军都山,曾被袁绍请为军师。后与马日磾、蔡邕等一起在东观校勘儒学经典书籍,并参与续写《汉记》。初平三年(192)去世。传见《后汉书·卢植列传》。

【译文】

忠诚正直而有见识的话,也并不难听;但是昏庸的君王、尸位素餐的大臣却不能听从,最终使得其家族毁灭、国家灭亡,又有谁会可怜他们呢?窦武以外戚身份,做出拥立君主的事情,效仿梁冀的所作所为,虽然心中没有邪念这一点与梁冀不同,但他的所作所为又与梁冀有什么区别呢? 记录他的定策之功,封他为闻喜侯,灵帝也是按照封赏梁冀的旧例来封赏窦武的。卢植劝窦武说:"灵帝既然是同宗之后裔,是按照图谱、玉牒,依顺序被拥立的,你又有什么功勋呢? 应该推辞这一大的封赏来保全自己的性命和名声。"这话就像白天的太阳那样光明皎洁,连昆虫都能分辨白天夜晚;而窦武却不能采纳这句话,他自取灭亡,真是悲哀啊!

　　夫欲秉国均、匡社稷、诛宦竖、肃官常也①,岂不侯而不足以立功? 即庸臣之私利计之,荣其身、泽其子孙,抑岂今日不侯,而终掩抑其大勋,贻子孙以贫贱哉? 则卢植之说,引而上之,可以跻善世不伐之龙德②;推而下之,亦计功谋利者之勿迫求于一旦而致倾仆之善术也③。而武不能,且欲引陈蕃以受无名之赏。蕃固知其不可受也,惜乎不知武之不足与共为社稷之臣也!

【注释】

①国均:国家政务的权柄。均,同"钧",制陶器模子下面的圆盘,引申为权柄。

②龙德:圣人之德。

③倾仆:跌倒,比喻受挫。

【译文】

　　想要秉持国家大权、匡扶社稷、诛灭宦官、整肃官纪,难道不封侯就不足以建立这些功勋吗? 即使从平庸臣子的私利来考量,想要荣耀其身、使恩泽延续到子孙身上,难道今日不被封侯,而最终自己的大功劳会被掩盖压抑、使子孙贫贱吗? 如此则卢植的说法,往高的层面说,可以算得上是太平时代不夸耀自身功德的圣人之德的表现；即使往低的层面说，也是图谋功利的人避免因急切追求一时利益而导致最终失败的好办法。而窦武却不能听从他的意见，而且想要拉上陈蕃一起接受这种没有正当名义的赏赐。陈蕃固然知道这种赏赐是不能接受的，可惜的是，他不知道窦武是不足以与他一起担任社稷之臣的！

三　陈蕃不知窦武不可托

窦武、陈蕃杀，而汉之亡必不可支矣[①]。陈蕃老矣，而诛权竖、安社稷、扶进君子之心，不为少衰，惜乎不知择而托于窦氏也！然则窦武其非贤乎？曰：武非必不贤，而所为者抑贤者之道。虽然，武即贤而固不可托，且吾不能保武之以贤终也，故重为蕃惜也。

【注释】

①支：抗拒。

【译文】

窦武、陈蕃被杀，而汉朝的灭亡已经不可抗拒。陈蕃已经年老，但他诛杀弄权宦官、安定社稷、举荐任用君子的心思，并不因此而衰减，可惜的是他不懂得选择合作对象，而将自身托付给了窦武！然而窦武不是贤人吗？回答是：窦武并不是必定不贤能，而他的所作所为也符合贤人之道。虽然如此，窦武即使贤德也不值得托付，而且我不能保证窦武的贤德能善始善终，所以我非常为陈蕃感到惋惜。

武之可信为贤者，以其欲抑宦寺以奖王室，且引李膺、杜密、尹勋、刘瑜而登进之[①]。然此岂可决其必贤哉？单超之杀梁冀也，尊黄琼矣，用陈蕃矣，征徐稚、姜肱、袁闳、李昙、韦著矣，天下固尝想望其风采而属望以澄清。然则有所诛逐，有所登进，矫时弊以服人，奸人用之俄顷，而固不可信。蕃已老，窦武方内倚太后、外受定策之赏，而蕃又恶能保其终乎！

【注释】

①尹勋：字伯元，河南巩县（今河南巩义）人。出身宦官世家，被州郡多次征辟，曾任邯郸令、尚书令。汉桓帝诛杀外戚梁冀，尹勋参加谋划，封都乡侯，迁汝南太守。后来因上书为范滂辩解而被禁锢。窦武掌权后，征召他为将作大匠、大司农。窦武被宦官杀死后，尹勋受牵连而被投入监狱，自杀。传见《后汉书·党锢列传》。刘瑜：字季节，广陵（今江苏扬州）人。延熹末，举贤良方正，被拜为议郎。灵帝初，被窦武荐举为侍中，与窦武共谋诛宦官，失败后被杀。传见《后汉书·刘瑜列传》。

【译文】

窦武可以被人们相信是个贤人，是因为他想要压抑宦官以辅助王室，而且他引荐李膺、杜密、尹勋、刘瑜等人而加以任用。然而这就足以决定他一定是贤德的吗？单超诛杀梁冀后，也尊崇黄琼，也任用了陈蕃，也征辟了徐稚、姜肱、袁闳、李昙、韦著等名士，天下确实曾仰慕其风采而把澄清天下的愿望寄托在他身上，然而最终结果却令人失望。这么说来，有诛杀和驱逐奸臣的行为，有举荐任用贤人的行为，矫正当时的弊端以使人信服，奸佞的人短暂地使用这种策略，本来就是不值得相信的。陈蕃已经年老，窦武又正在内倚靠太后、在外接受定策之功的封赏，而陈蕃怎么能够保证自己得到善终呢！

汉之将亡也，天子之废立，操于宫闱，外戚宦寺，迭相争胜,孙程废而梁氏兴,梁冀诛而单超起,汉安得有天子哉!
而蕃所托者犹然外戚也,则授宦者以梁冀复起之名,既无以
正天诛而服受戮者之心,且天下亦疑外戚宦寺之互相起灭
而不适有正。故张奂亦为王甫、曹节所惑①,欲自祓濯而终
不免②。蕃之托武,非所托也明甚。然且以老成之识,昧焉
而不察者,时之所趋,舍是而无能为也。

【注释】

①王甫:东汉时期宦官,灵帝时期任中常侍。第一次党锢之祸时,
审讯范滂,为范滂的大义所感动,士人因此多得以解脱桎梏。后
来窦武谋诛宦官,事情泄露,王甫与曹节等共同劫持灵帝,杀窦
武、陈蕃,与曹节、段颎等共掌朝政。后被杨彪、阳球揭发其奸
行,被逮捕下狱,死于酷刑之下。曹节(? —181):字汉丰,南阳
新野(今河南新野)人。东汉宦官。顺帝初为小黄门,桓帝时迁
中常侍、奉车都尉。灵帝即位后,以定策功封长安乡侯。其与宦
官王甫等矫诏发兵杀大将军窦武及太傅陈蕃等人。遂用事朝
中,迁长乐卫尉,封育阳侯。熹平元年(172),借口有人书朱雀阙
抨击宦官,唆使灵帝大捕党人。王、曹二人传皆见《后汉书·宦
者列传》。

②祓(fú)濯:除去污垢,使其清洁。

【译文】

汉朝将要灭亡时,天子的废立,把持在后妃手中,外戚和宦官,交替
兴起、相互争胜,孙程被罢黜而梁氏外戚兴起,梁冀被诛杀而单超兴起,
汉朝又哪里有天子呢! 而陈蕃依附的窦武仍然是一个外戚,如此则把
梁冀复起的话柄授给了宦官,既没办法明正上天的诛戮刑罚而使被杀
的人心服,而且天下也会怀疑外戚和宦官交替兴起、相互争胜,而没有

一方是正义的。所以张奂也被王甫、曹节所迷惑,后来想要洗刷自己的污名而最终不能幸免。陈蕃将身家托付给窦武,很明显是所托非人。然而以陈蕃老成持重的见识,尚且这样愚昧而不能察知,这大概也是当时的趋势,除此之外没有更好的办法。

　　呜呼!以三族之膏血,争贤奸之兴废、社稷之存亡者,岂易言哉?不幸而无如砥之周道①,率繇之以行志,则亦埋怨于江潭山谷之间②,赍恨以没焉耳③。毫厘之辨不审,而事以大溃,贤人君子骈首以死,社稷旋踵而倾,若以膏沃火,欲灭之而益增其焰。蕃之志可哀,而其所为亦左矣④。是以君子重惜之也。

【注释】

①如砥:像磨刀石一样平坦。周道:大路。

②江潭:江边。

③赍(jī)恨:怀恨。

④左:错误,荒谬。

【译文】

　　唉!以三族人的性命,来争贤人与奸佞的兴废、江山社稷的存亡,难道可以说是容易的吗?如果不幸而没有平坦的大道,以使其能按自己的意愿行事,则也只能在江边、山谷之间抱怨,怀恨而死罢了。在非常细微的地方不能审慎行事,就会使事情遭遇大崩溃,贤人和君子一并被杀,江山社稷也随即倾覆,就好像用油脂来浇火一样,本想要使火熄灭却使得火焰更旺了。陈蕃的志向值得怜悯,而他的所作所为却是错误的。所以君子为他感到非常惋惜。

四　三互之禁为秕政

夫人情亦惟其不相欺耳，苟其相欺，无往而不欺；法之密也，尤欺之所藉也。汉灵之世，以州郡相党，制婚姻之家及两州人士不得对相监临①，立三互之禁②，选用艰难，而州郡之贪暴益无所忌。司马温公述叔向之言③，"国将亡，必多制。"若夫开国之始，立密法以防欺，未即亡焉，而天下之害积矣。

【注释】

①两州：指幽州和冀州。对相监临：指相互到对方所在州郡任官。

②三互之禁：指甲州人士在乙州为官，乙州人士在丙州为官，则丙州人士对甲、乙、丙三州之职均需回避。

③叔向：即羊舌肸（xī），复姓羊舌，名肸，字叔向，又称叔肸、杨肸。春秋时期晋国政治家。历事晋悼公、晋平公、晋昭公三世，执掌晋国国政近五十年，以通晓政事著称，与郑国的子产、齐国的晏婴齐名。

【译文】

人与人之间也只能不互相欺骗，如果相互欺骗，则没有任何事情不相互欺骗了；法律越是严密，人们越会凭借法律来进行欺骗。汉灵帝时期，因为州郡官吏结党营私的情况很严重，所以规定有婚姻关系的两家人，以及幽、冀两州的士人不能到对方所在州郡做官，还设立了"三互"的禁令，导致地方官员选任变得很艰难，而州郡官吏的贪婪残暴更加无所顾忌。司马光引用叔向的话说，"国家将要灭亡的时候，制度必定特别多。"至于在开国之初，设立严密的法律以防止欺骗，虽然不会使国家立即灭亡，但对天下的危害会日益累积。

今之为制，非教官及仓巡驿递不亲民者，皆有同省之禁，此汉灵之遗法也。司马温公曰："适足为笑。"诚然有可笑者。名为一省，而相去千里者多矣；名为异省，而鸡犬相闻者多矣；同省而声闻不接，异省而婚媾相连，岂天限地绝，一分省而遂不相及哉？此适足为笑者也。或为婚姻，或相对治，情相狎，过相匿，所必虑也，而又奚必婚姻对治之相临乎！展转以请托，更相匿而互相报，夫岂无私语密缄之足任[①]？已非婚姻、已非对治矣，藉手以告曰：吾无私也。而交通请属之无所惮，此又适足为笑者也。

【注释】

①密缄：密封，此指密信。

【译文】

如今的制度规定，除了教育官员以及主管仓储、巡检、邮递、驿站事务而不直接统治百姓的官吏，都需要回避本省任职，这是汉灵帝遗留下来的制度。司马光说："这正足以令人发笑。"确实有令人发笑之处。名义上虽然是居于同一省，而实际上相隔千里的情况是很多的；名义上不是一省，而所居之地很近、鸡犬可以相闻的情况也很多；同处一省而相互没有来往联络，分处异省而相互通婚，难道说省份之间有天地的隔绝，一分省人们就相互不能联系了吗？这正是足以令人发笑之处。有些官员互通婚姻，有些会相互到对方所居州郡任官，他们之间是否会情感上过于亲近，相互隐瞒过错，这是必须考虑的，而又何必限定婚姻之家、两州对治或相临人士呢！通过辗转请托，相互隐匿过错而互相给予回报，难道他们之间就没有私语、密信相互联络，从而能够放心任用他们吗？既不是互为婚姻，也不是两州对治，这样就可以凭借制度规定向别人宣告："我们之间没有私情。"而官吏则在背后相互交通、请托行贿而无所忌惮,这又是足以令人发笑的地方。

夫防之严,而适以长欺,既良然矣^①。若夫捐禁而乡郡可守,尤有利焉。自贤者而言之,南北之殊风,泽国土国之殊壤,民异利,士异教,遥相治而见为利者或害,教以正者或偏,审土之宜以益民,视习之趋以正士,则利果利而教果教矣。自不肖者而言之,酷以墨者之无忌也,突为其寇仇,而翩然拚飞于千里之外^②,无能如何也;即罢斥以归休,而身得安、子孙得免,无余虑矣。居其土、与其人俱,当官则吏也,归里则乡曲也,刑罚科敛之加,非以其正,而乡人可报之于数十年之后,则惴惴焉一夫胜予^③,不肖之情戢焉,害亦有所惩矣。

【注释】

①良然:果然。

②拚(fān)飞:翻飞。拚,同"翻"。

③一夫胜予:即"一能胜予",语出《尚书·五子之歌》:"予视天下,愚夫愚妇,一能胜予。"意思是皆能胜过我。

【译文】

防范越严密,恰恰越能助长欺骗之风,事实已经证明果然如此。如果能够废除禁令,使得官员可以在本州郡任职,则是尤其有利的。从贤能官吏的角度来说,南北风俗差异很大,水乡与平原的土壤不同,百姓的利益不同,士人受的教育不同,使人远离自己的家乡去做官,可能会把对当地有利的事物当作有害,把当地认为是正的教育当作偏的教育,如果能根据当地情况因地制宜,就能造福民众;如果能了解当地的风俗趋向,就能教育好当地士人,如此则利果真能带来利益,而教化也果真能成功。从不肖官吏的角度说，到异地做官，可以贪婪残酷而无所顾忌，就算成为当地人痛恨的对象，也可以翩然迁调到千里之外，而百姓对其无可奈何；即使被罢斥而退休回家，自己也得以全身而退、子孙得以幸免，没有其他需要顾虑的事情。如果在本地做官，与本地人士共同相处，为官时是官吏，回到乡里则与百姓成了乡亲，如果他在任期间，在刑罚、赋税方面做得不公正，而当地人可以在几十年以后对他实行报复，他就会惴惴不安，担心别人都能胜过他，不得不考虑退路，如此则不肖之情有所收敛，对当地的危害也会有所减少。

　　夫王者合天下以为一家，揭猜疑以求民之莫而行士之志①，法愈疏，闲愈正，不可欺者，一王之法，天理之公，人心之良也，而恃区区之禁制也乎？三代之隆也，士各仕于其国，而民益亲。亡汉之稗政②，奈之何其效之！

【注释】

①求民之莫：语出《诗经·大雅·皇矣》："皇矣上帝，临下有赫。监观四方，求民之莫。"意思是探求使人民安定的办法。

②稗政：不良的政治措施。

【译文】

　　君王将天下合为一家，应该去除猜疑之心，探求使民众安定的办法，使士人的志向得以施展，法律越是宽疏，人们就越正直而合乎道德，真正不可欺骗的，是君王统一的法律，出于天理的公道，人们心中的良知，又怎么能凭恃区区一个禁令呢？以夏商周三代的兴盛，士人各自在本国做官，而民众对其更加亲附。禁止在本地任官是使汉朝灭亡的不良政治举措，后世为什么要加以效仿呢！

五 灵帝重文赋蔡邕比之博奕

呜呼！世愈移而士趋日异，亦恶知其所归哉！灵帝好文学之士，能为文赋者，待制鸿都门下[1]，乐松等以显[2]，而蔡邕露章谓其"游意篇章，聊代博奕"[3]。甚贱之也。自隋炀帝以迄于宋，千年而以此取士，贵重崇高，若天下之贤者，无逾于文赋之一途。汉所贱而隋、唐、宋所贵，士不得不贵焉；世之趋而日下，亦至此乎！

【注释】

①鸿都门：洛阳东汉皇宫的一座宫门。

②乐松：汉灵帝宠臣。乐松出身卑微，因为长于书画、擅言辞而被选为鸿都学士，受到汉灵帝的宠信。乐松不顾民心众议，怂恿汉灵帝修建西园，劳民伤财，为世人痛恨。后转任奉车都尉，黄巾起义前他曾上疏言张角等道徒罪状，要求捉拿惩处，未被汉灵帝重视。起义爆发后因有先见而受到赏赐。

③露章：指公开奏章纠举内容，让被弹劾的人知道而服罪。

【译文】

唉！随着时代的变化，士人的趋向也日益变化，又哪里知道其最终归于何处呢！灵帝喜好擅长文学的士人，他令能够作文写赋的人，都在鸿都门下待诏，乐松等人因此显贵，而蔡邕公开上奏章弹劾他们"将心思倾注在篇章之间，只是聊以代替博奕之类的游戏罢了"。对乐松等人非常鄙视。自隋炀帝一直到宋代，将近千年时间都用文赋来作为考试选官的标准，对其倍加推崇，好像全天下的贤者，都不能越出文赋这一条途径。文赋为汉代所轻视，而隋、唐、宋却很推崇它，士人也因此不得不重视文赋；于是世俗的发展趋向一天不如一天，竟到了如此地步！

　　夫文赋亦非必为道之所贱也,其源始于《楚骚》①,忠爱积而悱恻生②,以摇荡性情而伸其隐志,君子所乐尚焉。流及于司马相如、扬雄③,而讽谏亦行乎其间。六代之衰④,操觚者始取青妃白⑤,移宫换羽⑥,而为不实之华;然而雅郑相杂⑦,其不诡于贞者,亦不绝于世。夫蔡邕者,亦尝从事矣,而斥之为优俳⑧,将无过乎!要而论之,乐而不淫,诽而不伤,丽而不荡;则涵泳性情而荡涤志气者,成德成材以后,满于中而醊于外者之所为⑨。而以之取士于始进,导幼学以浮华,内遗德行,外略经术,则以导天下之淫而有余。故邕可自为也,而不乐松等之辄为之,且以戒灵帝之以拔人才于不次也⑩。

【注释】

①楚骚:战国时屈原所作的《离骚》,亦泛指《楚辞》。

②悱恻:内心悲苦凄切、忧思抑郁而不能排遣。

③司马相如(约前179—前118):字长卿,成都(今四川成都)人。西汉著名辞赋家。景帝时为武骑常侍,非其所好,故以病免官,客游梁。武帝时作《子虚赋》为武帝赏识,因得召见。又作天子游猎之赋,得任为郎。后奉使巴蜀,略定西南夷。代表作有《子虚赋》《上林赋》《长门赋》等。传见《史记·司马相如列传》。

④六代:指三国吴、东晋以及南朝宋、齐、梁、陈六个朝代。

⑤操觚者:本指执简写字的人,后泛指写作文章的人。取青妃白:以青配白,比喻斟酌字句以使文句对偶工整。

⑥移宫换羽:本义指乐曲换调,宫、羽均为古代乐曲五音中的音调名。后比喻事情的内容有所变更。

⑦雅郑相杂:雅乐与郑声相互混杂。雅,雅乐,宫廷音乐。郑,郑

声,郑地音乐,被儒家认为是淫邪之音。

⑧优俳:演杂戏的艺人,后泛指帝王身边有一技之长但地位卑微的
侍臣。

⑨鬯(chàng):同"畅"。

⑩不次:不依寻常次序。指破格提拔、超擢任用。

【译文】

文赋也并非必定被道所鄙视,文赋起源于楚国屈原的《离骚》,屈原
心中积累了忠君爱国的情感,而后产生了悱恻哀怨的情绪,其文辞摇荡
着人们的性情,而屈原得以将自己隐藏的志向由此抒发出来,这是君子
所乐意崇尚的。文赋的创作流传演变到西汉司马相如、扬雄时,开始在
文赋中加入了一些讽谏的内容。后来到三国吴、东晋以及南朝宋、齐、
梁、陈这些衰弱的朝代时,写作文赋的人才开始斟酌字句以使文句对偶
工整,使文赋的内容有所变更,变得华而不实;然而雅俗混杂,其中不违
背正道的文赋,也从未在世上断绝。蔡邕自己也曾经进行过文赋的写
作,却将文赋指斥为卑贱的优俳之技,难道不是太过分了吗! 简要地
说,文赋要做到快乐而有节制,幽怨而不哀伤,华丽而不放荡;如此则文
赋就是涵养性情而荡涤志气的人,在成德成材以后,内心积满情感而自
然流畅地抒发出来的产物。而如果以文赋作为最初选拔士人走上仕途
的依据,则会引导年幼的学生走向浮华,在内遗忘德行,在外忽略经学,
如此则会将天下引导到无所节制的境地。所以蔡邕自己进行文赋写
作,而不愿意乐松这样的人来轻率地写作文赋,而且要以此来规谏汉灵
帝不要不按正常次序地选拔人才。

繇是言之,士趋亦何尝有异哉? 上之用之也别耳。于
是而王安石之经义①,虽亦末耳,而不伤其本,庶几乎华实兼
茂之道也。元祐革新法②,而并此革之,过矣。若王鏊、钱福
之浅陋③,陶望龄、汤宾尹之卑陋④,则末流波靡,而非作者之

凉也。经义者,非徒干禄之器也,士之所研精以极道者也。文赋者,非幼学之习也,志正学充,伤今思古,以待人之微喻者也。而志士崇业以单心⑤,亦可于此而审所从矣。

【注释】

①王安石之经义:指王安石在宋神宗熙宁年间主持变法,在科举方面做出改革,颁布贡举法,废除明经科,进士科的考试改以经义和策论为主,降低了对诗赋的要求。

②元祐革新法:指元祐更化,以司马光为首的保守派在高太后支持下废除了王安石的新法。元祐,宋哲宗赵煦的第一个年号(1086—1094)。

③王鏊(ào,1450—1524):字济之,号守溪,晚号拙叟,吴县(今江苏苏州)人。明代名臣、文学家。官至内阁大学士、太子太傅。他是弘治、正德间文体变革的先行者和楷模,其黜浮崇古的文学观影响了一代文风。传见《明史·王鏊列传》。钱福(1461—1504):字与谦,号鹤滩,南直隶松江府华亭(今上海松江)人。弘治三年(1490)状元,官至翰林修撰。诗文以敏捷见长,闻名一时,其著作的《明日歌》流传甚广。著有《鹤滩集》。浅陋(xiá):浅陋狭隘。陋,同"狭"。

④陶望龄(1562—1609):字周望,号石篑,会稽(今浙江绍兴)人。明代大臣、文学家。少有文名。万历十七年(1589)进士,授编修,官至国子监祭酒。工诗善文,著有《歇庵集》《解庄》。传见《明史·陶望龄列传》。汤宾尹:字嘉宾,号睡庵,别号霍林,安徽宣州(今安徽宣城)人。明代大臣、文学家。万历二十三年(1595)进士,授翰林院编修,官至南京国子监祭酒。在当时文坛颇负盛名,亦善作诗,人称其"文采烂然""以参禅之语而谈诗"。著有《睡庵稿》《宣城右集》《再广历子品粹》十二卷等。

⑤单心:孤忠之心。

【译文】

　　由此而言,士人的趋向又何曾有过什么区别呢? 只是君主利用它的时候就有所区别罢了。从这个角度讲,王安石改革科举,重视经义,虽然也只抓到了细枝末节,但没有伤害根本,这差不多就是做到华实兼备的办法了。元祐年间废除新法,连这一条也被废除,这就过分了。至于像王鏊、钱福那样浅陋狭隘,陶望龄、汤宾尹那样卑劣浅陋的文赋作者,则属于随波逐流的末流角色,而非所有文赋作者都这样浅薄。经义,并不仅仅是获取俸禄的工具,而是士人要加以精心研究从而无限接近道的事物。文赋并非年幼的学生可以学习的,是一个人志向纯正,感伤今日、思念古代,以等待能够理解其微妙内涵的人。而有志之士以孤忠之心兴业,也可以从中汲取智慧,审慎地决定自己所追随的道路。

六　赵苞之失在迎母到官

　　论为子为臣之变,至于赵苞而无可言矣①。何也? 若苞者,无可为计,虽君子亦不能为之计也,无往而非通天之罪矣。以苞之死战,为能死于官守,苞与手刃其亲者均也,为此论者,无人之心。以苞当求所以生母之方,不得已而降于鲜卑;分符为天子守邑,而北面臣虏,终身陷焉,亦不可谓有人之心也。故至于苞,而求不丧其心之道穷矣。此谁使之然哉? 苞自处于穷以必丧其心。故曰无往而非通天之罪也。

【注释】

①赵苞(? —178):字威豪,甘陵东武城(今河北清河)人。东汉官吏。从兄宦官赵忠为十常侍之一,他深以为耻辱,不与其往来。

汉灵帝熹平末,升任辽西太守。熹平六年(177),派人迎接其母及妻子赴辽西,途经柳城,母亲、妻子皆被鲜卑人俘虏。鲜卑人将其作为人质,以进攻辽西。其母在阵前对他说:"人各有命,何得相顾?"他于是立即与鲜卑交战,击败鲜卑军,母亲、妻子皆遇害。他埋葬了母亲,然后呕血而死。传见《后汉书·独行列传》。

【译文】

谈论作为儿子、臣子的应变之道,到赵苞这里就没什么可说的了。为什么呢?像赵苞这种情况,没办法可以挽救局面,即使君子也不能为他想出好办法,无论怎么做,他都会犯下通天的罪行。有些人认为赵苞选择死战,能够为自己的职责而战死,赵苞与那些手刃父母的人是一样的,持这种论调的人,真是没有人心啊!有些人认为赵苞应该寻求让母亲活下来的方法,实在不得已就向鲜卑投降;可是赵苞接受天子授予的符节而为天子守城邑,却对蛮夷俯首称臣,终身沦为蛮夷臣民,也不能说是有人心的表现。所以到了赵苞面临的这种局面,想要寻求使他不丧失人心的办法是不可能的。是谁造成了这种局面呢?是赵苞自己造成的,他使自己陷入必定没有人心的窘境。所以说无论他怎么做,都难逃通天的罪过。

　　为人子者,岂以口腹事亲乎?抑岂敢以己之荣施及其母为愉快乎?故子曰:"老者安之①。"求所以安之之方,虽劳不辟,虽死不辍,而况于苞之安其母者甚易乎?苞,东武城人也②,所守则辽西也③。母所居者,中国之乐土,苞所守者,鲜卑凭陵蹂践之郊也④;胡为乎甫到官而即迎母以居柳城之绝塞哉⑤?苞于此已不复有人之心矣。以口腹与?禽虫之爱也;以荣宠与?市井之得金钱而借亲以侈华美者之情也。强寇在肘腋之间,孤城处斗绝之地⑥,奉衰老妇人以徼幸于锋镝之下，苞之罪通于天，奚待破贼以致母死之日邪？故曰："正其本，万事理⑦。"一念之不若，而成乎昏昧，母子并命于危城，苞虽死，其可以逭中心之刑辟哉⑧？

【注释】

①老者安之：语出《论语·公冶长》："子曰：'老者安之，朋友信之，少者怀之。'"意思是对于年老的人，要使其得到安养。

②东武城：今河北清河。

③辽西：东汉郡名，治所在阳乐（今辽宁义县）。

④凭陵：侵扰。

⑤柳城：在今辽宁朝阳西南。

⑥斗绝：孤悬于外。

⑦正其本，万事理：语本《大戴礼记·保傅》所引《易传》遗文："正其本，万物理。"《后汉书·范升列传》中则作"正其本，万事理"。意思是要正确认识其本源，才可能把事情理解清楚、处理完善。

⑧逭（huàn）：逃，躲避。

【译文】

作为人子，难道能仅靠满足其口腹之欲来侍奉双亲吗？或者又怎么敢认为把自己的荣耀施加到母亲身上是值得愉快的事情呢？所以孔子说："对于年老的人，要使其得到安养。"寻求让父母得到安养的办法，即使辛劳也不应该逃避，即使死亡也不能放弃，何况赵苞想要安顿自己的母亲其实很容易呢？赵苞，是东武城人，他所负责防守的是辽西。母亲所居住的东武城，是中原的乐土，赵苞所防守的辽西，是鲜卑人侵扰蹂躏的边境地区；为什么赵苞刚刚到任就迎接母亲到柳城这样的绝塞来居住呢？赵苞在做这件事的时候已不再有人心了。是为了更好地供养母亲，满足其口腹之欲？那不过是像禽鸟、昆虫的爱罢了；是为了炫耀自己的荣耀和所受的宠信？那不过是市井之人得到金钱后借孝顺双亲来宣扬自己的浅薄做法罢了。强大的敌寇就在自己的肘腋之间,孤城处在孤悬于外的地区,想在锋镝之下侥幸地侍奉衰老的母亲,赵苞已经犯下了通天的罪过,又哪里需要等到他打败鲜卑人致使母亲死去的那一天呢?所以说:"要正确认识其本源,才可能把事情理解清楚、处理完善。"一念之差,就足以犯下愚蠢的错误,母子双双在危城之下丧命,赵苞虽然死了,但他能够逃脱内心对自己罪责的谴责吗?

或者其愚也,则君子弗获已而姑为之计,当羯贼出母示苞之日①,自悔其迎母之咎,早伏剑以死,委战守之事于僚吏,母之存亡城之安危不计也,则犹可无余恶也。虽然,晚矣! 苞死而母必不可得生,城必不可得存也。

【注释】

①羯(jié)贼:此指鲜卑。羯族是匈奴贵族的奴隶军队,亦有人认为是匈奴的分支,但可以肯定与鲜卑并非同族,此处王夫之混淆了鲜卑与羯族。

【译文】

或许有个愚蠢的办法,那是君子不得已而姑且为他想的办法,那就是当鲜卑人把赵苞母亲推出来胁迫赵苞的时候,赵苞自己悔恨迎接母亲来这里的罪过,早早地伏剑而死,把作战和防守的事务委托给自己的属下,对母亲的存亡、城池的安危不再加以考量,则尚且能做到不再有其他坏的影响。虽然如此,也已经太晚了! 赵苞死去而母亲必定不可能生还,城池也必定不能够保住。

七　蔡邕意气之士

蔡邕意气之士也,始而以危言召祸,终而以党贼逢诛,皆意气之为也。何言之？曰：合刑赏之大权于一人者，天子也；兼进贤退不肖之道，以密赞于坐论者^①，大臣也；而群工异是^②。奸人之在君侧，弗容不击矣。击之而吾言用，奸人退，贤者之道自伸焉。吾言不用，奸人且反噬于我，我躬不阅，而无容以累君子，使犹安焉，其犹有人乎君侧也。君子用而不任，弗容不为白其忠矣。白之而吾言用，君子进，奸人之势且沮焉。吾言不用，奸人不得以夺此与彼之名加于我，而犹有所惮焉。邕苟疾夫张颢、伟璋、赵玹、盖升之为国蠹也^③，则专其力以击之可耳。若以郭禧、桥玄、刘宠之忠而劝之以延访也^④，则抑述其德以赞君之敬礼已耳。而一章之中，抑彼伸此，若将取在廷之多士而惟其所更张者。为国谋邪？为君子谋邪？则抑其一往之意气以排异己而伸交好者之言耳，庸有听之者哉！

【注释】

①密赞：密切辅佐。

②群工：百官，群臣。

③张颢：冀州常山（今河北元氏）人。灵帝光和元年（178），由太常迁太尉，不久即被罢黜。伟璋：时任光禄勋，蔡邕弹劾其贪浊。赵玹：时任长水校尉。盖升：时任屯骑校尉。

④郭禧：字公房，颍川阳翟（今河南禹州）人。东汉末大臣。因通习法律和儒学而闻名一时。汉桓帝时任廷尉，汉灵帝建宁二年（169），升任太尉。桥玄（109—183）：一作乔玄，字公祖，梁国睢阳（今河南商丘）人。东汉时期名臣。桥玄年轻时曾任睢阳县功曹，后被举为孝廉，历任洛阳左尉、将作大匠等职。汉桓帝末年，出任度辽将军，击败鲜卑、南匈奴、高句丽侵扰，保境安民。汉灵

帝时先后出任司空、司徒、太尉。后有感于国势日衰,于是称病请辞。传见《后汉书·桥玄列传》。刘宠(? —197):东汉宗室、诸侯王,明帝刘庄玄孙、陈孝王刘承之子。在其父刘承死后,继承陈王爵位。刘宠勇猛过人,善使弓弩,箭法高超。中平年间,黄巾军起义,郡县官兵都弃城逃走,刘宠征兵自守,收容百姓,拥有部众达十余万人。建安二年(197),袁术向陈国求取粮草,遭陈国国相骆俊拒绝,袁术便派刺客刺杀了骆俊和刘宠。传见《后汉书·孝明八王列传》。

【译文】

蔡邕是一个意气用事的人,最初因为直言而招来祸患,最终因为党同贼人而被诛杀,都是意气用事的表现。为什么这么说呢? 回答是:将刑赏大权掌握在自己一个人手中的,是天子;肩负举荐贤人、屏退不肖之徒的任务,密切辅佐天子、坐而论道的,是大臣;而百官各自有其不同职责。奸人在君王身边,不能不加以攻击。如果攻击他们的言论被君王采纳,奸人被罢退,贤者的道路自然得以伸展。如果攻击奸人的言论不被采纳,奸人还要对我方反咬一口,我不能保全自己,却不允许连累其他君子,这样还能够安心,因为在君王身边还有贤人。君子被任用但没被委以重任,不能不向皇帝表白其忠诚。如果向皇帝表白忠诚的话被采纳,君子得到重用,则奸人的势力会被打击。如果我的话不被采纳,奸人也没办法把"夺此与彼"的罪名加到我身上,他们尚且会有所忌惮。蔡邕如果确实痛恨张颢、伟璋、赵玹、盖升这些人,认为他们是国家的蠹虫,则集中自己的力量来攻击他们就可以了。如果认为郭禧、桥玄、刘宠非常忠诚,而想要劝皇帝延揽、访求他们,则也可以称述他们的德行,以帮助君王礼敬贤士。而蔡邕在同一奏章之中,压抑张颢等人而称赞郭禧等人,好像要为朝廷网罗贤士、罢退小人而只能按照他的意见来改弦更张一样。人们必然会疑惑这是为国家谋划呢? 还是为君子谋划呢? 则这也不过是他一如既往地意气用事、排斥异己而抬高与自己交好的人的话罢了，哪里会有人听信呢！

　　汉之末造，士论操命讨之权，口笔司荣枯之令，汝南、甘陵太学之风波一起①，而成乎大乱。非奸人之陷之，实有以自致焉。同于我者为懿亲，异于我者为仇雠，唯意所持衡而气为之凌轹②，则邕他日者幸董卓之杀奄人，而忘其专横，亦此意气为之矣。桥玄、刘宠之不为邕所累，幸也；而君子以相形而永废，朝廷以偏击而一空，汉亦恶得不亡哉！

【注释】

①汝南、甘陵太学之风波：据《后汉书》记载，汉桓帝还在当蠡吾侯的时候，他的老师是甘陵人周福（字仲进），做皇帝以后，汉桓帝就把老师提拔为尚书。而在当时，同为甘陵人的河南尹房植（字伯武）也非常有名，天下童谣唱道："天下规矩房伯武，因师获印周仲进。"双方门客彼此不服气，开始结成党羽相互攻击。当时汝南太守是宗资，范滂在其手下任功曹，范滂为人正直，宗资无法左右范滂的意见，郡中事务多由范滂实际决断；而南阳太守成瑨，他的手下也有一个功曹叫岑晊，与范滂一样强硬，成瑨也管不了他。于是天下又开始流传童谣："汝南太守范孟博，南阳宗资主画诺。南阳太守岑公孝，弘农成瑨但坐啸。"童谣后来传进了太学，太学生纷纷响应，他们以当时的名士郭泰、贾彪为首领，同朝廷中司隶校尉李膺、司马陈藩以及官员王畅互相倾慕，宣扬："天下楷模李元礼，不畏强御陈仲举，天下俊秀王叔茂。"于是他们便开始臧否当时的官员名流和公卿士大夫，形成一股不容忽视的力量，普通的民间党派逐渐与政治挂上了钩，这被普遍认为是党锢之祸的重要起源。

②凌轹(lì):超越,压倒。

【译文】

汉朝末年,士大夫的议论操持着人事任命和军事征讨的大权,他们的言语文章掌管着人们盛衰、穷达的命运,汝南、甘陵太学的风波一起,很快就酿成大乱。并不是奸人刻意构陷,实在是有士大夫自己招致灾祸的因素。凡是与他们同心的人就是至亲,凡是与他们有不同意见的人就是仇敌,只根据自己的意气来行事,而气势逼人,如此则蔡邕他日因乐于看到董卓诛杀宦官,而忘记董卓的专横残暴,也是只根据自己的意气来行事。桥玄、刘宠能够不被蔡邕连累,实属幸运;而君子因为结党而被终身禁锢,朝廷因为偏听一面之词打击士大夫而几乎一空,汉朝又怎么能不灭亡呢!

八　桥玄弃子攻贼无人心

鲜卑持赵苞之母以胁苞,苞不顾而战,以杀其母,无人之心也。贼劫桥玄之幼子登楼求货,玄促令攻贼,以杀其子①,亦无人之心也。母之与子若是其均重乎?非也。使苞之子为鲜卑所持以胁苞,苞不顾而击鲜卑,则忠臣之效矣,不以私爱忘君父之托也。而苞则其母也。贼所胁玄以求者货耳,货与子孰亲,而吝货以杀其子乎?

【注释】

①"贼劫"三句:据《后汉书·桥玄列传》记载,桥玄的小儿子十岁的时候,独自外出游玩,突然有三个人拿着棍棒把他劫持了,进入桥玄府里楼阁上,让桥玄拿钱赎人,桥玄不答应。不久,司隶校尉阳球率领河南尹、洛阳令包围桥府。阳球等人担心劫匪杀掉桥玄的儿子,没有下令追赶劫匪。桥玄大声说:"奸人无状,玄岂

以一子之命而纵国贼乎!"催促他们进行追击。阳球于是攻击劫匪,桥玄的儿子也死了。

【译文】

鲜卑劫持了赵苞的母亲来胁迫赵苞,赵苞不顾母亲生死而力战,最终使母亲被杀,这是没有人心的表现。贼寇劫持了桥玄的小儿子,登上楼阁索求财物,桥玄催促官兵进攻贼寇,最终使儿子被杀,也是没有人心的表现。如此说来,母亲与儿子是同等重要吗?并不是。假如赵苞的儿子被鲜卑人劫持,用来胁迫赵苞,赵苞不顾儿子安危而攻击鲜卑人,则他是尽到了忠臣的义务,没有因为私爱而忘记君父的重托。然而现实是被鲜卑人劫持的是赵苞的母亲。贼寇胁迫桥玄,索求的不过是财物罢了,财物与儿子哪个更亲,而他为什么因为吝惜财物而致使儿子被杀呢?

或曰:"玄非以货也,贼劫质以胁人,法之所不可容也。"夫一区区登楼之贼,杀之不足为国安,纵之不足为国危。法者,司隶河南尹之法,非玄之法也,而玄何怗法以忘其天性之恩邪?史氏之言曰:"玄上言凡有劫质者皆并杀之,不得赎以财货,由是劫质遂绝。"史之诬也。乐道之以为溢美之言,以覆玄绝恩之咎也。友兄、恭弟、慈父、顺妻,苟有劫其亲以求货者,法虽立,孰忍愵置之而不恤①?虽严刑禁之而必不从。则谓劫质永绝者,非果有之,为诬而已矣。充桥玄之操,藉其为赵苞也,又奚不可也哉?

【注释】

①愵(jié)置:不在意,不加理会。

【译文】

有的人说:"桥玄这样做并不是吝惜财物,贼寇劫持人质来威胁人,是法律所不能容许的。"区区一个登楼的贼寇,杀了他不足以使国家安定,放了他也不足对国家造成危害。法律是司隶校尉、河南尹的法律,并非桥玄的法律,而桥玄又为什么一味受法律束缚而忘记了天性的父子之恩呢？史书上称:"桥玄向皇帝上奏,说以后凡有劫持人质的情况,劫匪与人质都一并杀掉,不许用金钱赎回人质,劫持人质的现象由此绝迹。"这是史学家骗人的话。人们对此津津乐道,将这当作过分赞美的话,来掩盖桥玄没有爱子之心的罪责。友爱的兄长、恭顺的弟弟、慈爱的父亲、顺从的妻子,如果其中任何一个亲人被贼人劫持,贼人索求财物,则虽然有法律,谁又能忍心对亲人熟视无睹而不去加以挽救呢？即使有严厉的刑罚和禁令,人们也必定不会遵从。所谓劫持人质现象从此绝迹,并不是果真发生了,只是骗人的话罢了。根据桥玄的所作所为,即使把他与赵苞相提并论,又有什么不可以呢？

九　盗贼托黄老之道以蛊天下

封建废而权下移,天子之下至于庶人,无堂陛之差也①,于是乎庶人可凌躐乎天子②,而盗贼起。嬴政之暴,王莽之逆,盗始横焉,然未尝敢与久安长治之天子抗也。至汉之季,公孙举、张婴、许生始称兵僭号而无所惮③,积以成乎张角之乱④,盗贼辄起于承平之代者,数千年而不息。秦之盗曰悲六国之亡;莽之盗曰思汉室之旧;盗者必有托也,然后可假为之名以耸天下而翕然以从。至于角而无所托矣,宦寺之毒,郡县之虐,未可以为名也,于是而诡托之于道。角曰:吾之道,黄帝、老子之道也。乃至韩山童、徐寿辉曰:吾之道,瞿昙之道也⑤。微二氏之支流,亦未足以惑天下而趋之若流。甚哉二氏之殄民,亦岂其初念哉？而下流必至于此。故孟子曰："率兽食人，人将相食⑥。"岂过计哉？

【注释】

①堂陛：厅堂和台阶，比喻尊卑贵贱的差别。

②凌躐(liè)：超越，凌驾。

③公孙举(？—156)：东汉末起义军首领。桓帝永兴二年(154)，与东郭窦率众三万人在泰山、琅邪起义。攻破数个郡县，自建年号，转战青、兖、徐三州，屡次击败官军。永寿二年(156)被中郎将段颎击败，阵亡。许生：会稽(今浙江绍兴)人。于熹平元年(172)在句章造反。许生自称"越王"，其子许昌在句章称帝，自号"阳明皇帝"。后被东汉扬州刺史臧旻、丹阳太守陈夤、吴郡司马孙坚等攻灭。

④张角之乱：指由钜鹿(今河北巨鹿)人张角等人领导的黄巾起义。黄巾起义是中国历史上规模最大的一次以宗教形式组织的起义之一。张角自称大贤良师，奉事黄老道，利用《太平经》组织起义力量，起义者众至百万，他们头扎黄巾，于汉灵帝光和七年(184)在各州郡同时发动起义，对东汉的统治产生了巨大的冲击。虽然最终起义以失败而告终，但东汉政权也陷入土崩瓦解、名存实亡的境地。

⑤瞿昙：释迦牟尼的姓，佛的代称。

⑥率兽食人，人将相食：语本《孟子·梁惠王上》："庖有肥肉，厩有肥马，民有饥色，野有饿莩，此率兽而食人也。兽相食，且人恶之。为民父母，行政不免于率兽而食人。"意思是统治者暴虐地残害人民，人民被迫相互争斗。

【译文】

分封制废除以后权力下移，天子以下直至庶人，都没有了尊卑高下的差别，于是庶民可以凌驾于天子之上，而盗贼开始兴起。嬴政残暴，王莽篡逆，盗贼开始横行，然而还不曾敢和长治久安的天子相对抗。到了汉末,公孙举、张婴、许生开始举兵造反、僭越礼法而自称尊号,无所忌惮,最终酿成了张角领导的黄巾起义,盗贼于是在承平时代兴起,几千年而不停息。秦朝的盗贼自称为六国的灭亡感到悲伤;王莽时的盗贼自称思念汉朝的统治;盗贼必定有所假托,然后可以假借其名义来耸动天下,而使人们欣然跟从他们。到了张角这里,没有可假托的名义,宦官的狠毒,郡县官员的暴虐,都不能拿来作为名义,于是就诡托到道教身上。张角说:我的道,是黄帝、老子的道。元末韩山童、徐寿辉说:我的道,是佛教的道。如果没有佛教、道教的支流作为名义,则张角、韩山童等也不足以迷惑天下而使人们对其趋之若鹜。佛教、道教祸害民众太严重啦,难道当初他们就想到会这样吗? 是向下演化流变而必然到这个地步。所以孟子说:"统治者暴虐地残害人民,人民被迫相互争斗。"难道这是过分的估计吗?

　　虽然,二氏之邪淫而终以乱也,非徒二氏倡之也,为儒者之言先之以狂惑,而二氏之徒效之也。君子之言人伦物理也,则人伦物理而已矣;二氏之言虚无寂灭也,则虚无寂灭而已矣;无所为禨祥瑞应劫运往来之说也①。何休、郑玄之治经术②,京房、襄楷、郎顗、张衡之论治道③,始以鬼魅妖孽之影响乱"六籍"④。而上动天子,下鼓学士,曰此圣人之本天以治人也。于是二氏之徒歆其利,而后曰吾师老子亦言之矣,吾师瞿昙亦言之矣;群然兴为怪诞之语以诱人之信从,而后盗贼藉之以起。儒者倡之,二氏和之,妖人挟之,罪魁戎首将谁归哉?

【注释】

①禨(jī)祥:变异之事,吉凶的先兆。瑞应:祥瑞。劫运:灾难,厄

运。往来：往复，转换。

②何休(129—182)：字邵公,任城樊(今山东济宁)人。东汉著名今文经学家。何休精研"六经",对"三坟五典,阴阳算术,河洛谶纬"皆有涉猎。但他不善讲说,遇到门徒提问,则用书面作答。曾被拜为郎中,被太傅陈蕃征召,党锢事起,陈蕃被杀害,何休也遭禁锢。他闭门不出十余年,作《春秋公羊传解诂》。又注《孝经》《论语》等。另作《春秋汉议》,以春秋大义,驳正汉朝政事六百多条,"妙得公羊本意"。党禁解除后,被召为司徒掾属,官至谏议大夫。传见《后汉书·儒林列传》。

③张衡(78—139)：字平子,南阳西鄂(今河南南阳)人。东汉时期大臣,著名科学家、文学家。历任郎中、太史令、侍中、河间相等职。晚年因病入朝任尚书。张衡在科学领域成就卓著,发明有浑天仪、地动仪等,为中国天文学、机械技术、地震学、数学的发展做出了杰出的贡献,著有《灵宪》《浑仪图注》《算罔论》。文学方面与司马相如、扬雄、班固并称"汉赋四大家",作品有《二京赋》《归田赋》等。传见《后汉书·张衡列传》。

④六籍：也称"六经",指儒家经典文献《诗经》《尚书》《礼记》《乐经》《周易》和《春秋》。

【译文】

虽然如此,佛教、道教邪恶淫僻而最终导致祸乱,并不仅仅是由于佛教、道教的提倡,而是有些儒生先发出了狂妄昏惑的言论,然后佛教、道教的信徒对其加以仿效。君子谈论人伦和事物之理,则只是谈论人伦和事物之理本身;佛教、道教谈虚无寂灭,则只是谈虚无寂灭本身;不会在其中掺杂祥瑞灾异、时运际会之类的东西。直到何休、郑玄研究经术,京房、襄楷、郎颛、张衡谈论治理之道,才开始用鬼魅妖孽的影响来扰乱六经。他们的这种做法上惊动了天子,下鼓动了学者,声称圣人就是靠这些来推究天的本源、治理民众的。于是佛教、道教的信徒羡慕这种学说的好处,然后说我们的祖师老子也曾经这样说过,我们的祖师释迦牟尼也曾经这样说过;他们一哄而起,用怪诞荒唐的言语来引诱别人相信和跟从他们,然后盗贼又凭借这些学说起来造反。儒者首先提倡鬼魅妖孽、祥瑞灾异这些东西,佛教、道教加以附和,妖人拿着它去骗人,他们之中罪魁祸首应该是谁呢?

齐桓、晋文挟天子以令诸侯①,而盗贼挟圣人以惑百姓。天子之权下移于庶人,所挟者亦移焉。而盗贼泛滥乎数千年而不息,祸亦烈矣!端本之治,治佛、老而犹非本也。儒而言灾祥言运会②,妖之始也。三代之圣人杀而勿赦者,而后之君子从而尊之,以加一倍之小术测兴亡,使与《通书》《正蒙》相杂以立教③,辟邪者容勿辩乎?

【注释】

①齐桓、晋文:指春秋时期霸主齐桓公、晋文公。

②运会:时运际会。

③《通书》:指北宋周敦颐所著《通书》一书。书中提出了儒家心性论、伦理学、工夫论等许多概念命题。《正蒙》:指北宋张载所著《正蒙》一书。该书提出了气一元论哲学,以《易传》为根据,论证了物质的气是世界的本原,批判了佛教“以心法起灭天地”“诬天地日月为幻妄”及老子“有生于无”的思想。

【译文】

齐桓公、晋文公挟持天子以号令诸侯,而盗贼挟持圣人学说以迷惑百姓。天子的权力下移到庶人那里,盗贼所挟持用以蛊惑百姓的东西也发生了变化。而盗贼祸害天下数千年而不停息,祸患真是严重啊!想要从根源上加以整治,整治佛教、道教还不是治本之策。作为儒生而谈论灾异祥瑞,谈论时运际会,这是妖言的开端。三代的圣人对这种人是直接诛杀而不允许赦免的,而后来的君子却遵从崇尚这些人的学说,并且还用加一倍的小伎俩来预测兴亡,如果让这种邪说与《通书》《正蒙》相互交杂而立下教化之义,驳斥异端邪说的人能不与其进行论辩吗?

一〇　皇甫嵩乞赦党人之言于士为大辱

士可杀不可辱①,诃斥之、鞭笞之之为辱矣,未甚也,加以不道之名,而辱乃莫甚焉。子见南子②,子路不悦,于圣人何伤焉,而援天以矢之③,惧夫以辱名加君子,而天下后世谓君子之无妨于辱也。党人者,君子之徒也。黄巾起,吕强曰④:"党锢积久,人情怨愤,若不赦宥,将与合谋。"吕强奄人之矫矫者耳,言无足深责,皇甫嵩士大夫而亦为此言也⑤,党人之辱,不如死之久矣!以君子始,以贼终,则向者王甫、曹节谋危社稷之谮,非诬也。呜呼! 李膺、杜密、范滂诸君子者死,而党人之能卓然自立于死生者无几,张俭之徒,方将以贼起得赦为幸,而孰知其辱甚于死哉? 皇甫嵩之凌蔑善类也⑥,逾于奄人矣。

【注释】

①士可杀不可辱:语本《礼记·儒行》:"儒有可亲而不可劫也,可近而不可迫也,可杀而不可辱也。"意思是儒者可亲而不可挟持,可近而不可胁迫,可杀而不可侮辱。

②南子:春秋时期卫灵公夫人,姿容妩媚但名声不佳。孔子在卫国期间,曾受南子邀请而与其会面。

③援天:援引上天,此指对天发誓。矢:发誓。

④吕强(? —184)：字汉盛，成皋(今河南荥阳)人。东汉宦官。初
　为小黄门，逐步升迁为中常侍，灵帝时封为都乡侯。曾上书请求
　斥奸佞，任忠良，薄赋敛，厚农桑，开言路，灵帝知其忠而不能用。
　黄巾起义爆发后，建言应赦免党人，考核地方官吏是否称职。后
　来中常侍赵忠等诬陷吕强的兄弟为官贪浊，灵帝派人拘捕，吕强
　愤而自杀。传见《后汉书·宦者列传》。

⑤皇甫嵩(? —195)：字义真，安定朝那(今宁夏彭阳)人。东汉末
　期名将。皇甫嵩出身于将门世家，汉灵帝时被征为议郎，任北地
　太守。黄巾起义爆发后，皇甫嵩与吕强上疏请求解除党禁，被授
　为左中郎将，与朱儁率军镇压黄巾军。战后以功拜左车骑将军、
　领冀州牧，封槐里侯。后因得罪权宦赵忠、张让而被罢免，改封
　都乡侯。董卓掌权时，皇甫嵩遭董卓陷害，险些被杀。晚年历任
　车骑将军、太尉等职。传见《后汉书·皇甫嵩列传》。

⑥凌蔑：侮辱，轻视。

【译文】

　　士人可以被杀而不可以被侮辱，呵斥他们、鞭笞他们所造成的侮
辱，还算不上太严重，如果在他们身上加上不道的名声，则对他们的侮
辱没有比这更严重的了。孔子见南子，子路不高兴，这对于圣人又有什
么伤害呢？而圣人对天发誓以证清白，是惧怕污名被加在君子身上，而
天下后世就会认为君子可以被侮辱。党人都是正人君子。黄巾之乱爆
发后，吕强说："对党人的禁锢已经执行很久了，人们心怀怨恨愤怒之
情，如果不对党人进行赦免宽宥，他们将会与黄巾军合谋。"吕强是宦官
中的超凡不俗的人，他说这样的话不值得严厉责备，皇甫嵩作为士大夫
也说这样的话，则党人所受的侮辱，还不如死了呢！党人以君子身份开
始，却以盗贼身份而结束，则之前王甫、曹节诬陷他们危害社稷，就不再
是污蔑之辞了。唉！李膺、杜密、范滂等诸位君子死后，党人中能在死
生之际卓然自立的人没有几个，张俭这些人，正将因为张角之乱爆发导

致自己得到赦免、起复而感到庆幸，又有谁知道这种侮辱比死更严重呢？皇甫嵩对君子的污蔑轻视，比宦官还严重。

一一　汉不亡于黄巾由朱儁之不纳降

用兵之道，服而舍之，自三代之王者以迄五霸，皆以此而绥天下。唯其为友邦也，王者以理相治，霸者以威相制，理伸威胜而志得；灭之不义，屠之不仁，舍其服而天下自不敢复竞。封建圮，以庶人而称兵抗天子，岂此谓哉？朱儁曰[①]："秦项之际，民无定主，赏附以劝来者。"此后世之权术，不可与三代并论。故以曹操之猜，而关羽之降非其诚款，操犹听其来去而不加害。或者乃欲于盗贼败困之余，乞降而受之，其不然审矣。

【注释】

①朱儁（jùn，？—195）：字公伟，会稽上虞（今浙江上虞）人。东汉末年名将。朱儁出身寒门，被太守徐珪举为孝廉。在任交阯刺史期间，仅率五千人就大破叛军，平定交阯。战后以功封都亭侯，入朝为谏议大夫。光和七年（184），黄巾起义爆发，朱儁与皇甫嵩积极镇压起义军，进拜右车骑将军、钱塘侯。初平四年（193），升任太尉、录尚书事。李傕、郭汜相攻时，郭汜扣留朱儁为人质，朱儁性格刚烈，同日即发病而死。传见《后汉书·朱儁列传》。

【译文】

用兵之道，应当释放已经被征服的敌人，从夏商周三代的王者一直到春秋五霸，都靠这种办法安定了天下。只是因为对手是友邦，王者用理来治理他们，霸主用威势制服他们，理得到伸张、威势取得胜利而己方的志向也就达成了；灭掉对方是不义的，屠杀对方是不仁的，释放已经服气的对手而天下自然不敢再起来与我方争斗。分封制瓦解后，盗贼以庶人身份而起兵对抗天子，难道是属于"友邦"的情况吗？朱儁说："秦末、项羽之际，百姓没有固定的君主，通过赏赐归附者来鼓励人们投奔自己。"这是后世的权术，不能与三代时期的情况相提并论。所以像曹操这样猜疑心重的人，对待关羽这样并非完全诚心降服的人，尚且听任他归附又离去，而不加害于他。有人想在盗贼被打败而处于困顿的时候，接受他们的投降，这种做法很明显是错误的。

　　败而诛之，不可胜诛，而姑予以生，使知惧而感我之不杀，或犹知悔也，且非可施于渠帅者也。歼其魁，赦其余党，自我贷之①，固不可予以降之名也。予以降之名，抑将授以降之赏，犹然尊高于众人之上，而人胡不盗？以黄巾之遍天下也，不数年而定，汉虽亡，不亡于黄巾之手，则朱儁之所持者定矣。不可以三代之法处秦、项之际，况可以处逆民之弄兵以抗国而毒民者乎？庸臣懦将酿无穷之祸，有识者勿为所乱也。

【注释】

　　①贷：宽恕，饶恕。

【译文】

　　击败敌人后杀掉他们，是杀不完的，而姑且让他们活下去，使他们知道恐惧而感激我方的不杀之恩，或许他们还知道悔改，不过这种办法不能施加到他们的首领身上。诛杀他们的头领，赦免其余的党羽，是我方饶恕他们，而坚决不能给予他们投降的名义。给予他们投降的名义，还要授予他们投降的奖赏，投降者还能受到赏赐，好像比普通人地位还高，这样人们谁会不做盗贼呢？黄巾军遍布天下，没过几年就被平定，汉朝虽然灭亡了,但并不亡于黄巾军之手,正是朱儁所坚持的不接受投降的策略将其平定的。不可以用三代的办法来处理秦朝、项楚政权之际的事情,难道可以用三代时的办法来处理叛民起兵对抗国家、毒害百姓的事情吗? 平庸的大臣、懦弱的将领酿成了无穷的祸患,有见识的人不应该被他们扰乱心智。

一二　孙坚劝张温诛董卓

孙坚之欲诛董卓也①,张廷珪之欲杀安禄山也②,论者惜其不果而终以长乱。张让等为蟊贼于中,李林甫、杨国忠相继朘削于国③,微卓而汉必亡,微禄山而唐必乱,夫岂二竖之果足以移天而沸海乎④? 何进不召卓而卓何逞? 玄宗不宠禄山而禄山何藉? 逆未著而以疑杀人,且不胜其杀矣。是故后事之论,惩其末而弗戒其本,智者所弗尚也。

【注释】

①孙坚(155—191):字文台,吴郡富春(今浙江富阳)人。东汉末年将领、军阀,三国孙吴政权的奠基人。早年在郡县任职,后来作为名将朱儁的佐军司马,曾参与讨伐黄巾军的战役,立下战功。中平三年(186),朝廷派司空张温前往征讨在凉州策动骚乱的边章、韩遂等人,孙坚随行。当时张温召见中郎将董卓,但董卓拖延不从,孙坚指陈董卓三条罪状,劝张温诛杀董卓,但张温没有采纳他的意见。其后孙坚转战各地,被袁术荐举为破虏将军,参加讨伐董卓的战役。在各诸侯观望不前的情况下,孙坚奋力与董卓作战,拒绝董卓的拉拢,攻入洛阳,迫使董卓撤退到长安。后在与刘表作战时阵亡。其子孙权称帝后,追谥孙坚为武烈皇帝,庙号始祖。传见《三国志·吴书·孙坚传》。

②张廷珪之欲杀安禄山:张廷珪,两《唐书》载其名曰"张庭珪"。查
其一生行迹,并无欲诛杀安禄山之事。此"张廷珪"实为"张守
珪"之误。张守珪(684—740),字元宝,陕州河北(今山西平陆)
人。唐朝名将。开元二十年(732),张守珪任幽州节度,安禄山
偷羊被抓住,张守珪拷问他,准备乱棍打死,他高声喊叫说:"大
夫难道不想消灭两个蕃族吗?为什么要打死我!"张守珪见他长
得白白胖胖,语言豪壮,就放了他,命令他跟同乡史思明一起抓
活俘虏,因其表现出色,将其提拔为偏将。后来安禄山以骁勇出
名,张守珪就把他收为义子。事见新、旧《唐书·张守珪列传》。

③腠削:剥削。

④竖:对人的蔑称。

【译文】

孙坚想要诛杀董卓,张守珪想要诛杀安禄山,议论的人都为他们不
但没成功反而助长了叛乱感到可惜。张让等在朝廷中做蟊贼,李林甫、
杨国忠相继残害国家,即使没有董卓,汉朝也必定灭亡,即使没有安禄
山,唐朝也必定陷入大乱,难道董卓、安禄山这两个家伙果足以移天
沸海吗?何进如果不召董卓入京,董卓又怎么能得以一逞?唐玄宗如
果不宠信安禄山,安禄山又能凭借什么造反呢?如果叛贼的反迹尚不
明显,就因为猜疑诛杀他们,那就杀不胜杀了。所以后世对这两件事的
议论,只看到了细枝末节而没有在事情的根本上得到教训从而加强戒
备,这是智者不会崇尚的行为。

先主劝曹操杀吕布①,而为操劲敌者,先主也。孙坚之
沉鸷而怀远图②,夫岂出卓下哉?张温弗假以威福③,而使
卓相制,非无意计焉。不幸而卓恶成,未可以咎温之不
豫矣。

【注释】

①吕布(?—198)：字奉先，五原郡九原(今内蒙古包头)人。东汉末年将领、军阀。原为丁原部将，杀害丁原而归附董卓，后又被司徒王允唆使诛杀董卓。旋即被董卓旧部李傕等击败，依附袁绍，又被袁绍猜忌，转而依附张杨。兴平元年(194)，吕布趁曹操攻打徐州陶谦时与陈宫等叛乱，占据濮阳，后被曹操击败转而去依附徐州刘备，又趁刘备与袁术作战时袭取了徐州。建安三年(198)，吕布先后击败刘备与夏侯惇，曹操亲自率军征讨吕布，水淹下邳，吕布遭部下背叛，城破被俘，被曹操处死。传见《三国志·魏书·吕布传》。

②沉鸷：深沉勇猛。

③张温(?—191)：字伯慎，南阳穰县(今河南邓州)人。东汉末年大臣，官至司隶校尉、太尉，封互乡侯。曾经作为董卓、孙坚、陶谦等人的上司，奉命讨伐韩遂、边章、北宫伯玉的叛乱。董卓掌权后，张温被以和袁术勾结的罪名杀害。其事见于《后汉书·董卓列传》。

【译文】

刘备劝曹操杀吕布，而成为曹操劲敌的人，正是刘备。孙坚深沉勇猛而怀有远大的志向，难道是甘愿居于董卓之下的人吗？张温不愿意把作威作福的权力给孙坚，而让董卓来与他相互制约，也并非没有自己的考虑。不幸的是董卓后来成为祸国殃民的大恶，但不能用这来指责张温事先没有想到。

一三　傅燮拒赵忠可为社稷之臣

汉之将亡，有可为社稷臣者乎？朱儁、卢植、王允未足以当之①，唯傅燮乎②！讨黄巾而有功，赵忠欲致之而予以侯封③，燮不受也。当其时，有军功而拒宦寺，非直赏不及焉，还以受罪。故卢植辱于槛车,王允几于论死,皇甫嵩夺其印绶。燮拒忠而忠弗能挫,惮其名而弗敢害,燮之德威謺权奄而制之也④,大矣。

【注释】

①王允(137—192):字子师,太原祁县(今山西祁县)人。灵帝时,为侍御史。中平元年(184)特选为豫州刺史,镇压黄巾起义。因得罪宦官,被诬下狱,后得释。献帝即位后,任司徒之职。及董卓迁都长安,王允收藏兰台、石室图籍,使得经籍赖以得存。后与董卓部将吕布密谋诛杀董卓,不久为董卓部将李傕、郭汜所杀。传见《后汉书·王允列传》。

②傅燮(?—187):字南容,北地灵州(今宁夏吴忠)人。东汉末将领。黄巾起义爆发后以护军司马身份跟随名将皇甫嵩出征,在兖州东郡苍亭大破黄巾军。因弹劾宦官,故功虽多而不封,任为安定都尉。中平三年(186),因与宦官赵忠不和,出为汉阳太守。中平四年(187),凉州刺史耿鄙不听傅燮劝阻,率六郡士兵出征,士兵哗变,傅燮死于阵中。传见《后汉书·傅燮列传》。

③赵忠(?—189):安平(今河北安平)人。东汉末年宦官。桓帝、灵帝时,历为小黄门、中常侍、大长秋、车骑将军等职,封都乡侯。在职时以搜刮暴敛、骄纵贪婪著称,灵帝对其极为宠信,常谓"赵常侍是我母"。中平六年(189),何进谋诛宦官,赵忠和其余几个常侍设计伏杀何进,袁绍、袁术等人闻何进被杀,入宫剿除宦官,赵忠被捕杀。传见《后汉书·宦者列传》。

④謺(zhé):使惧怕。

【译文】

　　汉朝将要灭亡的时候,还有能够作为社稷之臣的人吗? 朱儁、卢植、王允都不足以当得起社稷之臣的荣誉,大概只有傅燮堪称社稷之臣吧！他讨伐黄巾而立下功劳，赵忠想要笼络他，而封他为侯，傅燮不接受。当时，有军功而拒绝宦官的拉拢，不仅仅是赏赐再也轮不到自己身上，还将因此而获罪。所以卢植被装进槛车里受辱，王允几乎被论罪处死，皇甫嵩被夺去印绶、撤销职务。傅燮拒绝了赵忠的拉拢而赵忠不能对他进行打击报复，忌惮他的名声而不敢加害他，傅燮的德行威势足以令掌权的宦官感到害怕而被他所制约，真是太博大了。

　　燮之拒忠也，曰："遇不遇，命也；有功不论，时也。"守正而不竞，安命而不为已甚之辞，坦夷以任天[①]，而但尽其在己，自以雅量冲怀适然于宠辱之交，而小人莫能窥其际。其在汉阳也[②]，曰："吾遭世乱，不能养浩然之志，食人之禄，又欲避其难乎？"方且自逊以引身之不早，而不待引亢爽之气以自激其必死之心[③]。夫如是，岂小人之所可屈，又岂小人之所可伤哉！若燮者，托以六尺之孤，正色从容而镇危乱，植也、儁也、允也，智勇形而中藏浅，固不足以测燮之涯量矣[④]。故知燮非徒节义之士也，允矣其可为社稷之臣矣。

【注释】

①坦夷：坦率平易。

②汉阳：东汉郡名，其前身为天水郡。属凉州，治冀县（今甘肃甘谷东）。

③亢爽：直爽。

④涯量：限度，限量。

【译文】

　　傅燮拒绝赵忠拉拢时说："遇不遇得到明主，这是命运决定的；有功而不能论功行赏，这是时机决定的。"他洁身自好而不追逐名利，安于天命而不发牢骚、不埋怨,宽广坦荡地听任上天的安排,而只是尽自己所能去踏实做事,以自己的雅量来冲淡外界宠辱对自己的影响,而小人不能窥测他的限度。他在任汉阳太守时说:"我遭遇乱世,不能培养起浩然的志向,拿着朝廷的俸禄,国家遭遇祸患时,难道能够选择逃避责任吗?"当时其他人都正在自恨没能及早抽身而退,而傅燮却早已经心如铁石,不需要引直爽之气来激励自己的必死之心。像傅燮这样的人,难道是小人能够使其屈服的吗?又难道是小人所能伤害的吗!若傅燮这种人,如果托孤于他,他一定会正色从容地控制危险和祸乱,卢植、朱儁、王允,他们的智慧和勇敢都体现在表面,而内心却是肤浅的,本来就不足以测度傅燮的限量。所以知道傅燮不仅仅是守大节、通大义的人,也一定能够做好社稷之臣。

一四　王芬谋诛诸常侍废帝立合肥

王芬欲乘灵帝北巡[①],以兵诛诸常侍,废帝立合肥侯[②]。使其成也,亦董卓也,天下且亟起而诛之,其亡且速于董卓。卓拥强兵专征讨,有何进之召为内主,废辨立协,在大位未定之初,协慧而欲立之者,又灵帝之志也,然且不旋踵而关东兴问罪之师矣。芬以斗筲文吏,猝起一旦,劫二十二年安位之天子,废之而立疏族,力弱于卓,名逆于卓,人之问罪也,岂徒如卓而已乎?况其轻躁狂动而必不能成也乎?曹操料其败,以止其废立之妄,非其智之过人也,皎然是非祸福之殊途,有心有目无不能辨也。

【注释】

①王芬(?—188):一名王考,字文祖,东平寿张(今山东东平西南)人。东汉末年大臣、名士。灵帝朝官至冀州刺史。中平五年

(188)，他与南阳许攸、沛国周旌合谋，借口围剿黑山贼向汉灵帝请求增兵，意欲趁灵帝回河间省亲之际发动政变，先诛杀黄门、中常侍，再废掉灵帝，改立合肥侯为帝。他们还试图说服曹操参加，但曹操拒绝了。后此事果然失败，王芬畏罪自杀。其事见于《三国志·魏书·武帝纪》。

②合肥侯：东汉皇族，名已失考。

【译文】

王芬想要乘汉灵帝北巡的时候，起兵诛杀诸位中常侍，废汉灵帝而改立合肥侯为皇帝。假如他能够成功，也不过是一个董卓式的人物罢了，天下将很快起来诛灭他，他的灭亡会比董卓还要快。董卓拥有强大的武装，握有征讨大权，有何进召他入京作为内应，他废少帝刘辨而立献帝刘协，而在太子人选尚未确定的时候，灵帝就因为刘协聪明而想要立他为太子，董卓立献帝是符合灵帝意愿的，然而即使如此，没多久关东就兴起了问罪的军队。王芬以一个小小文官的身份，在一天之间仓促起事，劫持已经安稳地做了二十二年皇帝的天子，将他废掉而立疏远皇族为皇帝，力量比董卓弱，名义也比董卓更悖逆，别人向王芬兴师问罪，难道会仅仅和对待董卓一样吗？何况王芬为人轻躁胆大妄为而废立之事必定不能成功呢？曹操预料到了他的失败，因此制止他想废立君主的狂妄念头，并不是他的智慧比常人高多少，而是因为是非祸福很清晰地展现在人们眼前，差别很明显，只要是有心有眼的人，没有能分辨不清的。

夫芬之狂，何以迷而不觉也哉？陈蕃之子逸从臾之①，而襄楷以其术惑之也。故有积愤者，不可与图万全之术。挟技术者，不可与谋休咎之常②。陈逸有不戴天之恨，身与俱碎而不恤，闵其志可也，而不可从也。若襄楷者，昂首窥天而生觊觎,君子之远之也夙矣。此择交定谋者之不可不知也。

【注释】

①陈蕃之子逸:即陈逸,汝南平舆(今河南平舆)人。其父陈蕃死
时,友人朱震弃官为陈蕃收葬,并将陈逸藏匿于甘陵边界,宁死
不说陈逸躲在何处,终于令陈逸免于被捕。黄巾之乱时大赦党
人,陈逸也得以任官,最终官至鲁相。传见《后汉书·陈蕃附陈
逸列传》。从臾:亦作"从谀",怂恿,奉承。

②休咎:吉凶,善恶。

【译文】

王芬如此狂妄愚昧,为什么会执迷不悟呢?陈蕃的儿子陈逸怂恿
奉承他,而襄楷用他的方术来迷惑他。所有心中充满愤恨的人,不能与
其共同谋划万全的策略。挟持方术的人,不能与其一起探究吉凶祸福
的变化规律。陈逸与汉灵帝和宦官有不共戴天的仇恨,即使自己与他
们同归于尽也在所不惜,对他这样的人,怜悯其志向是可以的,却不能
听从他的意见。像襄楷这样的人,举头窥探上天而产生觊觎之心,君子
早就应该疏远这样的人。这是选择朋友、商定谋划的人不可以不知
道的。

一五　袁隗不能止何进召董卓又依卓议废弘农

何进辅政,而引袁隗同录尚书事①,隗之望重矣,位尊
矣,权盛矣。绍及术与进同谋诛宦官,而隗不能任;进召董
卓,曹操、陈琳、郑泰、卢植皆知必乱②,而隗不能止;董卓废
弘农立陈留③,以议示隗,而隗报如议;犹然尸位而为大臣,
廉耻之心荡然矣。然且终死于卓之手而灭其家。故夫有耻
者,非以智也,而智莫智于知耻。知耻而后知有己;知有己

而后知物之轻；知物之轻，而后知人之不可与居，而事之不可以不断。故利有所不专，位有所不受，功有所不分，祸有所不避。不知耻而避祸，是夜行见水而谓之石，不濡其足不止也。以疲老荏弱之情，内不能知子弟之桀骜④，外不知奸贼之雄猜，自倚族望之隆，优游而图免，而可谓有生人之气乎？东汉之有袁氏与有杨氏也，皆德望之巨室，世为公辅，而隗与彪终以贪位而捐其耻心⑤。叔孙豹曰⑥："世禄也，非不朽也。"信夫！不朽有三，唯有耻者能之；隗与彪，其朽久矣。

【注释】

①袁隗（？—190）：字次阳，汝南汝阳（今河南商水）人。东汉大臣，汉末军阀袁绍、袁术的叔父。袁隗出身于四世三公的名门贵族，很早就跻身三公之列，曾任太尉、太傅等职。后来因为袁氏兄弟起兵反董卓，董卓怕袁隗做内应而将其全家杀害。传见《后汉书·袁隗列传》。

②陈琳（？—217）：字孔璋，广陵（今江苏扬州）人。东汉末年文学家，"建安七子"之一。汉灵帝末年，陈琳任大将军何进主簿。何进为诛宦官而召四方边将入京城洛阳，陈琳曾谏阻，但何进不听，终于事败被杀。后来陈琳避难至冀州，入袁绍幕府，曾为袁绍起草著名的讨伐曹操檄文。袁绍失败后，陈琳为曹军俘获。曹操爱其才而赦免了他，任命他为司空军师祭酒，与阮瑀同管记室。建安二十二年（217），染疫疾而亡。传见《三国志·魏书·陈琳传》。郑泰（151—191）：字公业，开封（今河南开封）人。东汉末官吏。早年不应征辟。灵帝末，大将军何进辅政，征为尚书侍郎，迁侍御史，曾谏阻何进召董卓进京，未被采纳。董卓专政

时任议郎。后与何颙、荀攸共谋诛杀董卓，因事情泄露而出逃，归附袁术，被袁术举荐为扬州刺史。在就任途中病死。传见《后汉书·郑泰列传》。

③弘农：指少帝刘辩，被董卓废为弘农王。陈留：指汉献帝刘协，当时爵位为陈留王。

④桀骜：桀骜勇敢。

⑤彪：指杨彪（142—225）。字文先，弘农华阴（今陕西华阴）人。东汉末年大臣，太尉杨赐之子、名士杨修之父，出身东汉名门"弘农杨氏"。汉献帝时，杨彪历官三公（司空、司徒、太尉）。董卓意图迁都时，他据理力争，后随献帝东迁。因遭曹操猜忌而被下狱，获释后又任太常。他见汉室衰微，便诈称脚疾，不理世事。曹魏建立后，拒绝出任太尉，改任光禄大夫，待以客礼。传见《后汉书·杨彪列传》。

⑥叔孙豹（？—前537）：姬姓，叔孙氏，谥号曰"穆"，故史称叔孙穆子，亦称叔孙穆叔。春秋时鲁国大夫。据《左传》记载，范宣子曾问叔孙豹什么是死而不朽，叔孙豹回答："太上有立德，其次有立功，其次有立言。虽久不废，此之谓不朽。若夫保姓受氏，以守宗祊，世不绝祀，无国无之，禄之大者，不可谓不朽。"

【译文】

何进辅政，而引袁隗与他一同录尚书事，袁隗的威望很重，地位尊贵，权力也很大。袁绍及袁术与何进共同谋划诛杀宦官，而袁隗却不能共担此任；何进召董卓进京，曹操、陈琳、郑泰、卢植都知道这必定会招来祸乱，而袁隗不能制止何进；董卓废少帝立献帝，将奏议出示给袁隗看，而袁隗回复表示同意；他在这种情况下尚且尸位素餐地居于大臣之位，廉耻之心已经荡然无存了。然而，最终他还是死于董卓之手，全家被诛灭。所以有羞耻心的人，并非凭恃其智慧，而没有比知耻更大的智慧了。知耻然后才能知道有自己；知道有自己，然后才能知道身外之物微不足道;知道身外之物微不足道,然后才能知道不能与什么样的人共事,而什么样的事情又不能不做决断。所以有些利益不追求专擅,有些职位不予以接受,有些功劳不去瓜分,有些祸患不去逃避。不知道廉耻而逃避灾祸,就好像晚上走路看见水却把它说成石头,不沾湿自己的脚不停下来。袁隗年老体弱,内不能知道自家子弟的桀骜勇敢,外不知道奸贼的猜忌多疑,凭借自己家族有很高的威望,想要图个悠闲自在而免除灾祸,还能说他有活人的气息吗?东汉有袁氏和杨氏这样的家族,都是德高望重的世家大族,世代做三公,而袁隗与杨彪最终因为贪恋权位而抛弃了自己的廉耻之心。叔孙豹说:"世代保有俸禄,并不是不朽。"这句话真是可信!不朽有三种(立德、立功、立言),只有知道廉耻的人才能做到;袁隗与杨彪,他们早就腐朽了。

一六 何进谋诛宦官有七败

轻重之势,若不可返,返之几正在是也,而人弗能知也。宦寺之祸,弥延于东汉,至于灵帝而蔑以加矣。党人力抗之而死,窦武欲诛之而死,阳球力击之而死,后孰敢以身蹈水火而姑为尝试者!然天下之盗蜂起,指数之而挟以为名。四海穷民,受其子弟宾党滥大官大邑以朘削无余者,皆诅咒而望其速亡。诛杀禁锢之子孙宗族,不与共戴天日而愿与并命者,日含愤以求一旦之报。士大夫苟非其党,不获已而俯出其下者,畜恶怒以俟天诛之期。桀、纣、幽、厉以圣帝明王之冢裔,正位为天下君,而卒至陨灭,况此无赖之刑人,其能长此而无患乎?故极重而必返,夫人而可与知也。

【译文】

轻重的态势,好像不能相互转换,其实转换的征兆、迹象也正表现在这里,只是人们无法知晓罢了。宦官之祸,弥漫蔓延在整个东汉时期,到了灵帝时更是达到了无以复加的地步。党人奋力对抗宦官而被杀,窦武想要诛杀宦官而被杀,阳球奋力攻击宦官而被杀,这之后谁还敢以身犯险、赴汤蹈火而姑且尝试推翻宦官呢!然而天下的盗贼蜂拥而起,纷纷历数宦官的罪恶而把反对宦官作为起兵的名义。四海之内的穷苦百姓,都受尽了那些在地方上担任重要职务的宦官子弟、党羽的残酷剥削,都诅咒宦官而盼望他们早日灭亡。被诛杀禁锢的党人的子孙和宗族,与宦官有不共戴天之仇,每天都想要跟他们同归于尽的人,每天都怀着愤怒而寻求一朝能够报仇的机会。士大夫只要不是宦官的党羽,不得已而屈服于他们淫威的人,都压抑着内心的愤恨而等待宦官受到上天惩罚的那一天。夏桀、商纣、周幽王、周厉王作为圣帝明王的直系后裔,光明正大地登上君王之位,尚且最终沦落到灭亡的地步,何况这些无赖的宦官,他们难道能够长期这样把持权力、作威作福而没有祸患吗?所以物极必反,人们是能够懂得这个道理的。

　　夫既夫人而可与知,则一旦扑之,如烈风吹将尽之镫①,甚速而易,必矣。陈琳曰:"此犹鼓洪炉燎毛发②。"曹操曰:"诛其元恶,一狱吏足矣。"而何进若持方寸之刃以拟猛虎③,其呼将助也不择人,其挠败也无决志。袁绍以豪杰自命,为进谋主,且忧危展转而无能为计;而遣鲍信募泰山之甲④,丁原举孟津之火⑤,甚且召董卓以犯宫阙。进之心胆失据,而绍无能辅也。曹操笑而袁绍忧⑥,其智计之优劣,于斯见矣。

【注释】

①镫:同"灯",指油灯。

②洪炉:大火炉。燎:以火焰烧。

③拟：用武器对准别人的躯干等部位，作模拟刺击的动作。

④鲍信(151—192)：泰山平阳(今山东新泰)人。东汉末年将领。大将军何进想诛杀宦官，鲍信受何进委派，前往泰山等地募兵，回到洛阳时适逢董卓进京，于是劝袁绍除掉董卓，袁绍不同意。后袁绍、曹操等人起兵对抗董卓，鲍信也以济北相身份起兵响应。联盟破裂后，青州黄巾军进攻兖州，刺史刘岱不听鲍信劝谏而贸然出战，兵败战死。鲍信把曹操迎为兖州牧。在与黄巾军交战期间，鲍信为救曹操而战死。传见《三国志·魏书·鲍信传》。

⑤丁原：字建阳，泰山南城(今山东泰安)人。东汉末年将领。曾任并州刺史。汉灵帝驾崩后，受何进之召，火烧孟津，进入洛阳诛杀十常侍，但尚未到达，何进已被宦官所杀。之后，丁原与董卓发生冲突，董卓遣使挑拨诱使其部将吕布将其杀害。

⑥曹操笑：《三国志·魏书·武帝纪》注引王沈《魏书》称，曹操听到何进和袁绍招董卓进京诛杀宦官的策略后，笑着说："阉竖之官，古今宜有，但世主不当假之权宠，使至于此。既治其罪，当诛元恶，一狱吏足矣，何必纷纷召外将乎？欲尽诛之，事必宣露，吾见其败也。"这一笑有嘲讽的意味，表明他不赞成何进、袁绍等人的做法。

【译文】

人们既然能够懂得物极必反的道理，则一旦起来消灭宦官，就好像用大风吹快要熄灭的灯一样，非常迅速而容易，这是肯定的。陈琳说："这就好像用大火炉来燎毛发一样。"曹操说："想要诛杀宦官中的元凶大恶，只需要一个狱吏就足够了。"而何进却好像拿着方寸之刃来模拟刺击猛虎一样，他向各地将领求助而又没选中正确的人，他的失败在于缺乏决心。袁绍自命为豪杰，作为何进的主要谋士，尚且犹豫不前、辗转无措而想不出好的计策；只能派遣鲍信招募泰山郡的士兵，派丁原在孟津放火,甚至还召董卓入京进犯宫阙。何进胆战心惊、进退失据,而袁绍也不能好好辅佐他。曹操嘲笑何进等人无谋,而袁绍只是忧虑不已,两人智谋上的优劣,从中也可以很明显地看出来。

所以然者,进以外戚攻宦官,人惩窦氏之祸①,无为倾心,一也。进之所恃者何后,举动待后而后敢行,以妇人而敌宦官,智计不及,而多为之蛊,二也。袁隗身为大臣,而疲庸尸位②,无能以社稷自任,三也。郑泰、卢植初起于田间,任浅望轻,弗能为益,杨彪、黄琬③,无以大殊于袁隗,四也。袁绍兄弟,包藏祸心,乘时构乱,而无戮力王室之诚,五也。曹操识之明、持之定,而志怀叵测,听王室之乱,居静以待动,视何进之迷,而但以一笑当之,六也。皇甫嵩、盖勋顾名义而不欲狂逞④,进躁迫而不倚以为腹心,七也。具此七败之形势以诛宦者,而固非其所堪,虽欲祸之不中于宗社,其将能乎?

【注释】

①窦氏之祸:指灵帝即位之初,窦太后之父、大将军窦武与太傅陈蕃定计翦除诸宦官。但因谋划泄露,遭到宦官反攻,最终兵败自杀。

②疲庸:庸碌,平庸。

③黄琬(141—192):字子琰,江夏安陆(今湖北安陆北)人。东汉末期大臣。年轻时任五官中郎将,因公平选举而得罪权贵,被诬陷为朋党,遭禁锢二十余年。光和(178—184)末年,才得以复出。先后出任右扶风、豫州牧等职,封关内侯。董卓秉政之时,征召黄琬入朝为司徒,又迁太尉,进封阳泉乡侯。因与杨彪一同反对董卓迁都长安而被免职。不久拜光禄大夫、司隶校尉,与司徒王

允等共同谋划诛杀董卓。李傕、郭汜攻入长安，黄琬被捕下狱，不久即遇害。传见《后汉书·黄琬列传》。

④盖勋(140—191)：字元固，敦煌广至(今甘肃瓜州)人。东汉末期名将。曾任凉州汉阳郡长史、汉阳太守，后入朝为讨虏校尉，颇受汉灵帝刘宏信任，出任京兆尹。董卓专权时，为防止盖勋响应袁绍领导的关东联军，特将其征入朝廷。初平二年(191)，因背疽发作，在长安去世。传见《后汉书·盖勋列传》。

【译文】

之所以会有这样的结果，何进以外戚身份攻击宦官，人们吸取窦武想诛灭宦官反而身死的教训，不愿意为他尽心，是第一个原因。何进所凭恃的是何太后，他的行动都要得到太后的允许后才能进行，以区区妇人而与宦官对抗，智谋比不上宦官，而常常被宦官所蛊惑，这是第二个原因。袁隗身为国家重臣，而庸庸碌碌、尸位素餐，不能以社稷为己任，这是第三个原因。郑泰、卢植出身于田间，资历浅、威望轻，不能够做出大的贡献，杨彪、黄琬，与袁隗没什么大的区别，这是第四个原因。袁绍、袁术兄弟，包藏祸心，想要趁机作乱，而没有戮力同心、报效王室的诚心，这是第五个原因。曹操见识高明、意志坚定，但心怀叵测，听任王室陷入动乱，自己静观其变，等待行动的时机，看到何进的愚蠢，而只是一笑置之，这是第六个原因。皇甫嵩、盖勋顾虑名义而不想放肆地行动，何进为人急躁而不倚重他们俩作为心腹，这是第七个原因。具有这七种失败的形势而想要诛杀宦官，本来就不是何进所能承担得起的责任，即使想要避免宗庙社稷发生祸患，难道能办得到吗？

夫内怀夺柄之心，外无正人之助，若何进者，不足论已。已往之覆辙，为将来鉴。凡皇天之所弗予，志士仁人之所弗予，天下之民受制于威，受饵于利，人心所不戴以为尊亲，而苟暴淫虐，日削月靡，孤人子，寡人妻，积以岁月而淫逞不收,若此者,其灭其亡皆旦夕之间,河决鱼烂而不劳余力。智者静以俟天,勇者决以自任,勿为张皇迫遽而惊为回天转日之难也^①。存乎其人而已矣。彼曹操者,固亦尝晏坐而笑之矣,况其秉道以匡夫不为操者乎! □□□□□□□□□
□□□□□□□□□□□□□□

【注释】

①迫遽:急迫,紧促。回天转日:使天倒转,让太阳转动。比喻扭转局面(尤其是危险、不利的局面)。

【译文】

内怀有夺取权柄的心思,外没有正人君子的帮助,像何进这样的人,当然不足一提。已往的覆辙,可以作为将来的鉴戒。凡是上天所不赞许的人,仁人志士所不拥护的人,天下的百姓受到其威势的制约,受到其利益的引诱,然而百姓心中并不将其作为君王、父母来拥戴,而其苛刻暴虐,一天比一天严重,使人子成为孤儿,使人妻成为寡妇,积年累月而淫威也不收敛,像这样的人,其灭亡都在旦夕之间,就好像河流溃决、鱼儿腐烂一样,不需要耗费多余的力气。有智慧的人安静地等待上天对这些人进行惩罚,勇敢的人则决心将惩罚他们当作自己的任务,不需要张皇失措而把这件事看得好像是使天倒转、让太阳转动一样困难。只要能够把有生力量保存下来就可以了。像曹操那样的人,尚且也曾经安坐而嘲笑何进的做法,何况是不像曹操那样心怀叵测,而是秉持道义来匡扶朝廷的人呢! □□□□□□□□□□□□□□□□□□
□□□□

一七 蔡邕积怨宦官而就董卓

史纪董卓之辟蔡邕,邕称疾不就,卓怒曰:“我能族人。”

邕惧而应命。此殆惜邕之才，为之辞以文其过，非果然也。

【译文】

史书上记载说，董卓征辟蔡邕，蔡邕称自己有病而不接受征辟，董卓发怒说："我能够灭人全族。"蔡邕恐惧而被迫接受征辟。这大概是惋惜蔡邕的才华，所以这样记载来掩饰他的过错，并不是事实果然如此。

卓之始执国柄，亟于名而借贤者以动天下，盖汲汲焉。除公卿子弟为郎，以代宦官，吊祭陈、窦，复党人爵位，征申屠蟠①，推进黄琬、杨彪、荀爽为三公，分任韩馥、刘岱、孔伷、张邈为州郡②，力返桓、灵宦竖之政，窃誉以动天下。蔡邕首被征，岂其礼辞不就而遽欲族之哉？故以知卓之未必有此言也。且使卓而言此矣，亦其粗犷不择、一时噢发之词③，而亦何足惧哉！申屠蟠不至，晏然而以寿终矣。袁绍横刀揖出，挂节上东门④，而弗能迫杀之矣。卢植力沮弘农王之废，而止于免官，遁然以去矣。郑泰沮用兵之议，巽辞而解矣⑤。朱儁、黄琬不欲迁都，而皆全身以退矣。邕以疾辞，未至如数子之决裂，而何为其族邪？狂夫之言，一怒而无余，卓之暴，市井亡赖之谰言也⑥，而何足惧邪？

【注释】

①申屠蟠：字子龙，陈留外黄（今河南民权西北）人。东汉末名士。桓灵时期，范滂等人非议朝政，太学院里学生也争相仿效议政的时风，申屠蟠认为："从前战国时代，文人在一起议政，各国国王争相做扫除异己的先驱，最终有了焚书坑儒的大祸，今天看来也

要有祸了。"于是销声匿迹,隐居在梁山、砀山之间,因此得以在党锢之祸中保全了性命。后来董卓掌权,派人以公车征辟他,他笑而不应。后卒于家中。传见《后汉书·申屠蟠列传》。

② 韩馥(? —191):字文节,颍川(今河南禹州)人。东汉末官吏。韩馥曾担任过东汉的御史中丞,之后被董卓委派为冀州牧。与袁绍等起兵讨伐董卓,谋立刘虞为皇帝。后来袁绍用计夺取冀州,韩馥被迫投靠张邈。之后张邈与袁绍的使者见面,韩馥因恐惧而自杀。事见《后汉书·袁绍列传》。刘岱(? —192):字公山,东莱牟平(今山东福山西北)人。汉末群雄之一,官至侍中、兖州刺史。曾参与诸侯讨伐董卓的行动。初平三年(192),青州黄巾军攻打兖州,刘岱不采纳鲍信的意见,轻率出战,结果兵败被杀。传见《三国志·吴书·刘繇传附刘岱传》。孔伷:字公绪,陈留(今河南开封)人。汉末群雄之一。曾被董卓任命为豫州刺史,不久参加起兵讨董卓的行动。反董联盟解散后不久病死。张邈(? —195):字孟卓,东平寿张(今山东东平)人。汉末群雄之一。曾任陈留太守,参与讨伐董卓。东汉末年,在汴水之战后归附曹操。兴平元年(194),曹操带兵讨伐陶谦时,张邈与陈宫叛曹迎吕布为兖州牧。后吕布被曹操击败,张邈跟随吕布投奔刘备。后在向袁术借兵的路上,被部下所杀。传见《三国志·魏书·张邈传》。

③ 燹(bì)发:勃发。

④ 上东门:洛阳城门名,位于洛阳城东靠北面的位置。

⑤ 巽辞:委婉的言辞。

⑥ 谰言:诬妄不实、没有根据的话。

【译文】

董卓刚开始执掌国家大权的时候,很渴望得到名声而想要借助贤者来打动天下,大概是很迫不及待的。他把公卿子弟任命为郎,以取代宦官,吊祭陈蕃、窦武,恢复党人的爵位,征辟申屠蟠,荐举黄琬、杨彪、荀爽为三公,分别任命韩馥、刘岱、孔伷、张邈为州郡长官,力图澄清桓帝、灵帝时期被宦官搞得混乱不堪的政局,窃取名誉以打动天下。蔡邕第一次被征辟,难道他按照礼节推辞而董卓就立即想要灭他的宗族吗?所以可以知道董卓未必曾说过这样的话。而且即使董卓说了这些话,也是他性格粗犷而不加选择、一时用词不当的结果,而又如何值得恐惧呢!申屠蟠不接受征辟到朝廷来,最终安然地寿终。袁绍横刀长揖而出,将符节悬挂在上东门上,不辞而别,而董卓也不能逼迫追杀他。卢植奋力反对董卓废少帝为弘农王,而只是被免官,得以悠然地离去。郑泰反对用兵的议论,虽惹恼了董卓,但他说了一些委婉的言辞,就得以解除危机。朱儁、黄琬不想迁都,而最终都能全身而退。蔡邕以生病为由推辞征辟,还不至于像那几位一样与董卓公开决裂,为什么要灭他的族呢?狂妄的人说的话,一怒之下什么话都说得出来,以董卓的残暴,他说的不过是市井无赖的没根据的话罢了,又有什么值得害怕的呢?

邕之始为议郎也,程璜之毒①,阳球之酷,可以指顾杀人,而邕不惧;累及叔质②,几同骈首以死,而不惧;何其壮也!至是而馁矣。亡命江海者十二年,固贞人志士义命自居之安土也。宦官之怨愤积,而快志于一朝;髡钳之危辱深③,而图安于晚岁;非惧祸也,诚以卓能矫宦官之恶,而庶几于知己也。于是而其气馁矣。以身殉卓,贻玷千古④,气一馁而即于死亡,复谁与恤其当年之壮志哉?

【注释】

①程璜:东汉末年宦官。桓帝、灵帝时期任中常侍。他收受贿赂,排挤忠良,自恃资格老而年长,作威作福,被人喻为“程大人”。

光和元年(178)蔡邕上疏弹劾程璜之罪,奏章泄露,程璜因此与大长秋曹节联手陷害蔡邕,使其遭受流放。后其婿卫尉阳球与司徒刘郃等人谋划铲除宦官,程璜出卖女婿,使阳球等人被杀。其事见于《后汉书·陈球列传》。

②叔质:指蔡邕的叔父蔡质。蔡质字子文,陈留圉(今河南杞县)人。东汉大臣,汉灵帝时任卫尉。蔡邕因上书弹劾程璜而得罪了他,蔡质又与将作大匠、程璜的女婿阳球关系不好,程璜等人于是诬陷蔡邕叔侄二人,有关部门认为应该将二人弃市。中常侍吕强替他们求情,才得以免死。其事见于《后汉书·蔡邕列传》。

③髡(kūn)钳:古代刑罚,指剃去头发,用铁圈束颈。

④玷:白玉上面的斑点,亦喻人的过失、污点。

【译文】

蔡邕当初做议郎的时候,以程璜的狠毒,阳球的残酷,动动手指和眼睛就能够杀人,而蔡邕不惧怕他们;他上书弹劾程璜等人,连累了叔父蔡质,几乎与他一同死掉,而无所畏惧,多么壮烈啊!可到这时候他却气馁了。在江海之间逃亡十二年,本来是志节坚定、操守方正的人以大义使地方安定。他对宦官的怨恨、愤怒日渐积累,而想要在一朝之间实现自己的志向,以求一快;他被判刑、流放,所受的侮辱很深,而想在晚年图个安稳;并不是惧怕灾祸,而确实是因为董卓能够矫正宦官的恶政,而差不多能算是蔡邕的知己了。因此面对董卓时蔡邕气馁、心软了。他以性命为董卓殉葬,留下了千古的污点,气一馁很快就死亡,还有谁会再想起他当年的壮志呢?

　　君子之立身,期于洁己;其出而事君也,期于靖国;恩怨去就,非有定也。祸在宫闱,则宫闱吾所亟违也;祸在阉宦,则阉宦吾所亟违也;祸在权奸,则权奸吾所亟违也。推而至

于僭窃之盗贼、攘夺之夷狄，皆冰炭之乍投而沸、薰莸之逆
风而辨也①。所疾恶者在此，而又在彼矣。气运移而贞邪忽
易，违之于此，而即之于彼，是逃虎而抱蛇、舍砒而含鸩也。
能终始数易而不染者，其唯执志如一而大明于义之无方者
乎！而邕不能也。始终之怨毒，宦竖而已，此外而篡弑之巨
憝不辨矣②。非不辨也，己私未忘，而宠辱之情移于衰老也。
则一往之劲直，乌足以定人之生平哉？《易》曰："介于石，不
终日③。"介于石，贞之至也；不终日，见几而无执一之从违，
乃以保其贞也。邕勿论矣。欲养浩然之气，日新其义而研
之以几，其尚以邕为戒乎！

【注释】

①薰莸（yóu）：香草和臭草。比喻善恶、贤愚、好坏等。薰，薰草，一
种香草。莸，一种有臭味的草。

②巨憝（duì）：元凶，大恶人。

③介于石，不终日：语出《周易·豫卦》爻辞："六二，介于石，不终
日，贞吉。"意思是耿介如石，但不能整天如此，要有所变通。

【译文】

君子立身处世，期望能洁身自好；其出山事奉君王，期望能使国家
安定；至于自己的恩怨、去就，并没有固定不变的轨则。如果国家的祸
患在于后宫，则后宫是君子所反对、弹劾的对象；如果国家的祸患在于
宦官，则宦官是君子所反对、攻击的对象；如果国家的祸患在于权奸，则
权奸是君子所反对的对象。推而广之，那些僭越的盗贼、侵扰掠夺边境
的夷狄，君子与他们势不两立，都像是冰与炭刚放在一起就沸腾、薰草
和莸草的味道在空气中就能分辨出来。他们所痛恨厌恶的对象，既包
括眼前所对抗的邪恶势力，也包括其他所有潜在的邪恶势力。如果气

数、命运发生了改变,正邪的立场和态势忽然调转,君子对抗邪恶势力中的某一群体,而接近其他邪恶势力中的某一群体,就像是逃避老虎而抱住蛇、舍弃砒霜而口含鸩毒一样。能够经历数次变化而始终不变的人,恐怕只有始终如一地坚持志向、深深明白对于义没有固定轨则这一道理的人了吧! 而蔡邕做不到这样。他始终怨恨的对象,只有宦官而已,除此之外,即使是篡位弑君的元凶他也不能分辨。并非不能分辨,而是不能忘记自己的私情,随着衰老,自己的宠辱之情也在发生变化。如此则一往无前的刚劲正直,又哪里足以决定人的一生都如此呢?《周易》中说:"介于石,不终日。"介于石,是忠贞正直到了极点;不终日,是能够看到事物变化的征兆,不一成不变地赞成或反对某种事物,以此来保全自己的忠贞。蔡邕就无须再说了。想要养浩然之气,每天更新自己的义而研究事物变化的征兆,应该把蔡邕的行为作为前车之鉴!

一八　申屠蟠非仅知几之士

申屠蟠征而不至,论者谓之知几。几者,事之微,吉凶之先见者也。汉之亡,天下之乱,董卓之不可与一日居,有目者皆见,有耳者皆闻,自非蔡邕之衰老惛迷①,孰不知者,而何谓之几邪? 乃若蟠之不可及也,则持志定而安土之仁不失也。卓之征名贤也,蔡邕畏之矣,荀爽畏之矣。人劝蟠以行,蟠笑而不答,人不可与语也,志不自白也。夷然坦然而险阻消,蟠岂中无主而能然哉? 故知其志定而安土之仁不失也。

【注释】

①惛迷:昏迷,昏聩。

【译文】

申屠蟠被董卓征辟而不应征,议论的人认为他懂"几"。所谓"几",

就是事情的微小苗头，是吉凶先显现出来的征兆。汉朝将要灭亡，天下大乱，董卓是一日也不能与其相处的，这是有眼睛的人都能看到，有耳朵的人都能听到的，只要不是像蔡邕这样衰老糊涂的人，有谁会不知道这些呢？而又怎么能称之为"几"呢？至于申屠蟠真正为别人所不及的地方，则是坚持自己的志向而没有失去安土之仁。董卓征召名士、贤人，蔡邕害怕他而应征，荀爽也害怕他而应征。别人劝申屠蟠应征，申屠蟠笑而不答，别人没办法与他再说话，他的志向也就不必自己表达出来。他这样从容坦荡，而艰难险阻就消除了，申屠蟠要是内心没有主见能做到这样吗？所以可以知道他坚持自己的志向而没有失去安土之仁。

　　士苟贞志砥行以自尚，于物无徇焉，于物无侮焉，则虎狼失其暴，蝮蛇失其毒①。天下之穰穰而计祸福者，皆足付一笑而已。故庄子曰："大浸稽天而不溺，大旱金石流而不热②。"岂有神变不测者存乎？贫而安，犯而不校，子孙不累其心，避就不容其巧；当世之安危，生民之疾苦，心念之而不尝试与谋；文章誉望，听之后世而不亟于自旌；其止如山，其涵如水，通古今、参万变以自纯，则物所不得而辱矣。此安土之仁，所谓即体以为用者也，蟠庶几矣。何以知之？以其笑而不答知之也。而浅人犹谓之曰知几，若邕与爽，其仅谓之不知几也与？

【注释】

①蝮蛇：一种毒蛇。

②大浸稽天而不溺，大旱金石流而不热：语出《庄子·逍遥游》："之人也，物莫之伤：大浸稽天而不溺，大旱金石流，土山焦而不热。"

　　意思是即使滔天的大水也不能淹没他,大旱把金石熔化了,他也不觉得灼热。比喻不为外物所动。

【译文】

　　士人只要自己树立忠贞的志向、坚持磨砺自己的德行、强化自我修养,对于外物,既不执迷追求也不轻侮,则虎狼就失去了其残暴,蝮蛇就失去了其毒液。天下熙熙攘攘为祸福而谋划、奔走的人,都只值得付之一笑而已。所以庄子说:“即使滔天的大水也不能淹没他,大旱把金石熔化了,他也不觉得灼热。”难道真的有神乎其神、无法测度的事物存在吗? 安贫乐道,对于触犯自己的人也不计较,不为子孙过度操心,在避开与趋就的选择上不投机取巧;当世的安危,百姓的疾苦,都在心中考虑着,而不曾试着参与具体谋划;文章的声望,听任后世评判而不急于自我夸耀;他静止时像山一样稳重,他的心胸内涵像水一样深沉博大,通晓古今事物、参悟万事万物的变化以使自己变得纯粹,则外物就不可能使自己受辱了。这种安土之仁,就是所谓的“即体以为用”,申屠蟠差不多到达了这一境界。如何能够知道呢? 从他对别人劝他应征的话笑而不答可以知道。而浅薄的人尚且说他懂得事物变化的征兆,像蔡邕与荀爽,难道能够仅仅说他们是不懂得事物变化的征兆吗?

卷九

献　帝

【题解】

汉献帝刘协(181—234)字伯和,是汉灵帝刘宏的次子、汉少帝刘辩的异母弟,东汉最后一任皇帝。中平六年(189),汉灵帝去世,刘辩即位。不久外戚何进谋诛宦官失败反被杀,军阀董卓趁机率兵入京,控制了政权。董卓废黜刘辩,立刘协为皇帝。此时天下军阀割据,汉王朝已名存实亡。董卓死后,朝廷局势日益混乱,献帝颠沛流离,直到建安元年(196)被曹操迎接到许都才得以安定下来。但在曹操掌控实权的情况下,献帝形同傀儡。建安二十五年(220),曹操病死后,献帝被迫禅让于曹丕,东汉王朝就此灭亡。

汉献帝时代,曹操才是政治舞台上的主角。对于这一点,王夫之有着清醒的认识,本篇中他花费了大量篇幅来评论曹操的作为。王夫之不认同后世将曹操脸谱化为"奸雄"的观点,指出曹操绝非从一开始就怀有不轨之心:王芬欲拥立合肥侯、袁绍欲拥立刘虞为帝,曹操都不赞同;关东群雄讨伐董卓时,曹操与孙坚是最坚定和积极的将领;曹操在兖州奋力征讨黄巾军,不曾主动攻击任何诸侯。这些都表明,早期的曹操是心怀汉室的。王夫之将曹操视为"雄桀",认为雄桀虽怀有"不测之情",却是可以用名义来驾驭的。如果献帝能实现中兴,曹操便是有大功之臣,不轨之心自然会收敛。对于曹操挟天子以令诸侯的做法,王夫之认为,尽管曹操确有"无君之心",但掌握献帝这一正统名分所在,不失为高明的策略。而且名存实亡终究好过名实俱亡,曹操毕竟还是保留了汉朝的名义。所以他认为董承、金祎等刺杀曹操的计划绝非"全汉之策"。王夫之也肯定了曹操非凡的才能,尤其赞赏曹操的谋略和用人智慧,指出曹操"任天下之智力"的方略虽然只是"术"而非"道",但相较于同时代袁绍等军阀一味依赖地理之险的做法,还是要高明许多的。当然,对于曹操进攻徐州时大肆屠戮的行为,王夫之也直斥其"惨毒不仁"、罪恶滔天。这些评论充分反映了王夫之不随俗流、实事求是的史论特点。

"隆中对"作为深刻影响汉末三国格局的重要战略规划,历来受到人们的重视和推崇,而"隆中对"何以未能完全实现,也是历代史论家热衷探讨的话题。王夫之认为,"隆中对"的规划充分考虑到了地理形势,这是蜀汉能建立并存续数十年的基础,却也是蜀汉无力争夺天下的根源:一方面,益州优越的地理条件利于防守和发展生产,确实是建立政权的理想之地,但这种地理条件也导致了一旦军队离开这种有利环境,士气就会受挫,战斗力难以为继;另一方面,由于益州是规划中的政权中心,所以从益州北上的军队自然是北伐主力,荆州北上的军队则是辅助,可实际上荆州军所面对的才是曹操势力的主力,作为偏师的荆州军根本无力与之抗衡,这种配置犯了轻重失衡的错误。即使把"隆中对"的北伐策略看作声东击西、以夺取关中为核心目标的规划,也无疑是把希望寄托在"偶然制胜"上,并非可以坚持的"长策",难以应付迅速变化的形势。就这一点而言,王夫之认同陈寿认为诸葛亮"将略非其所长"的观点。

吴蜀联盟在赤壁之战及其后三国鼎立局势形成的过程中扮演了重要角色,王夫之也对其予以了格外的关注。王夫之认为,吴蜀联盟的实质是双方"交合力以与操争存亡","一时之大计无有出于此者",极力促成并坚定维护这一联盟的诸葛亮和鲁肃都是有"长虑远顾"的战略家,他们彼此"惇信"守约,是在变故频生的乱世中维系"人道"的核心所在。可惜在蜀、吴两国内部,存在关羽、周瑜这样只图一时之利的短视之人,而他们又恰恰深受刘备、孙权的信任,这些人因为战略上的短视和对诸葛亮、鲁肃的忌妒,做出了破坏吴蜀联盟的举动,使得双方逐渐交恶,最终共同丧失了与曹操争夺天下的机会。

一 曹操孙坚讨董卓时无窥窃之心

有诡谲鸷悍之才①,在下位而速觊非望者,其灭亡必速。故王莽、董卓、李密、朱泚俱不旋踵而殄②。又其下者,则为张角、黄巢、方腊之妄,以自歼而已矣。其得大位,虽夺虽僭,而犹可以为数十年人民之君长,传之子孙,无道而后亡,则必其始起也,未尝有窥窃神器之心,而奋志戮力以天下之祸乱为己任;至于功立威震,上无驾驭之主,然后萌不轨之心,以不终其臣节而猎大宝,得天下而不可以一日居,未有或爽者也。

【注释】

①鸷(zhì)悍:凶狼,强悍。

②朱泚(cǐ,742—784):幽州昌平(今北京昌平南)人,唐朝中期将领。朱泚原为幽州将领,后被部下拥立为节度使。他上任后改善幽州与唐朝廷的关系,亲自到长安朝见,并留居长安。唐朝先后任命他为陇右节度使、凤翔节度使等要职,加封中书令、太尉。建中四年(783),爆发了泾原兵变,当时在长安的朱泚被哗变的士兵拥立为帝,国号大秦,年号应天。次年,李晟收复长安,朱泚逃往泾州,泾原节度使田希鉴闭门不纳,朱泚在逃到彭原西城屯时,被部将杀死。传见新、旧《唐书·朱泚列传》。

【译文】

善于权变而又强悍的人,如果身居下位而想要迅速登上皇位,必定会迅速灭亡。所以王莽、董卓、李密、朱泚都是在做出篡逆之举后不久就被消灭了。比他们更下一等的,则是像张角、黄巢、方腊这样的狂妄之徒,最终不过是自取灭亡罢了。那些得到皇位的人,虽然是通过抢夺或僭越的方式,但仍然可以做几十年的皇帝,统治百姓,自己死后把皇位传给子孙,子孙无道然后政权灭亡。这些人在最初,也并不曾有觊觎皇帝宝座的心思,而是往往下决心奋发全力,以拯救天下的祸乱为己任;等到他们功高震主的时候,其上没有能驾驭他们的君主,然后他们才萌生了不轨之心,最终不能恪守臣子的节操而夺取了皇位。像这样的人虽然暂时得到了天下,却不能长久地拥有天下,从来没有不这样的情况。

关东之起兵以诛董卓也,自袁绍始。绍之抗卓也,曰:"天下健者,岂惟董公?"其志可知已。及其集山东之兵,声震天下,董卓畏缩而劫帝西迁以避之,使乘其播迁易溃之势①,速进而扑之,卓其能稽天讨乎②?乃诸州郡之长,连屯于河内、酸枣③,踌躇而不进。其巽懦无略者勿论也④;袁绍与术,始志锐不可当,而犹然栖迟若此⑤,无他,早怀觊觎之志,内顾卓而外疑群公,且幸汉之亡于卓而己得以逞也。

【注释】

① 播迁:迁徙,流离。

② 稽:阻滞,抗拒。天讨:上天的惩治。

③ 河内:东汉郡名,治所在怀县(今河南武陟),辖境包括今河南焦

作、济源、新乡和安阳西部部分地区。酸枣：东汉县名，今河南
延津。

④巽(xùn)懦：怯懦，卑顺。

⑤栖迟：滞留。

【译文】

关东诸侯起兵讨伐董卓，是由袁绍倡议开始的。袁绍在对抗董卓
时曾说："天下雄健的人，难道只有董公你一个人吗？"他的志向由此便
可以知道了。等到他集合山东地区兵力的时候，声威震动天下，董卓畏
缩而劫持汉献帝西迁以避其锋芒，如果袁绍乘着董卓正在迁徙，容易被
击溃的时机，迅速进军攻击董卓军队，董卓难道能逃脱上天的惩罚吗？
可是各州郡的长官，结成连营屯驻在河内、酸枣一带，踌躇迟疑而不能
前进。其中性格怯懦而没有远见卓识的人暂且勿论，袁绍与袁术，刚开
始志气锐不可当，却也滞留在这里，没有其他的原因，只是早就怀有觊
觎皇位的心思，对内顾忌董卓而对外怀疑诸侯，而且很乐意看到汉朝被
董卓灭亡，以便使自己的阴谋得以施行。

　　于斯时也，蹶起以与卓争死生，曹操、孙坚而已。操曰：
"董卓未亡之时，一战而天下定。"使一战而天下定，操其能
独有天下乎？既败于荥阳，且劝张邈等勿得迟疑不进，失天
下望，而邈等不用，操乃还军。当斯时，操固未有擅天下之
心可知也。以操为早有擅天下之心者，因后事而归恶焉尔。
孙坚之始起，斩许生而功已著，参张温之军事，讨边章而名
已立①，非不可杰立而称雄也；奋起诛卓，先群帅而进屯阳
人②，卓惮之而与和亲，乃曰："不夷汝三族悬示四海，吾死不
瞑目。"独以孤军进至雒阳，埽除宗庙，修塞诸陵③，不自居
功，而还军鲁阳。当斯时也，可不谓皎然于青天白日之下而

无惭乎?故天下皆举兵向卓,而能以躯命与卓争生死者,坚而已矣。其次则操而已矣。岂袁绍等之力不逮操与坚哉?操与坚知有讨贼而不知有他,非绍、术挟奸心以养寇,而冀收刺虎持蚌之情者所可匹也④。故他日者,三分天下,而操得其一,坚得其一,坚之子孙且后操而亡;坚之正,犹愈于操之速易其心者多矣。

【注释】

①边章(?—186):本名边允,因造反被朝廷通缉,改名边章。凉州金城(今甘肃兰州)人,汉末凉州军阀。早年与同郡韩遂皆有名于凉州,曾任新安令。中平元年(184),凉州北宫伯玉、李文侯等起兵反叛朝廷,推举边章、韩遂为首领,杀刺史郡守陈懿,拥兵十多万,先后击败皇甫嵩、张温、董卓等东汉将领。中平三年(186),韩遂发动兵变,边章与北宫伯玉、李文侯等叛军首领都被杀死。事见《后汉书·孝灵皇帝纪》。

②阳人:地名,在今河南汝州。

③修塞:修缮。

④刺虎持蚌:趁两虎相斗互有死伤时刺虎,趁鹬蚌相争之机得利,比喻待机行事,一举两得。

【译文】

在这个时候,迅疾起兵与董卓争死生的,只有曹操、孙坚而已。曹操说:"应该趁董卓尚未西逃的时候,与他决一死战,天下就可以安定了。"假如经过这一战天下确实安定了,曹操难道能独自占有天下吗?他在荥阳战败后,尚且力劝张邈等人不要迟疑不进,让天下人失望,而张邈等人不采纳他的建议,曹操才率军撤退。在这个时候,曹操确实没有专擅天下的野心,这是可以看出来的。认为曹操早就有专擅天下的野心的人，只是因为后来发生的事而归罪于他罢了。孙坚刚开始崛起时，斩杀了许生而功劳已经卓著，又做了张温的参军事，讨平了边章而名声已然树立，并非不能卓然自立而称雄；他奋起讨伐董卓，先于诸侯而进军屯驻阳人城，董卓忌惮他而想要与他和亲，他说："如果不能灭你三族，把你的头颅悬挂起来在天下示众，我死也不能瞑目。"他独自率领孤军挺进洛阳，修复宗庙，修缮诸先帝陵墓，并不居功自傲，而退军驻扎在鲁阳。在这个时候，他难道不能被说在青天白日之下皎洁生辉而毫不惭愧吗？所以天下诸侯都举兵讨伐董卓，而能够以性命与董卓争生死的人，只有孙坚而已。其次则只有曹操而已。难道是袁绍等诸侯的力量比不上曹操与孙坚吗？曹操与孙坚只知道有讨贼大业而不知道有其他事情，并非袁绍、袁术这样怀着奸诈心思养寇自重，而想要坐收渔翁之利的人所能相比的。所以后来，天下三分，而曹操得到其中之一，孙坚得到其中之一，孙坚的子孙比曹操后代灭亡得还晚。孙坚的忠诚正直，比起曹操的心思变化太快要好得多。

　　故天下非可以一念兴而疾思弋获者也。汉高之入关中，思亡秦而王关中耳，项羽弑义帝，而后有一天下之心。创业之永，天所佑也。董卓死，李、郭乱①，袁绍擅河北而忘帝室，袁术窃②，刘表僭③，献帝莫能驭，而后曹操之篡志生。曹操挟天子，夷袁绍，降刘琮④，而后孙权之割据定⑤。是操之攘汉，袁绍贻之；坚之子孙僭号于江南，曹操贻之也。谓操与坚怀代汉之心于起兵诛卓之日，论者已甚之说⑥；岂谅人情、揆天理、知兴废成败之定数者乎？以诡谲之智、骛悍之勇，乘间抵巇⑦，崛起一朝而即思天位，妄人之尤者尔，而何足以临臣民、贻子孙邪？

【注释】

①李、郭乱：指董卓死后，董卓部将李傕、郭汜等人发动的叛乱。他们兴兵进攻长安，击败吕布，诛杀司徒王允。后来叛军内部不和，李傕、郭汜分别劫持汉献帝和朝廷大臣互相攻击。在混乱中，汉献帝在杨奉、董承等护卫下，逃离长安，被曹操迎往许都。建安三年(198)，曹操派谒者仆射裴茂召集关西诸将段煨等人征讨李傕，灭其三族。其事散见于《三国志·魏书·董卓传》《三国志·魏书·李傕传》《三国志·魏书·郭汜传》。

②袁术(？—199)：字公路，汝南汝阳(今河南商水西南)人。出身汝南袁氏，为袁绍从弟。初为虎贲中郎将，董卓进京后以袁术为后将军，袁术因畏祸而出奔南阳。初平元年(190)与袁绍、曹操等同时起兵，共讨董卓。后与袁绍对立，被袁绍、曹操击败，率众逃奔九江，割据扬州。建安二年(197)称帝，建号仲氏，但未受到各方承认。此后袁术奢侈荒淫，横征暴敛，使江淮地区残破不堪，部众离心，先后为吕布、曹操击败，元气大伤。于建安四年(199)呕血而死。传见《后汉书·袁术列传》《三国志·魏书·袁术传》。

③刘表(142—208)：字景升，山阳高平(今山东邹县西南)人。东汉末年宗室、名士，汉末群雄之一。刘表早年被大将军何进辟为掾，后代王叡为荆州刺史，用蒯氏兄弟、蔡瑁等人为辅。在荆州期间，刘表恩威并著，爱民养士，据地数千里，带甲十余万，成为一股重要的割据力量。建安十三年(208)，刘表病逝。传见《后汉书·刘表列传》《三国志·魏书·刘表传》。

④刘琮：山阳高平(今山东微山)人。东汉末年荆州牧刘表次子。刘表死后，刘琮在母亲蔡氏和舅舅蔡瑁等人的扶持下继承刘表之位。建安十三年(208)，曹操大军南下，在蔡瑁等人劝说之下刘琮举荆州而降，被曹操封为青州刺史，后迁谏议大夫，爵封列

侯。传见《三国志·魏书·刘表传附刘琮传》。

⑤孙权(182—252):字仲谋,吴郡富春(今浙江杭州富阳)人。三国时代孙吴政权的建立者,孙坚之子、孙策之弟。建安五年(200),孙策遇刺身亡,孙权继承他的位置,成为一方诸侯。建安十三年(208),与刘备建立孙刘联盟,并于赤壁之战中击败曹操,奠定三国鼎立的基础。建安二十四年(219),孙权派吕蒙成功袭取荆州。黄武元年(222年),孙权被魏文帝曹丕册封为吴王,建立吴国。同年,在夷陵之战中大败刘备。黄龙元年(229),在武昌正式称帝,国号吴,不久后迁都建业(今江苏南京)。孙权称帝后,设置农官,实行屯田,剿抚山越,促进了江南经济的发展。孙权晚年在继承人问题上反复无常,引致群下党争,朝局不稳。太元二年(252)病逝。传见《三国志·吴书·吴主传》。

⑥已甚:过分,过甚。

⑦抵巇(xī):钻营。

【译文】

所以天下并不是可以凭借一个念头兴起就能够期望迅速获得的。汉高祖进入关中的时候,不过是想灭掉秦朝而在关中称王罢了,项羽弑杀义帝,然后刘邦才产生了统一天下的心思。创下长久的基业,是需要上天庇佑的。董卓死后,李傕、郭汜作乱,袁绍占据河北而忘记了汉室,袁术窃居大位,刘表也有僭越行为,汉献帝不能驾驭他们,然后曹操篡位的野心才产生了。曹操挟持天子,消灭袁绍,迫使刘琮投降,然后孙权割据江东的局面得以确立。如此,则曹操能窃取汉室江山,是袁绍造成的;孙坚的子孙在江南僭称尊号,是曹操造成的。说曹操与孙坚在起兵讨伐董卓的时候就怀有取代汉朝的心思,这是议论者过分的话;这些人哪里能体察人情、考察天理、知道兴废成败自有定数呢?以变化多端的智慧、强悍的勇气,趁机钻营取巧,在一朝崛起就立即思谋夺取皇位,这是最无知妄为的人,又怎么足以统治天下臣民,把江山留给子孙后代呢?

　　孟子曰:"五霸,假之也①。"假之云者,非己所诚有,假借古人之名义、信以为道之谓,非心不然而故窃其迹也。无其学,无其德,则假矣。名与义生于乍然之心者,固非伪也。王莽之于周公,张角之于老聃②,不可谓之假也。当曹操不受骁骑校尉之职③,东归合众,进战荥阳,而孙坚起兵长沙,进屯鲁阳④,拒卓和亲之日,而坐以窥窃神器之罪,则张角、黄巢、方腊可以创业贻子孙,而安禄山、朱泚、苗傅、刘正彦尤优为之矣。诛非其罪而徒以长奸,深文之害世教⑤,烈矣哉!

【注释】

①五霸,假之也:语出《孟子·尽心上》:"孟子曰:'尧舜,性之也;汤武,身之也;五霸,假之也。'"意思是春秋五霸是假借、利用仁义之名而成就事业。

②老聃:即老子。

③骁骑校尉:东汉末年高级武官职位名。

④长沙:郡名。治所在临湘(今湖南长沙)。孙坚曾任长沙太守。
　鲁阳:今河南鲁山。

⑤深文:苛细严峻地制定或援用教条、法律条文。

【译文】

　　孟子说:"春秋五霸是假借、利用仁义之名而成就事业。"所谓假借,并不是自己确实所拥有,而是假借古人的名义,确实相信而且将其作为道来施行,并非心中不相信而故意摆样子给别人看。如果没有与之相应的才学,没有相应的德行,则确实是虚假的。名与义在心中油然而生的情况,确实并非全都虚假。王莽假借周公名义,张角假借老子名义,不能说是虚假的。当曹操不接受骁骑校尉的职位,向东回到家乡聚集部众,进军到荥阳与董卓军交战,而孙坚在长沙起兵,进军屯驻鲁阳,拒绝董卓和亲的时候,就把心怀叵测、觊觎皇位的罪名加到他们身上,那么张角、黄巢、方腊等人就可以创下基业留给子孙了,而安禄山、朱泚、苗傅、刘正彦等就尤其应当这样做。无罪者被惩罚只会助长真正奸邪之人的气焰,一味苛细严峻地引用教条对于当世礼教的伤害真是太严重啦!

二　蔡邕夺四帝庙号

蔡邕之愚,不亡身而不止。愚而寡所言动者,困穷而止;愚而欲与人家国神人之大,则人怒神恫而必杀其躯[①]。邕之应董卓召而历三台[②],此何时也?帝后弑,天子废,大臣诛夷,劫帝而迁,宗庙烧,陵寝发,人民骈死于原野,邕乃建议夺孝和以后四帝之庙号[③],举三代兴革之典礼于国危如线之日,从容而自炫其学术,何其愚也!

【注释】

①恫:恐惧。

②三台:汉代对尚书、御史、谒者的总称。尚书为"中台",御史为"宪台",谒者为"外台",合称"三台"。

③邕乃建议夺孝和以后四帝之庙号:灵帝崩,献帝即位,初平中,相国董卓、左中郎将蔡邕等"以和帝以下,功德无殊,而有过差"为由,认为"不应为宗","及余非宗者追尊三后,皆奏毁之"。事见《后汉书·祭祀志》。

【译文】

蔡邕的愚蠢,不到他身死之时就不能停止。愚蠢而很少发言和付诸行动的人，最多落得困窘潦倒；愚蠢而想要参与别人家国神人的大事的人，则必将导致天怒人怨而给自己带来杀身之祸。蔡邕应董卓征辟而历任重要官职，这是在什么时候？太后被弑杀，皇帝被废黜，大臣被诛杀，董卓劫持献帝西迁，宗庙被烧毁，陵寝被发掘，人民都死在原野上，蔡邕却建议剥夺孝和皇帝以后四任皇帝的庙号，在国家面临巨大危机、命悬一线的时候恢复三代时期的典礼，从容自得地炫耀自己的学术，这是何等愚蠢啊！

　　而不但愚也。汉之宗社岌岌矣，诸庙之血食将斩矣[1]。夫苟痛其血食之将斩，讳先祖之恶而扬其美，以昭积功累仁之允为元后也[2]，犹恐虚名之无补。乃亟取和帝之凉德不足称宗者而播扬之，是使奸雄得据名以追咎曰：是皆不可以君天下者，而汉亡宜矣。此则人怨神恫，陷大恶而不逭者也。

【注释】

①血食：受享祭品，代指受祭祀。

②允：确实，果真。元后：天子。

【译文】

　　而且他还不仅仅是愚蠢。这时汉朝的宗庙社稷已经岌岌可危，诸庙的祭祀即将断绝。但凡是对汉朝历代宗庙的祭祀即将断绝这件事感到痛心，就会隐讳先祖的恶行而宣扬其美德，以向人们昭示其历代所积累的功勋、仁义是确实可以做天子的，这样尚且害怕这些虚名无补于事。蔡邕却在此时迅速把和帝失德，不足以称宗的事情拿出来传播宣扬，这会使得奸雄得以据此来追究历代先帝的责任，声称他们都是不配做君王的人，而汉朝的灭亡是适宜的。这就是蔡邕惹得天怒人怨，使自己深陷大罪而难以逃脱的原因。

以情理推之，邕岂但愚而已哉？邕之髡钳而亡命，灵帝使之然也。四帝可宗，则灵帝亦可宗矣。邕盖欲修怨于灵帝①，而豫窒其称宗之路②，邕于是而无君之心均于董卓，王允诛之，不亦宜乎？董卓曰："为当且尔，刘氏种不足复遗。"邕固曰："刘氏之祖考不足复尊。"其情一也。故曰：邕非但愚也。虽然，神其可欺、神其可恫乎？则亦愚而已矣。

【注释】

①修怨：报宿怨。

②窒：阻塞，堵塞。

【译文】

以情理来推断，蔡邕难道仅仅是愚蠢而已吗？蔡邕被处以剃去头发，用铁圈束颈的刑罚，被迫亡命十余年，是灵帝造成的。如果和帝及安帝、顺帝、桓帝四位皇帝可以称宗，则灵帝也可以称宗。蔡邕大概是想要报复灵帝，而预先堵塞他称宗的道路，蔡邕此时的无君之心与董卓是一样的，王允诛杀他，难道不是应该的吗？董卓说："如果他（汉献帝）也不行，刘氏就不值得再留种了！"蔡邕也相当于是说"刘氏的先祖不值得再受尊崇了"。他们两个对刘氏的感情是一致的。所以说，蔡邕不仅仅是愚蠢而已。即使如此，难道神可以被欺骗，可以被恫吓吗？则他也不过是愚蠢罢了。

三　韩馥袁绍上大司马刘虞尊号

韩馥、袁绍奉刘虞为主①，是项羽立怀王心、唐高祖立越王侑之术也②；虞秉正而明于计，岂徇之哉？王芬欲立合肥侯而废灵帝，合肥侯愚而曹操拒之，合肥以免。刘虞之贤必不受，操知之矣。故但自伸西向之志，而不待为虞计。于是而知操之视绍,其优劣相去之远也。操非果忠于主者,而名义所在,昭然系天下之从违,固不敢犯也。未有犯天下之公义,而可以屈群雄动众庶者也。

【注释】

①刘虞(?—193):字伯安,东海郯(今山东郯城)人。东汉末年大臣、东汉宗室。曾任幽州刺史、宗正等职,在地方政绩卓著,颇有名望。初平二年(191),冀州刺史韩馥、渤海太守袁绍,以及山东诸将商议立刘虞为新皇帝,刘虞坚决不肯。于是韩馥等人又请刘虞领尚书事,以便按照制度对众人封官,刘虞再次拒绝。初平四年(193)刘虞率军攻击公孙瓒,兵败被俘,遭到杀害。传见《后汉书·刘虞列传》。

②唐高祖立越王侑:侑即杨侑(605—619),是隋炀帝杨广之孙。隋炀帝亲征高句丽时,命杨侑留守长安。大业十一年(615),随隋炀帝巡幸晋阳,不久留镇京师。大业十三年(617),李渊攻入长安,拥立杨侑为帝,改元“义宁”。义宁二年(618),李渊废黜杨侑,自立为帝。事见《隋书·恭帝纪》。

【译文】

韩馥、袁绍尊奉刘虞为皇帝,这与项羽立楚怀王熊心,唐高祖立越王杨侑的伎俩是一样的。刘虞秉持正道而明于心计,难道会被他们利用吗?王芬想要立合肥侯为帝而废黜灵帝,合肥侯愚蠢而曹操拒绝了这个提议,合肥侯得以幸免。以刘虞的贤德,他必定不接受韩馥、袁绍的推戴,曹操是知道这一点的。所以他只是专心实施向西迎回汉献帝的计划,而不需要在刘虞身上打主意。由此可以知道曹操与袁绍,其优劣相差之远。曹操并非果真对君主忠诚的人,而汉献帝是名义上的天子,他对待献帝的态度直接关系到天下的人心向背,所以固然不敢对献帝有所侵犯。没有在触犯天下公义后,还可以让群雄屈服,让百姓感动的人。

或曰：馥、绍之议，亦恶乎非义哉？《春秋》之法，君弑而为弑君者所立，则正其为篡。梁冀弑质帝而桓立，董卓弑弘农王而献立，献不正乎其为君，则关东诸将欲不奉献为主而立虞，恶乎不可？

【译文】

有的人说：韩馥、袁绍关于立刘虞为皇帝的决议，又哪里是不义之举呢？《春秋》规定，如果君王被弑杀，新的君王被弑君的人所拥立，那么这也应该被视为篡位。梁冀弑杀了质帝而桓帝被立为皇帝，董卓废了弘农王而献帝被立为皇帝，按照《春秋》之义，献帝的皇位来源不正，那么关东诸将想要不尊奉汉献帝为主而立刘虞为帝，又怎么不可以呢？

曰：执《春秋》之法以议桓帝之不正其始，得矣。帝方以列侯求婚于梁氏，趋国门而承其隙①，未尝无觊觎之心焉，则与与闻乎弑者同乎贼；使有仗大义以诛冀者，桓帝服罪而废焉，宜也。且顺、桓之际，汉方无事，而不亟于求君也。若献帝之立，年方九岁，何进之难②，徒步郊野，汉不可一日而无君，帝自以明了动卓之钦仰，弘农废，扳己以立，未能誓死以固辞，幼而不审，无大臣以匡之，而卓之凶焰，且固曰："刘氏种不复留。"则舍己以延一线之祀，是亦义也，而况其在幼冲乎！袁绍迁董卓之怨以怒帝，其为悖逆也明甚。操知之审，而曰："我自西向。"知帝之可以系人心，刘虞虽贤，无能遥起而夺之也。桓帝之诛冀，以嬖宠之怨③，而不忌其弑主之逆；董卓之诛，则已正名之为贼矣，以贼讨卓，则弘农之大仇已复，献帝可无惭于践阼矣④。视晋景、鲁定而尤正焉⑤，而何容苟责之也。

【注释】

①国门：国都的城门，为京师别名。

②何进之难：指中平六年(189)外戚、大将军何进谋诛宦官，反被宦官张让、段珪等设计杀死。司隶校尉袁绍、虎贲中郎将袁术和何进的部将带兵反攻，诛杀宦官两千人。张让、段珪等无力还击，劫持少帝刘辩和陈留王刘协逃出宫外，行至洛阳郊野，董卓率西凉军赶到，尚书卢植也率军追上宦官队伍，杀死张让、段珪，又把少帝和刘协迎回宫内。事见《后汉书·孝献帝纪》。

③桓帝之诛冀，以嬖宠之怨：指掖庭人邓香的妻子宣生女邓猛，邓香死后，其妻改嫁梁冀妻子孙寿的舅舅梁纪。孙寿把邓猛引荐到掖庭中，被桓帝宠幸，封为贵人。梁冀因此想要认邓猛作女儿来巩固自身，并将其改为梁姓。当时邓猛的姐夫邴尊为议郎，梁冀担心他阻挠改变宣的心意，于是派刺客刺杀邴尊，并且也想杀宣。宣家在延熹里，与中常侍袁赦比邻，梁冀使刺客爬上袁赦的屋顶，欲入宣家。袁赦察觉后，鸣鼓会众以告宣。宣马上跑到宫中告诉桓帝，结果桓帝大怒，于是和中常侍单超等五个人定下诛杀梁冀的计划。事见《后汉书·梁冀列传》。

④践阼：即位，登基。

⑤晋景：结合上下文，此处"晋景"当为"晋成"之误。晋成公(？—前600)名黑臀，是晋文公之子、晋灵公叔父。早年在东周作人质。晋灵公十四年(前607)九月，将军赵穿杀死晋灵公，赵穿堂兄赵盾派赵穿到东周迎接黑臀回晋国，拥立他继任国君，是为晋成公。事见《史记·赵世家》。鲁定(？—前495)：指鲁定公姬宋。鲁昭公二十五年(前517)，鲁昭公攻伐季氏，结果反被以季氏为首的"三桓"击败，被迫流亡，最终于鲁昭公三十二年(前

510)十二月病逝于晋国。鲁国人于是共立鲁昭公的弟弟公子宋为国君,是为鲁定公。事见《史记·鲁周公世家》。

【译文】

回答是:拿《春秋》大义来讨论桓帝得位不正,是正确的。桓帝即位之前,正以列侯的身份向梁氏家族求婚,他进入京城伺机行动,未尝没有觊觎之心,如此则是知晓并参与了弑君之举,与那些弑君者犯有同等的罪过。假如有秉持大义诛杀梁冀的人,则桓帝服罪而被废黜,是应该的。况且在顺帝、桓帝之际,汉朝天下无事,并不急于求立君王。至于献帝被拥立的情况就不同了,他当时年仅九岁,遭遇何进被杀、自己被宦官挟持的灾祸,徒步逃到洛阳郊野,汉朝不可一日没有君主,献帝因为自己的聪明懂事而得到董卓的钦佩仰慕,少帝被废,自己被强行拥立,他没能誓死坚决推辞,是因为年幼无知,也没有大臣来匡扶,而且董卓气焰嚣张,还说:"如果陈留王也不行,刘氏就不值得再留种了!"如此则献帝舍弃自己的名声以延续汉朝仅存一线的祭祀,也是符合大义的,何况献帝还年幼呢!袁绍把对董卓的怨恨转移到献帝身上,他的悖逆是很明显的。曹操对献帝的情况知道得很清楚,他说:"我独自向西进军,以迎回皇帝。"他知道献帝可以维系人心,刘虞虽然贤德,但不能从遥远的地方起来取代他。桓帝诛杀梁冀,是出于对他欺负自己宠妃的怨恨,而不是忌恨他弑杀君主的叛逆行为;董卓被杀后,则已经被正名为国贼了,以讨贼名义讨伐董卓,则少帝刘辩的大仇已经报了,献帝可以毫不惭愧地做皇帝了。献帝比起晋成公、鲁定公得位更正,而又怎么能对他求全责备呢?

四 袁绍不恤名义罪烈于曹操

所谓雄桀者[1],虽怀不测之情,而固可以名义驭也。明主起而驭之,功业立,而其人之大节亦终赖以全。惟贪利乐祸不恤名义者为不可驭之使调良,明主兴,为彭越、卢芳以

自罢于诛而已。不然，则乱天下以为人先驱，身殪家亡而国
与俱敝②。曹操可驭者也，袁绍不可驭者也。

【注释】

①雄桀：亦作"雄杰"。英雄，豪杰。

②殪（yì）：死。

【译文】

所谓英雄豪杰，虽然怀有不测之心，却必定可以用名义来驾驭。英
明的君主出现驾驭他们，让他们立下功业，这些人的君臣大节也依赖这
而得以保全。只有贪图利益、幸灾乐祸、不顾名义的人是不能被驾驭，
从而向好的方向转变的，英明的君主兴起后，这些人就会像彭越、卢芳
一样自取灭亡。如果不是这样，则必然会祸乱天下而成为别人的先驱，
身死家亡进而国家也随之凋敝。曹操是可以被驾驭的人，袁绍则是不
可被驾驭的人。

起兵诛卓之时，操与孙坚戮力以与卓争生死，而绍晏坐
于河内；孙坚收复雒阳，乘胜以攻卓，在旦晚之间也，而绍若
罔闻；关东诸将连屯以偕处，未有衅也，而绍首祸而夺韩馥
之冀州；先诸将而内讧者，无赖之公孙瓒也①，而绍诱之以首
难；然则昔之从乎何进以诛宦官，知进之无能为而欲乘之以
偪汉尔，进不死，绍固不容之，而陈留又岂得终有天下乎？
鲍信曰："袁绍自生乱，是复有一卓也。"孙坚曰："同举义兵，
将救社稷，逆贼垂破而各若此，吾将谁与戮力？"虽有汉高、
光武，欲收绍而使效奔走，必不得也。李密之所以终死于叛
贼也。

【注释】

①公孙瓒(?—199)：东汉末地方割据首领。字伯珪，辽西令支(今河北迁安)人。少为郡门下书佐，后从卢植读经，以孝廉为郎，任辽东属国长史。因击鲜卑有功，升为涿令，迁骑都尉、中郎将，封都亭侯。董卓至洛阳后，任奋武将军，封蓟侯。后镇压青州、徐州黄巾军，屠杀数万人，招募兵马，割据幽州。与袁绍连年混战。建安四年(199)，为袁绍所败，自焚死。

【译文】

诸侯起兵征讨董卓的时候，曹操与孙坚拼尽全力与董卓生死相争，而袁绍在河内悠闲地按兵不动；孙坚收复洛阳后，如果诸侯乘胜进攻董卓，在旦夕之间就能消灭他，而袁绍却对此置若罔闻；关东诸将连营屯驻在一起，关系和谐，彼此之间没有争端，而袁绍却首先起来发难，夺取了韩馥的冀州；先于诸将而挑起内讧的人，是无赖的公孙瓒，而他的首先发难是受袁绍的引诱。这样看来昔日袁绍奉承怂恿何进诛杀宦官的时候，明知何进不能有所作为却仍然那么做，只是想要乘机威逼汉室罢了，如果何进不死，袁绍本来也不能容他，而陈留王又怎么能最终得到天下呢？鲍信说："袁绍自己制造祸乱，这是又出现了一个董卓。"孙坚说："诸侯共同举义兵，将要挽救社稷，叛贼将要被击败，而你们却各自打自己的算盘，吾将与谁合力讨伐董卓呢？"即使有汉高祖、光武帝在世，想要收服袁绍而使他奔走效劳，也必然是做不到的。这是李密最终以叛贼身份死去的原因。

自其后事而观之，则曹操之篡成，罪烈于绍，而操岂绍比哉？诸将方争据地以相噬，操所用力以攻者，黑山白绕也①，兖州黄巾也，未尝一矢加于同事之诸侯。其据兖州自称刺史，虽无殊于绍，而得州于黄巾，非得州于刘岱也；击走金尚者②,王允之赏罚无经有以召之也;然则献帝而能中兴,操固可以北面受赏,而不获罪于朝廷,而不轨之志戢矣。

【注释】

①黑山白绕:指白绕领导的黑山起义军。黄巾起义失败后,东汉统治阶级发生内讧,白绕等人率河北农民在黑山等地起义,史书将这些起义军通称为黑山军。献帝初平二年(191),白绕率部与于毒、眭固合兵进攻魏郡、东郡,东郡太守王肱无法抵御,于是曹操领兵进入东郡,在濮阳击破白绕。事见《三国志·魏书·武帝纪》。

②金尚:字元休,京兆(今陕西西安)人。东汉末官员。初平三年(192)被在长安的东汉朝廷(王允主事)委任为兖州刺史,但他到达兖州时,兖州已被曹操控制,曹操率军进攻金尚,将其逐走。金尚只得去投奔袁术。袁术称帝后金尚被其杀死。事见《三国志·魏书·张邈传》裴松之注引《典略》。

【译文】

如果从后来事情发展的情况来看,则曹操篡位取得了成功,其罪过比袁绍还要严重,但曹操难道是与袁绍相似的人吗? 在诸将正相互争夺地盘、自相残杀的时候,曹操所致力攻打的,是黑山军白绕部,是兖州的黄巾军,不曾有一支箭矢施加到相与共事的诸侯军队身上。他占据兖州自称刺史,虽然与袁绍自称冀州刺史的行为没区别,但他是从黄巾军那里获得兖州的,并非是从刘岱手中得到兖州的;曹操攻击并逐走金尚,是因王允赏罚不当造成的;然而如果献帝能够实现中兴,曹操本来就可以称臣受赏,而不会获罪于朝廷,而且他的不轨志向将会收敛起来。

绍拥兵河北以与操争天下,而操乃据兖州以成争天下之势。绍导之，操乃应之；绍先之，操乃乘之；微绍之逆，操不先动。虽操之雄桀智计长于绍哉，抑操犹知名义之不可自我而干，而绍不知也。然则虽遇高、光之主，绍亦为彭越、卢芳而终不可驭，身死家灭而徒为人先驱。贪利乐祸，习与性成，非一朝一夕之故矣。

【译文】

　　袁绍在河北拥兵以与曹操争夺天下，曹操于是占据兖州，形成了双方争夺天下的态势。是袁绍首先发难，曹操才予以回应的；是袁绍先动手，然后曹操才趁机起来的；没有袁绍的篡逆之举，曹操不会首先行动。尽管曹操作为英雄豪杰的智谋远强于袁绍，但曹操尚且知道名义是不能自行求取的，而袁绍却不知道。如此则即使遇到汉高祖、光武帝这样的君主，袁绍也会像彭越、卢芳那样终究不能被驾驭控制，最终身死家灭而白白成为别人的先驱。贪图利益、幸灾乐祸，习性不是一朝一夕形成的。

五　孙坚因袁术不足为病

　　孙坚之因袁术也，犹先主之因公孙瓒也，固未可深责者也。汉高帝尝因项梁矣，唐高祖下李密而推之矣，以项氏世为楚将，而密以蒲山公之后①，为天下所矜也。天下之初乱也，人犹重虚名以为所归，故种师道衰老无能为②，而金人犹惮之。袁氏四世五公之名，烜赫宇内③，孙坚崛起，不能不藉焉。彼公孙瓒之区区，徒拥众枭张耳④，昭烈且为之下，而况术乎？

【注释】

①蒲山公:指李密的父亲李宽,他是隋朝的上柱国,封蒲山郡公。李宽的祖父李弼则是北周八柱国之一。

②种师道(1051—1126):字彝叔,京兆府(今陕西西安)人。北宋末年名将。名将种世衡之孙。种师道初任文职,因有谋略而改武职,抗击西夏,出征辽国,战功显著,为一时之名将。宋靖康元年(1126),金兵南下,年事已高的种师道奉诏任京畿河北制置使,力主抗金,京师解围后即被解除兵权,不久病逝。传见《宋史·种师道列传》。

③袁氏四世五公之名,烜赫宇内:袁绍攻陷臧洪所在城池后,质问臧洪为何背叛,欲令其服气。臧洪说“诸袁事汉,四世五公,可谓受恩”,然而现今王室衰弱,袁氏却“无辅翼之意”,欲图利用此时机,有非分之想,如何能服。事见《三国志·魏书·臧洪传》。烜(xuǎn)赫,显赫,声势很盛。

④枭张:如枭之张翼。形容猖狂恣肆。

【译文】

孙坚依附袁术,就像刘备依附公孙瓒一样,本来就不值得痛加责备。汉高祖曾经依附于项梁,唐高祖曾经卑身事奉李密而对他加以推崇,是因为项氏世代做楚国的将领,而李密是蒲山公的后代,他们被天下敬佩、崇尚。天下刚开始混乱起来的时候,人们尚且注重虚名而纷纷归向他们,所以北宋末年种师道已经衰老而无所作为的时候,金人尚且很忌惮他。袁氏家族四世五公的名声,在整个国内都很显赫,孙坚要崛起,不能不借他们的名义。像公孙瓒那样微不足道的人,只是势力强大而猖狂恣肆罢了,昭烈帝刘备尚且不得不居于其下,何况是袁术这种人呢?

夫坚岂有术于心中者哉? 贼未讨,功未成,以长沙疏远之守,为客将于中原,始縣术以立大勋,而速背之,则术必怀惎毒以挠坚之为①;进与卓为敌,而退受术之掣,刘虞怀忠义而死于公孙瓒,职此縣也。使坚不死,得自达于长安,肯从术以逆终而为乱贼之爪牙乎?刘表之收荆州也,卓之命也,众皆讨卓而表不从,表有可讨之罪焉;因袁术之隙而为之讨表,实自讨也。若坚者,虽不保其终之戴汉,而固未有瑕也,与术比而姑从之,恶足以病坚哉!

【注释】

①惎(jì)毒:憎恨,忌恨。

【译文】

孙坚难道把袁术放在心上了吗?当时叛贼尚未被讨伐,孙坚功业未成,以疏远的长沙太守身份,在中原做客将,刚开始是借助袁术立下了大功,如果迅速背弃了他,则袁术必定心怀嫉恨,伺机阻挠孙坚的行动。这样一来,孙坚进与董卓为敌,而退受袁术掣肘,刘虞怀着忠义之心而死于公孙瓒之手,正是由于腹背受敌的缘故。假如孙坚没有过早死去,能够自己打到长安去,他难道肯跟随袁术一道叛逆,始终甘心做乱贼的爪牙吗?刘表收取荆州,是受董卓的命令,诸侯都征讨董卓而刘表不跟随他们,则刘表有值得讨伐的罪过;趁袁术与刘表关系不好而为他征讨刘表,实际上就是自己征讨刘表。像孙坚这样的人,虽然不能保证他始终拥戴汉室,但他有生之年毕竟没什么瑕疵,与袁术结盟并姑且跟从他,哪里足以损害孙坚的大节呢?

六 管宁习诗书俎豆以存道

管宁在辽东①,专讲诗书、习俎豆,非学者勿见,或以宁为全身之善术,岂知宁者哉?王烈为商贾以自秽②,而逃公孙度长史之辟命③,斯则全身之术,而宁不为也。天下不可一日废者,道也;天下废之,而存之者在我。故君子一日不可废者,学也。舜、禹不以三苗为忧,而急于传精一④;周公不以商、奄为忧⑤,而慎于践笾豆。见之功业者,虽广而短;存之人心风俗者,虽狭而长。一日行之习之,而天地之心,昭垂于一日;一人闻之信之,而人禽之辨,立达于一人。其用之也隐,而抟挍清刚粹美之气于两间⑥,阴以为功于造化。君子自竭其才以尽人道之极致者,唯此为务焉。有明王起,而因之敷其大用。即其不然,而天下分崩、人心晦否之日⑦,独握天枢以争剥复⑧,功亦大矣。

【注释】

①管宁(158—241):字幼安,北海朱虚(今山东临朐东)人。东汉末年著名隐士。汉末天下大乱时,与邴原及王烈等人至辽东避乱。在当地只谈经典而不问世事,为众人讲解《诗经》《书经》等经典。直到魏文帝黄初四年(223)才返回中原。此后曹魏几代帝王数次征召管宁,他都没有应命。正始二年(241)逝世。传见《三国志·魏书·管宁传》。辽东:汉代郡名,治所在襄平(今辽宁辽阳),辖今辽宁大凌河以东、开原以南,朝鲜清川江下游以北地区。

②王烈(141—218):字彦方,平原(今山东平原)人。东汉末著名隐士。王烈少时师从陈寔,闻名遐迩。董卓作乱时避乱辽东,辽东太守公孙度想要征辟他做长史,他以做商贾自污,不应征辟。后又多次拒绝曹操的聘请,最终病死于辽东。传见《三国志·魏书·王烈传》。

③公孙度(150—204):字升济,辽东襄平(今辽宁辽阳)人。东汉末

年辽东地区割据军阀。初为玄菟郡小吏,逐渐升迁为尚书郎、冀
州刺史,后被免官。经同乡徐荣推荐,被董卓任命为辽东太守。
公孙度到任后,厉行严刑峻法,打击豪强势力,东伐高句丽,西击
乌桓,威行海内外,羽翼渐丰。不久,中原地区董卓乱起,各地军
阀无暇东顾。公孙度趁机自立为辽东侯、平州牧。又招贤纳士,
设馆开学,广招流民,俨然以辽东王自居。建安九年(204)病逝。
传见《三国志·魏书·公孙度传》。

④精一:精纯。

⑤周公不以商、奄为忧:参见卷二"惠帝一"条注。

⑥抟捖(tuán wán):调和,集聚。

⑦晦否:晦暗,昏暗。

⑧剥复:盛衰,消长。

【译文】

管宁在辽东,专心讲授诗书、教习礼仪,不是学者的人他都不见,有
的人认为这是管宁保全自身的好办法,这难道是真的了解管宁吗?王
烈做商贾以自污,从而逃避公孙度任命他为长史的辟命,这才是保全自
身之术,而管宁是不会那样做的。天下一天也不能荒废的是道,天下人
荒废了道,而保存道就靠我管宁了。所以君子一天也不能荒废的是学。
舜、禹不把三苗当作忧虑的对象,而急于向民众传授精纯的道理;周公
不为商、奄感到忧虑,而对于践行祭祀礼仪却非常谨慎用心。人们建立
的功业,影响面虽广,而持续时间却很短暂;存在于人心、风俗之中的
道,影响面虽然窄,持续时间却很长。只要实践和学习这种道一天,天
地之心就能存在于人间一天;一个人听闻并相信了道,则立即有一个人
懂得了人与禽兽的区别。这种道在天下的传播应用并不显著,但却在
天地之间调和、塑造出清正刚直、纯粹美好的气息,悄无声息地为造化
立下大功。君子想竭尽自己的才能为人类社会做出极致的贡献,就要
唯独致力于此。有圣明的君主兴起,则可以依靠它,使其发挥更大的作

用。即使没有圣明的君主，而在天下分崩离析、人心晦暗的时候，独自掌握上天的枢纽以争人世的盛衰，功劳也是很大的。

繇此言之，则汉末三国之天下，非刘、孙、曹氏之所能持，亦非荀悦、诸葛孔明之所能持，而宁持之也。宁之自命大矣，岂仅以此为祸福所不及而利用乎？邴原持清议^①，而宁戒之曰："潜龙以不见成德。"不见而德成，有密用也；区区当世之得失，其所矜而不忍责、略而不足论者也。白日之耀，非镫烛之光也。宁诚潜而有龙德矣，岂仅曰全身而已乎？

【注释】

①邴原：字根矩，北海朱虚（今山东临朐东）人。东汉末名士。邴原家贫，初为北海相孔融所举，后为避战乱而与管宁一道移居辽东。后来邴原从辽东返回内地，先后被曹操任命为司空掾、丞相征事、五官将长史等职。他平日闭门自守，非公事不出。后随曹操征吴，于途中去世。传见《三国志·魏书·邴原传》。清议：古时指乡里或学校中对官吏的批评。

【译文】

由此而言，则汉末三国的天下，并非刘备、孙权、曹操所能控制，也不是荀悦、诸葛亮所能控制的，而是管宁这样的人在控制。管宁赋予自己的使命是很宏大的，难道会仅仅因为讲书传礼不会关系到自己的祸福而加以利用吗？邴原经常评论时事，而管宁告诫他说："潜龙是韬光养晦而不显示自己的德行的。"虽然不显现出来，实际上已具有很高的品德，这是具有非常微妙的作用的。区区当世的得失，是君子有所矜持而不忍加以责难，可以忽略而不值得谈论的事情。白天太阳的光辉，不是灯烛发出的光所能比的。管宁确实是潜伏着的有圣人之德的人，难道能仅仅说他是在保全性命而已吗？

七　王允不能用曹操孙策以备李郭

王允诛董卓，而无以处关东诸将，虽微李傕、郭汜^①，汉其能存乎？首谋诛卓者袁绍，是固有异志焉，而不可任者也。曹操独进荥阳，虽败而志可旌；孙坚首破卓而复东都，粪除宗庙^②，修治陵园，虽死而其子策可用也^③。急召而录其功以相辅于内，傕、汜失主而气夺，安敢侧目以视允乎？区区一宋翼、王弘^④，傕、汜且惮之，而不敢加害于允，而况操与策也。允之倚翼与弘，皆其所私者也，操与策非其所能用者也，而又以骄气乘之，不亡何待焉！

【注释】

①李傕(？—198)：字稚然，北地(今宁夏吴忠)人。本为董卓部将，初平三年(192)董卓和牛辅被杀后，李傕归无所依，于是采用贾诩之谋，伙同郭汜、张济、樊稠等原董卓部曲将攻向长安，击败吕布，杀死王允等人，占领长安，把持朝廷大权。后诸将不和，相互攻击，汉献帝出逃，被曹操迎往许都。建安三年(198)，李傕被段煨、张横、梁兴等人击败斩杀。传见《三国志·魏书·李傕传》。郭汜(？—197)：凉州张掖(今甘肃张掖西北)人。东汉末年将领、军阀。董卓死后与李傕联兵占领长安，纵兵杀掠，死者万余人，杀司隶校尉黄琬、司徒王允，把持朝廷大权，为后将军，封列侯。几年后，郭汜被部将伍习杀死。传见《三国志·魏书·郭汜传》。

②粪除：打扫，清除。

③策：指孙策。孙策（175—200）字伯符，吴郡富春（今浙江杭州富阳）人。孙坚长子。三国时期孙吴政权的奠基者之一。孙坚死后，孙策为继承父亲遗业而屈事袁术，兴平二年（195），孙策征得袁术许可，东渡长江，击败樊能、张英等人。接着又在曲阿之战中击败扬州刺史刘繇。建安元年（196）孙策率兵进攻会稽王朗和吴郡严白虎，占领这两郡。其后逐渐统一了整个江东。建安二年（197），袁术僭越称帝后，孙策与袁术决裂。同年，在曹操推荐下，朝廷任命孙策为讨逆将军，并封为吴侯。建安五年（200），孙策在丹徒狩猎时为刺客所伤，不久后身亡，年仅二十六岁。其弟孙权称帝后，追谥孙策为长沙桓王。传见《三国志·吴书·孙策传》。

④宋翼（？—192）、王弘（？—192）：二人皆为王允的同乡，宋翼时任左冯翊，王弘时任右扶风。李傕想要诛杀王允，忌惮他们两人，于是召他们进京。王弘力劝宋翼不要应召，而宋翼不同意。最终两人同赴京城，旋即被李傕杀害。其事见于《后汉书·王允列传》。

【译文】

　　王允诛杀了董卓以后，没有处理好与关东诸将的关系，即使没有李傕、郭汜，汉朝难道能继续存在吗？首先谋划征讨董卓的人是袁绍，他本来就有异心，是不能加以任用的。曹操独自进军荥阳，虽然战败但其志气值得表扬；孙坚首先击败董卓而收复东都，清扫宗庙，修缮陵园，他虽然死了，但他的儿子孙策仍然可以任用。如果紧急召曹操、孙策进京，论功行赏，委以重任，让他们辅佐朝廷，李傕、郭汜已经因主子董卓被杀而丧失锐气，又哪里敢侧目看王允呢？像宋翼、王弘这样的人物，李傕、郭汜尚且对其十分忌惮，因而不敢加害王允，何况是曹操与孙策呢？王允倚重宋翼与王弘，都是出于同乡的私情，曹操与孙策不是他所能重用的人，而且王允又自恃功高、盛气凌人，他怎么能不灭亡呢？

或曰：操非可倚以安者，允而召操，则与何进之召卓也何以异？此又非也。进不能诛宦官而倚卓，进客而卓主矣。允之诛卓，无假于操，而威大振；操虽奸，赏之以功，旌之以能，绥之以德，束之以法，操且熟计天下而思自处。故王芬之谋，刘虞之议，必规避之，而不敢以身为逆。当此之时，众未盛，威未张，允以谈笑灭贼之功临其上而驾御之，操抑岂敢蹈卓之覆轨乎？策方少，英锐之气，诱掖之以建忠勋也尤易，而奚患召之为后害哉？允非其人也，智尽于密谋，而量不足以包英雄而驯扰之[1]，加以骄逸，而忘无穷之隐祸，其周章失纪而死于逆臣[2]，不能免矣。

【注释】

①驯扰：驯服，使柔顺。

②周章：仓皇惊恐。失纪：失去条理。

【译文】

有人说：曹操并非可以安心倚赖的人，王允如果召曹操入京，则与当初何进召董卓进京有什么区别呢？这种说法又错了。何进不能成功诛杀宦官而不得不仰赖董卓帮助，何进居于被动而董卓居于主动地位。王允诛杀董卓，并没有借助曹操的力量，而自己的声威大振；曹操虽然奸诈，但犒赏他的功劳，旌表他的能力，用德行来安抚他，用法令来约束他，曹操将会深思熟虑，寻找自己适当的位置。所以当初王芬废灵帝的计谋，立刘虞为帝的议论，他都采取了回避拒绝的态度，而不敢亲身做悖逆之事。这个时候，曹操部众还不多，威势尚未伸张，王允以谈笑间诛灭乱贼的功劳居于曹操之上而驾驭他，曹操难道敢重蹈董卓的覆辙吗？孙策年纪正轻，英锐之气十足，对他进行诱导、奖掖，从而使他效忠并建立功勋是很容易的，又哪里需要担心招来他会带来祸患呢？王允不是能成大事的人，他的智谋在密谋上就用尽了，而他的气量不足以包容英雄而驯服他们，加上他骄狂自大，因此忘记了身边隐藏着无穷的祸患，他最终仓皇失措而死于叛贼手中，是不可避免的。

东召孙、曹而西属凉州之兵于皇甫嵩，则二袁、刘表、公孙瓒不足以逞；二袁、刘表、公孙瓒不逞，而曹操亦无藉以启跋扈之心。天下可定也，况李傕、郭汜之区区者乎？

【译文】

如果王允在东面召孙策、曹操入京，而在西面将凉州的军队交给皇甫嵩率领，则袁绍、袁术、刘表、公孙瓒就不能放肆作乱；袁绍、袁术、刘表、公孙瓒不能放肆，则曹操也没有借口来产生骄横跋扈的野心。如此则连天下都可以平定，何况是对付区区李傕、郭汜这些人呢？

八　马日磾赵岐为傕汜和解关东

马日磾、赵岐之和解关东也谁遣之[①]？于时李傕、郭汜引兵向阙，种拂战死[②]，天子步出宣平门，王允、宋翼、王弘骈死阙下，宫门之外皆仇敌也，而暇念及于袁、刘、公孙不辑于千里之外邪？故知非献帝遣之，傕、汜遣之也。关东诸将之起，以诛卓起。傕、汜，卓之部曲也，其引兵犯阙，以报卓之仇为辞，吕布东走，而傕、汜安能不忧诛卓之师浸加于己哉？欲求款于关东而恐其见拒，则姑以天子之诏为和解之迁说，亦其虽为卓报仇，而于关东则均为王臣，无异志也，此不款和而妙为款和者也。刘表则自刺史而牧矣，曹操上书而优而使之归矣[③]，征朱儁为太仆矣，皆傕、汜以求免于关东之善术也。呜呼！日䃅、岐为汉之大臣，而受贼之羁络以听其颐指④，其顽鄙而不知耻，亦至是哉！

【注释】

①马日䃅(dī,？—194)：字翁叔，扶风茂陵(今陕西兴平)人。东汉末大臣。马日䃅以才学入仕，曾任谏议大夫，与蔡邕、卢植等人在东观典校官藏的《五经》，并参与续写《东观汉记》。后历任射声校尉、太尉、太常等职。初平三年(192)，李傕以朝廷名义任命马日䃅为太傅、录尚书事，与太仆赵岐共同出使关东，调解诸侯间的纠纷。马日䃅到寿春袁术处后，对其多有所求，遭袁术轻鄙，被夺取符节，还被袁术强迫任命为军帅，马日䃅求去不能，忧愤发病，于兴平元年(194)卒于寿春。事见《后汉书·袁绍列传》注引《三辅决录注》。赵岐(？—201)：字邠卿，京兆长陵(今陕西咸阳)人。东汉末年经学家、大臣。赵岐在汉桓帝时因得罪宦官而逃至北海卖饼，被孙嵩救至家中，藏于复壁内数年，后被赦出。延熹九年(166)，被司徒胡广征辟，拜并州刺史，又因党锢遭禁十余年。汉献帝迁都长安时，再拜赵岐为议郎、太仆。李傕、郭汜掌权时，命赵岐与太傅马日䃅出使关东。献帝东迁时，赵岐又说服刘表助董承修理宫殿，并留在荆州。建安六年(201)去世。传见《后汉书·赵岐列传》。

②种拂(？—192)：字颖伯。东汉末大臣。初为司隶从事，后任宛县令，因政绩卓著而升为光禄大夫。初平元年(190)，代荀爽为司空。第二年，因地震免官，不久复为太常。李傕、郭汜作乱，长安城被攻破，百官多冲击逃散，种拂挥剑而出，说："做国家的大臣，不能止乱除暴，让贼冲进皇宫，想跑到哪里去！"于是战斗至死。传见《后汉书·种拂列传》。

③曹操上书：曹操在东郡击败黄巾军，站稳脚跟后，接受谋士毛玠

"奉天子以令不臣"的建议,派人通过张杨向长安的朝廷上书致意。当时李傕、郭汜掌权,曹操在董昭帮助下向二人表达殷勤之意,李傕、郭汜在钟繇劝说下,对曹操厚加报答。事见《三国志·魏书·董昭传》。

④颐指:指不说话,只用面部表情来示意。形容有权势者指挥别人的傲慢神气。

【译文】

马日磾、赵岐到关东去调解诸侯间的纠纷是谁派遣的? 这个时候李傕、郭汜正率兵攻打宫阙,种拂战死,天子徒步逃出宣平门,王允、宋翼、王弘都死在宫阙下,宫门之外都是仇敌,而汉献帝哪里有余暇去考虑远在千里之外的袁绍、袁术、刘表、公孙瓒这些人相互不和呢? 所以可以知道马日磾、赵岐并非汉献帝派出的,而是李傕、郭汜派出的。关东诸将起兵,是为了讨伐董卓。李傕、郭汜是董卓的部将,他们率军进犯宫阙,是以为董卓报仇为口号的,吕布向东逃走,而李傕、郭汜怎么能不担忧讨伐董卓的军队转而把矛头对准自己呢? 所以他们想向关东诸侯求和,而恐怕被他们拒绝,于是姑且声称自己是奉天子的诏书来调解诸侯关系的,也无非是说他们虽然是为董卓报仇,但他们与关东诸侯一样是王臣,没有异心,这是表面不求和而实际上巧妙地间接求和的策略。他们把刘表从刺史提升为州牧,曹操上书向李傕、郭汜等致殷勤之意,他们对他厚加报答,准许他回家守丧,又征召朱儁为太仆,这些都是李傕、郭汜寻求与关东诸侯和解而想出的好办法。唉! 马日磾、赵岐作为汉朝的大臣,而受叛贼的笼络,听从他们的指挥,两人愚钝鄙陋而恬不知耻,竟到了这种地步!

　　夫与贼同立于朝,所难者不能自拔耳。二子者,幸而得衔命以出,是温峤假手以图王敦之机会也①。绍、术、瓒、表虽怀异志,而朱儁、曹操、刘虞、孙策,夫岂不可激厉人援以解天子之困厄^②？而命之曰和解，则以和解毕事，曾不知有问及中朝者，二子将何辞以答也？故遣日磾、岐者，傕、汜也；奔走于诸将之间，靦颜以嚅嗫者^③，为傕、汜效也；为天下贱，不亦宜乎！

【注释】

①温峤（288—329）：字泰真，一作太真，太原祁县（今山西祁县）人。东晋大臣、名士。温峤出身太原温氏，初授司隶都官从事，入刘琨幕府。西晋灭亡后作为刘琨的信使南下劝进，在东晋历任显职。王敦叛乱时，温峤任中书令，王敦对他十分忌惮，任命他为幕府左司马。温峤假意勤勉恭敬，为王敦出谋划策，又刻意结交其心腹钱凤，逐渐取得王敦的信任，被王敦任命为丹阳尹。温峤返回建康后，迅速将王敦的谋划与虚实尽数禀告给晋明帝，请朝廷做好应变准备。不久王敦再次进犯建康，温峤亲自率军抵御，成功阻挡了叛军，又在王敦死后用计策分化瓦解了叛军。后来他又参与平定苏峻的叛乱。咸和四年（329），病逝于武昌。传见《晋书·温峤列传》。

②激厉：勉励，刺激使奋发。

③靦（miǎn）颜：厚颜。嚅嗫（rú niè）：说话吞吞吐吐的样子。

【译文】

与叛贼同在朝廷上为官，难的是让自己脱身。马日磾、赵岐这两个人，幸运地得以带着使命从长安脱身，这是与东晋时温峤脱身后联合诸将以图消灭王敦相类似的机会。袁绍、袁术、公孙瓒、刘表虽然各自怀有异心，而朱儁、曹操、刘虞、孙策这些人，难道不能激励他们入京救援以缓解天子的困厄吗？李傕、郭汜命令他们调解诸侯纠纷，他们就以完成此事为使命，真不知道如果有人问及朝中的情况，马日磾、赵岐这两个人将怎么回答呢？所以派出马日磾、赵岐的人，是李傕、郭汜；马日碑、赵岐奔走于诸侯之间,厚颜无耻、吞吞吐吐地进行调节,是为李傕、郭汜效力。他们两个人被天下人鄙视,难道不是应该的吗!

九　陶谦受贼臣傕汜州郡之命

曹操父见杀而兴兵报之[①],是也;坑杀男女数十万人于泗水,遍屠城邑,则惨毒不仁,恶滔天矣。虽然,陶谦实有以致之也[②]。谦别将掩袭曹嵩而杀之,谦可谢过曰不知,然使执杀嵩者归之于操,使脔割而甘心焉,则操亦无名以逞。乃视嵩之死,若猎人之射麕麚[③],分食其肉而不问所从来,亦何以已暴人之怒哉?

【注释】

①曹操父见杀而兴兵报之:指曹操之父曹嵩避难琅邪,结果身死。初平四年(193),曹操以替父报仇为由,起兵讨伐陶谦。有关曹嵩之死的原因,据《后汉书·陶谦列传》记载,曹操父嵩避难琅邪,当时陶谦别将守阴平,"士卒利嵩财宝,遂袭杀之"。而据《三国志·魏书·武帝纪》记载,曹嵩去官后还谯,因董卓之乱,避难琅邪,"为陶谦所害",故而曹操立志复仇东伐。据《资治通鉴》记载,曹操令泰山太守应邵迎接避难的曹嵩。曹嵩携带辎重百余辆车,而陶谦的别将守阴平,"士卒利嵩财宝,掩袭嵩于华、费间",将其杀害。

②陶谦(132—194):字恭祖,丹阳(今安徽当涂)人。初仕州郡,后任徐州刺史,镇压黄巾起义。李傕、郭汜作乱关中之时,陶谦"每遣使间行,奉贡西京",诏迁为徐州牧,加安东将军,封溧阳侯。时天下大乱,而徐州谷实稍丰,流民多归之。陶谦在郡不理政务,亲信谗佞,以致"刑政失和"。后因曹嵩之死而被为父报仇的

曹操所败,退保郯。次年病死。传见《后汉书·陶谦列传》《三国
志·魏书·陶谦传》。

③麇麚(jūn jiā):公麋鹿。

【译文】

　　曹操因父亲被陶谦部将杀害而起兵为父报仇,是正确的;但他在泗
水边坑杀数十万男女,凡所到城邑都进行屠城,则是凶狠残暴、歹毒不
仁,可以说是罪恶滔天了。虽然如此,陶谦确实对这场灾难负有不可推
卸的责任。陶谦的部将突然袭击曹嵩而将他杀害,陶谦本可以向曹操
谢罪,说自己不知道此事,然后派人把杀害曹嵩的人送到曹操那里听任
他发落,使曹操能宰割仇敌以泄愤,那么曹操也就没有名义起兵报复
了。可是陶谦对待曹嵩的死,就像猎人猎杀了一头麋鹿,他分食鹿肉却
不问鹿肉是从哪里来的,这样怎么能制止暴戾之人的愤怒呢?

　　且操之击谦也,以报私仇,而未尝无可托之公义也。李
傕、郭汜称兵向阙,杀大臣,胁天子,人得而诛者也。谦首唱
诛逆之谋,奉朱儁以伐逆而戴主,傕、汜以太仆饵儁,以牧饵
谦,其力弱而畏我也可见矣。知其弱,惧其饵,儁虽志义不
终,而谦自可奋兴以致讨;乃听王朗之谋①,邀宠于贼臣,而
受州牧之命,则欲辞党逆之诛而无所逭;操执此以告天下,
而天下孰为谦援者乎?盖谦之为谦也,贪利赖宠,规眉睫而
迷祸福者也②。然则曹嵩之辎重,谦固垂涎而假手于别将
耳。吮锋端之蜜,祸及生灵者数十万人,贪人之毒,可畏
也夫!

【注释】

①王朗(?—228):本名王严,字景兴,东海郯(tán,今山东郯城)人。

汉末至曹魏时期大臣、名士。王朗早年被徐州刺史陶谦举为茂才，拜治中从事。董卓之乱期间，曾建议陶谦派人向献帝进贡以表示对汉室的支持，使得陶谦被任命为徐州牧，王朗自己也被任命为会稽太守。建安元年（196）孙策进攻会稽，王朗被击败，在逃亡失败后投降，孙策敬重王朗而未加害。后为丞相曹操征辟，拜为谏议大夫、参司空军事。此后历任少府、奉常、御史大夫等职。曹魏建立后，改任司空，又进封乐平乡侯。曹叡继位后，代华歆为司徒，进封兰陵侯。太和二年（228）去世。传见《三国志·魏书·王朗传》。

②规：打主意。眉睫：细小之物，此指小利。

【译文】

　　况且曹操攻击陶谦，固然是为了报私仇，但也不是没有可以假托的大义旗号。李傕、郭汜引兵进犯宫阙，诛杀大臣，胁持天子，人人想得而诛之。陶谦首先倡导诸将讨伐逆贼，推举朱儁为首领，以讨伐逆贼、拥戴天子，李傕、郭汜用太仆的职位引诱朱儁，用州牧的职位引诱陶谦，他们力量微弱而害怕诸侯讨伐是赫然可见的。明知道他们力量弱，应对他们的诱惑保持警惕，朱儁虽然晚节不保而接受引诱，但陶谦仍然可以自己奋然起兵以讨伐逆贼。但他却听从王朗的计谋，向逆贼献媚邀宠，而接受州牧的任命，则他想要逃脱作为贼党一员而被诛杀的下场已经是不可能的了。曹操如果以此昭告天下，则天下有谁会来援助陶谦呢？大概陶谦之所以是陶谦，正是因为他贪图利益、恋慕荣华富贵，只在乎眼前眉睫般的细小之利，而看不到长远的祸福。这么看来，对于曹嵩的资财，陶谦早就垂涎三尺了，而只不过是借部将的手抢夺过来罢了。吮吸刀锋上的蜜，却给数十万百姓带来了灭顶之祸，贪婪之人对天下的毒害，真是可怕呀！

一〇　汉亡于王允马日磾赵岐

　　国家积败亡之道以底于乱①，狡焉怀不轨之志，思猎得之者众矣,而尚有所忌也。天子不成乎其为君,大臣不成乎其为相,授天下以必不可支之形,而后不轨者公然轧夺无所忌②。

【注释】

①底:招致,达到。

②轧夺:倾轧篡夺。

【译文】

国家因累积太多导致败亡的因素而招致大乱,此时狡诈而怀有不轨之心,想要夺取政权的人是很多的,但他们尚且还有所顾忌。如果天子没有君王应有的样子,大臣没有宰相应有的样子,给天下造成必定无法再维持下去的态势,那么,心怀不轨的人就会公然倾轧篡夺而无所顾忌。

关东起兵以诛卓,而无效死以卫社稷之心,然固未敢逞其攘夺也。至于卓既伏诛,王允有专功之心,而不与关东共功名,可收以为用者勿能用,可制之不为贼者弗能制,而关东之心解矣。允以无辅而亡,李傕、郭汜以无惮而讧,允死,而天下之心遂为之裂尽。李、郭杀大臣,胁人主,关东疾视而不问,马日磾、赵岐之庸鄙,受二凶之意旨以和解行,而实为逆贼结连衡之好①,然后关东始坚信汉之必亡。于是而曹操上书之情,非复荥阳之志矣。孙坚即不死,而不保其终,策以孤立之少年,走刘繇②,逐王朗,杀许贡③,跳踉于江东矣④。张邈、陶谦、吕布、刘备互相攻而不戢矣。二袁之思移汉鼎以归己,又显著其迹矣。环视一献帝而置之若存若亡之间,以无难紾其臂而夺之⑤。呜呼! 迟之十余年,而分崩之势始成。天下何尝亡汉,而汉自亡,尚孰与怜之,而兴《下泉》苞稂之思者乎⑥?

【注释】

①连衡:结盟,联合。

②刘繇(156—197):字正礼,东莱牟平(今山东牟平)人。东汉末年官员、汉朝宗室。最初被推举为孝廉,后被辟为司空掾,拜侍御史,因战乱而不到任,避居于淮浦。兴平元年(194)被朝廷任命为扬州刺史。他先后与袁术、孙策作战,被朝廷加封为扬州牧、振武将军。建安元年(196)被孙策击败,接受许劭的建议逃到豫章(今江西南昌)投靠刘表,帮助刘表击败反叛的笮融。不久后即病逝。传见《三国志·吴书·刘繇传》。

③许贡:东汉末官员。先后任吴郡都尉、太守。在孙策平定江东时被击败,但仍积极找机会夺回吴郡。他想要送密信给曹操,要曹操召孙策进京,遏制孙策势力坐大,却被孙策发现,因而被杀。事见《三国志·吴书·孙策传》。

④跳踯:上下跳跃,比喻活跃或折腾。

⑤紾(zhěn):扭,拧。

⑥《下泉》苞稂(láng)之思:指对故国的思念。语本《诗经·曹风·下泉》:"冽彼下泉,浸彼苞稂。忾我寤叹,念彼周京。"下泉,下流的泉水。苞稂,田间丛生的野草。

【译文】

关东诸侯起兵以讨诛董卓,尽管没有誓死捍卫社稷的心思,然而也固然不敢公然放肆地争权夺利。等到董卓被杀后,王允有专擅功劳的心思,而不与关东诸侯共享功名,对于可以收服利用的人不能加以任用,对于可以加以制约而使其不做叛贼的人也不能加以制约,于是关东诸侯人心涣散。王允因为孤立无援而灭亡,李傕、郭汜因为肆无忌惮而发生内讧,王允死了,而天下人拥戴汉室的心也随之土崩瓦解。李傕、郭汜杀害大臣,胁持君主,关东对此侧目而视,却都不加过问;马日磾、赵岐平庸浅薄,受李傕、郭汜二人的旨意来调解关东诸侯间的纠纷,而实际上是为逆贼四处寻找盟友以相互联合,这之后关东诸侯开始坚信汉朝必定会灭亡了。于是曹操上书向李傕、郭汜致以殷勤之意,不再有荥阳之战时捍卫王室的志向了。孙坚即使不死,也难以保证他能始终忠于汉室,孙策以一介孤立无援的年轻人身份,赶走刘繇,驱逐王朗,杀死许贡,把江东搅得天翻地覆。张邈、陶谦、吕布、刘备相互攻击而没人能约束他们。袁绍、袁术想要取代汉室的野心,也已经充分暴露了出来。环视献帝的处境,他就处在若存若亡之间,将他从皇帝宝座上拉下来并不是困难的事情。唉!十几年以后,天下分崩的态势就形成了。天下何曾要灭亡汉朝,是汉朝自取灭亡,事已至此,又有谁会可怜汉朝,而兴起《诗经·曹风·下泉》中的故国之思呢?

王允非定乱之人也,马日磾、赵岐,则手授天下于群雄者也,汉之终亡,终于此也。

【译文】

王允并非能平定天下动乱的人,马日磾、赵岐,则是亲手将天下授给群雄的人,汉朝最终的灭亡,正是灭亡在这个时候。

一一　袁绍不能听沮授迎天子以立名

乱天下者,托于名以逞其志;故君子立诚以居正,而不竞以名,则托于名者之伪露以败,而君子伸。乱天下者,并其名而去之不忌,则能顾名以立事者,虽非其诚而志欲伸,无可为名者，莫能胜也。管、蔡内挟孺子^①、外挟武庚以为名，非无名也，自不可敌周公之诚也。项羽立义帝而弑之，并其名而去之矣；汉高为帝发丧，名而已矣，而天下戴之以诛羽之不义。使义帝而存，汉高之能终事之也，吾不敢信，然而以讨项羽则有余。故胡氏曰："与其名存而实亡，愈于名实之俱亡。"此三代以下之天下，名为之维持也大矣。

【注释】

①孺子：指年幼的周成王。

【译文】

　　祸乱天下的人，总是假托某种名义来放纵自己的野心。所以君子以诚实立身，使自己居于正道，而不以名义相争，如此则假托名义的人最终因虚伪面目暴露而失败，而君子的志向得以伸张。祸乱天下的人，即使是要把自己假托名义的对象一并除去也不会有所顾忌，那么能顾及名义而立身行事的人，即使不是完全出于诚心，而只是想借此伸张自己的志向，没有名义可以假托的人，也难以战胜他。管叔、蔡叔内假托周成王的名义，外假托武庚的名义，并非没有名义，但自然敌不过周公的忠诚。项羽先立义帝而又弑杀了他，这是把义帝连同名义一并除去了；汉高祖为义帝发丧，虽然只是借他的名义而已，但天下人都拥戴他，以讨伐项羽的不义。假如义帝还活着，如果说汉高祖能始终以臣子身份事奉他，我是不敢相信的，然而以他为名义讨伐项羽则是绰绰有余的。所以胡三省说："名存而实亡，总比名实俱亡要好些。"这就是三代以后的天下，名义对于维持天下秩序起到重大作用的原因。

　　袁绍不用沮授之策^①，听淳于琼而不迎天子于危困之中^②，授曰："必有先之者。"而曹操果听荀彧迎帝以制诸侯。

夫无君之心,操非殊于绍也,而名在操,故操可以制绍,而绍不能胜操;操之胜也,名而已矣。

【注释】

①沮授(? —200):广平(今河北鸡泽东)人。东汉末年袁绍帐下谋士。他少有大志,长于谋略,曾任冀州牧韩馥的别驾,被韩馥表为骑都尉。袁绍占据冀州后任用沮授为从事。沮授经常对袁绍提出良策,但很多时候袁绍并不听从。他曾劝说袁绍迎接献帝,"即宫邺都"。而郭图、淳于琼加以劝阻,认为并非善计。袁绍最终并未采纳沮授之说。官渡之战时袁绍大败,沮授未及逃走,被曹操所获,因拒降而被曹操处死。其事见于《后汉书·袁绍列传》。

②淳于琼(? —200):字仲简,颍川(今河南许昌)人。东汉时期将领。在汉灵帝中平五年(188)被任命为西园八校尉之一的右校尉。后来成为袁绍部将,与张郃、高览等人齐名。在官渡之战时镇守乌巢,遭到曹操的偷袭而惨败,被曹操处斩。其事见于《后汉书·袁绍列传》。

【译文】

袁绍不采用沮授的计策,听淳于琼的话而不将处于危困之中的天子迎回自己领地,沮授说:"必定会有捷足先登的人。"而曹操果然听取了荀彧的意见,迎回汉献帝来借他的名义控制诸侯。心中没有君王的位置这一点,曹操并非与袁绍有什么区别,而正当的名义却在曹操一边,所以曹操可以制约袁绍,而袁绍不能胜过曹操。曹操之所以能取胜,只是因为他拥有汉献帝的名义罢了。

虽然,名未易言也。名而可以徒假与,则绍亦何惮而不假?淳于琼曰:"今迎天子,动则表闻,从之则权轻,违之则拒命。"故曹操迁许以后，外而袁绍耻太尉之命，内而孔融陈王畿之制①，董承、刘备、伏完、金祎交起而思诛夷之②；入见殿中，汗流浃背，以几幸于免；与绍之恣睢河北唯意欲为而莫制者，难易之势，相悬绝也。苟不恤其名，而唯利是图，则淳于琼之言，安知其不长于荀彧哉？假令衣带诏行，曹操授首于董承、伏完、金祎之手，则授、彧之谋，岂不适为琼笑？而非然也，出天子于棘篱饥困之中③，犹得奉宗庙者二十余年，不但以折群雄之僭，即忠义之士，怀愤欲起，而人情之去就，尚且疑且信而不决于从也。琼之情唯利是图，受天下之恶名而不恤，绍是之从，欲不亡也，得乎？

【注释】

① 孔融陈王畿之制：指孔融向汉献帝上《宜准古王畿之制》，主张"千里寰内，不以封建诸侯"，旨在尊崇天子，扩大汉室实权，反对曹操称王。事见《后汉书·孔融列传》。

② 董承(?—200)：东汉末年将领、外戚，汉献帝刘协妃嫔董贵人之父。初为董卓女婿牛辅部曲，后护卫汉献帝刘协从长安东归洛阳，因功征拜卫将军，受封列侯。建安四年(199)，升任车骑将军。同年，董承对外声称自己领受献帝的衣带诏，与刘备、种辑、吴子兰、王子服等人密谋诛杀曹操。次年正月计谋泄露，董承、种辑、吴子兰、王子服以及董贵人皆被曹操诛杀。伏完(?—209)：琅邪东武(今山东诸城)人，东汉末大臣，汉献帝伏皇后之父。历任辅国将军、中散大夫等职。衣带诏事件发生后，伏皇后写信给父亲伏完，诉说曹操暴行，令父亲密图诛杀曹操，伏完不敢有所举动。建安十四年(209)伏完逝世。建安十九年(214)伏皇后当日图谋泄露，曹操废杀伏皇后及两个皇子，其宗族百余人

亦被杀。金祎(？—218)：字德祎,京兆(今陕西西安)人。东汉
末官员。建安二十三年(218)正月,金祎趁曹操不在许都之机,
与太医令吉本、少府耿纪、司直韦晃等发动叛乱,趁夜进攻在许
都的丞相长史王必,试图控制许都。最后,被王必和颍川典农中
郎将严匡平定,金祎、吉本等兵败被斩杀。三人事皆见于《后汉
书·孝献帝纪》。

③棘篱：荆棘围成的篱笆。

【译文】

尽管如此,名也并不是能轻易说说的。如果名义能白白地假借过
来,那袁绍为什么忌惮而不立即假借呢？淳于琼说："如今迎来天子,一
有举动就要上表给他,听从他的命令,我们的权力就轻了,违抗他的命
令,我们就会落下抗命的名声。"所以曹操将天子迁到许都以后,在外袁
绍以被其任命太尉为耻辱,对内孔融上书陈述王畿之制来制约他,董
承、刘备、伏完、金祎交相起来想要诛灭他；他进入殿中觐见汉献帝,汗
流浃背,侥幸得以幸免；与袁绍在河北放纵妄为没人能制约他相比,难
易的态势,相差悬殊。如果不在乎名义,而只图实际利益,那么淳于琼
的话,怎么就知道不比荀彧的强呢？假如献帝的衣带诏得到施行,曹操
会被董承、伏完、金祎诛杀,则沮授、荀彧的计谋,难道不正好被淳于琼
嘲笑吗？而事实并非如此,曹操将天子从危困饥饿中救出,使他得以多
事奉宗庙二十多年,不但使群雄的僭越变得不可能,即使是忠义之士,
怀着愤怒想起来反抗曹操,民众尚且将信将疑,而不能决心追随他们。
淳于琼唯利是图,得到天下给予的恶名也不在乎,袁绍听从他的话,想
要不灭亡,能做得到吗？

名与利,相违者也；实与名,末相违而始相合也。举世
鹜于名,而忠孝之诚薄；举世趋于利以舍名,而君臣父子之
秩叙①,遂永绝于人心。故名者,延夫人未绝之秉彝于三代

之下者也^②。夫子于卫辄父子之际^③，他务未遑，而必先正名，盖有不得已焉耳。

【注释】

①秩叙：秩序，次序。

②秉彝：持执常道。

③卫辄父子：指卫后庄公姬蒯（kuǎi）聩和其子卫出公姬辄。蒯聩在做太子时因与其父宠姬南子不和，违抗卫灵公之命而被迫出逃国外，后来他的儿子卫辄继位，拒不接纳父亲蒯聩回国。孔子和子路谈及此事，子路问孔子执政后首先要做什么，孔子说要"正名"，他认为卫出公辄是越位代其父太子蒯聩继位，当时太子尚在，只是流亡在国外，因此卫出公即位又拒父是名不正，言不顺。

【译文】

名与利，是相互排斥的；实与名，是最终相互排斥而最初可以相互结合的。如果举世之人都去追逐名，则忠孝的诚心会越来越淡薄；如果举世之人都趋向利而舍弃了名，则君臣父子的秩序，将会永远在人心中断绝。所以名，是在三代以后用以维持人伦纲常不致断绝的。孔子论及卫国姬蒯聩、姬辄父子之事，其他事情还来不及做，而必定要先正名，大概也是出于不得已才这样做的。

一二　先主受陶谦之命其始不正

刘先主之刺豫州^①，因陶谦也；其兼领徐州，亦因陶谦也。二袁、曹操，皆受命于灵帝之末，吕布、刘表，亦拜爵王廷而出者，唯先主未受命也，而不得不因人以兴。始因公孙瓒，继因陶谦，周旋于两不足有为者之左右，而名不登于天府^②，是以屡出而屡败。孔北海知之已夙^③，而何为不飏于王廷④？北海之疏也。败于吕布而归许，然后受命而作牧，望乃著于天下。以义揆之，则受陶谦之命兼领二州，其始不正，故终不足以动天下而兴汉，亦始谋之不臧哉！

【注释】

①刺：任刺史。

②天府：指朝廷的官方档案库。

③孔北海：指孔融。孔融曾任北海相，故称。

④飏：显扬，发扬，传播。

【译文】

刘备能担任豫州刺史，是依靠陶谦做到的；他能兼领徐州，也是因为陶谦的帮助。袁绍、袁术、曹操的职务，都是在灵帝末年由朝廷委任的，吕布、刘表，也都是由朝廷封官拜爵，然后再出外任官的，只有刘备没有从朝廷那里取得任命，而不得不依靠别人才能兴起。开始时是依附公孙瓒，继而又依附陶谦，在这两个不足以有所作为的人之间周旋，而不能获得朝廷官方的册命，因此屡出而屡败。孔北海对他已经很了解了，却为什么不帮他在朝廷扬名呢？这是孔融的疏失。刘备被吕布击败回了许都，然后受朝廷任命做了州牧，声望才开始在天下显著起来。从道义上来考察，刘备受陶谦的命令兼领两州，其开始就不正，所以最终不足以打动天下而兴复汉室，这也是他最初没有谋划好的地方啊！

及其为左将军，受诏诛操而出奔，乃北奔于袁绍，托非其人矣，而非过也。何也？既已受命诛操，则许都之命制自操者，义不得而受也。结孙权而分荆，夺刘璋以收益，可以不受命矣；可不受命而制自己，故虽不足以兴汉，而终奄有益州①，以成鼎足之形。

【注释】

①奄有:指全部占有,多用于疆土。

【译文】

等到他成为左将军后,受献帝诛杀曹操的诏命而出奔,于是向北投奔袁绍,这是所托非人,而非犯有过错。为什么呢?既然他已经受献帝命令诛杀曹操,则许都出自曹操的诏命,从大义上就不能接受。刘备结交孙权而得以与其平分荆州,夺取刘璋的权力而收取了益州,这样他就可以不接受曹操的命令了;可以不受曹操的命令而自行其是,所以虽然不足以复兴汉朝,而最终却能占据整个益州,形成了天下三分的形势。

使其于陶谦授徐之日,早归命宗邦①,诛催、汜以安献帝,绍与操其孰能御之? 而计不及此,孔北海亦莫之赞焉,徒与袁术、吕布一彼一此,争衡于徐、豫之间,惜哉!

【注释】

①宗邦:国都,代指朝廷、天子。

【译文】

假如刘备能在被陶谦授予徐州的时候,就早日归顺于朝廷,诛杀李催、郭汜以安定献帝的地位,则袁绍与曹操谁能抵御他呢?而他没有谋划到这一点,孔融也没有帮助他,他徒劳地与袁术、吕布在徐州、豫州之间彼此争衡,真是可惜呀!

一三　臧洪食人之罪不可逭

张巡守睢阳①,食尽而食人,为天子守以抗逆贼,卒全江、淮千里之命,君子犹或非之。臧洪怨袁绍之不救张超②,困守孤城,杀爱妾以食将士,陷其民男女相枕而死者七八千

人,何为者哉? 张邈兄弟党吕布以夺曹操之兖州,于其时,
天子方蒙尘而寄命于贼手,超无能恤,彼其于袁、曹均耳。
洪以私恩为一曲之义③,奋不顾身,而一郡之生齿为之并命,
殆所谓任侠者与④! 于义未也,而食人之罪不可逭矣。

【注释】

①张巡(709—757):邓州南阳(今河南南阳)人。唐代名臣。张巡
于唐玄宗开元末年中进士,历任太子通事舍人等职。安史之乱
时,起兵守雍丘,抵抗叛军。至德二载(757 年),安庆绪派部将尹
子琦率军南侵江淮屏障睢阳(今河南商丘),张巡与许远在内无
粮草、外无援兵的情况下死守睢阳,有效阻遏了叛军南犯之势,
遮蔽江淮地区,保障了唐朝东南的安全。城内缺粮时,张巡杀其
爱妾,煮熟犒赏将士。但最终因粮草耗尽、士卒死伤殆尽而被俘
遇害。传见新、旧《唐书·张巡列传》。

②臧洪(160—195):字子源,广陵射阳(今江苏宝应)人。汉末群雄
之一。他为人雄气壮节,早年曾被广陵太守张超聘为功曹,二人
感情亲密。后被袁绍看重,先后负责治理青州和东郡,政绩卓
越。兴平二年(195),曹操在雍丘包围张超,臧洪因袁绍不肯出
兵救张超,开始与其为敌,袁绍兴兵包围了臧洪所在的东武阳
城,臧洪拼死坚守,城中粮尽,他甚至把自己的爱妾杀了分给将
士充饥。最终城破,臧洪被袁绍所擒,慷慨赴死。传见《三国
志·魏书·臧洪传》。张超(? —195):东平寿张(今山东东平)
人。东汉末年广陵太守,张邈之弟。初平元年(190 年)正月,与
其兄张邈会同其他诸侯参加讨伐董卓同盟。兴平元年(194)夏,
曹操征讨陶谦,张超、张邈和陈宫共谋推戴吕布为兖州牧,攻打
曹操的根据地兖州。兴平二年(195)春,曹操回军,张超防守雍
丘城,曹操猛攻雍丘,最终雍丘陷落,张超被曹操斩杀。事见《三

国志·魏书·张邈传》。

③一曲:一隅。曲,局部,片面。

④任侠:指负气仗义,抑强扶弱。

【译文】

张巡坚守睢阳,粮食吃光了,被迫吃人,他是为天子坚守城池以抗击逆贼,虽然最终保全了江淮地区百姓的生命,君子尚且对他的行为有所非议。臧洪怨恨袁绍不救张超,困守在孤城中,杀掉自己的爱妾让将士们吃,使得城中男女百姓相枕而死的达到七八千人,又是为了什么呢?张邈、张超兄弟伙同吕布夺取曹操的兖州,当时,天子正遭遇祸患而性命掌握在叛贼手中,张超不能体恤天子,却为私利而争斗,他与袁绍、袁术、曹操是一丘之貉。臧洪片面地将私恩当作大义,奋不顾身,而一郡百姓都为之一同丧命,这大概就是人们所说的"任侠"吧!他的行为并不符合真正的大义,而吃人的罪责更是不可逃避的。

天下至不仁之事,其始为之者,未必不托于义以生其安忍之心①。洪为之而死于侠,巡效之而保其忠,于是而朱粲之徒相因以起②。浸及末世,凶岁之顽民,至父子、兄弟、夫妻相噬而心不戚,而人之视蛇蛙也无以异,又何有于君臣之分义哉?

【注释】

①安忍:残忍,安于做残忍的事。

②朱粲(? —621):亳州城父(今安徽亳州)人.隋末唐初割据军阀。朱粲年轻时曾任县中佐吏,后来趁天下大乱起兵,自称迦楼罗王,众至十余万。引军渡淮,活动于荆、沔及山南郡县。武德元年(618)于冠军(今河南邓州西北)称楚帝,年号昌达。后降唐,

又改投王世充。朱粲为人非常残暴,因吃人而恶名远扬。武德四年(621),被李世民擒杀于洛阳。传见新、旧《唐书·朱粲列传》。

【译文】

吃人是天下最不仁的事,最初做这种事的人,未必不是假托大义以使自己能心安理得地做残忍的事情。臧洪做了这种事而死于任侠,张巡效仿他而保全了对唐朝的忠诚,于是朱粲这类人相继起来效法。渐渐地每到王朝末年,遭遇饥荒的时候,愚昧无知的百姓竟然父子、兄弟、夫妻相互吞噬而内心不感到悲伤,他们作为人,与蛇、青蛙这样的冷血动物毫无区别,这种情况下又哪里还能有什么君臣大义和名分呢?

若巡者,知不可守,自刎以徇城可也①。若洪,则姑降绍焉,而未至丧其大节;愤兴而憯毒②,至不仁而何义之足云?孟子曰:"仁义充塞③,人将相食。"夫杨、墨固皆于道有所执者④,孟子虑其将食人而亟拒之,臧洪之义,不足与于杨、墨,而祸烈焉。君子正其罪而诛之,岂或贷哉!

【注释】

①徇:同"殉"。

②憯(cǎn)毒:残忍狠毒。

③仁义充塞:语出《孟子·滕文公下》:"是邪说诬民,充塞仁义也。"意思是仁义之路被堵塞。

④杨、墨:指战国时期思想家杨朱和墨子。

【译文】

像张巡这样,知道城池已经守不住的时候,自杀以与城共存亡就可以了。像臧洪那样,姑且投降袁绍,也不至于丧失其大节。但他因为一时的愤怒而做出残忍狠毒的事情,犯下最不仁的罪行,而又哪里足以称得上义呢?孟子说:"仁义之路被堵塞,民众将会相互吞噬。"杨朱、墨子固然都是对于道有自己固定看法的人,孟子考虑到他们的学说可能会导致民众相互吞噬,立即起来攻击他们的学说,臧洪的义,不足以与杨朱、墨子相提并论,而其带来的灾祸却更严重。君子明正其罪责而诛杀他,难道还能宽恕他吗?

一四　董承潜召曹操入朝

董承潜召曹操入朝,操至而廷奏韩暹、杨奉之罪[1],诛罪赏功,矜褒死节,而汉粗安。惜哉,承之行此也晚,而王允失之于先也。

【注释】

[1]韩暹(? —197):东汉末年将领。初为黄巾起义军余部白波军将领,后受兴义将军杨奉招纳,引军前来护卫汉献帝东归洛阳,因功受任大将军,领司隶校尉。此后居功自傲、扰乱朝政,曹操将献帝接到许都后,奏明其罪过,韩暹失势被迫投奔袁术。建安二年(197),韩暹与杨奉在吕布授意下进犯刘备,韩暹战败逃跑,中途被乱军杀死。杨奉(? —197):东汉末年将领。初为黄巾起义军余部白波军将领,后跟随凉州军阀李傕。李傕与郭汜相争,杨奉趁机自立门户,并护送汉献帝从长安东归洛阳,因功被任命为车骑将军。献帝被曹操接到许都后,杨奉失势投奔袁术。建安二年(197),受吕布之命进犯刘备,被刘备诱杀。二人事皆见《后汉书·孝献帝纪》。

【译文】

董承秘密召曹操入朝,曹操入朝后在朝堂上弹劾韩暹、杨奉的罪行,按罪施罚,论功行赏,表彰和奖赏为朝廷尽节的死难者,而汉朝得以初步安定下来。可惜啊,董承做得太晚了,而王允在此之前错失了这一机会。

当斯时也,汉之大臣,死亡已殆尽矣;天子徒步以奔,而威已殚矣[1];从官采梠饿死[2],而士大夫之气已夺矣;故董昭谋迁帝于许[3],尚惧众心之不厌,而卒无有一言相抗者。若当董卓初诛之日,廷犹有老成之臣,人犹坚戴汉之心,刘虞怀忠于北陲,孙坚立功于雒阳,相制相持,而允之忠勋非董承从乱之比,操亦何敢遽睥睨神器、效董卓之狂愚乎?

【注释】

①殚:尽,灭。

②梠(lǚ):野果。

③董昭(156—236):字公仁,济阴定陶(今山东菏泽定陶)人。东汉末年著名谋士、曹魏开国元勋。董昭年轻时被举为孝廉,后担任袁绍帐下参军,后离开袁绍投奔张杨。张杨率军迎接汉献帝时,董昭随行,并拜为议郎。后与曹操在洛阳相见,又建议曹操将汉献帝迎接到许都。董昭自此成为曹操的谋士。此后历任河南尹、冀州牧、徐州牧、魏郡太守等职,多有功劳,深受曹操器重。曹操受封魏公、魏王的谋划都是出自董昭之手。太和六年(232)升任司徒。青龙四年(236)卒。传见《三国志·魏书·董昭传》。

【译文】

当时,汉朝的大臣,已经死亡殆尽了;天子被迫徒步奔逃,而其威严早已经丧失殆尽;跟随天子的大臣被迫采野果充饥,纷纷饿死,士大夫的锐气已经完全丧失了。所以董昭谋划将汉献帝迁到许都时,尚且惧怕众人心中不服，而最终却没有一个人说一句话反对此事。如果在董卓刚被诛杀的时候，趁朝廷中还有老成的大臣，人们心中还怀着坚定拥护汉朝的心理，刘虞在北部边陲心怀忠诚，孙坚在洛阳立下大功，这样他们与曹操相互制约、相互帮助，而王允的忠诚和功劳不是董承这样追随叛军作乱的人可比的，曹操又如何敢仿效董卓的狂妄愚昧、觊觎皇位呢？

王允坐失之，董承不得已而试为之；为之已晚，而无救于汉之亡，然而天下亦自此而粗定。观于此而益为允惜，诚可惜而已矣。

【译文】

王允坐失了良机，董承出于不得已而试着去这么做。虽然为时已晚，没办法挽救汉朝的危亡了，然而天下也由此得以初步安定下来。看到这一点而更为王允感到惋惜，确实是太可惜了。

一五　曹操不杀刘备为有识

范增之欲杀沛公，孙坚之欲杀董卓，为曹操谋者之欲杀刘豫州，王衍之欲杀石勒①，张九龄之欲杀安禄山②，自事后而观之，其言验矣。乃更始杀伯升而国终亡；司马氏杀牛金而家终易③。故郭嘉之说曹操④，勿徒受害贤之名，而曹操笑曰："君得之矣。"有识者之言，非凡情可测也。

【注释】

①王衍之欲杀石勒：石勒年轻时随乡里的人到洛阳行贩，曾靠着上东门大声呼啸，尚书左仆射王衍见后感到惊异，回头对左右

的人说:"刚才那个胡人小孩儿,我听他的声音感觉到有突出的志向,恐怕将来会成为国家的祸患。"派人快马去抓他,恰好石勒已经离开。事见《晋书·石勒载记》。王衍(256—311):字夷甫,琅邪临沂(今山东临沂北)人。西晋时期名士、重臣。王衍以风姿俊秀,喜谈老庄学说而知名。历任尚书令、尚书仆射、司空、司徒、太尉等要职。王弥进攻洛阳时,王衍率军抵抗。永嘉五年(311),东海王司马越去世,王衍奉其灵柩返回东海,途中被石勒俘获。王衍在与石勒交谈时,仍推脱责任,并劝其称帝,石勒大怒,将其与西晋旧臣一同活埋。传见《晋书·王衍列传》。

②张九龄之欲杀安禄山:安禄山曾入京朝见唐玄宗,拜见过时任宰相的张九龄。张九龄看出安禄山是奸诈之徒,断定日后此人必会作乱,说:"乱幽州者,必此胡也。"开元二十四年(736),安禄山在讨伐契丹时失利,张守珪奏请朝廷将其斩首,张九龄毫不犹豫批示斩首,但唐玄宗最终赦免了安禄山。事见《旧唐书·张九龄列传》。

③司马氏杀牛金而家终易:牛金是三国时期曹魏将领,官至后将军。司马懿掌权时,民间有一本流传很广的谶书叫《玄石图》,上面记有"牛继马后"的预言,司马懿怀疑所谓"牛"指牛金,心里十分忌讳,怕牛金将来会对子孙不利,就派人请他赴宴,将他毒死。司马懿的孙子司马觐袭封琅琊王后,其妻夏侯氏被封为王妃,她与王府一个也叫牛金的小吏私通,后生下了司马睿,就是后来的晋元帝。事见《晋书·元帝纪》。

④郭嘉(170—207):字奉孝,颍川阳翟(今河南禹州)人。东汉末年曹操帐下著名谋士。原为袁绍部下,后转投曹操,为曹操统一北方立下了功勋,官至军师祭酒,封洧阳亭侯。程昱曾向曹操建议杀掉依附曹操的刘备,而郭嘉认为如此"是以害贤为名",曹操听

取其建议并笑而赞许。郭嘉最终在曹操征伐乌丸时病逝，年仅三十八岁。传见《三国志·魏书·郭嘉传》。

【译文】

范增想要杀刘邦，孙坚想要杀董卓，为曹操出谋划策的人想杀掉刘备，王衍想要杀石勒，张九龄想要杀安禄山，从事后的发展态势来看，他们当初说的话都得到了验证。可是更始帝刘玄杀了刘缤而国家最终还是灭亡了；司马懿杀害了牛金而晋朝君主终究换了姓氏。所以郭嘉劝说曹操，不要白白地落下一个害贤的名声，而曹操笑着对他说："你说的太对了。"有识之士的话，并不是凡夫俗子所能理解和猜测的。

人之欲大有为也，在己而已矣，未有幸天下之不肖，而己可攘贤而自大者也。苟可以大有为，则虽有英雄，无能为我难也；苟未可以有为，则何知天之生豪杰者不再生也？待獭以殴鱼①，待鹯以殴雀②，此封建之天下为然尔。起于纷乱之世而欲成大业，非能屈天下之英雄，不足以建非常之业。忌英雄而杀之，偷胜天下之庸流以为之雄长，则气先苶③；而忽有间起之英豪乘之于意外，则神沮志乱而无以自持。若此者，曹操之所不屑为，而况明主之以道胜而容保无疆者乎！尽己而不忧天下之我胜，君子之道，而英雄繇之；不能仿佛于君子之道而足为英雄者④，未之有也。

【注释】

①獭：一种水栖鼬科动物，状如小狗，喜欢捕食鱼。

②鹯(zhān)：一种鹞类猛禽，似鹞鹰，捕食麻雀等小型鸟类。

③苶(nié)：疲惫，疲倦。

④仿佛：效法。

【译文】

人想要有大的作为,只有依靠自己努力才行,从来没有庆幸天下人都是不肖之徒,而自己可以攘除贤人从而使自己显得伟大的。如果真的可以大有作为,即使有英雄,也不能妨碍我;如果不能有所作为,则如何知道使豪杰产生的上天不会再创造出新的豪杰来呢?等待水獭来抓鱼,等待猛鹯来驱逐麻雀,这是适合于封邦建国时代的天下的做法。在纷乱的世道中起来想要成就大业,如果不能使天下的英雄屈服,就不足以建立非凡的事业。妒忌英雄而杀害他们,以不正当的手段战胜天下的庸俗之辈而成为他们的头领,则自己的锐气会首先丧失掉;而如果忽然有英雄豪杰出乎意料地趁机而起,则自己会心神沮丧不安而没办法维系下去。像这样的做法,是曹操都不屑做的,何况是要以道取胜而保土安民的贤明君主呢!尽自己的努力而不担忧天下有胜过我的人,这是君子之道,而英雄都会这样做;不能效法君子之道而足以成为英雄的人,是没有的。

一六 勤王问罪非可以责刘表

刘表无戡乱之才,所固然也,然谓曹操方挟天子、擅威福,将夺汉室,而表不能兴勤王问罪之师①,徒立学校、修礼乐,为不急之务,则又非可以责表也。

【注释】

①勤王:指君主制国家中君王有难时,臣下起兵救援君王。

【译文】

刘表没有平定叛乱的才能,本来就是如此,然而如果说曹操正在挟持天子、专擅威福,将要篡夺汉室,而刘表却不能兴起勤王问罪的军队,只是建立学校、修行礼乐,做一些当时并不急于做的事务,像这样的事,却又是不能责备刘表的。

表虽有荆州，而隔冥阨之塞①，未能北向以争权，其约之以共灭曹氏者，袁绍也，绍亦何愈于操哉？绍与操自灵帝以来，皆有兵戎之任，而表出自党锢，固雍容讽议之士尔。荆土虽安，人不习战，绍之倚表而表不能为绍用，表非戡乱之才，何待杜袭而知之②？表亦自知之矣。踌躇四顾于袁、曹之间，义无适从也，势无适胜也，以诗书礼乐之虚文，示闲暇无争而消人之忌，表之为表，如此而已矣。中人以下自全之策也。不为祸先而仅保其境，无袁、曹显著之逆，无公孙瓒乐杀之愚，故天下纷纭，而荆州自若。迨乎身死，而子琮举土以降操，表非不虑此，而亦无如之何者也。

【注释】

①冥阨：古代关隘名，即位于今河南信阳东南平靖关（一说在今河南淅川），是大别山中的重要关隘，扼守江汉平原通往中原地区的必经之途。

②杜袭：字子绪，颍川定陵（今河南舞阳）人。东汉末年及三国时曹魏官员。早年避乱到荆州，刘表以宾客的礼节接待他。同郡人繁钦多次向刘表显示自己的奇才，杜袭告诉他说："我之所以和您一起来这里，只是想像龙一样屈身伏在幽深的湖泽中，等待时机像凤一样展翅飞翔。难道说刘州牧会是个拨乱反正的主公，而规劝长者您依附于他吗？您如果连续不停地表现自己的才能，就不是我的朋友了。我就要和您断绝交情了！"后来投奔曹操，历任西鄂县令、丞相府军祭酒、侍中、驸马都尉等职。魏文帝时期出任尚书，封关内侯、武平亭侯。魏明帝时期，出任太中大

夫,晋封平阳乡侯。传见《三国志·魏书·杜袭传》。

【译文】

　　刘表虽然占有荆州,但却有冥阨关塞阻隔,不能向北去与其他诸侯争权夺利,与他约定好共同消灭曹操的,是袁绍,袁绍又哪里比曹操好呢? 袁绍与曹操自从灵帝时期以来,都负有统兵的职责,而刘表出自党锢名士,本来就只是一个从容讽议时政的士人罢了。荆土虽然安定,但民众不习惯战斗,袁绍倚靠刘表而刘表不能为袁绍发挥作用,刘表不是具有平乱才能的人,哪里需要等到杜袭才能知道这一点呢? 刘表自己也是知道的。他在袁绍、曹操之间犹豫徘徊,从道义上讲投靠谁都不合适,从形势上讲两大势力又难分胜负,所以他用诗书礼乐这些礼仪形式,向别人展示自己没有争斗之心,从而消除别人的猜忌,刘表之所以是刘表,也不过如此而已。他的策略是中等以下才能的人自我保全的策略。正因为刘表不首先发难而仅仅保境安民,没有袁绍、曹操那样显著的篡逆之举,没有公孙瓒残忍好杀的愚蠢,所以天下虽然纷纭多变,而荆州却能保持安定。等到他死后,其子刘琮举州投降曹操,刘表并非没考虑到这一点,而是虽然想到了但也对此无可奈何。

　　杜袭之语繁钦曰[1]:"全身以待时。"袭所待者曹操耳,钦与王粲则邀官爵醊乐之欢于曹丕者也[2],夫岂能鄙表而不屑与居者哉? 诸葛公侨居其土[3],而云"此中足士大夫遨游"。亦唯表之足以安之也。天下无主,而徒以责之表乎!

【注释】

①繁(pó)钦(? —218):字休伯,颍川(今河南许昌)人。早年与杜袭一起避难于荆州,后北上投奔曹操,曾任曹操主簿。他以文才机辩著称,长于书记,尤善于诗赋,与曹丕多有交往。事见《三国

志·魏书·杜袭传》。

②王粲(177—217):字仲宣,山阳郡高平,(今山东微山)人。东汉末年文学家,"建安七子"之一。早年因关中骚乱,前往荆州依靠刘表,客居荆州十余年。建安十三年(208),曹操南征荆州,刘琮举州投降,王粲归附曹操,深得曹氏父子信赖,赐爵关内侯。建安十八年(213),魏建立,王粲任侍中。建安二十二年(217),王粲随曹操南征孙权,于北还途中病逝。传见《三国志·魏书·王粲传》。醼乐:宴饮游乐。

③诸葛公:指诸葛亮。

【译文】

杜袭对繁钦说:"保全自身以等待时机。"杜袭所等待的人是曹操,繁钦与王粲则向曹丕邀取官爵、共享宴饮游乐的乐趣,他们难道有资格鄙视刘表而不愿意与他一起相处吗?诸葛亮侨居荆州,说"这里足以供士大夫遨游"。也正是因为刘表镇守荆州才足以使士大夫安居在这里。天下没有明君贤主,怎么能仅仅责备刘表呢?

一七　昭烈劝曹操速杀吕布

吕布不死,天下无可定乱之机,昭烈劝曹操速杀之,此操所以心折于昭烈也①。

【注释】

①心折:从内心佩服,折服。

【译文】

吕布不死,天下就没有可以止息祸乱而安定下来的机会,刘备劝曹操速速杀掉吕布,这正是曹操之所以从内心里佩服刘备的原因。

　　当时之竞起者众矣。孙坚，以戡乱为志者也；刘焉妄人也，而偷以自容；刘表文士也，而无能自立；袁绍虽疏而有略，其规恢较大矣；狂愚而逞者袁术，而犹饰伪以自尊；顽悍而乐杀者公孙瓒，而犹据土以自全；若夫倏彼倏此，唯其意之可禷发①，且暮狂驰而不能自信，唯吕布独也。而有骁劲之力以助其恶，嗾之斯前矣②，激之斯起矣，触之斯哄矣③，蹂躏于中夏而靡所底止，天下未宁而布先殄，其自取之必然也。吕布殄，而天下之乱始有乍息之时，乱人不亡，乱靡有定，必矣。

【注释】

①禷（bì）发：勃发。

②嗾（sǒu）：唆使。

③哄（hòng）：相斗。

【译文】

　　当时，天下竞相起兵的人是很多的。孙坚，是以平定叛乱为志向的；刘焉是一个无知妄为的人，而且只知道苟且偷安；刘表是个文士，没有办法在乱局中自立；袁绍虽然才具粗疏但也有谋略，他的野心是很大的；狂妄愚蠢而又喜欢逞能的袁术，尚且伪装涂饰自己以求自称尊号；公孙瓒凶悍顽劣且残忍好杀，尚且占据地盘以求保全自己；至于忽此忽彼，恣意妄为，从早到晚四处狂奔突进而不能相信自己的，唯有吕布一人。而他又有骁勇强劲的力量来帮助他作恶，有人唆使他，他就向前，有人刺激他，他就奋起，有人触犯了他，他就起来与人争斗，他在中原地区没有止境地蹂躏践踏，天下尚未安定下来而吕布就先被消灭了，这是他自取败亡的结果。吕布被消灭了，天下的祸乱才开始有停息的迹象，祸乱天下的人不死，祸乱就不能被平定，这是肯定的。

呜呼！布之恶无他，无恒而已。人至于无恒而止矣。不自信而人孰信之？不自度而安能度人？不思自全，则视天下之糜烂皆无足恤也。故君子于无恒之人，远之唯恐不速，绝之唯恐不早，可诛之，则勿恤其小惠、小勇、小信、小忠之区区而必诛之，而后可以名不辱而身不危。与无恒者处，有家而家毁，有身而身危，乃至父子、兄弟、夫妇之不能相保。论交者通此义以知择，三人行①，亦必慎之哉！

【注释】

① 三人行：语出《论语·述而》："子曰：'三人行，必有我师焉；择其善者而从之，其不善者而改之。'"意思是：几个人同行相处，其中便一定有可以为我所取法的人。我选取那些优点而学习，看出那些缺点而改正。

【译文】

唉！吕布的可恶之处不在于别的，只是反复无常罢了。人如果反复无常，他就完了。他连自己都不相信，又有谁能信任他呢？对自己都不理解，又怎么能理解他人呢？如果不想着保全自身，那么他就会把天下人的朽烂败坏都当成不值得怜惜的事。所以君子对于反复无常的人，远离他唯恐不够快，与他断绝关系唯恐不够早，如果可以诛杀他，则不要顾虑他的区区小惠、小勇、小信、小忠，一定要诛杀他，然后才可以使自己的名声不受辱，而自身也不会陷入险境。与反复无常的人相处，有家则家毁，有身则身危，甚至父子、兄弟、夫妇之间也不能相互保全。谈论交友的人要通晓这一点以懂得谨慎择友，与周围的几个人相处，也必须谨慎啊！

一八　卫觊请置盐官卖盐

汉武、昭之世，盐铁论兴①，文学贤良竞欲割盐利以归民为宽大之政,言有似是而非仁义之实者,此类是也。夫割利以与民,为穷民言也;即在濒海濒池之民,苟其贫弱,亦恶能食利于盐以自润?所利者豪民大贾而已。未闻割利以授之豪民大贾而可云仁义也。盐犹粟也,人不可一日无者,而有异。粟则遍海内而生,勤者获之,惰者匮之;盐则或悬绝于千里之外,而必待命于商贾。上司其轻重,则虽苛而犹有制;一听之豪民大贾,居赢乘虚,其以厚取于民者无制,而民不得不偿,故割利以与豪民大贾而民益困。王者官山府海以利天下之用而有制[2],以不重困于民,上下交利之善术也,而奚为徇宽大之名以交困国民邪?与其重征于力农之民,何如取给于天地之产。盐政移于下,农民困于郊,国计虚于上,财不理,民非不禁,动浮言以谈仁义者,亦可废然返矣。

【注释】

①盐铁论兴:汉武帝时因连年征战加上财政危机,在桑弘羊的主持下将盐铁收归国家专营。汉昭帝即位后,大将军霍光继续遵行武帝末年与民休息的政策,而汉武帝时实行盐铁官营的弊端日益显露。始元六年(前81),昭帝令丞相车千秋、御史大夫桑弘羊召集郡国所举贤良文学六十余人至京师,问以百姓疾苦及施政教化要务。贤良文学请罢盐铁酒榷均输,而桑弘羊则以盐铁官营等为国家大业,反对废止。双方展开论争,结果桑弘羊做出让步,奏罢郡国榷酤及关内铁官。事见《汉书·食货志》。

②官山府海:指由国家控制盐、铁及山林泽等自然资源。

【译文】

汉武帝、昭帝时期,关于盐铁专卖的争论兴起,那些贤良文学们都想要把盐铁专卖的利益归还给民众,将这作为宽大利民的政策。有些言论听起来似乎有道理，而实际上却并非真正符合仁义，贤良文学们的这些议论就属于此类。将盐铁的利润让予百姓，是就穷苦百姓而言的；可是即使是生活在海边或盐池边的民众，假如他们贫穷弱小，又怎么能够从盐的贸易中得利而改善自己的处境呢？能够从盐铁贸易中获利的最终只有地方豪强和大商人而已。从没有听说过将盐铁专卖的利润让渡给地方豪强和大商人可以称得上仁义的。盐就像粮食一样，人一天也不能不吃，而两者又有所区别。粮食在四海之内都能生长，勤劳耕种的人就能收获粮食，懒惰的人会缺乏粮食；盐的产地则有时远在千里之外，且必须依赖商贾将他们贩运过来，人们才能得到。如果由朝廷来控制盐的分配，虽然有苛刻的弊端，但尚且有一定的规制；如果完全听任豪强和大商人控制盐的贸易，则他们必将囤积居奇，毫无限度地从民众身上榨取暴利，而民众却不得不为此付出高价，所以盐铁专卖的利润让渡给地方豪强和大商人只会让民众更加贫困。君王控制盐、铁及山林泽等自然资源是为了整个天下人都能利用他们，也便于制定相应的规则，以确保不会加重百姓的负担，这是朝廷与民众都能获利的好办法，而又为什么贪图为政宽大的名声而给国家和百姓都增加负担呢？与其向耕田种地的百姓收取重税，还不如从盐等这种自然资源的专卖中获取利润。如果把盐的生产贩卖权下放，则身在郊野的农民会越来越贫困，而国库也会日益空虚，国家的财政不能有效治理，百姓的动乱就难以避免，那些只会说大话空话、清谈仁义的人，应当收回他们的蠢话。

　　卫觊曰[①]："盐，国之大宝也。"置盐官卖盐，以其直市犁牛给民，勤耕积粟，行之关中而民以绥，强敌以折。施及后世，司马懿拒守于秦、蜀之交，诸葛屡匮而懿常裕，皆此为之本也。觊之为功于曹氏，与枣祗均[②]，而觊尤大矣。

【注释】

①卫觊(155—229)：字伯觎(一作伯儒)，河东安邑(今山西夏县)人。三国时期曹魏大臣。卫觊年轻时以才学著称，后被曹操征辟。建安四年(199)以治书侍御史身份出使益州，因道路不通而被迫留镇关中。他在关中期间，建议设置盐官、积累粮食、招抚百姓，被曹操采纳。魏国建立后，他与王粲等制定典礼制度，官至尚书。传见《三国志·魏书·卫觎传》。

②枣祗：颍川(今河南禹州)人。东汉末至曹魏时期官员。很早就投奔曹操，曾任东阿令、羽林监、屯田都尉、陈留太守等职。他首倡"屯田制"，将荒芜的无主农田收归国家所有，把招募到的大批流民，按军队的编制编成组，由国家提供土地、种子、耕牛和农具，由他们开垦耕种，获得的收成，国家和屯田的农民按比例分成。这一做法被曹操推广，对后世影响深远。事见《三国志·魏书·武帝纪》。

【译文】

卫觎说："盐是国家非常宝贵的资源。"他建议设置盐官来负责盐的贩卖，将获取的利润拿来买耕牛和犁分给民众，鼓励他们勤劳耕种、积累粮食，他的建议在关中地区施行而民众得以安定下来，强敌因此遭受了挫折。这种政策施行到后世，司马懿在关中与蜀汉边界处防守御敌时，诸葛亮的军队常常匮乏粮食，而司马懿的部队供应却很充裕，这都是卫觎政策推行的结果。卫觎对曹魏的功劳，与枣祗相当，相比较而言，卫觎的功劳更大。

一九　韩嵩诣许非奉戴汉室

韩嵩①，智而狡者也。刘表旧与袁绍通，而曹操方挟天子以为雄长，绍之不敌操也，人皆知之，故杜袭、繁钦、王粲之徒，日夕思归操以取功名。嵩亦犹是而已矣。嵩之劝表以归操,明言袁、曹之胜败,而论者谓其奉戴汉室,过矣。

【注释】

①韩嵩:字德高,义阳(今河南桐柏)人。东汉末官吏。东汉末年隐居在郦西山中。黄巾乱起,韩嵩避难于荆州,被刘表征辟,历任别驾、从事中郎。后奉使到许都见曹操,以观虚实,被曹操以汉献帝名义拜为侍中、零陵太守。韩嵩回去后,深陈曹操威德,请刘表遣子入质,刘表怀疑韩嵩与曹操串通,韩嵩险些被杀。曹操攻取荆州后,征用韩嵩,拜其为大鸿胪,不久病逝。事见《三国志·魏书·刘表传》。

【译文】

韩嵩是个聪明而狡猾的人。刘表过去曾与袁绍有联系,而曹操正挟持天子以称雄于诸侯,袁绍敌不过曹操,这是尽人皆知的事情,所以杜袭、繁钦、王粲这些人,每天早晚都盼着归附曹操以取得功名。韩嵩也不过是像他们一样罢了。韩嵩劝刘表归顺曹操,明确说明袁绍必败、曹操必胜,而议论的人称韩嵩拥戴汉室,这是错误的。

嵩之欲诣许也迫,而固持之以缓,其与表约曰:"守天子之命,义不得为将军死。"先为自免之计,以玩弄表于股掌之上,坚辞不行,而待表之相强,得志以归,面折表而表不能杀,亦陈珪之故智①,而嵩持之也尤坚。表愚而人去之,操巧而人归之,以中二千石广陵守遂珪之志,以侍中零陵守遂嵩之志,珪与嵩之计得,而吕布、刘表之危亡系之矣。二子者,险人之尤也,岂得以归汉为忠而予之!

【注释】

①陈珪:一作陈圭,字汉瑜。下邳淮浦(今江苏涟水西)人。东汉末
名士。陈珪出身士族名门,在徐州颇有声望。袁术意图篡逆时,
写信招陈珪至淮南,陈珪写信回斥袁术。等到吕布袭取刘备的
徐州后,陈珪表面上为吕布出谋划策,暗地里派其子陈登拜谒曹
操,与曹操商定了灭吕布的计划。曹操加陈珪俸禄为中二千石,
封广陵太守。后来陈珪父子最终帮助曹操消灭了吕布。事见
《后汉书·吕布列传》。

【译文】

　　韩嵩非常迫切地想要到许都去见曹操,但他却故意表现出不急着
去,他与刘表约定:"我既然是奉守天子的命令,从道义上讲就不能为将
军效死了。"他首先为自己设下自免的计策,从而将刘表玩弄于股掌之
上。他坚决推辞刘表派他去北方的命令,而等待刘表来强迫他北上,他
得偿所愿后回到荆州,当面折辱刘表而刘表不能杀他,也不过是陈珪曾
经玩过的伎俩罢了,只不过韩嵩比陈珪实行得更坚决罢了。刘表愚昧
而众人都离开了他,曹操聪明机巧而众人都归附他,他以中二千石、广
陵太守的职位满足陈珪的愿望,用侍中、零陵太守的职位满足韩嵩的愿
望,陈珪与韩嵩的计策得手了,而吕布、刘表则因此处在了危亡之中。
陈珪与韩嵩,是非常阴险狡诈的人,怎么能因为他们归顺汉室就给他们
一个忠臣的称号呢!

二〇　先主与袁绍连兵非倚绍攻操戴汉

　　董承受衣带诏,与先主谋诛曹操,乘操屯官渡拒袁绍之
日①,先主起兵徐州,势孤而连和于袁绍。勿论待人者不足
以兴,即令乘间而诛操,绍方进而夺汉之权,先主、董承其能
制绍使无效操之尤而弥甚乎? 不能也。然则此举也,亦轻

发而不思其反矣。董承者,与乱相终始,无定虑而好逞其意计者也。前之召操,与今之连绍,出一轨而不惩,弗责矣;先主亦虑不及此,而轻为去就,何以为英雄哉?

【注释】

①官渡:在今河南中牟东北。

【译文】

董承接受汉献帝的衣带诏,与刘备谋划诛杀曹操,想乘曹操屯驻在官渡抵抗袁绍的时机,由刘备在徐州起兵,因为顾虑势单力孤而准备与袁绍联合。暂且不论将希望寄托在别人身上不足以成就大事,即使他们真的抓住时机诛杀了曹操,袁绍将进军中原而夺取汉朝的实权,刘备、董承能够制约住袁绍,从而使他不效法曹操,甚至比曹操更专权吗?肯定是不能的。如此看来,这次行动,也是轻易地开始而没考虑退路。董承是始终伴随着动乱,没有深思熟虑而喜欢靠意气和计谋行事的人。他之前召曹操到朝廷,与如今联合袁绍的行为如出一辙,而丝毫没有接受教训,他这样的人已经没什么好责备的了;刘备也没考虑到这一点,而轻率地决定举事,他这样怎么能称得上英雄呢?

夫先主之于此,则固有其情矣。其初起也,因公孙瓒,因陶谦,虽为州牧,而权藉已微,固不能与袁、曹之典兵于灵帝之世,与于诛贼之举者齿;故旋起旋踬①,而姑托于操。及其受左将军之命,躬膺天子之宠任,而又承密诏以首事,先主于是乎始得乘权而正告天下以兴师。曹操之必篡,心知之矣;袁绍之为逆,亦心知之矣。脱于操之股掌,东临徐、豫,孤倡义问以鼓人心②,乘机而兴,不能更待,绍不可连而连之,姑使与操相持,己因得以收兵略地为东向之举,而有余以制群雄,先主之志,如此而已。初未尝倚绍以破操,而幸绍之能戴汉以复兴也。董承、种辑亦恶足以知其怀来哉③?

【注释】

①踬(zhì):事情不顺利,失败。

②义问:善声,正声。

③种辑(?—200):东汉末年官员。董卓当政时为侍中,与荀攸、郑泰等谋诛董卓,董卓死后为长水校尉、越骑校尉。建安四年(199),与车骑将军董承、昭信将军王子服等人接汉献帝密旨除掉曹操。后衣带诏事发,于建安五年(200)正月被曹操杀害。事见《后汉书·孝献帝纪》。

【译文】

当然,刘备之所以这么做,也是有其原因的。他最初起兵的时候,依附于公孙瓒,依附于陶谦,虽然做了州牧,而权力却很微弱,本来就不能与袁绍、曹操这些在灵帝时期就已经掌管军队、参与讨伐黄巾军的人相提并论。所以旋起旋败,而被迫姑且托身于曹操。等到他被任命为左将军,亲身受到天子的宠信后,又接到献帝密诏要他首先起事,刘备在此时才开始得以利用自己的权势正告天下,兴起正义之师。曹操必将会篡逆,刘备心里是知道的;袁绍有叛逆朝廷之心,他心里也是清楚的。他脱离曹操的控制后,向东到徐州和豫州,独自倡导复兴汉室、讨伐逆贼的大义以鼓动人心,乘机起兵,不能再等待,虽然知道袁绍不可联合但也只能与他联合,暂且使他与曹操相持,自己则趁机向东攻城略地、招兵买马,一旦实力有余就可以制服群雄,刘备的志向,不过如此而已。他最初就没指望依靠袁绍来击败曹操,也没指望袁绍能拥戴汉室,实现汉朝复兴。董承、种辑又哪里能知道刘备的真实意图呢?

故许先主以纯臣，而先主不受也。其于献帝，特不如光武之于更始，而岂信其可终辅之以荡群凶乎？故连和于绍而不终，未尝恃绍也。操即灭，绍即胜，先主亦且出于事外而不屑为绍用。先主之东，操心悔之而不惧，绍遥应之而不坚，亦已知之矣。他日称尊于益州，此为权舆①；特其待操之篡而后自立焉，故不得罪于名教，而后世以正统加之，亦可勿愧焉。

【注释】

①权舆：起始，萌芽。

【译文】

所以即使给刘备一个纯正无私的忠臣称号，他也不会接受。他对于献帝的忠诚，还不如光武帝对更始帝的忠诚，又怎么能相信他可以始终辅佐献帝，荡平群雄呢？所以他与袁绍联合而最终没能维持，是因为他从未倚赖袁绍。曹操即使被消灭，袁绍即使取胜，刘备也将会置身事外而不屑被袁绍任用。刘备脱身向东而去，曹操虽然心中后悔但并不感到畏惧，袁绍与刘备遥相呼应，但并不坚定地与他合作，是因为曹操、袁绍对于刘备的志向也是清楚的。日后他在益州自称尊号，这就是开端。只不过他是特地等到曹魏篡夺汉朝政权以后才称帝的，所以没有违背名教，而后世把正统的地位加给他，他也可以受之无愧了。

二一　袁绍恐先主诛操入许不纳田丰之说

曹操东攻先主，田丰说绍乘间举兵以袭其后①，绍以子疾辞丰而不行，绍虽年老智衰，禽犊爱重②，岂至以婴儿病失大计者？且身即不行，命大将统重兵以蹑之③，亦讵不可？而绍不尔者，绍之情非丰所知也。操东与先主相距而绍乘之，操军必惊骇溃归，而先主追蹑之，操且授首；先主诛操入许而拥帝,绍之逆不足以逞,而遽与先主争权;故今日弗进,亦犹昔者拥兵冀州,视王允之诛卓而不为之援,其谋一也。

【注释】

①田丰(?—200):字元皓,钜鹿(今河北巨鹿)人。东汉末年袁绍部下谋士,官至冀州别驾。他为人刚直,以权略多算著称,曾建议迎立汉献帝,在官渡之战中数出奇策,多次向袁绍进言而不被采纳。后因谏阻袁绍征伐曹操而被袁绍下令监禁。官渡之战后,被袁绍杀害。事见《三国志·魏书·袁绍传》。

②禽犊爱重:指鸟兽疼爱幼仔,比喻父母溺爱子女。

③蹑:跟踪,追击,此指从后面袭击。

【译文】

曹操向东进攻刘备,田丰劝说袁绍乘机派兵偷袭曹操的后方,袁绍以儿子生病无心战事为由拒绝了田丰的建议,袁绍虽然年老智衰,非常疼爱自己的孩子,但他难道会因为自己小儿子生病就坐失取天下的良机吗?况且他即使自己不亲身前往,派大将统率重兵袭击曹操后方,又有什么不可以的呢?而袁绍没有这样做,其原因不是田丰所能知道的。如果曹操向东与刘备相持时袁绍袭击其后方,则曹操的军队必将会大为惊骇,溃逃而归,此时刘备趁机在后面追击,曹操将会性命不保;刘备诛杀曹操后进入许都拥戴汉献帝,袁绍的叛逆计谋就没办法实施,而必须立即与刘备争权。所以如今他按兵不动,就像昔日他在冀州坐拥重兵,看着王允诛杀董卓而不援助一样,他的谋划始终是一致的。

岂徒绍哉!先主亦固有此情矣。绍之兴兵而南,众未集,兵未进,虽承密诏与董承约,抑可姑藏少待也;待绍之进黎阳、围白马①,操战屡北,军粮且匮,土山地道交攻而不容退,乃徐起徐、豫之兵,亟向许以拒曹之归,操且必为绍禽。而先主遽发以先绍者,亦虑操为绍禽,而己拥天子之空质,则绍且枭张于外而逼我,孤危将为王允之续矣。惟先绍而举,则大功自己以建,而绍之威不张。绍以此制先主,先主亦以此制绍,其机一也。

【注释】

①黎阳:今河南浚县。白马:今河南滑县。

【译文】

哪里只有袁绍是这么想的! 刘备也本来就有这样的想法。袁绍兴兵南下,在军队尚未集结完毕,士兵还未前进的时候,刘备虽然受密诏与董承约定起事,但也可以姑且隐藏起来等待时机。等到袁绍进军黎阳,兵围白马,曹操屡战屡败,军粮将要出现匮乏,两军凭借土山地道相互攻击而不容退兵的时候,刘备再慢慢地率领徐州、豫州的军队,迅速开向许都以堵住曹操的归路,则曹操必定会被袁绍擒获。而刘备迅速赶在袁绍起兵之前起事,也是考虑到假如曹操被袁绍擒获,自己仅徒拥毫无实权的皇帝,那么袁绍将会在外面气焰嚣张地威逼他,他孤立危险的处境将会步王允的后尘。只有先于袁绍举兵起事,大功由自己建立,袁绍的威势也就难以伸张了。袁绍以此制约刘备,刘备也以此制约袁绍,双方的意图和计谋是一样的。

夫先主岂徒思诛操而纵绍以横者乎? 两相制,两相持,而曹操之计得矣。急攻先主而缓应绍,知其阳相用而阴相忌,可无俟其合而迫应其分。先主恶得而不败? 绍恶得而不亡? 此其机先主与绍缄之于心①,非董承之所察,而田丰欲以口舌争之,不亦愚乎!

【注释】

①缄:封,闭。

【译文】

　　刘备难道只是想着诛杀曹操而能容忍袁绍强横下去吗? 他们两个相互制约,相互对立,那么曹操正好有机可乘。曹操迅速攻击刘备而缓缓应付袁绍,正是知道袁绍和刘备名义上相互支持而实际上却相互猜忌,因此可以不等到他们结合起来就迅速各个击破。如此一来刘备怎么能不败呢? 袁绍怎么能不灭亡呢? 这其中的玄机,刘备和袁绍都藏在心里不说出来,并非董承所能觉察的,而田丰想要以言辞来说服袁绍,不也太愚蠢了吗!

二二　张鲁免于死亡

　　张鲁妖矣①,而卒以免于死亡,非其德之堪也;听阎圃之谏②,拒群下之请,不称汉宁王,卫身之智,足以保身,宜矣。呜呼! 乱世之王公,轻于平世之守令;乱世之将相,贱于平世之尉丞;顾影而自笑,梦觉而自惊,人指之而嗤其项背,鬼瞰之而夺其精魂③,然而汲汲焉上下相蒙以相尊④,愚矣哉!

【注释】

①张鲁(? —216):字公祺,沛国丰(今江苏丰县)人。东汉末年割据汉中一带的军阀,天师道(五斗米道)教祖张陵之孙。张鲁作为五斗米道的第三代天师,在东汉末年相继袭杀汉中太守苏固、别部司马张修后割据汉中,于此传播五斗米道,并自称"师君"。他割据汉中近三十年,后遭曹操进攻而投降,被封为阆中侯,食

邑万户。建安二十一年(216),去世。传见《三国志·魏书·张
鲁传》。

②阎圃:巴西安汉(今四川南充北)人。东汉末年张鲁部下谋士。
张鲁割据巴、汉,以阎圃为功曹。阎圃曾谏阻张鲁称汉宁王。建
安二十年(215),曹操征汉中,阳平关陷落后,张鲁打算投降,阎
圃对他说:"现在因为兵败而投降,功劳必定少;不如前往巴中依
附杜濩、朴胡等据守,然后再归顺,功劳必定多。"张鲁采纳了他
的建议。后随张鲁一同投降曹操,封平乐乡侯。事见《后汉书·
刘焉列传》。

③瞰(kàn):俯视。

④汲汲:心情急切貌。

【译文】

张鲁是个妖邪之人,而他最终能免于死亡,并不是他的德行高尚到
足以免死的地步。他听从阎圃的劝谏,拒绝众手下的请求,不自称汉宁
王,他保全自身的智慧,足以使他保全性命,所以他能免于一死也是应
该的。唉!乱世中的王公,地位还比不上和平时期的郡守、县令;乱世
中的将相,地位还比不上太平时期的郡尉、县丞。这些人看着自己的影
子,自己都感到可笑,从睡梦中醒来,也会自己惊吓自己,人们对他们指
指点点,对着他们的背影嗤之以鼻,鬼神也看不起他们而夺去他们的魂
魄,然而这些人仍然急不可待地上下相互蒙骗以自称尊号,真是太愚
蠢啦!

陈婴、周市之所弗为,张鲁能弗为,张鲁之所不为,而吕
光、杜伏威、刘豫、明玉珍汲汲焉相尊以益其骄①,骈首就戮
而悔之无及,以死亡易一日之虚尊,且自矜也,人之愚未有
如是之甚者也。

【注释】

①吕光(338—399)：字世明，略阳临渭(今甘肃天水)人，氐族。十六国时期后凉政权的建立者，自称天王、三河王。初任前秦美阳县令，参与平并州、灭前燕、收益州等役。建元十九年(383)，奉苻坚命率军七万经略西域，使得高昌等三十余国尽皆归附。淝水战后自领凉州刺史、护羌校尉。麟嘉八年(396)，自称天王。传见《晋书·吕光载记》。杜伏威(？—624)：齐州章丘(今山东章丘)人。隋朝末年割据将领。大业九年(613)，与辅公祏(shí)率众起义，占有江淮间广大地区。大业十四年(618)，杜伏威向越王杨侗称臣，被封为楚王。武德二年(619)，投降唐朝，被封为吴王，赐姓李。武德六年(623)八月，因辅公祏起兵反唐，被革去官职，并籍没家眷。武德七年(624)二月暴卒于长安。传见新、旧《唐书·杜伏威列传》。刘豫(1073—1143)：字彦游，永静军阜城(今河北阜城)人。伪齐政权皇帝。北宋末任河北西路提点刑狱，金兵南下后弃职逃走。建炎二年(1128)任知济南府，遭金兵围城，杀勇将关胜而降。建炎四年(1130)，受金册封为"大齐皇帝"。后因伐宋失败而被废黜为蜀王，后又迫令迁居临潢府，改封曹王。传见《宋史·刘豫列传》《金史·刘豫列传》。明玉珍(1331—1366)：原名瑞，字玉珍，随州(今湖北随州)人。元末义军领袖。至正十三年(1353)冬，参加徐寿辉领导的西系天完红巾军，任元帅。至正十七年(1357)率军西征，占领四川。至正二十年(1360)夏，陈友谅杀徐寿辉自立为帝，明玉珍不服，自称陇蜀王。至正二十二年(1362)，受刘桢等人拥立称帝，国号大夏，定都重庆。传见《明史·明玉珍列传》。

【译文】

陈婴、周市都拒绝自称尊号，张鲁也像他们一样能不自称尊号，张鲁没有做，而吕光、杜伏威、刘豫、明玉珍等人却迫不及待地自称尊号，以助长他们的骄奢,直到最终引颈就戮才感到追悔莫及,用死亡的代价来换取短暂的虚假尊贵,而且还洋洋自得,人的愚蠢无知之举没有比这更严重的了。

二三　袁绍恃所据之险而亡

袁绍之自言曰:"吾南据河,北阻燕、代,兼戎狄之众,南向以争天下。"起兵之初,其志早定,是以董卓死,长安大乱,中州鼎沸,而席冀州也自若,绍之亡决于此矣。

【译文】

袁绍自己说:"我要在南占据黄河以北地区,在北以燕、代地区为屏障,联合戎狄的势力,南向争夺天下。"在起兵之初,他的志向就早已确定,所以董卓死后,长安大乱,中原地区局势极度混乱,而袁绍却占据河北安然自若,他的灭亡正是由此决定的。

夫欲有事于天下者,莫患乎其有恃也。已恃之矣,谋臣将帅恃之矣,兵卒亦恃之矣,所恃者险也,而离乎险,则丧其恃而智力穷。《坎》之象曰:"王公设险以守其国①。"险不可久据,而上六出乎险矣②。智非所施,力非所便,徽纆之系,丛棘之置,非人困之矣。山国之人,出乎山而穷于原;泽国之人,离乎泽而穷于陆;失所恃而非所习,则如蜗牛之失其庐而死于蚁③。故袁绍终其身未尝敢跬步而涉河④,非徒绍之不敢,其将帅士卒睨平原广野川陆相错,而目眩心荧,莫知所措也。

【注释】

①王公设险以守其国:语出《周易·坎卦》之《象辞》:"王公设险,以守其国。险之时用,大矣哉!"意思是古代统治者(用筑高墙,挖深沟等办法)设置险要以守护其国家。王夫之将此句当作《象辞》,或属记忆有误。

②上六:指《周易·坎卦》的上六爻辞:"系用徽缰,寘于丛棘,三岁不得,凶。"意思是:被绳索重重地捆绑住,囚放在荆棘丛生的牢狱中,长达三年不能解脱,十分凶险。

③庐:指蜗牛壳。

④跬(kuǐ)步:半步,跨一脚。

【译文】

想要争夺天下成就大事的人,最忧虑的是有有所凭恃的东西。如果有可以凭恃的东西,则自己手下的谋臣将帅都会凭恃它,士兵也会凭恃它,他们所凭恃的无非是险要罢了,一旦离开了险要,则他们会因丧失所凭恃的东西而智穷力竭。《周易·坎卦》的象辞中说:"统治者设置险要守护其国家。"险要是不可以长久凭据的,而《周易·坎卦》的上六爻辞则揭示了其中的危险。智力无从施展,力量也从不使用,被绳索重重地捆绑住,囚放在荆棘丛生的牢狱中,并非人力将其困住的。居住在山区的人,离开山区就会在原野上无所适从;来自水乡泽国的人,离开水泽就会在陆地上无所适从。失去自己所凭恃的东西而进入自己不熟悉的地方,就像蜗牛失去了它的蜗牛壳而最终死于蚂蚁之口一样。所以袁绍一直到死也没敢向南跨过黄河一步,并不仅仅是袁绍不敢这么做,他的将帅、士兵也都望着广袤的平原上河流与陆地相互交错,而感到头晕目眩、心神不宁,不知所措。

曹操曰:"任天下之智力,以道御之,无所不可。"在山而用山之智力,在泽而用泽之智力,己无固恃,人亦且无恃心,而无不可恃，此争天下者之善术，而操犹未能也。西至于赤壁，东至于濡须①，临长江之浩瀁而气夺矣②。则犹山陆之材，而非无不可者也。何也？操之所以任天下之智力，术也，非道也。术者，有所可，有所不可；可者契合，而不可者弗能纳，则天下之智力，其不为所用者多矣。其终强而夺汉者，居四战之地，恃智恃力，而无河山之可恃以生其骄怠也。

【注释】

①濡须：指濡须口，三国时期港口，在今安徽无为县北。

②浩瀁(yǎng)：水流壮阔的样子。

【译文】

曹操说："任用天下人的才智和力量，用道来统御他们，没有办不成的事。"在山区就运用山区的才智、力量，在水乡就运用水乡的才智、力量，自己没有固定凭恃的东西，则众人也就没有凭恃之心，也就没有什么不能凭恃，这是争夺天下的人应采用的好办法，而曹操自己也尚未能做到。西至赤壁，东至濡须口，他每次来到奔腾浩荡的长江边就吓破了胆。就像山区和陆地的人才各有其长短一样，并不是到哪里都能适用。为什么呢？曹操任用天下人的才智和力量，用的是术，而不是道。所谓术，有可用之处，也有不可用之处。可用的自然能彼此契合，而不可用的则不能相互容纳，如此则天下人的才智和力量，不能被使用的是很多的。曹操最终能强大起来篡夺汉室，是因为他处在四面平坦无险可守的四战之地，只能依赖才智和力量，而没有山河险要可以依赖，以致使其产生骄横懈怠之心。

然则诸葛劝先主据益州天府之国，亦恃险矣，而得以存，又何也？先主之时，豫、兖、雍、徐已全为操之所有，而荆、扬又孙氏三世之所绥定，舍益州而无托焉，非果以夔门、剑阁之险①，肥沃盐米之薮，为可恃而恃之也。李特睨剑阁而叹曰②："刘禅有此而不知自存③。"夫特亦介晋之乱耳，使其非然，则亦赵韪、李顺而已④。董璋、王建皆乘乱也⑤，岂三巴岩险之足以偷安两世哉⑥！

【注释】

①夔（kuí）门：指瞿塘关，瞿塘峡之西门。位于三峡西端入口处，两岸断崖壁立，高数百丈，宽不及百米，形同门户，故名。

②李特（? —303）：字玄休，巴西宕渠（今四川渠县）人。十六国时期成汉政权建立者李雄的父亲，成汉政权的奠基人。其祖归降曹操，率家族迁居略阳。元康八年（298），率族人与天水等六郡流民入蜀就食，初为益州刺史赵廞（xīn）爪牙，后铲除赵廞，击败梁州刺史罗尚。与蜀地民众约法三章，自称大将军、益州牧。太安二年（303），入据成都少城，改元建初。最终为罗尚与地方诸坞联军袭杀。传见《晋书·李特载记》。

③刘禅（shàn，207—271）字公嗣，小名阿斗。蜀汉第二任皇帝（223—263 在位），又称蜀后主。蜀汉昭烈帝刘备之子，母亲是昭烈皇后甘氏。在位四十一年。景耀六年（263），魏将邓艾兵围成都，刘禅投降，被迁往洛阳居住，受封为安乐公。西晋泰始七年（271）在洛阳去世。传见《三国志·蜀书·后主传》。

④赵韪：东汉末刘璋部将。受刘璋命令向东进攻荆州刘表时，适逢东州兵暴乱，赵韪趁机联合益州本土大族聚众起兵反叛，遭到刘璋镇压，赵韪逃入江洲。不久，赵韪遭到部下庞乐、李异的反攻，兵败身死。事见《后汉书·刘焉列传》。李顺（? —994）：青城（今四川都江堰）人。北宋初期的农民起义领袖。茶农出身。淳

化四年(993),与妻兄王小波在青城起义。王小波阵亡后,被众人推举为领袖。起义军曾一度攻占成都,李顺自称大蜀王,改元"应运",设官置署。宋太宗震恐,派宦官王继恩等率禁军分两路前往镇压,李顺阵亡。事见《宋史·王继恩列传》。

⑤董璋(?—932):五代十国时期将领。原为后梁太祖朱温的亲信将领,后归附后唐,任东川节度使。长兴三年(932),董璋率所部兵万余人袭击孟知祥,双方在汉州弥牟镇发生大战,董璋大败,逃跑途中被部将杀害。传见《旧五代史·唐书·董璋列传》《新五代史·杂传·董璋》。

⑥三巴:古地名。巴郡、巴东、巴西的合称。相当今四川嘉陵江和綦江流域以东的大部地区。亦多泛指四川。

【译文】

　　然而诸葛亮劝刘备占据益州这个天府之国,也是凭借险要的地势,并且蜀汉最终得以保存下来,这又是为什么呢? 在刘备所处的时代,豫州、兖州、雍州、徐州已经全部被曹操所有,而荆州、扬州又是孙氏用家族三代时间来占据平定的,除了益州刘备没有别的托身之所了,并不是因夔门、剑阁的险要,因肥沃的土地、充足的盐米资源,值得被凭恃而加以凭恃。李特看到剑阁的险要而发出感叹:"刘禅有这样的险要地形却不懂得使用它保全自身。"李特当时也不过是利用西晋的动乱局势罢了,如果不是这样,则他也不过是像赵趱、李顺那样很快就被消灭而已。董璋、王建都是乘天下大乱而占据了益州,难道四川险要的地势果真足以保证这些政权苟且偷安两代之久吗?

二四　荀悦仲长统立言得失

　　荀悦、仲长统立言于纷乱之世①,以测治理,皆矫末汉之失也,而统为愈。悦之言专以绳下,而操之已亟,申、韩之术也,曹操终用之以成乎严迫之政,而国随亡。统则专责之上，而戒慆淫以清政教之原②，故曰统为愈也。

【注释】

①仲长统（180—220）：字公理，山阳高平（今山东邹城）人。东汉末年哲学家、政论家。仲长统年轻时游学于青、徐、并、冀州之间，不应征辟。到汉献帝时，尚书令荀彧闻其名声，举荐他为尚书郎。著有《昌言》一书。事见《后汉书·仲长统列传》。

②慆（tāo）淫：享乐过度，怠慢放纵。

【译文】

荀悦、仲长统在纷乱的时代创立一家之言，来测度治理天下之道，都是为了矫正汉末的弊端，而仲长统的学说更胜一筹。荀悦的学说是专门用来限制、规范臣下行为的，而又操之过急了，这是申不害、韩非的法家学术，曹操最终采纳了这样的理论来治理天下，却造成了过于严厉急迫的政局，而国家也随之灭亡。仲长统则专门责求统治者，提出统治者要戒除骄奢淫逸以澄清政治与教化的本原，所以说仲长统的理论要更胜一筹。

悦之言曰"教化之废，推中人而坠于小人之域，教化之行，引中人而纳于君子之途"是也。顾其所云正俗者，听言责事，举名察实，则固防天下之胥为小人而督之也。故曰申、韩之术也。统切切焉以犇私嗜、骋邪欲、宣淫同恶为戒①，诚戒此矣，越轨改制之俗，上无与倡，而下恶淫荡哉？汉之亡也，积顺、桓、灵帝三君之不道，而天下相效以相怨，非法制督责之所可救，而悦何仅责之于末也！

【注释】

①犇（bēn）：同"奔"，引申为放纵。

【译文】

　　荀悦说:"如果教化荒废,就会使一般人堕落到与小人为伍的境地;如果教化能得到施行,则可以引导一般人奋发向上,从而将他们纳入君子的途径。"这句话是有道理的。从他说的具体矫正风俗的事情来看,无非是听其言观其行,根据名目来核查事实,这本来就是防止天下的胥吏成为小人而对其加以督责的办法。所以说荀悦的理论是属于申不害、韩非的法家学说。而仲长统则非常恳切地告诫统治者要以沉迷嗜好、放纵邪欲、公然淫乱、共同作恶为戒,如果统治者真的能改掉这些毛病,则那些越轨改制的坏风俗,上位者不加以提倡,下面的小官吏又怎么会公然放肆地去做呢? 汉朝的灭亡,是顺帝、桓帝、灵帝三位君主都昏庸无道而累积的结果,因而天下人都竞相效仿、相互怨恨,并非法令督责所能挽救的,而荀悦又为什么仅仅指责那些基层小官吏们呢!

　　虽然,统知惩当时之弊而归责于君,亦不待深识而知其然者也;而推论存亡迭代,治乱周复,举而归之天道,则将使曹氏思篡之情,亦援天以自信而长其逆。故当纷乱之世,未易立言也。愤前事之失,矫之易偏;避当时之忌,徇之不觉;非超然自拔于危乱之廷,其言未有不失者也。悦为侍中矣,统为尚书郎矣,而且得有言乎哉?

【译文】

　　虽然如此,仲长统能够指出当时的弊端所在而将责任归结到君王身上,也并不需要多么深刻的见识才能知道这一点;而他在进一步推论王朝的存亡更迭,国家的治乱往复时,将这些完全归结到天道上,这就为曹氏篡权夺位提供了理论基础,曹氏也可以援引天道以增强自信,助长其篡逆之心。所以在纷乱的时代，不应该轻易立言。因为对以前的失政感到愤恨，容易矫枉过正；为避当时的忌讳，就会不自觉的有所曲从。如果不是在危乱的朝廷中仍能超然自立的人，他的言论就不可能没有缺陷。当时荀悦身为侍中，仲长统身为尚书郎，他们难道能轻易立言吗？

二五　诸葛宛雒秦川两策不可恃

诸葛公之始告先主也，曰：“天下有变，命一上将将荆州之军以向宛、雒，将军身率益州之众出于秦川①。”其后先主命关羽出襄、樊而自入蜀②，先主没，公自出祁山以图关中③，其略定于此矣。是其所为谋者，皆资形势以为制胜之略也。蜀汉之保有宗社者数十年在此，而卒不能与曹氏争中原者亦在此矣。

【注释】

①秦川：指今秦岭以北关中平原。以其地渭水流经，土壤肥沃，春秋战国时属于秦国，故名。

②襄、樊：指襄阳、樊城，皆在今湖北襄阳。

③祁山：山名。在今甘肃礼县东四十里祁山乡。

【译文】

诸葛亮在一开始就告诉刘备说：“等到天下局势有所变化时，就派一位上将率领荆州的军队进军宛城、洛阳，将军您亲率益州的军队出秦川攻击敌人。”其后刘备命令关羽率军出襄阳、樊城而自己率军进入蜀地，等到刘备死后，诸葛亮亲自率军出祁山以图进取关中，其方略正是在此时就定下的。他的整个战略计划，都是试图借助形势来取胜的策略。蜀汉能够保有宗庙社稷几十年而不亡的原因正在于此，而蜀汉最终不能与曹氏争夺中原的原因也在于此。

以形势言,出宛、雒者正兵也①,出秦川者奇兵也,欲昭烈自率大众出秦川,而命将向宛、雒,失轻重矣。关羽之覆于吕蒙②,固意外之变也;然使无吕蒙之中挠③,羽即前而与操相当,羽其能制操之死命乎?以制曹仁而有余④,以敌操而固不足矣。宛、雒之师挫,则秦川之气枵⑤,而恶能应天下之变乎?

【注释】

①正兵:指按一般作战规律而出动的军队。对"奇兵"而言。

②吕蒙(178—220):字子明,汝南富陂(今安徽阜南)人。三国时期孙吴名将。少年时依附姊夫邓当,随孙策为将。孙权统事后,渐受重用,先后参与南郡、皖城战役,累功拜庐江太守。后进占荆南三郡,在逍遥津、濡须口之战中表现活跃,因功封左护军、虎威将军。鲁肃去世后,代守陆口,设计偷袭荆州,击败关羽。因功拜南郡太守,封孱陵侯。不久后因病去世。传见《三国志·吴书·吕蒙传》。

③中挠:从中阻挠。

④曹仁(168—223):字子孝,沛国谯(今安徽亳州)人。曹操从祖弟,三国曹魏名将。跟随曹操多年,参与了兖州之战、徐州之战、官渡之战等重要战役,屡立战功。赤壁之战后,曹仁受命镇守荆州,在襄樊之战中挡住了关羽的进攻,与徐晃共攻破陈邵,进军襄阳。魏国建立后曹仁被拜为车骑将军,统率荆州、扬州、益州军事。曹丕代汉建魏后封曹仁为大将军,又迁大司马,不久卒于军中。传见《三国志·魏书·曹仁传》。

⑤枵（xiāo）：空虚。

【译文】

　　就形势而言，进军宛城、洛阳的军队是正兵，攻出秦川的军队是奇兵，想要让刘备自己率大军出秦川，而命大将率军向宛城、洛阳进军，是颠倒了轻重次序。关羽被东吴吕蒙暗算而全军覆没，固然是意外的变故；然而即使没有吕蒙从中阻挠，关羽即使率军前进与曹操相持，他能够将曹操置于死地吗？以关羽来制服曹仁绰绰有余，凭关羽来对抗曹操本来就不足够。进军宛城、洛阳的军队遭到挫败，则出秦川的军队也会士气大挫，还怎么能再应对天下形势的变化呢？

　　乃公之言此也，以宛、雒为疑兵，使彼拒我于宛、雒，而乘间以取关中，此又用兵者偶然制胜之一策，声东击西，摇惑之以相牵制，乘仓猝相当之顷，一用之而得志耳。未可守此以为长策，规之于数年之前，而恃以行之于数年之后者也。敌一测之而事败矣。谋天下之大，而仅恃一奇以求必得，其容可哉？善取天下者，规模定乎大全，而奇正因乎时势①。故曹操曰："任天下之智力，以道驭之，无所不可。"操之所以自许为英雄，而公乃执一可以求必可，非操之敌矣。

【注释】

　　①奇正：古代兵法术语。古代作战以对阵交锋为正，设伏掩袭等为奇。

【译文】

　　诸葛亮之所以做出这样的谋划，是想以进军宛城和洛阳的军队为疑兵，使曹操的军队主力在宛城、洛阳之间进行抵御，而刘备的军队则乘机攻取关中，这又是用兵的人靠出其不意来制胜的一个策略，利用声

东击西的办法,使敌军动摇迷惑以牵制他们,乘着两军仓促相持的短暂
时机,一举使用此策略而达成目的。但是这种策略是不可以作为长远
策略来坚持的,在数年以前所做的规划,却想在数年以后不加调整得贯
彻执行,是不行的。敌人一旦窥破我方的策略,我方就会失败。谋事关
天下的大事,而仅仅依靠一条奇策就想求得必胜,难道能行吗?善于取
得天下的人,其战略规划要制定得宏大全面,而战术上的奇正也要顺应
时势而加以调整。所以曹操说:"任用天下有才智和力量的人,用道来
驾驭他们,就没有做不成的事。"这是曹操自诩为英雄的原因,而诸葛亮
却坚守一条策略以求得必定成功,从这方面来说,他不是能与曹操匹敌
的对手。

　　且形势者,不可恃者也。荆州之兵利于水,一逾楚塞出
宛、雒而气馁于平陆;益州之兵利于山,一逾剑阁出秦川而
情摇于广野。恃形势,而形势之外无恃焉,得则仅保其疆
域,失则祇成乎坐困①。以有恃而应无方,姜维之败,所必然
也。当先主飘零屡挫、托足无地之日,据益州以为资,可也;
从此而画宛、雒、秦川之两策,不可也。陈寿曰②:"将略非其
所长。"岂尽诬乎?

【注释】

①祇(zhǐ):同"祗",只,仅。

②陈寿(233—297):字承祚,巴西安汉(今四川南充)人。三国至西
　晋时著名史学家。陈寿在蜀汉时曾任卫将军主簿、东观秘书郎、
　观阁令史、散骑黄门侍郎等职,蜀降晋后,历任著作郎、太子中庶
　子等职。著有《三国志》,与《史记》《汉书》《后汉书》并称"前四
　史"。传见《晋书·陈寿列传》。

【译文】

　　况且形势是不可以凭恃的。荆州的士兵利于水战,可是他们一踏出楚地的关隘而进军宛城、洛阳,就会在陆地上丧失气势;益州的士兵利于山地作战,可他们一旦踏出剑阁而兵出秦川,就会在广袤的平原上感到动摇。仅凭恃形势,而形势之外就没有可凭恃的了,如果成功也仅能保住其疆域,失败则会导致坐守困局的态势。正是因为有所凭恃而应对无方,姜维的失败是必然的。当刘备在各地飘零、屡屡受挫、无处容身的时候,占据益州作为夺取天下的资本,是可以的;但是如果从此就画定从宛、洛和秦川两个方向出击的策略,是不可以的。陈寿评价诸葛亮说:"用兵的谋略不是他所擅长的领域。"这难道全是污蔑之辞吗?

二六　孔明子敬合孙刘之好

　　身任天下之重,舍惇信而趋事会①,君子之所贱,抑英雄之所耻也,功隳名辱而身以死亡②,必矣。欲合孙氏于昭烈以共图中原者,鲁肃也③;欲合昭烈于孙氏以共拒曹操者,诸葛孔明也;二子者守之终身而不易。子敬以借荆资先主,被仲谋之责而不辞;诸葛欲谏先主之东伐,难于尽谏,而叹法正之死④。盖吴则周瑜、吕蒙乱子敬之谋,蜀则关羽、张飞破诸葛之策,使相信之主未免相疑。然二子者,终守西吊刘表东乞援兵之片言⑤,以为金石之固于心而不能自白,变故繁兴之日,微二子而人道圮矣⑥。

【注释】

　　①惇(dūn)信:重视信义。事会:根据事情的变化而改变自身立场。
　　②隳(huī):毁坏,崩毁。
　　③鲁肃(172—217):字子敬,临淮东城(今安徽定远)人。东汉末年

孙吴重臣。鲁肃年轻时召集乡里青年练兵习武,仗义疏财,结交豪杰。建安二年(197),他率领部属投奔孙权,为其提出鼎足江东的战略规划,因此得到孙权的赏识。赤壁之战前,孙权部下多主降,而鲁肃与周瑜力排众议,坚决主战。赤壁之战后,鲁肃被任命为赞军校尉,周瑜逝世后,接替周瑜职务统领吴国军队。鲁肃主张孙吴与刘备联合,力劝孙权将荆州借予刘备,并在此后致力于调和两家日益紧张的关系。建安二十二年(217)鲁肃去世。传见《三国志·吴书·鲁肃传》。

④法正(176—220):字孝直,扶风郿(今陕西眉县)人。东汉末年刘备帐下谋士。原为刘璋部下,刘备围成都时劝说刘璋投降,而后又随刘备进取汉中,献计斩杀曹魏大将夏侯渊。法正善奇谋,深受刘备信任和敬重。建安二十四年(219),刘备进位汉中王,封法正为尚书令、护军将军。次年,法正去世,被追谥为翼侯。传见《三国志·蜀书·法正传》。

⑤西吊刘表东乞援兵之片言:建安十三年(208)刘表死后,鲁肃向孙权建议与寄身刘表的刘备结盟,愿亲去荆州吊唁刘表,劝说刘备安抚刘表部下,以求"同心一意,共治曹操"。后刘备决定并力抗曹,派诸葛亮随鲁肃去柴桑会见孙权。诸葛亮面见孙权,为其分析形势,认为如果孙刘联合共破曹军,则"鼎足之形成矣"。事见《三国志·吴书·吴主传》。

⑥微:无,没有。

【译文】

身负天下重任的人,舍弃守信而事事趋利,这是君子所轻视的行为,也是英雄为之感到耻辱的行为,这样做的人必定会落得个功毁名辱而身死家亡的下场。想要让孙吴与刘备联合以共图中原的人,是鲁肃;想要让刘备与孙吴合作以共同抗拒曹操的人,是诸葛亮。他们两个人都终身坚守孙刘联合的策略而不曾改变。鲁肃把荆州借给刘备作为其根据地,即使因此受到孙权的责备也没有推辞责任;诸葛亮想要劝阻刘备东征,但难于取得效果,因此而感叹法正死得太早,没有能再劝阻刘备的人了。大概在吴国有周瑜、吕蒙扰乱鲁肃的谋略,在蜀国则有关羽、张飞破坏诸葛亮的策略,使原本相信他们的主君也未免对他们产生怀疑。然而这两个人,终究坚守了鲁肃向西吊唁刘表,诸葛亮到东吴请求援兵时所说的话,他们将诺言永远记在心中,像金石那样牢固,在两国交恶的情况下不能自我表白,但是在变故频繁的时期,没有他们两位,人道就会遭到彻底毁坏。

　　且以大计言之,周瑜、关羽竞一时之利,或得或丧,而要适以益曹操之凶;鲁、葛之谋,长虑远顾,非瑜与羽徼利之浅图所可测,久矣。兵之初起也,群雄互角,而操挟天子四面应之而皆碎。此无异故,吕布倏彼倏此而为众所同嫉,袁术则与袁绍离矣,袁绍则与公孙瓒竞矣,袁谭、袁尚则兄弟相雠杀矣①,韩遂则与马超相疑矣②,刘表虽通袁绍,视绍之败而不恤矣,皆自相灭以授曹氏之灭之也。今所仅存者孙、刘,而又相寻于干戈,其不内溃以折入于曹操也不能。则鲁、葛定交合力以与操争存亡,一时之大计无有出于此者。晋文合宋、齐以败楚,乐毅结赵、魏以破齐,汉高连韩、彭、英布而摧项,已事之师③,二子者筹之熟而执之固。瑜与羽交起而乱之,不亦悲乎!

【注释】

①袁谭、袁尚:袁绍的长子和幼子。袁绍死后,谋士审配等伪立遗令,拥立袁尚为继承人,袁谭不能继位,心怀愤恨。后袁谭、袁尚二人的矛盾彻底爆发,袁谭联合曹操共同攻打袁尚。最终两人

皆被曹操击败,袁谭被曹军杀死,袁尚逃亡至辽东,被公孙康杀死。其事散见于《三国志·魏书·武帝纪》《三国志·魏书·辛毗传》。

②韩遂(?—215):原名韩约,字文约,凉州金城(今甘肃兰州)人。东汉末年军阀、将领。最初以诛宦官为名举兵起事,聚众十万,先后击败皇甫嵩、张温、董卓、孙坚等名将,后受朝廷招安,拥兵割据凉州长达三十余年。建安十六年(211),他与马超共同起兵进攻曹操,一度占领了长安,但因被曹操离间,与马超产生龃龉。被曹操击败后,韩遂逃奔凉州,后又为夏侯渊所败,病死(一说被杀)。事见《三国志·魏书·武帝纪》。马超(176—222):字孟起,扶风茂陵(今陕西兴平)人。汉伏波将军马援后裔,马腾之子。马超少年成名,曹操曾多次征召马超入京为官,但马超均予以拒绝。后来马腾入京被封为卫尉,马超就统领了马腾的部队。建安十六年(211),曹操试图经凉州进攻张鲁,马超联合关中诸侯韩遂等起兵反抗曹操,曾一度占领长安,但被曹操用离间计击败。其后他聚拢部队再次攻取陇上诸郡,被杨阜等人击败,被迫依附汉中张鲁。刘备攻打刘璋时,马超投降刘备,与刘备军合围成都。蜀汉建立后,马超官至骠骑将军、斄乡侯,于章武二年(222)病死。传见《三国志·蜀书·马超传》。

③已事:往事。

【译文】

况且从天下大计的角度来说,周瑜、关羽追求一时的利益,或成功或失败,而结果都正好助长了曹操的凶残气焰。鲁肃、诸葛亮的谋略,考虑得很深远,并非周瑜、关羽之类贪图小利、目光短浅的人所能测度的,这种情况已经持续很长时间了。天下战事刚刚兴起的时候,群雄相互角逐,而曹操挟持天子旗号,四面出击,所向披靡。这没有别的原因,吕布忽此忽彼、反复无常而被诸侯共同嫉恨,袁术则与袁绍不和,袁绍则与公孙瓒相互竞逐，袁谭、袁尚兄弟之间相互仇杀，韩遂则与马超相互猜疑，刘表虽然与袁绍联合，却坐视袁绍战败而按兵不救，他们都是自取灭亡，然后被曹操抓住时机击败的。如今群雄中仅存的只有孙权、刘备，而如果双方再相互攻伐，那么他们不从内部崩溃以致最终被曹操消灭是不可能的。如此则鲁肃、诸葛亮制定出两国合力以与曹操争存亡的策略，当时的天下大计没有比这一策略更高明的了。晋文帝联合宋国、齐国才击败了楚国，乐毅联合赵国、魏国才攻破了齐国，汉高祖联合韩信、彭越、英布才最终消灭了项羽，这些历史经验，鲁肃和诸葛亮早已经了然于心，他们深思熟虑而牢牢坚持自己的策略。周瑜与关羽却不断地起来扰乱他们的计划，不也是太可悲了吗？

二七　孔明子敬之信近于义

仲谋之听子敬，不如其信瑜、蒙，先主之任孔明，而终不违关、张之客气①，天下之终归于曹氏也，谁使之然也？

【注释】

①客气：意气，偏激的情绪。

【译文】

孙权虽然听信鲁肃的谋划，但终究不像信任周瑜、吕蒙那样信任他，刘备任用孔明，而终究不能违背他与关羽、张飞之间的兄弟义气，天下最终被曹氏所统一，又是谁造成的呢？

或曰：操汉贼也，权亦汉贼也，拒操而睦权，非义也。夫苟充类至尽以言义①，则纷争之世，无一人之不可诛矣。权逆未成，视操之握死献帝于其掌中，则有间矣。韩信请王齐之日，窦融操迟疑之志，亦奚必其皎皎忠贞如张睢阳、文信国而后可与共事②。使核其隐微以求冰霜之操，则昭烈不与孔北海同死，而北奔袁绍，抑岂以纯忠至孝立大节者乎？

【注释】

①充类至尽：指就事理作充分的推论。充类，推究同类事理。

②张睢阳：指张巡，因其在安史之乱时死守睢阳、至死不降而被敬称为"张睢阳"。文信国：指文天祥，因其被宋朝封为信国公，故称"文信国"。文天祥（1236—1283）：初名云孙，字宋瑞，一字履善，江西吉州庐陵（今江西吉安）人。南宋末抗元名臣、爱国诗人，与陆秀夫、张世杰并称为"宋末三杰"。文天祥在宝祐四年（1256）考中状元，后因草拟诏书有讽权相贾似道语而被罢官。德祐元年（1275），元军沿长江东下，文天祥散尽家财，招勤王兵至5万人，入卫临安。五月，在福州与张世杰、礼部侍郎陆秀夫、右丞相陈宜中等拥立益王赵昰为帝。此后他率军辗转各地，抗击元军。祥兴元年（1278）十二月，在五坡岭被俘，被押解至元大都，元世祖忽必烈亲自劝降，文天祥大义凛然，宁死不屈，最终在大都就义。传见《宋史·文天祥列传》。

【译文】

有的人说：曹操是汉室的奸贼，孙权也是汉室的奸贼，抗拒曹操而与孙权合好，是不义之举。如果把同类事物都加以比照推论来谈论仁义的话，则在天下纷争的时代，没有一个人是不能被诛杀的。孙权尚未到篡逆称帝的地步，与曹操将汉献帝死死掌握在手中相比，还是有区别的。韩信曾向汉高祖请求在齐地称王，窦融曾对归顺刘秀怀有迟疑之心，又何必一定需要找到像张巡、文天祥那样忠贞皎洁的人才能一起共事呢。假如只通过考察一个人隐约细微的地方来探求其是否具备冰霜般纯洁的节操，则刘备当初不与孔融一同就死，却北上投奔袁绍，难道他能算得上是以纯忠至孝来树立大节的人吗？

故孙、刘之不可不合，二子之见义为已审也。其信也，近于义而可终身守者也。先主没，诸葛遽修好于吴，所惜者，肃先亡耳，不然，尚其有济也。乃其无济矣，二子之惇信，固以存人道于变故繁兴之世者也。

【译文】

所以孙吴、刘备之间不能不联合，鲁肃和诸葛亮对这其中的大义已经审视得很清楚了。他们之间的彼此信任，是符合大义而可以终身信守的。刘备去世后，诸葛亮迅速与吴国修好，可惜的是，鲁肃已经先去世了，不然的话，两国联合共图大业的计划还是有可能实现的。即使他们的计划不能实现，鲁肃与诸葛亮对信义的重视，本来就是在天下变故频仍的背景下保存人道的关键所在。

二八　曹操赤壁之兵有数败

赤壁之战，操之必败，瑜之必胜，非一端也。舍骑而舟，既弃长而争短矣。操之兵众，众则骄；瑜之兵寡，寡则奋；故韩信以能多将自诧[1]，而谓汉高之不己若也，此其一也。操乘破袁绍之势以下荆、吴，操之破绍，非战而胜也，固守以老绍之师而乘其敝也，以此施之于吴则左矣；吴凭江而守，矢石不及，举全吴以馈一军，而粮运于无虑之地，愈守则兵愈增、粮愈足，而人气愈壮，欲老吴而先自老，又其一也。北来之军二十万，刘表新降之众几半之，而恃之以为水军之用，新附之志不坚，而怀土思散以各归其故地者近而易，表之众又素未有远征之志者也，重以戴先主之德，怀刘琦之恩[2]，故黄盖之火一爇而人皆骇散[3]，荆土思归之士先之矣，此又其一也。积此数败，而瑜之明足以见之；即微火攻，持之数月，而操亦为官渡之绍矣。知此，而兵之所忌与敌之足畏与否也，皆可预料而定也。

【注释】

①自诧：自夸。

②刘琦（？—209）：山阳高平（今山东微山）人。荆州牧刘表的长子。刘表最初因刘琦的相貌与自己甚为相像，十分宠爱他，但后来因刘表次子刘琮娶刘表后妻蔡氏之侄女为妻，蔡氏因此爱刘琮而厌恶刘琦，常向刘表进言诋毁他。刘琦深感不安，在诸葛亮建议下外出就任江夏太守。后来刘表病逝，刘琮继任荆州牧并投降曹操，刘琦在江夏与刘备合作抗击曹操。建安十四年（209），刘备向朝廷上表，保举刘琦为荆州刺史，并以他的名义夺取了荆南四郡。同年，刘琦因病逝世。传见《三国志·魏书·刘表附刘琦传》。

③黄盖：字公覆，零陵泉陵（今湖南永州）人。东汉末年孙吴名将。早年任郡吏，后追随孙坚、孙策转战南北，以善于训练士卒、勇猛善战著称。孙权即位后，黄盖率兵讨伐山岳，稳固了东南局势。建安十三年（208）赤壁之战时，黄盖前往曹营诈降，并趁机以火攻大破曹操的军队，因功拜武锋中郎将。后官至偏将军、武陵太守。传见《三国志·吴书·黄盖传》。

【译文】

赤壁之战，曹操必定失败，周瑜必定能够取胜，并非只有一个原因。曹军舍弃战马而乘船，是丢掉了自己的长处而拿自己的短处与别人作战。曹操的士兵众多，人多势众就容易产生骄傲心理；周瑜的士兵数量少，人少则容易奋起作战。所以韩信以自己能多带兵自夸，而说汉高祖比不上自己，最终却自取灭亡，这是第一个原因。曹操乘着击破袁绍的气势南下进攻荆州、江东，曹操击破袁绍，并非是通过战斗取胜的，而是通过固守以使袁绍的军队疲惫而乘机袭击得手,如果把这一策略用到江东,那就错了。孙吴军队凭借长江进行防守,曹军的火力难以伤害到孙吴军队,而孙吴方面以全国之力来支援周瑜一支军队,且他们的粮食运输是在无须忧虑的地方进行,越防守军队数量越多,粮食越充足,而士气越高涨,想要使孙吴军队疲敝自己反倒先疲惫了,这是又一个原因。曹操南下的军队二十万,其中新投降的刘表军队几乎有一半,曹操想依靠他们作为水军来使用,但新近归附的士兵意志不坚定,怀念故土想要散伙,逃回附近的故乡是很容易的,刘表的军队又向来没有远征的志向,加上他们拥戴刘备的恩德,感怀刘琦的恩情,所以黄盖的一把火烧起来后,曹军都惊骇逃散,出身荆州,想要回归家乡的士兵更是首先逃散,这又是另一个原因。曹操累积了以上几点失败的原因,而以周瑜的才智足以看清曹操的必败之势;即使没有火攻,双方相持几个月,曹操也就是成了官渡之战时的袁绍了。知道了这些,而用兵的忌讳,与敌军是否值得畏惧,都是可以预先料定的。

二九　劝刘璋拒先主入蜀者非忠非智

黄权、王累、严颜、刘巴之欲拒先主也[1],智在一曲而不可谓智,忠在一曲而不可谓忠。奚以明其然也?

【注释】

①黄权(? —240):字公衡,巴西阆中(今四川阆中)人。三国时期将领。黄权年轻时曾任郡吏,后被益州牧刘璋召为主簿。曾劝谏刘璋不要迎接刘备。刘璋败亡后投降刘备,被拜为偏将军。他建议刘备取汉中,被拜为护军、治中从事。刘备称帝后大举伐吴,黄权加以劝谏但未被采纳,被任命为镇北将军,督江北军以防魏师进攻。刘备伐吴败还,黄权归途被隔绝,无奈之下率部降

魏。在曹魏官至车骑将军、仪同三司。传见《三国志·蜀书·黄权传》。王累：在刘璋手下任益州牧从事。张松等人建议刘璋迎刘备入蜀，王累倒悬于城门劝阻刘璋，刘璋不听其劝谏，于是便自断绳索而摔死。事见《三国志·蜀书·刘璋传》。严颜：东汉末年刘璋部下武将，担任巴郡太守。建安十八年(213)，刘备派张飞进攻江州，严颜率军抵抗，战败被俘，拒不投降。张飞敬佩严颜的勇气，释放严颜并以严颜为宾客。事见《三国志·蜀书·张飞传》。刘巴(？—222)：字子初，零陵烝(zhēng)阳(今湖南邵东)人。汉末至三国时期名士。刘巴出身官宦世家，早年不应荆州牧刘表征辟。曹操攻取荆州后，刘巴北上投奔曹操，被任命为掾，受命招抚荆州南部的长沙、零陵、桂阳三郡。但刘备抢先占领了三郡，刘巴无法复命，于是南奔交趾。因与交趾郡太守士燮意见不合又投奔刘璋。刘璋要迎刘备入蜀，刘巴坚决反对，但刘璋一意孤行，刘巴于是闭门不出。刘备占领益州后，刘巴最终归降了刘备，官至尚书令。他与诸葛亮、法正、李严、伊籍共同制定了《蜀科》，奠定了蜀汉政权的法制基础。传见《三国志·蜀书·刘巴传》。

【译文】

黄权、王累、严颜、刘巴想抗拒刘备入蜀，他们的才智局限在一隅，因而称不上真正的才智；他们的忠诚局限在一隅，因而称不上真正的忠诚。怎么能明白确实是如此呢？

张松曰[①]："曹公兵无敌于天下，因张鲁以取蜀，谁能御之？"诸欲拒先主者，曾有能保蜀而不为操所夺乎？亡有术也。锺繇之兵已向张鲁，危在旦夕，而璋以柔懦待之，夺于曹必矣。与其夺于曹，无如夺于先主，则四子者，料先主之必见夺以为智,知其一曲而不知其大全也,非智也。

【注释】

①张松(？—212):字子乔,蜀郡成都(今四川成都)人。建安十三年(208),张松作为益州牧刘璋别驾从事,被派遣至曹操处,因不受礼遇而怀怨恨。回蜀后,劝刘璋与曹操断绝关系,并劝说刘璋与刘备交好。其后又劝说刘璋迎刘备入川以抗击张鲁,皆被刘璋采纳。建安十七年(212),因张松暗助刘备,被其兄张肃告发,刘璋怒而将他斩杀。事见《三国志·蜀书·先主传》。

【译文】

张松说:"曹操的军队天下无敌,他想利用张鲁来攻取蜀地,谁能抵御他呢?"那些想要抗拒刘备入蜀的人,有能力保全蜀地而使其不被曹操夺走吗?他们都束手无策。当时钟繇的军队已经开始向张鲁控制区域进发,蜀地危在旦夕,而刘璋因为懦弱无能而无法应对,蜀地必定会被曹操夺取。蜀地与其被曹操夺取,还不如被刘备夺取,黄权、王累、严颜、刘巴这四个人,料想到刘备必定会夺取蜀地,认为自己很聪明,但是他们只看到了局部而没有考虑到整个大局,所以并不是真的有智慧。

四子之于刘焉,豢属耳①,非君臣也。焉虽受命作牧,而汉之危亡,风波百沸,焉勿问焉。割土自擅,志士之所不屑事者也。先主虽不保为汉室之忠辅,而犹勤勤于定乱②,视焉而愈也多矣。戴非其主而怙之,相依为逆而失名义之大,非忠也。

【注释】

①豢(huàn)属:被豢养的下属。

②勤勤：形容诚恳或殷勤。

【译文】

这四个人对于刘焉而言，不过是被豢养的下属罢了，双方并非君臣关系。刘焉虽然受朝廷之命担任州牧，但汉朝处于危亡之中，天下风波四起、水深火热，刘焉却不闻不问。像刘焉这样擅自割据一方的人，仁人志士是不屑于事奉他的。虽然不能保证刘备始终做汉室的忠诚辅佐之臣，但他还是能够诚恳殷切地致力于平定乱世，比起刘焉要好得多。黄权、王累、严颜、刘巴这些人拥戴不适合做主公的人并依靠他，与其相互倚仗，共行逆举，从而失去了重要且正当的名义，因此他们称不上忠诚。

然则张松、法正其贤乎？而愈非也。璋初迎昭烈，二子者遽欲于会袭之，忍矣哉！君子于此，劝璋以州授先主而保全之，则得矣，其他皆不忠不智之徒也。

【译文】

如此则张松、法正算是贤德的人吗？他们就更不是了。刘璋最初迎刘备进入蜀地的时候，张松、法正就立即想趁着双方会面的时候袭击并杀死刘璋，他们也太狠毒了！君子处理这件事应该劝刘璋把益州交给刘备，从而保全益州和刘璋本人，这样才是正确的，采取其他做法的人，都是既不忠诚也不聪明的家伙。

三〇　张纮遗笺抉治道得失之源

论治者言得言失，古今所共也；而得不言其所自得，失不言其所自失，故牍满册府，而听之者无能以取益。张纮将死①，遗笺吴主曰："人情惮难而趋易，好同而恶异，故与治道相反。"斯言抉得失之机于居心用情之际,闻之者而能悟焉,反求之寸心,而听言用人立政之失焉者鲜矣。

【注释】

① 张纮(hóng,153—212):字子纲,广陵(今江苏扬州)人。东汉末年文学家、名士,和张昭并称"二张"。张纮年轻时游学京都,后为避乱来到江东。孙策平定江东时亲自登门邀请他,张纮于是出仕为官。建安四年(199)张纮被派遣至许都,担任侍御史,孙权继位时张纮返回江东,担任长史之职。张纮尽心辅佐孙权,常常为其出谋划策,拾遗进谏。建安十七年(212)病逝。传见《三国志·吴书·张纮传》。

【译文】

议论国家治理之道的人谈到治国得与失的时候,他们所谈的内容古往今来都是相同的;而他们所谈的治国之得并不是自己的心得体会,他们所谈的治国之失也并不是他们他自己曾犯的过失,所以尽管他们所上的奏章等堆满了朝廷的文书库,而听他们议论的人却很难从中吸取有益的东西。张纮将死的时候,给吴国君主孙权留下信笺说:"人之常情是惧怕困难而趋向容易,喜欢与自己相同的事物,厌恶与自己不同的事物,所以说人之常情正好与治理之道相反。"这句话是张纮在总结自身心得体会并投入感情的基础上指出的关于得失之关键的道理,凡是听到这句话的人都能醒悟过来,扪心自问,进行反思,其后在听取建议、用人、施政方面很少会发生过失。

　　夫人之情,不耽逸豫,天下无不可进之善;不喜谀悦①,天下无不可纳之忠。然而中人之于此,恒讳之也。乐逸豫矣,而曰图难者之迂远而无益也;喜谀悦矣,而曰责善者之失理而非法也；反诸其心而果然乎哉？偷安喜谀，一妇人孺子之愚，而远大之猷去之。讳其偷安喜谀之情，则利害迫于身而不知避。其迹刚愎者②，其情荏苒③；急取其柔情而砭之于隐，然后振起其生人之气，而图治有本，非泛言得失者，令人迷其受病之源，而听之若忘也。奋耻自强，而矫其情之所流，虽圣王之修身立政，又何以加焉！

【注释】

①谀悦：谄媚讨好。

②刚愎（bì）：倔强执拗，固执己见。

③荏苒（rěn rǎn）：柔弱。

【译文】

人的情感，如果不沉溺于安逸享乐，则天下没有不可以进用的贤善之人；如果不喜欢被谄媚讨好，则天下没有不能被采纳的忠言。然而中等才智的人对此却总是非常忌讳。他们沉溺于安逸享乐，却说谋划解决困难之事的人是迂阔而好高骛远，对国家没有益处；喜欢被谄媚讨好，却说劝勉人们从善的人没有道理且属于不法之徒。扪心自问，事情果然如此吗？苟且偷安，喜欢谄媚之言，是与妇人儿童一样的愚蠢，而具有远大抱负和深远谋略的人会离他而去。他们隐讳自己苟且偷安，喜欢谄媚之言的感情，致使利害之事迫近他的时候也不知道回避。平时刚愎自用的人，其感情实际上很柔弱。如果能迅速找出他们感情的柔弱之处而隐蔽地加以刺激，然后重振他们作为活人的生气，如此谋划国家治理就有了基础和依据，不是泛泛而谈治国得失，使人搞不清产生弊病的根源，听了以后就像耳旁风一样毫无效果。奋起雪耻自强，并矫正自身情感的流向，即使是圣王修身施政的举措，又如何能比这更好呢？

三一 荀彧拒加操九锡非忠孝诡

荀彧拒董昭九锡之议①,为曹操所恨,饮药而卒,司马温公许之以忠,过矣。乃论者讥其为操谋篡,而以正论自诡,又岂持平之论哉? 彧之智,算无遗策,而其知操也,尤习之已熟而深悉之;违其九锡之议,必为操所不容矣,姑托于正论以自解,冒虚名,蹈实祸,智者不为,愚者亦不为也,而彧何若是? 夫九锡之议兴,而刘氏之宗社已沦。当斯时也,苟非良心之牿亡已尽者②,未有不恻然者也。彧亦天良之未泯,发之不禁耳,故虽知死亡之在眉睫,而不能自已。于此亦可以征人性之善,虽牿亡而不丧,如之何深求而重抑之!

【注释】

①九锡:古代皇帝赐给诸侯、大臣中有特殊功勋者的九种礼器(车马、衣服、乐器、朱户、纳陛、虎贲之士百人、斧钺、弓矢、秬鬯(jùchàng),是最高礼遇的表示。

②牿(gù)亡:受遏制而消亡。

【译文】

荀彧抵制董昭为曹操加九锡的建议,被曹操忌恨,于是饮毒药而死,司马光称赞他忠于汉室,这就过誉了。可是议论的人讥讽他为曹操篡位出谋划策,却又以反对僭越的正论来粉饰自己,博得好名声,这难道是公允平和的议论吗? 荀彧的才智,可谓是算无遗策,而他对于曹操有很深的了解,对他的性格非常熟悉,深知他的做派。违逆为曹操加九锡的建议,必定会被曹操所不容,姑且假托正论来为自己辩解,图虚名而招致实祸,这是聪明人不会做的事情,愚蠢的人也不会这么做,而荀彧为什么要这样做呢? 因为曹操加九锡的议论一起,刘氏的宗庙社稷就已经面临着沦丧的危险。在这个时候，只要不是良心已经全部泯灭殆尽的人，没有不为此感到悲痛的。荀彧也是因为天良尚未完全泯灭，因此禁不住表现出自己对汉室的感情，所以虽然知道这么做会使死亡迫在眉睫，却不能控制自己。由此也可以证明人的本性是善良的，荀彧的良知虽然受到了遏制但尚未完全丧失，如此又何必要苛责他的行为而极力贬低他呢？

　　彧之失，在委身于操而多为之谋耳。虽然，初起而即委身于操，与华歆、王朗之为汉臣而改面戴操者①，抑有异矣。杨彪世为公辅，而不能亡身以忧国；邴原以名节自命，而不能辞召以洁身。蜀汉之臣，惟武侯不可苛求焉，其他则皆幸先主为刘氏之胤②，而非其果能与汉存亡者也。然则彧所愧者管宁耳。当纷纭之世，舍宁而无以自全，乃彧固以才智见，而非宁之流亚久矣③。季路、冉有④，聚敛则从，伐颛臾则为之谋，旅泰山则不救⑤，而子曰："弑父与君，亦不从也⑥。"至于大恶当前，而后天良之存者不昧，祸未成而荏苒以为之谋，圣人且信其不与于篡弑，善恶固有不相掩矣。

【注释】

①华歆（157—231）：字子鱼，平原高唐（今山东高唐）人。汉末魏初名士，曹魏重臣。华歆早年师从太尉陈球，与卢植、郑玄、管宁等为同门。他与管宁、邴原共称一龙，华歆为龙头。汉灵帝时华歆被举为孝廉，后被何进征召为尚书郎，此后曾任豫章太守。孙策破刘繇后，华歆举豫章郡投降。官渡之战时，被曹操征为议郎，参司空军事。曹丕代汉建魏后，华歆出任司徒。魏明帝曹叡即位后，升任太尉，晋封博平侯。太和五年（231）去世。传见《三国

志·魏书·华歆传》。

②胤(yìn)：后代，后嗣。

③流亚：同一类的人或物。

④季路：即子路。

⑤旅泰山则不救：据《论语·八佾》记载，鲁国大夫季氏率众前往泰山进行围猎演习，这是违背礼法的僭越之举。孔子对冉有说："女弗能救与?"意思是：你能劝阻他做出这种僭越之举吗? 冉有回答说不能。

⑥弑父与君，亦不从也：语出《论语·先进》。意思是：如果主君要进行弑杀父亲与君王的大逆不道行为，他们也是不会跟从的。

【译文】

荀彧的过失，在于他委身于曹操而且多次为他出谋划策。虽然如此，他在出仕之初就委身于曹操了，与华歆、王朗这些本来是汉臣却改变面目拥戴曹操的人还是有所不同的。杨彪的家族世代做汉朝的公卿重臣，他却不能为了国家而不惜献出自己的性命；邴原自诩重视名节，却不能推辞曹操的征辟以洁身自好。蜀汉的大臣中，只有诸葛亮是不能加以苛求的，其他的也都是庆幸刘备具有刘姓宗室的身份而事奉他，而非他们果真是能与汉朝共存亡之人。如此则荀彧所愧对的只有管宁罢了。在纷纭的乱世，除了管宁以外没有谁能保全自己，荀彧虽然以才智著称，但他本来就不是能与管宁相提并论的人。子路、冉有，他们的主君聚敛财富，他们会跟从；季氏要讨伐颛臾，他们为其出谋划策；季氏率众前往泰山进行围猎，他们不能加以劝阻。而孔子说："如果主君要进行弑杀父亲与君王的大逆不道行为，他们也是不会跟从的。"到了大恶当前的时候，那些尚未丧尽天良的人头脑还是清醒的，可是如果没有酿成大祸，他们又会继续为主君出谋划策，圣人尚且相信他们不会参与篡逆弑杀之举，人性中的善与恶本来就是难以相互掩盖的。

且彧之为操谋也,莫著于灭袁绍。绍之为汉贼也,不下于操,为操谋绍,犹为绍而谋操也。汉之贼,灭其一而未尝不快,则彧为操谋,功与罪正相埒矣①。若其称霸王之图以歆操,则怀才亟见,恐非是而不为操所用也,则彧之为操谋也,亦未可深罪也。试平情以论之,则彧者,操之谋臣也,操之谋臣,至于篡逆而心怵焉其不宁,左掣右曳以亡其身②,其天良之不昧者也。并此而以为诡焉,则诬矣。

【注释】

①埒(liè):同等,相等。

②左掣右曳:左右牵引、左右拉扯。

【译文】

况且荀彧为曹操所做的谋划中,没有比消灭袁绍的计谋更有名的。袁绍是危害汉室的奸贼,他的罪责不比曹操轻,荀彧为曹操谋划消灭袁绍,与为袁绍谋划消灭曹操是一样的。危害汉室的奸贼,只要能够消灭其中一个就值得高兴,如此则荀彧为曹操出谋划策,功与罪正好相抵。至于他通过称引所谓霸王之业来取悦曹操,则是由于他怀有卓越的才华而想迅速被赏识,恐怕不这样做就不能被曹操重用,那么荀彧为曹操出谋划策,也不应该加以苛责。试着以公允的立场出发来进行议论,则荀彧是曹操的谋臣,作为曹操的谋臣,却在曹操即将篡逆的时候感到害怕而心神不宁,内心的想法相互牵扯而最终导致自己身亡,这是他天良尚未泯灭的表现。如果把这也一并当作诡诈,则属于污蔑了。

三二   刘璋降先主

《春秋》之法,诸侯失国则名之,贱之也;失国而又降焉,贱甚矣。此三代封建之侯国则然,受之先王,传之先祖,天子且不得而轻灭焉，为臣子者，有死而无降，义存焉耳。刘焉之牧益州，汉命之；命之以牧，未尝命之以世。焉死，璋偷立乎其位，益州岂焉所可传子，而璋有宗社之责哉？

【译文】

按照《春秋》的记载法则，诸侯失去了自己的国家则用他的名字来记录他，以示对他的鄙视；如果是失去了国家且投降敌人，则会更受鄙视。夏商周三代被分封的诸侯国都是如此，这些诸侯的国家是从先王那里受封的，又是从先祖那里世代传下来的，即使天子也不能轻易灭掉他们，作为臣子的人，宁可身死也不能投降，这样义尚且能留存于世上。刘焉担任益州牧，是汉朝任命的；汉朝任命他为益州牧，却不曾给他世代相传的权利。刘焉死后，他的儿子刘璋偷偷地就任益州牧一职，益州难道是刘焉能传给自己儿子的吗？而刘璋难道有继承宗庙社稷的责任吗？

先主围成都①，璋曰："父子在州二十余年，无恩德以加百姓，攻战三年，肌膏草野②，以璋故也，何心能安。"犹长者之言也。论者曰："刘璋暗弱。"弱者弱于强争，暗者暗于变诈，而岂果昏屠之甚乎③？其不断者，不能早授州于先主，而多此战争耳。韩馥之于袁绍，璋之于先主，自知不逮而引退以避之，皆可谓保身之智矣。其属吏悻悻以争气矜之雄④，以毒天下，何足尚哉！

【注释】

①先主围成都：指建安十七年（212），刘备进驻葭萌。张肃因惧祸及己，向刘璋告发张松曾经建议刘备袭杀刘璋之谋。结果刘璋处死张松，下令所有关隘的守卫部队封锁道路。刘备大怒，还兵

攻打刘璋。建安十九年（214），刘备进兵包围成都，并派简雍劝
降刘璋。事见《后汉书·刘焉列传》。

②肌膏草野：指死亡的百姓用身体给草地当了肥料，形容百姓曝尸
野外。

③昏孱：昏暗孱弱。

④悻（xìng）悻：怨恨失落的样子。

【译文】

刘备包围成都时，刘璋说："我们父子在益州二十多年，没有恩德施
加于百姓，与刘备进行了三年的战争，百姓曝尸野外，这都是因为我刘
璋的缘故，我怎么能够心安呢？"他的这番话还算是长者之言。议论的
人说："刘璋暗弱。"弱是在争强好胜方面弱，暗是在狡诈诡变方面暗，而
他难道果真是非常昏暗孱弱吗？他难以做出决断，不能早日将益州交
给刘备，因此才多招来了这残酷的战争。韩馥面对袁绍，刘璋面对刘
备，如果他们能够知道自己的能力不足因此引退以避让对方，那么他们
都可以称得上有保全自身的智慧。他们的属吏愤愤不平，要争强斗气
夸耀自己的雄武，以致毒害整个天下，其做法又哪里值得推崇呢？

三三　关羽不终吴好

吴、蜀之好不终，关羽以死，荆州以失，曹操以乘二国之
离，无忌而急于篡，关羽安能逃其责哉？羽守江陵，数与鲁
肃生疑贰①，于是而诸葛之志不宣，而肃亦苦矣。肃以欢好
抚羽，岂私羽而畏昭烈乎？其欲并力以抗操，匪舌是出②，而
羽不谅，故以知肃心之独苦也。

【注释】

①疑贰：猜忌离心。

②匪舌是出：语出《诗经·小雅·雨无正》："哀哉不能言，匪舌是出，维躬是瘁。"意思是并非笨嘴拙舌。出，"拙"的省借字，拙劣之意。

【译文】

吴、蜀之间的友好关系没能始终维持下去，关羽因此而死去，荆州因此而丢失，曹操乘着吴、蜀两国之间离心离德，无所顾忌而加快了篡位的步伐，关羽又哪里能逃避他的罪责呢？关羽驻守江陵时，数次对鲁肃产生猜忌心理，诸葛亮的志向因此不能够实现，而鲁肃也因此吃尽了苦头。鲁肃用友好的态度安抚关羽，难道是对关羽有所偏私而畏惧刘备吗？他只是想与刘备并力抗曹罢了，并非是笨嘴拙舌，而关羽却不能体谅他的苦衷，所以知道鲁肃的内心独自受够了煎熬。

羽争三郡①，贪忿之兵也，肃犹与相见，而秉义以正告之，羽无辞以答，而婞婞不忘②，岂尽不知肃之志气与其苦心乎？昭烈之败于长坂③，羽军独全，曹操临江，不能以一矢相加遗。而诸葛公东使，鲁肃西结，遂定两国之交，资孙氏以破曹，羽不能有功，而功出于亮。刘锜曰④："朝廷养兵三十年，而大功出一儒生。"羽于是以忌诸葛者忌肃，因之忌吴；而葛、鲁之成谋，遂为之灭裂而不可复收。

【注释】

①三郡：指长沙郡、零陵郡、桂阳郡三郡。

②婞(xìng)婞：愤恨不平的样子。

③长坂：即长坂坡。在今湖北当阳东北。

④刘锜(1098—1162)：字信叔，德顺军(今甘肃静宁)人。南宋抗金名将。刘锜早年曾任陇右都护，多次战胜西夏。南宋初受张浚

提拔,参与富平之战。后扈从宋高宗,两次任权主管侍卫马军司公事。绍兴十年(1140),在顺昌之战中大破金兀术军,并派兵协助岳飞北伐。次年,在柘皋之战再破金军。此后被罢去兵权。晚年再获起用,率军抗击南下侵宋的金帝完颜亮,但因病而无功,不久病死。传见《宋史·刘锜列传》。

【译文】

关羽为争夺荆南三郡而兴起贪婪愤怒之兵,鲁肃仍然与他相见,秉持大义正告他不要破坏两军关系,关羽没有言辞来回答他,心中却愤恨不平,他难道完全不知道鲁肃的志气与他的苦心吗?刘备在长坂坡战败,唯独关羽的军队没受损失,曹操兵临长江,关羽军却根本没与曹军作战。而诸葛亮向东出使东吴,鲁肃向西与刘备结盟,两国的盟交由此确立下来,刘备帮助孙权击破曹军,关羽没能建立功劳,而功劳全都出自诸葛亮。宋朝名将刘锜曾评价虞允文说:"朝廷养兵三十年,而大功却出自一介儒生虞允文。"关羽于是因为忌妒诸葛亮而忌妒鲁肃,并因此而记恨孙吴;而诸葛亮、鲁肃共同制定的联合抗曹的谋划,遂之就被关羽破坏,以至于发展到不可收拾的地步。

　　然而肃之心未遽忿羽而堕其始志也,以义折羽,以从容平孙权之怒,尚冀吴、蜀之可合,而与诸葛相孚以制操耳[①]。身遽死而授之吕蒙,权之忮无与平之[②],羽之忿无与制之,诸葛不能力争之隐,无与体之,而成谋尽毁矣。肃之死也,羽之败也。操之幸,先主之孤也。悲夫!

【注释】

①相孚:相互信任。

②忮(zhì):忌恨,嫉妒。

【译文】

尽管如此,鲁肃心中也并没有立即因为生关羽的气而改变自己联刘抗曹的初衷,他用大义来使关羽折服,用从容不迫的态度来平息孙权的愤怒,尚且希望吴、蜀能够合作,并与诸葛亮相互信任以共同对抗曹操。然而他突然就去世了,把军权托付给了吕蒙,于是孙权的忌恨没办法再被平息,关羽的愤怒也没人能再制约,诸葛亮不能力争的隐痛也没有人能再体谅,而孙刘联合的战略规划于是完全被破坏了。鲁肃的死,是关羽败亡的前兆。这是曹操值得庆幸的事情,却是使刘备陷入孤立境地的事情。真是悲哀啊!

三四　金祎等谋诛曹操

金祎、耿纪、韦晃欲挟天子伐魏^①,使其克焉,足以存汉乎? 不能也。幸而不败,又幸而杀操,尔朱兆之死,拓拔氏乃以奔窜而见夺于宇文^②,非但如董卓之诛,献帝一日不能安于长安已也。故董承之计非计,而伏完为甚,至于金祎而尤甚矣。虽然,至于金祎、耿纪、韦晃之时,更无可以全汉之策,而忠臣志士捐三族以与国俱碎,虽必不成,义愤之不容已,亦烈矣哉!

【注释】

①耿纪、韦晃:东汉末官员,汉献帝时分别担任少府和丞相司直。建安二十三年(218)正月,二人联合金祎、太医令吉本发动叛乱,趁夜进攻许都,试图控制许都,劫持天子,诛杀曹操,兵败被杀。事见《后汉书·孝献帝纪》。

②拓拔氏乃以奔窜而见夺于宇文:北魏末年,尔朱荣、尔朱兆等凭军权掌握了北魏实权,挟持北魏皇帝。永安三年(530),孝庄帝

杀尔朱荣,但军权仍然操在尔朱兆手中。不久,尔朱兆为高欢所败,自缢而死。高欢由此掌权。永熙三年(534),北魏孝武帝因为与高欢关系失和而西奔长安,投靠宇文泰,宇文泰被授为大丞相,掌握了西魏实权。宇文泰死后,其子宇文觉最终废黜西魏恭帝,建立了北周政权。其事散见于《魏书·废出三帝纪》《魏书·尔朱兆列传》。

【译文】

金祎、耿纪、韦晃想要挟持天子讨伐魏国都城邺城,如果他们真能成功,就足以保存汉朝,使其不灭亡了吗? 是不能的。即使他们侥幸能不失败,又侥幸杀死了曹操,也未必能使汉室存续下来。北魏末年逆贼尔朱兆死后,北魏皇帝却被迫到处奔波逃窜,最终被宇文氏篡夺了政权。何况正像当初董卓被诛杀以后,汉献帝在长安一日也不得安宁。所以董承的计策不是良策,而伏完的策略也很糟,至于金祎的策略就更糟了。虽然如此,到了金祎、耿纪、韦晃所处的时候,已经没有其他可以保全汉室的计策了,而他们这些忠臣志士不惜冒着诛灭三族的危险与国家共存亡,虽然他们的策略必定不能成功,但他们是出于义愤而不得不为,他们的行为也是很壮烈的呀!

于是而孙权之罪不容诛也,怀愤嫉于先主,而请降于操,操无忌矣。关羽出襄、邓①,向宛、雒,而怀忿以与孙氏争,操知之而坐待其败。普天之下,为汉臣者,唯三子之不恤死而誓与献帝俱殉社稷耳,其他皆贪忿以逞者。忠臣志士无可俟之机,而又何择焉?

【注释】

①襄、邓:指襄阳和邓州。

【译文】

由此而言，孙权可谓是罪不容诛，他怀着对刘备的愤怒和嫉恨，而向曹操请降，曹操于是更加肆无忌惮。关羽率军出襄阳、邓州，向宛城、洛阳进发，心怀愤恨与孙吴相争，曹操知道这一情况而坐等关羽的败亡。当时普天之下，身为汉朝臣子的人中，只有金祎、耿纪、韦晃三个人不怕身死，誓与汉献帝一起为汉朝社稷殉身，其他的都是怀着贪念和愤怒以求一逞的人。忠臣志士没有可以等待的时机，而又何必再选择时机呢？

三五　先主留羽守荆州致失吴好

关羽，可用之材也，失其可用而卒至于败亡，昭烈之骄之也，私之也，非将将之道也。故韩信之称高帝曰："陛下能将将。"能将将而取天下有余矣。先主之入蜀也，率武侯、张、赵以行，而留羽守江陵①，以羽之可信而有勇。夫与吴在离合之间，而恃笃信乎我以矜勇者，可使居二国之间乎？定孙、刘之交者武侯也，有事于曹，而不得复开衅于吴。为先主计，莫如留武侯率云与飞以守江陵，而北攻襄、邓；取蜀之事，先主以自任有余，而不必武侯也。然而终用羽者，以同起之恩私，矜其勇而见可任，而不知其忮吴怒吴，激孙权之降操，而鲁肃之计不伸也。

【注释】

①江陵：地名。在今湖北江陵。

【译文】

关羽是个可用之材，却没能发挥自己的作用，最终沦落到兵败身亡的境地，这都是刘备骄纵他，对他过于偏私造成的，这不是正确的统帅将领的办法。所以韩信称赞汉高祖说:"陛下您能够统帅将领。"能够统帅将领,取得天下就绰绰有余了。刘备入蜀的时候,率领诸葛亮、张飞、赵云同行,而留关羽镇守江陵,因为他认为关羽十分可信而且很勇敢。在刘备与孙吴关系处在离合不定的情况下,凭恃主公对自己特别信任,且以武勇自夸的人,能让其居于两国之间吗? 订立孙、刘两家之间盟约的是诸葛亮,与曹操发生战事,就不能再向吴国挑起祸端。如果为刘备考虑,就不如留诸葛亮率赵云和张飞镇守江陵,并向北攻击襄阳、邓州。取蜀地的事情,刘备一个人承担就绰绰有余了,而不必要诸葛亮与其同行。然而刘备最终还是任用关羽守江陵,是出于对随他一同起事的关羽的恩宠和偏爱之情,刘备爱惜关羽的勇力而认为他值得任用,却不知道他非常痛恨吴国,最终激怒了孙权,致使其投降了曹操,而鲁肃的孙刘联合抗曹之计因此没能实现。

　　然则先主岂特不能将羽哉? 且信武侯而终无能用也。疑武侯之交固于吴,而不足以快己之志也。故高帝自言能用子房者,以曹参之故旧,百战之功,而帷幄之筹,唯子房得与焉。不私其旧,不骄其勇,韩、彭且折,况参辈乎? 先主之信武侯也,不如其信羽,明矣。诸葛子瑜奉使而不敢尽兄弟之私[1],临崩而有"君自取之"之言[2],是有武侯而不能用,徒以信羽者骄羽,而遂绝问罪曹氏之津,失岂在羽哉? 先主自贻之矣。

【注释】

[1]诸葛子瑜(174—241):即诸葛瑾。琅邪阳都(今山东沂南)人。三国时期吴国重臣,诸葛亮之兄。诸葛瑾早年因中原战乱而避居江东,经弘咨推荐,为孙吴效力。他胸怀宽广,温厚诚信,得到

孙权的深深信赖,致力于缓和蜀汉与东吴的关系。诸葛瑾与其弟诸葛亮感情深厚,但分别效力于吴、蜀两个阵营,两人都严格恪守公私界限。建安二十年(215),孙权遣诸葛瑾使蜀通好刘备,与其弟诸葛亮在公馆见面,两人只谈公事而未谈私事。孙权称帝后,诸葛瑾官至大将军,领豫州牧。传见《三国志·吴书·诸葛瑾传》。

②"君自取之"之言:指刘备临死前将诸葛亮招来嘱托后事,对诸葛亮说:"君才十倍曹丕,必能安国,终定大事。若嗣子可辅,辅之;如其不才,君可自取。"事见《三国志·蜀书·诸葛亮传》。

【译文】

如此,则刘备的过失难道仅仅是不能统率关羽吗?他信任诸葛亮而最终不能重用他。他对诸葛亮联合孙吴的策略存有疑虑,认为这样不足以满足自己的志向。所以汉高祖自己说他能重用张良,尽管部下有曹参这样身经百战、立下大功的故旧之交,运筹帷幄的事情却只有张良能参与。汉高祖不偏爱自己的故旧,不骄纵部下的武勇,韩信、彭越尚且为之折服,何况是曹参之辈呢?刘备对诸葛亮的信任,比不上他对关羽的信任,是很明显的。诸葛亮的哥哥诸葛瑾奉命出使到刘备处,而不敢与诸葛亮尽兄弟的私情,刘备临驾崩时又说出"君自取之"这样的话,这些都是刘备有诸葛亮而不能加以重用的表现,他只会因信任关羽而骄纵他,最终丧失了征讨曹操,向他兴师问罪的好时机,其过失难道仅仅在于关羽一人吗?这是刘备自己一手造成的。

卷十

三　国

【题解】

　　延康元年(220)，曹丕以禅代的方式建立曹魏政权。次年(221)，刘备在成都称帝，建立蜀汉。公元 229 年，孙权正式称帝，建立东吴政权，中国历史就此正式进入三国时代。此后各国国内大体保持了较为稳定的态势，吴蜀联盟长期延续，曹魏与蜀汉、曹魏与东吴之间各自发生了数次较大规模战争，但均未影响到三国鼎立的格局。公元 263 年，掌握了曹魏实权的司马昭发动灭蜀之战，蜀汉灭亡。两年后(265)其子司马炎篡魏建立西晋政权。公元 280 年，西晋灭东吴，统一中国，三国时期至此结束。

　　魏、蜀、吴三国鼎立，孰为正统？这是历代聚讼纷纭的问题。陈寿、司马光以曹魏为正统，习凿齿以蜀汉为正统，他们的观点均对后世产生了较大影响。在这一问题上，王夫之有其独到的见解。王夫之首先判定，就道义而言，"蜀汉之义正"，曹魏、东吴皆属于"篡逆"之国。但他并不完全赞成蜀汉继汉为正统的观点，他认为刘备即位后，不尽全力攻伐曹魏以复兴汉室，却兴师动众去进攻东吴，"岂祖宗百世之雠，不敌一将之私怨乎？先主之志见矣，乘时以自王而已矣"，刘备的作为表明他并不具备继承汉统的资格。实际上，王夫之对于传统的正统观存在强烈的质疑，他认为，所谓统是"合而并之之谓也，因而续之之谓也"，历史上的政权间并非都存在严格意义上的承继关系，以三国而论，东汉亡于献帝，即使把蜀汉看作承继了汉统，那么西晋是建立在篡夺曹魏基础上的，又如何能继汉统呢？这种复杂的政权承继情况下，"有离，有绝，固无统也，而又何正不正邪？"归根结底，所谓正统，无非是人为的认识与建构，"正不正，存乎其人而已矣"。否定了正统论，专制主义王朝自我标榜的合法性基础也就受到了冲击，所以王夫之对于传统正统观的大胆质疑和批判，显示了其思想的进步性，受到了梁启超等后世史家的赞扬。

作为三国时代最重要的政治人物之一，诸葛亮历来受到人们的重视，王夫之在本卷中也花费不少篇幅对其进行了评论。整体而言，王夫之很欣赏诸葛亮，尤其肯定诸葛亮治理蜀汉的功绩，以及他矢志北伐以恢复汉室的执着精神，认为蜀汉国祚仰赖诸葛亮才得以延续。他很体谅诸葛亮的苦心，称他"志苦而事难"，不惧烦苛，事必躬亲，虽受到各方掣肘，且明知北伐难以撼动曹魏政权，仍坚持"以攻代守"的策略，努力维系局面。不过，王夫之也指出了诸葛亮两个方面的失误：一是用人有误，马谡、李严都是典型；二是过分采信申、韩法家思想，勤于耕战，察于名法，却未能以教化培育、熏陶人才，导致其死后蜀汉人才不足，终致倾覆。

三国后期司马氏逐步掌握了曹魏政权，并最终取代曹魏建立了西晋。曹魏何以亡于司马氏之手？王夫之在本卷中，总结出两方面的原因。从直接原因看，魏文帝曹丕、魏明帝曹叡皆托孤于司马懿，未能觉察司马氏的野心，且曹魏宗室在曹魏后期处于被疏远甚至打压的状态，朝臣中也缺乏深谋远虑之臣，不能为国家作长远谋划，这些都为司马氏篡晋提供了便利。但从更深的社会层面考察，曹魏之亡则与其治国方略密切相关：汉代之法大体较为宽和，汉朝衰落而法律松弛，曹操鉴于这种情况，采用法家的法治思想，建立了严峻的法律体系。严刑峻法在短期内稳定了社会局势，但各阶层都苦于法网，自然希望得到解脱。司马氏正是抓住了天下人的这一心理，施行宽大之政，抚恤民众，赢得了天下人心，为夺取政权奠定了基础。王夫之的这一分析相当透彻，值得读者思考和体味。

一　魏惩汉宦官外戚国亡而害及士民者浅

国之亡，有自以亡也，至于亡，而所自亡之失昭然众见之矣。后起者，因鉴之、惩之，而立法以弭之；然所戒在此，而所失在彼，前之覆辙虽不复蹈，要不足以自存。汉亡于宦官外戚之交横，曹氏初立，即制宦者官不得过诸署令[①]，黄初三年[②]，又制后家不得辅政，皆鉴汉所自亡而惩之也。然不再世，而国又夺于权臣。立国无深仁厚泽之基，而豫教不修，子孙昏暴，扑火于原，而焰发于烓灶[③]，虽厚戒之无救也。

【注释】

①署令：官名。署之长官。秦汉至南北朝为列卿下属诸署长官泛称，品秩高低不等。

②黄初三年：即公元 222 年。黄初，三国时期魏文帝曹丕的第一个年号，使用时间为 220—226 年。

③烓（wēi）灶：风炉。

【译文】

国家的灭亡，自有其原因，等到一个国家快要灭亡的时候，导致它灭亡的原因也就赫然在目能被众人看到了。后世兴起的国家，把前代的过失拿过来作为借鉴和教训，设立相应的法令以消弭这些过失的危害。然而，虽然在某些方面加以戒备，却会在其他方面出现过失，虽然不会重蹈前代的覆辙了，却仍然不足以保证国家能长久存在。汉朝亡于宦官和外戚交替横行，曹魏刚刚建立，就颁布法令规定宦官的官职最高不得超过诸署令,黄初三年,又规定外戚不能作辅政大臣,这些都是吸取汉朝灭亡的教训而制定的。然而曹魏政权没经过两代,国家政权就又被权臣篡夺了。建立一个国家如果没有深厚的仁泽作为基础,对继承人的教育又做得不好,子孙昏庸残暴,就像是扑灭了草原上的火,而火焰又从炉灶里重新燃烧了起来,即使对其进行高度戒备也难以挽救灭亡的命运。

　　自其亡而言之,汉之亡也,中绝复兴,暴君相继,久而后失之;魏之亡也不五世,无桀、纣之主而速灭;以国祚计之,汉为永矣。乃自顺帝以后,数十年间,毒流天下,贤士骈首以就死,穷民空国以胥溺①,盗贼接迹而蔓延;魏之亡也,祸不加于士,毒不流于民,盗不骋于郊;以民生计之,魏之民为幸矣。故严椒房之禁,削埽除之权②,国即亡而害及士民者浅,仁人之泽,不易之良法也。

【注释】

　　①胥溺:相继沉没。

　　②埽(sào)除:打扫,此指打扫宫廷的仆隶,也就是宦官。

【译文】

　　从国家灭亡的形式而言,汉朝的灭亡,是中间一度断绝而又重新复兴,其后暴君相继产生,久而久之就失去了国家政权;曹魏则是还没超过五世就灭亡了,国君中没有桀、纣这样的暴君却很快就灭亡了。就国家存在时间而言,汉朝算得上是长寿朝代了。可是自顺帝以后,几十年间,毒流于天下,贤德的士人纷纷被诛杀,百姓穷苦、国家空虚以至于相继陷于沉沦,盗贼接踵而起,此起彼伏,不断蔓延;曹魏的灭亡,则是祸害没有落到士人头上,百姓也没有受到流毒危害,盗贼不曾在郊外纵横驰骋。从民生方面而言，曹魏的百姓算是幸运的了。所以强化对后宫和外戚干政的限制，削弱宦官的权力，国家即使灭亡了，对于士人和百姓的危害却比较浅，所以仁义之君的恩泽，是历代不容变易的良法。

　　乃昏主则曰：外戚宦官，内侍禁闼①，未尝与民相接，恶从而腬削之②？且其侈靡不节，间行小惠，以下施于贫乏，何至激而为盗？其剥民以致盗者，士大夫之贪暴为之也。夫恶知监司守令之毒民有所自哉？纨袴之子，刑余之人，知谀而已，知贿而已；非谀弗官也，非贿弗谀也，非剥民之肤弗贿也，则毒流四海，填委沟壑，而困穷之民无所控告。犹栩栩然曰③：吾未尝有损于民，士大夫吮之以为利，而嫁祸于我以为名。相激相诋，挟上以诛逐清流，而天下钳口结舌，视其败而无敢言。汉、唐、宋之浸败而浸亡④，皆此繇也。其能禁此矣，则虽有夺攘之祸，而民不被其灾。故司马篡曹，潜移于上而天下不知。勿曰防之于此，失之于彼，魏之立法无裨于败亡也。

【注释】

①禁闼(tà)：本义指宫廷门户，此处指代宫廷近臣。

②腬削(juān xuē)：剥削。

③栩栩：生动可喜的样子。此指振振有词的样子。

④浸：逐渐。

【译文】

　　可是昏君则会说：外戚、宦官、内侍、近臣，他们不曾与百姓直接接触，又是如何能剥削百姓的呢？而且他们虽然奢侈腐化没有节制，但也偶尔会向贫苦的百姓施一些小恩小惠，何至于把百姓逼为盗贼呢？残酷剥削民众从而把他们逼为盗贼的人，是贪婪残暴的士大夫。这些昏君又哪里知道监司守令这些官员毒害民众是有其原因的呢？外戚作为纨绔之子，宦官作为刑余之人，他们只知道谄谀而已，只知道贿赂而已。不谄媚讨好他们的人就不能做官，不行贿就没办法讨好他们，不残酷剥削民脂民膏就没有钱财行贿，如此毒流于四海之内，百姓纷纷死亡，被抛弃于沟壑，而穷困的百姓无处控告这些残酷狠毒的恶棍们。而外戚、宦官仍然振振有词地说：我不曾做过损害百姓的事情，都是士大夫吮吸民脂民膏来牟利，而把恶名转嫁到了我的头上。士大夫和外戚、宦官相互攻击、相互诋毁，外戚、宦官借着皇帝的名义诛杀和驱逐清流，而天下人都闭口不敢发表言论，看着清流士大夫被杀而不敢为其发出直言。汉朝、唐朝、宋朝逐渐走向败亡，都是由于这一原因。曹魏能够禁止外戚和宦官干政，虽然遭遇了政权被篡夺的灾祸，而民众却没有蒙受灾难。所以司马氏篡夺曹魏政权，悄无声息地从上层夺取了权力而天下人对此浑然不知。所以不要说防之于此，失之于彼，曹魏订立法度对于阻止自己败亡毫无益处。

二 魏九品中正亦足以收人才

魏从陈群之议①，置州郡中正，以九品进退人才，行之百年，至隋而始易，其于选举之道，所失亦多矣。人之得以其姓名与于中正之品藻者鲜也②，非名誉弗闻也，非华族弗与延誉也。故晋宋以后，虽有英才勤劳于国，而非华族之有名誉者③，谓之寒人，不得与于荐绅之选④。其于公天爵于天下，而奖斯人以同善之道，殊相背戾，而帝王公天下之心泯矣。

【注释】

①陈群(？—236)：字长文，颍川许昌(今河南许昌)人。三国时期

政治家、曹魏重臣。陈群出身名门，曹操入主徐州时，被辟为司空西曹掾属，此后受到曹操、曹丕父子重用，曹魏建立后，历任尚书令、镇军大将军、中护军、录尚书事等职。曹丕驾崩后，陈群受诏辅政。青龙四年（236）病逝。陈群首先提出了"九品中正制"的选官制度，具体内容包括：在各州设大中正官，掌管州中数郡人物之品评，各郡则另设小中正官；中正官负责品评和他同籍的士人，将士人按照九等进行分级；中正评议结果上交司徒府复核批准，然后送吏部作为选官的根据。这一制度被曹魏采纳，此后沿用于整个魏晋南北朝时期。传见《三国志·魏书·陈群传》。

②品藻：品评，鉴定。

③华族：高门贵族。

④荐绅：即缙绅，指有官职或做过官的人。

【译文】

曹魏采纳陈群的建议，设置州郡中正，按照九品制来决定人才的进退，这一制度施行了数百年，直到隋代才被科举制取代，这一制度在选举人才方面，失误之处也是很多的。能够使自己的姓名被中正官知晓，得到中正官的品评，并被定为相应品级的人是很少的，如果自身没有名誉就不能被中正官了解，如果不是出身豪门大族就不能延揽名誉。所以晋、南朝宋以后，虽然有优秀的才华，勤劳于国事，却并非像豪门大族那样有名誉的人，被称之为寒人，他们是不能跻身于官吏候选人行列的。这是严重违背把官爵向天下所有人开放，从而鼓励人们向善进取，凭借自身才干获取官位的精神的，而帝王以天下为公的心也就此泯灭了。

然且行之六代而未尝不收人才之用①，则抑有道焉。人之皆可为善者，性也；其有必不可使为善者，习也。习之于人大矣，耳限于所闻，则夺其天聪；目限于所见，则夺其天明;父兄熏之于能言能动之始,乡党姻亚导之于知好知恶之年,一移其耳目心思,而泰山不见,雷霆不闻;非不欲见与闻也,投以所未见未闻,则惊为不可至,而忽为不足容心也。故曰:"习与性成②。"成性而严师益友不能劝勉,酦赏重罚不能匡正矣③。

【注释】

①六代:指魏、晋、宋、齐、梁、陈六个朝代。

②习与性成:语出《尚书·太甲上》:"兹乃不义,习与性成。"意思是:长期习惯于怎样的生活环境,就逐渐养成相应的习性。

③酦(nóng)赏:重赏。酦,厚,美。

【译文】

虽然如此,这项制度还是施行了六代之久,在选拔任用人才方面也不是完全没起到作用,则这一制度设计也是有其合理成分的。人人都可以做好人,这是出于天性;也有必定不能使人成为好人的因素,这就是坏的习惯。习惯对于人太重要了,如果耳朵被自己所听到的东西限制住,就会丧失上天赋予的聪敏;如果眼睛被自己所见的东西限制住,就会失去上天赋予的明察。父亲和兄弟在一个人刚开始能说话、能行动的时候就对他加以熏陶,乡邻亲戚在他刚开始懂得好和坏的时候就对他加以引导,一旦他的耳目和心思被转移到其他地方去,则即使是泰山也看不见,雷霆也听不见。并不是他不愿意看见或听见,而是在那样的环境中,即使看到所未曾看见,听到所未曾听见的东西,内心里也无法接受,因而不会把这些放在心上。所以说:"长期习惯于怎样的生活环境,就逐渐养成相应的习性。"一旦养成了习性,则即使严师益友也不能对其加以劝勉,厚赏重罚也不能对他加以匡正了。

是以古之为法，士之子恒为士，农之子恒为农，非绝农人之子于天性之外也，虽欲引之于善，而曀霾久蔽①，不信上之有日，且必以白昼秉烛为取明之具，圣人亦无如此习焉何也。故曰："民可使由之，不可使知之②。"不可使知矣，欲涤除而拂拭之③，违人之习，殆于拂人之性，而恶能哉？则靳取之华胄之子、清流之士、以品骘而进退之④，亦未甚为过也。父母者，乾坤也，即以命人之性者也；师友交游者，臭味也⑤，即以发人之情者也；见闻行习者，造化也，即以移人之气体者也⑥。知此，则于是以求材焉，有所溢，有所漏，然而鲜矣。

【注释】

①曀（yì）霾：阴霾。

②民可使由之，不可使知之：参见卷二"汉高帝三"条注。

③拂拭：掸掉或擦掉。

④靳：吝惜。华胄：指贵族。品骘（zhì）：评定，论定高低。

⑤臭（xiù）味：气味。比喻同类的人或事物。

⑥气体：气质与性格。

【译文】

所以古代的选举之法，是士人的儿子永远是士人，农民的儿子永远是农民，并不是要把农民的儿子阻绝在天性之外，只是即使想要将他们引导到好的方向去，他们也会因为长久被阴霾遮蔽，不相信天上有太阳，而且在白天也必定要点燃蜡烛作为照明的工具，圣人对他们的这种习性也无可奈何。所以说："在上者指导民众，有时只可使民众由我所指导而行，不可使民众尽知我所指导之用意所在。"不可使民众尽知我所指导之用意所在，想要荡涤并改掉他们的坏习惯，违背了这些人的习性，那就与改变人的本性一样困难，难道能做到吗？这样看来，仅仅选取贵族子弟、清流士人,评定他们的品级以决定他们的进退,也不算太过分。父母是乾坤,他们赋予了一个人天性;老师、朋友,与自己交游的人,他们是同类,他们是激发个人性情的因素;所见所闻、行为习惯是造化,是改变人的气质与性格的因素。知道了这些,通过这些以求得人才,可能会造成取士过滥,也可能会使某些人才成为漏网之鱼,但是这些情况一般是很少出现的。

　　唐之举进士也,不以一日之诗赋,而以名望之吹嘘,虽改九品中正之制,犹其遗意焉。宋以后,糊名易书①,以求之于声寂影绝之内,而此意殆绝。然而学校之造士也夙,而倡优隶卒之子弟必禁锢之,则固天之所限,而人莫能或乱者。伊尹之耕②,傅说之筑③,胶鬲之贾④,托以隐耳。岂草野倨侮、市井锥刀之中⑤,德色父而诟谇母者⑥,有令人哉⑦?

【注释】

①糊名易书:宋代科举制度规定,考场监考人员在收卷后,首先将卷子交给弥封官,把考卷上考生的姓名、籍贯等个人信息,全部折叠起来,用空白纸覆盖弥封后,加盖骑缝章,称为"糊名";朝廷设誊录院,由书吏誊抄考生试卷,考官以誊抄副本为依据评卷,称之为"易书"。这两项举措都是为了防止营私舞弊,保证科举公平。

②伊尹之耕:传说商朝开国贤相伊尹在未发迹时,耕于有莘国之野。

③傅说之筑:传说殷商时期著名贤臣,商王武丁的丞相傅说在被武丁起用前,以奴隶身份在傅岩从事版筑。

④胶鬲(gé)之贾:传说周文王的重臣胶鬲曾被纣王贬谪,隐居卖

鱼,后来被周文王赏识提拔为相。

⑤倨侮:傲慢。锥刀:从事微贱的工作。

⑥德色父而诟谇(suì)母:语出贾谊《治安策》:"借父耰(yōu)锄,虑有德色;母取箕帚,立而谇语。"意思是:儿子借农具给父亲,脸上就显出给父亲恩德的表情;婆母前来拿簸箕扫帚,儿媳站在一旁口出恶言。

⑦令人:品德美好的人。

【译文】

唐代通过科举选拔进士,不以考试当天的诗赋成绩为依据,而以别人吹嘘出来的考生名望为依据,虽然改变了九品中正制,但仍有这一制度的遗留意味。宋代以后,科举实行糊名法和易书法,以保证科举取士能排除外界因素的干扰,九品中正制的遗意才算消失殆尽。然而学校培养士大夫的风气由来已久,而倡优、奴仆、差役等贱民的子弟必定被排除在学校之外,这本来就是上天的限制,而人是没有办法打破这一限制的。伊尹耕田,傅说筑版,胶鬲做商人,都不过是托这些职业之名隐居罢了。难道在乡野傲慢粗鄙的农夫中,市井中从事微贱工作的人里,对父亲显出给予恩德的表情,对母亲加以诟骂的人中,会有品德美好的人吗?

三　先主不足当正统

以先主绍汉而系之正统者,为汉惜也;存高帝诛暴秦、光武讨逆莽之功德,君临已久,而不忍其亡也。若先主,则恶足以当此哉?

【译文】

认为刘备延续了汉朝而将他当作正统来看待的人,实际上是为汉朝感到惋惜。人们心中保存着汉高祖消灭暴秦,光武帝讨伐篡逆的王莽的功德,认为汉朝统治天下已经很久了,而不忍心让汉朝灭亡。至于刘备,他又哪里足以当得起承继正统的重任呢?

　　光武之始起也,即正讨莽之义,而誓死以挫王邑、王寻百万之众于昆阳,及更始之必不可为君而后自立,正大而无惭于祖考也。而先主异是。其始起也,依公孙瓒、依陶谦,以与人争战,既不与于诛卓之谋;抑未尝念袁绍、曹操之且篡,而思扑之以存刘氏;董承受衣带之诏,奉之起兵,乃分荆得益而忘之矣。曹操王魏,己亦王汉中矣;曹丕称帝,己亦帝矣;献帝未死而发其丧①,盖亦利曹丕之弑而己可为名矣;费诗陈大义以谏而左迁矣②;是岂誓不与贼俱生而力为高帝争血食者哉③?

【注释】

①献帝未死而发其丧:指建安二十五年(220),魏文帝曹丕称帝,改年号黄初。当时有传闻说汉献帝被害死了,"先主乃发丧制服",追封汉献帝谥号为"孝愍皇帝"。事见《三国志·蜀书·先主传》。

②费诗:字公举,犍为南安(今四川乐山)人。三国时期蜀汉官员。刘璋占据益州时,以费诗为绵竹县令。刘备夺取益州后,费诗举城而降,任牂牁郡太守、益州前部司马等职。章武元年(221),群臣商议想要推举刘备称帝,费诗上疏劝阻,认为大敌尚未消灭,此时不应自立为帝,遭贬官。后来蒋琬执政时,费诗曾任谏议大夫。传见《三国志·蜀书·费诗传》。

③血食:受祭祀。

【译文】

光武帝在刚开始起兵的时候,就申明讨伐王莽的大义,而誓死在昆阳重挫王邑、王寻所率领的百万军队,等到更始帝已经显出必定做不好君主的迹象后才自立为帝,所以他光明正大,对汉朝列祖列宗完全没有愧疚之情。而刘备的情况与此很不相同。他刚开始起兵时,依附公孙瓒、依附陶谦,以与别人争战,既不曾参与诛灭董卓的谋划,也不曾念及袁绍、曹操将要篡夺汉朝江山,而想着消灭他们以保存汉室。董承接受衣带诏,刘备奉此诏令起兵,可是等到他分得荆州,得到益州后,就把这件事忘到脑后了。曹操称魏王时,他也自称汉中王;曹丕篡汉称帝,他自己也称帝。献帝还没死他就为汉献帝发丧,大概也是想利用曹丕篡位弑君作为自己称帝的名义。费诗陈说大义,谏阻他称帝,却被贬斥。难道能说刘备是发誓不与逆贼共存而奋力延续汉高祖开创的江山社稷的人吗?

承统以后,为人子孙,则亡吾国者,吾不共戴天之雠也。以苻登之孤弱①,犹足以一逞,而先主无一矢之加于曹氏。即位三月,急举伐吴之师,孙权一骠骑将军荆州牧耳,未敢代汉以王,而急修关羽之怨,淫兵以逞,岂祖宗百世之雠,不敌一将之私忿乎? 先主之志见矣,乘时以自王而已矣。

【注释】

①苻登(343—394):字文高,略阳临渭(今甘肃秦安)人。十六国时期前秦皇帝,前秦宣昭皇帝苻坚的族孙。苻登勇猛有豪气,曾任殿上将军、羽林监、长安令、狄道长等职。太元十一年(386)被推举为使持节、都督陇右诸军事、抚军大将军,及雍、河二州牧。同年(386),前秦哀平帝苻丕去世,苻登即位,改元太初。后与后秦

　　屡次征战,太元十九年(394),符登与姚兴交战,战败被杀。传见《晋书·符登载记》。

【译文】

　　既然继承了别人的大统,那么作为其子孙,则灭亡我国家的人,就是我不共戴天的仇敌。以符登的孤立衰弱的境地,尚且足以一逞以报灭国之仇,而刘备却不曾亲自与曹魏交战过一次。他即位才三个月,就急忙兴起讨伐吴国的军队,孙权不过是一个骠骑将军荆州牧罢了,没有敢代汉称王,而刘备却急忙要为关羽报仇,穷兵黩武以求一逞,难道祖宗百代被篡夺的大仇,还比不上区区一个将领被杀的私愤吗?刘备的志向由此可见,他不过是想趁机自立为王罢了。

　　故为汉而存先主者,史氏之厚也。若先主,则固不可以当此也。羿篡四十载而夏复兴①,莽篡十五年而汉复续,先主而能枕戈寝块以与曹丕争生死②,统虽中绝,其又何伤?尸大号于一隅③,既殂而后诸葛有祁山之举④,非先主之能急此也。司马温公曰:"不能纪其世数⑤。"非也。世数虽足以纪,先主其能为汉帝之子孙乎?

【注释】

　　①羿篡四十载而夏复兴:传说夏王太康荒淫无道,引起民众的极大不满,有穷氏部落首领后羿利用民众这种情绪,篡夺了政权,不准太康入国。这就是"太康失国"。此后四十余年间,后羿、寒浞相继执政,直到夏王太康的孙子少康发动复国战争攻灭寒浞后,夏朝统治才得以恢复。

　　②寝块:头枕土块。古时居父母丧,睡时头枕土块,表示极其悲痛。

　　③大号:帝号。

④殂(cú)：死亡。

⑤不能纪其世数：语出《资治通鉴·魏纪一·世祖文皇帝上·黄初二年》司马光评语："昭烈之于汉，虽云中山靖王之后，而族属疏远，不能纪其世数名位，亦犹宋高祖称楚元王后，南唐烈祖称吴王恪后，是非难辨，故不敢以光武及晋元帝为比，使得绍汉氏之遗统也。"

【译文】

　　所以认为刘备延续了汉朝正统，是史家对他的厚誉。至于刘备，则固然是当不起这样的厚誉的。后羿篡夺夏朝政权四十年而夏朝再次兴起，王莽篡夺汉朝政权十五年而汉朝再度得以延续，先主如果能枕戈寝块，与曹丕拼死相争，则正统即使中间断绝，又有什么值得悲痛的呢？刘备在西南一隅自称帝号，尸位素餐，直到他死以后诸葛亮才有出祁山北伐的举动，可见刘备是不能急于为汉室复仇的。司马光说："刘备作为汉室疏远分支，没办法记录他的世系辈数。"这是不对的。即使刘备的世系辈数能够记录清楚，他难道能称为汉室的子孙吗？

四　诸葛之志不尽行于先主

　　谈君臣之交者，竞曰先主之于诸葛。伐吴之举，诸葛公曰："孝直若在①，必能制主上东行。"公之志能尽行于先主乎？悲哉！公之大节苦心，不见谅于当时，而徒以志决身歼遗恨终古②，宗泽咏杜甫之诗而悲悁以死③，有以也夫！

【注释】

①孝直：指法正，孝直是其字。

②志决身歼：立志坚定，以身殉职。

③宗泽咏杜甫之诗而悲悁以死：两宋之际抗金名将宗泽极力主张

收复中原、河北,但遭遇主和派阻挠,壮志难酬,积愤成疾,因而叹息着吟诵杜甫的《蜀相》诗:"出师未捷身先死,长使英雄泪满襟。"第二天连呼三声"渡河!"后溘然去世。宗泽(1060—1128):字汝霖,婺州义乌(今浙江义乌)人。两宋之际抗金名将。元祐进士,有文武才。历任地方官,颇有政绩。靖康元年(1126),金兵南下,知磁州,除河北义兵都总管。康王使金,留相州,为副元帅,从康王起兵入援,率兵先行,屡败金兵。后为东京留守,联络诸路人马。力请高宗还都,以图恢复,终究不成,忧愤而死。传见《宋史·宗泽列传》。

【译文】

谈论君臣之间交情的人,都会竞相提到刘备与诸葛亮的交情。刘备大举伐吴的时候,诸葛亮说:"法正如果还活着,必定能制止陛下东征。"诸葛亮的志向能够在刘备手下完全实现吗?真是悲哀啊!诸葛亮的大节和苦心,不能在当时被理解和体谅,而白白地以为实现抱负而鞠躬尽瘁,无奈出师未捷身先死,遗恨千古,宗泽临终吟咏杜甫的诗句"出师未捷身先死,长使英雄泪满襟",悲痛哀婉地死去,这也是有原因的呀!

公之心,必欲存汉者也,必欲灭曹者也。不交吴,则内掣于吴而北伐不振。此心也,独子敬知之耳。孙权尚可相谅,而先主之志异也。夫先主亦始欲自强,终欲自王,雄心不戢,与关羽相得耳。故其信公也,不如信羽,而且不如孙权之信子瑜也[①]。疑公交吴之深,而并疑其与子瑜之合;使公果与子瑜合而有裨于汉之社稷,固可勿疑也,而况其用吴之深心,勿容妄揣也哉!先主不死,吴祸不息,祁山之军不得而出也。迨猇亭败矣[②],先主殂矣,国之精锐尽于夷陵,老将如赵云与公志合者亡矣；公收疲敝之余民，承愚暗之冲主③，以向北方，而事无可为矣。公故曰："鞠躬尽瘁，死而后已。"唯忘身以遂志，而成败固不能自必也。

【注释】

①子瑜：即诸葛瑾。

②猇（xiāo）亭：在今湖北宜昌猇亭，是猇亭之战的发生地。章武元年（221）七月，刘备挥兵大举东征东吴，孙权求和不成后，一面向曹魏求和，一面派陆逊率军应战。章武二年（222）二月，刘备亲率主力进抵猇亭，在此建立了大本营，并命军队在夷陵一带设置百里连营。八月，陆逊采用火攻计焚烧连营，击溃了蜀汉军，刘备仅以身免，狼狈逃回白帝城。

③冲主：幼主。

【译文】

诸葛亮的心愿，就是一定要保存汉室，一定要消灭曹魏政权。如果蜀汉不与吴国交好，在内就会受到东吴掣肘而无法顺利进行北伐。他的这一心思，只有鲁肃能够了解。孙权尚可以体谅鲁肃与诸葛亮的用心，而刘备的志向却与他们截然不同。刘备也不过是最初想要使自己强大起来，最终想要自己称王，因而雄心始终不曾收敛，与关羽相互投合罢了。所以他对诸葛亮的信任，比不上对关羽的信任，而且还不如孙权对诸葛瑾的信任。刘备怀疑诸葛亮结交吴国过深，而且还怀疑他与兄长诸葛瑾暗中合作。假如诸葛亮与诸葛瑾确实有合作，且益于汉朝的江山社稷，本来就用不着怀疑，何况诸葛亮结交吴国的良苦用心，是不容妄加揣测的！刘备不死，吴国带来的灾祸就不能停息，蜀军就不可能出祁山北伐。等到猇亭战败，刘备不久也死去，国家的精锐力量在夷陵丧失殆尽，一些与诸葛亮志同道合的老将如赵云也都亡故了，诸葛亮面对疲敝的百姓、愚昧暗弱的幼主，图谋北伐，在这种条件下已经不可能有所作为了。所以诸葛亮说:"鞠躬尽瘁,死而后已。"在此情况下,他唯有不顾自身地去完成自己的志向而已,而成败本来就不是自己所能左右的了。

　　向令先主以笃信羽者信公,听赵云之言,辍东征之驾,乘曹丕初篡、人心未固之时,连吴好以问中原,力尚全,气尚锐,虽汉运已衰,何至使英雄之血不洒于许、雒^①,而徒流于猇亭乎?公曰:"汉、贼不两立。"悲哉其言之也!若先主,则固非有宗社存亡之戚也,强之哭者不涕^②,公其如先主何哉?

【注释】

①许、雒:指许昌和洛阳。

②涕:流泪。

【译文】

　　如果当初先主能像笃信关羽那样信任诸葛亮,听从赵云的劝谏,停止东征,乘着曹丕刚刚篡位,人心尚未稳固的时机,与东吴结盟而共同进取中原,此时实力还很雄厚,锐气也很盛,虽然汉朝运数已经衰弱,又何至于使英雄的热血不挥洒在许昌、洛阳,却在猇亭白白地流干呢?诸葛亮说:"汉朝与逆贼不能并立。"他的这句话真是悲壮啊!至于刘备,本来就对汉朝宗庙社稷的灭亡不感到痛心,被强迫哭的人流不出眼泪,诸葛亮又能拿刘备怎么样呢?

　　张良遇高帝而志伸,宗泽遇高宗而志沮^②;公也,子房也,汝霖也,怀深情而不易以告人,一也,而成败异。公怀心而不能言,诚千秋之遗憾与!

【注释】

①高宗:指宋高宗赵构(1107—1187)。赵构字德基,是宋徽宗赵佶第九子、宋钦宗赵桓之弟。靖康二年(1127年),宋徽宗、宋钦宗被金人俘虏,北宋灭亡,同年,赵构在应天府即位为帝,重建宋朝,是为南宋。赵构在位时,迫于形势起用岳飞、韩世忠等大将抗金,但大部分时间仍重用主和派的黄潜善、汪伯彦、王伦、秦桧等人,后来甚至处死岳飞,罢免李纲、张浚、韩世忠等主战派大臣。绍兴三十二年(1162)赵构禅位于皇太子赵昚(shèn),被尊为太上皇。淳熙十四年(1187)卒于德寿宫。传见《宋史·高宗本纪》。

【译文】

张良遇到汉高祖而志向得以伸张,宗泽遇到宋高宗志向遭遇阻遏而难以实现。诸葛亮、张良、宗泽,都怀着深远良苦的用心而不能轻易告诉别人,这是一样的,而他们的成败却各不相同。诸葛亮心怀大志却难以对别人表达出来,真是千古的遗憾啊!

五 诸葛不能从杨颙为治有体之谏

杨颙之谏诸葛公曰①:"为治有体,上下不可相侵。"大哉言矣! 公谢之,其没也哀之,而不能从,亦必有故矣。公之言曰:"宁静可以致远。"则非好为烦苛以竞长而自敝者也。

【注释】

①杨颙(yóng):字子昭,荆州襄阳(今湖北襄阳)人。三国时期蜀汉官吏。杨颙先后担任巴郡太守、丞相主簿等职,深受诸葛亮的信任。杨颙曾劝说诸葛亮不必越俎代庖,自校簿书,整日劳累,以致"上下相侵",这样做最终只会空耗精力,一事无成。杨颙的话

得到诸葛亮的肯定。杨颙去世后，诸葛亮十分悲痛，认为杨颙之死是蜀汉朝廷的一个损失。事见《三国志·蜀书·邓张宗杨传》注引《襄阳记》。

【译文】

　　杨颙劝谏诸葛亮说："治理国家要有制度，上级和下级做的工作不能相互混淆。"这句话真是有道理啊！诸葛亮对他的话表示感谢，杨颙死后诸葛亮深深为他感到悲伤，却不能听从他的意见，也必定是有缘故的。诸葛亮说："宁静可以致远。"可见他并非是喜欢处理繁杂琐碎的事务以逞强，从而使自己疲敝的人。

　　先主之初微矣，虽有英雄之姿，而无袁、曹之权藉，屡挫屡奔，而客处于荆州，望不隆而士之归之也寡。及其分荆据益，曹氏之势已盛，曹操又能用人而尽其才，人争归之，蜀所得收罗以为己用者，江、湘、巴、蜀之士耳①。楚之士轻，蜀之士躁，虽若费祎、蒋琬之誉动当时②，而能如锺繇、杜畿、崔琰、陈群、高柔、贾逵、陈矫者③，亡有也。军不治而唯公治之，民不理而唯公理之，政不平而唯公平之，财不足而唯公足之；任李严而严乱其纪④，任马谡而谡败其功⑤；公不得已，而察察于纤微，以为讦谟大猷之累⑥，岂得已乎？

【注释】

①江、湘：指长江和湘江流域地区，即今湖南湖北。

②费祎（？—253）：字文伟，江夏鄳（měng）县（今河南罗山）人。三国时蜀汉大臣。深得诸葛亮器重，屡次出使东吴，北伐时担任中护军、司马等职。诸葛亮、蒋琬死后，官至尚书令、大将军，主持蜀汉政务。后为魏降将郭循（一作郭脩）行刺身死。传见《三国

志·蜀书·费祎传》。蒋琬(？—246)：字公琰，零陵湘乡(今湖南湘乡)人。三国时期蜀汉大臣。蒋琬初随刘备入蜀，累官至丞相长史兼抚军将军。建兴十二年(234)，诸葛亮去世，蒋琬继其执政，拜大将军、录尚书事，封安阳亭侯。延熙元年(238)，受命开府，加大司马，总揽蜀汉军政。延熙九年(246)病逝。传见《三国志·蜀书·蒋琬传》。

③杜畿(163—224)：字伯侯，京兆杜陵(今陕西西安东南)人。三国时曹魏大臣。被荀彧举荐给曹操，历任司空司直、护羌校尉等职。曹丕受禅登基后，杜畿被封为丰乐亭侯，官至尚书仆射。后受诏造御楼船，试航时遇上大风而淹死。传见《三国志·魏书·杜畿传》。崔琰(？—216)：字季珪，清河东武城(今河北故城)人。东汉末年名士，曹操帐下谋士。崔琰相貌俊美，很有威望，曹操对他也很敬畏。建安二十一年(216)，崔琰在给杨训的书信中写道“时乎时乎，会当有变时”，曹操认为此句有不逊之意，因而将崔琰下狱，不久崔琰即被曹操赐死。传见《三国志·魏书·崔琰传》。高柔(174—263)：字文惠，陈留圉(yǔ，今河南杞县南)人。三国时期曹魏大臣。从小吏任起，官至太常、司空。他在高平陵之变时支持司马懿，占据曹爽大营，以假节行大将军事。数年后荣升太尉，晋爵安国侯。传见《三国志·魏书·高柔传》。贾逵(174—228)：字梁道，本名衢，河东襄陵(今山西临汾东南)人。汉末三国时期大臣。历仕曹操、曹丕、曹叡三世，官至建威将军、豫州刺史。曾在石亭之战中率军救出曹休。传见《三国志·魏书·贾逵传》。陈矫(？—237)：字季弼，广陵东阳(今江苏盱眙)人。三国时曹魏大臣。早年避乱江东，后被曹操辟为丞相掾属。曹丕称帝后，领吏部事，封高陵亭侯，迁尚书令。明帝继位后，晋爵东乡侯。传见《三国志·魏书·陈矫传》。

④李严(？—234)：一名李平，字正方，南阳(今河南南阳)人。三国

时期蜀汉重臣。与诸葛亮同为刘备临终前的托孤之臣,官至尚书令、骠骑将军。建兴九年(231),蜀军北伐时,李严负责转运粮草,因下雨道路泥泞而延误时日,导致诸葛亮不得不退军,其后又试图推卸责任,因而获罪,被废为平民。公元234年,诸葛亮病逝,李严得知这个消息后,心怀激愤而病死。传见《三国志·蜀书·李严传》。

⑤马谡(sù,190—228):字幼常,襄阳宜城(今湖北宜城南)人。三国时期蜀汉官员、将领。初以荆州从事身份跟随刘备入蜀,后被蜀汉丞相诸葛亮任用为参军,深受诸葛亮器重。建兴六年(228),马谡在诸葛亮北伐时,因违背诸葛亮作战指令,导致街亭失守,撤军后被诸葛亮斩首(一说下狱物故)。传见《三国志·蜀书·马谡传》。

⑥讦谟:远大宏伟的谋划。大猷:治国大道。

【译文】

当初,刘备地位低微而不为人知,虽然有英雄之姿,却没有袁绍、曹操那样的权势可以凭借,屡遭挫折,屡次奔逃,最后客居在荆州,声望不高,因而归附他的士人很少。等到他分得荆州一部,又占据了益州的时候,曹操的势力已经很强盛了,曹操又善于用人,能做到人尽其才,所以士人争相归附他,蜀汉能收罗到,使其为己所用的人才,只有江、湘流域和巴蜀地区的士人罢了。楚地的士人轻浮,蜀地的士人浮躁,虽然也有像费祎、蒋琬这样名动一时的人物,但能像锺繇、杜畿、崔琰、陈群、高柔、贾逵、陈矫这样出色的人才,却是没有的。军队无人统率,只能由诸葛亮自己来统率;民众无人治理,只能由诸葛亮自己治理;政治不平只能由诸葛亮来使其平衡;财用不足只能由诸葛亮来理财富国。他任用李严而李严却扰乱其法纪,任用马谡而马谡却因战败而使北伐功败垂成。诸葛亮不得已,只能事必躬亲地处理各类琐碎事务,他即使想要全身心投入远大宏伟的治国之策的谋划中去,难道能做得到吗?

　　夫大有为于天下者,必下有人而上有君。而公之托身先主也,非信先主之可为少康、光武也①,耻与荀彧、郭嘉见役于曹氏,以先主方授衣带之诏,义所可从而依之也。上非再造之君,下无分猷之士②,孤行其志焉耳。向令庞统、法正不即于溘亡③,徐庶、崔州平未成乖散④,先主推心置腹,使关羽之傲、李严之险,无得间焉,领袖群才,各效其用,公亦何用此营营为也⑤? 公之泣杨颙也,盖自悼也。

【注释】

①少康:又名杜康,夏朝君主。夏王太康因沉迷田猎而被后羿篡夺了政权,后羿立太康之弟仲康为夏王。仲康当了7年傀儡之后死去,后羿又立仲康的儿子、少康的父亲相为夏王,不久后羿又赶走了相,自己称王。相被寒浞所杀,少康为有仍氏做牧正,又逃至虞国任庖正,矢志复国,在同姓部落斟灌氏与斟鄩氏的帮助下,与夏后氏遗臣伯靡等人合力,攻灭寒浞,恢复了夏王朝的统治,史称"少康中兴"。事见《史记·夏本纪》。

②分猷:分担,分谋。

③庞统(179—214):字士元,号凤雏,荆州襄阳(今湖北襄阳)人。东汉末年刘备帐下谋士。早年曾任郡功曹,后成为刘备部下,与诸葛亮同拜为军师中郎将。与刘备一同入川,为其出谋划策,立下卓越功勋。刘备进围洛县时,庞统率众攻城,不幸中流矢而亡,年仅三十六岁。传见《三国志·蜀书·庞统传》。溘亡:突然死亡。

④崔州平:即崔钧,州平是其字,涿郡安平(今河北安平)人。太尉崔烈之次子。曾任虎贲中郎将、西河太守,因参加董卓讨伐战使其父被董卓收押。后游历于荆襄之地,与诸葛亮、徐庶等交善。

其后隐居不仕至死。事见《三国志·蜀书·诸葛亮传》。乖散：

背离，离散。

⑤营营：劳而不知休息，忙碌。

【译文】

想要在天下大有作为的人，必须要下有人才辅佐而上有明君支持。诸葛亮托身于刘备，并不是相信刘备可以做少康、光武那样的中兴之君，只是耻于像荀彧、郭嘉那样被曹操役使，因为刘备刚好被献帝授予衣带诏，从大义上讲可以追随，因此才依附于他。在上的君主不是能再造乾坤的君王，在下又没有能为自己分忧的人才，因此他只能孤独地为实现抱负而奋斗了。假如庞统、法正不突然去世，徐庶、崔州平与他并未离散，刘备能与他推心置腹，使得关羽的傲慢、李严的阴险，都不能阻挠他的事业，由他统领众多人才，使其各尽其用，诸葛亮又何必事必躬亲地处理琐碎事物呢？诸葛亮为杨颙之死而哭泣，大概也是为自己感到悲哀吧。

六　汉魏吴以无乐杀之心得保其祚

汉、魏、吴之各自帝也，在三年之中①，盖天下之称兵者已尽，而三国相争之气已衰也。曹操知其子之不能混一天下，丕亦自知一篡汉而父子之锋铓尽矣②。先主固念曹氏之不可摇，而退息乎岩险。孙权观望曹、刘之胜败，既知其情之各自帝，而息相吞之心，交不足惧，则亦何弗拥江东以自帝邪？权所难者，先主之扼其肘腋耳。先主殂于永安③，权乃拒魏而自尊，乐得邓芝通好以安处于江东④。繇此观之，此三君者，皆非有好战乐杀之情，而所求未得，所处未安，弗获已而相为扦格也⑤。

【注释】

①汉、魏、吴之各自帝也,在三年之中:曹丕于建安二十五年(220)称帝,刘备于章武元年(221)称帝,而孙权于黄龙元年(229)称帝。汉、魏、吴各自称帝并非三年之内,疑误。

②锋锘:锋芒。

③永安:今重庆奉节。

④邓芝(?—251):字伯苗,义阳新野(今河南新野)人。三国时蜀汉大臣。邓芝早年曾任郫令、广汉太守,因有治绩而被征为尚书。刘备逝世后,他奉命出使吴国,成功修复两国关系,并深为孙权所赏识。此后参与北伐,又率军平定涪陵叛乱,官至车骑将军。传见《三国志·蜀书·邓芝传》。

⑤扞(hàn)格:互相抵触。

【译文】

汉、魏、吴在三年之中接连各自称帝,大概是当时天下其他拥兵称雄的势力已经消亡殆尽,而三国相互争斗的气势也已经衰落了。曹操知道他的儿子不可能统一天下,曹丕自己也知道一旦篡汉,其父子的锐气便会消耗殆尽。刘备本来就认为曹魏已经不可动摇,因而退到崇山峻岭包围的蜀地休养生息。孙权观望曹操、刘备的胜败,既然知道他们各自称帝以后,已经没有了相互吞并的心思,都已不足为惧,那他又为何不占据江东地区自称帝号呢?孙权所顾虑的,只是刘备会突然从侧近攻击他罢了。刘备在永安去世后,孙权于是断绝和曹魏的关系,自立为帝,很乐意见到蜀汉派邓芝来与东吴修好,从而使自己能安居于江东。由此来看,曹丕、刘备、孙权,都没有好战乐杀的想法,而只是自己所求的尚未得到,境未安定,不得已而相互对抗罢了。

　　曹氏之战亟矣,处中原而挟其主,其敌多,其安危之势迫,故孙氏之降,知其非诚而受之。敌且尽,势且安,甘苦自知,而杀戮为惨,亦深念之矣。孙氏则赤壁之外无大战也。先主则收蜀争荆而姑且息也。是以三君者,犹可传之后裔,而不与公孙、袁、吕同殄其血胤①。上天之大命集于有德,虽无其德,而抑无乐杀之心,则亦予之以安全。天地之心,以仁为复,岂不信哉?

【注释】

①公孙、袁、吕:指公孙瓒、袁绍、袁术和吕布。血胤:同一血统的子孙后代。

【译文】

曹魏战事频仍,地处中原而挟持天子,树敌很多,其安危形势很紧迫,所以孙吴请求投降,曹魏知道其并非诚心降服却仍然接受了。等到曹魏的敌人都被消灭了,形势也变得安定了,其中的甘苦自己已然尝遍,而战争的杀戮是多么残酷,他们也已经深深认识到了。孙吴则是除了赤壁之战外就未曾经历过其他大战。刘备则是在占据蜀地,与孙吴争夺荆州后暂且休兵。所以这三位君主,尚且都可以把皇位传给后代,而不像公孙瓒、袁绍、袁术、吕布一样血脉断绝。上天的大命聚集在有德之人身上,即使没有很高的品德,只要没有好战乐杀之心,则上天也会给予其安全。天地之心,是根据仁与不仁来决定报应的,难道能不相信吗?

丕之逆也,权之狡也,先主之愎也①,皆保固尔后而不降天罚,以其知止而能息民也。逆与狡,违道甚矣,而惟愎尤甚。先主甫即位而兴伐吴之师,毒民以逞,伤天地之心,故以汉之宗支而不敌篡逆之二国。先主殂,武侯秉政,务农殖谷,释吴怨以息民,然后天下粗安。蜀汉之祚,武侯延之也,非先主之所克胜也。

【注释】

①愎：固执，自以为是。

【译文】

　　曹丕篡逆，孙权狡猾，刘备刚愎自用，他们都能保全自己的后代而使上天不降下惩罚，是因为他们知道适时停止战争，从而让百姓得以休养生息。篡逆与狡猾，是非常违背道义的，而刚愎自用尤其违背道义。刘备刚刚即位就兴兵伐吴，毒害民众以求一逞，伤害了天地之心，所以他身为汉朝宗室支脉却不敌两个篡逆之国。刘备去世后，诸葛亮主持政务，他鼓励和推动农业生产，与吴国恢复关系以使百姓得以休养生息，然后天下初步安定下来。蜀汉的国祚，是诸葛亮将其延长的，这不是刘备所能做到的。

七　顾雍为天子之大臣

　　蜀汉之义正，魏之势强，吴介其间，皆不敌也，而角立不相下，吴有人焉，足与诸葛颉颃①，魏得士虽多，无有及之者也。立国之始，宰相为安危之大司，而吴之舍张昭而用顾雍②，雍者，允为天子之大臣者也，屈于时而相偏安之国尔。

【注释】

①颉颃（xié háng）：原指鸟上下翻飞，引申为不相上下，互相抗衡。

②张昭（156—236）：字子布，徐州彭城（今江苏徐州）人。三国时期孙吴重臣。张昭在东汉末年为避战乱而南渡至扬州。孙策平定江东时，任命张昭为长史、抚军中郎将，总揽政事。孙策去世后，张昭率群僚辅立孙权，帮助孙权稳定局势。孙权被封为吴王后，

众人推举张昭为丞相，但孙权以张昭敢于直谏、性格刚直为由而不用他为相。黄龙元年（229），孙权称帝后，张昭以年老多病为由请辞，晚年时一度不参与政事，在家著《春秋左氏传解》及《论语注》等书。传见《三国志·吴书·张昭传》。顾雍（168—243）：字元叹，吴郡吴县（今江苏苏州）人。三国时孙吴重臣。顾雍少时受学于蔡邕，弱冠即任合肥长、会稽郡丞等职，所在之处皆有治绩，因此被选入孙权幕府为左司马。后领尚书令，封阳遂乡侯。黄武四年（225），被孙权拜为丞相、平尚书事。他为相十九年，多有匡弼辅正之词。传见《三国志·吴书·顾雍传》。

【译文】

蜀汉具有正统的名义，曹魏势力强盛，吴国介于他们之间，名义和实力上都无法与他们匹敌，而能与蜀、魏两国相互角力，不分上下，是因为吴国有优秀的人才，足以与诸葛亮相抗衡，魏国得到的人才虽多，却没有能够赶得上吴国优秀人才的。在国家建立之初，宰相是关系到国家安危的重要职务，吴国舍弃张昭而任用顾雍为相，顾雍是足以担任天子的大臣的人才，只是因为时势所迫，才在偏安一隅的国家担任宰相罢了。

曹氏始用崔琰、毛玠[①]，以操切治臣民[②]，而法粗立。王道息，申、韩进，人心不固，而国祚不长，有自来也。诸葛之相先主也，淡泊宁静，尚矣。而与先主皆染申、韩之习，则且与曹氏德齐而莫能相尚。三代以下之材，求有如顾雍者鲜矣。寡言慎动，用人惟其能而无适莫[③]；恤民之利病，密言于上而不炫其恩威；黜小利小功，罢边将便宜之策，以图其远大。有曹参之简靖而不弛其度[④]，有宋璟之静正而不燿其廉。求其德之相若者，旷世而下，唯李沆为近之，而雍以处兵争之世,事雄猜之主,雍为愈矣。故曰:允为天子之大臣也。

【注释】

①毛玠(jiè,? —216):字孝先,陈留平丘(今河南封丘)人。东汉末曹魏大臣。年少时为县吏,以清廉公正著称。曹操起兵不久后即投靠曹操,提出"奉天子以令不臣,修耕植,畜军资"的战略规划,得到曹操的欣赏。毛玠与崔琰受命主持选举,所举用的都是清廉正直之士,受到曹操赞赏。曹操获封魏公后,毛玠改任尚书仆射,再次负责选举人才。崔琰被杀后,毛玠十分不快,又受人诬告,被曹操投入狱中。后在桓阶、和洽营救下,只被免职,不久逝世于家中。传见《三国志·魏书·毛玠传》。

②操切:胁迫,挟制。

③适莫:用情的亲疏厚薄。

④简靖:简约清静。

【译文】

曹操最初任用崔琰、毛玠主管内政,以胁迫威逼的手段治理臣民,而各项法度得以初步建立起来。然而这种做法使得王道消亡,申不害、韩非的法家之术盛行,人心不稳固,曹魏国祚不长,是有其原因的。诸葛亮作为丞相辅佐刘备,他为人淡泊宁静,值得赞赏。然而他与刘备都沾染了申、韩法家的习气,则蜀汉与曹魏在德行上同等,因而不能比曹魏高出一筹。三代以下的人才中,想要求得像顾雍那样的人是很困难的。顾雍沉默寡言,行动谨慎,用人唯才是举而公正无私;体恤百姓的疾苦,有建议就秘密地向君王禀明而不炫耀自己的恩德和威势;摈除小利、小功,摒斥边将只图一时利益的策略,从长远和大局出发进行谋划。顾雍有曹参的简约清静之风而不像他那样使法度废弛,有宋璟那样的恬静纯正而不像他那样炫耀自己的廉洁。想要寻找与顾雍德行相仿的人,千古以来,唯有李沆能与其相近,而顾雍处在战乱时代,他所事奉的又是猜忌多疑的君主,所以顾雍比李沆更优秀。所以说顾雍是可以做天子的大臣的。

雍既秉国,陆逊益济之以宽仁[1],自汉末以来,数十年无屠掠之惨,抑无苛繁之政,生养休息,唯江东也独。惜乎吴无汉之正、魏之强,而终于一隅耳。不然,以平定天下而有余矣。

【注释】

[1]陆逊(183—245):本名陆议,字伯言,吴郡吴县(今江苏苏州)人。三国时期吴国重臣。建安八年(203)入孙权幕府,历任海昌屯田都尉、定威校尉、帐下右部督等职。建安二十四年(219),陆逊参与袭取荆州。黄武元年(222),被孙权拜为大都督,率军抗击刘备,在夷陵之战中火烧连营击败刘备。黄武七年(228),在石亭之战击败曹魏军队。黄龙元年(229),孙权称帝后,陆逊被拜为上大将军。后因卷入孙权继承人之争,屡遭孙权申斥,忧愤而死。传见《三国志·吴书·陆逊传》。

【译文】

既然已经有顾雍秉持国政,再加上陆逊又用宽仁来相助,自汉末以来,数十年间没有屠杀掳掠的惨剧发生,也没有苛刻繁重的政策,百姓得以休养生息,唯独江东能做到这一点。可惜孙吴没有蜀汉的正统大义,没有曹魏的强大实力,而最终只能偏安一隅罢了。不然的话,凭借顾雍的辅佐,孙吴平定天下也是绰绰有余的。

八　曹丕延司马懿以夺魏

魏之亡,自曹丕遗诏命司马懿辅政始。懿之初起为文学掾①，岂夙有夺魏之心哉？魏无人，延懿而授之耳。懿之视操，弗能若也。操之威力，割二袁、俘吕布、下刘表、北埽乌桓，而懿无其功；操迎天子于危乱之中，复立汉之社稷，而懿无其名；魏有人，懿不能夺也。

【注释】

①文学掾：汉魏时期郡国属吏的一种，主管地方学校、教化、礼仪等事务。

【译文】

　　曹魏的灭亡，是从曹丕遗诏命司马懿辅政开始的。司马懿刚出仕的时候只是一个地位低下的文学掾，难道早就有篡夺曹魏政权的野心吗？曹魏皇室无人辅佐，因此才延请司马懿辅政，最终将社稷拱手交给了他。司马懿比起曹操，是远远不如的。曹操以其威力，消灭袁绍、袁术，俘虏吕布，攻下刘表的荆州，向北扫荡乌桓，而司马懿是没有这样的功劳的；曹操在危乱之中将天子迎回许都，复立汉朝的社稷，而司马懿是没有这样的名义的。倘若魏国皇室有人辅佐，司马懿是不可能成功篡夺曹魏政权的。

　　魏之无人，曹丕自失之也。而非但丕之失也，丕之诏曹真、陈群与懿同辅政者①，甚无谓也。子叡已长，群下想望其风采，大臣各守其职司，而何用辅政者为？其命群与懿也，以防曹真而相禁制也。然则虽非曹爽之狂愚，真亦不能为魏藩卫久矣。以群、懿防真，合真与懿、群而防者，曹植兄弟也②。故魏之亡，亡于孟德偏爱植而植思夺適之日③。兄弟相猜，拱手以授之他人，非一旦一夕之故矣。

【注释】

①曹真(？—231)：字子丹，沛国谯(今安徽亳州)人。三国时期曹魏将领、宗室。曹真在父亲死后被曹操收为养子。因其勇猛过人而被允许参与虎豹骑，曾参与汉中之战。曹丕袭封魏王后，曹真被拜为镇西将军、都督雍州及凉州诸军事，负责镇守西北边境。曹丕病重时，曹真受遗诏与陈群、司马懿等人共同辅政。魏明帝曹叡即位后，被拜为大将军，率军抵御蜀汉丞相诸葛亮的北伐。太和四年(230)，代曹休为大司马，次年因病去世。传见《三国志·魏书·曹真传》。

②曹植兄弟：指曹丕的兄弟曹植、曹彰等人。曹植(192—232)：字子建，沛国谯(今安徽亳州)人。曹操与武宣卞皇后所生第三子，魏文帝曹丕同母弟。曹植才思机敏，有极高的文学成就，颇受曹操宠爱，一度被曹操当作接班人的重要人选。曹丕称帝后，曹植先后被封为安乡侯、鄄城侯、鄄城王、雍丘王、陈王等，于太和六年(232)在忧郁中去世。传见《三国志·魏书·曹植传》。

③適：同"嫡"。

【译文】

魏国皇室无人辅佐，是曹丕自己的失误造成的。而且也不仅仅是由于曹丕的失误，曹丕在遗诏中命曹真、陈群与司马懿共同辅政，是非常没有必要的。曹丕的儿子曹叡已经成年，臣下都希望直接目睹他的风采，大臣各司其职，还用辅政大臣做什么呢？他命陈群和司马懿辅政，是为了防范曹真独大，让他们彼此相互牵制。然而虽然并非像曹爽那样狂妄愚蠢，曹真也不能长久作为曹魏的藩屏之臣。以陈群、司马懿来防范曹真，把曹真与司马懿、陈群合起来防范的，正是曹植、曹彰兄弟。所以曹魏的灭亡，亡于曹操偏爱曹植而曹植谋划想要夺取嫡子地位的时候。兄弟之间相互猜疑，把江山社稷拱手授给他人，并非出于一朝一夕的缘故。

汉高意移于赵王^①，唐高情贰于建成，宋祖受母命而乱与子之法^②，开国之初所恒有也。而曹氏独以贻覆宗之祸。天不佑僭人，而使并峙于时以生猜制，天之道也。藉其不然，衅虽开于骨肉，必不假秉政握兵之异姓，持权以钳束懿亲^③。汉、唐、宋争于室而奸邪不兴于外，岂有患哉？魏之自取灭亡，天邪？人邪？人之不臧者，天也。

【注释】

①赵王：指汉高祖刘邦与戚夫人之子刘如意。因其母有宠，汉高祖屡次欲立为太子，因大臣与吕后反对而作罢。汉高祖死后，汉惠帝即位，其母吕后专政。汉惠帝元年（前194），吕后派人毒死刘如意，谥号隐王。传见《汉书·赵隐王刘如意传》。

②宋祖受母命而乱与子之法：据《宋史》记载，宋太祖赵匡胤之母杜太后病重，太祖赵匡胤在旁侍疾，临终时召赵普入官记录遗言，交代未来的皇位继承问题，命太祖赵匡胤在死后传位于其弟。这份遗书藏于金匮（guì）之中，因此名为"金匮之盟"。事见《宋史·宗室列传》。

③钳束：控制，约束。

【译文】

汉高祖偏爱赵王刘如意，想要废惠帝而立他为太子；唐高祖在是否立李建成为太子的问题上摇摆不定；宋太祖接受母亲的命令传位给弟弟而扰乱了父死子继的继承之法：这类事情是开国之初经常会出现的。而唯独曹魏因此招致了宗庙社稷覆灭的祸患。上天不庇佑篡权夺位的人，而故意使他们并立于同一时代，让他们相互对峙，相互猜忌，这就是天道。假如不是这样，则即使骨肉之间产生裂隙而自相残杀，也必定不会假借秉政握兵的异姓臣子的力量，让他们把持权力以约束控制皇室近亲。汉朝、唐朝、宋朝虽然皇室内部斗争激烈,在宫外却未产生奸邪之臣,难道会有宗庙社稷倾覆的危险吗? 曹魏自取灭亡,是天意,还是人意呢? 当一个人并非良善之辈时,让他自取灭亡就是天意。

九　孙资谏曹叡应彭绮

两敌相持,而有起兵于腹里者以遥相应,见为可恃,恃以夹攻内应者必败;勿问其为义也、为贼也,皆不可恃以冒进者也。其为义也,忠臣志士,孤愤蹶起,而成败非其所谋,且其果怀忠愤者,一二人耳,其他皆徼利无恒,相聚而不相摄者也。若其为贼也,则妄人非分之图,假我以惑众而亡实者耳,如之何其恃邪?

【译文】

敌对的双方相持不下之时,有在敌方内部起兵与我方遥相呼应的人,如果我方认为起兵者是可以利用的,将其作为内应与自己内外夹攻敌方,则我方必败无疑。无论起兵者是出于大义还是单纯叛逆,都不能将他们作为可凭借的力量而轻易冒进。如果起兵者是出于大义,忠臣志士怀着孤愤猝然起兵,则他们根本不考虑成与败,而且其中果真怀着忠愤之情的,不过一两个人罢了,其他的都是贪图利益、变化无常的人,他们聚集在一起却并不相互统摄。如果他们只是叛逆的乱贼,则这些愚蠢狂妄之人不过是怀着非分之图,假借我方的名义来迷惑众人罢了,并没有呼应我方的真实意愿,如此,怎么能凭恃他们的力量呢?

彭绮[1],乱人也,借为魏讨吴以为名,而实贼也。其心恃我之援,而已歘然而兴[2],虐民罔利,而欲恃以为应援,彼败而我之锋亦挫矣。彼可恃也，奚用我为？彼不可恃矣，而抑安能为我之恃乎？侯景不足以难魏，适以亡梁，拥大众、扼争地者且然，况乌合之一旅哉！岳侯恃两河忠义以伐金③，使无金牌之撤④，亦莫保其不与俱溃也。孙资谏曹叡之应彭绮⑤，明于料敌矣。

【注释】

①彭绮：三国时期吴国鄱阳盗贼首领，在黄武四年(225)起兵反吴，自称将军，攻破数县，宣言替曹魏讨伐吴国，试图联络曹魏共击东吴。后为太守周鲂、解烦督胡综所破，战败被擒。事见《三国志·吴书·吴主传》。

②欻(xū)然：忽然。

③岳侯：指岳飞。两河：指河北与河东(今山西)地区。

④金牌之撤：绍兴十年(1140)，岳飞率军大举北伐，河北、河东地区的忠义之士纷纷响应抗金，连克蔡州、郑州、洛阳等地，取得郾城大捷。因高宗、秦桧主和，以十二道金牌下令退兵，岳飞被迫班师，感叹"十年之力，废于一旦"。事见《宋史·岳飞列传》。

⑤孙资(？—251)：字彦龙，太原中都(今山西平遥)人。三国时期曹魏大臣。魏文帝曹丕时任中书令，与刘放同掌机要。魏明帝即位后，孙资与刘放权势益重，备受宠幸，官至卫将军、骠骑将军。黄初六年(225)，吴国彭绮举兵叛乱时，有人提议趁机伐吴，孙资力劝魏明帝不要伐吴，认为彭绮造反不会对吴国造成很大的危害。一年后彭绮果然败亡。传见《三国志》裴松之注引《孙资别传》。曹叡(204—239)：即魏明帝，字元仲，沛国谯(今安徽亳州)人。魏文帝曹丕长子，三国时期曹魏第二任皇帝(226—239年在位)。曹叡在位期间成功防御了吴、蜀的多次攻伐，并且

平定鲜卑,攻灭公孙渊,在政治和文化方面也颇有建树,但在统治后期大兴土木,日渐奢侈,因此留下负面影响。传见《三国志·魏书·明帝纪》。

【译文】

彭绮是个作乱的人,打着为曹魏讨伐吴国的旗号,实际上是个叛贼。他的心思是想利用曹魏的援助,使自己能够趁机兴起,残害百姓,攫取利益,而如果曹魏想依靠他作为内应,则彭绮战败而曹魏的锐气也会受挫。如果彭绮这种人自身靠得住,又哪里需要我方的力量呢？如果他不值得依靠,则我方又怎么能将其引为奥援呢？侯景不足以对东魏构成威胁,投降南朝梁后却最终灭亡了梁,拥重兵、扼守战略要地的人尚且如此不值得信赖,何况是那些乌合之众的部队呢！岳飞凭恃河北、河东地区的忠义之士为内应以讨伐金国,即使宋高宗没有用金牌将他召回,也难以保证他不会与河北、河东地区的忠义之士一同遭遇溃败。孙资劝阻曹叡呼应彭绮、起兵伐吴,可以说是对敌情有很明智的判断了。

一〇　武侯早见后主之亲小人

诸葛公出师北伐,表上后主,以亲贤远小人为戒,一篇之中,三致意焉。后主失国之繇,早见于数十年之前,公于此无可如何,而唯以死谢寸心耳。

【译文】

诸葛亮出师北伐,向后主刘禅上表,告诫他要亲近贤臣、疏远小人,在一篇《出师表》中,三次提到这一点。后主亡国的原因,早在数十年以前就已经显露出端倪,诸葛亮对此无可奈何,只能鞠躬尽瘁而死,以表达自己的忠心罢了。

　　贤臣之进,大臣之责也,非徒以言,而必有进之之实。公于郭攸之、费祎、董允、向宠亦既进之无遗力矣①。然能进而不能必庸主之亲之。庸主见贤而目欲垂,犹贤主见小人而喉欲哕也②,无可如何也。虽然,尚可使之在列也。至于小人之亲,而愈无可如何矣。卑其秩,削其权,不得有为焉止矣。愈抑之,庸主愈狎之;愈禁之,庸主愈私之;敛迹于礼法之下,而噂沓于帷帟之中③;庸主曰:此不容于执政,而固可哀矜者也。绸缪不舍④,信其无疵可摘,而蛊毒潜中于肸蚃之微⑤。呜呼! 其将如之何哉!

【注释】

①郭攸之:字演长,南阳(今河南南阳)人。蜀汉大臣。为人和顺,以器识才学知名于时。受到刘备、诸葛亮的赏识。诸葛亮《出师表》中称郭攸之及费祎、董允、向宠等人"志虑忠纯"。董允(?—246):字休昭,南郡枝江(今湖北枝江)人。三国时期蜀汉重臣。刘禅被册立为太子后,董允任太子洗马。延熙七年(244),以侍中守尚书令,担任大将军费祎的副手。延熙九年(246)去世。传见《三国志·蜀书·董允传》。向宠(?—240):蜀汉大臣。刘备时曾任牙门将,诸葛亮北伐时,以向宠为中领军,封都亭侯。诸葛亮北行汉中前,特意在《出师表》中向刘禅推荐向宠。延熙三年(240),其在南征汉嘉蛮夷时遇害。传见《三国志·蜀书·向朗传附向宠传》。

②哕(yuě):呕吐。

③噂(zǔn)沓:攻讦诋毁。帷帟:室内的各种帷幔,代指宫闱之内。

④绸缪(móu):缠绵。

⑤肸蚃(xī xiǎng):散布,弥漫。

【译文】

举荐贤臣,是大臣的职责,不仅仅是通过言语来推荐,也必须有举荐贤臣的实际行动。诸葛亮对郭攸之、费祎、董允、向宠等人也已经不遗余力地进行举荐了。然而大臣能举荐贤臣,却不能保证昏庸的君主必定能亲近他们。昏庸的君主见到贤臣目光就想垂下来,就像贤明的君主见到小人就想要呕吐一样,是无可奈何的事。虽然如此,通过举荐还是能让贤臣保持在朝臣之列的。至于小人被君主所亲近,则更加无可奈何了。对于小人,也只能压低他们的官位品级,削弱他们的权力,使他们不能有所作为罢了。越是压抑他们,昏庸的君主越是亲近他们;越是禁止小人干政,昏庸的君主越是对他们偏爱有加。这些小人在礼法之下收敛行迹,却在宫闱之中搬弄是非、诬陷忠良。昏庸的君主会说:这些小人不能被执政大臣所容,本来就是非常值得怜悯的人。他对这些小人恋恋不舍,相信他们身上没有缺点和错误可以指摘,而这些小人带来的毒害就渐渐扩散开来。唉!对待这样的人又能怎么办呢?

故贤臣不能使亲而犹可进,小人可使弗进而不能使弗亲。非有伊尹放桐非常之举①,周公且困于流言,况当篡夺相仍之世,而先主抑有"君自取之"之乱命②,形格势禁③,公其如小人何哉!历举兴亡之繇,著其大端而已。何者为小人,不能如郭、费、董、向之历指其人而无讳也。指其名而不得,而况能制之使勿亲哉?以一死谢寸心于未死之间,姑无决裂焉足矣。公之遗憾,岂徒在汉、贼之两立也乎?

【注释】

①伊尹放桐:商朝开国君主商汤的孙子太甲即位三年,性情暴虐,

不遵守商汤成法,昏乱无德,于是丞相伊尹将他流放到桐宫。其间伊尹摄政当国,以朝诸侯。太甲居桐宫三年,悔过自责,诚心向善,于是伊尹迎回太甲,把政权还给他。太甲从此励精图治。事见《史记·殷本纪》。

②乱命:悖谬的命令。

③形格势禁:指受形势的阻碍或限制。

【译文】

所以虽然不能使昏君亲近贤臣却还可以举荐他们为官,虽然可以不让小人得到举荐和晋升,却不能阻止君主亲近他们。尽管并非有像伊尹放逐太甲于桐宫那样的非常之举,周公尚且被流言所困,何况诸葛亮处在篡权夺位现象不断出现的时代,而且刘备临终前也有"君自取之"的悖谬遗命,受困于内外形势,诸葛亮又能拿小人怎么办呢?也只有历数历代王朝兴盛衰亡的原因,着重指出其中重要的方面罢了。谁是小人,不能像列举郭攸之、费祎、董允、向宠等人一样直言不讳地列举出其姓名。想要指出奸佞小人的名字尚且不行,又怎能制止昏君任用他们呢?诸葛亮只能以鞠躬尽瘁来表达自己的忠心,在他未死之前,也只好姑且不与昏君佞臣彻底决裂。诸葛亮的遗憾,难道仅仅在于汉室与篡逆奸贼并立于世这件事吗?

一一 诸葛北伐孙资主曹叡攻南郑

曹孟德推心以待智谋之士,而士之长于略者,相踵而兴。孟德智有所穷,则荀彧、郭嘉、荀攸、高柔之徒左右之①,以算无遗策。迨于子桓之世②,贾诩、辛毗、刘晔、孙资皆坐照千里之外③,而持之也定。故以子桓之鄙、叡之汰④,抗仲谋、孔明之智勇,而克保其磐固。

【注释】

① 荀攸(157—214)：字公达，颍川颍阴(今河南许昌)人。荀彧之
侄，曹操重要谋士。荀攸在董卓进京时曾因密谋刺杀董卓而入
狱，后弃官回家。曹操迎天子入许都之后，荀攸成为曹操的谋
士，在下邳之战、官渡之战、平定河北之战中屡出奇策，为曹军胜
利做出重要贡献，被曹操上奏朝廷封为陵树亭侯。荀攸行事周
密低调，计谋百出，深受曹操称赞。建安十九年(214)，荀攸在曹
操伐吴途中去世。传见《三国志·魏书·荀攸传》。

② 子桓：即曹丕。

③ 贾诩(147—223)：字文和，凉州姑臧(今甘肃武威凉州)人。东汉
末年至三国初年著名谋士。原为董卓部将，董卓死后，献计李
傕、郭汜反攻长安。李傕等人失败后，辗转成为张绣的谋士，张
绣曾用他的计策两次打败曹操。官渡之战前他劝张绣归降曹
操。其后在渭南之战中，贾诩献离间计瓦解马超、韩遂联军，使
得曹操一举平定关中。在曹操继承人的确定上，贾诩以袁绍、刘
表为例，暗示曹操不可废长立幼，从而使曹丕成为世子。曹丕称
帝后，拜贾诩为太尉，封魏寿乡侯。传见《三国志·魏书·贾诩
传》。辛毗：字佐治，颍川阳翟(今河南禹州)人。三国时期曹魏
大臣。辛毗早年跟随其兄辛评事奉袁绍。曹操平定河北后，辛
毗归顺曹操，被推荐为任议郎，后为丞相长史。曹魏建立后官至
卫尉，曾在渭南抵御诸葛亮北伐。传见《三国志·魏书·辛毗
传》刘晔(？—234)：字子扬，淮南成德(今安徽长丰)人。东汉宗
室，曹魏大臣。刘晔早年事奉庐江太守刘勋，后随刘勋归顺曹
操，成为曹操手下举足轻重的谋士，屡献妙计，以善于预言天下
形势的变化而著称。曹魏建立后，官至侍中、大鸿胪。传见《三
国志·魏书·刘晔传》。

④ 汏：骄奢。

【译文】

　　曹操推心置腹地对待富有智谋的士人,而擅长谋略的士人,相继出现而被他任用。当曹操无计可施的时候,荀彧、郭嘉、荀攸、高柔这些人就会在他左右为他出谋划策,可谓是算无遗策。等到曹丕时期,贾诩、辛毗、刘晔、孙资都有决胜于千里之外的才能,而且能很坚定地坚持自己的意见。所以以曹丕的鄙陋、曹叡的骄奢,对抗孙权、诸葛亮的智勇,依然能够保证曹魏政权坚如磐石。

　　孔明之北伐也,屡出而无功,以为司马懿之力能拒之,而早决大计于一言者,则孙资也。汉兵初出,三辅震惊,大发兵以迎击于汉中,庸讵非应敌之道①?乃使其果然,而魏事去矣。汉以初出之全力,求敌以战,其气锐;魏空关中之守,即险以争,其势危;皆败道也。一败溃而汉乘之,长安不守,汉且出关以捣宛、雒,是高帝破项之故辙也,魏恶得而不危? 资筹之审矣,即见兵据要害,敌即盛而险不可逾,据秦川沃野之粟,坐食而制之,虽孔明之志锐而谋深,无如此漠然不应者何也。资片言定之于前,而拒诸葛、挫姜维,收效于数十年之后,司马懿终始所守者此谋也。

【注释】

　　①庸讵:岂,何以,怎么。

【译文】

　　诸葛亮北伐曹魏,屡次出兵都无功而返,人们都以为是司马懿的能力足以抵御他的进攻,而实际上早就提出坚守不出、以逸待劳策略的是孙资。蜀汉军队刚出祁山的时候,关中地区为之震惊,此时如果曹魏派重兵在汉中迎击蜀军,又怎么不是应对敌人之道呢? 可是如果真的这样做，则曹魏就大势已去了。蜀汉军队初出祁山，竭尽全力要找到敌军主力决战，其锐气正盛；曹魏出动大军，整个关中防守力量为之一空，到险要之地与蜀军作战，形势很危险。这些都是取败之道。一旦军队战败溃散，长安就会失守，蜀汉军队将会出潼关直捣宛城、洛阳，这是当年汉高祖击破项羽的老办法，这样曹魏的处境如何能不危险呢？孙资对此了解得非常清楚，筹划得很完备。他建议曹魏军队据守要害之地，敌军即使再强盛也难以逾越险要的关塞，魏军凭借秦川沃野生产的粮食，原地就食，坚守不出，以拖垮缺粮的蜀军，即使诸葛亮锐意进取，智谋深沉，也对漠然不应的人无可奈何。孙资的策略早在之前就已经确定，而司马懿抵御诸葛亮，挫败姜维，在数十年之后收到效果，他终始所坚持的正是孙资这一谋略。

魏足智谋之士，昏主用之而不危。故能用人者，可以无敌于天下。

【译文】

魏国有足够多的智谋之士，即使是昏君，只要能任用他们，也不会有危险。所以能用人的人，可以无敌于天下。

一二　祁山之师非孔明初意

魏延请从子午谷直捣长安①，正兵也；诸葛绕山而西出祁山，趋秦、陇，奇兵也。高帝舍栈道而出陈仓②，以奇取三秦，三秦之势散，拊其背而震惊之，而魏异是。非堂堂之阵直前而攻其坚，则虽得秦、陇，而长安之守自有余。魏所必守者长安耳，长安不拔，汉固无如魏何。而迁回西出，攻之于散地③，魏且以为是乘间攻瑕④，有畏而不敢直前，则敌气愈壮,而我且疲于屡战矣。夏侯楙可乘矣⑤,魏见汉兵累岁不出而志懈,卒然相临,救援未及,小得志焉;弥旬淹月,援益集,守益固,即欲拔一名都也且不可得,而况魏之全势哉?故陈寿谓应变将略非武侯所长⑥,诚有谓已。

【注释】

①子午谷:在陕西长安南,是汉中通往关中的一条谷道,长三百余公里,地势险峻。

②陈仓:今陕西宝鸡陈仓区。

③散地:兵家指无险可守、士卒意志不坚,易于离散之地。

④瑕:空隙。

⑤夏侯楙(mào):字子林,沛国谯(今安徽亳州)人。三国时期魏国将领,大将军夏侯惇之子,其妻为曹操之女清河公主。在魏国历任侍中、安西将军、镇东将军等职。曹魏建立后受命都督关中,驻守长安。在太和二年(228)蜀汉北伐时被调离长安。传见《三国志·魏书·夏侯楙传》。

⑥陈寿谓应变将略非武侯所长:据《三国志·蜀书·诸葛亮传》记载,陈寿评价诸葛亮是"识治之良才",认为他与管仲、萧何不相上下。但他连年出兵征战未能成功,"盖应变将略,非其所长欤!"

【译文】

魏延请求由他率军从子午谷直捣长安,这是正兵;诸葛亮绕过崇山峻岭而从西面的祁山出兵,趋向秦、陇地区,这是奇兵。当年汉高祖舍弃走栈道而暗度陈仓,以奇兵攻取关中,关中地区的敌军势力溃散后,汉高祖就捺住了项羽的背脊,使他大为震惊,但曹魏的情况是与项羽不同的。如果不是以盛壮整齐的军队直接前进,攻击其坚守的要地,则即使蜀军得到了秦、陇地区,长安的防守仍绰绰有余。曹魏必定会防守的只有长安,不攻克长安,蜀汉就不能把曹魏怎么样。而诸葛亮迂回祁山,从西面出击,在兵学上的"散地"进攻曹魏,曹魏将会认为蜀军只会乘虚进攻,面对魏军主力有所畏惧而不敢直接前进交战,则曹魏军队的气势更加强盛,而蜀军则由于屡次作战变得非常疲惫。有夏侯楙这样的庸才作魏军统帅,蜀汉本来可以乘机进攻,而曹魏见蜀汉军队数年不出兵伐魏,都很松懈,蜀军猝然赶到,魏军来不及救援,蜀军便可取得初步的胜利。但是经过数月以后,曹魏的援军越聚越多,防守日益坚固,蜀军即使想攻克名都长安也做不到了,何况是击败魏国势力强盛的大军呢? 所以陈寿说诸葛亮不擅长应变将略,确实是有道理的。

　　而公谋之数年,奋起一朝,岂其不审于此哉? 果畏其危也,则何如无出而免于疲民邪? 夫公固有全局于胸中,知魏之不可旦夕亡,而后主之不可起一隅以光复也。其出师以北伐,攻也,特以为守焉耳。以攻为守,而不可示其意于人,故无以服魏延之心而贻之怨怒。

【译文】

　　而诸葛亮谋划北伐数年之久,在一朝奋起出兵,难道对此没有考虑清楚吗? 如果他确实畏惧危险,那为何干脆不出兵以免使百姓疲敝呢? 诸葛亮胸中本来就有全局的谋划,他知道魏国是不能在旦夕之间灭亡的,而后主刘禅也不可从西南一隅起来光复汉室。诸葛亮出师北伐,是进攻,而进攻实际上是为了防守。以攻为守,而不能将自己的真实意图展现给别人,所以难以使魏延心中服气,而只能使魏延心生怨恨和愤怒。

　　秦、陇者,非长安之要地,乃西蜀之门户也。天水、南安、安定①,地险而民强,诚收之以为外蔽,则武都、阴平在怀抱之中②,魏不能越剑阁以收蜀之北,复不能绕阶、文以捣蜀之西③,则蜀可巩固以存,而待时以进,公之定算在此矣。公没蜀衰,魏果由阴平以袭汉,夫乃知公之定算,名为攻而实为守计也。

【注释】

①南安:东汉至三国郡名,治所在今甘肃陇西。安定:汉代至三国郡名,西汉时治所在今宁夏固原,东汉时治所迁至今甘肃镇原。

②武都:今甘肃陇南。阴平:今甘肃文县。

③阶:阶州,今甘肃武都。文:文州,今甘肃文县西。

【译文】

秦、陇地区并非长安的战略要地,而是西蜀的门户。天水、南安、安定,这些地方地势险峻,人民强悍,如果确实能将这些地方收归蜀汉,作为外围捍蔽的力量,则武都、阴平都处在蜀军势力的怀抱之中,魏国不能越过剑阁以攻取蜀国的北部地区,也不能绕阶州、文州以直捣蜀地西部,则蜀地可以得到巩固,长久存在,等待时机成熟后再前进,诸葛亮筹划好的用兵谋略正在于此。诸葛亮死后蜀国衰弱,曹魏果然经由阴平袭击蜀汉,由此可以知道,诸葛亮名义上是进攻而实际上是防守。

公之始为先主谋曰:"天下有变,命将出宛、雒,自向秦川。"惟直指长安,则与宛、雒之师相应;若西出陇右,则与宛、雒相去千里之外,首尾断绝而不相知。以是知祁山之师,非公初意,主暗而敌强,改图以为保蜀之计耳。公盖有不得已焉者,特未可一一与魏延辈语也。

【译文】

诸葛亮最初为刘备谋划道:"等到天下有变时,就派一位大将率军直趋宛、洛,您亲自率军出秦川。"只有兵锋直指长安,才能与向宛、洛进军的部队相互呼应;如果西出陇右,则与宛、洛相隔千里,两路军队首尾断绝而很难互通讯息。由此可以知道蜀军兵出祁山,并非诸葛亮的原意,只不过是由于君主昏暗、敌人强大,所以只能更改策略,以北伐作为保全蜀国的计策罢了。诸葛亮大概也是有不得已的地方,所以不能一一与魏延等人说清楚。

一三　武侯任马谡李严之失

武侯之任人,一失于马谡,再失于李严,诚哉知人之难也。暗者不足以知,而明察者即以明察为所蔽;妄者不足以知,而端方者即以端方为所蔽。明察则有短而必见,端方则有瑕而必不容。士之智略果毅者,短长相间,瑕瑜相杂,多不能纯。察之密,待之严,则无以自全而或见弃,即加意收录,而固不任之矣。于是而饰其行以无过、饰其言以无尤者,周旋委曲以免摘;言果辨,行果坚,而孰知其不可大任者,正在于此。似密似慎,外饰而中枵①,恶足任哉?

【注释】

①枵:空虚。

【译文】

武侯诸葛亮任用人才,先在任用马谡上出现失误,又在任用李严上出现失误,由此可见,知人善任确实是很困难的。昏庸的人才能不足以了解他人,而能够明察的人往往被自己的明察所蒙蔽;狂妄无知的人不足以了解他人,而品行端正的人往往会被自己的正直所蒙蔽。为人善于明察,则别人有短处就必定能看清楚,品行端正则对于有瑕疵的人必定不能容忍。一个有才智和谋略、果敢坚毅的士人,大多短处与长处并存,优点与缺点兼具,很难做到纯正无瑕。如果对这种人才考察得过于清楚,对待他们过于严格,则这些人很难保全自己,有的就会被弃用,即使违心地特别任用他们,也必然不会对他们加以重用。于是这些人就会掩饰自己的行迹以求不犯错,粉饰自己的言论以求不失误,曲意周旋以求免于被指摘。看起来能言善辩,行动果断,这样的人谁能知道他们实际上不能被委以重任呢? 原因正在于此。看似周密谨慎,实际上是金玉其外,败絮其中,对这样的人怎么能委以重任呢?

　　故先主过实之论①,不能远马谡,而任以三军;陈震鳞甲之言②,不能退李严,而倚以大计;则唯武侯端严精密,二子即乘之以蔽而受其蔽也。于是而曹孟德之能用人见矣,以治天下则不足,以争天下则有余。蔽于道而不蔽于才,不能烛司马懿之奸③,而荀彧、郭嘉、锺繇、贾诩,惟所任而无不称矣。

【注释】

①先主过实之论:指刘备临死前曾对诸葛亮说:"马谡言语浮夸,超过实际才能,不可委任大事,你要对他多加考察。"事见《三国志·蜀书·马谡传》。

②陈震鳞甲之言:指陈震曾经在出使吴国时对诸葛亮说"李严腹中有鳞甲(居心险恶),乡党们都认为他不可以接近"。陈震(? —235),字孝起,荆州南阳(今河南南阳,一说湖北襄阳)人。三国时期蜀汉大臣。刘备领荆州牧时,陈震被辟为从事。此后他随刘备入蜀,官至尚书令。建兴七年(229)孙权称帝时,陈震以卫

尉身份代表蜀汉前往祝贺,与孙权开坛歃盟,约定蜀吴交分天下。传见《三国志·蜀书·陈震传》。

③烛:洞察,明察。

【译文】

所以刘备临终前对诸葛亮所说的马谡为人言过其实的话,不能使诸葛亮疏远马谡,反而对他委以统帅三军的重任;陈震对诸葛亮所说的李严腹中有鳞甲的话,不能使诸葛亮罢退李严,反而依靠他来谋划大计。正因为诸葛亮品行端正、心思精密,这两个人就利用了诸葛亮被自身端正、明察所蒙蔽的条件,掩饰自己的缺陷,从而蒙蔽了诸葛亮。通过对比就可以看到曹操确实更善于用人,他这方面的能力用以治理天下则不足,用以争夺天下则绰绰有余。曹操虽然不明道义,但却善于任用人才,虽然不能洞察司马懿的奸诈,但荀彧、郭嘉、钟繇、贾诩这些智谋之士,因为他能充分任用,没有不称职的。

一四　诸葛恃吴败曹休出师陈仓

城濮之战①,晋文不恃齐、秦也。恃齐、秦,则必令齐掠陈、蔡而南以牵之于东②,秦出武关,下鄢、郢以挠之③。荥阳之战④,高帝不恃彭、黥也。恃黥布,则当令布率九江之兵⑤,沿淮而袭之;恃彭越,则越胜而进,越败而退也。善用人者不恃人,此之谓大略。

【注释】

①城濮之战:指周襄王二十年(前632),晋、楚两国在城濮(今山东鄄城西南,一说今河南范县)地区进行的争夺中原霸权的首次大战。当时楚国发兵进攻宋国,宋国派人向晋国求救。晋文公出兵救宋,伐曹、卫以吸引楚军来救援两军。对阵时,晋文公以兑

现当年流亡楚国时许下的"退避三舍"诺言为名,令晋军后退,避
开楚军锋芒,子玉不顾楚成王告诫,率军冒进,被晋军歼灭两翼,
楚军大败。事见《史记·晋世家》。

②陈:陈国。妫姓。周武王灭商后所封,都宛丘(今河南淮阳)。
蔡:蔡国。姬姓。封于周武王克商后,都上蔡(今河南上蔡
西南)。

③鄢:今湖北宜城。郢:今湖北荆州。

④荥阳之战:指楚汉之争中项羽在荥阳(今河南荥阳北)打败刘邦
的一次战役。公元前204年,项羽再次进攻刘邦,刘邦被围荥
阳。"项羽数侵夺汉甬道",以致汉军粮食缺乏,要求讲和,而范
增建议项羽乘势攻下荥阳。刘邦采用陈平计策,以重金"间疏楚
君臣",破坏项羽与范增的关系。刘邦以两千余女子夜出东门,
让将军纪信乘王车假扮汉王,乘机带几十名轻骑悄悄逃回关中。
事见《汉书·高帝纪》。

⑤九江:本为秦代所设之郡,辖今安徽、河南淮河以南,湖北黄冈以
东和江西全省。后来项羽分封英布为九江王,定都六县(今安徽
六安)。

【译文】

城濮之战时,晋文公并不依赖齐国和秦国。如果他依赖齐国和秦
国,则必然会命令齐国军队掠过陈、蔡两国向南进军,从而在东方牵制
楚国;令秦军出武关,南下鄢、郢以阻挠楚军北进。荥阳之战,汉高祖也
不依赖彭越和黥布。如果他依赖黥布,则应该命令黥布率领九江国的
军队,沿着淮河进攻项羽军;如果他依赖彭越,则彭越取得胜利他就应
该进军,彭越战败他就会撤军。善于使用他人力量的人是不会依赖他
人的,这就是所谓的大略。

吴人败曹休于石亭①,诸葛出陈仓之师,上言曰:"贼疲

于西，又务于东，兵法乘劳，此进趋之时也。"其无功宜矣。恃吴胜而乘之，吴且退矣，失所恃而心先沮、气先折也。蜀定吴交以制魏，此诸葛之成谋，计之善者也。虽然，吴交之必定，亦唯东顾无忧，可决于进尔。及进，而所恃者终在己也。我果奋勇以大挫魏于秦川而举长安，吴且恃我以疾趋淮、汝②，不恃吴而吴固可恃也。己未有必胜之形，而恃人以逞，交相恃，交相误，六国之合从③，所以不能动秦之毫末④，其左验已⑤。

【注释】

①曹休(? —228)：字文烈，沛国谯(今安徽亳州)人。三国时期曹魏宗室、将领。曹休是曹操族子，在曹操起兵讨伐董卓时前往投奔，受到曹操信赖，掌管虎豹骑宿卫，参与汉中之战等战役。曹魏建立后，曹休镇守曹魏东线，多次击破吴军，官至大司马。太和二年(228)，曹休在魏吴石亭之战中大败，不久因背上毒疮发作而去世。传见《三国志·魏书·曹休传》。石亭，在今安徽舒城境内。太和二年(228)，吴国鄱阳太守周鲂用诈降诱敌之计致书魏国曹休，表示愿意叛吴归魏，曹休中计，率军十万分三路伐吴。孙权派陆逊、朱桓、全琮各率兵三万，迎击曹休于石亭。陆逊等三路吴军同时向曹休的军队冲杀、追击，魏军大败，狼狈撤军。

②淮、汝：淮水和汝水流域，大约包括今河南东南部、安徽北部和江苏北部。

③合从：合纵，战国时苏秦提出的六国诸侯联合抗秦的策略。

④毫末：毫毛的末端。比喻极其细微。

⑤左验：证人，证据。

【译文】

吴国军队在石亭之战中大破曹休,诸葛亮于是出师北伐,进攻陈仓,他上表对后主刘禅说:"曹贼在西线已经疲敝,现在又不得不把注意力投向东线,兵法上讲要乘敌人疲劳时进攻,现在正是进攻的好时机。"从他的话可以知道,他此次北伐徒劳无功是应当的。依赖吴国的胜利而趁机进攻,等到吴国退兵,则蜀军会因为失去依赖而心中大为沮丧,士气遭到挫伤。蜀国与吴国订立盟约以共同对付魏国,这是诸葛亮成熟的谋划,是很好的计策。虽然如此,与吴国订立盟约,也只是使自己没有东方的后顾之忧,能够专心的北伐以进取中原。等到真正北伐进军的时候,所应该依赖的终究只有自己而已。如果蜀军果然能够奋勇作战,在秦川地区给予魏军重大打击,趁势攻下长安,则吴国必然利用我军的胜利迅速向淮水、汝水流域进军,如此则蜀军不依赖吴军而吴军自己就会变得能够被依赖。如果自身没有必定能胜利的态势,却依赖别人的力量以求一逞,则双方相互依赖,只会相互耽误对方,战国时六国合纵抗秦,之所以不能动秦军一根毫毛,原因正在于此。这是历史早已验证过的道理。

石亭之役,贾逵以虚声怖吴而吴退①,吴望蜀之乘之,蜀不能应也。陈仓之役②,张郃以偏师拒蜀而蜀沮③,蜀望吴之牵之,吴不能应也。两国异心,谋臣异计,东西相距,声响之利钝不相及,闻风而驰,风定而止,恃人者,不败足矣,未有能成者也。德必有邻④,修德者不恃邻;学必会友,为学者不恃友;得道多助⑤,创业者不恃助。不恃也,乃可恃也。故曰:"一人行则得其友⑥。"言致一也。

【注释】

①贾逵以虚声怖吴而吴退:指贾逵得知曹休兵败之后,"诸将不知

所出,或欲待后军"。贾逵认为东吴是考虑到后面没有接应的军队,才敢大胆地迫上来。于是决定"兼道进军,多设旗鼓为疑兵",以求出其不意,"先人以夺其心",那么"贼见吾兵必走"。最终吴军以为魏军援军已至,于是撤退。事见《三国志·魏书·贾逵传》。

②陈仓之役:太和二年(228)八月,东吴陆逊在石亭之战中大破魏军,同年十一月,蜀汉诸葛亮趁魏军东下,关中虚弱,发动第二次北伐。次年初,蜀军包围陈仓,魏将郝昭以千余之兵防守陈仓,双方相持二十余日,蜀军无法攻破陈仓。此时曹叡派张郃率军前来解围,蜀军因粮尽而退兵。其事散见于《三国志·魏书·夏侯渊传》《三国志·蜀书·诸葛亮传》等。

③张郃(?—231):字儁乂,河间鄚(今河北雄县)人。三国时期曹魏名将。早年在冀州牧韩馥手下任军司马,袁绍取冀州后,张郃率兵投归。官渡之战中张郃投降曹操,此后随曹操攻乌桓、破马超、降张鲁,屡建战功。建安二十年(215)后长期镇守汉中,与蜀军多次交战。曹丕称帝后,升左将军,封鄚侯。太和五年(231),蜀汉第四次北伐时,张郃领兵追击蜀军,在木门谷中箭身亡。传见《三国志·魏书·张郃传》。

④德必有邻:语出《论语·里仁》:"德不孤,必有邻。"意思是:有道德的人不会孤单,一定会有志同道合的人来和他成为伙伴。

⑤得道多助:语出《孟子·公孙丑下》:"得道者多助,失道者寡助。"意思是:拥有道义的人得到援助多,失去道义的人得到援助少。

⑥一人行则得其友:语出《周易·损卦》爻辞:"六三。三人行,则损一人;一人行,则得其友。"意思是:三人同行,难免意见分歧,必有一人被孤立;一人独行,孤单无助,反而容易求得志同道合的友人。

【译文】

石亭之战时,贾逵虚张声势来吓唬吴军,吴军因此退兵,吴国指望蜀国此时能趁机在西线进攻魏军,取得战果,蜀军却不能回应吴国的期望。陈仓之战,张郃率偏师抵御蜀军,而蜀军受挫,蜀国指望吴军能牵制魏军,吴国也不能回应蜀国的期望。两国心思不一,谋臣的计略也不一致,东西相距遥远,对于彼此的行动和成败利钝很难及时把握,只能闻风而动,风定而止,依赖他人的人,能不失败就不错了,没有能够最终成功的。有德者必定会有同样有德的伙伴,但修养自身品德的人却不会依赖同伴的力量;做学问的人必定要有友人共同切磋进步,但做学问的人却不能只依赖友人的帮助;得道者多助,创业者却不能依赖他人的帮助。不依赖他人的帮助,他人的帮助才能成为可以依赖的力量。所以说:"一人独行,孤单无助,反而容易求得志同道合的友人。"这与上文所阐述的是同一道理。

一五　魏制诸侯入继大统不得复顾私亲

魏制,诸侯入继大统者,不得谓考为皇、称妣为后[1],是也。帝后之尊,天之所秩,非天子所得擅以加诸其亲,则大统正而天位定也。其曰:"纂正统而奉公义[2],何得复顾私亲。"则袭义而戕仁矣[3]。

【注释】

①考:已死的父亲。妣:已死的母亲。

②纂:继承。

③袭义:出于一时之义。

【译文】

曹魏的制度规定,凡是诸侯入继大统的,不得将自己死去的父亲称为皇,将自己死去的母亲称为后,这是正确的。皇帝、皇后的尊号,是上天所定的秩序,不是天子所能擅自加到自己亲人身上的,这样,大统才能纯正,天位才能安定。但是曹魏诏令中说:"既然继承了正统就要遵奉公义,哪里能再顾及自己的私亲呢?"这就是出于一时之义而戕害仁了。

　　所后者以承统而致其尊,因以致其亲,义也;所生者以嗣统而屈其尊,不能屈其亲,仁也;亲者,与心生以生其心,性之不可掩者也。故古之制服,为人后者,为所生父母期^①,不问与所生相去亲疏,即与所后者在六世祖免之外而必期^②,且必正名之曰"所生父母",未尝概置诸伯叔之列也。抑此犹为为人后者言之。若宋英宗之后仁宗^③,孝宗之后高宗^④,固以为子而子之,则所后所生父母之名各正,而所生者并屈其亲。若夫前君之生也,未尝告宗庙、诏臣民、而正其为后;嗣子之嗣也,未尝修寝门视膳之仪^⑤,立国储君副之位,臣民推戴而大位归焉,则亦如光武之于南顿,位号不可僭,而天伦不可忘,何得遽谓之私亲而族人视之也哉?

【注释】

①期:指期服,即为期一年的齐衰丧服。

②袒免:袒衣免冠。古代丧礼规定,凡五服以外的远亲,无丧服之制,只需脱上衣,露左臂,脱冠扎发,用宽一寸布从颈下前部交于额上,又向后绕于髻,以示哀思。

③宋英宗之后仁宗:参见卷六"光武三一"条注。

④孝宗之后高宗:参见卷八"桓帝一"条注。

⑤寝门视膳:寝门指到父母所居寝室的门外探视父亲的起居,视膳

指观察膳食的冷热,父母饮食的状况等。本为《礼记》中所记周文王行孝之举,后成为子女关心父母(尤指父亲)饮食起居、恪尽孝道的代名词。

【译文】

因过继给别人作子嗣而得到尊位,因此要把养父母当作亲生父母来尊崇,这是义的要求;生身父母因为孩子被过继给别人继承大统而丧失了作为父母的尊崇地位,就不能再否认与生身父母的亲缘关系,这是仁的要求。所谓亲缘,是父母给予孩子生命的同时就在孩子心中萌发的情感,这是不可掩饰的天性。所以古代丧服制度规定,过继给别人做子嗣的人,要为自己的生身父母穿为期一年的齐衰丧服,无论自己养父母与生身父母的亲属关系的远近,即使生身父母与自己养父母的亲属关系是在五服以外,只需袒衣免冠的情况下,也必定要穿为期一年的齐衰丧服,而且必定要正名为"生身父母",不能将其置于诸伯叔辈的行列。不过这些也还是针对过继给别人为后嗣的情况而言的。至于宋英宗过继给宋仁宗,宋孝宗过继给宋高宗,本来就是被当作亲生儿子来抚养的,则养父母与生身父母的名分各自已确立,生身父母不仅在地位上不能得到尊崇,其亲缘关系也要一并被压抑。至于前任君王生前不曾告祭宗庙、下诏给臣民,正式确立嗣子的继承人身份,嗣子承继前任君王大统之前,也没有以对待父亲的礼节尽过孝道,没有被确立过储君或监国的地位,只是由于臣民的推戴才登上大位,则也应该像光武帝对待其父南顿令刘钦一样,虽然皇考之类的位号不可僭越使用,但天伦之恩也不能忘记,怎么能在登上皇位后就立即把生父称作私亲而仅仅把他当作族人来看待呢?

天下所重者,统也;人子所不可背者,亲也。为天下而不敢干其统,则天下之义重,而己之恩轻。虽有天下,而不可没其生我之恩,则天下敝屣[①],而亲为重。导谀者,献追尊之僭;矫异者,没父母之名;折衷以顺天理之固然,岂一偏之说所可乱哉!

【注释】

①敝屣:破旧的鞋,比喻没有价值的东西。

【译文】

天下所重视的是国家正统,作为人子所不能违背的,是父子之间的亲情。为了天下而不敢干扰国家正统,则天下的大义重,而自己个人的父母之恩轻。尽管拥有天下,却不能辱没父母对自己的生养之恩,则天下不足为重,而与父母之间的亲情更重要。逢迎献媚天子的人,会趁机献上追尊天子父母的越礼建议;标新立异的人,会主张为了国家正统必须辱没天子私人的父母之情。其实国家正统和个人父母之恩之间本来就是可以相互折中调和以顺应天理的,岂是偏执一面之词的说法所能扰乱的!

一六　魏矫汉末标榜而流为玄虚奔竞

国政之因革,一张一弛而已。风俗之变迁,一质一文而已。上欲改政而下争之,争之而固不胜;下欲改俗而上抑之,抑之而愈激以流;故节宣而得其平者,未易易也。

【译文】

国家政治的因循变革,就在于一张一弛而已。社会风俗的变迁,就在于一质一文而已。上面的统治者想要改变政策,下面的臣民如果不同意就会奋力争辩,但臣下必然是争不过君王的;下面的臣民想要改变社会风俗,上面的君王如果不同意就会对他们加以压制,但是越压制就会越激发他们改变风俗的决心。所以根据时机对政策和风俗进行调整,使其处于平衡状态,是非常不容易的。

东汉之中叶,士以名节相尚,而交游品题^①,互相持以成乎党论,天下奔走如骛^②,而莫之能止。桓、灵侧听奄竖,极致其罪罟以摧折之,而天下固慕其风而不以为忌。曹孟德心知摧折者之固为乱政,而标榜者之亦非善俗也,于是进崔琰、毛玠、陈群、锺繇之徒,任法课能,矫之以趋于刑名,而汉末之风暂息者数十年。琰、玠杀,孟德殁^③,持之之力穷,而前之激者适以扬矣。太和之世^④,诸葛诞、邓飏浸起而矫孟德综实之习^⑤,结纳互相题表,未尝师汉末之为,而若或师之;且刓方向圆^⑥,崇虚堕实,尤不能如李、杜、范、张之崇名节以励俗矣^⑦。乃遂以终魏之世,迄于晋而不为衰止。然则孟德之综核名实也,适以壅已决之水于须臾^⑧,而助其流溢已耳。故曰抑之而愈以流也。

【注释】

①品题:指评论人物,定其高下。

②骛:奔驰乱跑的马。

③殁:死亡。

④太和:三国时期曹魏明帝曹叡的第一个年号,使用时间为 227 至 233 年。

⑤诸葛诞(? —258):字公休,琅邪阳都(今山东沂南)人。三国时期曹魏将领,蜀汉丞相诸葛亮的族弟。在魏官至征东大将军,曾与司马师一同平定毌(guàn)丘俭、文钦的叛乱。因其好友夏侯玄、邓飏先后被司马懿、司马师父子杀死,又目睹王淩、毌丘俭等人的覆灭而心不自安,于是在甘露二年(257)起兵反叛,并与东

吴联络,但在次年即被镇压,诸葛诞战败被杀。传见《三国志·
魏书·诸葛诞传》。邓飏(? —249):字玄茂,南阳新野(今河南
新野)人。曹魏大臣、名士,与诸葛诞、夏侯玄交谊深厚,常一起
品评人物。邓飏在魏少帝曹芳在位时成为大将军曹爽的亲信,
被任命为侍中、尚书。正始十年(249),司马懿发动高平陵政变,
诛杀曹爽,邓飏与曹爽一同被捕,不久被诛杀、夷三族。传见《三
国志·魏书·邓飏传》。

⑥刓(wán)方向圆:比喻改变忠直之性,随世俗浮沉。刓,磨损。

⑦李、杜、范、张:指东汉末年名士李膺、杜密、范滂、张俭。

⑧壅:堵塞。

【译文】

东汉中叶,士人们推崇名节,相互交游,品评人物高下,各持己见以
至成了各个派别之间的争论,天下人趋之若鹜,而没有能够制止这一情
况的办法。桓帝、灵帝听信宦官的话,极力罗织罪名将这些士人下狱处
置,从而摧毁党人的势力,而天下执意仰慕这些名士的风采,不理会朝
廷的禁令。曹操心中知道摧残士人本来就是乱政,而士人竞相自我标
榜也不是好的风俗,于是任用崔琰、毛玠、陈群、锺繇这些人,依靠法度
选贤举能,矫正东汉中叶以来的错误做法而趋于刑名之术,因此汉末士
人的议论风气也暂时停息了几十年。等到崔琰、毛玠被杀,曹操死亡以
后,控制清议之风的力量已经不复存在,而之前对清议的压抑反而使得
清议之风更加盛行。太和年间,诸葛诞、邓飏逐渐起来矫正曹操时期综
核实际的习气,于是人们相互交结,品评人物高下,虽然不曾效仿东汉
末年的做法,但在许多地方却与其非常相似。况且诸葛诞等人与世浮
沉,没有定见,崇尚虚无而不重实际,尤其不能像李膺、杜密、范滂、张俭
那样崇尚名节以激励社会风俗。于是这种清议之风一直持续到曹魏灭
亡,进入西晋时期也并未衰退止息。如此则曹操综合考察名与实的做
法,正像是暂时堵住已经溃决的洪水一样,最终反而助长了洪水的泛

滥。所以说越是压抑某种社会风俗越会助长其泛滥。

　　名之不胜实、文之不胜质也,久矣。然古先圣人,两俱不废以平天下之情。奖之以名者,以劝其实也。导之以文者,以全其质也。人之有情不一矣,既与物交,则乐与物而相取,名所不至,虽为之而不乐于终。此慈父不能得之于子,严师不能得之于徒,明君不能得之于臣民者也。故因名以劝实,因文以全质,而天下欢忻鼓舞于敦实崇质之中①,以不荡其心。此而可杜塞之以域民于矩矱也②,则古先圣人何弗圉天下之跃冶飞扬于钳网之中也③?以为拂民之情而固不可也。情者,性之依也;拂其情,拂其性矣;性者,天之安也,拂其性,拂其天矣。志郁而勃然以欲兴,则气亦蕴蜦屯结而待隙以外泄④。迨其一激一反,再反而尽弃其质以浮荡于虚名。利者争托焉,伪者争托焉,激之已极,无所择而唯其所泛滥。夏侯玄、何晏以之亡魏⑤,王衍、王戎以之亡晋⑥,五胡起,江东仅存,且蔓引以迄于陈、隋而不息,非崇质尚实者之激而岂至此哉?

【注释】

①欢忻:欢欣。

②矩矱(yuē):规矩法度。

③圉(yǔ):禁锢。

④蕴蜦(yūn lún):蜿蜒。

⑤夏侯玄(208—254):字太初,沛国谯县(今安徽亳州)人。三国时魏将领,夏侯渊之孙。少有重名,善谈名理。因曹爽抑黜而不得

意。曹爽败后，征为大鸿胪，徙太常。与李丰等拟谋杀司马师，以夺取司马氏权力，事泄，被诛杀。传见《三国志·魏书·夏侯玄传》。

⑥王戎(234—305)：字濬冲，琅玡临沂(今山东临沂)人。三国至西晋时期名士，"竹林七贤"之一。王戎出身琅玡王氏，长于清谈。在西晋官至司徒。元康年间，王戎认为天下将乱，于是不理世事，以山水游玩为乐，与权臣苟合求容，受到世人诟病。传见《晋书·王戎列传》。

【译文】

名声与实际不能相称，文饰与质朴不能相称，这种情况已经由来已久了。然而古代的先哲圣人，能够同时兼顾名与实、文与质以满足天下人的不同需要。在名声上给予奖励，是为了劝勉人们做出实际贡献。通过文饰、礼仪来引导人们，是为了保全人们的质朴之心。人们各自的情感和需求是不同的，既然与外界进行了接触，则乐于在与外界相处的过程中获取自己所需，如果不能给予人们合适的名声奖励，则人们即使能按照社会规范与外界相处，尽自己的义务，也很难持续到最后。这种发自内心的情感是慈父无法从儿子那里得到，严师不能从徒弟那里得到，明君也不能从臣民那里得到的事物。所以，通过名声奖励来劝勉人们做出与之相称的实际行动，通过文饰、礼仪的引导来保全人们的质朴之心，天下人就能在推崇实际、崇尚质朴的氛围中欢欣鼓舞，他们的心才不会轻易动摇。如果能够用规矩法度所组成的大网把百姓框住，堵塞他们的自由空间，则古代的先哲圣人为何不把飞扬活跃的天下人都钳制在网中呢？因为这拂逆了百姓的情感，本来就不能这么做。情是天性所依赖的东西，拂逆了人们的情感，就违逆了人们的天性；天性是上天赐予人，使其安于自身存在的，拂逆了天性，就是拂逆了上天的安排。当人们受到压抑而郁郁不乐时，就会想要勃然兴起，则人们的气也会随之蜿蜒行进，逐渐积结在一起，等待缝隙来向外流泄。等到人们受

到刺激而反其道行之,等到再次回归原初状态的时候,就会完全抛弃质
朴之心,而沉溺于虚名之中。所以谋利的人竞相托名于此,虚伪的人也
竞相托名于此,受到的刺激到达了顶点,没有别的选择了,就只能任其
泛滥。夏侯玄、何晏因此而导致了曹魏的灭亡,王衍、王戎因此而导致
了西晋的灭亡,五胡起来占据了中原,东晋仅能保全江东地区,而这种
清谈风气一直蔓延到南朝陈、隋朝时尚未完全停息,如果不是推崇实
际、崇尚质朴的人过分刺激它,难道会发展到这样的程度吗?

　　桓、灵激之矣,奄竖激之矣,死亡接踵而激犹未甚,桓、
灵、奄竖不能掩其名也。孟德、琰、玠并其名而掩之,而后诡
出于玄虚,横流于奔竞,莫能禁也。以傅咸、卞壸、陶侃之公
忠端亮①,折之而不胜,董昭欲以区区之辨论,使曹叡持法以
禁之,其将能乎? 圣王不作,礼崩乐坏,政暴法烦,祗以增风
俗之浮荡而已矣。

【注释】

①傅咸(239—294):字长虞,北地泥阳(今陕西耀州东南)人。西晋
　文学家。曾任太子洗马、尚书右丞、御史中丞等职,封清泉侯。
　他平素疾恶如仇,直言敢谏,曾上疏主张裁并官府,力主俭朴,说
　"奢侈之费,甚于天灾"。傅咸长于诗作,今存十余首,多为四言
　诗。传见《晋书·傅咸列传》。卞壸(kǔn,281—328):字望之,济
　阴冤句(今山东菏泽)人。东晋名臣、书法家。曾任太子中庶子、
　吏部尚书、尚书令等职。平素以礼法自居,不畏强权。苏峻叛乱
　中卞壸临危受命,率二子及兵勇奋力抵抗,以身殉国。传见《晋
　书·卞壸列传》。陶侃(259—334):字士行(一作士衡),鄱阳枭
　阳(今江西都昌)人。东晋时期名将。陶侃出身贫寒,初任县吏,

后逐渐出任郡守、刺史等职，官至侍中、太尉、都督八州诸军事，封长沙郡公。陶侃曾平定陈敏、杜弢、张昌起义，又作为联军主帅平定了苏峻之乱，为稳定东晋政权，立下赫赫战功。他勤于吏职，生活简朴，为人所称道。传见《晋书·陶侃列传》。

【译文】

桓帝、灵帝刺激了清议之风，宦官也刺激了清议之风，尽管党锢名士们接连付出了死亡的代价，但这种刺激仍然没有达到最严重的地步，桓帝、灵帝、宦官也不能掩盖清议名士的名声。曹操、崔琰、毛玠则干脆连清议的名声也一并否定，而后清议之风就逐步演化为玄虚之风，横流无忌，没有谁能够禁止了。以傅咸、卞壶、陶侃这些人的忠心耿耿、正直无私，尚且无法成功遏止这种风气，董昭想以区区辩论来使魏明帝曹叡用法令来禁止清议，怎么能成功呢？没有圣明的君王在世，礼崩乐坏，政治残暴，法令繁苛，只会使风俗更加轻浮浪荡而已。

一七　魏蜀讨辽东南中皆以习士于战

魏伐辽东，蜀征南中①，一也，皆用兵谋国之一道也；与隋炀之伐高丽、唐玄之伐云南②，异矣。隋、唐当天下之方宁，贪功而图远，涉万里以徼幸，败亡之衅，不得而辞焉。诸葛公之慎，司马懿之智，舍大敌而勤远略，其所用心者未易测矣。

【注释】

①南中：相当今四川省大渡河以南地区和云南、贵州两省。三国时蜀汉以巴、蜀为根据地，其地在巴、蜀之南，故名南中。刘备去世后，南中地区以孟获为首的少数民族发动叛乱，诸葛亮在建兴三年(225)亲自率军前往征讨，成功使孟获等叛乱首领降服，平定

了南中。

②隋炀之伐高丽：指隋炀帝杨广从大业八年（612）至大业十年
（614）对高句丽发动了三次战争。唐玄之伐云南：指唐玄宗于天
宝年间派鲜于仲通、李宓等人发兵征伐南诏。

【译文】

曹魏征伐辽东，蜀汉征讨南中，是一样的，都是用兵谋国的一种方
法。这与隋炀帝征伐高丽，唐玄宗讨伐云南是不同的。隋、唐对高丽、
云南的征伐是在天下刚刚安宁下来的时候，贪图功劳而想要征服远方
地区，派部队跋涉万里以求侥幸成功，他们的失败是不可避免的。以诸
葛亮的谨慎，司马懿的智慧，舍弃大敌不去讨伐，而用心经略远方，他们
的用心是不容易测度的。

　　两敌相持，势相若而不相下，固未得晏然处也。而既不
相为下矣，先动而躁，则受其伤，弗容不静以俟也。静以俟，
则封疆之吏习于固守，六军之士习于休息，会计之臣习于因
循。需之需之①，时不可徼而兵先弛；技击奔命、忘生趋死之
情②，日以翱翔作好而堕其气；则静退之祸，必伏于不觉。一
旦有事，张皇失措，惊忧脑缩③，而国固不足以存，况望其起
而制人，收长驱越险之功哉？魏之东征，蜀之南伐，皆所以
习将士于战而养其勇也。先主殂，蜀未可以图中原，孟德父
子继亡，魏未可以并吴、蜀，兵不欲其久安而忘致死之心，诸
葛之略，司马之智，其密用也④，非人之所能测也。

【注释】

①需：等待。

②技击：搏杀战斗。奔命：指部队应急出战。

③朒(nǜ)缩：退缩。

④密用：神妙的作用，微妙的作用。

【译文】

两方对峙，实力相仿而彼此不相上下，本来就不可能安然无忧地相处。而既然双方实力不相上下，则先采取行动的一方必然是急躁的，急躁就会导致在对抗中遭受损失，因此容不得不平静地等待时机。既然要平静地等待时机，则封疆大吏习惯于固守，六军将士习惯于休息，掌管财务出纳的官吏习惯于因循守旧，墨守成规。等啊等啊，作战的时机尚未到来，士兵就因为长期不曾作战而松弛懈怠；搏杀战斗、随时应急出战的能力，舍生忘死的情感，都因为每天过着舒适的日子而逐渐被遗忘和淡化，士气逐渐消沉下来。如此则安静退避带来的祸患必然潜伏下来不被发觉。一旦有事，则军队上下都仓皇失措，惊恐忧愁，纷纷退缩，而国家都固然不足以保存，何况是指望这样的军队起来克敌制胜，建立长驱直入、超越险阻的功劳呢？魏国东征辽东，蜀汉南伐南中，都是为了让将士习惯于作战，从而培养他们的勇敢之气。刘备去世后，蜀汉没办法北图中原，曹操、曹丕父子相继死后，魏国也无法吞并吴、蜀，司马懿、诸葛亮的做法都是为了不让军队因长期安逸而丧失为国家舍生忘死的勇气。诸葛亮的谋略，司马懿的智慧，其神妙的运用之道，不是常人所能测度的。

或曰：习士于战，有训练之法，而奚以远伐为？呜呼！此坐而谈兵，误人家国之言耳。步伐也，击刺也，束伍也①，部分也，训练而习熟者也。两军相当，飞矢雨集，白刃拂项，趋于死以争必胜，气也，非徒法也。有其法不作其气，无轻生之情，而日试于旌旗金鼓之间，雍容以进退，戏而已矣。习之愈久而士愈无致死之心，不亡何待焉？训练者，战余而教之也，非数十年之中，目不见敌，徒修其文具之谓也。

【注释】

①束伍：约束部队。

【译文】

有的人会说：想让士兵习惯于作战，自有训练的方法可用，何必要用远征的办法呢？唉！这是坐而谈兵，误人国家的言论罢了。士兵的行进步伐，刺杀搏击之术，对队伍的号令约束，军队各部的分合，这些是可以通过训练来逐渐熟练掌握的。但两军交战的时候，飞来的箭矢像雨一样密集，锋刃从脖子边上擦过，冒死以争夺胜利，凭借的是气势，而不仅仅是训练出来的技巧和战法。仅仅有技巧和战法，却不能鼓动起士兵的勇气，不能使他们有舍生忘死的情感，而仅仅每天在旌旗金鼓之间训练，雍容自得地按照号令进退，不过是游戏罢了。这样的训练士兵习惯越久越没有舍生忘死作战的心思，国家怎么能不亡呢？训练是战争之余进行的军队教练，而不是指在数十年之中，根本见不到敌人，只对军队进行徒具形式的训练。

一八　诸葛亮遗令魏延断后

武侯遗令魏延断后，为蒋琬、费祎地也。李福来请①，公已授蜀于琬、祎。而必不可使任蜀者，魏延也。延权亚于公，而雄猜难御，琬未尝与军旅之任，而威望不隆，延先入而挟胥主，琬固不能与争，延居然持蜀于掌腕矣。唯大军退而延不得孤立于外，杨仪先入而延不得为主于中②，虽愤激而成乎乱，一夫之制耳。

【注释】

①李福：字孙德，梓潼涪县（今四川绵阳东）人。三国时期蜀汉官
　　员。刘备平定益州后李福被任命为书佐，后历任成都令、巴西太

守、扬威将军、尚书仆射等职，封平阳亭侯。诸葛亮临死之前，刘禅曾派李福向诸葛亮询问国家大计。延熙初年，大将军蒋琬出征汉中时，李福担任前监军领司马，最终死于任上。事见《三国志·蜀书·杨戏传》。

②杨仪(189—235)：字威公，襄阳(今湖北襄阳)人。三国时期蜀汉大臣。初为荆州刺史傅群的主簿，后投奔关羽，被任为功曹。后来入蜀，受到刘备赞赏，擢为尚书。建兴三年(225)起任丞相参军，此后一直跟随诸葛亮左右，官至丞相长史。诸葛亮死后，他受命率大军撤回蜀汉境内，并诛杀了与他不和而举兵攻击他的魏延。建兴十三年(235)，由于他不满蒋琬执政而多出怨言，被削职流放至汉嘉郡。但杨仪仍不自省，又上书诽谤，言辞激烈，最后被下狱，自杀身亡。传见《三国志·蜀书·杨仪传》。

【译文】

诸葛亮临死前留下遗命让魏延率军断后，是为蒋琬、费祎的处境考虑。李福来向诸葛亮请示其身后之事时，诸葛亮就已经把蜀国大权授给蒋琬、费祎了。而必定不能被赋予蜀国大任的，是魏延。魏延的军权仅次于诸葛亮，而又喜欢猜忌，难以驾驭，蒋琬从来没有参与过军事事务，而且威望不够高，如果魏延率军先入朝而挟持了孱弱的君主刘禅，蒋琬当然就难以再与他争雄了，这样魏延就可以把整个蜀国掌握在自己手心里了。只有让大军都撤回境内，魏延才没办法孤立在外，拥兵自重，杨仪先入朝，魏延就不能进入朝廷掌控中枢权力，即使魏延对此非常愤怒以至于发动叛乱，派一个人就轻易制服了他。

延之乱也，不北降魏而南攻仪，论者谓其无叛心。虽然，岂可保哉？延以偏将孤军，主帅死而乞活于魏，则亦司马懿之属吏而已矣，南辕而不北驾，不欲为懿下也。使其操全蜀之兵，制朝权而唯其意，成则攘臂以夺汉，不成将举三巴以附魏,司马懿不得折箠而驭之①,其降其否,亦恶可谅哉?

【注释】

①折箠:折断策马的杖,比喻轻而易举。

【译文】

魏延率军叛乱,不向北投降曹魏而向南进攻杨仪,议论的人称他没有叛变之心。即使如此,难道能够保证他一定不会背叛蜀汉吗?魏延以偏将身份率领着一支孤军,因主帅病死而向曹魏乞求活路,则他投降以后也不过就做个司马懿的属吏罢了,他率军南下而不北上,是不想做司马懿的属下。如果让他掌握了整个蜀汉的军队,控制朝廷大权而为所欲为,成功了就动手篡夺蜀汉政权,不成功就将以整个四川来归附曹魏,这样司马懿就没办法轻而易举地控制他了。所以无论他投降与否,又怎么可以被原谅呢?

杨仪褊小之器耳,其曰"吾若举军就魏,宁当落度如此"①。是则即为懿屈而不惭者。令先归而延与姜维持其后,蒋琬谈笑而废之,非延匹也。于是而武侯之计周矣。故二将讧而于国无损。不然,将争于内,敌必乘之,司马懿之智,岂不能间二乱人以卷蜀,而何为敛兵以退也?

【注释】

①落度:落拓,潦倒失意。

【译文】

杨仪不过是个气量狭小的人罢了,他被流放后说"如果当初我率军投降曹魏,怎么会像今天这样潦倒落魄呢?"这就是那种即使屈从于司马懿也不感到惭愧的人。诸葛亮命他先率军回国而让魏延与姜维断后,蒋琬因此可以在谈笑间剥夺他的官位和权力,如此看来他还比不上魏延。这样看来,诸葛亮对其死后事务的谋划就非常周密了。所以杨仪和魏延这两名将领发生内讧却没有对国家产生损害。不然的话,将领在国内相互争斗,敌人必定会乘虚而入,以司马懿的智慧,难道会不离间和利用杨仪、魏延这两个叛乱之人,从而席卷整个蜀汉吗?如果不是因为诸葛亮思虑周密,使他无机可乘,他又怎么会收兵回撤呢?

一九　诸葛表主以自明

武侯之言曰:"淡泊可以明志。"诚淡泊矣,可以质鬼神,可以信君父,可以对僚友,可以示百姓,无待建鼓以鼁鸣矣。且夫持大权、建大功,为物望所归,而怀不轨之志者,未有不封殖以厚储于家者也①。以示豆区之恩②,以收百金之士,以饵腹心之蠹,以结藩镇之欢,胥于财而取给。季氏富于周公,而鲁昭莫能制焉,曹、马、刘、萧③,皆祖此术也。诚淡泊矣,竞利名者之所不趋,而子孙亦习于儒素④,不问其威望之重轻,而固知其白水盟心、衡门归老之夙图矣⑤。

【注释】

①封殖:聚敛财货。

②豆区:比喻微小。豆、区均是古代量器,《左传·昭公三年》中记载,齐旧有四量:"豆、区、釜、钟。"

③曹、马、刘、萧:指曹操、司马懿、刘裕和萧道成。

④儒素:儒者的素质,指符合儒家思想的品格德行,尤指淡泊简朴,安贫乐道。

⑤白水盟心:对着水盟誓订约。衡门归老:归隐终老。衡门,横木

　　为门,指简陋的房屋,借指隐者所居之处。

【译文】

　　诸葛亮说过:"淡泊可以明志。"如果确实淡泊,可以无愧于鬼神,可以用诚信对待君父,可以毫无愧怍地面对同僚和朋友,可以开诚布公地向百姓展示自己的内心,不需要像敲鼓一样刻意发出声音以表现自己的淡泊。况且把持大权、建立大功,为众望所归,而心怀不轨之志的人,没有不大肆聚敛财货储存在家中的。为了向别人展示小恩小惠,为了重金收买武士、死士之类的人,为了豢养心腹近臣,为了拉拢藩镇,讨其欢心,这些都需要足够的财货以满足其需要。春秋时鲁国季孙氏比周朝的公侯还富有,而鲁昭公却没办法制约他,曹操、司马懿、刘裕和萧道成等人,都承袭了季孙氏的办法。如果确实淡泊,则追逐名利的人是不会对其趋之若鹜的,而他的子孙也会习惯于淡泊朴素、安贫乐道的生活,无论他的威望是轻还是重,都可以知道他确实是素有不图名利的坚定信念,早就有退休之后过简朴隐居生活的打算了。

　　乃武侯且表于后主曰:"成都有桑八百株,薄田十五顷,死之日,不使内有余帛、外有赢粟,以负陛下。"一若志晦不章、忧谗畏讥之疏远小臣,屑屑而自明者①。呜呼!于是而知公之志苦而事难矣。后主者,未有知者也,所犹能持守以信公者,先主之遗命而已。先主曰:"子不可辅,君自取之。"斯言而入愚昧之心,公非剖心出血以示之,岂能无疑哉?身在汉,兄弟分在魏、吴,三国之重望,集于一门,关、张不审,挟故旧以妒其登庸②,先主之疑,盖终身而不释。施及嗣子之童昏,内而百揆,外而六军,不避嫌疑而持之固,含情不吐,谁与谅其志者?然则后主之决于任公,屈于势而不能相信以道,明矣。公乃谆谆然取桑田粟帛、竭底蕴以告③,无求于当世,其孤幽之忠贞,危疑若此,而欲北定中原、复已亡之社稷也,不亦难乎?

【注释】

①屑屑:劳碌交迫的样子。

②登庸:选拔任用。

③底蕴:底细,内心所蕴藏的事物。

【译文】

可是诸葛亮在给后主刘禅上的表中说:"我家在成都有八百株桑树,十五顷薄田,等到我死的那天,不能使家中有多余的布帛,外边有多余的粮食,从而辜负了陛下您的信任。"这就完全像是苦闷不得志、担忧皇帝听信别人的谗言而疏远自己的小臣一样,把自己的一切都向皇帝仔细说明。唉!由此可以知道诸葛亮心中的痛苦和办成事情的艰难。后主刘禅对诸葛亮并没有深入的了解,他之所以还能一直信任诸葛亮,不过是因为刘备的遗命而已。刘备临终前说:"如果我的儿子不值得辅佐,你就自己取而代之。"这句话一直被愚昧无知的刘禅放在心上,诸葛亮如果不剖开心脏,流出鲜血地向他展示自己的一片忠心,哪能不被刘禅怀疑?诸葛亮身在蜀汉,其兄弟诸葛诞、诸葛瑾等人分别在魏、吴两国任职,三国的重望,集中在诸葛氏一门,关、张缺乏思量,依仗自己是刘备故旧之臣的身份妒忌诸葛亮被刘备委以重用,刘备对诸葛亮的猜疑,大概终生也难以消除吧。到了后主时期,刘禅年幼昏聩,诸葛亮在内作为丞相统率百官,在外亲率六军,不避嫌疑而牢牢保持着政权和军权,不向别人吐露自己心中的委屈与辛苦之情,又有谁能体谅他的志向呢?如此则后主刘禅能决定对诸葛亮委以重任,不过是屈从于形势罢了,并不是能从道义上真正信任诸葛亮,这是很明显的。诸葛亮于是忠谨诚恳、不厌其烦地将自己拥有的桑田粟帛等财产这些底细都详细告诉刘禅,对当世无所需求,他的处境如此孤立,却能如此忠贞不贰,他身处险境，被猜疑到这个地步，而想要北定中原，恢复已经灭亡的汉朝的江山社稷，不也太难了吗？

于是而知先主之知人而能任，不及仲谋远矣。仲谋之于子瑜也、陆逊也、顾雍也、张昭也，委任之不如先主之于公，而信之也笃，岂不贤哉？先主习于申、韩而以教子，其操术也，与曹操同，其宅心也①，亦彷佛焉。自非司马懿之深奸，则必被掣曳而不能尽展其志略②。故曰公志苦而事难也。不然，公志自明，而奚假以言明邪？

【注释】

①宅心：居心。

②掣曳：牵制，掣肘。

【译文】

由此可以知道，刘备在知人善任方面，比孙权差得远了。孙权对于诸葛瑾、陆逊、顾雍、张昭这些人，虽然委以重任的程度比不上刘备对于诸葛亮的任用，但是他对他们非常信任，难道不是更贤明的表现吗？刘备习惯于申不害、韩非的法家学说，以此来教导儿子，他对权术的玩弄，与曹操是相同的，他的居心，也与曹操相似。如果不是像司马懿那样深藏不露、老奸巨猾，则必然会受到掣肘，难以尽情施展自己的才能，实现自己的志向。所以说诸葛亮内心因志向难成而苦闷，想要办成大事也很难。不然的话，诸葛亮的志向自然就能明白地显露出来，而又哪里需要用语言来表明呢？

二〇　魏将移于司马高堂隆陈矫言之不力

得直谏之士易，得忧国之臣难。识所不及，诚所不逮，无死卫社稷之心，不足与于忧国之任久矣。若夫直谏者，主德之失，章章见矣^①。古之为言也，仁慈恭俭之得，奢纵苛暴之失，亦章章见矣。习古之说而以证今之得失，不必深思熟虑，殷忧郁勃^②，引休戚于躬受，而斟酌以求宁，亦可奋起有言而直声动天下矣。

【注释】

①章章：鲜明，昭著。

②殷忧：深切的忧虑。郁勃：郁结壅塞。

【译文】

得到直谏敢谏的士人容易，得到能忧国的大臣就难了。见识有不足，诚挚之情不够充分，没有誓死捍卫社稷的心思，这样的人本来就不足以承担起忧国之任。至于直言敢谏的人，君主德行上有过失，是可以轻易看清楚的。古代对于君主德行的相关言论，无论是赞扬仁慈恭俭的好处，还是批评骄奢放纵、苛刻残暴的过失，也都是轻易可以见到的。把古人的说法拿来验证今天君主的得失，并不需要深思熟虑、冥思苦想，只要有与国家休戚与共的精神，反复斟酌思考以求内心安宁，也是可以奋起发言劝谏君王，以正直的名声打动天下的。

魏主叡之后，一传而齐王芳废^①，再传而高贵乡公死^②，三传而常道乡公夺^③。青龙、景初之际^④，祸胎已伏，盖岌岌焉，无有虑此为叡言者，岂魏之无直臣哉？叡之营土木、多内宠、求神仙、察细务、滥刑赏也，旧臣则有陈群、辛毗、蒋济^⑤，大僚则有高堂隆、高柔、杨阜、杜恕、陈矫、卫觊、王肃、孙礼、卫臻^⑥，小臣则有董寻、张茂^⑦，极言无讳，不避丧亡之谤诅^⑧，至于叩棺待死以求伸；叡虽包容勿罪，而诸臣之触威以抒忠也,果有身首不恤之忧。汉武、唐宗不能多得于群臣者,而魏主之廷,森森林立以相绳纠⑨。然而阽危不救⑩,旋踵国亡。繇是观之,直谏之臣易得,而忧国之臣未易有也。

【注释】

①齐王芳(232—274):即曹芳,字兰卿。魏明帝曹叡养子,三国时期曹魏第三位皇帝(239—254在位)。曹芳于青龙三年(235)被封为齐王,景初三年(239年)曹叡病逝后继位为帝。嘉平六年(254),司马师将曹芳废为齐王,改立高贵乡公曹髦为帝。司马炎代魏称帝后,改封曹芳为邵陵县公。泰始十年(274),曹芳病逝。传见《三国志·魏书·三少帝纪》。

②高贵乡公(241—260):即曹髦,字彦士。三国时期曹魏第四位皇帝(254—260在位)。魏文帝曹丕之孙,东海定王曹霖之子,即位前封为高贵乡公。司马师废齐王曹芳后,曹髦作为曹丕庶长孙被立为新君。他对司马氏兄弟的专横跋扈十分不满,于甘露五年(260)密谋亲自讨伐司马昭。事情泄漏后,曹髦被贾充指使的成济弑杀,年仅20岁。死后被废为庶人。传见《三国志·魏书·三少帝纪》。

③常道乡公(246—302):即曹奂,本名曹璜,字景明。魏武帝曹操之孙,燕王曹宇之子,三国时期魏国最后一位皇帝(260—265在位)。甘露三年(258),被封为常道乡公。甘露五年(260),高贵乡公曹髦被成济弑杀,司马昭立曹奂为帝,以奉魏明帝曹叡之祀。曹奂虽名为皇帝,但实为司马氏的傀儡。咸熙二年(265),司马昭之子司马炎篡夺魏国政权,魏国灭亡,曹奂被降封为陈留王,于太安元年(302)逝世。传见《三国志·魏书·三少帝纪》。

④青龙:魏明帝曹叡的第二个年号,使用时间为233—237年。景初:魏明帝曹叡的第三个年号,使用时间为237—239年。

⑤蒋济(188—249)：字子通,楚国平阿(今安徽怀远)人。三国后期曹魏名臣,历仕曹操、曹丕、曹叡、曹芳四代。官至太尉。正始十年(249),蒋济随司马懿推翻曹爽势力之后,晋封都乡侯,同年因自觉在政变中失信于曹爽,自责忧愤而死。传见《三国志·魏书·蒋济传》。

⑥高堂隆(? —237)：字升平,泰山平阳(今山东新泰)人。三国时期曹魏名臣。官至侍中、太史令、光禄勋。青龙年间,魏明帝多造宫殿,高堂隆为此上疏切谏。传见《三国志·魏书·高堂隆传》。杨阜：字义山,天水冀县(今甘肃甘谷东南)人。三国时期曹魏名臣。早年曾任凉州从事、凉州参军。因征讨马超有功,赐爵关内侯。魏文帝曹丕、明帝曹叡时,在朝廷任职,以德才兼备、刚正不阿著称。传见《三国志·魏书·杨阜传》。杜恕(? —252)：字务伯,京兆杜陵(今陕西西安东南)人。曹魏大臣。官至幽州刺史、护乌丸校尉。后因擅自斩杀鲜卑骑兵,被送交廷尉,于嘉平元年(249)被贬为庶人,流放到章武郡。传见《三国志·魏书·杜恕传》。卫觊(155—229)：字伯儒,河东安邑(今山西运城)人。三国时期曹魏大臣,官至尚书。魏国建立后,他受命与王粲共同主持制定典礼制度。传见《三国志·魏书·卫觊传》。王肃(195—256)：字子雍,东海郯(今山东郯城西南)人。三国时期曹魏著名经学家、大臣。官至散骑常侍、秘书监及崇文观祭酒,魏明帝时屡次对时政提出建议。传见《三国志·魏书·王肃传》。孙礼(? —250)：字德达,涿郡容城(今河北容城)人。三国时期曹魏将领。他为人刚毅而有勇略,曾为保护魏明帝曹叡而欲独身搏虎。明帝驾崩后,孙礼担任大将军曹爽的长史,后因在清河、平原二郡的疆界问题上得罪曹爽而遭罢官。高平陵之变后,孙礼出任司隶校尉,不久升任司空,封大利亭侯。传见《三国志·魏书·孙礼传》。卫臻：字公振,陈留襄邑(今河南睢县)人。

　　三国时期曹魏大臣,官至司空、司徒,封长垣侯。传见《三国志·魏书·卫臻传》。

⑦董寻:字文奥。三国时曹魏官员。为人忠直,担任军谋掾时,因曹叡大兴宫室,群臣皆负土,上书直言劝谏曹叡,后任贝丘令。事见《三国志·魏书·明帝纪》。张茂:字彦林,沛(今安徽亳州)人。仕魏为太子舍人。魏主曹叡穷奢极欲,在许都大兴土木,张茂上表切谏,但明帝无动于衷。事见《三国志·魏书·明帝纪》。

⑧谤诅:非议,咒骂。

⑨绳纠:纠正过失。

⑩阽(diàn)危:临近危险。

【译文】

　　魏明帝曹叡以后,皇位首先传到齐王曹芳那里,但他很快被废,再传到高贵乡公曹髦那里,但他很快被逆臣弑杀,三传到常道乡曹奂那里,但他的皇位最终被司马炎篡夺。魏明帝青龙、景初年间,祸根就已经悄然埋下,大概已经到了岌岌可危的地步,却没有考虑到这种危险而向曹叡进言的人,难道是曹魏没有正直的臣子吗? 对于曹叡大兴土木、内宠众多、祈求神仙、过于关注琐碎事务、滥施刑罚赏赐等行径,旧臣中有陈群、辛毗、蒋济,朝廷大员中有高堂隆、高柔、杨阜、杜恕、陈矫、卫觊、王肃、孙礼、卫臻,小臣中有董寻、张茂,都直言规劝,无所忌讳,不逃避被杀的危险,以至于抬着棺材以示冒死进谏,以求自己的意见能被曹叡接受。曹叡虽然容忍了他们的劝谏行为,没有治他们的罪,但诸位臣子不惜触犯皇帝的威严以表达自己的忠心,确实有不顾身死的热忱之心。汉武帝、唐太宗时的群臣都未必能做到如此热忱忠诚,而魏明帝曹叡的朝堂上,却有这么多忠诚正直的臣子来纠正他的过失。然而这样仍旧不能把曹魏从危险境地中拯救出来,曹魏政权很快就灭亡了。由此可见,直言敢谏的臣子容易得到,而能忧国的大臣却不容易得到。

高堂隆因鹊巢之变,陈他姓制御之说①;问陈矫以司马公为社稷之臣,而矫答以未知。然则魏之且移于司马氏,祸在旦夕,魏廷之士或不知也,知而或不言也。隆与矫知之而不深也,言之而不力也。当其时,懿未有植根深固之党,未有荣人、辱人、生人、杀人之威福,而无能尽底蕴以为魏主告。无他,心不存乎社稷,浮沉之识因之不定,未能剖心刻骨为曹氏徘徊四顾而求奠其宗祐也。逮乎魏主殂,刘放、孙资延大奸于肘掖之后②,虽灼见魏之必亡而已无及矣。

【注释】

①高堂隆因鹊巢之变,陈他姓制御之说:陵霄阙开始建造的时候,有喜鹊在上面筑窝,曹叡问高堂隆此为何故。高堂隆说:"《诗经》说:'维鹊有巢,维鸠居之。'现在兴建宫室,盖陵霄阙,喜鹊筑窝,这是宫室未盖成,陛下不能居住的征兆。天象像是在说,宫室未盖成,将会有异姓人住进去,这是上天在劝诫您呢!"他借机劝谏魏明帝停止大修土木,广施德政,为民兴利。事见《三国志·魏书·高堂隆传》。

②刘放(?—250):字子弃,涿郡(今河北涿州)人。三国时期曹魏大臣。刘放在东汉末年投奔曹操,历任参军事、秘书郎等职。魏文帝曹丕时期受到重用,赐爵关内侯,职掌中枢机密。明帝即位后进爵西乡侯、方城侯,参决大政,权倾一时。明帝临终前,担忧皇储幼弱,刘放力主召曹爽、司马懿托付大政。正始七年(246)致仕,嘉平二年(250)卒。传见《三国志·魏书·刘放传》。

【译文】

高堂隆借着陵霄阙上有喜雀筑巢这一异变,向魏明帝表明有异姓篡夺江山社稷的危险,提醒他加以防范;魏明帝向陈矫询问司马懿是否能做社稷之臣时,陈矫回答说未可知。然而这个时候魏国的大权已经渐渐向司马氏转移,曹魏政权危在旦夕,曹魏朝廷中的大臣有的对此浑然无知,有的知道了也不愿意说出来。高堂隆与陈矫知晓这种危险,但知道得不够深刻,向皇帝进言劝谏的力度不够。在当时,司马懿尚未培植起根深蒂固的党羽,还没有荣人、辱人、生人、杀人的大权,而高堂隆与陈矫却不把自己心中的想法全盘告诉魏明帝。这没有别的原因,就是因为他们心中没有时刻为江山社稷着想,其见识因此也就摇摆不定,所以没有能够对曹魏政权保持剖心刻骨般的忠诚,时刻为曹魏政权四下张望、搜寻危险因素,以求曹魏政权宗庙社稷的稳固。等到魏明帝死后,刘放、孙资将奸诈的司马懿引为执政大臣,使他掌握了中枢大权,此时即使有人能够清楚地看到魏国必定灭亡的结局,也已经来不及采取措施加以挽救了。

以社稷为忧者,如操舟于洪涛巨浸①,脉察其碛岸洑涡之险易②,目不旁瞬而心喻之③;则折旋于数十里之外而避危以就安也,适其所泊而止。岂舟工之智若神禹哉④？心壹于是而生死守之尔。若夫雒阳、崇华、铜人、土山之纵欲劳民⑤,与夫暴怒刑杀、听小臣毁大臣、躬亲细务而陵下不君,此皆见之闻之,古有明训,而依道义以长言之,则不必有体国之忠,而但有敢言之气,固可无所畏避而唯其敷陈者也。抑岂足恃为宗社生民之托哉？

【注释】

①巨浸:大水,指大江、大河、大湖或大海。

②碛:浅水中的沙石。洑涡:旋涡。

③旁瞬:向两旁看。

④神禹：即大禹。夏禹的尊称。

⑤雒阳、崇华、铜人、土山：魏明帝曹叡在位后期，大兴土木，斥巨资和人力扩建洛阳宫、崇华殿。又命人从长安将铜人、承露盘等器物搬运到洛阳，因铜人过重无法搬运，又使用大量铜铸作二铜人，号曰翁仲，列坐于司马门外。又于芳林园西北起土山，使公卿群僚皆负土成山，树松竹杂木善草于其上，捕山禽杂兽置其中。事见《三国志·魏书·明帝纪》

【译文】

为江山社稷而担忧的人，就如同在波涛汹涌的江河湖海中驾驶船只一样，必须时刻留心观察河岸、礁石、旋涡等危险因素，目不旁视而将这些危险了然于心。如此则可以在危险地点数十里之外就开始调整航线，从而避开危险地点，选择安全路线，直到到达合适的停泊地点。难道能做到这点是因为船工的智慧像大禹一样吗？他们只是一心一意，与所驾的船只生死相守罢了。至于魏明帝修建洛阳宫、崇华殿，铸作铜人、大起土山，放纵自己的欲望，劳民伤财，以及他暴躁易怒、滥施刑罚、听信小臣诋毁大臣的谗言，亲自处理琐碎事务，侵凌属下职权，没有做君王的样子，这都是可以看到、听到的事情，古代大臣劝谏君主类似行为的话也有很多，完全可以根据道义借用那些话来对君王展开劝谏，不一定非要有对江山社稷的绝对忠诚，只要有直言敢谏的气势就足够了，这样就可以无所回避地将自己的意见向皇帝详细阐明。这样的臣子，难道足以被托付江山社稷的存亡和百姓的祸福吗？

二一　陈群削谏草非忠

陈群上封事谏魏主①，辄削其草；杨阜触人主之威以直谏，与人言未尝不道；袁宏赞群之忠②，而讥阜之播扬君恶。夫阜激而太过，诚然矣；以群之削草为忠臣之极致，又奚得哉？宏曰："仁者爱人，施之君谓之忠，施之亲谓之孝。"非知道之言也。

【注释】

①封事：密封的章奏，亦称封章。汉制规定，臣下奏事，防有泄漏，以皂囊封板，谓之封事。

②袁宏（328—376）：字彦伯，小字虎，时称袁虎，陈郡阳夏（今河南太康）人。东晋史学家、文学家。善文章，曾作《咏史诗》，为安西将军谢尚所赏识，引为参军，后任东阳太守。他撰有《后汉纪》三十卷，并著有《竹林名士传》三卷，及《东征赋》《北征赋》《三国名臣颂》等文章。传见《晋书·袁宏列传》。

【译文】

陈群每次上奏疏劝谏曹魏皇帝后，就把自己奏疏的草稿销毁；杨阜不惜触怒君主，犯颜直谏，跟别人谈话时，也毫不隐瞒他所做的批评。袁宏称赞陈群的忠诚，而讥讽杨阜传播宣扬君王的过失。杨阜的行为的确是过分激烈了，可是把陈群销毁奏疏草稿当作极致的忠臣之举，又哪里是对的呢？袁宏说："有仁心的人爱人，爱的人如果是君王，就叫作'忠'，爱的人如果是父母，就叫作'孝'。"这并不是知晓君臣之道而说出的话。

君父均也，而事之之道异。《礼》曰："事亲有隐无犯，事君有犯无隐①。"隐者，知其恶而讳之也。有隐以全恩，无隐以明义，道之准也。君之有过也，谏之而速改，改过之美莫大焉。称其前之过以表其后之改，固以扬其美之大者也。谏而不听，君过成矣；即不言，而臣民固已知之矣。导谀之臣，方且为之饰非为是，弭在廷之口；而谏者更为之掩覆，于是而导谀之臣益无所忌,而唯其欲为。且己谏而不听,庶几人之继进也。小臣疏远,望近臣之从违以为语默。近臣养君之愆而蔽下之知,则疏远欲言之士,且徘徊疑沮,而以柔巽揄扬为风尚②。劝忠之道,丧于唯诺之习,孤鸣无和,虽造膝而为痛哭③,亦无如怙过之主何矣!

【注释】

①事亲有隐无犯,事君有犯无隐:语出《礼记·檀弓上》。意思是:和亲人相处,有隐瞒而没有冒犯;和君王相处,有冒犯而没有隐瞒。

②柔巽:柔顺。揄扬:称颂,赞扬。

③造膝:促膝正坐。

【译文】

君王和父亲都是尊长,但事奉他们的方式是不同的。《礼记》中说:"和亲人相处,可以有所隐讳而不应冒犯;和君王相处,可以有所冒犯却不能有所隐讳。"所谓隐,就是知道尊长有过失而不直接说出来。对父亲有所隐讳是为了保全父子之恩,对君王无所隐讳是为了申明大义,这是道的准则。君王有过失,臣下进行劝谏,他就能迅速改正,没有比君王改正错误更好的事情了。向别人提到君王之前的过失是为了表扬他之后能改正过错,这是宣扬其改过美德的良好方式。如果臣下劝谏而君王不听,则君王的过错就真成了过错;即使臣下不对别人说,而臣民本来也都会知道。阿谀奉承的臣子,正是要为君王文过饰非,堵住朝廷大臣的嘴;而劝谏的人如果再帮助皇帝遮掩过错,阿谀奉承的臣子就会更加无所忌惮,为所欲为。况且一名臣子进谏君王不听,或许还会有别人相继进谏。与君王关系疏远的小臣,是看君王近臣的表现来决定自己是否进谏的。如果近臣为君王遮掩过错而不让下面的人知道真实情况,则与君王关系疏远,想要直言进谏的人士,就会徘徊疑虑,而官员们就会以柔顺自守、歌功颂德为风尚。劝勉臣下忠诚的大道,因为唯唯诺诺的习惯而沦丧,直言进谏的大臣孤掌难鸣,没有别的臣子应援,即使促膝正坐、痛哭流涕,又能对坚持过错、不肯悔改的君王怎么样呢?

韩愈氏非知道者[1],拟文王之诗曰:"臣罪当诛兮,天王圣明。"文王而为此言也,则飞廉、恶来且援为口实以惑纣,而信比干之死为当其辜矣。亦何惮而不殚其斮胫炮烙之惨乎[2]?若群者,以全身于暴主之侧,孔光温树之故智也[3],谓之曰忠,而同君父于一致,袁宏恶知忠臣之极致哉!

【注释】

[1]韩愈(768—824):字退之,河南河阳(今河南孟州)人。唐代杰出文学家、思想家、政治家。韩愈早任登进士第,历任史馆修撰、中书舍人等职。元和十二年(817),出任宰相裴度的行军司马,参与讨平"淮西之乱"。其后又因谏迎佛骨一事被贬至潮州。晚年官至吏部侍郎。韩愈是唐代古文运动的倡导者,被后人尊为"唐宋八大家"之首,与柳宗元并称"韩柳",著有《韩昌黎集》等。传见新、旧《唐书·韩愈列传》。

[2]斮(zhuó)胫:斩断胫骨。炮烙:相传是殷纣王所用的一种酷刑,以炭火烧红铜柱,强迫犯人在其上行走。

[3]孔光温树:西汉末大臣孔光平素公私分明,从不泄露朝廷政事。他回家休息,与兄弟、妻子儿女们说家常话时,始终都不提朝廷官署里的政事。有人问孔光:"长乐宫温室殿的树,都是一些什么树啊?"孔光沉默不答,然后用别的话岔开去。事见《汉书·孔光传》。

【译文】

韩愈不是知晓君臣之道的人，他在《羑里操》中模拟周文王的口吻说："臣罪当诛兮，天王圣明。"周文王如果真的这么说，则飞廉、恶来将会把他的话引为口实来迷惑纣王，而使纣王相信比干之死纯属死有余辜。难道周文王不怕自己也遭遇斩断胫骨和炮烙的酷刑吗？像陈群这样做，只不过是在暴君身边保全自身的办法罢了，就像西汉时孔光拒绝回答别人有关"长乐宫温室殿的树是什么样的"的问题，把这种行为称为忠，就是把事奉君王和侍奉父亲的方式变得一样了，袁宏又哪里知道忠臣的极致表现是什么呢？

二二　曹叡妄自祖虞复禘礼

魏主叡之诏曰："汉承秦乱，废无禘礼①，曹氏世系，出自有虞，以舜配天，以舜妃配地。"其亢地于天，离妣于祖，乱乾坤高卑之位，固不足道矣。妄自祖虞而以废禘讥汉，尤不知禘者也。

【注释】

①禘(dì)礼：古代帝王祭祀天地和先祖的一种隆重礼仪。

【译文】

魏明帝曹叡的诏书中说："汉朝承继秦末大乱而取得天下，废除了祭祀远祖的禘礼，我们曹氏世系，出自有虞氏，应当以舜配祭天，以舜的妃子配祭地。"他把地抬高到与天同等的地位，将先祖与其妻子分离祭祀，扰乱乾坤的尊卑地位，这种做法本来就不值一提。而他妄自把舜当作自己的祖先，又讥讽汉朝废除了禘礼，这尤其是不懂得禘祭之礼的表现。

　　自汉以下,禘之必废也无疑也。三代而上,君天下者,数姓而已,天子之支庶,分封为侯,各受命而有社稷。其后一族衰微,则一族之裔孙以德而复陟帝位,无有不缋诸侯祖天子而崛起者也。推创业之主而上之,始受命而有社稷者,其始祖也,商之契、周之稷是也。又推而上之,则固有天下者也,而高辛是也①,是为始祖所自出之帝也。世有社稷而为君,代相承而谱牒具存,虽历数十世而云仍不绝,则所自出之帝虽远,亦犹父子之相授,渊源不昧;而后此之有天下者,仍还其前此有天下之故业,以示帝位之尊,不越神明之胄,非是者不得而干焉。此封建未坠之天下,道固然也。

【注释】

①高辛:指帝喾(kù)。高辛氏,名俊(一作夋、夒),出生于高辛(今河南商丘),据说是黄帝的曾孙,中国上古时期部落联盟首领,五帝之一。其祖父玄嚣(少昊)是黄帝元妃嫘祖的长子,父亲名叫蟜极,高辛在其叔父颛顼死后,继承帝位,成为天下共主,号高辛氏。帝喾前承炎黄,后启尧、舜,被视为是华夏民族的共同人文始祖之一,商、周两朝先祖——弃、契,皆出于高辛氏。传见《史记·五帝本纪》。

【译文】

　　自从汉代以后,祭祀远祖的禘礼必定要被废除,这是毫无疑问的。夏商周三代以前,君临天下的,也不过几个姓氏的家族而已,天子的支庶子孙,都被分封为侯,各自受命于天子,拥有自己的社稷。其后某一族衰微,则这一族的后裔子孙可以依靠德行而重新登上帝位,没有一个诸侯不是承继上古天子血脉而崛起称帝的。由此向上追溯到创业的君主，最初受天子之命而拥有社稷的，就是其始祖，就像商人的先祖契，周人的先祖稷那样。又由此向上追溯，则是本来就拥有天下的人，正像高辛氏一样，这是给予始祖任命和社稷的天子。诸侯世代作为君主拥有社稷，代代相承而谱牒都完好地保存着，即使历经数十代也不曾断绝，则即使自己与最初分封自己先祖的天子已相距甚远，也犹如父子相授一样，渊源非常清晰。而此后拥有天下的人，仍然将天下视为故业，认为是从祖先那里承继来的，以显示帝位的尊贵，都不外是神明的后代，如果不是如此就不可能得到帝位。这是在封建制尚未衰落的天下中，理所应当的事情。

秦虽无德，而犹柏翳之裔①，受封西土，可以继三代而王，使追所自出之帝而禘焉，得矣。至于汉兴，虽曰帝尧之苗裔，而不可考也。陶唐之子孙受侯封者②，国久灭而宗社皆亡，帝尧之不祀，久已忽诸③。高帝起田间为亭长，自以灭秦夷项之功而有天下，征家世于若存若亡之余，悬拟一古帝为祖，将谁欺？欺天乎？自汉以下之不禘，岂不允哉！

【注释】

①柏翳：一作伯益、柏益，又称大费，大业的儿子，因协助禹治水有功，受舜赐姓嬴。他在改进农耕、发展畜牧方面卓有贡献，据说发明了凿井技术。柏翳一度被禹选为接班人，但禹之子夏启后来夺取了政权，柏翳成为其臣属。柏翳之子大廉的后代被封于秦，战国时秦国、赵国王室均来自这一嬴姓分支。

②陶唐：尧之国号，或代称尧。因尧先居陶，后徙唐而得名。

③忽诸：忽然，一下子。

【译文】

秦朝虽然没有德政施于天下，但仍然是柏翳的后裔，其先祖被分封到西部地区，因此可以继夏商周三代而称王，所以秦人追溯其先祖而用禘礼祭祀他们，也是应该的。至于汉朝的兴起，虽然汉皇室宣称他们是帝尧的后裔，却无法加以考证。陶唐氏的子孙中凡受封为侯的，其国家都早已被灭亡，宗庙社稷也都不存在了，帝尧不被祭祀的局面，已经持续相当长的时间了。汉高祖崛起于田间，起兵前只是个亭长，自己依靠灭亡秦朝、夷灭项羽的功劳而拥有了天下，他将自己并不兴盛、模糊不清的家世向上追溯，把一个远古帝王当作自己的先祖，又能欺骗谁呢？难道是想欺骗上天吗？所以从汉朝以后不再举行禘礼，难道不是理所应当的吗？

汉曰祖尧也，王莽、曹氏曰祖舜也，唐曰祖皋陶也、老聃也，攀援不可致诘之圣贤以自张大者也。泽所已斩，道所不嗣，诚所不至，以名属之，以文修之，漠乎其不相及久矣。当其侧微[1]，不知其有所祖也，序其谱系，不知必为祖也，且远引而祖之，仁人孝子之事其先，如是而已哉？郭崇韬垂涕汾阳之墓[2]，梁师成追讼眉山之诬[3]，为姗笑而已[4]。魏主叡其何以异于是！

【注释】

①侧微：微贱，卑微。

②郭崇韬垂涕汾阳之墓：后唐名将郭崇韬一度权倾朝野，其同事豆卢革向他献媚说："汾阳王郭子仪是代北人，后来迁移到华阴，侍中大人您世代在雁门，和汾阳王大概有些关系吧。"郭崇韬明知查无实据，但却顺水推舟地说："乱世之中家谱不幸丢失，先人们

常说汾阳王是我们四世之祖。"豆卢革接着说:"难怪大人如此英武多谋,原来是汾阳王的后代。"从此,郭崇韬就以郭子仪的子孙自居。后来他带兵讨伐蜀地,在陕西路过郭子仪的墓地时,还下马大哭后才离开,人们听说后都嘲笑乱认祖宗。郭崇韬(865—926):字安时,代州雁门(今山西代县)人。五代十国时期后唐宰相、名将。辅佐李克用、李存勖父子数十年,献奇袭汴州之策,灭后梁,后又率军平灭前蜀。官至兵部尚书、枢密使,封赵郡公,邑二千户。同光四年(926),郭崇韬遭李从袭、庄宗刘皇后等人联手构陷,被魏王李继岌诛杀。传见《旧五代史·唐书·郭崇韬列传》《新五代史·唐臣传·郭崇韬》。

③梁师成追讼眉山之诬:北宋末年宦官梁师成自称是"苏轼出子"。据说苏轼远谪之时,将家中侍婢送与梁氏友人,不足月而生梁师成。此事含糊不清,但也未遭到苏家的否认。蔡京执政期间,苏轼被视为"旧党",其生前作品遭封禁,梁师成为此专门在宋徽宗面前为苏轼鸣冤。梁师成(?—1126):字守道。北宋末年宦官,"六贼"之一。政和间受宋徽宗宠信,官至检校太傅,凡御书号令皆出其手,权势日盛,贪污受贿、卖官鬻职等无恶不作,时人称之为"隐相"。宋钦宗即位后被贬为彰化军节度副使,行至途中被缢杀。传见《宋史·梁师成列传》。

④姗笑:讥笑,嘲笑。

【译文】

汉朝皇室宣称自己的祖先是帝尧,王莽、曹氏称自己的祖先是帝舜,唐朝皇室宣称自己的祖先是皋陶、老子,都是在攀附那些已经不可能出声反驳他们言论的圣贤,以求扩大自己的声势。古圣贤之君的恩泽早已斩断,他们的道德也早已无人继承,后世对他们没有足够的诚意,只是在名义上做他们的后裔,并通过各种礼仪制度来对此加以粉饰,实际上后世那些人与古圣贤之君已经毫不相及很久了。当这些人地位卑微的时候，他们根本就不知道自己的祖先是谁，即使根据谱牒世系来追溯，也无法确定这些古圣贤之君一定是他们的祖先，却非要把古圣贤之君引为自己的祖先，仁人孝子事奉自己的祖先，难道就仅仅这样做吗？郭崇韬在郭子仪坟前痛哭流涕，梁师成在宋徽宗面前为苏轼追鸣冤情，都只能白白被后人嘲笑而已。魏明帝曹叡的做法，与他们又有什么不同呢？

二三　魏刘邵作考课法

任人任法，皆言治也，而言治者曰：任法不如任人。虽然，任人而废法，则下以合离为毁誉，上以好恶为取舍，废职业，徇虚名，逞私意，皆其弊也。于是任法者起而摘之曰：是治道之蠹也①，非法而何以齐之？故申、韩之说，与王道而争胜。乃以法言之，《周官》之法亦密矣，然皆使服其官者习其事，未尝悬黜陟以拟其后。盖择人而授以法，使之遵焉，非立法以课人，必使与科条相应，非是者罚也。

【注释】

①蠹(dù)：蛀虫。

【译文】

任人任法，都是说的治理国家的一种方式，而重视人治的人会说："任法不如任人。"虽然如此，如果任人而废法，则下面的人会根据别人与自己的亲疏远近来决定对别人是攻击还是赞扬，君王则会根据自己的好恶来取舍人才，这样必然导致人们废弃自己的本职工作，只图虚名，只求一逞私欲，这些都是任人废法带来的弊端。于是主张任法者的人会起来指摘说：这些都是妨碍国家治理的蛀虫，如果不采用法治，怎么治理他们呢？所以申、韩的法家学说，与儒家王道相互争胜。可是如果就法而言,《周官》中所设置的法也已经很严密了,但是都是讲的做官者怎样恪尽职守,在其后并没有详细地列明对他们进行赏罚升降的条例。大概其主旨在于选择合适的人而将法授给他,使他遵守法,而不是立法以督促人,非要使人的行为与法令条文严格对应,如果做不到这样就加以处罚。

法诚立矣,服其官,任其事,不容废矣。而有过于法之所期者焉,有适如其法之所期者焉,有不及乎法之所期者焉。才之有偏胜也,时之有盈绌也,事之有缓急也,九州之风土各有利病也。等天下而理之,均难易而责之,齐险易丰凶而限之,可为也而惮于为,不可为也而强为涂饰以应上之所求,天下之不乱也几何矣!上之所求于公卿百执郡邑之长者①,有其纲也。安民也,裕国也,兴贤而远恶也,固本而待变也,此大纲也。大纲弛而民怨于下,事废于官,虚誉虽腾,莫能掩也。苟有法以授之,人不得以玩而政自举矣。故曰择人而授以法,非立法以课人也。

【注释】

①百执:百官。

【译文】

法确实应该被制定,这样做官的人才能有所依据,使其能恪尽职守,因此法令是不能被废除的。然而有的人的表现能够超过法的要求,有的人的表现正好符合法的要求,也有的人的表现达不到法的要求。这是因为个人的才能有高有低,时机有好有坏,事情也有轻重缓急,九州各地的风土各有利弊。如果对天下各地按一个标准来要求,无论难易都要担负同样的责任,无论运势、年成好坏都规定一样的限额,那么做得到的也会害怕这么做，做不到的也只能勉强粉饰以满足上面的要求，这样天下怎么能不乱呢？君主对公卿百官和各郡县长官的要求，应该是有一个大的纲领的。安抚民众，使国家富裕，举荐贤人而使君主远离奸佞之人，巩固国家根本以应对各种变故，这就是大纲。如果大纲遭到破坏，那么民众就会在下面怨声载道，官吏无法恪尽职守，即使到处弥漫着虚假的赞誉，也无法掩饰国家混乱的现实。如果人们有法可依，则每个人都不能玩忽职守，而国家政治就会蒸蒸日上。所以说要选择合适的人将法授给他，使他有法可依，而不是单纯设置法来督促人。

论官常者曰：清也，慎也，勤也。而清其本矣。弗慎弗勤而能清也，诎于繁而可以居要，充其至可以为社稷臣矣。弗清而不慎不勤，其罪易见，而为恶也浅。弗清矣，而慎以勤焉，察察孳孳以规利而避害①，夫乃为天下之巨奸。考课以黜陟之，即其得而多得之于勤慎以堕其清，况其所谓勤者非勤，而慎者非慎乎？是所谓孳孳为利，跖之徒矣②。清议者，似无益于人国者也，而国无是不足以立。恐其亡实而后以法饬之，《周官》《周礼》《关雎》《麟趾》之精意所持也③。京房术数之小人，何足以知此哉？卢毓、刘邵师之以惑魏主④，不能行焉必也。虽不能行，而后世功利刑名之徒，犹师其说。张居正之毒，所以延及百年而不息也。

【注释】

①孳孳：同"孜孜"，勤勉不懈的样子。

②跖：指盗跖（zhí）。原名展雄，又名柳下跖、柳下跖（跖本义指赤脚奴隶），战国、春秋之际奴隶起义领袖。在先秦典籍中被诬为"盗跖""桀跖"，因而在后世心目中成为与尧、舜等圣贤相对立的

恶徒。

③关雎:指《诗经·周南·关雎》,是一首描写青年男女爱情的诗歌,也被儒家学者视为将情纳入礼的轨道并由此淳化社会风俗的范本。麟趾:指《诗经·周南·麟之趾》,是一首赞美贵族公子的诗,儒家学者认为此诗中蕴含着鼓励修身立德、传之子孙的意蕴。

④卢毓(183—257):字子家,涿郡涿县(今河北涿州)人。三国时代曹魏大臣,东汉大儒卢植之子。历仕从曹操到曹髦五代,负责人才的评价和举荐,曾向曹叡建议制定考课法,严格督查官吏。他认为律法只应当有一种正确的解释,不能有两种不同的定义,使奸吏有隙可乘,宽容罪情。传见《三国志·魏书·卢毓传》。刘邵:字孔才,邯郸(今河北邯郸)人。曹魏大臣。曾担任尚书郎、散骑侍郎、陈留太守等职。刘邵学问详博,通览群书,曾受魏明帝曹叡之命作《都官考课》,提出督查、考核百官的七十二条规定。传见《三国志·魏书·刘邵传》。

【译文】

　　议论为官准则的人认为,官吏有三项基本准则:清廉,谨慎,勤勉。而这其中清廉是根本。不谨慎、不勤勉而能保持清廉,虽然拙于处理烦琐的事务,却可以抓住主要问题,适合处理要务,极端一点说,甚至是可以做社稷之臣的。如果不清廉,而且也不谨慎、不勤勉,则其罪过是显而易见的,造成的危害也比较轻。如果为官不清廉,却十分谨慎而又勤勉,总是孜孜不懈地追求利益而又小心地规避危险,这样的人会成为天下的巨奸。通过考课来决定官员的升降,就算有用,最多也只能促使官员勤勉谨慎,而不能保证其清廉,何况其所谓的勤勉并非真的勤勉,所谓谨慎也并非真的谨慎呢? 这些人就是所谓的孜孜求利之人,是与盗跖一样的家伙。清议之风,看起来似乎对国家没有帮助,而实际上国家离开了清议就无法立足。因为害怕清议导致人们求名而忘实,所以才设置法令来约束人们,这正是《周官》《周礼》《关雎》《麟之趾》等书籍篇章的精深大义所在。京房不过是个擅长术数的小人,他又怎么足以知晓这一道理呢?卢毓、刘邵仿效他的考课之法,请求立法考课官员,迷惑魏明帝,他们的建议是肯定不能施行的。虽然不能施行,但后世追求功利、笃信刑名学说的人,还是会学习他们。张居正的流毒,之所以蔓延百年之久而不息,正是因为这个缘故。

二四　魏主叡托司马懿辅政而兆篡

　　魏主叡授司马懿以辅政,而懿终篡也,宜哉!法纪立,人心固,大臣各得其人,则卧赤子于天下之上而可不乱,何庸当危病昏瞀之时[1],委一二人,锡以辅政之名[2],倒魁柄而授之邪[3]?

【注释】

①昏瞀(mào):昏沉,神智昏乱。

②锡:通"赐"。

③魁柄:朝政大权。

【译文】

　　魏明帝曹叡授给司马懿辅政之权,而司马懿最终篡夺了曹魏政权,这也是应该的啊!如果法纪得到确立,人心稳固,大臣各得其人,则即使让刚出生的婴儿居于天下之上,国家仍可以保持不乱,又何必需要等到自己病危,神智昏乱的时候,把后事委托给一两个人,赐给他们辅政的名号,将整个朝廷大权都授给他们呢?

　　周公之辅成王也,王幼而未有知识,且公之至德,旷古一人,而武王之信公也,以两圣而相知也。然使无辅政之名,则二叔亦无衅以构难①,而冲人晏然矣。汉武之任霍、金、上官也,上官逆,霍氏不终矣;辅政之名,由此而立,而抑安足师乎? 先主之任诸葛,而诸葛受命,当分争之世,而后主不足有为也,两俱弗获已而各尽其心耳。先主不能舍后主而别有所立,则不能不一委之诸葛以壹后主之心。

【注释】

①二叔:指周成王的两个叔父蔡叔度和管叔鲜。

【译文】

周公辅佐成王,是因为成王年幼而没有足够的知识,况且周公的至德,旷古至今唯有他一人,而武王也信任周公,因为他们两个都堪称古代圣贤,相互能够理解。然而如果不给周公辅政的名号,则管叔、蔡叔也就没有借口来发难了,而年幼的皇帝也就可以安然无事了。汉武帝任用霍光、金日磾、上官桀辅政,上官桀谋逆作乱,霍光也不得善终。辅政之名,由此而立,而又哪里值得效法呢? 刘备任用诸葛亮辅佐刘禅,诸葛亮受辅政之命,处于天下分裂、战争频仍的时代,而后主刘禅又不足以有所作为,他们两个都是出于不得已而姑且各尽其心罢了。刘备不能舍弃后主刘禅而立别的人为帝,则不能不把一切事务都委托给诸葛亮,从而使他一心一意辅佐刘禅。

若夫魏主叡,无子而非有适长之不可易也,宗室之子,唯其所择以为后。当其养芳与询为子之日,岂无贤而可嗣者,慎简而豫教之? 迨其将殂,芳之为子已三岁矣,可否熟知,而教训可夙,何弗择之于先,教之于后,令可君国而勿坠,而使刘放、孙资得乘其笃疾以晋奸雄于负扆哉①? 为天下得人者,得一人尔。得其人而宰辅百执无不得焉。己既无子,唯其意而使一人以为君,不审其胜任与否,而又别委人以辅之,则胡不竟授以天下而免于篡弑乎? 汉之自旁支入继者,皆昏庸之器,母后权奸之为之也,非若叡之自择而养之也。彼愦愦以死②,无意于宗社而委之妇人者,无责耳矣,而魏主叡何为者也!

【注释】

①负扆(yī):亦作"负依"。背靠屏风。指皇帝临朝听政。扆,户牖之间的屏风。天子见诸侯时,背扆而坐。

②愦愦:昏庸,糊涂。

【译文】

至于魏明帝曹叡,他自己没有儿子,并非是有不可更易的嫡长子,必须传位给他,他完全可以根据自己的意志选择任意一个宗室之子作为后嗣。当他收曹芳和曹询作为养子的时候,难道没有贤明的宗室子弟可以作为后嗣,谨慎地加以选择并预先对其进行精心教育吗? 等到他快死的时候,曹芳已经当了三年他的养子,他完全知道曹芳是否有能力继承君位,之前也完全有时间对他进行教育,为什么之前他选择继承人的时候不谨慎选择,选择继承人以后又不好好教育,令继承者统治国家而不会坠毁,却使得刘放、孙资得以乘他病重之时,举荐奸雄司马懿执掌朝廷大权呢? 所谓为天下得人,得到一个合适的君主就足够了。有了合适的君主,则宰辅、百官自然都可以得到。曹叡自己既然没有儿子,则他完全能够按照自己意志选一个人做嗣君,但他选择的时候却不审查所选之人能否胜任君王之位,而又再委托别人来辅佐他,与其如此,为什么不直接把天下交给一个能胜任的人,以免江山社稷被奸雄篡夺呢? 汉代由旁支入继大统的皇帝,都是昏庸无能之辈,选择他们为君主都是太后和权奸们决定的,而不是像曹叡这样自己选择嗣君并养育他们的。那些昏庸糊涂的皇帝死的时候,完全无意于决断事关宗庙社稷的大事,把这些事情都委托给皇后,无非是缺乏责任心罢了,而魏明帝曹叡却是为什么要这么做呢?

宋仁宗之授英宗,高宗之授孝宗,一旦嗣立而太阿在握;有二君之慎,岂至忍死以待巨奸而付以童昏也哉? 故宋二宗之立嗣,允为后世法也。辅政者危亡之本,恶得托周公之义以召祸于永世哉!

【译文】

宋仁宗传位给宋英宗,宋高宗传位给宋孝宗,英宗、孝宗一旦承嗣继位为君,就立刻掌握了朝廷大权。如果曹叡有宋仁宗、宋高宗那样的谨慎,何至于把国家交给不懂事的顽童,让他们等待奸雄来篡夺江山呢? 所以宋仁宗、宋高宗确立继嗣之君的方式,值得后世效法。让大臣辅政是导致国家危亡的本源,怎么能够假托仿效周公的名义,而招来影响万世的祸患呢?

二五 何晏依曹爽用事

史称何晏依势用事,附会者升进,违忤者罢退,傅嘏讥晏外静内躁①,皆司马氏之徒,党邪丑正,加之不令之名耳。晏之逐异己而树援也,所以解散私门之党,而厚植人才于曹氏也。卢毓、傅嘏怀宠禄,虑子孙,岂可引为社稷臣者乎? 藉令曹爽不用晏言,父事司马懿,而唯言莫违,爽可不死,且为戴莽之刘歆。若逮其篡谋之已成,而后与立异,刘毅、司马休之之所以或死或亡②,而不亦晚乎! 爽之不足与有为也,魏主叡之不知人而轻托之也。乃业以宗臣受顾命矣,晏与毕轨、邓飏、李胜不与爽为徒而将谁与哉③?

【注释】

① 傅嘏(gǔ,209—255):字兰石(一字昭先),北地泥阳(今甘肃宁县)人。三国曹魏后期大臣。傅嘏弱冠时便已知名于世,被司空陈群辟为掾属,为人才干练达。正始初年,历任尚书郎、黄门侍郎,后因得罪何晏而被免职。司马懿诛曹爽后,傅嘏先后担任河南尹、尚书等职,为司马师、司马昭兄弟出谋划策,因功进封阳乡侯。传见《三国志·魏书·傅嘏传》。

② 司马休之(?—417):字季预,河内温县(今河南温县)人。东晋宗室、将领。东晋末年出任平西将军、荆州刺史等职,曾率军平定王恭叛乱。后来桓玄篡晋,司马休之战败,投奔南燕慕容德。刘裕诛除桓玄后,司马休之回到东晋,出任荆州刺史,拥兵自重。义熙十一年(415),刘裕发兵讨伐司马休之,司马休之父子战败,逃往后秦依附姚兴。刘裕灭亡后秦,司马休之等晋国宗室向北魏请降,卒于军中。传见《晋书·司马休之列传》。

③ 毕轨(?—249):字昭先,东平(今山东省东平东)人。三国时期曹魏大臣。黄初年间历任太子文学、长史等职,因攻打鲜卑战败被免官。正始年间,毕轨被大将军曹爽拜为中护军、司隶校尉。高平陵政变结束后,被司马懿等指控参与曹爽谋反之举,被诛杀。传见《三国志·魏书·毕轨传》。李胜(?—249):字公昭,荆州南阳(今湖北襄阳)人。三国时曹魏大臣。曹芳即位后,曹爽辅政,李胜先后担任洛阳令、征西长史、荥阳太守等职,成为曹爽集团的重要成员。高平陵政变结束后被逮捕,随即与曹爽及其党羽一同被杀。传见《三国志》裴松之注引《魏略·李胜传》。

【译文】

史书上称何晏倚仗权势行事，凡是攀附巴结他的人都得以升官，凡是忤逆他的人都会被罢退，傅嘏讥讽何晏外静而内躁，这些都是司马氏的党羽，与奸邪相勾结，丑化正直之士，把不好的名声加在何晏身上罢了。何晏排斥异己、树立党援，是为了解散世族权贵私门之党，为曹氏拉拢人才，深厚的培育亲曹势力。像卢毓、傅嘏这样只考虑高官厚禄，只知道为子孙富贵考虑的人，怎么能够被引为社稷之臣呢？即使让曹爽不听信何晏的话，像对待父亲一样对待司马懿，对司马懿言听计从，这样曹爽可以不死，却将变成拥戴王莽篡汉的刘歆那样的人物。如果等到司马师篡权夺位的图谋已经实现，然后再站出来与他们斗争，就会像刘毅、司马休之那样要么失败被杀，要么被迫逃亡，难道不是太晚了吗？曹爽不足以有所作为，魏明帝曹叡不能知人，轻易地就把辅政重任交给了他。可是既然曹爽已经以宗室重臣的身份接受了曹叡临终让他辅政的遗命，那么何晏与毕轨、邓飏、李胜不与曹爽相互联合，又能与谁合作呢？

或曰：图存社稷者，智深勇沉而谋之以渐。晏一旦蹶起而与相持，激懿以不相下之势，而魏因以亡。

【译文】

有的人说：图谋保存江山社稷的人，智虑深沉，勇敢沉着，一步步进行谋划，不操之过急。而何晏却建议曹爽在短时间内迅速起来与司马懿形成相持之势，刺激司马懿不得不与他们对立，而魏国正是因此而灭亡的。

夫曹芳以暗弱之冲人孤立于上，叡且有"忍死待君相见无憾"之语,举国望风而集者,无敢逾司马氏之阃阈①,救焚拯溺而可从容以待乎?懿之不可托也,且勿论其中怀之叵测也②;握通国之兵,为功于阃外,下新城③,平辽东,却诸葛,抚关中,将吏士民争趋以效尺寸,既赫然矣。恶有举社稷之重,付孺子于大将之手,而能保其终者哉?王敦无边徼之功,故温峤得制之于衰病;桓温有枋头之败④,故王、谢得持之以从容。夺孤豚于猛虎之口,雅士无所容其静镇,智者无所用其机谋,力与相争而不胜,天也,非人之所能为也。

【注释】

①阃阈:门限,门户。

②中怀:内心。

③新城:三国时曹魏郡名,大致相当于今湖北十堰。公元 228 年,孟达曾在此举兵反叛曹魏,不久即被司马懿平定。

④桓温(312—373):字元子(一作符子),谯国龙亢(今安徽怀远)人。东晋政治家、军事家、权臣。桓温是晋明帝的驸马,因溯江而上灭亡成汉政权而声名大振,后又两次出兵北伐,击败前秦、羌族姚襄。桓温凭借战功和军权,独揽朝政十余年,操纵皇帝废立,有意夺取帝位,但终因第三次北伐时在枋头大败而令声望、实力受损,未能如愿。宁康元年(373)病死,谥号宣武。其子桓玄建立桓楚后,追尊其为"宣武皇帝"。传见《晋书·桓温列传》。

【译文】

曹芳作为昏庸懦弱的孩童,孤立于朝堂之上,曹叡临死前又对司马懿说过"强忍着不死以等待您,能够与您相见,我死而无憾了"这样的话,举国上下望风而聚集过来的人,没有谁敢逾越司马氏所设的藩篱,挽救曹魏的危亡就像救火或拯救落水的人那样急迫,难道能够从容地等待吗？司马懿这样的人不可以被托付辅政大任，且不论他心怀叵测，单论他手中掌握着全国的军队，在战场上屡立功劳，攻克新城，平定辽东，击退诸葛亮北伐，镇抚关中，将士、官吏、百姓都争着追随他，想要为他效尺寸之劳，他的声势就已经够煊赫的了。哪里有把保护江山社稷，以及辅佐幼主的重任交到大将手中，而能保证国家不灭亡的呢？王敦未曾在边境立下战功，所以温峤能够利用他衰弱病倒的机会控制住他；桓温因为在枋头战败，名实俱损，所以王坦之、谢安等人得以从容地控制他，阻止他篡权夺位。要从猛虎口中将孤零零的小猪夺回来，即使儒雅之士也不能保持镇定从容，智慧的人也没办法施展自己的计谋，如果奋力与逆贼相争而不能取胜，那么这就是天意了，不是人力所能改变的。

当是时，同姓猜疏而无权，一二直谅之臣如高堂隆、辛毗者①，又皆丧亡，曹氏一线之存亡，仅一何晏，而犹责之已甚，抑将责刘越石之不早附刘渊②，文宋瑞之不亟降蒙古乎③？呜呼！惜名节者谓之浮华，怀远虑者谓之铦巧④，《三国志》成于晋代，固司马氏之书也。后人因之掩抑孤忠，而以持禄容身、望风依附之逆党为良图。公论没，人心蛊矣。

【注释】

①直谅：正直诚信。

②刘越石：即刘琨（271—318）。字越石，中山魏昌（今河北无极）人。晋代将领、大臣。年轻时曾为金谷二十四友之一，后官至并州刺史。永嘉之乱后，刘琨孤军据守晋阳近十年，抵御前赵势力。315年，刘琨任司空，都督并、冀、幽三州诸军事。建兴四年（316），石勒出兵进攻并州，刘琨不听部下姬澹劝阻全军出击，中

伏大败，丢失并州，投奔幽州刺史段匹䃅。太兴元年(318)，刘琨
被段匹䃅杀害。传见《晋书·刘琨列传》。

③文宋瑞：即文天祥，宋瑞是其字。

④铦(xiān)巧：取巧，讨巧。

【译文】

当时，曹魏宗室因为受猜忌而被疏远，手中没有权力。朝堂上一两
个正直诚信的大臣，如高堂隆、辛毗，又都已经去世，曹氏政权的一线生
机，仅掌握在一个何晏手中，而人们尚且对他过分责备，难道也要责备
刘琨不早早地归附刘渊，文天祥不尽快投降蒙古吗？唉！爱惜名节的
人被说成是浮华，怀有远虑的人被说成是投机取巧，《三国志》成书于西
晋，本来就是秉承司马氏意志写成的史书。后人因为此书而遮蔽、压抑
真正怀有忠诚之心的孤臣，却把只求保全自身荣华富贵，望风依附逆贼
的逆党当作居心纯良之辈。公论由此丧失，人心也就被蛊惑了。

二六　蒋琬欲乘汉沔东下袭魏兴上庸

蒋琬改诸葛之图，欲以舟师乘汉、沔东下[①]，袭魏兴、上
庸[②]，愈非策矣。魏兴、上庸，非魏所恃为岩险，而其赘余之
地也。纵克之矣，能东下襄、樊北收宛、雒乎？不能也。何
也？魏兴、上庸，汉中东迤之余险，士卒所凭以阻突骑之冲
突，而依险自固，则出险而魂神已慴，固不能逾闽限以与人
相搏也。且舟师之顺流而下也，逸矣；无与遏之而戒心弛，
一离乎水而衰气不足以生，必败之道也。先主与吴共争于
水而且溃，况欲以水为势，而与车骑争于原陆乎[③]？魏且履
实地、资宿饱，坐而制之于丹、淯之湄[④]，如蛾赴焰，十扑而九
亡矣。

【注释】

①沔(miǎn)：沔水，汉水的上游。

②魏兴：曹魏郡名，相当于今陕西安康。上庸：曹魏郡名，治所在今湖北竹西。

③原陆：平原，原野。

④丹：指丹水，发源于陕西商洛，经河南南阳，流入丹江口水库，汇入汉水。淯：指淯水，今"白河"的古称，亦作"育水"。发源于河南南召境内，在襄阳汇入汉江。湄：水边，岸旁。

【译文】

　　蒋琬改变诸葛亮生前制定的战略计划，想要以水军沿着汉水、沔水东下，袭击曹魏的魏兴、上庸，这个计策可谓越发不高明了。魏兴、上庸，并不是曹魏恃以为险要的地方，而是其赘余之地。即使能攻克这两个地方，蜀军能够向东攻下襄阳、樊城，向北收复宛城、洛阳吗？显然不能。为什么呢？魏兴、上庸，是汉中盆地向东蜿蜒而延伸成的余险之地，士卒可以凭借这里的险要地势阻挡敌军重骑兵的突击，凭险可以固守，而一旦脱离了险要之地，士卒就会神不守舍，自然不能够逾越天险的范围与敌军拼死搏杀。况且蜀汉水军顺流而下，将士心怀安逸，如果在水路上遇不到敌人阻遏，戒备之心就会进一步松弛下来，一旦离开了水路，士气就会顿时衰落，难以一下子高涨起来，这是必败之道。当初刘备与东吴交战时，两军沿水路相互作战，蜀军最终被击溃，何况想要完全凭借水势，而与曹魏的车骑部队在陆地上作战呢？魏军将脚踏实地、睡好吃饱，以逸待劳，在丹水、淯水之滨制服蜀军，蜀军就将像飞蛾扑火一样，十扑而九亡。

　　刘裕之溯河、渭以入关中，王镇恶等以步骑驰击①，而舟师为其继，非恃舟师以争人于陆也。姚泓恃拓拔氏为之守②，拓拔氏不为泓守，而泓弛其防，故获利焉，非独倚舟师之利攻人于千里之外也。诸葛之出祁山,以守为攻,即以攻为守,知习于险者之不利于夷,且自固以待时变,特不欲显言之以怠众志耳。琬移屯而东西防遂弛,邓艾阴平之祸^③,自琬始矣。琬疾动而不能行,司马懿方谋篡而未暇,故蜀犹以全。不然,此一举而蜀亡不旋踵矣。

【注释】

①王镇恶(373—418):北海剧(今山东昌乐西)人。东晋名将,前秦丞相王猛之孙。年少时因前秦败亡,关中扰乱,随叔父王曜南投东晋。义熙五年(409),为东晋中军将军刘裕所赏识,任行参中军太尉军事,参与平定刘毅叛乱。义熙十二年(416),奉命与冠军将军檀道济领前锋北伐后秦,攻克洛阳,随即趁后秦发生内乱,疾趋潼关,次年三月攻克潼关,八月领水军溯渭水西上,克长安,灭后秦。因功进号征虏将军。义熙十四年(418),被中兵参军沈田子谋杀。传见《宋书·王镇恶列传》。

②姚泓(388—417):字元子,羌族,南安赤亭(今甘肃陇西西)人。后秦文桓帝姚兴长子,十六国时期后秦最后一位皇帝。姚兴以其"无经世之用"且多疾病,久之始立为太子。义熙十二年(416)即位。次年,东晋刘裕率军北伐后秦,姚泓战败投降,后秦灭亡。后被押解到东晋都城建康斩首。传见《晋书·姚泓载记》

③邓艾(约197—264):字士载,义阳棘阳(今河南新野)人。三国时期曹魏将领。邓艾初为司马懿掾属,建议屯田两淮,广开漕渠,并著《济河论》,加以阐述。后为魏国镇西大将军,长期在西线与蜀将姜维相拒。景元四年(263)他与钟会受命分别率军攻打蜀汉,他趁姜维被钟会牵制在剑阁,率军自阴平经小道,越过七百余里无人烟的险域,直抵江油,迫降守将马邈,又在绵竹击败诸

葛瞻，率先进入成都，灭亡蜀汉。不久因遭到锺会的污蔑和陷害，受司马昭猜忌而被收押，与其子邓忠一起被卫瓘派遣的武将田续所杀害。传见《三国志·魏书·邓艾传》。

【译文】

刘裕当年溯黄河、渭水而上，进入关中，是由王镇恶等率步兵和骑兵从陆地上疾驰进攻，而以水军作为其后继部队，并非完全凭恃水军与敌人在陆地上作战。姚泓依靠拓跋氏为他防守，拓跋氏没有真心为姚泓防守，而姚泓的防守因此变得松弛，所以刘裕能够获胜，并非单纯依靠水军的便利，从千里之外进攻敌人并取胜。诸葛亮出祁山北伐曹魏，是以守为攻，也就是以攻为守，他知道习惯于险要地势的人在平原上作战会遭遇不利，所以打算巩固自身防守而等待时机变化，只是不愿意把这种意图公开，以免使众将士因此懈怠下来。蒋琬把军队迁移屯驻在汉中以外的地方，而东西方向的防守都变得松弛下来，蜀汉被偷渡阴平的邓艾攻灭的祸患，就是从蒋琬移兵时开始的。蒋琬虽然迅速调动了部队，但没能把作战计划付诸实施，司马懿此时正在谋划篡权夺位，无暇顾及蜀汉，所以蜀汉尚且能够暂时得以保全。不然的话，蒋琬的这一举动，将会导致蜀汉立即灭亡。

二七　魏晋以屯田平天下亦因其时因其他

曹孟德始屯田许昌，而北制袁绍，南折刘表；邓艾再屯田陈、项、寿春[①]，而终以吞吴；此魏、晋平定天下之本图也。屯田之利有六，而广储刍粮不与焉。战不废耕，则耕不废守，守不废战，一也；屯田之吏士，据所屯以为己之乐土，探伺密而死守之心固，二也；兵无室家，则情不固，有室家，则为行伍之累，以屯安其室家，出而战，归而息，三也；兵从事于耕，则乐与民亲，而残民之心息，即境外之民，亦不欲凌轹而噬龁之②,敌境之民,且亲附而为我用,四也;兵可久屯,聚于边徼,束伍部分,不离其素,甲胄器仗,以暇而修,卒有调发,符旦下而夕就道,敌莫能测其动静之机,五也;胜则进,不胜则退有所止,不至骇散而内讧,六也。有此六利者,而粟米刍稿之取给③,以不重困编氓之输运④,屯田之利溥矣哉! 诸葛公之于祁山也,亦是道也;姜维不能踵之,是以亡焉。

【注释】

①陈:指陈州宛丘,今河南淮阳。项:指项城,今河南项城。

②凌轹(lì):欺压,欺凌。噬龁:吞噬,噬咬。引申为伤害。

③刍稿:指喂养牲畜的草饲料。刍,牧草。稿,禾秆。

④编氓:编入户籍的平民。

【译文】

曹操最初在许昌屯田,而向北制服了袁绍,向南攻灭了刘表;邓艾后来再在陈州、项城、寿春屯田,而最终吞灭了吴国。屯田是曹魏、西晋得以平定天下的根本之计。屯田有六条好处,其中还不包括广储粮草。虽有战事也不耽误农耕,则农耕不会耽误防守,防守也不会耽误作战,这是第一条好处;参与屯田的士兵,把自己屯田的区域当作乐土,时刻留意保护,而死守之心因此十分坚定,这是第二条好处;士兵没有家室,他们的情绪就不稳定,有了家室,则家属会成为行军作战的拖累,通过屯田来安置士兵的家属,使士兵出则能战,归则能得到休息,这是第三条好处;士兵从事农业生产,则乐于与民众亲近,因此残害民众的想法就会止息,即使对于境外的民众,也会不忍心欺凌掠夺他们,敌国境内的民众,将会亲附我国,而为我所用,这是第四条好处;兵士可以长久地屯驻,聚集在边境地区,军种的编制可以长期维持,武器铠甲等装备可以趁空闲定期整修，一旦有调动命令，兵符早上发出，军队傍晚就能上路，敌人难以测度我军的动静之机，这是第五条好处；作战取胜则继续前进，不能取胜则撤退也有可以止步的地方，不至于因惊骇溃散而导致内讧，这是第六条好处。有这六条好处，加上粮草可以自给自足，不会加重百姓运输粮草的负担，屯田的好处可真大啊！诸葛亮在祁山的时候，也是采用了这一策略；姜维不能继承他的策略，因此导致蜀汉灭亡。

　　虽然，有其地，有其时矣。许昌之屯，乘黄巾之乱，民皆流亡，野多旷土也；两淮之屯，魏、吴交争之地，弃为瓯脱[①]，田皆芜废也；五丈原之屯[②]，秦、陇、阶、文之间，地广人稀，羌、胡据山泽而弃平土，数百里而皆草莱也[③]。非是者，可屯之地，畸零散布于民田之间，而分兵以屯之，则一散而不可猝收矣。夺民熟壤以聚屯，民怨而败速矣。此屯之必以其地也。

【注释】

①瓯脱：立于边界的土堡岗哨。

②五丈原之屯：指建兴十二年(234)，诸葛亮率大军出斜谷道，据武功五丈原。诸葛亮"每患粮不继"，致使"己志不申"，"是以分兵屯田，为久驻之基"。事见《三国志·蜀书·诸葛亮传》。

③草莱：杂草丛生的荒芜之地。

【译文】

　　虽然屯田好处很多，但屯田也需要有足够的空地，有合适的时机。曹操能在许昌屯田，是因为经过黄巾之乱，民众都流亡他乡，土地大多成了无主之田；邓艾能在两淮地区屯田，是因为此处是魏、吴两国交战的战场，成为两国的边界地带，田地都因此荒芜了；诸葛亮能在五丈原屯田,是因为秦、陇、阶、文之间,地广人稀,羌族、胡人占据山岭、沼泽地带而放弃了平原地区,因此数百里都是杂草丛生的荒芜之地。如果不是像上述这类情况,而是可供屯田的土地,畸零散布在民众所耕种的田地之间,这种情况下分兵屯田,则军队一旦分散开就很难再迅速聚集起来。如果从百姓手中夺取他们已耕种的土地以供军队集中屯田,则会导致民怨沸腾,很快就会招致败亡。所以说,屯田必须要有合适的大片空旷土地。

　　屯之于战争之时,压敌境而营疆场,以守为本,以战为心,而以耕为余力,则释耒耜、援戈矛①,两不相妨以相废。若在四海荡平之后,分散士卒,杂处民间,使食利于耕,而以战守为役,则虽有训练钳束之法,日渐月靡于全躯保室、朴钝偷安之习,而天下于是乎无兵。故唯枣祗、邓艾、诸葛可以行焉,而后此之祖以安插天下之兵,是弭兵养懦之术也,故陵夷衰微而无与卫国。此屯之必以其时也。

【注释】

①耒耜(lěi sì):古代民间耕地翻土的农具。耒是耒耜的柄,耜是耒耜下端的起土部分。此处代指农具。

【译文】

战争时期屯田,可以给敌境施加压力,从而营建有利于己方的疆场,以固守为根本,以备战为目的,而以耕种作为备战之余的工作,如此则士兵可以随时放下农具、拿起戈矛,耕种与备战不会相互妨碍以致两者都做不好。如果是在四海平定之后,将士卒分散开来,让他们在居民之间杂处,让他们从耕田中获取自己所需,而把从军打仗作为其义务,则即使有训练约束的办法,他们也会逐渐沉溺于保全自身和家室,养成愚钝呆滞、苟且偷安的习性,而天下因此无可战之兵。所以唯有枣祗、邓艾、诸葛亮可以实行屯田,而后世效法他们的做法来把天下之兵安置在各处屯田,这是消磨士兵意志,培养其怯懦习气的办法,所以其军队战斗力日益下降,没办法保家卫国。所以说,屯田一定要把握合适的时机。

法有名同而实异,事同而效异,如此者多矣。谋国者不可不审也。

【译文】

有名称相同而实际不同的法,也有做法相同而效果不同的法,这样的情况是很多的。谋划治理国家的人不能不对此加以审慎考察。

二八 管宁能因事导人于善

史称管宁高洁而熙熙和易①,因事而导人以善。善于传君子之心矣。

【注释】

①熙熙:平易近人的样子。

【译文】

史书上称管宁为人高洁而又和乐平易,擅长随事诱导人们行善。管宁可谓是善于传扬君子之心的人了。

世之乱也,权诈兴于上,偷薄染于下①,君不可事,民不能使,而君子仁天下之道几穷。穷于时,因穷于心,则将视天下无一可为善之人,而拒绝唯恐不夙,此焦先、孙登、朱桃椎之类②,所以道穷而仁亦穷也。夫君子之视天下,人犹是人也,性犹是性也,知其恶之所自熏,知其善之所自隐,其熏也非其固然,其隐也则如宿草霜凋而根荄自润也③。无事不可因,无因不可导,无导不可善,喻其习气之横流,即乘其天良之未丧,何不可与以同善哉?此则盎然之仁,充满于中,时雨灌注而宿草荣矣。惜乎时无可事之君,而宁仅以此终;非然,将与伊、傅而比隆矣④。

【注释】

①偷薄:浮薄,不敦厚。

②焦先:字孝然,河东(今山西永济)人。汉末隐士。他孑然无亲,见汉室衰落,遂结草为庐,食草饮水,不冠不履,终生不复与人交谈。传见皇甫谧《高士传·焦先传》、葛洪《神仙传·焦先传》。孙登:字公和,汲郡共(今河南辉县)人。魏晋之际隐士。他孑然一身,没有家属,独自在郡北山挖掘土窟居住。善弹琴、长啸,阮籍和嵇康都曾求教于他。著有《老子注》《老子音》。传见《神仙传·孙登传》。朱桃椎:成都(今四川成都)人。隋唐之际隐士。隋末官至国子监祭酒,突然弃官回到故乡,从此归隐山林,以织草鞋为生,常常将织好的草鞋放在路边,换取生活物资。唐初多次拒绝地方官吏和朝廷征辟,隐居至死。传见《新唐书·隐逸列传》。

③根荄(gāi):植物的根。

④伊、傅:指商代贤相伊尹和傅说。

【译文】

在天下大乱的时代,权谋诡诈在上层社会兴起,下层民众普遍沾染浮薄不淳的风气,君王不值得事奉,民众不能够被役使,而君子向天下传播仁的道路几乎穷尽了。被时势所困，就会进而心也受困，因此将认为天下没有一个可行善的人，对世人拒之唯恐不及，这是焦先、孙登、朱桃椎这类隐士，之所以在道穷尽的时候认为仁也穷尽了。而君子看待天下，人仍然是原本的人，本性也仍是其本性，知道人们身上的恶是从哪里沾染的，知道人们的善是如何自我隐藏起来的，沾染的恶习并非人们本身固有的东西，隐藏于自身的善则像经过霜冻而凋零的隔年草一样，其根仍然在滋润着它顽强活着。没有事情不能被利用来引导人们向善，没有君子因势利导而无法引导的人，没有经过君子引导而仍然不能向善的人，明白了世人不良习气放纵横流的原因，就应该立即乘他们天良尚未丧尽的时候引导他们，怎么就不能感化他们，使他们与自己一同向善呢？这就是盎然的仁，充满于人们的心中，隔年的草经过及时雨的灌注后，再次焕发生机。可惜管宁生活的时代没有值得事奉的君王，而管宁也仅能够停留在个人宣扬仁道的层面上。不然的话，管宁的功业就将与历史上的贤相伊尹、傅说比肩了。

呜呼！不得之于君，可得之于友，而又不可得矣；不得之荐绅，可得之于乡党，而又不可得矣；不得之父老，可得之童蒙①，而又不可得矣；此则君子之抱志以没身，而深其悲闵者也。友之不得，君锢之；乡党之不得，荐绅荧之；童蒙之不得，父老蔽之；故宁之仁，终不能善魏之俗。君也，荐绅也，父老也，君子之无可如何者也。吾尽吾仁焉，而道穷于时，不穷于己，亦奚忍为焦先、孙登、朱桃椎之孤傲哉？

【注释】
①童蒙：指幼稚愚昧或无知的儿童。
【译文】

　　唉！传扬仁道的君子，不能得到君王的支持，本来尚且能得到友朋的支持，然而友朋的支持却也得不到；不能得到官员的支持，本来尚且能得到乡党的支持，然而乡党的支持却也得不到；不能得到父老的支持，本来尚且能得到儿童的支持，然而儿童的支持却也得不到。这就是君子之所以胸怀大志却无从施展，郁郁而终，终生抱持着深深的悲悯之情的原因。不能得到友朋的支持，是因为君王禁锢了他们；不能得到乡党的支持，是因为官员使他们迷惑；不能得到儿童的支持，是因为父老蒙蔽了他们。所以管宁的仁道，最终不能改善曹魏的风俗。君王、官员、父老，君子对他们是无可奈何的。我尽到了自己的仁道，而传播仁道的途径却因时势所困而穷尽，并非因为我自己的原因而使仁道穷尽，又哪里忍心像焦先、孙登、朱桃椎那样孤傲出世，对世人不管不问呢？

二九　晏幽飏躁由于师老庄之骄

　　形可以征神乎？曰：未尝不可也。神者，天德之函于地者也；形者，地德之成乎天者也；相函相成而不相舍，神之灵，形受之；形之灵，神傅之；非神孤荡其灵于虚而形顽处也。譬之笙竽然①，器洪而声洪，器纤而声纤矣；譬之盂水然②，器方而水方，器圜而水圜矣③。造化者以其神之灵抟造形质，而气以舒敛焉。荣④，随气而华，随气而黯；卫⑤，随气而理，随气而乱；内而藏府之精粗，外而筋骸之劲脆，动静语默各如其量，而因以发用；则明于察形者，可以征神，固矣。管辂之评邓飏、何晏而言皆屡中⑥，知此而已矣。

【注释】

①笙竽：古代吹奏乐器。笙，一般用十三根长短不同的竹管制成。
竽，像笙，有三十六簧。

②盂：盛液体的敞口器具。

③圜（yuán）：同“圆”。

④荣：指血的循环。

⑤卫：指气的周流。

⑥管辂（209—256）：字公明，平原（今山东德州平原）人。三国时期
　　曹魏术士。他精通《周易》，善于卜筮、相术，习鸟语，相传每言辄
　　中，出神入化。曾预言何晏、邓飏将有杀身之祸，二人后来果然
　　在高平陵之变中被杀。传见《三国志·魏书·管辂传》。

【译文】

　　形可以体现神吗？回答是：未尝不可。所谓神，是指包涵于地的天
德；所谓形，是由天所成就的地德。两者相互包含、相互成就，不可割舍
开来。神之灵，由形来承受；形之灵，由神来附着。并非是神之灵孤独
地飘荡在空虚之中，而形依然故我地存在。两者的关系譬如乐器笙和
竽，乐器体型大则声音洪亮，乐器体型小则声音纤细；又譬如盆盂中的
水，盛水的盆盂是方形的，则其中的水也呈现方形，盛水的盆盂是圆形
的，则其中的水也呈现圆形。造物主用他的神之灵制造形质，而气在其
中或舒展或收敛。荣，随气而升华，随气而黯淡；卫，随气而变得条理，
随气而变得紊乱。内而五脏六腑之细微与粗大，外而筋骨百骸之强劲
与脆弱，动静言语各按照其所需的量，运用体内的气。如此则善于观察
形的人，可以由形而察觉其神，这是理所当然的。管辂评价邓飏、何晏
之所以能屡言屡中，正是因为知晓这一道理。

　　然则神可以化形乎？曰：奚为其不可也？其始也天化
之，天之道也；其后也人化之，人之道也。天之道，亭之毒
之①，用其偶然，故媺恶偏全、参差而不齐②；人之道，熏之陶
之，用其能然，则恶可使媺，偏可使全，变化而反淳。人莫难

于御其神,而形其易焉者。昧者不知,曰:"一受其成型,而与之终古③。"其不知道也久矣。孟子曰:"居移气,养移体④。"荣卫随养以移,而内而藏府、外而筋骸,随之以移;况动止语默,因心而纵敛,因习而率循者哉!

【注释】

①亭之毒之:语出《老子》第五十一章:"故道生之,德畜之,长之育之,亭之毒之,养之覆之。"意思是以自然的方式使之成熟。王弼注曰:"亭谓品其形,毒谓成其质。"一说指"使其结籽,使其籽粒成熟"。

②嬼(měi):同"美"。

③一受其成型,而与之终古:语出《庄子·齐物论》:"一受其成形,不亡以待尽。"意思是:一旦禀受了造化而形体成型以后,就永远不会消失,直至尽头。

④居移气,养移体:语出《孟子·尽心上》:"居移气,养移体,大哉居乎!"意思是:地位和环境可以改变人的气质,修养或涵养可以改变人的素质。

【译文】

　　既然如此,则神可以转化为形吗?回答是:为什么不可以呢?最初神是由天转化为形的,这是天之道;其后神由人转化为形,这是人之道。天之道,是以自然的方式使其形质成熟,其中具有偶然因素,所以有好坏不均、参差不齐;人之道,是用逐渐熏陶的办法,运用了主观能动性,所以坏的可以转化为好的,偏的可以转化为全的,经过变化而使其重返淳朴面貌。人们不难于驾驭自己的精神,而控制形体就更容易了。愚昧的人不懂这个道理,说:"一旦形体成型以后,就终生不再发生变化。"他们不懂得形神之道已经很久了。孟子说:"地位和环境可以改变人的气质,修养或涵养可以改变人的素质。"荣、卫随着修养而发生变化,而内在的五脏六腑，外在的筋骨百骸，都随之而发生变化。何况是动与静、说话与沉默这样能随心而放纵、收敛，遵循各人习惯的事物呢？

邓飏之躁，征于形之躁也，不可骤息，而息之以静者，飏可得而主也；何晏之幽，征于形之幽也，不可骤张，而张之以明者，晏可得而主也。岂有他哉？一旦而知躁与幽之为不善，操之纵之，惩艾于俄顷①；习之制之，熏成于渐次；则二子者，金锡圭璧之章②，再见而惊非其故，辂又安能测之哉？乃若二子者，终成乎幽躁，而使辂言之终验，其蔽一也。一者何也？曰：骄也。老、庄者，骄天下而有余者也，绝学以无忧，与天而为徒，而后形之不善，一受其成型，而废人道之能然，故祸至而不知其所自召也。地承天而受化，形顺神而数移，故管辂之术，君子节取焉，而不怙之以为固然。人之有道也，风雨可使从欲，元气可使受治，况在躬之荣卫藏府筋骸，与从心之动止语默哉！

【注释】

①惩艾：惩戒，惩治。

②金锡圭璧：比喻君子之德。语本《诗经·卫风·淇奥》："有匪君子，如金如锡，如圭如璧。"

【译文】

邓飏的浮躁，是体现在形体的浮躁，不能骤然停息，而用宁静使躁动平息下来，是邓飏能够自己做主的；何晏的幽暗，是体现在形体的幽暗，不能骤然开朗明智起来，而用开朗明智廓清幽暗之气，是何晏自己能够做主的。除此之外，还有其他的问题吗？一旦他们能够知道浮躁与幽暗是不好的，从内心对自己的精神加以操纵，就可以在很短的时间内有所改善。经过学习和控制,就能逐渐地通过熏陶变得宁静和开朗。如此则邓飏、何晏两个人,其自身的君子之德就可以显现出来,管辂再见到他们时,会发现他们已经与原来截然不同,管辂又哪里还能对他们再进行预测呢?可是他们两个人,最终变得浮躁和幽暗,从而使管辂的预言最终得到验证,其中的错误是一样的。一样的错误是什么?回答是:骄傲。老子、庄子的学说,是足以使天下人都产生骄傲心理的,他们弃绝了学问,就不再有忧患和烦恼,可以与天同化,完全顺乎自然,如此自然形成的不善,也会在神之灵塑造形体时打上烙印,而原本人道所能够加以挽回的部分,现在也没办法发挥效用了,所以大祸临头之时,还不知道祸患是自己招致的。地秉承上天而发生变化,形顺应神而使人的运势发生转化,所以管辂的卜筮预言之术,君子有选择地加以吸收,而不依赖这种术,将其视为理所当然。人如果有道的话,可以使风雨也顺从其使唤,也可以使元气听凭其处置,何况是控制自身的气血、脏腑、筋骨,以及听从自己内心指令的动与静、说话与沉默呢?

三〇　王凌非魏之忠臣

王凌可以为魏之忠臣乎[①]?盖欲为司马懿而不得者也。为懿不得,而懿愈张矣。齐王芳,魏主叡之所立也,懿杀曹爽而制芳于股掌,其恶在懿,其失在叡,而芳何尤焉!使霍光而有操、懿之心,汉昭亦无如之何,而可责之芳乎?凌诚忠于魏而思存其社稷,正懿闭门拒主、专杀宗臣、觊觎九锡之罪[②],抗表而入讨,事虽不成,犹足以鼓忠义之气,而懿不能驾祸于楚王以锢曹氏之宗支[③],使敛迹而坐听其篡夺。而凌欲废无过之主以别立君,此其故智,梁、隋之季多效之者,而终以盗铃。则使凌得志,楚王彪特其掩耳之资,操此心也,恶足以惑人心而使效顺哉?

【注释】

①王淩(líng,172—251)：字彦云，太原祁(今山西祁县)人。三国时期曹魏大臣，东汉司徒王允之侄。东汉末年被曹操辟为丞相掾属，曹魏建立后出任兖州刺史，与东吴作战屡立功，官至征东将军，封南乡侯。后迁车骑将军、仪同三司。少帝曹芳即位后，先后出任司空、太尉。后因不满司马懿专权，与其甥令狐愚谋废曹芳，改立齐王曹彪，事泄，服毒自尽。传见《三国志·魏书·王淩传》。

②闭门拒主：指司马懿趁少帝曹芳与辅政的曹爽前往高平陵祭拜魏明帝曹叡之机发动政变，封闭洛阳城门，使曹芳和曹爽无法返回洛阳。专杀宗臣：指高平陵之变后，司马懿背弃之前诱降曹爽时的承诺，大肆诛杀曹爽及其党羽。事见《晋书·宣帝纪》。

③楚王：指曹彪(195—251)。曹彪字朱虎，三国时期曹魏皇族，曹操之子。初封寿春侯，太和六年(232)，改封为楚王。嘉平三年(251)，因与兖州刺史令狐愚和太尉王淩密谋废帝，事败，被赐死。传见《三国志·魏书·武文世王公传》。

【译文】

王淩可以算是曹魏的忠臣吗？他大概也只是想做另一个司马懿而不得的人罢了。他没做成另一个司马懿，反而使得司马懿的势力更加膨胀。齐王曹芳，是魏明帝曹叡所立的嗣君，司马懿诛杀曹爽而将曹芳控制在股掌之中，其罪恶在于司马懿，造成这一过失的是曹叡，而曹芳有什么责任呢？假使霍光有曹操、司马懿的篡权之心，则汉昭帝也对他无可奈何，怎么能够责备曹芳呢？王淩如果确实忠于曹魏而想要保存其江山社稷，就应该向天下公开宣布司马懿闭门拒主、专杀宗臣、觊觎九锡的罪责，向皇帝上表讨贼，并率军入京讨伐司马懿，即使不能成功，也足以鼓舞天下人的忠义之气，而司马懿也就不能嫁祸于楚王曹彪，从而禁锢曹氏宗室支脉，使其无力反抗，而听任司马氏篡夺社稷。可王淩却想要废黜没有过失的少帝曹芳而别立新君主,他的这种伎俩,南朝梁和隋朝末年多有仿效他的人,而最终结果只是掩耳盗铃罢了。如果让王凌得以实现其图谋,则楚王曹彪不过是他遮掩众人耳目的工具罢了,他怀着这样的用心,又怎么足以蛊惑人心而使人们效忠于他呢?

名义者,邪正存亡之大司也①,无义不可以为名,无名不可以为义,忠臣效死以争之,奸雄依附而抑必挟之。以曹操之不轨也,王芬欲立合肥侯以诛宦官,而操审其必败,勿从也;袁绍欲立刘虞以诛董卓,而操恶其徒乱,勿从也;名正而义因以立,岂特操之智远过于凌乎? 天下未解体于弱主,而己先首祸,心之所不安,栽之所必逮也②。刘虞贤矣,袁绍弗能惑也;合肥侯听曹操而安,楚王彪听王凌而死,非独自杀,且以启祸于宗室,胥入司马之阱中,亦烈矣哉! 呜呼! 乱人假义而授人以名,义乃永堕而祸生愈速,如是而许之以忠也,则沈攸之、陈霸先皆忠矣③。王凌之心,路人知之,无以异于司马氏,而益以愚者也。

【注释】

①大司:大事。

②栽(zāi):同“灾”。

③沈攸之(? —478):字仲达,吴兴武康(今浙江德清)人。南北朝时期宋朝名将。沈攸之早年曾随堂叔沈庆之征战,屡立战功,但因沈庆之阻挠其接受赏赐,而对沈庆之十分痛恨。孝武帝刘骏死后沈攸之成为前废帝的亲信,参与诛杀包括沈庆之在内的王公大臣。前废帝刘子业被杀后,沈攸之又投靠宋明帝,出任镇军将军、郢州刺史。后废帝继位后,沈攸之作为顾命大臣之一,出

任荆州刺史,实则割据一方。昇明元年(477),萧道成弑杀后废帝,改立宋顺帝,沈攸之在荆州起兵,反抗萧道成,但作战不利,致使全军溃散。昇明二年(478),沈攸之在败退途中自缢而死。传见《宋书·沈攸之列传》。陈霸先(503—559):字兴国,小字法生,吴兴(今浙江长兴)人。南北朝时期陈朝开国皇帝(557—559年在位)。陈霸先出身低微,在军中凭战功升任西江督护、高要太守。通过平定"侯景之乱",陈霸先渐渐控制了梁朝的政权。太平二年(557)他废梁敬帝,自立为帝,建立陈朝。永定三年(559),陈霸先在位三年后驾崩,谥号武皇帝,庙号高祖,葬于万安陵。传见《陈书·武帝本纪》。

【译文】

名义,是关乎邪与正、存与亡的关键,没有义就没有正当的名,没有名也就没有大义,忠臣为社稷效死是要争名义,奸雄利用傀儡君王也势必要挟持名义。像曹操这样心怀不轨的人,在王芬想要立合肥侯为帝以诛杀宦官时,看到其必败无疑,尚且拒绝顺从王芬的建议;袁绍想要立刘虞为帝以诛杀董卓,而曹操厌恶这一举动只会平添祸乱,也拒绝顺从。名正而大义才能因此得以确立,难道只是曹操的智慧远超过王凌吗?天下尚未因弱主当政而解体,而自己却首先发难,心中有所不安,必然会招来祸患。刘虞可谓贤德,袁绍不能迷惑他,合肥侯听曹操的劝诫而得以安全,楚王曹彪听从王凌的谋划而最终身死,他不仅仅是自取灭亡,也给曹魏宗室带来了巨大灾祸,使他们全都落入司马氏的陷阱中,也真是惨烈啊!唉!乱人假借义起事,却把正当的名授给敌人,这样义就难以保全,而祸患却会更快来临,如果这样的做法都能被称为忠,则沈攸之、陈霸先也都算是忠臣了。王凌的居心,路人皆知,与司马氏并无不同,只是更加愚蠢罢了。

三一 司马懿解魏法网无尺寸功而肇一统

曹操之篡也,迎天子于危亡之中而措之安土;二袁、吕布、刘表、刘焉群起以思移汉祚，献帝弗能制，而操以力胜而得之。刘裕之篡，馘桓玄①，夷卢循②，东灭慕容超③，西俘姚泓，收复中国五十余年已覆之土宇④，而修晋已墟之陵庙，安帝愚暗，不能自存也。若夫二萧、陈霸先⑤，功不逮操、裕而篡焉，则不成乎其为君而不延其世。由此言之，虽篡有天下，而岂易易哉？

【注释】

①馘（guó）：古代战争中割掉敌人的左耳计数献功。这里指斩首、消灭。桓玄（369—404）：字敬道，小字灵宝，谯国龙亢（今安徽怀远）人。东晋将领、权臣，大司马桓温之子。因袭父爵南郡公，世称"桓南郡"。东晋末年，他先后消灭殷仲堪和杨佺期，除掉执政的司马道子父子，把持朝权。大亨元年（403），威逼晋安帝禅位，建立桓楚，改元"永始"。不久，刘裕率北府兵讨伐桓玄，桓玄败逃江陵，又被西征的刘裕击败，在试图入蜀时被益州督护冯迁杀死。传见《晋书·桓玄列传》。

②卢循（？—411）：字于先，小名元龙，范阳涿县（今河北涿州）人。晋末群雄之一。东晋末年，随孙恩起兵反晋，在孙恩死后接替他成为天师道起义军领袖。后乘东晋桓玄作乱之际，攻占广州，据十七郡，自封平南大将军和广州刺史，设置百官，占据岭南八年之久。义熙六年（410 年）乘刘裕北伐南燕之际，发兵进犯东晋都城建康，刘裕灭燕回师，随即发兵反击，大破卢循。后刘裕乘势进击岭南，卢循兵败自杀。传见《晋书·卢循列传》。

③慕容超（385—410）：字祖明。南燕献武帝慕容德之侄，十六国时期南燕最后一位皇帝。生于西羌，东归南燕后被封为北海王，于其叔病逝前被封为太子。即位后他虽然平定了宗室叛乱，但奢

侈靡费,凌虐宗室大臣,人心离散。后刘裕北伐南燕,他据城固
守,于城破后被俘,与亲族数千人同被斩首。传见《晋书·慕容
超载记》。

④土宇:疆土,国土。

⑤二萧:指南朝齐开国皇帝萧道成和南朝梁开国皇帝萧衍。

【译文】

曹操篡夺汉朝社稷,是建立在从危亡之中迎接天子东归,并把他安
置在安全的地方的基础上的;袁绍、袁术、吕布、刘表、刘焉,群雄奋起,
都想要夺取汉室江山,献帝没办法制止他们,而曹操用武力战胜了他
们,最终取得了天下。刘裕篡夺东晋社稷,是建立在擒斩桓玄,夷灭卢
循,东灭慕容超,西俘姚泓,收复汉族政权已经丢失五十多年的疆土,且
修复晋朝已经成为废墟的陵庙的基础上的,是东晋安帝愚蠢昏暗,不能
保全自己的江山社稷。至于萧道成、萧衍、陈霸先,功劳比不上曹操、刘
裕却同样篡夺了别人的江山社稷,则他们的功德不足以成为皇帝,所建
立的政权都是短命王朝。由此而言,即使篡夺了天下的大权,改朝换代
是那么容易实现的吗?

司马懿之于魏,掾佐而已,拒诸葛于秦川,仅以不败,未
尝有尺寸之功于天下也;受魏主叡登床之托①,横翦曹爽,遂
制孱君、胁群臣,猎相国九锡之命,终使其子孙继世而登天
位,成一统之业。其兴也不可遏,而抑必有道焉,非天下之
可妄求而得也。曹氏之驱兆民、延人而授之也久矣。

【注释】

①登床之托:景初三年(239),曹魏朝廷令司马懿前往关中坐镇,但
魏明帝突然病重,诏令司马懿火速回京。司马懿回京后,入宫则

径入嘉福殿内御床旁边,满眼流泪,指问疾病。魏明帝拉着他的手,目视太子齐王,说:"以后事相托。死乃复可忍,吾忍死待君,得相见,无所复恨矣。"司马懿由此成为托孤重臣。事见《晋书·宣帝纪》。

【译文】

　　司马懿对于曹魏而言,最初不过是一个低级官吏而已,他在关中抵御了诸葛亮北伐,但也仅仅是不败罢了,对天下并没有建立尺寸之功。他受魏明帝曹叡登床之托,却突然发动政变剪除曹爽,控制孱弱的君主,胁迫群臣,猎取相国、九锡的封赐,终于使其子孙经过两代登上了天子之位,成就了一统之业。他的兴起不可阻遏,也必定是有其道理的,并非是因为天下可以随随便便就能得到。是曹氏长期以来把百姓都驱赶到了司马氏一边,又亲自把国家大权交到司马氏手中的。

　　汉之延祚四百,绍三代之久长,而天下戴之不衰者,高帝之宽,光武之柔,得民而合天也。汉衰而法弛,人皆恣肆以自得。曹操以刻薄寡恩之姿,惩汉失而以申、韩之法钳网天下;崔琰、毛玠、锺繇、陈群争附之,以峻削严迫相尚。士困于廷,而衣冠不能自安;民困于野,而寝处不能自容。故终魏之世,兵旅亟兴,而无敢为崔苇之寇①,乃蕴怒于心,思得一解网罗以优游卒岁也,其情亟矣。司马懿执政,而用贤恤民,务从宽大,以结天下之心。于是而自搢绅以迄编氓②,乃知有生人之乐。处空谷者,闻人声而跫然③,栾盈之汏④,人且歌泣以愿为之死,况懿父子之谋险而小惠已周也乎!王淩之子广曰⑤:"懿情虽难量,事未有逆。"可谓知言矣。故曰:"得乎邱民为天子⑥。"

【注释】

①萑(huán)苇：两种芦类植物，蒹长成后为萑，葭长成后为苇。此处指代草野。

②编甿(méng)：编入户籍的平民。

③辗(chǎn)然：笑的样子。

④栾盈(？—前550)：春秋时期晋国大夫，栾书之孙。曾任晋国下军佐。平素与大夫范鞅不和，其母栾祁与人私通，诬告栾盈作乱，由范鞅作证，栾盈为范宣子所逐，被迫奔楚，不久又奔齐。平公八年(前550)，齐庄公借送滕妾的机会，把他及随从送进晋的曲沃，曲沃原为栾氏的封邑，栾盈颇得众心，旧部纷纷哭泣着表示愿为他效死。他率部族袭击绛，战败被杀。事见《左传·襄公二十三年》。

⑤王凌之子广：即王广(？—251)。字公渊，太原祁(今山西祁县)人。王凌谋立楚王曹彪之时，曾派舍人劳精到洛阳告知王广，王广曾说"废立大事，勿为祸始"。王广"有志尚学行"，因父罪牵连，被司马懿所诛，死时年四十余。

⑥得乎邱民为天子：语出《孟子·尽心下》："是故得乎邱民而为天子，得乎天子为诸侯，得乎诸侯为大夫。"意思是得到百姓的认可才可能成为天子。邱民，泛指百姓。

【译文】

汉朝国祚延续了四百年，承继了夏商周三代立国长久的传统，而天下对汉朝的拥戴之所以经久不衰，是因为汉高祖的宽厚，光武帝的柔和，既受到百姓的欢迎，也符合天意。汉朝衰落的过程中，法律逐渐废弛，人们都恣肆妄为，自行其是。曹操以刻薄寡恩的姿态出现，鉴于汉朝的失误而以申不害、韩非所提倡的法家之术来钳制天下。崔琰、毛玠、钟繇、陈群争相附和他，推崇严厉苛刻的施政风格。这就使得士人被困于朝廷上，而世家贵族内心因此感到不安；民众被困于田野上，坐卧行止都受到限制，难以自得地生活。所以整个曹魏时代，战事屡屡发生，而天下却没有敢起兵作乱的盗贼，可是人们把愤怒积聚在内心中，想要有朝一日解脱法网的束缚，能够悠闲度日，这样的心情是很急迫的。司马懿执政时，能够任用贤才，体恤民众，凡事皆宽大处理，以赢得天下人的心。于是自世家贵族到普通平民，才得以知道人活着的乐趣。处在空荡山谷中的人，只要听到人声就很高兴，昔日晋国大夫栾盈那样骄奢，人们尚且歌唱哭泣，愿意为他赴死，何况是老谋深算，而且小恩小惠又施予得很周全的司马懿父子呢？王凌的儿子王广说："司马懿的用心虽然难以测度，但他做的事情并没有引起民众反感。"这句话可谓是很正确了。所以说："得到百姓的认可才可能成为天子。"

逆若司马，解法网以媚天下，天且假之以息民。则乘苛急伤民之后，大有为之君起而苏之，其为天祐人助，有不永享福祚者乎？三国鼎立，曹、刘先亡，吴乃继之。孙氏不师申、韩之报也；曹操不足道，诸葛公有道者也，而学于申、韩，不知其失，何也？

【译文】

　　像司马氏这样的逆贼，通过解除法网来讨好天下人，上天尚且愿意假借他们的手来使民众获得休息。那么乘着苛刻急躁的政令损伤民众利益之后，大有为的君王起来缓解民众的压力，必将受到上天的护佑和人民的支持，其建立的政权国祚能不长久吗？三国鼎立，曹魏、蜀汉先亡，孙吴比他们更晚灭亡。这是孙吴政权不采用申不害、韩非法家学说赢得的回报。曹操固然不用说了，诸葛亮作为有道贤相，却也采用法家学说治国，而不知道这种做法的弊病，这是为什么呢？

三二　蜀汉君臣疏于长养人才

蒋琬死，费祎刺，蜀汉之亡必也，无人故也。图王业者，必得其地。得其地，非得其险要财赋之谓也，得其人也；得其人，非得其兵卒之谓也，得其贤也。巴蜀、汉中之地隘矣，其人寡，则其贤亦仅矣。故蒋琬死，费祎刺，而蜀汉无人。

【译文】

蒋琬去世，费祎遇刺身亡后，蜀汉的灭亡就已经是必然的了，因为此时蜀汉国内已无人才可用。想成就王业的人，必定要取得地盘。取得地盘，并不是说要取得这块土地上的险要地点或是赋税收入，而是要得到这块土地上的人；所谓得到土地上的人，并不是指得到士兵，而是要得到这块土地上的贤才。巴蜀、汉中确实地盘狭小，人口不多，则其中的贤才就更少了。所以蒋琬去世，费祎遇刺身亡后，蜀汉就没有人才可用了。

虽然，尝读常璩《华阳国志》①，其人之彬彬可称者不乏。张鲁妖盗而有阎圃，刘焉骄怠而有黄权、王累、刘巴，皆国士也。先主所用，类皆东州之产，耄老丧亡②，而固不能继。蜀非乏才，无有为主效尺寸者，于是知先主君臣之图此也疏矣。勤于耕战，察于名法，而于长养人才、涵育熏陶之道，未之讲也。蒋、费亡而仅一姜维，维亦北士也，舍维而国无与托。败亡之日，诸葛氏仅以族殉，蜀士之登朝参谋议者，仅一奸佞卖国之谯周③，国尚孰与立哉？

【注释】

①常璩(qú,约291—361):字道将,蜀郡江原(今四川崇州)人。东晋史学家。出生于西晋末年,曾担任成汉政权散骑常侍。东晋永和三年(347),东晋大将桓温伐蜀,常璩劝成汉皇帝李势降晋。成汉灭亡后,常璩入晋,却受到东晋士族的歧视、轻蔑,因此专注于修史,撰写成《华阳国志》。传见崔鸿《十六国春秋·蜀录》。《华阳国志》:全书共十二卷,是中国现存最早、最完整的一部地方志,为研究中国西南地区山川、历史、人物、民俗的重要史料。

②耄(mào)老:年老。

③谯周(201—270):字允南,巴西西充(今四川西充)人。三国时期蜀汉学者、官员。在蜀汉任官时期,一向以反对北伐战略而闻名。见姜维多次北伐而虚耗蜀汉国力,因而不满,著《仇国论》力陈北伐之失。炎兴元年(263),魏国三路伐蜀,谯周力劝刘禅投降。司马炎称帝后,征召谯周入洛阳为官,谯周带病前赴洛阳,不久病死。传见《三国志·蜀书·谯周传》。

【译文】

虽然如此,我曾经读过常璩的《华阳国志》,发现巴蜀地区彬彬可称的人才还是不少的。张鲁是个妖盗,他手下尚且有阎圃这样的人才;刘焉骄奢怠惰,而手下尚有有黄权、王累、刘巴等人,这些人都堪称国士。刘备入蜀后所任用的人才,大抵都是追随他从荆州地区入蜀的,等到这批人都年老、死去后,人才自然就难以为继了。蜀地并非缺乏人才,却没有愿意为君王效尺寸之劳的人,由此可以知道刘备、诸葛亮君臣在网罗、任用人才方面是存在疏失的。刘备、诸葛亮致力于农业和战事,以名法之道治理天下,而在培养人才,对他们进行教育和熏陶方面,却没有给予足够的重视。蒋琬、费祎去世后朝廷上仅剩一个姜维,而姜维也是来自北方陇西地区,除了姜维以外国家竟无人可以托付。蜀汉败亡的时候,只有诸葛全族为国殉难,蜀地人士中能够登上朝堂,参与谋议的,只有一个奸佞卖国的谯周,这样国家还能依靠谁而存在下去呢?

管仲用于齐,桓公死而齐无人;商鞅用于秦,始皇死而秦无人;无以养之也。宽柔温厚之德衰,人皆跼蹐以循吏之矩矱①,虽有英特之士,摧其生气以即于瓦合,尚奚恃哉?诸葛公之志操伟矣,而学则申、韩也。文王守百里之西土,作人以贻百年之用,鸢飞鱼跃,各适其性以尽其能,夫岂申、韩之陋所与知哉!

【注释】

①跼蹐(jú jí):畏缩不安。

【译文】

管仲被齐国重用,齐桓公死后齐国却无人可用;商鞅被秦国重用,秦始皇死后秦竟无人可用。原因都是因为他们没注意培养后继人才。宽柔温厚的德行衰落后,人们都在循吏所立的各项制度规则下局促小心地生活,即使有英杰俊才,他们的勃勃生气也会被摧折压抑,最终变得苟且偷安,又如何足以凭恃呢?诸葛亮的志向和节操可谓卓绝,而他所学习效法的却是申不害、韩非的法家学说。昔日周文王只占有西岐的百里土地,但他却注重培养人才,以供后世之用,各种人才在他手下自由翱翔,各自舒展自己的个性,发挥自己的才能,这哪里是申不害、韩非的鄙陋浅薄所能理解的!

三三 史文致何晏夏侯玄李丰之罪

何晏、夏侯玄、李丰之死①,皆司马氏欲篡而杀之也。而史敍时论之讥非,以文致其可杀之罪,千秋安得有定论哉?当时人士所推而后世称道弗绝者,傅嘏也、王昶也、王祥也、

郑小同也②。数子者,以全身保家为智,以随时委顺为贤,以
静言处锜为道③,役于乱臣而不怍,视国之亡、君之死,漠然
而不动于心,将孔子所谓贼德之乡原④,殆是乎! 风尚既然,
祸福亦异,天下之图安而思利者,固必褰裳而从之⑤,禄位以
全,家世以盛,而立人之道几于息矣。呜呼! 此无道之世,
所以崩风坏俗而不可挽也。

【注释】

①李丰(? —254):字安国,冯翊东县(今陕西大荔)人。三国时期
　曹魏大臣。在魏明帝曹叡在位时历任黄门郎、永宁太仆等职,正
　始年间升任侍中、尚书仆射。少帝曹芳在位时拜中书令。嘉平
　六年(254),李丰联合外戚张缉等人准备推翻司马师,改立夏侯
　玄为大将军辅政,但事情很快被司马师得知,李丰被司马师处
　死。传见《三国志·魏书·李丰传》。

②王昶(? —259):字文舒,晋阳(今山西太原)人。三国时期曹魏
　大臣、将领。王昶在魏文帝曹丕即位前曾任太子文学。曹丕即
　位后,历任散骑侍郎、兖州刺史、扬烈将军等职,其间曾撰《治论》
　《兵书》等书为朝廷提供政治参考。齐王曹芳在位时,王昶被任
　命为征南将军,率军伐吴,在江陵取得重大胜利。正元二年
　(255),王昶因助平淮南毌丘俭之功,升任骠骑将军。次年,又参
　与平定诸葛诞叛乱,因功升任司空。甘露四年(259)去世。传见
　《三国志·魏书·王昶传》。王祥(184—268):字休徵,琅邪临沂
　(今山东临沂)人。三国曹魏及西晋时大臣,古代著名孝子。王
　祥侍奉后母极孝,以“卧冰求鲤”的典故而知名。王祥于东汉末
　隐居二十年,在曹魏官至司空、太尉,封睢陵侯。西晋建立后,被
　拜为太保,进封睢陵公。传见《晋书·王祥列传》。郑小同:字子

真,北海高密(今山东高密)人。三国时期曹魏大臣、学者。他是著名学者郑玄之孙。学综六经,知名当世。官至侍中,封关内侯。曾与郑冲共同教授高贵乡公曹髦《尚书》,后因受司马昭猜忌而被其鸩杀。事见《三国志·魏书·三少帝纪》。

③处镎(chún):附和,随和。

④将孔子所谓贼德之乡原:参见卷六"光武五"条注。

⑤褰(qiān)裳:撩起下裳,比喻屈身跟从。

【译文】

何晏、夏侯玄、李丰,都是因为司马氏想要篡夺曹魏政权而被其诛杀的。而史书却收集当时社会舆论对他们的讥讽和非议,从而罗织他们应当被杀的罪名,这样做,千秋之后哪里还能够有定论呢?当时人们所推崇,后世也对其赞不绝口的,是傅嘏、王昶、王祥、郑小同这些人。这几个人,都把保全身家性命当作智慧,都把顺应时势、委身顺从当作贤德,以沉默附和为处事之道,被乱臣贼子所役使也不觉得恼怒,对国家的灭亡、君主的死亡都漠然视之,毫不动心,孔子口中所谓破坏道德的乡愿,大概说的就是这种人吧!社会风尚既然如此,是否遵从此道,得到的祸福又明显迥然不同,天下贪图安逸、唯利是图的人,自然必定屈身效法他们,这样官爵俸禄得以保全,家族得以兴盛,而作为人的立身处世之道却丧失殆尽了。唉!这就是在无道之世,风俗之所以崩坏而不可挽救的原因。

虽然,有未可以过责数子者存焉。魏之得天下也不以道,其守天下也不以仁,其进天下之士也不以礼;利啖之,法制之,奴虏使之,士生其时,不能秉耒而食,葛屦而履霜也。无管宁之操,则抑与之波流,保其家世已耳。故昶与祥皆垂裔百年而享其名位,兢兢门内之行,自求无过,不求有益于当时;士之不幸,天所弗求全也。狂狷罣于网罗,容容获其厚福①,是或一道也;不可以汉、唐、宋数百年戴天履地栽培长育之人才,忘躯捐妻子以扶纲常者责之也。施及宋、齐以降,君屡易而士大夫之族望自若也,皆此焉耳。欧阳永叔伤五代无死节之臣②,而不念所事之何君也,亦过矣。王彦章之忠③,匹夫之谅而已矣,况余阙乎④?

【注释】

①容容:随众附和。

②欧阳永叔:指欧阳修。

③王彦章(863—923):字贤明(一作子明),郓州寿张(今山东阳谷)人。五代时期后梁名将。追随朱温建立后梁,官至检校太傅、节度使、都指挥使,封开国侯。他骁勇有力,每战常为先锋,持铁枪驰突,奋疾如飞,军中号为"王铁枪"。后在德胜口之战中被李存勖所擒,宁死不降,遭斩首。传见《旧五代史·梁书·王彦章列传》《新五代史·死节传·王彦章》。

④余阙(1303—1358):字廷心,一字天心,庐州(今安徽合肥)人。元末官吏。余阙先世为唐兀人。元统元年(1333)进士及第,至正十二年(1352),代理淮西宣慰副使、都元帅府佥事,驻守安庆,五、六年间率兵与红巾军激战百余次。至正十八年(1358)春,红巾军急攻安庆,余阙身先士卒,亲自迎击,城池失守后拔刀自刎,自沉于安庆西门外清水塘中。传见《元史·余阙列传》。

【译文】

虽然如此,也有不能过分责备这几个人的理由。曹魏并不是通过正道得到天下的,也不是依靠仁义来守天下的,选拔任用天下士人的方式也并未符合礼法。曹魏政权用利益来引诱士人,用法律来控制士人,把他们当作奴仆使唤，士人生活在这个时代，不能亲手耕种、自食其力，连穿着葛鞋去踩踏霜雪的自由也没有。这些士人们既然没有管宁那样的节操，则也只能随波逐流，只求保全自己家族的利益而已了。所以王昶、王祥的家族都延续百年而世代享有其名誉和地位，小心谨慎地修养家族内的德行，只求自己不犯大过，不求有益于当时社会。这是士人的不幸，上天也不会对他们求全责备。狂狷之士都被曹魏政权的法网制裁，而随众附和的士人却得到了丰厚的福报，这或许也是身处此种环境下士人立身处世的一种道路。不能够用汉、唐、宋数百年间顶天立地所栽培教育出的人才，能够不顾自身性命，不顾妻子儿女，拼死匡扶天下纲常的事实来责备这些士人。到了南朝宋、齐以后，君主屡次更迭而士大夫的家族声望不受影响，都是由此发展而来的。欧阳修对五代没有为社稷死节的臣子感到伤心，却没有考虑这些士人所事奉的君主是什么样的人，这也是不对的。王彦章对后梁的忠诚，不过是一介匹夫的固执罢了，何况是为元朝这种外族政权殉死的余阙呢？

三四　诸葛诞称臣于吴以讨昭

　　诸葛诞之起兵讨司马昭也，疑贤于王凌、毌丘俭[①]，而实未见其愈也。俭与诞，皆以夏侯玄之死不自安，而徼幸以争权，使其克捷，其不为刘裕之诛桓玄，不能保也。且诞之讨昭，何为也哉？无抑不欲魏社之移于司马氏矣乎？魏而亡，亡于司马，亡于吴，无以异也，吴岂为魏惜君臣之义，诛权奸以安其宗社者哉？诞遣其子靓称臣于吴以起兵，则昭未篡而己先叛；以叛临篡，篡者未形而叛者已著；其志悖，其名逆，授司马昭以讨叛之名，而恶得不败邪？使其成也，司马昭之族甫糜，曹氏之社早屋矣[②]。悲夫！借敌兵以讨贼者之亡人家国也，快一朝之忿而流祸无穷，诞实作俑，司马楚之、刘昶、萧宝寅相继以逞③,而可许之为忠乎?

【注释】

① 毌(guàn)丘俭(?—255):字仲恭,河东闻喜(今山西闻喜县)人。三国时期曹魏将领。继承其父毌丘兴的高阳乡侯爵位,曾任度辽将军、镇南将军等职。景初二年(238)跟随司马懿攻灭公孙渊;正始五年(244)至正始六年(245)两次率兵征讨高句丽,几亡其国,刻石纪功而还;嘉平五年(253)又击退吴国诸葛恪的大举进犯,战功卓著。后因不满司马师废魏帝曹芳,于正元二年(255年)发动兵变,但因准备不足,最终兵败身亡。传见《三国志·魏书·毌丘俭传》。

② 屋:终止。

③ 司马楚之(389—464):字德秀,河内温县(今河南温县)人。原为东晋宗室,因刘裕大肆诛杀东晋宗室大臣,北逃到许昌一带,后归降北魏,率军大破南朝宋军于长社,因功封琅琊王。此后从征凉州,平定仇池,官至镇西大将军、开府仪同三司,在边境戍守二十余年,以清俭著闻。传见《魏书·司马楚之列传》。刘昶(436—497):字休道,彭城(今江苏丹徒)人。南朝宋宗室,宋文帝刘义隆第九子。前废帝刘子业即位后,怀疑刘昶有异心,刘昶被迫逃亡北魏,受到重用,官至大将军,封宋王。传见《宋书·文九王列传》《魏书·刘昶列传》。萧宝寅(485—530):一名宝夤,字智亮,东海兰陵(今山东兰陵)人。南齐宗室,齐明帝萧鸾第六子,东昏侯萧宝卷、齐和帝萧宝融同母兄弟。梁武帝萧衍杀害南齐宗室时,萧宝寅逃往北魏,迎娶孝文帝元宏之女南阳公主为妻,并屡次率军与梁朝交战,官至车骑将军、尚书令,封齐王。孝昌三年(527年),萧宝寅听闻郦道元任关右大使,起兵反叛,先后将郦道元和南平王元仲冏杀害,控制长安,自称齐帝,改元隆绪。

次年兵败，投奔万俟丑奴。永安三年（530），萧宝寅战败后被解送到长安，被赐死。传见《南齐书·明九王列传》《魏书·萧宝夤列传》。

【译文】

诸葛诞起兵讨伐司马昭，看起来比王凌、毌丘俭起兵更具有正义性，而实际上却未必如此。毌丘俭与诸葛诞，都是因为夏侯玄的死而心中惶恐不安，所以才图侥幸，起兵争夺权力，假如他们真的能取胜，很难保证他们不会像刘裕消灭叛晋的桓玄以后就篡夺了东晋江山那样，也篡夺曹魏政权。况且诸葛诞讨伐司马昭，为的是什么呢？无非就是不愿意让曹魏的江山被司马氏篡夺罢了。曹魏如果灭亡，亡于司马氏，或是亡于吴，并没有差别，吴国难道会顾及曹魏的君臣大义，为曹魏诛杀篡权奸臣以安定其宗庙社稷吗？诸葛诞派遣其子诸葛靓向吴国称臣，以便于自己起兵，则司马昭尚未篡魏，诸葛诞自己倒先背叛了魏国。以叛臣身份讨伐篡逆之臣，篡位者尚未公开行动而背叛者已做出了实际的背叛举动，诸葛诞的志向与行动相悖，也缺乏正当名义，白白把讨伐叛逆的名义授给了司马昭，又怎么能不败呢？假如他成功了，则司马昭的宗族刚被消灭，曹氏的宗庙社稷也不保了。悲哀啊！借敌国的军队来讨伐自己国家的逆贼者，只会落得一个国破家亡的结果，虽然能泄一时之愤，最终却遗祸无穷，诸葛诞实在是始作俑者，司马楚之、刘昶、萧宝寅等都是步他的后尘，这种人又怎么能够被称为忠臣呢？

三五　谯周作《仇国论》解散人心以媚魏

人知冯道之恶①，而不知谯周之为尤恶也。道，鄙夫也，国已破，君已易，贪生惜利禄，弗获已而数易其心。而周异是，国尚可存，君尚立乎其位，为异说以解散人心，而后终之以降，处心积虑，唯恐刘宗之不灭，憯矣哉！读周《仇国论》

而不恨焉者^②，非人臣也。

【注释】

①冯道(882—954)：字可道，号长乐老，瀛州景城(今河北沧州西
　　北)人。五代时期官僚。早年曾效力于燕王刘守光，历仕后唐、
　　后晋、后汉、后周四朝，先后十位皇帝，期间还向辽太宗称臣，始
　　终担任丞相、三公之职。于后周显德元年(954)病逝，追封瀛王，
　　谥号文懿。后世史家出于忠君观念，对冯道多有挞伐，欧阳修指
　　责他"不知廉耻"，司马光更斥其为"奸臣之尤"。传见《旧五代
　　史·周书·冯道列传》《新五代史·杂传·冯道》。

②《仇国论》：谯周所著的一篇文章，其主旨在于指出北伐给蜀汉造
　　成的损失，强烈反对继续北伐。

【译文】

　　人们都知道五代时冯道的罪恶，却不知道谯周的罪恶比他还要大。
冯道，不过是个卑鄙无耻的人罢了，国家已经破灭，君主已经更易，他贪
生怕死、舍不得官位爵禄，不得已而屡次变节。而谯周的情况与他不
同，谯周在自己国家尚存，君王还在位的时候，就故意散播异端邪说以
动摇人心，后来终究投降了曹魏。他处心积虑，唯恐刘氏的宗庙社稷不
被消灭，真是太狠毒了！凡是读过谯周的《仇国论》而不恨他的人，没有
资格做别人的臣子。

　　姜维之力战，屡败而不止，民胥怨之，然其志苦矣。民
惮于劳，而不知君父之危，所赖以启其惰心而振其生气者，
士大夫之公论耳。其论曰："既非秦末鼎沸之时，实有六国
并据之势。"显然以秦予魏，以韩、燕视蜀，坐待其吞噬，唯面
缚舆榇之一途耳^①。夫汉之不可复兴，天也；蜀之不可敌魏，

势也;无可如何者也。故诸葛身歼而志决,臣子之道,食其禄,终其事,志不可夺,烈于三军之帅。且使人心不靡于邪说,兵力不销于荒惰,延之一日,而忠臣志士之气永于千秋。周而无人之心哉! 无亦括囊以听②,委之天而弗助其虐之为咎尚浅乎? 夫民之不息,诚不容已于闵恤矣,譬之父母积疢③,仆妾劳于将养,则亦酒食以劳之,和煦以拊之,使鼓舞而忘怨已耳。若恤仆妾之疲,废药食而听其酣寝,有人之心者,以是为恻隐哉?

【注释】

①面缚舆榇:古代君主战败投降的仪式。面缚指反绑着手面向胜利者,表示放弃抵抗;舆榇指把棺材装在车上,表示不再抵抗,自请受刑。

②括囊:结扎袋口,比喻缄口不言。

③积疢(chèn):患热病,亦泛指患病。

【译文】

姜维奋力与曹魏作战,屡次失败也不停止步伐,百姓都埋怨他,然而他确实是有苦心的。百姓害怕自己负担过重,却不知道君父面临严峻的危险,能够被依赖来去除百姓懒惰之心,振奋其生气的,只有士大夫的公论罢了。可是谯周在《仇国论》中却说:“现在既然不是秦末鼎沸之时,实际上有六国并立、各据一方的态势。”显然这是把魏视作秦国,把蜀视作燕国、韩国,只能坐着等待被强大的曹魏吞噬掉,后主刘禅只剩下屈辱投降这一条路可走。汉朝不可复兴,这是天意;蜀国难以匹敌曹魏,这是天下大势。这些都是令人无可奈何的。所以诸葛亮虽然身死,但其志向却始终坚决,那就是贯彻臣子之道,既然享用君主的俸禄,那就要始终为君主效命,这种志气凛然不可侵犯,比三军元帅还要壮烈。况且,如果能够使人心不被邪说所蛊惑,兵力不因为安逸怠惰而削弱,只要能把国祚延长一天,忠臣志士的浩然正气就会永垂千古。谯周难道就没有人心吗?他也不过就是闭口不言、听天由命罢了,虽然他不曾助纣为虐,可是他的危害难道算小吗?百姓得不到休息的机会,确实不能因为悲悯之心而迁就他们,这就像父母患了病,仆人和侍妾伺候他们很辛苦,也无非是需要用好酒好菜慰劳他们,和颜悦色地对待他们,使他们受到鼓舞而忘记埋怨罢了。如果体恤仆人和侍妾的辛劳,听任他们酣睡,不为父母送药送饭,有人心的人,会把这种做法当作有恻隐之心的表现吗?

当周之时,黄皓、陈祗蛊庸主而不顾百姓之疾苦①;诚念民也,则亦斥奸佞,劝节俭,饬守令以宽廉,使民进而战餫②,退而休息,可也。周塞目钳口,未闻一谠言之献③,徒过责姜维,以饵愚民、媚奄宦,为司马昭先驱以下蜀,国亡主辱,己乃全其利禄;非取悦于民也,取悦于魏也,周之罪通于天矣。服上刑者唯周,而冯道末减矣④。

【注释】

①黄皓(? —263):三国时蜀国宦官。侍中董允死后开始参与朝政,与侍中陈祗互为表里。陈祗死后,黄皓从黄门令升迁为中常侍、奉车都尉,总揽朝政、操弄威权,排挤大将军姜维。蜀国灭亡后,黄皓被司马昭处死。传见《三国志·蜀书·黄皓传》。陈祗(zhī,? —258):字奉宗,汝南平舆(今河南平舆)人。三国时期蜀汉大臣。陈祗因才干突出,深得执政大臣费祎欣赏,屡超拔擢,官至侍中、尚书令、镇军将军,被后主刘禅引为心腹。景耀元年(258)病逝。传见《三国志·蜀书·陈祗传》。

②餫(yùn):运送粮草。

③谠(dǎng)言:正直之言,直言。

④末减:轻论罪或减刑。

【译文】

在谯周担任大臣的蜀汉末年,黄皓、陈祗蛊惑昏庸的后主刘禅奢侈享乐,不顾百姓的疾苦。如果谯周确实顾念百姓,则他应该指斥奸佞之臣,劝谏后主节俭,饬令地方官员宽厚待民、廉洁奉公,使民众进则作战、运输粮草,退则能得到休息,这是可以的。可是谯周却闭目塞耳,对此熟视无睹,从没听他向君王献上一句直言,只是过分地指责姜维,用诱饵愚弄百姓、讨好宦官,成为司马昭灭蜀的先驱,国家灭亡、君主受辱,他自己却保全了官位和爵禄。他并不是想取悦百姓,只是取悦曹魏罢了,谯周可以说是犯下了滔天大罪。若要受刑的话,谯周应该受最严厉的刑罚,而冯道可以减轻一等。

三六　以赏劝言其祸烈于拒谏

王沈刺豫州①,下教②:"陈长吏得失者,给谷五百斛;言刺史宽猛者,给谷千斛。"规己宽猛之宜,而赐之谷,犹之可尔。陈长吏之得失而赐之谷,险士猾民,竞起而诬讦其守令,祸可胜言哉?盖沈者,司马氏之私人也,司马氏以好士恤民之虚名,收辨士而要民誉③,每下不情之令,行溢赏以诱天下,而沈为之役,故其教令如是之滥,未容深责也。陈廞、褚𥪡入白沈曰④:"拘介之士,惮赏而不言;贪昧之人,慕利而妄举。"韪哉言乎!可推以尽明主用人听言之道矣。

【注释】

①王沈(?—266):字处道,晋阳(今山西太原)人。曹魏至西晋时期大臣、史学家。王沈善写文章,初为大将军曹爽掾属。高平陵

政变后，王沈因是曹爽的故吏而被免职。高贵乡公曹髦即位后出任侍中。甘露五年（260）五月，曹髦欲起兵讨伐司马昭，召王经、王沈、王业商议，王沈、王业向司马昭告密，导致曹髦被杀。王沈因告密之功封安平侯，随后任尚书、豫州刺史、镇南将军等职。西晋建立后拜骠骑将军，录尚书事，次年去世。传见《晋书·王沈列传》。

②教：指教令，长官对属下臣民发出的训诫、命令。

③要（yāo）：求取，获得。同"邀"。

④陈廞（xīn）、褚䂮（lüè）：皆为王沈属下，时任豫州主簿。

【译文】

王沈做豫州刺史时，下达教令说："能陈说地方长官得失的人，赐给五百斛粮食；能够评论刺史为政宽严的人，赐给一千斛粮食。"让别人对自己施政的宽严提出意见，赐给粮食作为奖励，这还算是可以。可是让人陈说地方长官的得失，并赐给他们粮食做奖励，则阴险的士人、狡猾的百姓，都会竞相起来诬告、攻击他们的地方长官，这样造成的祸患之大能说得尽吗？大概王沈是司马氏的私人亲信，司马氏贪图延揽士人、体恤民众的虚名，四处网罗能言善辩之士，以获得百姓的赞誉，因此常常下达不合情理的命令，滥行赏赐以引诱天下人归顺自己，而王沈作为司马氏政策的执行者，他所下的教令这样滥施赏赐，也不值得深加责备。主簿陈廞、褚䂮对王沈说："你发布这一教令后，拘谨正直的人士，不愿妄受赏赐，因而闭口不言；贪婪愚昧的人，却为了获取利益而什么话都敢说。"这话说得太正确了！可以由此推及贤明君主任用贤才、听取谏言之道。

拒谏者，古今之所谓大恶也；亟取人言，而贪广听之名，其恶隐而难知。乃公孙彊因之以亡曹①，主父偃因之以乱汉。宋之中叶，上书言因革者，牍满公府，而政令数易，朋党争衡，熙、丰、元、绍之间②，棼如乱丝③，而国随以敝。近者民本轻达，贱士乘以希荣，奸相资之肆恶，一夫遽登省掖④，而天下亟亡。呜呼！以赏劝言之害，较拒谏而尤烈，抑如此哉！

【注释】

①公孙彊：春秋时期曹国司城。原是曹国百姓，因擅长打猎射鸟，得到曹国国君姬阳的喜爱。姬阳向公孙彊询问国家大事，公孙彊应对得体，姬阳由此更加宠信他，让他担任司城执掌国政。当时曹国屡遭卫、宋侵略，公孙彊向姬阳提议建立霸业，与晋国绝交并入侵宋国。姬阳采纳了他的意见，结果曹国反被宋国出兵灭亡，公孙彊和姬阳皆被宋景公处死。事见《史记·管蔡世家》。

②熙、丰、元、绍之间：指北宋熙宁（1068—1077）、元丰（1078—1085）、元祐（1086—1094）、绍圣（1094—1098）年间。

③棼（fén）：纷乱。

④省掖：指朝廷中枢。

【译文】

　　拒绝采纳谏言，自古至今都被人们视为大恶；急于听取别人的意见，贪图获得广纳谏言的名声，其危害较为隐蔽，难以被人们知晓。可是公孙彊就是因此而导致曹国灭亡，主父偃就是因此而扰乱了汉朝。宋代中叶，向皇帝上书谈论政策因袭与变革的人数不胜数，奏章堆满了档案仓库，而政令因此频繁改易，朋党之间相互争斗，熙宁、元丰、元祐、绍圣年间，政局纷乱如麻，而国家也因此而衰弱。近代以来，民间奏本能够轻易到达朝廷中，贫贱之士乘机想要靠上书言事获取名声，奸相则想利用他们的议论来便利自己作恶，于是一介平民往往能凭借上书言事而迅速得到提拔，进入朝廷中枢，而天下也因此而迅速灭亡。

唉！用赏赐来鼓励人们进言的危害，比拒绝纳谏还要严重，或许正是如此吧！

　　然则瑱纩之塞①，与明聪之达，圣人兼用以应天下，抑何道也？曰：善听言者，必其善于择人者也。人而善与，言虽未得，有善者存矣。人而不善与，言虽得，有不善者存矣。唐、虞之廷，或吁或咈②，交相弼违者③，唯其为禹、皋、稷、契也。夫禹、皋、稷、契，视君之失，若痎疾之攻于心；视民之病，若水火之迫于肌；而视言入而受禄也，若秽恶之加于鼻也，何俟于赏以劝之邪？故君子之听言，先举其人而后采其言，必不以利禄辱贤者之操，而导不肖者以猖狂无忌也。

【注释】

　　①瑱（tiàn）纩（kuàng）：古人用来塞耳的用具。瑱指塞耳的玉，纩指丝绵。

　　②咈（fú）：违逆，违背。

　　③弼违：纠正过失。

【译文】

　　既然如此，堵塞耳朵以屏蔽人言，与耳听八方以了解天下民情，圣人兼用这两种方法来处理天下事务，又是怎样的道理呢？回答是：善于听取别人意见的人，必定善于选择人。如果一个人是好人，则他的话即使没说到点上，但其中必然有有益的成分存在。如果一个人不是好人，则即使他的话有道理，其中也必然存在有害的成分。尧、舜的朝堂上，敢于对他们提出不同意见，以求纠正他们的过失的，只有禹、皋陶、稷、契这些人。禹、皋陶、稷、契，把君主的过失看作是热病攻心一样严重;把百姓的疾苦,看作是水火伤害自己的肌肤一样深切急迫。而把靠进言获取俸禄,看作是腐臭污秽的气味直冲鼻子一样,他们哪里需要赏赐来激励他们进谏呢?所以君子采纳别人的谏言,要先审察进言者的为人再听他的意见,这样就必定不会用利禄来侮辱贤人的节操,也不会导致不肖的人得以猖狂无忌。

　　察吏有常法,劾吏有常职,不获已而登斥奸讼枉之言,然非害切于国民而痛切其肌肤,则告讦之宵人耳①,诛之可矣。一兴一废,一张一弛,进臣民而酌其可否,既已无疑矣;而犹为异说焉,斥之可矣。言虽甚当,不授以官;其效虽登,必进以礼。大臣坐论,日侍于燕间②;谏诤有官,各责以言职。非是者,虽或兼容并包,而必厚防其生事启衅之伤。自匦金人,恶有舍闱门子弟之职,置四民耕读之恒,弃官守慎修之纪,旦揣夕摩,作为皦皦炎炎之论③,以动人主,而侥幸显名之与厚实哉!舜之耕稼陶渔而取人为善,人无所利于耕稼陶渔之夫,而言之不善者鲜矣。其为帝也,以耕稼陶渔之听听天下之言,则唯禹、皋、稷、契无私利之心,如深山之野人,而后决于从也。故其戒禹曰:“无稽之言勿听。”而岂以利禄诱哓哓之士④,使以讦为直乎?

【注释】

①宵人:小人,坏人。

②燕间:亦作“燕闲”,安闲,安宁。

③皦(jiǎo)皦:清白磊落的样子。炎炎:言辞华美盛大的样子。

④哓(xiāo)哓:吵嚷不休的样子。

【译文】

考察官吏有固定的方法，弹劾官吏也有专职负责，只有在不得已的情况下才需要采纳那些举报奸佞、讼冤鸣屈的话，然而如果这些进言的内容并非是密切关系国计民生，而是与进言人的切身体验直接相关的，则这些进言的人也无非是告发、攻击别人的小人罢了，诛杀他们也是可以的。一兴一废，一张一弛，听取臣民的进言而斟酌其是否可行，决定以后就不容再有疑义；如果有人还要再坚持异说，斥责他是可以的。即使进言者的意见非常合理，也不应该直接授予他官职；即使进言者的话付诸实施后产生了实效，也必须依照礼法来提拔任用他，不能逾越礼制。大臣坐而论道，每日在安宁平和的氛围中事奉君王；有专门负责谏争的官员，他们各自负有进言的职责。如果不这样，而是谁都可以随便进言，则即使有兼容并包的好处，也必须严密防范有人故意借进言生事、挑起争端造成的危害。如果不是小人，谁会舍弃豪门子弟的职守，放弃士、农、工、商四民耕种、读书的常务，放弃身为官员谨慎修身的纲纪，日夜揣摩，故意发出看似清白磊落、华美盛大的议论，以图打动君主，从而侥幸获取显赫的名声与丰厚的实利？舜当年耕种庄稼、制作陶器、打鱼的时候，听取别人的良好意见以求进步，对于人们而言，一个耕田、制陶、打鱼的人自然无利可图，所以他们给他的意见很少是不怀好意的。等到后来舜做了帝王，以他当初耕田、制陶、打鱼的时候的态度来听取天下人的意见，则唯有禹、皋陶、稷、契没有私利之心，如同深山中的野人一般，所以舜才决定采纳他们的意见。所以舜告诫禹说："不要听信没有根据的话。"他难道会用利禄来引诱吵嚷不休的家伙，把攻击别人当作正直的表现吗？

嚣口舌以希利赖者，小人也，塾师也，祸福唯其妄测，文义唯其割裂，得利焉而情尽矣。此求治者所必远，为学者所必拒也。人君正己以莅下，节嗜欲、远宦寺、勤学问、公好恶,则小人之利病、国事之得失,触之而自知。非不待言也,抑非恃人言而遂足以治也。赏之而政刑乱、朋党兴、廉耻丧、风俗靡,自非奸雄之媚众以窃国,几何事此而不亡? 此治乱之枢机,不可不审也。

【译文】

卖弄口舌以图获取利益的人,是小人,是塾师,这些人对祸福妄加揣测,肆意割裂文义,虽然能够从中获利,但是情理也由此丧尽了。所以这种人是想要治理好天下的人必须远离的,他们的做法也是想要做学问的人必须拒斥的。作为君王如果能端正自己的行为以君临天下,节制自己的欲望,疏远宦官,勤于学问,以公心决定自己的好恶,则百姓的疾苦、国家事务的得失,都可以通过亲身接触而得知其情况。并不是不需要别人的意见,也不是只依靠听取别人的意见就能治理好国家。滥施赏赐而导致政策和刑罚混乱,朋党兴起,世人丧失廉耻,风俗靡坏,如果自己不是奸雄想要借此讨好大众以窃取政权,则这样做有几个不导致国家灭亡的? 这是国家治乱兴衰的关键所在,不能不审慎加以应对。

三七　后主亡蜀非由失阴平之险

后主失德而亡,非失险也,恃险也,恃则未有不失者也。君恃之而弃德,将恃之而弃谋,士卒恃之而弃勇。伏弩飞石,恃以却敌;危石丛薄①,恃以全身;无致死之心,一失其恃,则匍伏奔窜之恐后;扼之于蹊径②,而凌峭壁以下攻,则首尾不相顾而溃。故谓后主信巫言而失阴平之守以亡国③,非也。阴平守,而亘数百里之山崖溪谷,皆可度越,阴平一旅,亦赘疣而已④。李特过剑阁而叹刘禅之不能守,草窃之智⑤,乘晋乱以苟延尔。谯纵、王建、孟知祥、明玉珍蹶然而起⑥,熸然而灭⑦,恃险愈甚,其亡愈速矣。

【注释】

①丛薄:丛生的草木。

②蹊径:小路。

③后主信巫言而失阴平之守:据《三国志》记载,景耀四年(261),司马昭命钟会都督关中兵马,开始谋划攻蜀。蜀国大将军姜维获悉了这一情报,于景耀六年(263)表奏后主,建议派遣张翼、廖化分别率军防守阳安关口、阴平桥头,以防未然。但当时掌权的黄皓相信巫者的预言,认为敌人不会到来,禀告后主,把姜维的表章压下,不予理睬,从而导致后来邓艾偷渡阴平的时候,蜀军在阴平根本没有守军。其事散见于《三国志·蜀书·姜维传》《三国志·魏书·邓艾传》等。

④赘疣:皮肤上长的肉瘤,比喻多余无用的东西。

⑤草窃:窃据。

⑥谯纵(?—413):巴西南充(今四川南充)人。十六国时期西蜀政权建立者。谯纵出身世家大族,初为东晋安西府参军。义熙元年(405),益州刺史毛璩派遣谯纵率军东下征讨桓玄,士兵不愿离乡,趁机作乱,谯纵被推举为首领,叛军迅速占领了成都。谯纵自称成都王,建立西蜀政权。义熙九年(413),东晋刘裕派兵讨伐谯纵,谯纵兵败自杀。传见《晋书·谯纵列传》。

⑦熸(jiān)然:熄灭的样子。

【译文】

后主刘禅是因为失去君主之德而导致国家灭亡,并非是因为失去了险要之地而导致灭亡,如果一味凭恃险要地势,则所凭恃的险要之地没有不最终丢失的。如果君王一味凭恃险要之地,则会失去君王之德;

如果将领一味凭恃险要之地，则会舍弃谋略；如果士兵一味凭恃险要之地，则会失去勇气。士兵依靠伏弩飞石来击退敌人，依靠险峻山势、茂密草木来保全自身，没有舍生忘死的决心，一旦失去所凭恃的条件，则会争先恐后地匍匐逃窜。这时敌军只要把守住他们撤退的必经小路，居于峭壁之上向下进攻，则他们必然会因为首尾不能相顾而溃散。所以说后主刘禅是因为相信了巫师的话而放弃了阴平的防守，从而导致亡国的说法是不对的。即使阴平有军队把守，而阴平附近绵延数百里都是山崖和溪谷，敌军都可以从其中穿越过去，在阴平设置的防守军队，也不过是多余的而已。李特过剑阁而慨叹刘禅有这样优越险峻的地形却不能守住巴蜀，其实李特不过是以他偷偷割据一方的智慧，乘着晋朝动乱而苟延残喘罢了。谯纵、王建、孟知祥、明玉珍这些人都是猝然而起，割据巴蜀，却都迅速败亡了，越是依赖险要地势，其灭亡的速度就越快。

然则诸葛公曰："益州天府之国。"其言非乎？彼一时也，先主拥寡弱之资而无尺土，舍益州而无自立之地。乃其规画之全局，则西出秦川，东向宛、雒，皆与魏争于平原，而非倚险以固存也。迨乎关羽启衅于吴，先主忿争而败，吴交不固，仲谋已老，宛、雒之师不能复出，公乃率孤旅以向秦川，事难而心苦矣。况蒋琬据涪城[1]，姜维据汉乐[2]，颜当守户[3]，而天日莫窥，不亡奚待焉？

【注释】

①涪（fú）城：今四川绵阳涪城。蒋琬执政后奉后主之命屯驻汉中，他认为涪城水路通达，适合屯兵，加上此时他已患病，于是率军入驻涪城，三年后病逝于涪城。

②汉乐：指汉城（今陕西勉县）和乐城（今陕西城固）。魏灭蜀之战

中，姜维命令汉中地区的蜀军主力集中到汉城、乐城，据城死守。一直到成都陷落，魏军也未能攻克汉城、乐城。

③颠当：昆虫名，一种生活在地下的小蜘蛛。颠当性喜湿润，擅长挖掘地道为巢穴。

【译文】

　　既然如此，那么诸葛亮曾说："益州是天府之国。"他的话不对吗？并非不对，因为当时是另一种情况：刘备当时手中掌握的资源十分有限，而且没有自己的地盘，除了益州以外就没有能够供他立身的地方了。可是诸葛亮为刘备规划的全局，则是率军西出秦川，东向宛城、洛阳进军，都是与曹魏在平原上争斗，而非倚靠天险固守，以图保存自己。等到后来关羽挑起与吴国的争端，刘备怀着愤怒与吴国交战却遭到失败，蜀与吴之间的同盟关系不再稳固，孙权已老，向宛、洛进军的计划已经无法再实现，诸葛亮于是只得率孤军向秦川进军，事情非常艰难，他可谓用心良苦。何况诸葛亮死后，蒋琬入据涪城，姜维舍弃汉中其他要地而集中兵力据守汉乐，都像颠当只知道守着自己的洞口，而看不到天日一样，又怎么能不灭亡呢？

　　汉高起自汉中，旋下三秦，急出成皋①，是以濒危而终胜。光武定都雒阳，曹操中据兖州，皆以无险为险也。周公营雒，至计存焉，而或为之说曰："无德易以亡②。"圣人既无私天下之心，抑岂欲其子孙之速亡乎？周迁雒③，而不绝之系，其亡尤难于夏、殷。亡之难易，不在险之有无，明矣。

【注释】

①成皋：今河南荥阳，境内有著名险隘虎牢关。

②无德易以亡：汉高帝五年（前202），娄敬于洛阳入见进言刘邦，力

陈都城不宜建洛阳而应在关中。他陈说西周营建洛邑，"以此为天下之中"，纳贡四方，而"有德则易以王，无德则易以亡"。娄敬认为刘邦此时自然无法"比隆于成康之时"，且秦地又有地理优势，故而劝刘邦定都关中。事见《史记·刘敬叔孙通列传》。

③周迁雒：指公元前770年，周平王在晋、郑等国的拥戴下东迁洛邑。

【译文】

汉高祖从汉中起兵，很快就攻下了三秦地区，率军迅速东出成皋，所以他虽然此后屡次面临危险局面，但最终取得了胜利。光武帝定都于洛阳，曹操在诸侯地盘中间占据兖州，都是把无险可守的地方当作险要之地。周公营建洛邑，这其中有保存周朝的深远谋虑，而有人会说："无德是很容易灭亡的。"圣人既然没有把天下变为私产的野心，又怎么会希望自己的子孙迅速灭亡呢？周迁都洛邑，而世系延绵不绝，它的灭亡比夏、商两朝难得多。是否容易灭亡，不在于是否有险要之地可供把守，这是很明显的。

三八 冯道承王祥衣钵

司马昭进爵为王，荀𫖯欲相率而拜①，王祥曰："王、公相去一阶尔，安有天子三公可拜人者？"骤闻其言，未有不以为岳立屹屹②，可以为社稷臣者。冯道之劳郭威曰③："侍中此行不易。"亦犹是也。炎篡而祥为太保于晋，威篡而道为中书令于周，则其亢矫以立名④，而取合于新主，大略可知矣。昭谓祥曰："今日然后知君见顾之深。"祥所逆揣而知其必然也。矜大臣之节，则太保之重任，终授之己也无疑。历数姓而终受瀛王之爵，道固远承衣盖于祥也⑤。不吝于篡，而吝于一拜；不难于北面为臣，而难折节于未篡之先；天下后世不得以助逆之名相加，万一篡夺不成如桓玄，可以避责全身，免于佐命之讨，计亦狡矣。

【注释】

①荀颉(yǐ,? —274)：字景倩，颍川颍阴(今河南许昌)人。荀彧之子，曹魏至西晋时期大臣。在曹魏时官至司空、临淮侯，晋受禅后进爵为公，历任司徒、太尉、太子太傅。荀颉博学多闻，通"三礼"和《周易》，曾和羊祜、任恺共同修订晋朝礼法。但个人品行有亏，与荀勖、贾充等人同流合污，受到后人的诟病。传见《晋书·荀颉列传》。

②屹屹：高大挺立的样子。

③冯道之劳郭威：乾祐三年(950)，郭威在邺都起兵，攻入汴梁，汉隐帝遇害。郭威认为后汉群臣一定会拥戴自己即位，在见到冯道时，如往常一样向他下拜。冯道安然受礼，徐徐说"侍中您此行不容易"，毫无拥戴之意。郭威于是知道直接称帝的时机还不到。事见《旧五代史·周书·太祖纪》。郭威(904—954)，字文仲，别名郭雀儿，邢州尧山(今河北隆尧)人。五代时期后周建立者(951—954在位)。郭威早年追随刘知远，受到其重用，辅佐刘知远建立后汉政权，官至邺都留守。后汉隐帝刘承祐即位后，对郭威等拥重兵的有功将领十分忌惮，派人刺杀郭威，激起了郭威起兵反叛。乾祐三年(950)冬，郭威攻入开封，推翻后汉。次年，建立了后周。他为人节俭、虚心纳谏、改革弊政，使北方地区的经济、政治形势趋向好转。显德元年(954)病逝，庙号太祖。传见《旧五代史·周书·太祖纪》《新五代史·周本纪·太祖》。

④亢矫：行事故意与众不同，以显示自己的高尚。

⑤衣盋(bō)：即衣钵，相传的技能。

【译文】

司马昭由晋公晋爵为晋王,荀颉想要和王祥、何曾相继对他行跪拜之礼,王祥说:"王、公相差只一级而已,哪有身为天子的三公而可以随便拜人的?"如果骤然听见这句话,没有人不会觉得王祥像高山一样挺立正直,是可以称得上社稷之臣的人。冯道慰劳郭威说:"侍中您此行不容易。"其伎俩也与王祥一样。司马炎篡魏后,王祥做了晋朝的太保,郭威篡后汉后,冯道成了后周的中书令,他们当初是故意做出与众不同的姿态以博得好名声,从而迎合新主子,其想法大概就可以知道了。司马昭对王祥说:"今日之后才知你对我的关心之情是多么深厚。"王祥之前肯定揣摩过,知道司马昭必定会这样做。他知道,只要表现得很珍惜作为大臣的节操,则太保的重任,最终将会毫无疑问地授给自己。冯道事奉过好几个朝代的君王,最终得到了瀛王的爵位,冯道本来就是远承王祥的衣钵。不吝于容忍逆臣篡位,却吝于一拜;不为对逆贼北面称臣感到为难,却为在逆贼篡位以前向他折节下拜感到为难。这样天下后世就没办法给他们加上帮助逆贼的恶名,万一逆贼篡夺不成,如东晋末年的桓玄篡晋失败那样,还可以逃避罪责、保全自身,免于被佐命之臣讨伐,他们的计谋也够狡猾的。

以此推之,汲黯揖卫青,而曰:"使大将军有揖客,岂不重乎[①]?"黯之情亦见矣。欲以此求重于权臣,而可谓之社稷臣乎? 司马昭、郭威虽逆,而固非朱温之暴,可以理夺者也。使汲黯而遇梁冀,王祥、冯道而遇朱温,抑岂能尔哉? 若夫社稷臣者,以死卫主,而从容以处,期不自丧其臣节,如谢安之于桓温[②],狄仁杰之于武氏,亦岂矫矫自矜以要权奸之知遇乎[③]?

【注释】

①汲黯以下四句：武帝时大将军卫青战功显赫，地位尊贵，许多朝臣对其行跪拜礼，汲黯仍只对他行作揖之礼。有人劝汲黯行跪拜礼，汲黯答道："因为大将军有拱手行礼的客人，就反倒使他不受敬重了吗？"卫青听到他这么说，更加认为汲黯贤良，多次向他请教国家与朝中的疑难之事，看待他胜过平素所结交的人。事见《史记·汲郑列传》。

②谢安（320—385）：字安石，陈郡阳夏（今河南太康）人。东晋政治家、名士。少以清谈知名，最初屡辞辟命，后为延续其家族政治影响力而出山，历任征西大将军司马、侍中、吏部尚书、中护军等职。简文帝死后，谢安与王坦之共同挫败桓温篡位意图。桓温死后，与王彪之等共同辅政。在淝水之战中，谢安作为东晋一方的总指挥，以少胜多，击败强大的前秦军队。战后因功名太盛而被孝武帝猜忌，被迫前往广陵避祸。太元十年（385）病逝。传见《晋书·谢安列传》。

③要：通"邀"，取得，希求。

【译文】

由此推之，西汉时汲黯坚持只对卫青行作揖之礼而不下拜，还说："因为大将军有拱手行礼的客人，就反倒使他不受敬重了吗？"则汲黯的心思也赫然可见。他是想要以此来得到权臣的重视，这样的人怎么能称之为社稷之臣呢？司马昭、郭威虽然篡权夺位，但他们都不像朱温那样残暴，可以用道理来折服他们。假如让汲黯遇到梁冀这样跋扈的权臣，让王祥、冯道遇到朱温这样残暴的逆贼，他们难道也能那样做吗？至于真正的社稷之臣，都敢于以死捍卫君主，而自己也能从容处世，要求自己不丧失作为臣子的气节，就像谢安对待桓温，狄仁杰对待武氏贵戚那样，又怎么会矫揉造作、自我吹嘘，以获取权奸的赏识呢？

晋武帝_{泰始元年起}

【题解】

泰始元年（265），司马炎逼迫魏元帝曹奂禅位，建立起西晋政权。自司马懿以来，司马氏家族历经祖孙三代的努力，最终实现了国鼎更移。司马炎即位后，颇有励精图治、锐意进取的心志，革新政治，重视生产，颁行户调式，推行律法，并于太康元年（280）攻灭东吴，最终实现统一，以致后世称赞为"太康之治"。然而到了执政后期，司马炎逐渐懈怠政事，骄奢淫逸，致使世风靡烂；其所选定的继任者晋惠帝司马衷生性愚钝，无力为政；分封子弟而罢州兵的政策，又为日后的"八王之乱"埋下了祸根。同时，对于北部的戎狄究竟如何处置，在武帝时便掀起了是否"徙戎"的讨论，却终究悬而未决。繁荣与危机并存的西晋王朝自武帝过世后不久便陷入混乱，最终走向了覆灭。

西晋何以亡？这是历代皆有所关注的问题。武帝分封诸王以致尾大不掉，继嗣惠帝的智力因素，皇后贾南风的擅权干政，北方少数民族不断内迁所带来的危机，都为历代论者所论及。对此，王夫之认为，西晋的覆灭很大程度上是因其用人不当所导致的。西晋所任用的，如贾充、任恺、荀勖、冯紞之流，"皆寡廉鲜耻、贪冒骄奢之鄙夫"。在其影响之下，西晋的朝政日益靡烂腐坏，而人心世风日渐奢淫沦丧。更为重要的，是培养与选拔人才方式的失滞。"奖之不以其道，进之不以其诚"，才是萎靡士人进取之心的根本。那么,如何实现人才的培养和贤人的选拔?他认为人才培养的核心仍旧在于政府的教化职能,而这体现在对于士人们的礼制规范。"心有不存,而礼制之",忠孝伦理和道德风气的保持都要依靠儒家礼教进行维持。此处,王夫之看似将"心"与"礼"相对立,但他并未忽视"心"的作用,同时又强调"礼"的规范,具有明显的思辨性。

分封诸王问题和北部少数民族问题,可以说一直困扰着西晋王朝。西晋分封诸王的政策性失败并不意味着分封制本身的制度问题,而是社会的历史条件发生了变化。王夫之认为,不应以"八王之祸以究晋氏之非",实则是对于分封制本身的一种肯定。只是脱离西周的历史条件背景,滥用分封,则非分封制之过。此点体现了王夫之历史认识的进化性。同样,对于少数民族问题,如果西晋王朝担忧异族坐大而采取防范手段无故诛杀,实则是舍本逐末。王夫之认为,防范外部侵逼的根本,还是强化自身的军事实力与教化统治。因此他反对完全的"罢兵",而是不妄用军事,对待异族侵逼以逸待劳,并勤修文德。此外,值得注意的是,王夫之认为西晋代魏,"上虽逆而下固安",于民无害,其实并无不可。千古兴亡,唯民为本,王夫之对此见识尤为透彻。

一 晋封同姓害愈于魏削宗室

魏削宗室而权臣篡,晋封同姓而骨肉残,故法者非所以守天下也;而怀、愍陷没,琅邪复立国于江东者几百年[①],则晋为愈矣。天下者,非一姓之私也,兴亡之修短有恒数,苟易姓而无原野流血之惨,则轻授他人而民不病。魏之授晋,上虽逆而下固安[②],无乃不可乎!然而三代王者建亲贤之辅[③],必欲享国长久而无能夺,岂私计哉?

【注释】

①怀、愍陷没，琅邪复立国于江东：指西晋晚期的晋怀帝和晋愍帝相继面临国都沦陷最终身死的下场，而琅邪王司马睿得以成功南渡，在建康建都称帝，史称东晋。琅邪，即晋元帝司马睿（276—323），字景文，东晋开国皇帝。

②魏之授晋，上虽逆而下固安：指西晋篡夺曹魏政权之时所采用的名义上的禅位之法。咸熙二年（266），司马炎逼迫傀儡皇帝魏元帝曹奂禅让皇位，自己即位为帝。虽然曹魏势力对于司马氏篡夺政权极为不满，但是下层民众对于此种没有巨大动荡流血的政权更替并无明显的反抗。

③三代王者建亲贤之辅：指夏、商、周三代以来，特别是到西周时期最终发展成熟的宗法制和分封制。通过紧密的血缘亲族纽带进行政治关系与祭祀关系的确立，并以此进行层层分封来稳定政治，控制管理疆域。

【译文】

曹魏削弱宗室的力量而招致权臣司马氏篡权夺位，西晋大封同姓诸侯王而导致王室骨肉相残，所以任何单一的制度都不足以永保政权。而晋怀帝、晋愍帝相继沦落于夷狄之手后，琅邪王司马睿在江东之地再度立国，延续将近百年，晋朝的国祚远超曹魏政权。天下并非帝王一家一姓的私属，王朝兴衰存亡的长短也都有定数。只要王朝更替时不出现原野生灵涂炭、流血漂橹的惨剧，则即便政权被轻易地授予他人，百姓也不会因此遭受苦痛。曹魏政权被西晋取代，尽管就统治上层而言是臣下悖逆篡权，但下面的黎民百姓却安宁无扰，这又有何不可呢？如此，则夏、商、周三代统治者建立分封宗亲和贤臣以辅佐朝廷的制度，目的是为了让政权长期延续且不被颠覆，这难道是出于一己之私的考虑吗？

人之所以异于禽兽者，非其利病生死之知择也。则君子之为天下君以别人于禽兽者，亦非但恤其病而使之利，全其生而使无死也。原于天之仁①，则不可无父子；原于天之义，则不可无君臣。均是人而戴之为君，尊亲于父，则旦易一主，夕易一主，稽首匍伏，以势为从违而不知耻，生人之道蔑矣②。以是而利，不如其病之；以是而生，不如其死之也。先王重不忍于斯民，非姑息之仁，以全躯保妻子、导天下于鱼虫之聚者，虑此深矣！然则晋保社稷于百年，而魏速沦亡于三世，其于君天下之道，得失较然矣。

【注释】

①原：同"源"。

②蔑：灭，消灭。

【译文】

人之所以和禽兽不同，并非是因为其面对利、病、生、死时懂得抉择。如此则君子之所以能成为天下之君，从而使人民同禽兽区别开来，也并非只是体恤人的病痛祸福而使之得到好处、保全人的生命而避免死亡。仁源于上天，则不能没有父子间的伦理；义源自上天，则不可没有君臣之间的纲常。如果但凡是人，都可以被拥戴为君，被尊为父亲，那么早上变换一位君主，晚上又变换一位君主，百姓都对其稽首跪拜，以表服从，把权势强弱作为依从或违背的标准而恬不知耻，则身为人的道义也就荡然无存了。靠这种方式而使其得利，还不如令其忧患痛苦；靠这种方式而使人苟活，还不如让其死去。夏、商、周三代的先王之所以建立并施行宗亲关系和贤臣辅佐制度，并不是出于姑息养奸的妇人之仁，不是为了使天下百姓苟且保全自身和妻儿的性命，也不是要引导天下的子民像鱼虫一样聚集栖息，而是不忍以这种耻辱加诸天下的百姓。他们对此考虑得真是深远啊！如此则晋朝保有江山社稷达百年之久，而曹魏却只历经三代便迅速灭亡，它们在治理天下之道上的得失高下，就一目了然了。

　　晋武之不终也，惠帝之不慧也，怀、愍之不足以图存，元帝之不可大有为也；然其后王敦、苏峻、桓温相踵以谋逆①，桓玄且移天步以自踞②，然而迟之又久，非安帝之不知饥饱，而刘裕功勋赫奕③，莫能夺也。谓非大封同姓之有以维系之乎？宋文帝宠任诸弟，使理国政、牧方州，虑亦及此；而明帝诛夷之以无遗，萧道成乃乘虚而攘之④。嗣是而掇天位者如拾坠叶⑤，臣不以易主为惭，民不以改姓为异。垂及唐、宋，虽权臣不作，而盗贼夷狄进矣。然则以八王之祸咎晋氏之非⑥，抑将以射肩请隧咎文昭武穆之不当裂土而封乎⑦？法不可以守天下，而贤于无法。亦规诸至仁大义之原而已。

【注释】

①苏峻(?—328)：字子高，长广掖(今山东莱州)人。东晋将领。永嘉之乱后，他聚众于广陵，成为流民首领，受司马睿赏识任命为安集将军，后又升为鹰扬将军，领兰陵相。因在平定王敦之乱中有功，拜为冠军将军，封邵陵公。晋明帝死后，其与庾亮不合，且日益拥兵骄纵，于咸和三年(328)以讨伐庾亮为名，联合祖约起兵反叛，攻入建康，擅权专政。同年温峤、陶侃讨伐，苏峻战败被杀。传见《晋书·苏峻列传》。

②桓玄(369—404)：字敬道，小字灵宝，谯国龙亢(今安徽怀远)人。东晋著名将领、权臣，桓温幼庶子。桓温死后，桓玄培植自身力量，利用王恭势力，先后除掉殷仲堪和杨佺期，并夺取荆州，消灭

了执政的司马道子父子,实际控制荆、江、徐三州,掌握朝政。大亨元年(403),桓玄威逼晋安帝禅位,在建康建立桓楚政权,改元"永始"。最终遭刘裕率北府兵讨伐而失败,为冯迁所杀。传见《晋书·桓玄列传》。天步:指国运。

③赫奕:显赫的样子。

④而明帝诛夷之以无遗,萧道成乃乘虚而攘之:指宋明帝刘彧晚年害怕诸弟夺取太子刘昱的皇位,大杀有过功业的诸弟与可能威胁未来皇权的重臣,致使其子刘昱继位后,中央和地方军镇互相猜忌,武将萧道成得以崛起篡权,建立南朝齐。

⑤掇天位:指篡夺皇帝之位。掇,拾取。天位,即皇位,帝位。

⑥八王之祸:即八王之乱。在晋武帝大封诸侯子弟为王且掌有地方军政大权的背景下,由于晋惠帝司马衷愚蠢无能,皇后贾南风干政弄权,秘密联络楚王司马玮进京杀杨骏,而后又杀害汝南王司马亮和楚王司马玮,从而引发西晋诸王为争夺中央政权而造成内乱。整个内乱过程共有汝南王司马亮、楚王司马玮、赵王司马伦、齐王司马冏、长沙王司马乂、成都王司马颖、河间王司马颙、东海王司马越八王参与其中,故称"八王之乱"。"八王之乱"极大削弱了西晋朝廷的实力,加上内乱中各王纷纷假借各少数民族力量来进行争斗,使其坐大,从而酿成了"五胡乱华"、西晋灭亡的惨剧。

⑦射肩:鲁桓公五年(前707),周桓王以郑庄公不朝觐为名,率陈、蔡、卫等国军队讨伐郑国,并与之在繻葛一战。战斗中,周桓王被射中肩膀,周天子威严扫地。事见《左传·桓公五年》。请隧:指鲁僖公二十五年(前635),晋文公请求天子允许自己死后可以按照天子独享的"隧葬"礼节进行礼葬,这一要求虽遭到周王室拒绝,却显示出晋文公的实际影响力及周天子权威的衰落。事见《左传·僖公二十五年》。文昭武穆:在宗法制度中,宗庙位

次，始祖庙居中，以下父子递为昭穆，左为昭，右为穆。如周文王于周为穆，文王之子武王则为昭，而武王之子成王又为穆。文昭武穆多被用来指周文王子孙众多、宗室繁盛。此处文昭武穆是指郑、晋两国始封君皆为周王室宗亲。

【译文】

晋武帝为政不能善始善终，而惠帝愚钝不明，怀帝、愍帝不足以救亡图存，元帝也不是能够大有作为的君主。此后王敦、苏峻、桓温相继叛乱，桓玄甚至一度篡夺帝位而以天子自居。然而这种情势下晋政权还是延续了很久，直到晋安帝时，若不是因为他是个不知饥饱的白痴，而刘裕又功勋显赫，则晋朝的社稷仍无法被篡夺。难道能说不是大封同姓诸侯而使晋王朝政权得以维系吗？宋文帝宠幸、任用其诸弟，使之治理朝政、镇守州郡，也是考虑到这一点；而宋明帝将宗室子弟屠戮殆尽，萧道成才得以乘虚而入，夺取了刘宋江山。自此以后，臣子窃夺帝位如同拾取坠地之叶，臣下不为改换君主感到惭愧，百姓也不因江山易姓而惊异。等到唐、宋之时，虽然权臣未能窃国夺位，但贼寇和夷狄却成了心腹之患。如此，若以八王之乱来指责西晋分封宗室的错误，难道也能用郑庄公射王中肩和晋文公请隧之事来指责西周不应该对宗室裂土分封吗？任一制度都无法保证王朝政权永固，却比没有任何法规制度要好得多。关键还是要从至仁大义的本原上对制度加以考量。

二　专设谏官与分谏职之得失

谏必有专官乎？古之明王，工瞽、庶人皆可进言于天子[1]，故《周官》无谏职，以广听也。谏之有官，自汉设谏议大夫始[2]。晋初立国，以傅玄、皇甫陶为之[3]，唐之补阙拾遗[4]，宋之司谏[5]，皆放此而立也[6]。谏有专官，而人臣之得进言于君仅矣。虽然，古今之时异，而广听之与慎听也，不得不殊；进言之迹同,而受益之与防邪也,亦各有道;未可以一概论也。

【注释】

①工瞽:古代乐师。瞽,本意为盲人,古代以目盲者为乐官,故为乐官的代称。

②谏议大夫:官名。秦代始置,专掌议论。汉初不置,至汉武帝时,置谏大夫。东汉光武帝时,复置谏议大夫,秩六百石。随后三国沿置,于魏晋南北朝之时不断反复。隋唐间亦有所设置,但唐代时立时废。宋、辽、金皆有设置,至元代时搁置不设,洪武时曾置,后罢。李自成进入北京后,改六科给事中为谏议大夫,职掌如故。

③傅玄(217—278):字休奕,北地泥阳(今陕西铜川)人。魏晋文学家、思想家。少年时随父逃难河内,专心经学,开始撰写《傅子》等书。初举孝廉,后州里举其为秀才,除郎中。司马炎为晋王时,以傅玄为散骑常侍。西晋建立后,晋爵鹑觚子,加驸马都尉,与散骑常侍皇甫陶共掌谏职。去世后谥"刚",后追封清泉侯。传见《晋书·傅玄列传》。

④补阙拾遗:唐门下省的谏官,分设补阙、拾遗。左拾遗、左补阙隶属门下省,右拾遗、右补阙隶属中书省。各设两人,后增至各六人。主掌谏言谏议。

⑤司谏:官名。《周礼》地官之属。主管督察吏民过失,选择人才。唐门下省的谏官,有补阙、拾遗。宋太宗端拱初改补阙为左右司谏,掌讽喻规谏,元以后废。参见《文献通考·职官四》。

⑥放:仿效,模拟。

【译文】

必须要设置专门的谏官吗？古代的贤明君主统治时期,乐师、平民百姓都可以向天子进言,因此《周官》中并没有提到谏官一职,其目的是为了广开言路。设立谏官,是从汉代设立谏议大夫一职开始的。西晋在建国之初，便任命傅玄、皇甫陶担任此职，唐朝的补阙拾遗、宋朝的司谏，都是仿效此制而专门设立的官职。设立了专职谏官，便形成了只有位居此专职的官员才能向君主进言的情形。尽管如此，古今时代有别，而君主广听谏言和慎听臣言的情形势必会有所不同；臣下进言的行迹相同，但君主直接受益与谨防奸邪也各有其方法，并不能一概而论。

古之民朴矣，农、工、商、贾各世其业；士之游于庠序者，亦各有常学，不能侈闻见、饰文词以动当世。迨及战国，教衰而人自为学，揣摩当世之务者，竞尚其说，纵之以言，则偏私逞而是非乱；则必择其忠直而达治理者任之，而后无稽之言，不敢破圣道、紊纲纪^①，以荧主听^②。则专官之任，亦未可谓尽非，时使然也。

【注释】

①圣道：圣人之道，圣贤之道。也特指孔子之道。

②荧：眼光迷乱，迷惑。

【译文】

古时民风淳朴，农民、工匠、商人及买卖者都各自世代因循其职业；士人在学校学习，也各有其所常学的学业知识，不能以夸张的见闻和故意修饰的华丽言辞来影响当时的社会。等到战国时，传统的教化衰落，人们各自求学，善于揣摩时势的人，竞相矜夸其学说，通过言论广泛宣扬传播，如此则其偏私之论得以一逞，而是非标准变得混乱。所以必须从中选择忠诚正直且懂得治理之道的人负责进言之任，然后荒诞无据的言论才不敢破坏圣贤之道，使纲纪紊乱，以迷惑君主的视听。故而专职谏官的设立，也并非完全不可取，其出现是时势使然。

谏官专立,职专谏矣。然非专谏于其官,而禁外此者之谏也。不淫听于辨言①,而不塞聪于偏听;苟得忠直知治者司其是非之正,则怀忠乐进者相感以兴。乃若听之之道,群言竞奏,而忠佞相殽,存乎君之辨之,不徒在言者也。谏者以谏君也。迩声色②,殖货利,狎宦戚,通女谒③,怠政事,废学问,崇佛老,侈宫室,私行游,嫕威仪④,若此者谏官任之。大小群臣下逮于庶人,苟有言焉,则固天子所宜侧席而听者也⑤。即言之过,而固可无尤也。外此,人与政其亟矣。然而人之贤不肖,铨衡任之⑥;政之因革,所司任之。虽君道之所必详,而清诸其源,则是非著而议论一;争于其流,则议论繁而朋党兴。贞邪利害,各从其私意,辨言邪说,将自此以起,固不可不慎防之。而广听适以召奸,尤明主所深惧也。

【注释】

①淫:沉湎。

②迩(ěr):亲近。

③通女谒(yè):纵容后宫干政。女谒,宫中得势嫔妃的进言。

④嫕(xiè):轻慢。

⑤侧席:指空出上座,以待贤良。

⑥铨衡:指主管选拔官吏的官员。

【译文】

专职谏官的设立,其职责是为了专司进谏。然而并非只有谏官才能进谏,而禁止除谏官以外的人有所谏言。不沉湎于听信巧伪之言,不闭目塞耳、偏听偏信;假若得到忠诚正直且懂得治理国家的人才,任用其担当明辨是非曲直的职务,那么心怀忠诚、乐于进言的人便大受鼓舞,纷纷起来进言。至于听取谏言之道,则臣下竞相进言,忠、奸之言相互混淆,这就需要君主来辨别其中的是非曲直,而不仅仅是进言者的问题了。进谏者的目的主要是劝谏君主。对于亲近声色,喜好敛财,宠信宦官外戚,纵容后宫干政,懈怠朝政,荒废学业,崇尚佛、老之说,奢侈宫室,私下游乐,轻慢君主威仪等行为,谏官都需要给予谏言制止,这是其职责所在。而上至大小官员下至庶民百姓,如果有所进言,则天子都应该虚心听取其意见。即使言过其实,也固然不可以过分苛责。否则,人事与政事就将会面临危局了。然而用人的贤良与否,都需要主管选拔官吏的官员认真考量与辨别后方可任命;政务的因袭与变革,都需要专职的官员和部门来进行思虑取舍。虽然为君之道必须详明具体,然而若能明晰其根本,追根溯源,则是非自然清楚显现,议论终定于一;若争论于细枝末节,则会使得议论繁杂混乱,致使朋党兴起。臣子忠奸有别、利害各异,各党派都从一己之私出发,他们巧言善辩,制造各种邪说,乱象将由此而起。所以,这种情形固然不可不慎重防范。而广开言路却正好致使奸邪小人乘虚而入,这尤其是贤明君主所深为忧虑恐惧的事情。

以要言之,言而讥非乎我者,虽激虽迂,而不可忽也;言而褒贬于人、辨说乎事者,辨虽详,辞虽切,而未可信也。士之受规于朋友者且然,而况君天下者乎!然则选忠直知治者任谏职于上,而主意昭宣①,风尚端直,则群言博采,而终弗使主父偃、息夫躬之流②,矜文采以餙其奸邪。慎之也,即所以广之也。又何必执《周官》之不设谏臣以下访刍荛哉③?

【注释】

①昭宣:昭彰显著。

②息夫躬:字子微,河内河阳(今河南孟州)人。西汉中后期学者、官员。年轻时为博士弟子,于汉哀帝时入仕,参与弹劾东平王刘

云谋反，因此而得以受哀帝亲近；又多次危言高论，自恐遭害，作
《绝命辞》以表其志，后果然因罪被下狱，身死狱中。《汉书》借孔
子"恶利口之覆邦家"之言，认为息夫躬是凭借口舌与文采得以
惩奸乱政之人，批评他弹劾东平王是以小搏大，以个人私利而扰
乱政局。传见《汉书·息夫躬传》。

③刍荛：割草打柴的人，借指地位低微之人。

【译文】

　　简要而言，别人对于自己的规劝讽刺之语，即便过于偏激直率或迂
远固执，也不可忽视；而对他人的褒贬和对他人事情的讨论，即便论说
详细，言辞恳切，也不可轻易相信。士人对待朋友尚且如此，更何况统
治天下的君主呢！如此则选取忠诚正直、善于治理的人才专任谏官之
职，可以使君主之意昭彰显著，风气和习尚端肃正直，如此则能够博采
群言，因而终究不会让主父偃、息夫躬这类人自恃文采以兜售其奸邪。
慎开言路，就是广开言路的办法。又何必拘泥于《周官》中不设谏官的
说法而去向下访求草野之人的意见呢？

　　近者分谏职于台省①，听亦广矣。而六科司抄发之任②，
十三道司督察之权③，纠劾移于下，而君德非所独任，故诡随
忿戾，迭相进退，而国是大乱，则广之适以废之。党人交争，
劳臣掣肘④，将谏官之设，以谏下而非谏君乎？拂其立谏之
经，而予以谮言之径⑤，乃至金人游士献邪说以为用人行政
之蟊贼⑥。不专不慎，覆轨已昭，后世尚知鉴哉！

【注释】

①分谏职于台省：指明代谏官（六科给事中、十三道监察御史）均分
　属于中央机构。台省，本指汉代的尚书台、三国曹魏的中书省，

二者都是代表皇帝发布政令的中枢机关。后世因以"台省"指政
府的中央机构。

②六科：官署合称。明初沿前制，统置给事中。洪武六年(1373)始
分吏、户、礼、兵、刑、工科，合称六科。六科给事中十二人，每科
两人。永乐年间权责较重，掌侍从、规谏、补阙、拾遗稽查六部百
官之事。抄发：指各科每日派给事中一人赴内阁接收题本，按其
内容抄送有关官署承办。

③十三道：即十三道监察御史。明代各道监察御史的总称，主掌纠
察内外百官。洪武十五年(1382)始于都察院下置十二道监察御
史，永乐年间增置十四道，宣德年间定为十三道，遂成为定制。

④劳臣：功臣。此处泛指群臣。

⑤谮(zèn)言：毁谤的言语。谮，中伤，毁谤。

⑥金人：小人。

【译文】

近世以来，谏官分属于台省，言路也得以广开。而六科给事中负有
抄发题本之责，十三道监察御史拥有督察的权力，纠察、弹劾的职能因
此下移至各官署，规范君德不再由某一特定职官所独任。因此，臣下出
于忿愤与乖戾而变得诡诈，相互斗争，迭相进退，国家政务由此大乱，其
结果则是广开言路和言路废止毫无区别。朝廷内党派争斗不断，群臣
相互掣肘，专职谏官的设置难道是为了劝谏臣下而非劝谏君主吗？这
种制度不仅违背了设立谏官的初衷与原则，而且给小人提供了以进谗
言的途径。以致小人、游士纷纷进献邪说，成为用人施政的祸害。谏官
不能专责、不慎重选任谏官，其不良的后果已被清楚地昭示，后世应当
以此为鉴啊！

三　王肃学胜郑氏

晋始建国，立七世之庙①，除五帝之座②，罢圜丘方泽之

祀③,合之于郊,皆宗王肃而废郑玄也④。于是而知王肃之学,醇正于郑玄远矣。后世经学传郑氏,肃之正义,没而不传,则贾公彦、孔颖达之怙专师而晦道也⑤。

【注释】

①七世之庙:指四亲(高祖、曾祖、祖、父)庙、二祧(高祖的父和祖父)庙和始祖庙。《礼记·王制》记载:"天子七庙,三昭三穆,与大祖之庙而七。"这是周制所规定的周天子祭祀先祖的祭宗庙制度,后世多所继承。

②五帝:古代所谓五方天帝,即灵威仰、赤熛怒、含枢纽、白招拒、汁光纪五帝。《周礼·春官宗伯·小宗伯》记载:"兆五帝于四郊,四望四类,亦如之。"郑玄注曰:"五帝,苍曰灵威仰,太昊食焉;赤曰赤熛怒,炎帝食焉;黄曰含枢纽,黄帝食焉;白曰白招拒,少昊食焉;黑曰汁光纪,颛顼食焉。"

③圜丘:古代帝王冬至祭天的地方,后亦用以祭天地。方泽:即方丘,古代夏至祭地祇的方坛。因为坛设于泽中,故称。

④宗王肃而废郑玄:指西晋礼制采纳王肃的建议、废弃郑玄的意见。在七庙制方面,郑玄认为周制是始祖后稷及高祖以下四亲庙,共五世,故下文曰"限天子之庙于五世",又以文王、武王为二祧,故下文曰"合两世(周文王、周武王)室而始为七",其七庙模式是:太祖(后稷)+文、武二祧+四亲庙(高祖、曾祖、祖、父)。孔颖达疏引王肃《圣证论》认为:"尊者尊统于上,故天子七庙。其有殊功异德,非太祖而不毁,不在七庙之数。其礼与太祖同,则文、武之庙是。"即王肃认为周代的宗庙构成实际上是九个:太祖(后稷)+文、武二祧+亲庙二祧(已迁的高祖之祖、高祖之父)+四亲庙(高祖、曾祖、祖、父);在郊祀制度方面,在郑玄的祭天礼制系统中,圜丘、南郊和四郊为三个不同的所在,它们分别被用来

祭祀昊天、上帝(感生帝)和五色帝,而王肃则认为,圜丘与郊坛
当合而为一,即南郊与圜丘合一、北郊与方丘合一,不应祭祀五
色帝。

⑤贾公彦:洺州永年(今河北邯郸)人。唐代学者、官员。唐高宗永
徽年间,官至太学博士。曾撰《周礼义疏》五十卷,专宗郑玄注,
认为《周礼》的废兴起于刘歆而成于郑玄。另著有《仪礼义疏》
《孝经疏》《论语疏》《礼记正义》等。传见新、旧《唐书·儒学列
传》。孔颖达(574—648):字冲远,唐冀州衡水(今河北衡水)人。
北朝至唐初著名学者。少时曾师从隋朝大儒刘焯。唐朝建立
后,历任国子博士、国子司业、国子祭酒等职。长于治《左氏传》
《郑氏尚书》《王氏易》《毛诗》《礼记》,兼善历算。曾与魏徵等撰
成《隋书》,并奉诏与颜师古、司马才章、王恭、王琰等撰《五经正
义》,为唐代科举取士的标准书。其经学思想兼取南、北学,主张
"疏不破注"。其疏《礼记正义》,专宗郑玄注。传见新、旧《唐
书·孔颖达列传》。

【译文】

西晋建立之初,立七世之庙,除去郊祀中祭祀五色帝的牌位,废止
圜丘方泽的祭祀活动,将其合并于郊祀之中。而这些都是尊崇王肃之
说而废止郑玄之说的表现。由此可以知道王肃之学相较于郑玄之学要
纯正得多。然而后世经学多传播郑玄的学说观点,王肃的正确见解却
湮没而不传,这是由于贾公彦、孔颖达等人只推崇和师从郑玄的学说,
而使纯正的经学之道被掩盖所造成的。

周之祀典,组绀以上不废也①;而限天子之庙于五世,合
两世室而始为七②,玄之托于义而贼仁也。《周礼》合乐于圜
丘方泽者③,非祭也,所以顺阴阳、合律吕而正乐也;而谓郊
之外有圜丘方泽之大祀,玄之淫于乐以乱礼也。其尤妖诬

而不经者,为上帝之名曰耀宝魄④,又立灵威仰、赤熛怒、白招矩、叶光纪之名,为四方之帝,有若父名而宾字之者⑤,适足以资通人之一哂⑥。而以之释经,以之议礼,诬神媟天,黩祀惑民,玄之罪不容贷矣。托之于星术,而实传之于谶纬,夫且诬为孔氏之书⑦;王肃氏起而辨之,晋武因而绌之,于是禁星气谶纬之学,以严邪说之防,肃之功大矣哉!惜乎世远俗流,师承道圮,而肃学不传也。如其传,则程、朱兴起,尚有所资以辟郑氏之淫辞与!

【注释】

①组绀(gàn):周王室先祖,相传为周大(太)王亶父之父。依《尚书注疏》所记,组绀生大王亶父为穆,亶父生季历为昭,季历生文王为穆。《礼记·中庸》记载:"武王末受命,周公成文、武之德,追王大王、王季,上祀先公以天子之礼。"郑玄注曰:"追王大王、王季者,以王迹起焉,先公,组绀以上至后稷也。"

②而限天子之庙于五世,合两世室而始为七:依《礼记·王制》所载,天子祭祀的七庙并未强加对于世祖祭祀的区分,而只是说明"天子七庙"的祭祀规格。郑玄注解《礼记·王制》时,阐明天子的"七庙"是指"太祖及文王、武王二祧,与亲庙四,太祖,后稷也",则对于天子七庙的祭祀规制加以注解说明。

③《周礼》合乐于圜丘方泽:《周礼·春官宗伯·大司乐》云:"凡乐,圜钟为宫,黄钟为角,大蔟为徵,姑洗为羽,雷鼓、雷鼗,孤竹之管;云和之琴瑟,云门之舞。冬日至,于地上之圜丘奏之,若乐六变,则天神皆降,可得而礼矣。凡乐,函钟为宫,大蔟为角,姑洗为徵,南吕为羽,灵鼓、灵鼗,孙竹之管,空桑之琴瑟,咸池之舞。夏日至,于泽中之方丘奏之,若乐八变,则地示皆出,可

得而礼矣。凡乐,黄钟为宫,大吕为角,大蔟为徵,应钟为羽,路鼓、路鼗,阴竹之管,龙门之琴瑟,九德之歌,九磬之舞,于宗庙之中奏之,若乐九变,则人鬼可得而礼矣。"《周礼注疏·卷二十二》郑玄注:"此三者,皆禘大祭也。天神则主北辰,地祇则主昆仑,人鬼则主后稷,先奏是乐以致其神,礼之以玉而裸焉,乃后合乐而祭之。"一般认为,《周礼》中冬至日圜丘、夏至日方泽为一种乐舞的形式,而郑玄则认为冬至日圜丘祭天,夏至日方泽祭地。

④耀宝魄:星名。即天帝星,是北极五星的最尊的一颗星,依《星经·天皇》所载,其为"天皇大帝一星,在钩陈口中"。

⑤宾:尊敬。字:取表字。

⑥通人:指学识渊博通晓古今的人。

⑦诬为孔氏之书:指郑玄在阐释其"五方帝"概念时,明明是暗借纬书中的"六天"说,却援引《周礼》作为依据,声称自己的观点源自孔子。实际上,当时学者对《周礼》的解读存在很大分歧,郑玄颇有借题发挥的意味。

【译文】

周代的祭祀典礼,对组绀以上的列位先祖都给予祭祀。然而郑玄却限制天子之庙于五世祖先以内,并合并文王、武王两代之庙而合计为七庙,他假托出于义的考虑,实则是诋毁仁的行为。《周礼》所定的圜丘方泽的诸乐合奏,并非指的是祭祀,而是为了顺应阴阳变化,合乎六律六吕的正式音乐。而所谓的郊外有圜丘方泽的大祭之说,只是郑玄惑乱乐律和礼法的手段罢了。他观点中尤为妖言惑众而不合经学之道的地方,就是称上帝之名为耀宝魄,此外又立灵威仰、赤熛怒、白招矩、叶光纪等四方之帝的名目,这种类似于像父亲一样为其命名、并为其取表字以示尊敬的做法,正足以让学识渊博、通晓古今的人感到可笑。然而郑玄却以此解释经学,并以此评论、议定礼法。他诬蔑神灵,轻侮上天,滥用祀典以惑乱民众,他的罪过是不容推卸的。假托以星象之术,实际却传播谶纬之说的迷信思想,甚至假称其为孔子之书所传承的内容。鉴于此,王肃站出来对此进行辨析,而晋武帝因此排除郑玄之说,禁止星气谶纬迷信之学,并严防邪说传布。王肃的功劳是巨大的呀! 可惜时代久远,士风日下,学者治学的师承之道被破坏,王肃的学说因此不能得到流传。如若流传后世,则等到二程、朱熹兴起,尚且可以借鉴其学说内容来清除郑玄的歪理邪说吧!

四　羊祜务德信祖逖宗泽所不逮

三代以下,用兵以道,而从容以收大功者,其唯羊叔子乎[①]! 祖逖之在雍丘[②],宗泽之在东京[③],屹立一方以图远略,与叔子等。乃逖卒而其弟称兵以犯顺[④],泽卒而部众瓦解以为盗,皆求功已急而不图其安,未尝学于叔子之道以弭三军之骄气,骄则未有能成而不乱者也。

【注释】

①羊叔子:即羊祜(221—278),字叔子,泰山南城(今山东新泰)人。魏晋名臣。出身泰山羊氏,博学善文,曾拒绝曹爽和司马昭的多次征辟,后被朝廷公车征拜。羊祜长期与荀勖共掌机密,知司马炎有吞吴之心,在都督荆州诸军事期间,以十年时间为西晋灭吴打下了良好的物质基础和战略准备。后请求伐吴不被准许,于咸宁四年(278)抱病回洛阳,临终前举荐了杜预。传见《晋书·羊祜列传》。

②祖逖之在雍丘:祖逖北伐时击退后赵的桃豹,进军驻守雍丘,后不断从这里出兵截击后赵军队,使石勒在河南的力量迅速萎缩,并成功收复黄河以南中原地区的大部分土地。事见《晋书·祖

逖列传》。祖逖(266—321),字士稚,范阳遒县(今河北涞水)人,东晋军事家。出身于范阳祖氏,曾任司州主簿、大司马掾、骠骑祭酒、太子中舍人等职,永嘉之乱时率亲党避乱于江淮,被授为奋威将军、豫州刺史。建武元年(317),祖逖率部北伐,得到各地人民的响应,数年间收复黄河以南大片领土,使得石勒不敢南侵,进封镇西将军。但因势力强盛,受到东晋朝廷的忌惮。太兴四年(321),朝廷命戴渊出镇合肥,以牵制祖逖。祖逖目睹朝内明争暗斗,国事日非,忧愤而死。传见《晋书·祖逖列传》。雍丘,今河南杞县。

③宗泽之在东京:指建炎年间宗泽任东京留守,招集王善、杨进等义军协助防守,又联络两河"八字军"等部协同抗金,并任用岳飞等人为将,屡败金兵,并多次上书意图收复中原。事见《宋史·宗泽列传》。

④乃逖卒而其弟称兵以犯顺:指祖逖死后,其弟祖约联合苏峻一同起兵造反。事见《晋书·祖约列传》。祖约(?—330),字士少,范阳遒县(今河北涞水)人。东晋将领,祖逖胞弟。祖逖临死命其弟祖约接掌其军队,但祖约驭下无方,无法抵抗后赵石勒的进攻,使得祖逖收复的河南大片土地最终又被后赵攻陷。之后因其没有得到晋明帝的临终顾命且不准其开府而心生怨恨,于咸和二年(327)联合苏峻一起以诛杀庾亮为由,起兵反叛。失败后叛逃后赵,为石勒所杀。传见《晋书·祖约列传》。

【译文】

自夏、商、周三代以来,遵照大道用兵,而能够从容不迫并获取巨大成功的,应该唯有羊祜了!祖逖拥兵于雍丘、宗泽拥兵于东京之时,都是屹立于一方以图长远之略,这一点与羊叔子相同。可是到祖逖死后,其弟率兵叛乱,而宗泽死后其部众也瓦解,转而成为盗贼,这些都是因为他们急于求功而不注意巩固内部安稳。他们都未曾学习羊祜的治军之道以消弭三军的骄逸之气。军队骄逸,则不可能取得成功而不发生混乱。

或曰:叔子之时,晋盛而吴衰,拥盛势以镇之,则敌亡可以坐待;而逖与泽抗方张之虏,未可以理折,则时异而不可相师矣。

【译文】
　　有人说:羊祜身处的时代,西晋强盛而孙吴衰微,坐拥强盛之势来震慑压制敌人,则可以坐等敌人覆灭。而祖逖和宗泽所对抗的是正值扩张强盛之势的外敌强虏,无法以理来挫败其锐气从而使之覆灭。所处的时代不同,情况有所差异,所以他们是不能效法羊祜的策略的。

曰:叔子之可以理服,而逖、泽不能者,遇陆抗耳①。若夫敌国之氓②,信其仁厚而愿归附之,则逖与泽之邻壤,犹晋、宋之遗黎③;而叔子则晋、吴异主,义不相下者也。使逖与泽以此临之,不愈效乎! 夫陆抗亦智深谋远不与叔子争一日之利耳,使其狂逞如石勒、女直之为,则其亡愈速;是遇陆抗者,两碁逢敌之难④,而非易制于石勒、女直也。石勒虽骁,而志不及于江、淮,且未几而国内大乱,甚于孙皓之犹安处也。女直虽竞,而斡离不、挞嬾、兀术各怀猜忌⑤,豕突鹿奔,无有能如陆抗之持重以相制者。使二子以道御兵,以信抚民,以缓制敌,垂之数十年,赵有冉闵之乱⑥,金有完颜亮之变⑦,以顺临逆,以静待动,易于反掌矣。叔子之功,亦收之身后者也,何至于子弟为枭獍以伏诛,部曲窜崔苇而债起哉⑧！故曰逖与泽求之已急而未图其安也。逖有雍丘之可据,而郭默、邵续之流⑨,皆相倚以戴晋;泽有东京之可恃,而两河忠义⑩,皆相待以效功;与为愤兴,而不与为固结,二子之志义尚矣,惜乎其不讲于叔子之道也。

【注释】

①陆抗(226—274):字幼节,吴郡吴县(今江苏苏州)人。三国时期吴国名将,吴国丞相陆逊次子。陆抗继承父爵,孙皓为帝时,任镇军大将军、都督西陵、信陵等地军事。他加强吴军战备,以防晋军进攻吴国,并于凤凰元年(272)在西陵大破晋军。此后,晋吴两军交战,羊祜采取怀柔政策,都预先与对方商定交战的时间,双方彼此达成军事默契与平衡。后官拜大司马、荆州牧。凤凰三年(274)因病逝世。传见《三国志·吴书·陆逊传》。

②氓:特指外来的民众,此指敌国之民。

③遗黎:亡国之民,即身处沦陷之地的百姓。

④碁(qí):下棋。

⑤斡离不:即完颜宗望(? —1127),本名斡鲁补,虎水(今黑龙江哈尔滨)人,女真族。金朝宗室名将,金太祖完颜阿骨打次子。一生战功显著,攻辽灭辽,并进攻北宋,俘虏宋徽宗、宋钦宗二帝。天会五年(1127)病逝,其后追封魏王。传见《金史·完颜宗望列传》。挞嫩:《金史》作"挞懒"。即完颜昌(? —1139),虎水(今黑龙江哈尔滨)人,女真族。金朝宗室将领,金穆宗完颜盈哥之子。骁勇善战,辅佐金太祖参与抗辽之战。他对南宋主和,并参与政治斗争,引发金熙宗不满,同时与完颜宗弼有隙,终在熙宗的授权下,为完颜宗弼所杀。传见《金史·完颜挞懒列传》。兀术:即完颜宗弼(? —1148),虎水(今黑龙江哈尔滨)人,女真族。太祖完颜阿骨打第四子,金朝名将。早年随金军破辽,随后在灭宋的

军事进攻中表现突出。他主张对南宋发动征战以求彻底灭亡南宋，并多次率军进攻南宋，与南宋军队激战于黄天荡、富平、和尚原等地。此外还出将入相，是辅助熙宗进行改革的重要人物。皇统八年(1148)病卒，死后金世宗追谥其"忠烈"并配享太庙。传见《金史·完颜宗弼列传》。

⑥冉闵之乱：指石虎死后，其部将冉闵拥立石鉴，而孙伏都、刘铢等人欲图集结胡人谋逆。冉闵借诛灭谋逆之机，知道胡人不可为己用从而大杀胡人，并最终诛灭石氏贵族，自己称帝，史称"冉闵之乱"。冉闵(？—352)，字永曾，魏郡内黄(今河南内黄)人。十六国时期冉魏政权建立者，为后赵石虎的养孙。其人机敏骁勇，在昌黎之战因军队保全未损而闻名。石虎死后，冉闵拥立石鉴而拘杀石遵，后又屠胡灭石，自己即位称帝，建立冉魏。后为慕容儁所败，被杀。传见《晋书·冉闵载记》。

⑦完颜亮之变：指皇统九年(1149)，完颜亮弑杀金熙宗完颜亶而篡位称帝之事。事见《金史·海陵本纪》。

⑧萑(huán)苇：两种芦类植物，蒹长成后为萑，葭长成后为苇。此处指代草野。

⑨郭默(？—330)：河内怀县(今河南武陟)人。晋朝将领。永嘉之乱时，成为流民统帅，抚恤有方，深得人心。投靠并州刺史刘琨，拜河内太守，联合李矩对抗前赵刘曜和后赵石勒。后投靠晋明帝，拜征虏将军。平苏峻之乱有功，拜右军将军。其擅杀平南将军刘胤后，为王导所忌，终为陶侃所擒杀。传见《晋书·郭默列传》。邵续(？—320)：字嗣祖，魏郡安阳(今河南安阳)人。永嘉之乱后，他据守富平以抵御石勒，后假意投降，并大败石勒。司马睿任命其为平原乐安太守、右将军、冀州刺史，但最终由于东晋疲弱无法给予支援被俘，为后赵石虎所杀。传见《晋书·邵续列传》。

⑩两河：指河北、河东地区，即今河北、山西一带。

【译文】

回答是：羊祜能以理战胜并折服敌人，祖逖、宗泽则未能做到，只是因为羊祜遇到了陆抗这样的对手罢了。说到敌国的民众相信其仁德宽厚而愿意归附，则祖逖和宗泽所邻接的敌境上，都是原来西晋和北宋的遗民，而羊祜所面对的则是晋、吴两国民众各有其主、从国家道义上相持不下的局面。假如祖逖和宗泽能运用羊祜的方略，则不是更容易收服民心吗？陆抗也是智虑深远的人，不与羊祜争眼前之一时之利，假如他同石勒、女真一般狂妄逞强，则其会灭亡得更快。正是由于羊祜遇见了陆抗这样的敌手，两方棋逢对手，因此不像石勒、女真那样更容易对付。石勒虽然骁勇，但他的志向尚未涉及江、淮，况且没过多久其国内就大乱，还不如孙皓偏安江南一隅的境况。女真虽然兵锋强劲，然而斡离不、挞懒、金兀术等人却相互猜忌、各怀鬼胎，在用兵上像猪、鹿一样横冲直撞，并没有像陆抗这样能够持重以制衡敌军的人物。假使祖逖和宗泽二人能遵照大道统御军队，以诚信来安抚民众，以缓招来克制敌人，持续数十年，等到后来后赵发生冉闵之乱，全国出现完颜亮的变乱，再利用此机会，以顺天时正统而讨逆贼，以静制动，则成功易如反掌。如此则即使他们去世了，继承其事业的人依旧可以建立像羊祜那般的功勋，何至于像祖逖死后那样，自己的子弟因为图谋叛乱而被诛杀；像宗泽死后那样，自己的部众流窜乡间草野而愤然起事、成为寇贼呢？所以说，这都是祖逖和宗泽二人太急于求成而没有注意巩固和安定内部。祖逖有雍丘之地可以坚守，而郭默、邵续等人所率的当地武装，都可以拿来相互倚靠以共同拥戴晋朝；宗泽有东京可以凭恃，而河北、河东地区的抗金义勇也都值得期待，可以与其相互协同从而立下战功。这些力量可以奋起战斗，却无法与之团结共守，祖逖和宗泽二人的复国壮志值得推崇，可惜他们却没有讲求羊祜的用兵之道。

五　佞人祸甚于苛政

用人与行政，两者相扶以治，举一废一，而害必生焉，魏、晋其验已。虽无佞人,而亟行苛政以钳束天下,而使乱不起;然而人心早离,乐于易主,而国速亡。政不苛而用佞人,其政之近道,足以羁縻天下使不叛[1],然而国是乱,朋党交争,而国速以乱。

【注释】

①羁縻:笼络,怀柔维系。

【译文】

用人与行政两方面相互配合,国家方能实现大治;如若偏重一方面而忽视另一方面,则祸害必然会产生。曹魏、西晋的历史就是明证。纵然没有奸佞小人,但急促地推行苛政严刑来钳制天下,即便能使祸乱不起,然而人心却早已离朝廷而去,因此民众乐于改换君主,而国家也就迅速走向覆灭。若是施政并不严苛却任用奸佞小人,其施政虽然接近治国的准则,足够笼络控制天下以使其不背叛朝廷,然而却会造成国家大政方针的混乱和朋党之间的相互争斗,国家也会迅速走向大乱。

曹孟德惩汉末之缓弛,而以申、韩为法[1],臣民皆重足以立[2];司马氏乘之以宽惠收人心,君弑国亡,无有起卫之者。然而魏氏所任之人,自谋臣而外,如崔琰、毛玠、辛毗、陈群、陈矫、高堂隆之流,虽未闻君子之道,而鲠直清严[3],不屑为招权纳贿、骄奢柔诌猥鄙之行,故纲纪粗立,垂及于篡,而女谒宵小不得流毒于朝廷,则其效也。

【注释】

①以申、韩为法:指师法申不害、韩非为代表人物的法家学说。申不害、韩非主张实行法制,循名责实,慎赏明罚,提倡中央集权。

②重（chóng）足：后脚紧挨着前脚，不敢迈步。形容非常恐惧。

③鲠直：刚直，正直。

【译文】

　　曹操鉴于东汉末年纲纪松弛涣散的经验教训，采用申不害、韩非子的法家之术来管理国家，臣民们都极为谨慎恐惧。司马懿父子乘机用宽容恩惠的手段来收揽人心，导致魏国君主被杀、国家覆灭，而没有站出来捍卫曹魏政权的人。然而曹魏政权所任用的人，除谋臣外，如崔琰、毛玠、辛毗、陈群、陈矫、高堂隆等人，虽未曾与闻君子之道，却都刚直、清廉、严明，不屑去做弄权受贿、骄奢谄媚、陷害他人的卑鄙行径。因此国家的纲纪大体得以确立，一直延续到被篡权夺位之时，后宫弄权干政、小人当权的情形都没有在朝廷中形成，这就是实行法治的结果。

　　晋武之初立，正郊庙，行通丧①，封宗室，罢禁锢，立谏官，征废逸，禁谶纬，增吏俸，崇宽弘雅正之治术，故民藉以安；内乱外逼，国已糜烂，而人心犹系之。然其所用者，贾充、任恺、冯紞、荀勖、何曾、石苞、王恺、石崇、潘岳之流②，皆寡廉鲜耻、贪冒骄奢之鄙夫；即以张华、陆机铮铮自见③，而与邪波流，陷于乱贼而愍不畏死④；虽有二傅、和峤之亢直⑤，而不敌群小之翕訿⑥；是以强宗妒后互乱⑦，而氐、羯乘之以猖狂。小人浊乱，国无与立，非但王衍辈清谈误之也。

【注释】

①通丧：上下通行的丧礼，指三年之丧。司马昭去世后，司马炎虽贵为君主，仍像平民一样为其父守丧三年。

②任恺（223—284）：字元褒，乐安博昌（今山东博兴）人。魏晋时期官员。娶魏明帝曹叡之女齐国长公主为妻。景元四年（263），司

马昭封晋公，建晋国，任命任恺为侍中，封昌国县侯，后累官至吏部尚书，加奉车都尉。任恺勤劳恪慎，获得朝野赞誉，但与宠臣贾充有朋党之争，仕途受阻。太康四年，忧郁而死。传见《晋书·任恺列传》。冯纨（？—286）：字少胄，安平（今河北衡水）人。西晋初期官员。博涉经史，识悟机辩。官至御史中丞、侍中、散骑常侍。与贾充等人交好，弄权结党，排斥异己。传见《晋书·冯纨列传》。荀勖（？—289）：字公曾，颍川颍阴（今河南许昌）人。三国至西晋时文学家，西晋开国功臣。初仕于魏，为大将军曹爽掾属，曹爽被诛后又任大将军司马昭记室，屡进策谋，深见信任，与裴秀、羊祜共掌机密。西晋建立后，封济北郡侯。累官至光禄大夫、仪同三司、守尚书令。荀勖善于逢迎，被时人比作倾覆国家、搅乱时局的贰臣。但他为人谨慎，每有参预的国家大政，都闭口不言，不愿让别人知道他参与其中。传见《晋书·荀勖列传》。何曾（199—278）：原名何谏，字颖考，陈国阳夏（今河南太康）人。西晋开国元勋。出身陈郡何氏。初为平原侯文学掾，随侍魏明帝曹叡。高平陵政变之后，投靠司马氏集团，颇受重用。司马炎成为晋王后，成为晋国丞相兼侍中，积极策划司马炎代魏建晋行动。晋朝建立后，拜太尉兼司徒。他奢侈无度，讲究饮食，有"何曾食万"的典故。传见《晋书·何曾列传》。石苞（？—273）：字仲容，渤海南皮（今河北南皮）人。曹魏至西晋时将领，西晋开国功臣。西晋建立后，历任大司马、侍中、司徒等职，封乐陵郡公，卒后谥号"武"。石苞出身寒微，但儒雅豁达，明智有器量，忠诚勤勉。不过也曾因好色薄行而受到诟病。传见《晋书·石苞列传》。王恺：字君夫，东海郯县（今山东郯城）人。西晋时期外戚、富豪，是曹魏司徒王朗之孙，晋武帝司马炎的舅舅，文明皇后王元姬的弟弟。曾得晋武帝之助与石崇斗富攀比，为时论者所讥讽。传见《晋书·外戚列传》。石崇（249—

300）：字季伦，小名齐奴，渤海南皮（今河北南皮）人。西晋时期官员、富豪，石苞第六子。曾任荆州刺史、南蛮校尉、鹰扬将军等职，在任上劫掠往来富商，因而致富。贾后专权时，石崇阿附外戚贾谧。永康元年（300），贾后等为赵王司马伦所杀，司马伦党羽孙秀向石崇索要其宠妾绿珠不果，因而诬陷其为乱党，遭夷三族。传见《晋书·石崇列传》。

③张华（232—300）：字茂先。范阳方城（今河北固安）人。西晋时期政治家、文学家。学识渊博，博闻强识，作《鹪鹩赋》为阮籍所赏识。受卢钦举荐而为司马昭所用，屡次建言并被采纳，任中书郎。晋武帝司马炎即位后，拜张华为黄门侍郎，封爵关内侯。张华力主伐吴，为武帝赏识。晋惠帝继位后，皇后贾南风委张华以朝政，竭力维持政局平稳。其尽忠匡辅，迁司空，封壮武郡公。永康元年（300）为发动政变的赵王司马伦所害。传见《晋书·张华列传》。

④愍不畏死：蛮横强悍而不怕死。愍，同"瞥"，顽悍。

⑤二傅：即傅玄和傅咸父子，二人皆为魏晋之际政治家、文学家。

⑥翕訿（xī zǐ）：典出《尔雅·释训》："翕翕訿訿，莫供职也。"本意为颠倒错乱，相互诋毁，从而无法认真职事。晋郭璞注解为"贤者陵替奸党炽，背公恤私旷职事"，后以"翕訿"来形容小人相互勾结，朋比为奸。翕，颠倒错乱的样子。訿，诋毁攻讦。

⑦是以强宗妒后互乱：指晋惠帝时，皇后贾南风干政乱政，诛杀司马氏宗族王侯，最终引发宗室诸王争夺中央权力的"八王之乱"。

【译文】

　　晋武帝立国之初，规范郊祀、宗庙之礼，施行上下通行的丧礼规制，分封宗室，罢除禁锢，设立谏官，征召逸士，禁止谶纬之说，增加官吏俸禄，推崇宽宏雅正的治国理政策略，因此民众可以安居乐业。即便此后内乱迭起、外敌进逼，国家已经糜烂，而人心仍然系于晋朝。然而晋武帝所任用之人,如贾充、任恺、冯𬙋、荀勖、何曾、石苞、王恺、石崇、潘岳等人,都是些寡廉鲜耻、贪墨无度、骄奢淫逸的小人。即便像张华、陆机这样正直自守的人,也免不了与这些邪佞之徒同流合污,最终身陷乱贼之中,蛮横强悍而不惧死亡。虽然有傅玄、傅咸、和峤等人正直不屈,却仍旧难敌众多卑鄙小人的联合诋毁,再加上西晋宗室与皇后势力之间相互残杀,使得氐、羯等族得以趁机侵扰中原。小人当权扰乱朝政,导致西晋政权无法存续,西晋的灭亡并非只是王衍之流清谈误国所造成的。

是用人行政,交相扶以图治,失其一,则一之仅存者不足以救;古今乱亡之轨,所以相寻而不舍也。

【译文】

因此,用人与施政两者之间应该是相互扶持以图国家大治,若失去其中的一方面,则另外仅存的一方面便不足以拯救国家。纵观古往今来动乱衰亡的轨辙,相沿不变,都无法摆脱这个规律。

以要言之,用人其尤亟乎!人而苟为治人也,则治法因之以建,而苛刻纵弛之患两亡矣。魏之用人,抑苟免于邪佞尔,无有能立久长之本、建弘远之规者也。孟德之智,所知者有涯;能别于忠佞之分,而不能虚衷以致高朗宏通之士①;争乱之余,智术兴,道德坠,名世之风邈矣。仅一管宁,而德不足以相致也。晋承魏之安处,时非无贤,而奖之不以其道,进之不以其诚,天下颓靡,而以老、庄为藏身之固,其法虽立,文具而已②。使二代之君,德修而勤于求治,天下群趋于正,而岂患法之不立乎?宋太祖、太宗之所以垂统久长③,

而天下怀其德于既亡之余，庶几尚已！

【注释】

①高朗：指气质高明美善。宏通：指心胸开阔、通达事理。

②文具：本意为条文，此指空的条文。

③垂统：把基业流传下去，多指帝位的继承与政权的承袭。

【译文】

依重要程度而言，则两者中用人问题尤为迫切！假如人人都能够成为遵守规范之人，则法治也随之而建立，苛政严法与放纵松弛这两种为政之患都可消除。曹魏用人，或许能使朝廷中免于出现奸佞之人，却未能建立长久的根基，建立广大深远的规制。曹操的智谋，在知人用人方面是有限的，他能辨别忠良与奸佞之人，却不能虚怀若谷地招揽高明美善、通达事理之人；处在战乱纷争之世，智谋权术兴起，而道德名教堕落，名显于世之人的美好品行早已渺然远去。仅有一个管宁，且其品行还尚未达到较高的境界。西晋承袭曹魏的安定局面，当时并非没有贤能之人，而是因为奖励不能按照一定的标准进行，拔擢贤才不遵循诚信的标准。天下人颓败萎靡，以老子和庄子的思想作为自己的精神依托与根本。虽然确定了法则规范，只不过是徒有其表的一纸空文罢了。假使曹魏、西晋的君主能修正德行、勤于政务，从而励精图治，那么天下之人一定会趋向正途，哪里会担心法纪不立呢？宋太祖和宋太宗之所以能够使得国家长期延续，即使北宋灭亡后，天下民众仍旧感怀其恩德，大概就是崇尚他们做到了这一点吧！

六　杜预议心丧终制

杜预欲短太子之丧①，而曰："君子之于礼，存诸内而已。"安得此野人之言而称之哉！今有人焉，心不忘乎敬父，而坐则倨以待；情不忍乎爱兄，而怒则紾其臂②；亦将曰存诸内而已乎？内外交相维、交相养者也，既饰其外，必求其内，所以求君子之尽其诚；欲动其内，必饬其外，所以导天下而生其心也。今使衰麻其衣，疏粝其食③，倚庐其寝处，然而驰情于淫佚以忘其哀慕者，鲜矣；耳目制之，心不得而动也。藉令锦其衣，肉其食，藻井绮疏金枢玉户其寝处④，虽有哀慕之诚，不荡而忘者，鲜矣；耳目移而心为之荡也。故先王之制丧礼，达贤者之内于外，以安其内；而制中材之外，以感其内。故曰：直情径行，戎狄之道也⑤。夫鸟兽之啾唧以念死⑥，内非不哀，而外无所饰，则未几而忘之矣；野人之内存而外不著见者，亦如是而已矣。

【注释】

①杜预欲短太子之丧：晋武帝皇后杨艳去世后，博士陈逵提议：太子没有太多国事，应按古制服丧三年。尚书杜预认为古代天子及诸侯的所谓三年之丧，开始穿丧服，到葬礼结束就不穿了，是守丧而居在心中悼念三年。所以他反对这一提议，主张缩短太子的服丧时间。事见《晋书·杜预列传》。杜预（222—285），字元凯，京兆杜陵（今陕西西安）人。魏晋时期著名政治家、军事家、学者。初仕曹魏，授尚书郎。西晋建立后，历任河南尹、安西军司、秦州刺史、度支尚书。他积极谋划讨伐吴国的战事，担任了晋灭吴之战的重要统帅。此外，杜预亦熟读经籍，精研《左传》，并撰写《春秋左氏经传集解》三十卷。杜预还曾参与《晋律》制定，完成《晋律》注解，有明晰律法之功。传见《晋书·杜预列传》。

②紾（zhěn）其臂：语出《孟子·告子下》："紾兄之臂而夺之食。"意

为用力扭转兄长的手臂来夺去其食物。后指用力扭转手臂。

③疏粝(lì)：指粗糙的饭食。

④藻井绮疏金枢玉户：指用复杂的技艺装饰建筑，使其华丽壮美。藻井，传统建筑的天花板饰以丹青，文彩似藻，以方木相交，有如井栏，故以此称。绮疏，窗上的雕饰花纹。金枢，门上转轴的美称。借指门户。玉户，玉饰的门户，亦用作门户的美称。

⑤直情径行，戎狄之道也：语出《礼记·檀弓下》："有直情而径行者，戎狄之道也。"意思是凭着自己的意思径直去做，这是戎狄的处事之道。比喻想怎么干就怎么干，不加顾忌。

⑥啾啁(jiū zhōu)：象声词，指鸟叫的声音。

【译文】

杜预想要缩短太子的服丧时间，就说："君子对于礼节，只需要将其存于内心即可。"怎能以这种粗鄙之人的言论为准呢！现今有些人，心中没有忘记尊敬父亲，然而坐下时却傲慢地不能对父亲以礼相待；他们对兄长并非不讲情谊，然而发怒时却用力扭兄长的臂膊，有所冒犯。这些难道也可以说是将礼节放在了自己的心中吗？内心与外表互为表里、相互依存，要修饰其外表，一定会求助于内心，其目的是为了追求内心可以达到君子竭尽赤诚的境界。如果要想打动其内心，一定要整理修饰其外表，从而引导天下人都产生出此种心境。现今让守孝的人穿麻布衣服，吃着粗糙的饭食，在父母的坟边结庐就寝，如此则仍能纵情悦色、骄奢淫逸从而忘记悲哀的人，也是极少见的。这是因为耳濡目染于亲人去世的哀伤环境中，其淫侈之心难以产生。假如让他们身穿华丽的衣服，吃鲜美的食物，用复杂的技艺将他所居住的屋子装饰得华美壮丽，则即使他们内心中原本有悲哀思慕的诚意，如今不消弭得荡然无存的人，也是很少见的。这是因为人的所见所感一旦被从丧事上移开，就可以使其心情逐渐变得放荡。所以古时候先王制定的丧礼，可使贤良之士的内心悲哀显现于外，以安定其内心；对于具有中等才德之人，则通过外在的约束而引发出其内心的悲哀之情。所以说,任凭自己的想法径直去做,实为戎狄荒蛮之人的行事方法。鸟兽用鸣叫的方式来哀悼自己死去的同类,并非其内心不悲哀,但因为它们外在无所修饰,所以它们很快就会忘掉悲哀之情;草野粗鄙之人内心存在悲哀之情却不展露于外在行为,也不过是与鸟兽无异啊。

　　杜预之于学也亦博矣,以其博文其不仁^①,《六经》之旨,且以之乱。谅暗者,梁庵也,有梁无柱,茅苫垂地之庐也^②,而诬之曰心丧。叔向之讥景王曰^③:"有三年之丧二。"谓之有丧矣,非谓存诸内者之徒戚也,而诬之曰不讥除丧,而讥其燕乐之已早。预之存诸内者,诬圣欺天,绝人而禽之,犹曰君子之于礼,存诸内而已乎?故曰:"以礼制心^④。"心有不存,而礼制。其外无别,则内之存与不存,又奚以辨哉?邪说逞,人道息。凡今之人,皆曰:臣忠、子孝、兄友、弟恭,求其心而已。而心之不可问者多矣。不仁哉杜预之言,以贼天下有余也!

【注释】

①文:掩盖,缘饰。

②茅苫(xià):指茅草。茅,茅草。苫,蒲草编成的席子。

③叔向之讥景王:指昭公十五年(前527),周景王太子和皇后先后死去,景王在葬礼一结束就宴饮奏乐。叔向批评周景王"一岁而有三年之丧二焉",即一年中遇到了两场本应服丧三年的丧礼,却没有服满三年的丧期,而且居然还在丧期中便过早地饮宴奏乐。事见《左传·昭公十五年》。叔向,羊舌氏,名肸,又称叔肸。春秋时晋国大夫。其食邑于杨,故又称杨肸。他在晋悼公时,为

太子彪(平公)之傅。晋平公即位后,仍为傅。曾多次参与晋平
公与诸侯会盟和作战之策划。晋平公六年(前552),因为栾盈好
施,得士之心,范宣子深感畏惧,于是驱逐栾盈,并杀其同党羊舌
虎(叔向弟)等,叔向因此也被囚。后来被释放。他主张维护旧
礼制,反对政治改革,曾致书郑子产指责其公布"刑书"。

④以礼制心:语出《尚书·仲虺之诰》:"王懋昭大德,建中于民,以
义制事,以礼制心,垂裕后昆。"意思是王宣扬盛美之德,在民众
中建立中正之道以作为标准,依靠道义来处理事务,依靠礼制来
规范内心,以此来为后人留下业绩和声名。

【译文】

　　杜预的学问也算十分渊博了,但他以博学来缘饰内心的不仁,因此
《六经》的要旨精义都被他搞乱了。古时天子居丧称之为"谅暗",又称
为"梁庵",是指在有梁无柱、茅席垂地的庐舍中服丧,却被杜预曲解为
不穿丧服,只是在心中悼念。叔向批评周景王说:"您一年之中遇到了
两场本应服丧三年的丧礼。"这是说他有需要遵守的丧期,而不是说要
他将丧失亲人的悲痛放在内心。然而叔向此举却被杜预错解为他不是
在批评周景王除丧,而是批评他过早地宴饮作乐。杜预所谓存于内心
的言论,诬蔑圣贤,欺骗上天,绝人伦之道而使人行禽兽之事,这难道仍
能说是君子对于礼节的遵守,只要存在于自己的内心即可吗?所以说:
"要以礼制来规范内心。"心中如果不存仁德,则以礼法进行规范。既然
外在行为没有不同,则内心之中是否存在仁德道义,又如何能辨别出来
呢?邪说横行,则人道息止。现今之人都说,臣下的忠诚、子弟的孝顺、
兄长的友善、兄弟的恭敬,只要放在自己心里即可。然而心中之事无法
了解之处是很多的。杜预的话真是不仁啊,用以戕害天下绰绰有余!

七　嵇绍不可仕晋

　　嵇绍可以仕晋乎①?曰:不可。仕晋而可为之死乎?

曰：仕而恶可弗死也！仕则必死之，故必不可仕也。父受诛，子雠焉，非法也；父不受诛，子不雠焉，非心也。此犹为一王之下，君臣分定，天子制法，有司奉行，而有受诛不受诛者言也。嵇康之在魏②，与司马昭俱比肩而事主，康非昭之所得杀而杀之，亦平人之相贼杀而已。且康之死也，以非汤、武而见惮于昭，是晋之终篡，康且遗恨于泉下，而绍戴之以为君，然则昭其汤、武而康其飞廉、恶来矣乎！绍于是不孝之罪通于天矣。

【注释】

①嵇绍（253—304）：字延祖，谯国铚县（今安徽濉溪）人。西晋名臣，嵇康之子。嵇绍十岁时，其父嵇康为司马昭所杀，因此获罪居家。后为山涛举荐，入晋朝为秘书丞。他不畏权贵，正直以谏，曾为齐王司马冏幕僚，在朝廷攻讨司马颖时，誓死保卫晋惠帝而为军士所杀。河间王司马颙、东海王司马越及琅玡王司马睿相继表奏其忠，累赠太尉，谥"忠穆"。传见《晋书·忠义列传》。

②嵇康（224—263）：字叔夜，谯国铚县（今安徽濉溪）人。三国时期曹魏思想家、文学家。自幼聪颖，博览群书，偏好老庄之学。曾官中散大夫，世称"嵇中散"。司马昭擅权图篡之时，欲礼聘他为幕府属官，且希望可以为子求娶其女，都被他所拒绝，因此招致司马昭忌恨。后因他为吕安兄弟求情，再加上锺会挑拨，最终被司马昭处死。行刑当日，有三千太学生请愿为其求情。临刑前嵇康面不改色，奏《广陵散》慷慨赴死。传见《晋书·嵇康列传》。

【译文】

　　嵇绍可以出仕晋朝吗？回答是：不可以。出仕了晋朝，可以为晋朝效死吗？回答是：身为其官员怎么可以不为其效死呢？出仕则一定要死,就必然不可出仕。如果父亲被依法处死,儿子对此怀恨在心,那么儿子就违背了律法;如果父亲被非法杀害,儿子对此却不心怀怨恨,那么他就丧失了身为人子之心。这还是说一个王朝中君臣各居其位,天子制定律法,而各级部门奉行,其中有人因罪被诛杀而有人则幸免。嵇康在曹魏时,同司马昭一样共同事奉曹魏的君主。嵇康并非司马昭所能够杀害的,却最终被他所杀,这就如同日常生活中普通人间的相互残杀而已。而且嵇康的被杀,是由于他否定商汤、周武的革命,并以此反对司马昭欲图篡权夺位的举动,从而引起了司马昭的忌惮。结果却是司马氏得以篡位,而嵇康对此不免含恨于九泉之下。而作为嵇康之子的嵇绍却拥戴司马氏作为自己的君主,难道司马昭真如商汤、周武王般贤明,而嵇康、嵇绍则犹如飞廉、恶来父子二人一般吗? 所以,嵇绍出仕晋朝是犯下了足以通天的不孝之罪。

　　沈充以逆伏诛,而子劲为晋效死①。《蔡仲之命》曰②:"尔尚盖前人之愆③。"沈劲克当之矣。绍盖前人之美,而以父母之身,糜烂而殉怨不共天之乱贼,愚哉其不仁也! 汤阴之血④,何不洒于魏社为屋之日⑤,何不洒于叔夜赴市之琴⑥,而洒于司马氏之衣也?

【注释】

①沈充以逆伏诛,而子劲为晋效死:指王敦阴谋篡位,约沈充共同起兵,后沈充为晋军所败,并被部下吴儒所杀。而其子沈劲为东晋镇守洛阳,前燕军队攻破洛阳时被杀。沈充(? —324),字士居,吴兴武康(今浙江德清)人。东晋将领。少习兵书,颇以雄豪闻于乡里。深得王敦器重,引为参军。王敦上表讨伐刘隗,沈充招募徒众响应,被任为大都督,统率东吴军事。后王敦叛乱谋

逆,沈充响应,并拒绝晋明帝的劝阻,最终失败后被部下所杀。传见《晋书·沈充列传》。劲,沈劲(?—365),字世坚,吴兴武康(今浙江德清)人。东晋将领,沈充之子。少时为其父罪名所累,立志建功以洗雪家族之耻。受王胡之的赏识,为平北将军府参军。隆和元年(362),前燕围攻洛阳,沈劲自募士卒千人,协助冠军将军陈祐守卫洛阳,屡败前燕,被授为冠军长史、扬武将军。兴宁三年(365),燕军攻破洛阳,沈劲坚守而被俘,后被杀。其事迹入《晋书·忠义列传》。

②《蔡仲之命》:即《尚书·蔡仲之命》篇。蔡叔度被周公流放,其爵位也被剥夺。蔡叔度的儿子蔡仲有德行,于是周公最后又把蔡仲封在了蔡国,并且写了《蔡仲之命》来告诫他,希望其遵循祖父文王的常训,不要像其父亲那样违背天命。

③尔尚盖前人之愆:指修德行善以弥补过去之罪恶。语出《尚书·蔡仲之命》:"尔尚盖前人之愆,唯忠唯孝。"意思为希望你用你的忠孝来掩盖你父亲的错误与过失。

④汤阴之血:指嵇绍在汤阴之时,面对司马颖的军队舍命保护晋惠帝,自己则为司马颖军所杀,鲜血飞溅在了惠帝的衣袖上。事见《晋书·忠义列传》。

⑤魏社为屋:指曹魏宗庙社稷覆亡。屋,终止。

⑥叔夜赴市之琴:指嵇康临死前在闹市面对三千请愿太学生,正襟危坐弹奏《广陵散》,慷慨赴死。事见《晋书·嵇康列传》。

【译文】

沈充以叛逆的罪名被诛杀,而他的儿子沈劲却为东晋效死尽忠。《尚书·蔡仲之命》中说:"希望你用自己的德行掩盖你父亲的过失。"沈劲是当得起这句话的。而嵇绍却以事奉司马氏的行为遮盖了其父亲的美名。他以父母所生养的躯体,来为不共戴天的仇敌殉葬,这是多么愚蠢且不仁德的行为啊!嵇绍的热血洒在了汤阴,他的热血为何不抛洒在曹魏宗社覆灭之日,不抛洒在其父亲被押赴市井处刑时所携带的古琴之上,却非要飞溅在司马氏皇帝的衣襟之上呢?

八 范粲较管宁陶潜尤烈

魏、晋之际,有贞士曰范粲①,较管宁、陶潜而尤烈②,而称道绝于后世。士之湮没而志不章者,古今不知凡几也!宁以行谊著,潜以文采传,粲无他表见,而孤心隐矣。乃其亢志坚忍,则二子者未之逮焉。送魏主芳而哀动左右,三十六年佯狂不言,卒于车中,子乔侍疾③,足不出邑里,父子之志行,诚末世之砥柱矣。文采行谊无所表见,志不存焉耳。宁之不若此也,宁未仕汉,而粲已受禄于魏也。潜之不若此也,知晋之将亡而去之,不亲见篡夺之惨也。故二子无妨以文行表见,而粲独不可。难哉其子之贤也!晋赐禄以养疾,赐帛以治丧,而不受。嵇绍闻之,尚为仇雠之子孙捐父母之身,人之贤愚相去有若此哉!粲之所为,难能也;非但难能也,其仁矣乎!

【注释】

①范粲(202—285):字承明,陈留外黄(今河南民权西北)人。三国曹魏名臣。早年才华颇具盛名,为州府所赏识,争相征辟而不就。后官至武威太守、侍中。司马师废魏帝曹芳时,范粲身着白色丧服拜送,并坚持"阳狂不言,寝所乘车,足不履地"达三十余年。因范粲德行高尚,司马炎下诏要求郡县给予范粲医药,加赐二千石禄养病和布百匹,但其长子范乔以父患病为借口婉拒,不受晋朝一钱一物。传见《晋书·隐逸列传》。

②陶潜:即陶渊明(352或365—427)。字元亮,私谥"靖节",世称靖

节先生。寻阳柴桑(今江西九江)人。东晋至南朝宋之际著名文学家,名臣陶侃之后。自幼家贫而好学,性爱丘山,恬淡自持。历任江州祭酒、彭泽县令等职,于仕耕之间逐渐厌倦官宦生活,在彭泽县为县令仅八十多天便弃职而去,从此归隐田园。传见《晋书·隐逸列传》《宋书·隐逸列传》。

③乔:指范乔(221—298),字伯孙,陈留外黄(今河南民权西北)人。范粲长子。少有学行,闻于乡里。刘毅、王琨、张华等先后表荐而一无所就。安贫乐道,素有孝名。五岁时见到祖父临死前所遗留的砚台,悲哀不已。其父范粲称病不仕晋朝,范乔便侍奉左右,须臾不离,并拒绝司马炎所赠的药品与钱物,终身不仕。传见《晋书·隐逸列传》。

【译文】

魏、晋之际,有位名叫范粲的忠贞之士。与管宁、陶潜相比,他更为刚毅忠烈,但后世对于他的称道却极少。古往今来,不知有多少忠贞士人被历史湮没,其品行志向不得昭彰于世。管宁以其德行事迹著称,陶潜以其文采传世,范粲没有其他方面的表现,只是独怀苦心隐居不仕。可他坚忍不屈的志气,是管、陶二人所不能及的。范粲送别废帝曹芳时的悲伤哀痛之情,深深打动了身边的人,他佯装癫狂三十六年而一言不发,直至最终死于车中,誓死不踏上晋朝的土地。其子范乔在他生病时侍奉左右,双脚从未迈出过乡里。范粲父子的才志与品行,真可以称得上是末世中的中流砥柱。范粲在品行事迹与文采方面无所表现,只是因为其志向不在那些方面罢了。管宁与范粲的情况不同,他并未担任东汉的官职,而范粲却已经享受曹魏的官俸。陶潜也与范粲情况有所不同,他眼见东晋即将灭亡,于是离职归隐,没有亲眼看见政权被篡夺时的惨状。因此,管、陶二人无妨以各自的文采与品行彰显于世,可唯独范粲却不能这样做。他的儿子如此贤德真是难得啊!晋朝专门赐予范粲俸禄来疗养他的疾病,又专门赐给范乔丝帛让他治理其父亲的丧事,但均遭范粲父子拒绝。嵇绍知道这一情况，却还为仇敌的子孙奉献出父母所生养的身躯，人的贤良与愚蠢之间的差别还有比这更为明显的吗！范粲的行为实在难能可贵，非但难能可贵，而且已经达到仁的境界了吧！

九　晋授兵宗室卒以马祸

晋诏诸王大国置三军，次国二军，小国一军，其所依仿之名曰周制也①。古之诸侯，皆自有兵，周弗能夺，而非予之也。其自周始建之国，各使有兵，彼有而此不得独无也。郡县之天下，兵皆统于天子，州郡不能自有其人民，独假王侯以兵，授以相竞之资，何为也哉？夫晋岂果循周制以追三代之久安长治也乎？惩魏之亏替宗室②，而使权臣乘之耳。乃魏之削诸侯者，疑同姓也；晋之授兵宗室以制天下者，疑天下也。疑同姓而天下乘之，疑天下而同姓乘之，力防其所疑，而祸发于所不疑，其得祸也异，而受祸于疑则同也。

【注释】

①其所依仿之名曰周制：指西晋声称此制是效仿《周礼》所载周朝之制。《周礼·夏官司马》记载："凡制军，万有二千五百人为军，王六军，大国三军，次国二军，小国一军，军将皆命卿。"依仿，效仿，依照。亦作"依放"。

②亏替：废除，损坏。

【译文】

西晋朝廷颁布诏令，要求同姓诸王国中大国配置三军，次国配置二军，小国配置一军，此举措名义上说是效仿周代的制度。古时就已存在的诸侯，都各自拥有自己的军队，周天子不能褫夺，其军队并非周天子授予诸侯的。从周朝开始分封诸侯，使其各自拥有军队，是因为既然那些古诸侯国有,便不能唯独使新诸侯国没有。在实行郡县制的天下,军队全部都归天子所有,各州郡不能独立拥有其辖下的人民,这种情况下却唯独授予各诸侯国兵权,给他们提供相互争斗的资本,为的是什么呢? 晋朝难道真想遵循西周之制,以期达到像夏、商、周三代那样长治久安的局面吗? 西晋不过是吸取曹魏废弃宗室、给权臣篡夺留下可乘之机的教训而已。可是曹魏削夺诸侯的权力,是猜疑同姓诸侯王;晋朝将兵权授予宗室来控制天下,则是猜疑天下之人。怀疑同姓王而天下之人乘机而起,猜疑天下人而宗室乘机而起,竭力防范自己所猜疑的对象,而祸乱却发于自己所不曾猜疑的对象。曹魏和西晋产生祸乱的途径不同,但都因猜疑而终致祸乱,这一点则是相同的。

　　呜呼! 以疑而能不召乱亡之祸者无有。天下皆以为疑己矣,而孰亲之? 其假以防疑者,且幸己之不见疑而窥其疏以乘之;无可亲而但相乘①,于是而庸人之疑,终古而不释。道不足于己,则先自疑于心;心不自保,而天下举无可信,兄弟也,臣僚也,编氓也,皆可疑者也。以一人之疑敌天下,而谓智计之可恃以防,其愚不可瘳,其祸不可救矣。亲亲而以疑,则亲非其亲;尊贤而以疑,则贤非其贤;爱众而以疑,则众非其众。夫何疑哉? 君子乐得其道,小人乐得其欲而已矣。交君子以道,给小人之欲,孤游于六合,而荆棘不生,无有圣贤而无豪杰之度者也。

【注释】

①相乘:交相侵袭。

【译文】

　　哎! 猜疑他人而能不招致祸乱,这种情况是不存在的。认为天下之人都应该怀疑,那么谁还能够亲近呢? 其为了防范猜疑而所依赖的人,将会庆幸自己不被猜疑而窥准其疏漏,乘机加以篡夺;没有可以亲近信赖的对象,而只是互相寻找对方的可乘之机,于是见识短浅之人的猜疑,自古至今都无法消除。当自己内心尚不足以达到正道的时候,心中首先会产生猜疑;自己内心不能保持正念,则会认为整个天下的人都是不可信任的。兄弟也罢,臣僚也罢,普通的平民百姓也罢,都被视为可疑的人。以一个人的疑忌面对天下之人,而认为自己的智谋计策足以凭恃,可以用于防范天下人,如此则其愚蠢真是不可救药,其祸患也就难以避免。亲近亲人却猜疑亲人,则亲人也就算不得自己真正的亲人了;尊重贤良而又猜疑他们,那么贤良也不是为自己所用的贤良了;爱护民众却又猜疑,则民众也不是自己的民众了。有什么可怀疑的呢? 不过是君子乐于看到圣人之道得以施行,小人乐于满足自己的私欲罢了。若能以圣人之道结交君子,也满足小人的私欲,那么即使君主独游于天下,也不会遇到麻烦和障碍。所以,没有哪位圣贤是不具备英雄豪杰的宽宏大度的。

一〇　李熹欲假刘渊将军号征树机能

天下恶有无故杀人而可以已乱者哉! 齐王攸欲杀刘渊①,王浑曰②:"奈何以无形之疑杀人。"其说是也。舍杀而无以驭之也,渊之所以终乱晋而残之也。不杀渊而渊反,则咎王浑;杀渊而胡叛,则抑且咎齐王;舍本循末,两俱有咎,而孰能任之? 曹魏之居匈奴于内地,使若渊者得以窃中国文事武备之绪余,济其奸而启雄心,其祸久矣。渊即死,若聪、若曜、若猛、若宣③,挟怨以求逞,能旦杀一人、夕杀一人、皆无罪而翦之乎? 契丹之所以深女直之怨而激之起④,岂有幸哉!

【注释】

① 齐王攸欲杀刘渊：指齐王司马攸发觉刘渊久居都城且感叹怀才不遇，担心其可能怀有异志而最终祸害晋室，故而向晋武帝司马炎建议杀掉刘渊，早除祸患。后被王浑进言认为刘渊为长者，不能只是因为怀疑而杀戮无罪之人；并力保刘渊，给予劝阻。事见《晋书·刘元海载记》。

② 王浑（223—297）：字玄冲，太原晋阳（今山西太原）人。三国曹魏至西晋初年名臣。早年为曹爽帐下掾吏，西晋建立后担任东中郎将、征虏将军、豫州刺史等职，积极筹划伐吴。与杜预等奉诏伐吴，屡战屡胜，有灭吴之功，升任征东大将军。灭吴后安定东吴地方百姓，不强加刑罚。后官至司徒。晋惠帝时，贾南风联合楚王司马玮乱政，王浑严词拒绝司马玮的征召，在司马玮死后复任司徒。元康七年（297）去世。传见《晋书·王浑列传》。

③ 若聪、若曜、若猛、若宣：聪、曜、猛、宣，分别指刘聪、刘曜、王猛、石宣。

④ 契丹之所以深女直之怨而激之起：指契丹贵族不仅对于女真各部落施以越来越重的压榨勒索，还经常对女真各部烧杀抢掠，甚至对女真部落的首领无故加以诛戮。完颜阿骨打就险些被辽天祚帝诛杀。天庆四年（1114），完颜阿骨打愤而起兵攻辽，最终将辽消灭。事见《金史·太祖本纪》。

【译文】

天下哪里有通过无故杀人的方式就可以消除叛乱的事情呢？齐王司马攸想杀掉刘渊，王浑劝阻道："怎么可以因为毫无根据的怀疑就杀人呢？"这种观点是对的。但放弃杀戮则无法对刘渊进行控制，这就是刘渊最终得以祸乱晋朝、残杀西晋皇室的原因。不杀刘渊而致使刘渊反叛，罪责归于王浑；杀刘渊而使胡人叛乱，那么罪责又要归于齐王司马攸。这种归咎都是舍其根本而遵循其末，如果这两种归咎都是错误的,那么到底谁应该承担责任呢? 曹魏时迁匈奴人于内地,结果使刘渊这样的人得以偷偷学到华夏的制度文化和军事技能,从而助长了他的奸诈,唤起了他颠覆晋室的雄心,这种祸患可谓由来已久。即使刘渊被杀,其他如刘聪、刘曜、王猛、石宣等人,都会心怀怨恨以求一逞。难道能够早上杀一人、晚上杀一人,在无罪的情况下全都将其一一杀害吗? 契丹正是因为这种肆意诛戮,引起女真人的怨恨而激起其反抗,这样的情况怎能幸免呢?

夫晋承魏失,固未可急驱除之矣。王济欲任渊以平吴[①],纵虎自卫之术也。李憙欲发匈奴五部,假渊将军之号征树机能[②],此策之善者,而孔恂谏止之,何也? 恂诚忧渊之叵测,抑必有术以制之,而但色变于谈虎哉? 凉者[③],中国之赘余也,河、湟之间,夷狄之所便也。渊西征而荡平树机能之墟,即割其地以安之,而渊之心戢矣。渊即不戢,五部之心亦戢矣。驭得其道,则且不敢窃河西而据之。即其不然,我据萧关以距之[④],其极逞也,亦但如元昊而止耳。孰如近在汾、晋之间[⑤],使我不轨之士民,教猱伥虎[⑥],河决鱼烂于腹心乎? 故知李憙之谋,非但以平树机能也,实以斥渊而远之也,此弭祸于将然之善术也。一疑之,一畏之,无可如何而姑置之;渊且自危、且自矜、尤且自信也。是召之以必反之道也。呜呼! 晋之失政,贿赂已耳,交游已耳。王浑父子得贿而保渊,孔恂、杨珧不得贿而甚渊[⑦],故李憙之深识不庸。非渊之能亡晋也,晋自亡耳。

【注释】

①王济欲任渊以平吴:指王济与其父王浑皆看重刘渊,曾多次向晋武帝进行推荐,而王济建议武帝任用刘渊平吴。事见《晋书·王济列传》。王济,字武子,太原晋阳(今山西太原)人。西晋大臣,王浑之子。少有逸才,善于清谈,性极豪侈,丽服玉食。起家中书郎,累迁侍中。因谏言晋武帝遣齐王司马攸就国之事而忤旨,左迁国子祭酒,后又坐事免官。传见《晋书·王济列传》。

②李憙(xǐ)欲发匈奴五部,假渊将军之号征树机能:指河西鲜卑族首领秃发树机能叛乱之时,李憙建议晋朝及早派兵应对,并提议发动匈奴五部的人,授予刘渊将军的称号,让其前往征讨树机能,可惜未能实现。事见《晋书·李憙列传》。李憙(? —282),字季和,上党铜鞮(今山西沁县南)人。三曹魏至西晋之际大臣。少有品行,屡拒征召,颇受司马懿与司马师器重。任凉州刺史时,抵御羌人入侵,保境安民。他坚决拥护司马炎,并参与魏元帝曹奂向晋武帝司马炎的禅让,获封祁侯。后曾上疏力阻武帝让齐王司马攸外镇。传见《晋书·李憙列传》。树机能,即秃发树机能(? —280)。秃发鲜卑族首领。在祖父寿阗死后接替大首领位置,率部反抗西晋王朝。先后大破晋的封疆大吏胡烈、苏愉、牵弘、杨欣,攻陷凉州,威震晋朝。咸宁三年(277)十二月,秃发树机能为晋将马隆所败,后被杀。传见《晋书·秃发乌孤载记》。

③凉:凉州,简称雍凉、凉、雍。古称雍州、姑臧、休屠,治所在今甘肃武威。位于河西平原,地势平坦开阔,是联结西域的重要经济和交通中心。

④萧关:关名。在今宁夏固原东南。萧关在六盘山山口依险而立,扼守自泾河方向进入关中的通道,是关中西北方向的重要关口,屏护关中西北的安全。

⑤汾、晋：指汾水流域。亦特指山西太原地区。

⑥教猱(náo)怅虎：即教猱升木、为虎作伥。教猱，语出《诗经·小雅·角弓》："毋教猱升木，如涂涂附。"意思是不要让猕猴攀爬树木，就像把泥巴一层又一层涂在墙上。比喻教唆坏人做坏事。

⑦王浑父子得贿而保渊，孔恂、杨珧不得贿而惎渊：晋武帝司马炎当政时，刘渊作为匈奴左部人质居住在京城洛阳，司徒王浑和他儿子王济都十分看重刘渊，屡次将他推荐给晋武帝。晋武帝于是召见刘渊，与他交谈后，也非常喜爱刘渊。第二天上朝时，晋武帝跟王济说："刘元海（刘渊字）容仪非凡，机敏慧鉴，依朕之见，即使由余、日䃅也无法超越此人。"由余、日䃅分别为秦汉时期贤明的匈奴政治家。王济回答说："刘元海仪容机鉴，正像陛下所说的那样，然而他的文武才却远远超过由余、日䃅二人。陛下如果把东南的大事委托给刘渊，那么征服东吴而统一全境将是举手之劳。"然而当时的平西将军孔恂以及卫将军杨珧认为："据我们对刘渊才能的观察，当今恐怕的确没人能与之相比。不过陛下如果不给他很多兵马，他也不足以成事；但一旦给了他太大的军权，平吴之后，我们担心他未必会北渡班师回朝。非我族类，其心必异。今天陛下即使只任命他统领自己的匈奴本部，我们已私下为陛下感到寒心。如果真要将像东吴这样具有天险之固的地盘交付给他，只怕刘渊将来的作为愈发不可思议。"晋武帝觉得有道理，便默不作声。事见《晋书·刘元海载记》。需要说明的是，王浑父子和刘渊有一定交往，很推重刘渊，但并没有明确的记载表明他们收受了刘渊的贿赂。孔恂(261—289)，字士信，豫州鲁国（今山东曲阜）人。早年担任护军长史，入晋后以平东将军身份监豫州军事。曾与侍中王恂、杨济同列，晋武帝曾对诸位大臣称赞"朕左右可谓恂恂济济矣"，为一时俊彦。其事散见于《晋书·王济列传》《晋书·刘元海载记》等。杨珧

（？—291），字文琚，弘农华阴（今陕西华阴）人。西晋大臣，东汉
太尉杨震曾孙。杨珧为弘农杨氏之后，为晋武帝皇后杨芷的堂
兄，深得武帝宠信，以为尚书令，封为城阳侯。与其兄杨骏、弟杨
济势倾天下，时人号称"三杨"。晋惠帝即位，拜为卫将军，策划
齐王司马攸归国事宜。永平元年（291），皇后贾南风联合楚王司
马玮发动政变杀害杨骏，杨珧坐罪被杀，被夷灭三族。传见《晋
书·杨珧列传》。

【译文】

西晋承袭了曹魏的失误，本来就难以迅速地驱除匈奴人。而王济
打算任用刘渊平定吴国，这完全是放出老虎来保卫自己的方法，只会自
招祸患。李憙想发动匈奴五部的人，并授予刘渊将军的称号让其前往
征讨秃发树机能，这不失是一个好的计策；然而孔恂却加以谏言阻止，
这是为何呢？孔恂诚然担心刘渊居心叵测，但是必须要有措施加以控
制，难道仅仅是谈虎色变就足够了吗？凉州实在是中国的多余之地，河
湟地区是游牧民族夷狄的便于居住之所，若刘渊西征能荡平树机能，便
将此地割给刘渊以使其安顿下来，则刘渊的心也就会有所收敛。即使
刘渊不收敛野心，而匈奴五部部众之心也会有所收敛。如果对其驾驭
得当，刘渊就不敢窥视河西而试图占据其地。即便不是如此，我们据有
萧关也可以抵挡他，刘渊至多也只能像西夏元昊那般为患一方罢了。
哪会像现在这样，刘渊在汾水流域一带与那些图谋不轨的士民勾结在
一起，狼狈为奸、为虎作伥，最终在腹心之地形成如同大河决堤、鱼死网
破般的危局呢？由此便可知道，李憙的计谋不仅仅是平定树机能叛乱
的妙计，而且还是将刘渊调往边远地区的重要方法，这也是在祸患发生
前将其消除的极佳方法。一则猜忌，一则畏惧，却没有合适的方法加以
防备，从而姑且将刘渊置于国境内；刘渊则一边畏惧，一边自尊自大，从
而变得特别自信，这就导致了他必然反叛的结局。哎！西晋之所以失
去政权，就是因为贿赂和交游罢了。王浑父子因得到贿赂而力保刘渊，

孔恂、杨珧因得不到贿赂而憎恨刘渊，所以李憙的远见卓识才没能被采纳。并非是刘渊足以灭亡西晋，实则是西晋自取灭亡罢了。

一一　荀勖议省官长于傅咸

傅咸之忠，荀勖之佞，判然别矣。而其议省官也①，则勖之说为长。故听言者，不惟其人，惟其言而已矣。咸刚直而疾恶已甚，见闲曹之吏，或怠傲而废功，或舞文以牟利，愤然曰："焉用此为，而以费农夫之粟，空国家之帑哉！"其言非不快于一时之心，而褊衷以宰天下②，天下又恶能宰哉！

【注释】

①议省官：西晋咸宁五年(279)，司徒左长史傅咸上书晋武帝，认为公与私都不充实的原因，是由于设置的官吏太多了。当前最紧迫的事情，在于合并官署，停止劳役，从上至下都致力于农事。当时，朝廷中又商议，减省州、郡、县一半的官吏，让他们去从事农业。对此，中书监荀勖认为："减吏不如减官，减官不如减事，减事不如清心，从前萧何、曹参辅佐汉王，承受其清静无为，百姓因此而安宁统一，这就是所说的清心。抑制虚无根据的空言，精简公文案卷，省略细碎烦琐的事务，原谅小的过失，如果有喜好改变常规而求利的人，一定要进行惩治，这就是所谓省事。把九卿寺并入尚书，把御史台交付三公府，这就是所谓的省官。如果只做大的规定，那么普天下的官吏，都要裁减一半，恐怕众多的文武官员，郡国的各种职责，难易程度不同，不可以一概推行。假如出现公务废弛，全都需要再恢复，或者就会因激发而更加繁多，这也不能不加以重视。"事见《晋书·荀勖列传》。

②褊衷：褊狭的内心。

【译文】

傅咸的忠诚与荀勖的奸佞,是清晰可辨的。然而,两人关于裁减官吏的议论中,荀勖的说法更为可取。所以在听取谏言时,不应当只看进言者的人品,而应当依据其言论来进行判断取舍。傅咸刚毅正直并且疾恶如仇,见到一些处于闲散职位的官吏,或因懈怠傲慢而耽误工作,或因舞文弄墨以牟取私利,就气愤地斥责道:"怎能任用这种人,实在是耗费农民的粮食,亏空国家的钱财!"他的这种言论,只为了图心中一时的痛快。以褊狭的见解来治理天下,天下又怎么能治理得好呢?

古者方五十里之国,卿、大夫、士、府史、胥徒具①,群聚以上食于公、下食于民,而不忧其乏。天下之大,庶官仅供其职,而曰"公私不足",此翁妪之智,不出箪豆之间②。故曰:褊衷以宰天下,天下弗能宰也。

【注释】

①卿大夫士府史胥徒:卿、大夫、士、府史、胥徒,都是周代官职。府史,古时管理财货文书出纳的小吏。胥徒,本指服徭役之人,后泛指官府衙役。

②箪(dān)豆:犹言箪食豆羹。一箪饭食,一豆羹汤。谓少量饮食。亦以喻小利。

【译文】

古时候方圆五十里的国家,卿、大夫、士、府史、胥徒等官职都有设立,他们聚集在一起,上食国家俸禄,下食百姓粟米,而不必担心出现供给贫乏的情况。以天下之大,百官仅是各守其职而领取俸禄,傅咸便说"公私供给都不充足",这实在是老翁、老妇之流的短视,斤斤计较于蝇头小利与伙食损耗。所以说,若以狭隘的见解来治理天下,天下是不能被治理好的。

　　古之建官以治事治民，固也；而君子野人，天秩之以其才①，叙之以其类，率野人以养君子，帖然奉之而不靳，岂人为哉？王者以公天下为心，以扶进人才于君子之涂为道。故一事而分任之，十姓百家而即立之长以牧之，农人力耕而食之无愧，君不孤贵而养之必周；乃使一艺、一经、一能、一力者，皆与于君子之列，而相奖以廉耻。虽有莠稗，不尽田而芟刈②，使扶良苗以长，但勿令夺苗之滋可矣。

【注释】

①秩：按次序排列。

②芟刈（shān yì）：割。

【译文】

　　古时候设置官员来处理事务、治理民众，是必然的情况；而做官的君子与普通百姓，是上天依照其才能加以排序，将其划分为不同的类别的。所以由普通百姓来供养君子，且顺从地供奉而毫不吝惜，这岂是人为所造成的吗？君主把为天下子民服务来作为自己的使命，以培养人才使之成为君子而作为自己的任务。因此，一件事务也需要分工分职，每十姓百家就需要设立长官来加以管理，农人努力耕作而供养官员，官员不必感到羞愧，君王不独享其尊贵地位而对官员奉养周全。如此使那些能通一艺、能通一经、有某项才能、有某种力量的人，都能与君子同列，相互劝勉而知廉耻。所以，即使田中有野草，也不必将其全都割锄干净，而应使其能够扶助良苗生长，不使其夺取良苗养分从而影响良苗生长即可。

官省而人之能与于选者其涂隘,力不任耕、志不安贱之士,末繇分天之禄以自表异①,则且淫而为奸富,激而为盗贼。君子之涂穷,而小人之歧路百出,风俗泛滥于下,国尚孰与立哉!惟用人之涂广,而登进之数多,则虽有诡遇于倖门者②,而惜廉隅、慎出处之士,亦自优游以俟,而自不困穷以没世。如其省官而员数减,则入仕也难;入仕难,则持选举之权者益重。数十人而争一轨,苟有捷径之可趋,虽自好者,不能定情以坚忍。而秉铨苟非其人③,则自尊如帝,操吉凶也如鬼,托澄汰以为垄断,而所裁抑者类修洁之士,所汲引者皆躁佞之夫。士气萎,官邪兴,流沔而无所立④,即使傅咸任之,且不能挽颓波以从纲纪⑤,况莫保司铨之得尽如咸乎!故君子甚患夫刚直者之婞婞以忿疾当世,而欲以刻核重抑天下之心也。

【注释】

①末繇(yóu):没法从。末,没法。繇,通"由",从,自。
②倖门:指奸邪小人或侥幸者进身的门户。倖,侥幸。
③秉铨:掌握铨选之权。铨,铨选。
④流沔(miǎn):流连沉迷。
⑤颓波:指衰颓的风尚或趋势。

【译文】

减省官员则人们入选为官的途径就会变得狭窄,那些力不能胜任耕种、志不能安于贫贱的人,就没法从中分得上天所赋予的食禄,以展现自己与别人的不同。因此,他们就有可能逐渐淫邪起来,变成奸诈之徒或富豪劣绅,或者被激发而变成盗贼。成为君子的路途穷尽,而成为小人的邪道则分歧百出,世风日趋泛滥败坏,国家还将由谁来兴立呢!

唯有用人途径宽广,进用之人才会增多,即使其中有一些走歪门邪道来做官的人,而那些珍惜廉洁操守、谨慎处世的士人也自可以优游以待,不因为自己的穷困而埋没于世。如果裁省官职而使官员减少,人才入仕就会困难;一旦入仕困难,则执掌选拔官员权柄的人的重要性就会凸显。数十人去争一条入仕的途径,假如有捷径可以寻求,即使洁身自好的人也不能坚定情志而坚持正道。假如执掌选拔人才权柄的人并非正直之士,那么他们就会高傲自大如同帝王一般,如同鬼神般操持着生杀予夺的权力,并将选拔淘汰之权垄断,那么被裁汰的人都会是廉洁有修养的人士,而被提拔引进的人则全为狡猾奸佞之徒。如此,士风萎靡,官场奸邪四起,官员们就会流连沉迷其中而无所兴立。即使让傅咸来负责选拔,也不能挽救衰颓的风尚以使之遵从纲纪,更何况难以保证主管选官者都能像傅咸一样呢!所以君子特别担忧那些刚直之人,他们倔强而愤愤不平,想要以苛刻严厉的手段抑制天下人的为官之心。

况其言曰:"公私不足,并官以务农。"则尤悖甚。为吏者几何人,而废天下几何之顷亩!有天下而汲汲忧贫,夺天所贵重之君子,使为农圃之小人,以充府库;非商鞅之徒,孰忍为此哉?治天下有道,非但足食而遂足以立也。荀勖曰:"清心省事。"庶几经国之弘猷①,讵可以其人而废之!

【注释】

①弘猷(yóu):宏大计划。猷,谋略,计划。

【译文】

更何况傅咸还说:"国家的公私财物不足以供养官员,应该裁减官员以务农。"这话尤其荒诞悖逆。担任官吏的能有多少人,又究竟能占用天下多少亩土地呢!据有天下却急切地忧虑贫困,将被上天赋予贵重地位的君子变为务农种地的小民,以充实府库积蓄。如果不是商鞅这类人,谁又忍心这样做呢? 治理天下自有其道,不是仅靠丰衣足食就足可立国。荀勖说:"应当清心省事。"这几乎是治国安邦的宏谋大略了,怎能因其人品不好而加以废弃呢?

一二　贾充蓄奸以力阻伐吴

贾充之力阻伐吴也,不知其何心,或受吴赂而为之间,或忌羊、杜、二王之有功而夺其宠,皆未可知;抑以充之积奸之情度之,不但然也。曹操讨董卓、剿黄巾、平袁绍,战功赫然,而因以篡汉。司马懿拒诸葛、平辽东,司马昭灭蜀汉,兵权在握,而因以篡魏。充知吴之必亡,而欲留之以为己功,其蓄不轨之志已久,特畏难而未敢发耳。乃平吴之谋始于羊祜,祜卒,举杜预以终其事,充既弗能先焉,承其后以分功而不足以逞,惟阻其行以俟武帝之没,已秉国权,而后曰吴今日乃可图矣,则诸将之功皆归于己,而己为操、懿也无难。此其情杜预、张华固已知之,惮武帝之宠充而未敢言尔。观其纳女于太子[1],知惠帝之愚而以甥舅畜之[2];曹操之妻献帝[3],杨坚之妻周主[4],皆此术也。其谋秘,其奸伏,时无有摘发之者[5],而史亦略之。千载之下,有心有目,灼见其情,夫岂无故以挠大猷也哉?

【注释】

①其纳女于太子:指贾充将自己的女儿贾南风嫁给晋武帝的太子司马衷。后司马衷即位为晋惠帝,贾南风为皇后。事见《晋书·贾充列传》。

②甥舅：指女婿和岳父。

③曹操之妻献帝：建安十九年（214），伏皇后要求其父伏完诛杀曹
　操的密谋败露，曹操要挟献帝废黜伏皇后，并将伏皇后幽闭而
　死。建安二十年（215），曹操威逼刘协立其女曹节为皇后。事见
　《后汉书·孝献帝纪》。

④杨坚之妻周主：指杨坚将长女杨丽华嫁与周武帝宇文邕的太子
　宇文赟，周宣帝宇文赟即位后立杨丽华为皇后。周宣帝死后，杨
　坚以周静帝外公的身份拜假黄钺、左大丞相，并在郑译与刘昉的
　协助下掌控朝廷，最终代周自立。事见《隋书·高祖纪》。

⑤摘发：揭发。

【译文】

　　贾充竭尽全力阻止讨伐东吴，不知其用心何在。或许是他受了东
吴的贿赂而成了其间谍，或许是因为他忌妒羊祜、杜预、王濬、王浑等人
将立下大功而夺去自己的荣耀和宠遇，这些都未可知。然而，若以贾充
素来奸诈的情形来分析，他的图谋还并非仅限于此。曹操讨伐董卓，剿
灭黄巾势力，平定袁绍，战功显赫，因此得以篡夺东汉政权。司马懿西
拒诸葛亮，北平辽东；司马昭灭蜀汉，手握兵权，司马氏因此得以篡夺曹
魏政权。贾充知道东吴必然灭亡，想留下东吴以期未来可以由自己主
持征讨，以立功勋。他积蓄下这种不轨之志已久，但是由于畏惧困难而
不敢有所动作。平定东吴的计谋最初是由羊祜提出，羊祜死后，推举杜
预来完成这一功业。贾充既然不能先于羊祜来力主其事，如果在平吴
之后来分得功劳也不足以一逞，故而唯有阻止这一行动，等到晋武帝去
世以后，自己掌握了朝政大权，然后再说如今正是讨伐东吴的时机，则
诸将平吴的功劳都会归于自己。那时自己像曹操、司马懿一般篡权夺
位就不难了。他的这种想法，杜预、张华本来已经知晓，只是因畏惧晋
武帝对贾充的宠信而未敢说明罢了。再看贾充将自己女儿嫁给太子，
他明知惠帝愚钝无比，却仍做了惠帝的岳父。曹操将女儿嫁给汉献帝

为妻,杨坚将女儿嫁给周宣帝为妻,都是用的这种策略。贾充的计谋隐秘,奸诈潜藏很深,当时没有能揭发其阴谋的人,而史书也省略未载。千年以来,有心思考、有目观察的人,都清楚明白地看到了这一点,贾充怎么会无缘无故地阻止征讨东吴的大计呢?

　　呜呼!晋感充之弑君以戴己,而不早为之防,求其免于乱也难矣。所幸充死七年而武帝始崩,贾谧庸才[1],且非血胤,不足以为司马昭耳。不然,高贵乡公之刃,岂有惮而不施之司马氏乎?一女子犹足以亡晋[2],充而在,当何如也?项羽非侯生之君也[3],汉高以其诳羽而远之若蛇虺[4];石守信、高怀德之流[5],未尝任弑君之恶也,宋太祖以其戴己而防之若雠敌;变诈凶很不知有名义者,君不可以为臣,士不可以为友。孙秀洒南向之涕[6],诸葛靓怀漆身之忠[7],晋弗能用焉,其不再传而大乱,有以也夫!

【注释】

①贾谧(mì,?—300):字长渊(唐修《晋书》避唐高祖李渊讳,作"长深"),平阳襄陵(今山西襄汾东北)人。西晋权臣贾充的外孙,原姓韩,其母为贾充幼女贾午,生父为韩寿。因外祖父贾充的儿子贾黎民早卒,因此被过继给黎民为嗣,改姓贾。贾谧自幼好学,少有才思,历任散骑常侍、后军将军。外祖母丧后,被起为秘书监,掌国史。曾建议所修《晋书》以泰始为晋创始之年。不久转侍中,领秘书监如故。后因与贾后一起合谋陷害太子,最终在八王之乱中为赵王司马伦所杀。传见《晋书·贾谧列传》。

②一女子犹足以亡晋:指晋惠帝司马衷的皇后贾南风乱政,后引发

"八王之乱",最终导致"永嘉之乱"。

③侯生:即侯公。汉初辩士。

④汉高以其诳羽而远之若蛇虺(huǐ):刘邦与项羽战于彭城(今江苏徐州)之时,刘邦大败,其父母妻子为项羽所扣押。刘邦派陆贾为使,前往项羽处劝说项羽放回其父母妻子,然而项羽并不答应。之后,刘邦又派辩士侯公前去。在侯公的游说之下,双方商定以鸿沟为界中分天下,项羽同意,放回刘邦父母妻子。刘邦登基后,称赞侯公为"天下辩士",封侯公为平国君,然后"匿弗肯复见"。事见《史记·项羽本纪》。虺,古时传说中的一种毒蛇。比喻奸恶的小人。

⑤石守信(928—984)、高怀德(926—982):两人皆是北宋开国功臣,也是赵匡胤信任的心腹。北宋建立后受命统帅禁军,位高权重。后来经过宋太祖的暗示,二人秉宋太祖意图带头自请解除兵权,出为节度使。

⑥孙秀洒南向之涕:指原本属于东吴臣属的孙秀在投降西晋之后,听闻孙皓投降而东吴灭亡时,称病不向晋武帝祝贺,自己面朝南方故国的方位痛哭感伤。孙秀(?—301),字彦才,吴郡富春(今浙江杭州)人,三国孙吴宗室。初为吴前将军,夏口督。建衡二年(270),孙皓以其为宗室、握兵在外,欲除之。他携妻室及亲兵数百人投奔西晋,被晋武帝任命为骠骑将军、仪同三司,封会稽公。吴国灭亡后,降为伏波将军。传见《三国志·吴书·宗室传》。

⑦诸葛靓(jìng)怀漆身之忠:指东吴灭亡之后,诸葛靓终身不仕晋朝,以表自己对吴国的衷心。漆身,即以漆涂身,典出战国晋豫让为智伯复仇事。比喻无比忠诚故主,为其效忠。诸葛靓,字仲思,琅邪阳都(今山东沂南)人,曹魏征东大将军诸葛诞之子。诸葛靓在其父诸葛诞叛乱后入仕东吴。在晋军进攻东吴之时曾与

之战斗，抗击晋军，后失败。吴亡后，晋朝征召其为侍中，但其因父仇而终身不仕，且终身不面向洛阳方向而坐。传见《三国志·魏书·诸葛靓传》。

【译文】

　　哎！晋武帝感激贾充弑杀高贵乡公曹髦并拥戴自己为帝，而不早早对其防范，所以想免于祸乱是很难的。所幸贾充死后七年晋武帝方才驾崩，而贾谧是个庸才，况且也非贾充的嫡亲后代，因此不足以成为第二个司马昭。不然的话，贾充挥向高贵乡公曹髦的刀刃，哪里会有什么忌惮而不刺向司马氏呢？贾充之女贾南风一介妇人尚且足以祸乱西晋，贾充如果还活着的话，又当如何呢？项羽并不是侯生的君主，汉高祖刘邦却因他诓骗项羽而像远避毒蛇那样疏远他。石守信、高怀德这类人，并未犯有弑君的罪恶，宋太祖赵匡胤却因其拥戴自己为帝，而防范他们如同防范仇敌。那些狡诈凶狠而不知名义气节的人，君主不能任用他们为大臣，士人不可以和他们做朋友。孙秀向南洒下悲痛的孤臣之泪，诸葛靓对吴国身怀漆身报效之忠，西晋朝廷不能对这种人加以重用，故而传位不过三代就天下大乱，这是必然的啊！

一三　罢州郡兵而大乱

　　秦灭六国而销兵，晋平吴而罢州郡兵，未几而大乱以亡。《泰誓》称武王克殷[①]，放牛归马，衅甲囊弓[②]，示天下弗用，秦、晋与周将无同道[③]，而成败迥异，何也？

【注释】

　　①《泰誓》：《尚书》篇名，共三篇，记述周武王九年诸侯大会于孟津时，武王告诫友邦诸侯和治事大臣的话。也作"太誓"。按：《泰誓》中并未出现"放牛归马，衅甲囊（gāo）弓"之类的语句，《尚

书·武成》倒是有"乃偃武修文,归马于华山之阳,放牛于桃林之野,示天下弗服"之语。此处或为王夫之记忆有误。

②衅甲:用牲畜的血涂铠甲的缝隙,这样做有利于铠甲的长久贮藏。櫜弓:将弓箭装入口袋收藏起来。櫜,收藏弓矢、盔甲的袋子。

③将无同:大概没什么不同。

【译文】

秦朝消灭六国后就收集并销毁六国的兵器,西晋平定东吴后便罢除州郡的守兵,不久都遭遇大乱而灭亡。《尚书·泰誓》中说周武王灭殷后,将牛和马都放归田野,将铠甲与弓矢收藏起来,对天下彰显不再用兵的意图,秦和西晋与西周的做法并没有什么不同,而成败却迥然不同,究竟是何原因呢?

　　纣之无道,虐加于民,而诸侯或西向归周,或东留事纣,未尝日寻干戈,竟起为乱也。天下之志相胥以静,而弄兵乐祸之民不兴。及乎纣虐革,周政行,而皆仍故服①,无与炀之②,不待扑之也。战国之争,逮乎秦、项,凡数百年,至汉初而始定。三国之争,逮乎隋末,凡数百年,至唐初而始定。安、史之乱,延乎五代,凡百余年,至太平兴国而始定③。靖康之祸,延乎蒙古,凡二百余年,至洪武而始定④。其间非无暂息之日若可以定者,然而支蔓不绝⑤,旋踵复兴。非但上有暴君,国有奸雄;抑亦人心风俗一动而不可猝静,虐矫习成,杀机易发,上欲扑之而不可扑也。夫秦与晋恶能摄天下之心与气而敛之一朝哉?故陈胜有辍耕之叹⑥,石勒有东门之啸⑦,争乘虚而思起。此兵之不可急弭者,机在下也。

【注释】

①故服：原来的衣服。此处指平民的服饰，以区别于军服。

②炀：焚烧，指火越烧越旺。

③至太平兴国而始定：太平兴国，宋太宗赵匡义的第一个年号，使用时间为 976—984 年。太平兴国四年(979)，北宋灭北汉，基本实现了全国的统一。

④至洪武而始定：洪武，明太祖朱元璋的年号，使用时间为 1368—1398 年。洪武年间，明朝基本实现了全国的统一。

⑤支蔓：枝蔓。

⑥陈胜有辍耕之叹：指陈胜在田垄之上感叹"燕雀安知鸿鹄之志"，后于大泽乡起义反秦。

⑦石勒有东门之啸：指石勒十四岁随同乡到洛阳做买卖时，倚着上东门长啸，被大臣王衍听见而感叹其心怀奇志，认为恐为天下之患。后石勒果然起兵造反。事见《晋书·石勒载记》。

【译文】

　　商纣王统治无道，暴虐地对待百姓，各诸侯国或者西向而归附周王，或东留效忠纣王，不曾出现时常挑动战争、竞相群起作乱的情形。天下百姓的志向都是趋向安宁的，喜欢挑起战争、乐于看到战祸的人就不能产生。等到纣王虐政被革除，周王的善政开始施行，百姓仍旧穿着过去的平民服饰。既然动乱征战的火苗不曾愈烧愈烈，自然也就不用等待时机再将火熄灭。战国时期的争斗，一直延续到秦始皇、项羽之时，达数百年之久，至西汉初年才得以平定。三国时期的争斗，一直延续到隋末，也长达数百年，到唐朝初年才得以平定。安禄山、史思明之乱，一直延续到五代，共百余年之久，至北宋太平兴国年间才得以平定。北宋末年发生靖康之祸，接下来又有蒙古族入主中原，动乱持续长达二百余年，至明洪武年间才得以安定下来。在此期间，并非没有暂时可以安定宁息之日，然而小的战乱接连不断，战火刚刚止息很快又重新燃起。这不仅是因为上有暴君在位，国内又有奸雄觊觎，也是因为人心与风俗一经挑拨煽动就必然不会猝然止息，蒙蔽欺骗的风气一经形成，杀机便容易产生，君主就是想将其遏制住也无法遏制。秦朝和晋朝哪里能够收揽天下人的心和气，使其在一朝之内收敛起来呢？所以陈胜在田垄上停止耕作而兴叹，石勒在东门发出长啸，都争相乘虚起兵叛变。这就是军队不能急于取消的原因——取消的时机取决于下层民众的心和气。

　　且夫周之兴也，文王受铁钺而专征①，方有事于密、阮、崇、黎②，而早已勤修文德，勤圣学，演《周易》，造髦士③，养国老，采南国之风，革其淫乱，儿童嬉游而掇苤莒④，女子修事以采蘋蘩⑤，未尝投戈而始论道，息马而始讲艺也。优而柔之，以调天地和平之气，而于兵戎之事，特不得已而姑试之，上弗之贵，而下且贱之，圣人之所以潜移人心而陶冶其性者，如此其至也。而后戎衣甫著，而弓矢旋弢⑥，天下以为实获我心，可澡雪以见荣于文治⑦。秦之并六国、灭宗周，晋之篡魏而吞吴也，谋唯恐其不险，力唯恐其不竞，日进阴鸷残忍之夫，皇皇以图弋获，而又崇侈奔欲，以败人伦之检柙⑧；其与于成功共富贵者，抑奢淫以启天下之忌，无以涤天下之淫邪，而畜其强狡于草泽；幸而兵解难夷，遂欲使之屈首以奉长吏之法，未有能降心抑志以顺从者也。上无豫教，而欲饰治安于旦夕，召侮而已矣。此兵之不可急弭者，教在上也。

【注释】

　　①文王受铁钺(fū yuè)而专征：指周文王曾受商朝所给予的专征专

杀之权。商纣王赐文王弓矢斧钺,使其得以征伐地方方国。事见《史记·周本纪》。铁钺,腰斩、砍头的刑具,象征帝王赐予的专征专杀之权。

②方有事于密、阮、崇、黎:指商末密须国为向外扩展,与崇国联合,攻打周的属国阮、共,后周文王攻灭密须。最终文王相继伐灭阮、崇、黎三个方国。事见《史记·周本纪》。密,即密须,在今甘肃灵台西。阮,在今甘肃泾州东南。崇,在今陕西西安。黎,即耆国,在今山西黎城。

③髦士:指英俊之士,英俊之才。

④芣苢(fú yǐ):车前草。

⑤蘋蘩(píng fán):蘋草和蘩草。两种可供食用的水草,古代常用于祭祀。

⑥弢(tāo):指弓箭放入弓袋中。弢,弓袋。

⑦澡雪:指洗涤使之清洁,引申为高洁。

⑧检柙(xiá):约束,限制。柙,关兽的木笼,引申为限制、禁锢。

【译文】

周朝的兴起,在周文王接受商朝赐予的弓矢斧钺而拥有专征权力,攻灭密、阮、崇、黎等方国时,便早已勤修文德,勤于圣学,研习并推演《周易》,培养英俊之才,安养告老归家的公卿大夫,采纳南方诸国的风俗,革除其淫乱的风气,国内儿童嬉戏游玩采集车前等鲜草,女子采摘蘋草和蘩草以用于祭祀,而不是等到战争结束才开始讲求道德与规矩,才开始学习技艺。周文王采用优待安抚的政策,来调和天地间的平和之气,而军事手段,只有当万不得已的时候才能姑且采用。上层既然不把军事看得很重,而下层民众也就看不起军事了。圣人逐步潜移默化地改善人心而陶冶人的性情,已经达到了如此的地步啊。其后战事兴起,人们刚穿上戎装,很快就归于结束,弓箭又可以收藏在囊中了。天下人都会认为这样正合他们的意,荡涤自己的精神使之洁净,因身处文教礼乐兴盛之世而备感光荣。秦王朝兼并六国、消灭宗周,西晋篡夺曹魏政权之后兼并东吴,所用的计谋唯恐不阴险,所使用的武力唯恐不强劲,时常任用阴险凶狠的奸诈小人,急不可耐地要达到其目的。而且其君王又崇尚奢侈,放纵欲望,从而突破了人伦法度的约束限制。与其一道成就功业且共享富贵的人,也都骄奢淫逸,引发了天下人的忌恨,因此无法荡涤社会上的奸淫邪恶之事,从而在草野之间培养了一批强悍狡猾的逆贼。即使侥幸战祸得以解除、灾难得以平息,而强迫这些人低头臣服,尊奉官吏的法度,其中也不可能有真正压抑住其心志而顺从的人。统治者没有预为教育、感化他们,而只是想着每日粉饰太平,结果只会招致侮辱而已。这就是不可以立即取消军队的原因——对民众进行教化的责任在上层统治者身上。

陶璜、山涛力排罢兵之议①,从事后而言之,验矣。然抑岂于天下甫离水火之日,寻兵不已,而日取其民纳之驰骤击刺之中乎？盍亦求诸其本矣。故圣人作而乱不难已,商、周是也,道之驯也;圣人不作,待其敝之已极,人皆厌苦而思偃武,帝王乃因而抚之,则汉、唐以后之一统是也,几之复也。庶几商、周之治者,其唯光武乎？寇盗方横,而奖道敦礼,任贤爱民,以潜消民气之戾于扰攘之中,兵不待弭而自戢,然而黎阳之屯②,固不敢藉口于放牛归马以自拟于周也。

【注释】

①陶璜、山涛力排罢兵之议:指晋武帝灭吴之后,罢州县兵,陶璜与山涛都进行劝阻。陶璜身为交州刺史,上书说:"交州、广州,从东到西有几千里,不归顺的有六万多户,至于服从官府劳役的,只有五千多家。两个州唇齿相依,只有靠军队才能镇守住。另

外,宁州各蛮夷,与上流地区接壤,他们据守在那里,水路陆路都通。所以,不应该减损州兵,以显出官府的力量单薄虚弱。"仆射山涛也说:"不应当去掉州郡的军事守备。"事见《晋书·陶璜列传》。陶璜(?—290),字世英,丹杨秣陵(今江苏南京)人。交州刺史陶基之子,三国东吴及西晋初年将领。交州在孙谞管辖期间脱离吴国投降曹魏,后归属晋朝。陶璜自表讨贼,愿替东吴收复交州。后来他与西晋有关交州展开多次争夺,并大败晋军,孙皓封其为交州刺史。东吴灭亡后,他投降西晋。其在交州任官,经历东吴、西晋两朝,前后三十年,深得当地民众爱戴。传见《晋书·陶璜列传》。山涛(205—283),字巨源,河内怀县(今河南武陟西)人。三国至西晋时期名士,"竹林七贤"之一。早年孤贫,喜好老庄学说,与嵇康、阮籍等交游。司马师执政时,山涛被举为秀才,累迁尚书吏部郎。西晋建立后,历任大鸿胪、侍中、右仆射等职。他选用人才必先符合武帝之心,然后自己多加选备,时称"山公启事"。晚年多次辞官而不被准许。传见《晋书·山涛列传》。

②黎阳之屯:光武帝刘秀以幽、冀、并三州兵骑统一全国,天下统一后,他担忧黄河北岸的防守,便在黎阳立营,统幽、并精兵,以谒者监督,作为京师洛阳的屏障,称为"黎阳营"。事见《续汉书·百官志》。

【译文】

陶璜、山涛力排众议,反对全部罢兵。从事后的结果而言,他们的话已经应验了。然而怎能在天下百姓刚刚脱离战乱的水深火热之后,再次不断兴兵,让百姓每天被迫身陷驰骋击刺的战争生活中呢?为何不从根本上寻找解决之道呢?所以有圣人兴起而祸乱不难结束,商、周二朝就是如此,这是以圣人之道而使百姓驯服的缘故;若没有圣人兴起,则等天下疲敝到了极点,人人都身受苦难而厌弃战乱、迫切希望停止战争之时,帝王于是出现并给予其安抚,汉、唐等后世王朝的统一局面都是这样形成的,这是抓住时机而天下得以恢复安宁的缘故。历史上差不多接近商、周弭兵之道的,大概只有汉光武帝刘秀了吧? 在贼寇横行之时,光武帝奖励道德、敦行礼义、选贤举能、爱护民众,从而将民众的暴戾之气暗中消除在纷杂的情势中,如此一来,兵戈战事不用等待人为消除就会自然收敛。然而刘秀在天下统一后还是在黎阳设营屯兵以备不虞,固然不敢以放牛归马、解除军备为借口,自比于周朝。

一四　郭钦徙戎论为教猱升木

子曰:"不在其位,不谋其政①。"夫士苟有当世之略,一言而可弭无穷之祸,虽非在位,庶几见用而天下蒙其休,何为其秘之哉? 而孰知其固不可也? 言之不切,而人习以为迂远之谈而不听;言之切而见用矣,天下测其所以然,而且以其智力与上相扞格;如其不用也,则适以启奸邪而导之以极其凶忒矣②。

【注释】

①不在其位,不谋其政:语出《论语·泰伯》:"子曰:'不在其位,不谋其政。'"意思是不在那个职位上,就不去考虑那个职位上的事。指不身处其间,不过问别人的事情。

②凶忒:凶恶。

【译文】

孔子说道:"不在那个职位上,就不去考虑那个职位上的事。"假如士大夫拥有治国理政的方略,一句话说出来就可以消弭无穷的祸患,即使不在其位任职,其建议一旦得到采用,就能使天下蒙受恩惠,那么何必隐藏自己的方略而不公开呢? 而谁又知道其必然不可采用呢? 若是其所说的内容没有切中要害,人们就会习惯上将其看作迂远且不切实际的言论而不加采纳;若是其所谈内容切中要害而得到采纳,天下人就会猜测之所以如此的原因,而且将会运用自己的智力与统治者相抗衡。若是其建议不被采纳,则正好会启发奸邪之人,引导其走向极其凶恶的地步。

汉、魏之际,羌、胡、鲜卑杂居塞内,渐为民患,徙之出塞,万世之利也。虽不在秉国大臣之位,固且忧愤积中而不容已于切言之。即不用矣,后世且服其早识,而谓晋有人焉,此郭钦、江统所以慷慨言之①,无所隐而论之详也。故传之史策,而后世诵之不衰。乃钦之言曰:"有风尘之警,胡骑自平阳、上党不三日而至孟津,北地、西河、太原、冯翊、安定、上郡尽为夷狄之庭。"其后刘渊父子、石勒皆践其言,而晋遂亡。呜呼!岂非郭钦之言教猱升木乎?刘宣、张宾之谋②,皆师钦之智,而灼见晋之可袭取者,非一日也。言之不用,而徒导人以乱矣。藉晋用之,因而下徙戎之令,群胡知其畏己,而己有可乘之势,于方徙之际溃烂以逞,又将奚以制之使弭耳以听邪③?

【注释】

①此郭钦、江统所以慷慨言之:指郭钦和江统对于西晋所面临的周边胡人不断内迁造成危机的谏言。主要内容为希望可以将胡人迁出华夏边地,甚至将其分隔境外,以保未来华夏政权不被夷狄颠覆。侍御史郭钦曾上疏,认为"戎狄强犷,历古为患",为防止未来夷狄祸患中华,应该趁着平吴之余的强大威势,"渐徙内郡杂胡于边地",并说这是万世之策。而元康九年(299),面对氐、

羌的不断侵扰,江统作《徙戎论》,要求将氐、羌族众迁出关中,并以并州的匈奴部落为隐患,建议将之发还其本域。但郭钦与江充二人的建言并未被采纳。事见《晋书·四夷列传》。江统(?—310),字应元(一说元世、德元),陈留圉县(今河南杞县)人。西晋大臣。少有大志,初为山阴县令,袭封亢父男。元康九年(299),因作《徙戎论》而著称于世。八王之乱时,历任中郎、太子洗马等职。永嘉之乱时,奔逃避难于成皋(今河南荥阳),后病逝。传见《晋书·江统列传》。

②刘宣、张宾之谋:指刘宣和张宾分别为刘渊和石勒谋划进取中原的方略,助其建立政权。刘宣(?—308),字士则,新兴(今山西忻州)人,匈奴族。刘渊的宗亲。为人纯朴少言,好学有德,自幼向往汉族的文化,曾拜著名学者孙炎为师,精通汉文经史典籍。晋武帝曾对刘宣大加赞赏,并任命他为匈奴右部都尉。但他一直坚持支持刘渊灭晋自立。刘渊称帝后,任命其丞相,让他辅助自己处理全国军政大事。传见《晋书·刘元海载记》。张宾(?—322),字孟孙,赵郡中丘(今河北内丘西)人。博涉经史,胸怀谋略。辅助石勒除掉王弥、王浚等人,并随其征战,建立后赵政权。之后,参与订立国家制度,并被拜为大执法,专总朝政,为群臣之首。张宾为人谦虚谨慎,礼贤下士,深受石勒和群臣尊重。传见《晋书·石勒载记》。

③弭耳:指顺服的样子。

【译文】

东汉、曹魏之际,羌、胡、鲜卑等少数民族杂居在边塞以内,逐渐成为当地百姓的祸患。将他们迁出塞外,确实是万世之利啊!即使自己不在掌握国家权柄的大臣行列,也会因忧愁愤怒积累在心中而容不得不抒发自己真切的见解。即使所言不被采纳,后世之人也会佩服其早有远见卓识,而说晋朝是不乏有识之士的。这也正是郭钦、江统之所以慷慨陈词，毫无保留地论述主张徙戎的原因。所以郭、江二人的观点被载于史册，后世传诵不衰。正如郭钦所说："当战争警报响起，胡人的骑兵自平阳、上党两地出发，不过三天即可到达孟津，北地、西河、太原、冯翊、安定、上郡等地都会被夷狄所占据。"此后刘渊父子和石勒都如郭钦所预言的那般行动，西晋因此而灭亡。哎！难道郭钦的话是教恶人变得更加恶劣吗？刘宣、张宾的谋划，都是学习了郭钦的智谋，很早就看出西晋有被袭取的可能。郭钦的话说出来却不被采纳，而只是白白地引导他人作乱。如果西晋采纳郭钦等人的谋略，下达迁徙戎狄的命令，胡人得知西晋畏惧自己，而自己有可乘之机，于是在将要迁徙之时乘着混乱发动叛乱，朝廷又将如何制服他们，使其顺服地听从命令呢？

故使钦而在坐论之列，与君若相密谋之内庭，则极言之而不嫌。言即不用，犹不致启戎心以增益其恶。恶有忘属垣之耳①，扬于大庭曰：人将若何以加我，将若何以使我莫敌，我其终无如何哉？非其位也，谋不得而尽也，姑缄默以俟其变可也。虽义激于中，而不敢快于一发，诚慎之也。孔子曰："吾其为东周乎②！"所以为者不言也。圣人且慎于未可有为之日，况偶有所知者乎？

【注释】

①属垣之耳：即属垣有耳。语本《诗经·小雅·小弁》："君子无易由言，耳属于垣。"意思是君子别轻率出言，有耳朵贴在墙垣上偷听。

②吾其为东周乎：语出《论语·阳货》："公山弗扰以费畔，召，子欲往。子路不说，曰：'末之也已，何必公山氏之之也？'子曰：'夫召

我者,而岂徒哉? 如有用我者,吾其为东周乎!’”是说鲁国的公山不狃在费邑准备造反,召孔子去,而孔子准备前往。其学生子路对此不高兴,认为其不该前往。孔子说:“是他们召我去的,我难道无所作为吗? 假如有地方用我,我一定会兴周道于东方。”

【译文】

因此若是令郭钦跻身坐而论道的大臣行列,与君主在内庭之内秘密讨论与谋划迁徙戎狄,则即使其言论再极端都不会有什么妨碍。所谈的内容即使不被采用,也不致挑起戎狄的叛乱之心来增加其罪恶。哪里有忘记隔墙有耳,而在大庭广众中随意宣讲,说人家将怎样对付我、将怎样使我无法抵御、我最终将无可奈何的道理呢? 不在其位,计谋不可以尽说,姑且缄默不语以等待事情变化即可。即使义愤激发于心中,也不敢图一时之快而说出来,确实是要慎重啊! 孔子说过:“我一定会兴周道于东方!”所以意欲有所作为的人是不会随便发言的。圣人尚且在尚不可有所作为的时候保持谨慎,更何况是偶尔有些见解的人呢?

一五　留齐王攸不如揭荀勖冯纨之奸

西晋之亡,亡于齐王攸之见疑而废以死也[①]。攸而存,杨氏不得以擅国[②],贾氏不得以逞奸,八王不得以生乱。故举朝争之,争晋存亡之介也。虽然,盈廷而争者,未得所以存晋之道也。

【注释】

①齐王攸:即司马攸(248—283)。字大猷,河内温县(今河南温县)人。西晋宗室,晋文帝司马昭之子,晋武帝司马炎同母弟。因伯父司马师无子,司马攸过继给司马师以继嗣。其人聪慧温和,少有才干,且以书法见长。西晋建立后,封齐王,历任骠骑将军、司

空、开府仪同三司等要职，安抚内外，颇有建树。武帝晚年时，因太子愚钝懦弱，朝廷内外要求司马攸继位的呼声高涨，大臣荀勖、冯𬘘趁机进谗，武帝因对其有所猜忌提防而让其回驻封地，将其排挤出朝，致使司马攸气恨发病，呕血而死。传见《晋书·齐王攸列传》。

②杨氏不得以擅国：指晋武帝病重临死之时，欲以杨骏同汝南王司马亮共同辅政，然而杨骏平素忌惮司马亮，便趁晋武帝昏厥之时与武悼皇后篡改诏书，自封为太尉。他借助其女为武帝皇后，在惠帝即位后大权独揽，招致惠帝皇后贾南风的不满，后在贾南风政变之时被杀。事见《晋书·杨骏列传》。

【译文】

　　西晋的灭亡，是亡于齐王司马攸受到猜疑以致被罢废而死。司马攸如果不死，杨骏就不能擅权误国，贾南风也不得逞强弄奸，八王也不能因此而挑起大乱。所以，举朝为司马攸争不平，实际所争的乃是晋朝存亡的凭借。尽管如此，满朝抗争的大臣，都未能找到存续晋朝的根本之道。

　　攸之不安于国，武帝初无猜忌之心，荀勖、冯𬘘间之耳①。勖与𬘘，贾充之私人，非但佞以容身，怀鬻国异姓之心久矣。忌攸者，非徒忌攸，实忌晋也。攸之贤，固足以托国，然岂果有周公之德哉？即微攸而晋固可存。汉、唐、宋之延祚数百年，亦未尝有亲贤总已以制天下于一人，而卒不可乱，无他，无奸臣之在侧而已。刘放、孙资在魏主之奥窔，而司马氏援之以攘臂②。勖与𬘘之于贾谧、杨骏③，未知其谁属，而要其市司马氏之宗社于人，则早作夜思以谋逞志者也。攸即废，晋不必亡；勖、𬘘不除，晋无存理。修贾充之余怨,则阴摈张华;排博士之忠言,而显斥曹志④;苟有图存晋室者,小不惜官爵,大不惜躯命,扬于王廷,揭勋、纯之奸,进之裔夷⑤,则不待交章讼攸,而攸固以安,抑不待措攸于磐石之安,而晋固以存。今乃举尊卑疏戚之口合讼攸,而强帝持天下以任攸。荀勖固曰:"陛下试诏齐王之国,必举朝以为不可。"堕其术中而犹竞以争,尚口乃穷⑥,攸之困,晋社之危,诸臣致之矣。

【注释】

①冯紞(dǎn,?—286):字少胄,冀州安平(今河北安平)人,西晋大臣。少时博览经史典籍,富有才辩。曾任魏郡太守、步兵校尉和越骑校尉。后为晋武帝司马炎所宠信,升任左卫将军,并与贾充和荀勖交好。曾帮助贾充向武帝劝言将贾充之女嫁予太子,并进言排挤齐王司马攸出朝。武帝打算伐吴时,冯紞与贾充、荀勖等人大力反对,并打压排挤张华。传见《晋书·冯紞列传》。

②刘放、孙资在魏主之奥窔(yào),而司马氏援之以攘臂:指明帝临终前,担忧皇储幼弱,刘放和孙资极力推荐曹爽、司马懿共同辅政,为司马懿擅权创造了可能。事见《三国志·魏书·刘放传》。奥窔,指隐蔽在深曲之处,室隅深处,也泛指堂室之内。

③杨骏(?—291):字文长,西晋弘农华阴(今陕西华阴东南)人。初为高陆令,骁骑、镇军二府司马。咸宁二年(276),其女杨芷立为晋武帝皇后,杨骏因此迁车骑将军,封临晋侯。与其弟杨珧、杨济权倾天下,时称"三杨"。太熙元年(290),武帝临终,诏令其总揽朝政。惠帝继位后,他以外戚身份专政,多树亲党,勋旧宗室均怨望。贾后遂与楚王司马玮等合谋,发兵围其家,将其杀死。传见《晋书·杨骏列传》。

④排博士之忠言,而显斥曹志:太康四年(283),晋武帝派遣齐王到其封国,命令太常商议敬赐齐王之物,博士庾旉、太叔广、刘暾(tūn)等上表认为宰相不应当长久在外,现在天下已经平定,天地四方都成了自己的家,应马上遵循古时候的做法,让齐王参与议论太平的基业,不应把他派到齐国。博士祭酒曹志上书赞同博士们的意见,致使武帝大怒,将其免官。曹志(?—288),字允恭,沛国谯(今安徽亳州)人,曹植之子。品行端正,素有大志。司马氏篡位后,曹志被降为鄄城县公,后任乐平太守、博士祭酒。司马炎认为其忠诚质朴,学识通达,对其颇为欣赏。后因有感于齐王司马攸被猜忌下放,上疏谏言,被斥免官。传见《晋书·曹志列传》。

⑤迸:奔散、逃散,这里引申为流放、安置。

⑥尚口乃穷:语出《周易·困卦》之《彖辞》:"有言不信,尚口乃穷也。"意思是徒尚口说,会导致更为困穷的窘境。

【译文】

晋武帝一开始对司马攸并无猜忌之心,他不能安于国都,都是荀勖、冯紞离间的结果。荀勖与冯紞都是贾充的私人亲信,不但靠奸媚来谋取容身进取的机会,而且很久以来就怀有将国家出卖给异姓的野心。他们忌恨司马攸,并非仅仅是忌恨司马攸个人,实则是忌恨西晋政权。以司马攸的贤能,固然足以将国家托付给他进行管理,然而他果真有周公那样的贤德吗?即使没有了司马攸,晋朝固然也可以存续。汉、唐、宋等朝国祚延续数百年,也不曾有贤能的宗室亲王以一己之力来控制天下,其国家最终未发生祸乱,没有什么其他的原因,只是因为没有奸臣在君主身边罢了。刘放、孙资在曹魏君主的左右深深隐藏蛰伏,司马氏与他们互相勾结,引以为篡权的内援。荀勖、冯紞与贾谧、杨骏之间,虽不知谁与谁同属,但将司马氏的宗庙社稷出卖给他人,都是他们朝思暮想、希望可以得逞的图谋。司马攸即便被罢废,西晋也不一定会灭亡;而荀勖、冯𬘬不除,西晋就没有存续的可能。他们接续贾充的余怨,而暗中排斥张华;拒斥博士的忠言,而公开斥责曹志。只要有力图保全西晋之人,小则不惜丢掉官爵,大则不惜丧失性命,在朝廷之上发出自己的声音,揭露荀勖、冯𬘬的罪恶行径,将他们流放到夷狄的居所,如此一来,则不需要纷纷上书为司马攸鸣冤,司马攸的地位自然就稳固下来;也不必将司马攸保护得像岩石一样安稳,西晋必然也能得以保存。可如今西晋上下尊卑亲疏之口合力为司马攸辩冤,强逼晋武帝将天下大局交给司马攸主持。荀勖本来就说过:"陛下如果试着诏令齐王回到齐国,则满朝大臣必然会反对。"于是满朝大臣都落入荀勖的计谋之中而仍然竞相为司马攸辩争。徒尚口说会导致困境,司马攸身处困局,西晋的社稷陷入危机,都是群臣造成的。

夫一时徇名依附之众,不足言也。李𪟝、刘毅、傅咸忠直为当时之领袖,而不能取前谗后贼为宗社效驱除,晋之廷,不可谓有人矣。植君子则小人自远,则以进贤为本,斥奸为末,此自奸邪未逞之日言也。不逐小人则君子不安,则以斥奸为本,进贤为末,此为奸邪已盘踞于内之日言也。二者互相为本末,而君子知择焉,乃以明于人臣之义,而为社稷所赖。非然,则相激以益其乱而已矣。

【译文】

那些谋求一时的名声而依附齐王的人,是不足以评说的。然而李𪟝、刘毅、傅咸这些忠贞刚直之士身为当时的领袖人物,却不能为西晋前除谗言,后驱奸贼。西晋的朝廷,不能说拥有人才啊。培植君子则小人自然远离,如此则进用贤才为本,罢黜奸邪之人为末,这是在奸邪之人尚未得逞之时而言的。若不驱逐小人则君子不安,则应以罢黜奸邪小人为本，进用贤才为末，这是就奸邪之人已经盘踞在朝廷之内的情况而言的。进用贤才与罢黜小人互为本末，而君子懂得根据时机加以选择，从而得以昭明身为人臣之义，而可以为社稷所依赖。不这样的话，则只会激化矛盾，从而加重祸乱罢了。

卷十二

惠　帝

【题解】

　　晋惠帝司马衷(259—306)是晋武帝司马炎的次子,其母为武元皇后杨艳。泰始三年(267)即被立为皇太子。因其生性愚钝,晋武帝担心其不能为政,对其多加考验。司马衷在太子妃贾南风及谋臣的帮助下,勉强通过考验,最终得以于永熙元年(290)正式即位。即位后,以太尉杨骏为太傅,辅佐朝政,同时纵容皇后贾南风专权干政。贾后勾结楚王司马玮发动政变,诛杀杨骏。此后贾南风又挑拨宗室,相继除去司马亮与司马玮,引发"八王之乱"。司马衷面对危局昏懦无能,先后被权臣、奸后、佞王控制,形同傀儡。此时西晋王朝覆灭的结局已然难以挽回。

　　晋惠帝因其愚钝,向来饱受诟病,王夫之认为"惠帝之愚,古今无匹",以至于国家也因此而灭亡。但他同时也指出,唐顺宗、宋光宗在愚钝方面并不见得比惠帝好多少,但唐、宋却不曾因为他们做了君王而亡国,原因就在于顺宗、光宗的朝廷上有能担当的大臣,惠帝的朝堂上却没有一位真正能撑持大局的大臣。齐王司马攸、傅咸、刘毅、张华等人都不够格。既然惠帝不能作为合格的君主,那么宗室和大臣是否应当另行废立呢?王夫之对此的回答是肯定的,他认为"贵戚之卿,有易位之责",所以惠帝被司马越所毒杀而无人问责,既是天下人对惠帝的否定,也是司马越及时匡扶晋室的正举。王夫之的这一认识,显然是站在保存晋王朝乃至华夏政权的整体利益上加以考量的。

　　流民问题是困扰汉、晋、明、清等朝代的顽疾,西晋时李特率领流民起义是较早的流民起义事例。王夫之在本篇中追溯了流民问题的起源,认为流民来源于华夏统治网络缝隙中的戎狄。在他看来,交错聚居在山林溪谷地带的这些少数民族,既不从事汉族式的农耕生产,也不接受华夏礼乐文明的教化和中央法治的管控,俨然是化外之民,一旦遇到天灾歉收,就会转化为流民甚至寇盗。那么如何解决流民问题呢? 王夫之明确指出要"用夏变夷,迪民安土",即对于夷狄聚居的地方实行郡县制,将其纳入华夏王朝的治理体系之中,并通过迁移多余之民充实空旷之地,解决人地矛盾。此一认识实际上与明清推行的"改土归流"政策有异曲同工之处,同时也显然是站在华夏本位的立场上进行思考的结果,尽管存在一定的理想色彩,但其思路仍值得读者加以思考和借鉴。

一　惠帝朝无可托天下之人

　　惠帝之愚,古今无匹,国因以亡。乃唐顺宗之瘖而无知①,宋光宗之制于悍妻而不知有父②,其愈于惠帝无几,而唐、宋不亡,有人焉耳。四顾晋廷之士,有可托以天下者乎? 齐王攸之得物情也,其能为慕容恪与否③,不敢信也。傅咸、刘毅谏诤之士,可任以耳目,而未可任以心膂,非能持大体者也。张华谋略之士,可与立功,而未可与守正,非能秉大节者也。托国于数子之手,不能救惠帝之危,况荀勖、冯紞、贾谧、杨骏之骄佞,挟戈矛以互竞者乎! 傅咸、刘毅能危言以规武帝之失矣,贾充之奸,与同朝而不能发其恶。张华秉国,朝野差能安静,而杨后之废,且请以赵飞燕之罪罪之④,依贾谧浮慕之推重,而弗能止其邪,华不能辞亡晋之辜矣。

【注释】

①唐顺宗之瘖(yīn)而无知:指唐顺宗为太子时就患病,导致丧失语言功能,不能出声说话,即位后也无法参与政治活动,在位仅一百余天就被宦官胁迫让位给太子李纯。瘖,同"喑",哑,不能出声说话。事见《新唐书·顺宗本纪》。

②宋光宗之制于悍妻而不知有父:宋光宗平素忌惮其皇后李氏,李氏因与当时的太上皇宋孝宗赵昚(shèn)不和,坚决不允许光宗去探望退位的太上皇,加上光宗自己又听信谗言,与孝宗隔阂日深,长期不去其父所居宫殿探望,甚至在孝宗死后都不愿出面主持葬礼,酿成严重的政治风波,即"过宫事件"。事见《宋史·光宗本纪》。宋光宗,即赵惇(dūn,1147—1200),南宋第三位皇帝,宋孝宗赵昚之子。绍兴十七年(1147)九月生于孝宗藩邸。绍兴二十年(1150)宋高宗赐名赵惇,授右监门卫率府副率,转荣州刺史。宋孝宗即位后,拜镇洮军节度使、开府仪同三司,封恭王。乾道七年(1171)被立为皇太子。后宋孝宗主动禅位,他登基为帝,改元绍熙。其在位五年间,虽有革故鼎新之意,能听取臣下谏言,也裁汰了一些不法官员,但由于身体原因,再加上畏惧皇后李氏,致使李氏擅权,朝政荒废。又因长期不去探望父亲孝宗而引发"过宫事件",酿成政治危机。绍熙五年(1194),禅位于次子赵扩,成为太上皇,史称"绍熙内禅"。传见《宋史·光宗本纪》。

③慕容恪(321—367):字玄恭,昌黎棘城(今辽宁义县)人,鲜卑族。十六国时期前燕宗室大臣,慕容皝(huàng)第四子。十五岁开始便掌管军队,多次以弱胜强,稳固了慕容氏的地位。曾两次大败后赵军队,令石虎大惊。咸康七年(341),慕容皝以慕容恪为渡辽将军,镇守平郭。他屡破高句丽兵,使高句丽不敢再入燕境。后赵冉闵自立后,慕容恪率军攻打,终将冉闵引入平原并以"连

环马"之计将其擒杀。慕容儁死后,他官拜太宰,封太原王,辅佐
幼主,总揽朝政,以"德治"为基,使燕国不断壮大。传见《晋书·
慕容恪载记》。

④赵飞燕之罪:汉成帝皇后赵飞燕被认为淫惑后宫、干涉国政。事
见《汉书·外戚传》。

【译文】

惠帝的愚钝,古往今来都没有可以匹敌的,西晋因此而灭亡。可是
唐顺宗不能发声说话且无知,宋光宗受制于凶悍的妻子而不知有其父,
他们的情况和惠帝相比也好不了多少,而唐、宋却并未因此灭亡,只是
因为朝中有贤能之士罢了。环顾西晋朝廷中的大臣,有可以托付天下
的人物吗?齐王司马攸能得众心,但他能否成为像慕容恪那样的辅国
良臣,是不敢确信的。傅咸和刘毅都是刚正不阿之士,可以任用来作为
耳目,却不能作为心腹而授以大任,他们不是能掌控大局的人。张华是
谋略之士,可以靠他立功,却不能依靠其坚守正道,他不是能秉持大节
的人。将国政托付给这几个人,是不能挽救惠帝朝的政治危局的,更何
况还有荀勖、冯纨、贾谧、杨骏这些骄横奸佞、各自手持兵刃相互争斗之
徒啊!傅咸、刘毅能以直言来规谏晋武帝的过失,而贾充奸诈无比,他
们与其同朝却不能揭发其奸恶的嘴脸。张华主持国政,朝野尚且能保
持安宁,而杨皇后被废时,他竟还请求以与汉成帝皇后赵飞燕相似的罪
名来对她加以论处。张华依从贾谧浮华而不实的推重,而不能阻止其
奸邪的用心得逞,他是不能推卸西晋灭亡之罪责的。

或曰:狄仁杰厕身淫后奸贼之间①,与周旋而不耻,论者
以存唐之功归之,恶知华之非有密用,特不幸而未成耳?
曰:仁杰骤贵于武后之朝,当高宗之世,未尝位大臣、秉国
政,权固轻矣,故不能不假权于武后以济大难。华被武帝之

深知,与平吴之大计,以开国元老,出典方州②,入管机要,为天下所倾仰,仅托淫邪之党,涂饰治迹,而可称大臣之职哉?体先隳,望先失,志先夺,求有为于后,斡旋于已乱之余,其将能乎?谓盈晋之廷无一人焉,非已甚之辞也。

【注释】

①狄仁杰厕身淫后奸贼之间:指狄仁杰面对武则天宠信张易之、张昌宗兄弟,周旋其间,一心为唐。他力劝武则天不立诸武为后嗣,而复立庐陵王李显为太子,使唐朝社稷得以延续。事见新、旧《唐书·狄仁杰列传》。

②方州:州郡。

【译文】

有人说:狄仁杰置身于淫后和奸贼之间,与他们进行周旋而没有感到耻辱,议论的人将保存唐朝的功劳归其所有,哪里知道张华不是有其私密的用心,只是不幸没有成功呢?回答是:狄仁杰是在武则天执政时突然变得显贵起来的,在高宗统治时,他未曾居高官要位、执掌国政,权力固然很轻,因此不能不假借武后赋予的权力来救解国难。张华深受晋武帝器重,参与谋划平吴大计,以开国元老身份在外主管州郡,在内掌管机要,为天下之人所仰慕。然而他仅仅依托奸邪之流,粉饰自己的治理政绩,这与他的大臣之职相称吗?他的大体先已堕落,名望先已丧失,志气先已被夺去,然后再希望其有所作为,在已经混乱的时局斡旋协调,这能够成功吗?说整个西晋朝廷中已经没有一个能有所作为之人,这并非过分的话。

夫晋之人士,荡检逾闲①,骄淫恒靡②,而名教毁裂者,非一日之故也。魏政之综核,苛求于事功,而略于节义,天下已不知有名义;晋承之以宽弛,而廉隅益以荡然。孔融死而士气灰,嵇康死而清议绝,名教为天下所讳言,同流合污而固不以为耻。其以世事为心者,则毛举庶务以博忠贞干理之誉③,张华、傅咸、刘毅之类是已。不然,则崇尚虚浮,逃于得失之外以免害,则阮籍、王衍、乐广之流是已④。两者交竞,而立国之大体、植身之大节,置之若遗;国之存亡,亦孰与深维而豫防之哉?故与贾充偕而不惭,与杨骏比而不忌。如是,则虽得中主,难持以永世,况惠帝之愚无与匹者乎!董养升太学之堂而叹曰⑤:"天人之理既绝,大乱将作。"诚哉其言之也!

【注释】

①荡检逾闲:指行为放荡,不守礼法的约束。荡、逾,超越。检、闲,规矩,法度。

②愞(nuò)靡:萎靡懦弱。愞,同"懦",畏怯软弱。

③干理:干练,有理事之才。

④阮籍(210—263):字嗣宗,陈留尉氏(今河南开封)人。三国曹魏名士,"竹林七贤"之一。曾任步兵校尉,世称"阮步兵"。自少年始就好学不倦,酷爱研习儒家的诗书,安贫乐道。于正始年间勉强就任,后不久便托病辞归。阮籍面对司马氏执掌朝政,心怀不满,采取不合作的态度,选择缄口不言或大醉不醒。司马昭令钟会去探听阮籍对政事的看法并欲与阮籍联姻,都被阮籍以大醉躲避。崇奉老、庄之学,写就《通老论》和《达庄论》,为正始时期魏晋玄学的重要代表人物。传见《晋书·阮籍列传》。乐广(?—304):字彦辅,南阳淯阳(今河南南阳)人。西晋名士。出身寒门,早年即有盛名,受卫瓘、王衍、裴楷等人欣赏,得入仕途。历

任元城令、河南尹等职。后代王戎为尚书令,被后人称为"乐令"。太安二年(303),成都王司马颖与长沙王司马乂互攻时,乐广因司马颖岳丈的身份而被司马乂怀疑,于太安三年(304)忧郁而终。乐广与王衍同为西晋清谈领袖,袁宏在《名士传》中以乐广等人为"中朝名士"。传见《晋书·乐广列传》。

⑤董养:字仲道,陈留浚仪(今河南开封)人。西晋隐士。早年游于太学,见贾后废杨太后,感叹于杀祖父母与父母的行为可以被宽恕,因而知晓天理人伦、纲常法度已经毁乱,大乱将至,遂作《无化论》来非难。永嘉年间,与其妻荷担入蜀以避祸乱,不知所终。传见《晋书·隐逸列传》。

【译文】

晋朝的人士,行为放荡而不守礼法、骄奢放纵而又萎靡懦弱,这种纲常名教败坏的局面,并非是在一天之内形成的。曹魏考核吏治,苛求官吏的事功,却忽略对官吏节义的考察,因此天下之人早已不知有名分节义。晋承魏制,要求更为宽容松弛,故而使得个人的道德品行更是荡然无存。孔融死而士气沮丧,嵇康死而清议断绝,纲常名教被天下人所讳言,同流合污也不以为耻。有心解决天下世事的人,仅烦琐地通过处理一些琐碎事务来博得忠贞干练的美誉,张华、傅咸、刘毅之流就是如此。要不然就是崇尚空虚浮华,逃离于得失之外以避免受到伤害,阮籍、王衍、乐广之流就属于此种情况。这两种人交相竞逐,使立国的大体与立身的大节都形同虚设,又有谁还会将国家的存亡放在自己心中,而深切考虑防范国家崩坏的措施呢?因此大臣们与贾充同流合污而不感到惭愧,与杨骏勾结而无所顾忌。如此一来,则即使出现中等才德的君主,也难以使王朝长存永续,更何况惠帝这样愚钝得无人可比的君主呢!董养在太学升堂时叹息道:"天道人伦已然绝断,大的祸乱将要爆发。"这话说得很对啊!

二　拓拔猗㐌西略诸夷三十余国

　　惠帝之七年①,索头猗㐌西略诸夷三十余国②,拓拔氏入主中国之始基也。夷狄居塞内,乘中国之虚,窃为主于中国,而边远之地虚,于是更有夷狄乘之,而为主于所虚之地。夫夷狄所恃以胜中国者,朔漠荒远之乡,耐饥寒、勤畜牧、习射猎,以与禽兽争生死,故粗犷悍厉足以夺中国膏粱豢养之气。而既入中国,沉迷于膏粱豢养以弃其故,则乘其虚以居其地者,又且粗犷悍厉而夺之。故刘、石、慕容、姚、苻、赫连迭相乘而迭相袭③,猗㐌之裔④,乃养其锐于西北,徐起而收之,奄有群胡之所有,而享国以长,必然之势也。契丹入燕、云,而金人乘之于东;金人有河北,而蒙古乘之于北;知夺人而不知见夺之即在此矣。

【注释】

①惠帝之七年:即晋惠帝元康七年(297)。

②索头:即索虏,是南北朝时南朝对北方民族的蔑称。猗㐌(?—305):十六国时期鲜卑拓跋部首领,拓跋力微之孙。元康五年(295),为拓跋部中部酋长,居代郡参合陂北,以汉人卫操为辅相。曾远渡漠北,降服三十余部。又曾两次助晋击败刘渊,晋将其署为大单于。其事见于《魏书·序纪》。

③刘、石、慕容、姚、苻、赫连:分别指十六国时期以刘渊为代表的刘氏、石勒为代表的石氏、慕容儁为代表的慕容氏、姚苌为代表的姚氏、苻健为代表的苻氏、赫连勃勃为代表的赫连氏所建立的少数民族政权。

④猗㐌之裔：指拓跋猗㐌的后裔拓跋猗卢建立代国政权，政权延续数代，为之后北魏政权的建立奠定了基础。

【译文】

　　惠帝在位的第七年，鲜卑族拓跋部的索头猗㐌向西发动进攻，降服夷狄三十余国，这为拓跋氏入主华夏奠定了基础。夷狄迁居塞内，乘中国虚弱的机会，窃取政权，入主中原，而边远地方因此变得空虚，于是又有其他夷狄乘虚而入，成为这些空虚之地的主人。夷狄之所以可以战胜中国，是因为他们长期居住荒凉边远的沙漠之地，能忍受饥寒交迫的困境，勤于畜牧，习于射猎，在与野兽的搏斗中获得生存。因此他们的粗犷勇猛之气足以战胜华夏之民精美食物豢养下的软弱之气。然而他们进入中国后，便沉迷于精美食物和舒适环境的豢养，从而放弃了他们原来的生活习惯，那些乘虚而入占据其地的夷狄，又以其粗犷勇猛而夺取政权。故而刘氏、石氏、慕容氏、姚氏、苻氏、赫连氏等少数民族部族乘机迭兴而相沿袭。拓跋猗㐌的后代，在西北边地养精蓄锐，逐渐兴起而兼并了其他少数民族，拥有了众多少数民族的资源，因而其政权可以长久存在，这是必然的趋势。契丹占据燕云十六州，而金人乘机在其东面兴起；金人占据了河北之地，而蒙古族乘机兴起于其北面。只知道夺取他人的地盘而不知自己的地盘也会被他人所夺取，道理就在于此。

　　呜呼！其养锐也久，则其得势也盛；其得势也盛，则其所窃也深。自拓拔氏之兴，假中国之礼乐文章而冒其族姓①，隋、唐以降，胥为中国之民，且进而为士大夫以自旌其阀阅矣。高门大姓，十五而非五帝三王之支庶，婚宦相杂，无与辨之矣。汉、魏徙戎于塞内，空朔漠以延新起之夷，相踵相仍，如蟹之登陆，陵陵藉藉以继进②，天地之纪，乱而不可复理，乾坤其将毁乎！谋之不臧③，莫知其祸之所极，将孰尤而可哉！

【注释】

①假中国之礼乐文章而冒其族姓：北魏自冯太后辅佐孝文帝开始，因冯太后喜爱汉文化，且稳固北魏政治的需要，便开始进行汉化改革，至孝文帝即位后彻底推行汉化改革。主要内容为推行均田制和户调制，变革官制和律令，迁都洛阳，改易汉俗，并将北魏贵族的胡姓改为汉姓。其中，改"拓跋"姓为汉姓"元"。这些举动，加速了北魏政权的汉化。事见《魏书·高祖纪》。

②陵陵藉藉：相互践踏的样子。

③臧（zāng）：善。

【译文】

哎！他们长久地养精蓄锐，故而他们的势力变得强盛；他们的势力既然变得强盛，则他们窃夺华夏的程度就更深。自拓跋部兴起以来，他们假借中国的礼乐文化、规章制度而冒用华夏族姓。隋、唐以来，原本的拓跋氏族裔都成为中国的民众，并且进而成为士大夫，自我旌表和夸耀其家世门第。高门大姓中，十分之五都不是五帝、三王的真正后裔，通过婚嫁和官宦，他们与汉人相互交杂，已无法加以辨别。汉、魏时将戎狄迁至塞内，边远的荒漠又留给了新兴的夷狄，新的夷狄又继之而起，犹如螃蟹登陆一般，相互践踏，陆续侵入，天地的纲常法纪因此变得混乱而不可恢复，乾坤大概将被毁灭了吧！谋划不善，不知道祸患能达到何等极端的地步，这种情况下能怪罪谁呢？

三   可郡可县之地宜经画

流民之名，自晋李特始①。《春秋》所书戎狄，皆非塞外荒远控弦食肉之族也，其所据横亘交午于中国之溪山林谷，迁徙无恒,后世为流民、为山寇,皆是也。泽、潞以东②,井陉以南③,夹乎太行、王屋④,赤白狄也⑤;夹淮之薮,淮夷也⑥;商、雒、淅、邓、房、均⑦,戎蛮陆浑也⑧;夔、巫、施、黔⑨,濮人也⑩;汉、川、秦、巩⑪,姜戎也⑫;潜、霍、英、六、光、黄、随、均⑬,群舒也⑭;宣、歙、严、处⑮,岛夷也⑯;其后以郡县围绕,羁縻而附之版图之余。而人余于地,无以居之;地余于人,因而不治;遂以不务耕桑、无有定业而为流民,相沿数千年而不息。

【注释】

①流民之名,自晋李特始:元康六年(296),由于氐人齐万年造反,关西一带兵祸扰乱,再加上连年大荒,略阳、天水等六郡的百姓被迫流亡、迁移,数十万人为寻找粮谷进入汉川乃至蜀地。李特与兄弟李庠、李流经常救助赈济、保护这些人,从此得到众人之心,成为流民领袖。永宁元年(301)因益州刺史罗尚催促遣送并压迫虐待流民,引发李特带领流民起义。李特(? —303),字玄休,巴西宕渠(今四川渠县)人。巴氐族。传见《晋书·李特载记》。

②泽、潞:泽,泽州,治所在今山西晋城。潞,潞州,辖境相当今山西长治及武乡、沁县、襄垣、黎城、屯留、潞城、平顺、长子、壶关及河北涉县地。

③井陉:山名。太行山的支脉。有要隘名井陉口,又称土门关。历来为军事要地。

④王屋:山名,在今山西阳城西南,南跨河南济源,西跨垣曲县界。山有三重,其形状如屋,故名。

⑤赤白狄:春秋时狄族的一支。原在今陕西延安、山西介休境内,

后东迁于今河北境。因穿白色衣服,故也称为"白狄"。

⑥淮夷:古族名,先秦东夷之一。居于淮河下游流域及近海处,以产蜯珠、美鱼著称。周初附周,后与徐戎等东夷诸族联合抗周。后再次被征服,国灭。然而成王对其采取了较蒲姑、奄国宽大的政策。春秋时淮夷尚存,并经常参与诸侯会盟。春秋以后,附于楚。至秦朝,其族"皆服为民户",融合于华夏。

⑦商、雒、浙、邓、房、均:商,商州,治所在今陕西商洛一带。雒,今属雒州,治所在今河南洛阳一带。浙,浙州,治所在今河南西峡。邓,邓州,治所在今河南邓县。房,房州,治所在今湖北房县。均,均州,治所在今湖北丹江口。

⑧戎蛮:亦称蛮氏、鄤氏、戎曼。古族名,戎的一支,春秋时分布于今河南境,曾建有戎蛮子国。陆浑:即陆浑戎,一名阴戎。春秋允氏戎别部。在今河南栾川、嵩县、伊川三县境。后为晋国所灭。西汉于其故地置陆浑县。

⑨夔、巫、施、黔:巫,巫州,治所在今湖南黔阳。施,施州,治所在今湖北恩施。

⑩濮人:为远古我国南方的大族,亦称"百濮"。西周时散布于江汉流域。后又被楚征服,被迫向西南迁徙,流亡巴境,汉晋多居川东地域。

⑪汉、川、秦、巩:汉,汉州,治所在今四川广汉。川,潼川州,治所在今四川三台。秦,秦州,治所在今甘肃天水一带。巩,巩州,今甘肃陇西、通渭、武山、定西一带。

⑫姜戎:又称姜姓之戎。古族名,戎的一支。原居于今陕西秦岭北约宝鸡至陇县一带。后受秦人迫逐,其首领吾离率众迁至晋地,晋惠公将其安置于晋南。后长期为晋附庸。

⑬潜、霍、英、六、光、黄、随、均:潜,潜州,治所在今浙江临安。霍,霍州,治所在今山西霍州。英,英州,治所在今广东英德。六,六

州,治所在今安徽六安。光,光州,治所在今河南光山。黄,黄
州,治所在今湖北黄冈一带。随,随州,治所在今湖北随州。

⑭群舒:舒族是东夷的一支,春秋时建立了许多小国,主要分布于
今安徽舒城一带,故称"群舒"。

⑮宣、歙、严、处:宣,宣州,治所在今安徽宣城。歙,歙州,治所在今
安徽歙县。严,严州,治所在今浙江桐庐、淳安、建德一带。处,
处州,治所在今浙江丽水。

⑯岛夷:指我国东部近海一带及海岛上的居民。《尚书·禹贡》中
就有"大陆既作,岛夷皮服"的记载。

【译文】

流民这一名目,是从西晋时的李特开始的。《春秋》中所记载的戎
狄,都不是指住在塞外荒远地区的射猎食肉的民族,而是指那些纵横交
错地分布在中国各处山林峡谷中的人。他们迁徙无常、后世成为流民、
成为山寇的,都是这些人。泽、潞以东,井陉以南,夹太行山和王屋山而
居的,是赤白狄;分布在淮河两岸植木丛生的湖泊沼泽中的,是淮夷;分
布在商、雒、淅、邓、房、均等州的,是戎蛮、陆浑;分布在夔州、巫州、施
州、黔州等地区的,是濮人;分布在汉州、川州、秦州、巩州等地区的,是
姜戎;分布在潜、霍、英、六、光、黄、随、均等州的,是群舒;分布在宣州、
歙州、严州、处州等地的,是岛夷。此后这些地方建立起郡县,对这些部
族进行羁縻安抚,并将其作为附属并入版图之中。然而,人多地狭,则
无法定居;地广人稀,则不加以治理,因此这些不从事耕作纺织、没有固
定生计的人就成为流民,沿袭数千年而未曾断绝。

缅惟禹之奠下土也①,刊山通道,敷其文命,声教讫乎四
海,尽九州之山椒水曲而胥为大夏②。延及三代,纳之政教
之中,而制其贡赋,盖以治之者缓之也。殷、周斥之为戎狄,
简其礼,薄其贡,而侵陵始作。后世附之郡县版图之余,略

其顷亩,蠲其征役,而为流民、为寇盗,乃益猖狂而逞。所以然者,非但骄之而使狠也。其属系于郡县者,率数百里而为不征、不繇、不教、不治之乡。其土广,其壤肥,卤莽以耕③,灭裂以耘④,而可以获。有溪泉而不为之陂池,有泽薮而土旷人稀,为虎兕蛇虺所盘踞⑤。于是乎苟幸丰年之多获,而一遇凶岁,则无以自食;一有征调,则若责己以不堪,而怨咨离散。其钝者,不以行乞为耻,其黠者则以荡佚为奸。遵义、平越建,而播州之夷祸平⑥;天柱、嘉禾、新田建,而武靖、郴、桂之寇贼消⑦。然则阶、文、秦、徽、英、六、随、黄、汉、雒、淮浦、夔、郧之可郡可县者⑧,移人之余,就地之旷,分画其田畴,收教其子弟,定其情,达其志,使农有恒产,士有恒心,国有恒赋,劳费于一时,而利兴于千载,大有为之君相,裁成天地以左右民,用夏变夷⑨,迪民安土,非经世之大猷乎!而何弗之讲?明王作,名世兴,其尚此之图哉!

【注释】

①缅惟:遥想。禹之莫下土:语出《尚书·禹贡》:"禹敷土,随山刊木,奠高山大川。"意思是禹划分九州疆界,顺着山势开辟道路,砍削树木作为路标,以高山大河奠定界域。

②山椒:山顶,此处泛指山。水曲:曲折的水滨,此处泛指江河。

③卤莽:轻率,草草地。即"鲁莽"。

④灭裂:粗疏草率。

⑤虎兕:虎与犀牛。

⑥遵义、平越建,而播州之夷祸平:指明万历二十四年(1596),播州土司杨应龙发动叛乱,明朝廷调集重兵,平定叛乱,并在万历二

十九年(1601)将播州地方拆解。及播州平,分其地为遵义、平越
二府,分别归属四川、贵州管辖。事见《明史・贵州土司列传》。

⑦天柱、嘉禾、新田建,而武靖、郴、桂之寇贼消:指明末中央政府在
平定湖南西部、贵州、广西北部一带的苗族、壮族、瑶族叛乱后,
设置天柱、嘉禾、新田等县,以稳定当地局势、消除潜在的叛乱根
源。天柱,县名,明万历二十五年(1597)改天柱千户所置,属湖
广靖州,治所即今贵州天柱。嘉禾,县名,明崇祯十二年(1639)
析桂阳州及临武县地置嘉禾县。新田,县名。明崇祯十二年
(1639)改新田营置,属道州,治所在今湖南新田。武靖:武靖州,
治所在今广西桂平。郴:郴州,治所在今湖南郴州。桂:桂阳州,
治所在今湖南桂阳。

⑧然则阶、文、秦、徽、英、六、随、黄、汉、雒、淮浦、夔、郧之可郡可县
者:徽,徽州,治所在今安徽黄山。淮浦,淮浦县,治所在今江苏
涟水。郧:郧州,治所在今湖北安陆。

⑨用夏变夷:指以诸夏文化影响中原地区以外的僻远部族。语出
《孟子・滕文公上》:"吾闻用夏变夷者,未闻变于夷者也。"意思
是我只听说过用中原的文化礼教去改变夷狄的,没听说过被夷
狄改变的。

【译文】

遥想夏禹以高山大河奠定九州疆界,开山通道,颁行政令,以使风
气教化可以通达四海,使九州的高山江河尽为大夏的治域。到夏、商、
周三代时,将上述民众都纳入天子的教化和政令管辖之下,制定他们的
贡赋标准,以较为和缓的手段来统治他们,缓为征收。殷、周之时将这
些人视为戎狄,简化他们的礼法,少征他们的贡赋,而侵凌之事便开始
出现。此后各代将其附在郡县版图之余,不统计其耕地数目也不收田
赋,蠲免其徭役,以致他们或成为流民,或成为寇盗,于是他们愈加猖狂
逞凶。之所以会这样,不仅是因为骄纵了他们而使其变得凶狠。羁縻

归属于郡县的戎狄,他们所占据的数百里内的地区均不征赋役、不兴教化,是为不被治理的地区。他们的土地广阔,土壤肥沃,随便耕种,粗略耕耘,便可以有所收获。有溪泉流经却不修建池塘,有湖泊草木却土旷人稀,如此这些地方便被虎豹蛇虫所盘踞。于是假如侥幸遇见丰年就会多有收获,而一遇到荒年,就没有足够养活自己的食物;一遇到朝廷征发调拨他们的情况,他们更是宣称自己不堪承受,以致怨怼四起,纷纷离散他乡。其中愚钝的人,不以行乞为耻,而黠猾的人则尽做淫荡奸邪之事。遵义、平越建府后,播州夷狄的祸乱得以平息;天柱、嘉禾、新田建县,而武靖州、郴州、桂州等地的寇贼得以消弭。如此则阶州、文州、秦州、徽州、英州、六州、随州、黄州、汉州、雒州、淮浦、夔州、郧州等可设郡或县的地方,都可以就着空旷之地将多余的戎狄之人迁到那里,分给他们田地,教育他们的子弟,并稳定他们的情绪,满足他们的愿望,使农民有恒定的资产,士人有恒定安稳的心,国家有恒定的赋税。虽然劳心费力于一时,却可得永久之利。大有作为的君主与大臣,规划天下的土地来安置民众,用华夏礼法改变夷狄,开导民众,安定地方,这难道不是经世之大计吗!怎能不加以倡导呢?圣明的君主出现,德业声望显著于世的人兴起,他们崇尚的可都是这种经世的宏谋啊!

四　张华智有余而义不足

知事几[①]、察物情者,可与谋国乎?未可也,抑不可以谋身。故张华终死而晋以大乱。华之决策平吴,何其明也;执政于淫昏之廷,而庶务粗举,民犹安之,何其审也;拒刘卞之说[②],不欲为陈蕃之为[③],以冀免于祸,抑不可不谓工于全身。然而身卒殒、国卒危者,何也?智有余而义不足也。

【注释】

①事几:指事情的苗头、征兆。

②拒刘卞之说:指刘卞知贾后欲废太子,甚为忧虑,以计策来说服
司空张华,图谋废贾后,而不被张华所采纳。事见《晋书·刘卞
列传》。刘卞(? —299),字叔龙,东平须昌(今山东东平西北)
人。本为兵家子,少为县小吏,从县令至洛阳,得入太学,试经为
台四品吏。迁齐王攸司空主簿,转太常丞、尚书郎,所历皆称职。
出任并州刺史后,因劝张华废贾后被拒,自知事泄,饮药而死。
传见《晋书·刘卞列传》。

③陈蕃之为:指汉灵帝时,陈蕃与大将军窦武谋诛宦官之事。后事
泄,窦武被杀。陈蕃遂率官属及太学生攻入宫门,兵败遇害。事
见《后汉书·陈蕃列传》。

【译文】

能够洞悉事态发展的苗头并明察物情的人,可以让其治理国家
吗? 回答是不可以,这样的人甚至也不能保全自身。所以张华最终被
杀而晋朝大乱。张华决策讨平吴国时,是何等的明智;他在淫乱昏庸
的朝廷之中执掌国政,各项典章制度大致得以建立,人民尚能保持安
宁,是何等的审慎详明;他拒绝采纳刘卞的建议,不想仿效陈蕃的做法
以期避免祸患,也不能不说是为保全自身而用心良苦。然而最终仍落
得个身死国危的局面,这是为什么呢? 这是因为他才智有余而节义
不足。

华之言曰:"权戚满朝,威柄不一。"知此矣,而受侍中之
位以管机要,何为乎? 又曰:"吾无阿衡之任①。"夫既任不在
己矣,而与贾氏周旋终始,何心乎? 华尝为贾充所忌而置之
外,如其欲全身而免于罪戾,则及此而引去可也。贾模②,贾

氏之党也,知贾氏之亡晋,而以忧死。华且从容晏处③,托翰墨记问以自娱④,固自信其智足以游羿彀中而恃之以无惧。不清不浊之间,天下有余地焉以听巧者之优游乎?天下有自谋其身处于无余之地,而可与谋国者乎?故晋之亡,非贾谧能亡之,华亡之也。何也?君昏后虐,谗言高张,寇贼伏莽⑤,天下所县望者,唯一华耳。刘卞进扶立太子之说,非不知人而妄投,亦舍华而更无可与言者。华无能为矣,然后志士灰心而狂夫乘衅。栋折榱崩⑥,则瓦解而室倾,岂更有望哉!

【注释】

①阿衡:商代时辅弼君王的师保之官,后世多用以指代宰相或辅佐君王的重臣。

②贾模(?—299):字思范,平阳襄陵(今山西临汾)人。西晋大臣,贾充族子。深为贾充信爱,每事与筹。初为邵陵令,迁车骑司马。因参与谋诛太傅杨骏,封平阳乡侯。贾后专政,拜散骑常侍,擢侍中,与中书监张华、侍中裴𬱟同心辅政。然而其潜执权势,贪冒聚敛。曾向贾后陈述祸福利害,贾后不予采纳,反而被贾后猜忌排挤,忧愤而死。传见《晋书·贾模列传》。

③晏处:安处。

④翰墨记问:指舞文弄墨。翰墨,笔墨,指文章、书法。翰,制笔的鸟毛。记问,记诵诗书以待问或资谈助。

⑤伏莽:指军队埋伏在草莽中。亦指潜藏的寇盗。语本《周易·同人卦》爻辞:"九三,伏戎于莽。"莽,丛生的草木。

⑥榱(cuī):房屋的椽子。

【译文】

张华曾说:"权臣贵戚布满朝廷,国家威柄不能专一。"既然知道此点,而又接受侍中的职位来掌管朝廷机要大权,却是为何呢?他又说:"我没有掌控国政的权力。"张华所任官职虽不由己,但却与贾氏周旋勾结,他到底是何用心呢?张华曾被贾充忌恨而遭受排挤,如果他想保全自身并免于遭受罪责,则可趁此引退而去就好了。贾模是贾氏的党羽,他知道贾氏有亡晋的图谋,因而忧愤而死。而张华却从容安然地处身朝堂,以舞文弄墨自娱,非常相信凭借自己的才智足以悠游于尔虞我诈的权力场中而毫无畏惧。身处不清不浊的世间,天下哪里还留有余地来听任取巧的人四处优游呢?天下间岂有将自己置于没有进退余地的境地中,而又能谋划国家大计的人呢?所以说西晋的灭亡,并非贾谧所能灭亡,实则为张华所亡。为什么这样说?主上昏庸且皇后暴虐,谗言遍布朝廷,贼寇潜藏在民间,天下所寄予厚望的,唯有张华一人罢了。刘卞向张华提出扶立太子的建议,并非不知张华的为人而随便提出自己的意见,也是因为除了张华再没有其他的人可以说了。张华无法挽救时局,此后拥有志向的人也就心灰意冷,而奸佞狂妄的人则更加乘机生事。房梁折断,椽子崩坏,则房屋倾倒而瓦片皆碎,西晋哪里还有别的希望呢?

　　且华之居势,非陈蕃比也,蕃依窦武以图社稷,武不得宦官之腹心为之内应;华则贾模、裴𬱟以贾氏之姻族为内援以相辅①,其成也可八九得。然而不能者,华于贾氏废姑杀其母之日②,委顺其间,则气不可复振;气已荼而能有为者,未之有也。盖华者,离义为智,而不知不义者之未有能智者也。是非之外无祸福焉,义利之外无昏明焉,怀禄不舍,浮沉于其间,则更不如小人之倾倒于邪而皆可偷以全身。是以孔光、胡广得以瓦全③,而华不免,若其能败人之国家则一也。是以君子于其死也不闵之。

【注释】

①裴頠(wěi,267—300):字逸民,河东闻喜(今山西闻喜)人。西晋大臣,裴秀少子。博学稽古,自少知名。袭爵巨鹿公,惠帝即位后,任国子祭酒,兼右军将军。太傅杨骏被杀后迁侍中。曾奏修国学,刻石写经。贾后专权后,对其颇为信用。在愍怀太子废立问题上,与张华进行过激烈争辩。因其曾谏拒赵王司马伦求尚书令之请,在司马伦专政时被杀。传见《晋书·裴頠列传》。

②贾氏废姑杀其母:指贾南风废其婆母皇太后杨氏,并诛灭杨骏全家之事。姑,指武帝皇后杨芷。其母,指杨芷之母,即杨骏之妻庞氏。

③是以孔光、胡广得以瓦全:孔光在汉哀帝时官至丞相,任相期间,王氏外戚势力坐大,孔光不敢抗衡王氏,最终任由王莽篡夺了西汉政权,他自己则主动称病致仕,得以保全性命。胡广因拥立汉桓帝有功,获封安乐乡侯,在汉灵帝继位后,拜司徒、录尚书事。陈蕃遇害后,接任太傅。他性格圆滑,柔媚宦官,以此保全自身,京师为其作谚语道:"万事不理问伯始,天下中庸有胡公。"其事分别见于《汉书·孔光传》《后汉书·胡广列传》。

【译文】

况且张华所处的态势,也并非陈蕃所能相比。陈蕃只能依靠窦武来谋划治理社稷,而窦武没有得到宦官集团的心腹干将作为内应;张华则有贾模、裴頠等贾氏的姻亲作为其内援并给以辅佐,他成功的机会也有八九分了。然而最终却未能成功,原因在于贾南风废杨太后并杀杨太后之母的时候,张华仍委屈顺从于其间,故而志气便不能再次振作起来。志气已经消弭而能有所为的,从没有这样的事。大概张华这种人,离开节义而逞才智,却不知道没有节义的人是不能成为真正有才智的人的。是非之外并无祸福可言,义利之外也无昏明可说,不愿舍弃功名利禄,浮沉于朝堂间,还不如小人投靠奸邪之人,倒都可以苟且偷生。

所以孔光、胡广等人得以苟且瓦全,而张华却难免一死;至于能败亡他人国家,三者倒是一样的。所以君子是不会对于他的死亡感到怜悯的。

五　陆机词翰自累

　　士有词翰之美,而乐以之自见,遂以累其生平而丧之,陆机其左鉴已[1]。

【注释】

　　[1]左鉴:即前车之鉴。

【译文】

　　士人具有文采与才华,而且乐于以此来自我表现,于是因此而累及自己一生以至于丧命,陆机大概就是前车之鉴吧。

　　机之身名两陨,濒死而悔,发为华亭鹤唳之悲[1],惟其陷身于司马颖,不能自拔,而势不容中止也。其受颖之羁绁而不能自拔[2],惟受颖辩理得免之恩而不忍负也[3]。机之为司马伦撰禅诏也[4],无可赏其死。人免之于铁钺之下,肉其白骨,而遽料其败,速去之以避未然之祸,此亦殆无人理矣。故机之死,不死于为颖将兵之日,而死于为伦撰诏之时。其死已晚矣!

【注释】

　　[1]华亭鹤唳:语出《世说新语·尤悔》:"陆平原河桥败,为卢志所谮,被诛。临刑叹曰:'欲闻华亭鹤唳,可复得乎?'"华亭,今上海松江,陆机的故乡。后以此为典,比喻感慨生平,悔入仕途。

　　[2]其受颖之羁绁而不能自拔:指陆机委身于司马颖,司马颖与河间

王司马颙起兵讨伐长沙王司马乂，让陆机代理后将军、河北大都督，结果陆机军大败。后孟玖怀疑陆机杀其弟而进谗言给司马颖，诬告陆机有异志，最终司马颖大怒杀陆机。事见《晋书·陆机列传》。颖，司马颖（279—306），字章度，河内温县（今河南温县）人。西晋宗室，晋武帝第十六子。太康末封成都王。元康九年（299），出为平北将军，镇邺。赵王伦篡位时，与齐王司马冏共同起兵讨伐。太安二年（303），与河间王司马颙合兵讨长沙王司马乂，入京为丞相。后镇守邺城，自立为皇太弟，遥制朝政。永兴元年（304），败东海王司马越于荡阴，挟惠帝入邺。之后，东嬴公司马腾、幽州刺史王浚联兵攻邺，他挟持惠帝奔洛阳。后司马颙废其皇太弟位，令其归藩。他会同司马越进攻司马颙。最终被司马虓的长史刘舆矫诏缢杀。传见《晋书·成都王颖列传》。羁绁，束缚，控制。羁、绁，分别为马络头和马缰绳。

③辩理得免之恩：指赵王司马伦掌权时，引陆机为相国参军，封关中侯，于其篡位时受伪职，并让陆机撰写逼迫晋惠帝禅位的诏书。司马伦被诛后，陆机险遭处死，赖成都王司马颖救免，此后便委身依从。事见《晋书·陆机列传》。

④司马伦（？—301）：字子彝，河内温县（今河南温县）人。西晋宗室，司马懿第九子。仕魏为谏议大夫，封安乐亭侯。入晋后，初封琅邪郡王，咸宁年间改封赵王，进安北将军，都督邺城守事。元康初年出镇关中。因其刑赏失中，导致氐羌反叛。后入拜车骑将军、太子太傅。贾后废杀太子后，他与齐王司马冏率兵入宫，杀贾后及大臣张华等，自为相国、侍中、都督中外诸军事。于永宁元年（301）篡位称帝，改元建始，以惠帝为太上皇，囚禁惠帝于金墉城。不久，遭到齐王司马冏、成都王司马颖、河间王司马颙联合讨伐，作战失利。惠帝复位后将其赐死。传见《晋书·赵王伦列传》。

【译文】

陆机身败名裂，死到临头而幡然悔悟，发出"华亭鹤唳"的悲哀感慨。这是由于他身陷成都王司马颖的阵营，难以自拔，就情势而言已没办法中途退出了。他之所以受到司马颖的束缚而难以自拔，是因为他深受司马颖为其辩解从而得以免罪的恩德，因此不忍辜负司马颖。陆机为赵王司马伦撰写禅位诏书，已然罪不容诛。司马颖使得陆机免于一死，如同给白骨重新填上血肉，如果陆机能立即预料到司马颖的失败，然后迅速远离他以躲避尚未发生的灾祸，这大概也是丧失人心事理的表现。所以陆机之死，不死于为司马颖兴兵作乱之时，而死于为司马伦撰写诏书之时。他死得已经算晚的了！

虽然，机岂愚悖而甘为贼鹄乎？谢朝华，披夕秀^①，以词翰之美乐见于当世，则伦且资其谀颂以为荣，盖有求免而不得者。其不能坚拒之而仗节以死，固也。虽然，不死则贼，不贼则死，以琐琐之文名，迫之于必死必贼之地，词翰之美为累也若斯！"虎豹之文来藉"^②，遂将托于不材之樗^③，而后以终天年乎^④！而抑奚必其然邪？

【注释】

①谢朝华，披夕秀：语出陆机《文赋》："谢朝华于已披，启夕秀于未振。"意思是早上已经开过的花让它凋谢，晚上待开的花则促其怒放。喻指抛弃古人用过的陈旧词句，启用前人未曾用过的清新语言。

②虎豹之文来藉：语出《庄子·应帝王》："虎豹之文来田，猨狙之便执斄(lí)之狗来藉。"意思是虎豹因为皮毛华丽，故而遭到猎者的捕捉；猕猴因为跳跃敏捷、猎狗因为能捕捉狐狸而招致绳索的拘

缚。比喻人富有才情容易遭祸。

③不材之樗(chū)：指不能成材的臭椿树。典出《庄子·逍遥游》："吾有大树，人谓之樗。其大本臃肿而不中绳墨，其小枝卷曲而不中规矩。立之涂，匠者不顾。"樗，樗树，即臭椿。

④以终天年：指可以安然活到生命尽头。典出《庄子·山木》："庄子行于山中，见大木枝叶盛茂，伐木者止其旁而不取也。问其故，曰：'无所可用。'庄子曰：'此木以不材得终其天年。'"

【译文】

尽管如此，陆机怎么会如此愚蠢悖谬而甘心成为叛贼笼络的目标呢？他弃古人用过的陈旧词句，启用前人未曾用过的清新语言，以辞藻文采之美而获誉于当世，故而司马伦希望得到他的阿谀称颂而以之为荣耀，他就是想不写也不行啊。他不能坚决予以拒绝并坚守节操而死，这是当然的。尽管如此，不死则成为叛贼，不想成为叛贼则只有死。陆机以其无足轻重的文学声名，被逼迫到了必死或必定为贼的地步，受文采出众的美名拖累竟到了如此地步！"虎豹因为皮毛华丽，故而遭到猎人的捕捉"，那么为了免祸，就要像臭椿树一样，大而不成材，从而得以终其天年吗？然而又为什么一定要这样呢？

君子之有文，以言道也，以言志也。道者，天之道；志者，己之志也。上以奉天而不违，下以尽己而不失，则其视文也莫有重焉；乐以之自见，则轻矣。乐以自见，而轻以酬人之求，则人不择而借之以为美。为人借而以美乎人，是翡翠珠玑以饰妇人也；倚门者得借①，岂徒象服是宜之之子哉②！

【注释】

①倚门者：指妓女。

②象服是宜:语出《诗经·鄘风·君子偕老》:"委委佗佗,如山如
河,象服是宜。"意思是举止雍容又自得,稳重如山深似河,穿上
礼服很适合。象服,古代后妃、贵夫人所穿的礼服,上面绘有各
种物象作为装饰。

【译文】

君子拥有文采,是用以言道和言志的。道是天之道,志是个人的志
向。上以奉天而不违道,下则以尽己之力而不失志节,如此,则可视为
其十分看重自己的文采;乐于以文采来标榜自我,则可视为其十分看轻
自己的文采。乐于以文采标榜自我并以此为凭借,而轻率地满足他人
的需求,则会不加选择地将自己的文采借给他人所用,并以为是好事。
文采被他人借用并以此美化自己,就像妇人用美丽的翡翠和珠玉来装
饰自己一样;但翡翠、珠玉连妓女都可以借用,难道只适合穿着雍容华
贵的贵妇人吗?

呜呼!苟有文焉,人思借之矣,遑恤其道之所宜与志之
所守乎?班固之《典引》①,幸也;扬雄之《美新》②,不幸也;汉
明之欲借固,与王莽之欲借扬雄,一也。李白永王东巡之
歌③,永王借之也,陆游平原园林之记④,韩侂胄借之也,不幸
也;蔡邕之于郭有道⑤,苏轼之于司马温公⑥,幸也;然苟借
焉,幸不幸存乎人,而焉能自必哉!君子之有文,以言道也,
以言志也,以承天尽己而匡天下之邪淫者也。守己严,待物
以正,勿以谀人、勿以悦人为天下侮,奚足为累,而效不才之
樗为?

【注释】

①《典引》:指东汉班固创作的一篇散文。主要内容为称述汉德。

②《美新》:扬雄的一篇文章。王莽篡汉称帝,国号为新,扬雄仿司马相如《封禅文》上封事给王莽,指斥秦朝,美化新朝,故名《剧秦美新》。撰著此文通常被视为扬雄的一大污点。后世以"美新"为阿谀谄媚之典。

③永王东巡之歌:为李白诗作,共计十一首,皆为七绝诗。有部分被后世认为伪作。李白曾被永王李璘辟为幕府僚佐,其于唐肃宗至德二载(757)写就这些诗歌,记录了永王李璘军队东下的情况,主旨是赞颂永王所谓的功绩。

④陆游平原园林之记:指陆游晚年时,为韩侂胄撰《南园》《阅古泉记》,批评者以此认为陆游依附权奸,未全晚节。

⑤蔡邕之于郭有道:指郭泰死后,蔡邕为其书写碑文,对卢植说:"自己为人写碑文很多,但他们很多都愧对碑文的赞美之词,只有郭泰无愧于为其所写的碑文。"郭有道,即郭泰(太)(128—169)。字林宗,太原介休(今山西介休)人。东汉学士。家世贫贱,游于洛阳,与李膺等友善。太学生推其为领袖,名震京师。曾归乡里,送行者车数千辆。桓帝时,受党锢之祸牵涉,士人共相标榜,将他誉为"八顾"之一,说他能以德行导人。后官府屡次召辟,他都辞谢不就。他虽喜好褒贬人物,却不作危言骇论,所以得免于党锢之祸。死后送葬者达千余人。事见《后汉书·郭泰列传》。

⑥苏轼之于司马温公:指司马光死后,苏轼为其撰《司马温公神道碑》,对司马光的一生予以高度评价。

【译文】

哎!一个人只要有文采,别人就会想借助其文采,哪里顾得上考虑这样做是否符合天道、是否符合其人的志节操守呢?班固创作《典引》而得誉,他是幸运的;而扬雄创作《剧秦美新》被后世嘲讽,则是不幸的。实际上汉明帝想要利用班固的文采,与王莽想利用扬雄的文采的目的是一样的。李白作永王东巡之歌，是永王利用李白的文采；陆游为韩侂胄写《南园》《阅古泉记》，也是韩侂胄利用陆游的文采，他们都是不幸的；蔡邕撰写碑文称赞郭泰，苏轼撰写碑文赞颂司马光，被称颂者无愧于颂词，他们都是幸运的。如此则只要文采被利用，幸与不幸都因假借之人而异，自己哪里做得了主呢！君子拥有的文采，应该用来言道，用来言志，用以秉承天意、克尽己责来匡正天下的邪淫。对自己严格要求，用正道对待他人，不阿谀奉承他人、不取悦他人而被天下人所侮辱取笑，又怎会真的被文采拖累，而非要去效仿不成才的臭椿树以保全自身呢？

六 惠帝非可仕之时

有必不可仕之时，则保身尚矣。外患已深，国危如线，亟得君而事之，身非所恤也。权臣擅于下，孤主立于上，扶弱图存，功虽不立，而志不可忘，苟非因权臣而进，身非所恤也，皆可仕也。必不可仕而以保身为尚者，其唯无天子之世乎！

【译文】

有必定不可做官的时候，则此时保全自己是上策。外患已经深重，国势危急、国运悬于一线，此时亟待找到可以效力的君主并事奉他，则不应考虑自身的安危。当权臣擅权于下，君主孤立无援于上之时，就应该扶助孱弱的君主以保存国家，即使无法建立功勋，也不能忘记志向。只要不是通过权臣的门路而得以进用，则不应在乎自身安危。以上这两种情况下都是可以出来做官的。必定不能出来做官而以保全自身为上策，大概只有在国无天子的情况下才如此吧！

所谓无天子者,非人逐失鹿、天位未定之谓也①。择主而奉之以已乱,而定君臣之分,故张良归高帝②、邓禹追光武③,允矣。即不然,而为范增之从项羽,郭嘉、荀攸之依曹操,犹足以自见焉。唯至于晋惠帝之时,有天子而无之,人欲为天子而不相下,群不知有天子,而若可以无天子者。于斯时也,顺逆无常理,成败无定势,强臣林立,怙愚以逞,逆者逆,顺者亦逆也,败者败,成者亦败也。欲因之以事孤危之天子而不能,即欲掖之以为天子,而亦必不得。生人杀人而皆操天子之权。夫然后纳身于狂荡凶狡之中,寄命于转盼不保之地④,果矣其为大惑,而自贻以死亡也。王戎之免⑤,幸也;王衍、陆机、潘岳之死,自贼者也。顾荣、张翰、戴渊、贺循褰裳而急去之⑥,非过高绝人之智也,未有无天子而可仕者也。

【注释】

①失鹿:指失去地位和天下。《史记·淮阴侯列传》载:"秦失其鹿,天下共逐之。"裴骃《集解》引张晏说,是以鹿来比喻帝位。

②张良归高帝:指汉元年(前206)项羽在彭城杀死了韩王成后,张良相韩的理想彻底破灭,于是逃出彭城,躲过楚军的追查,回到刘邦的身边,受封为成信侯。此后便追随刘邦左右,为其出谋划策,为西汉开国功臣。事见《史记·留侯世家》。

③邓禹追光武:指更始帝即位后,豪杰多举荐邓禹为官,但邓禹不肯相从。后来听说刘秀受命安抚河北,邓禹就驱马北渡黄河,追刘秀到邺县,并向其献上平定天下的策略。从此深受器重,成为东汉开国元勋。事见《后汉书·邓禹列传》。

④转盼:转瞬,转眼,比喻时间仓促。

⑤王戎之免：指太安元年(302)，河间王司马颙联合成都王司马颖等讨伐齐王司马冏时，司马冏问王戎对策。王戎认为司马冏应该主动撤回自己的封国，尚可保住王位。司马冏的谋臣葛旟怒斥王戎。群臣惊惧，王戎假装服寒食散药力发作，跌倒在厕中，方才免去一死。事见《晋书·王戎列传》。

⑥顾荣、张翰、戴渊、贺循褰裳而急去之：指四人态度坚决地急于离去。事见《晋书》本传。顾荣(?—312)，字彦先，吴郡吴县(今江苏苏州)人。江南世家大族。东吴时，为黄门侍郎、太子辅义都尉。吴亡后，与陆机兄弟入洛阳，时号"三俊"。拜郎中，历尚书郎、太子中舍人、廷尉正。赵王伦、齐王冏、长沙王乂、成都王颖先后辟其为僚属。以世乱还吴，为东海王越军咨祭酒。永兴二年(305)，广陵相陈敏反，假为右将军、丹杨内史，攻杀陈敏。琅邪王司马睿镇江东，吴人未附，王导以为其与贺循为吴人之望，以其为军司马，招揽人心。传见《晋书·顾荣列传》。张翰，字季鹰，吴郡吴县(今江苏苏州)人。西晋名士。有清才，善属文，纵任不拘，时人将其比拟阮籍，称之为"江东步兵"。齐王将其辟为大司马东曹掾。后以"莼鲈之思"为由，辞官归去。其人任心自适，不求名爵。传见《晋书·文苑列传》。戴渊(269—322)，字若思，广陵(今江苏扬州)人。晋朝大臣。少好游侠，不拘操行，曾在江淮间攻掠商旅。陆机识其才器，以书荐于赵王司马伦。后为东海王越军咨祭酒、豫章太守。镇东将军司马睿召为右司马、晋王尚书。司马睿即帝位后，任用为征西将军，都督司、兖、豫、冀、雍、并六州诸军事，司州刺史。王敦之乱时，他受诏还镇京师。后王敦忌惮其才干，将他杀害。传见《晋书·戴渊列传》。贺循(260—319)，字彦先，会稽山阴(今浙江绍兴)人。晋朝大臣。其父贺邵为孙皓所杀，因此流徙边郡。吴亡后还郡。他博览群书，尤精礼传，为世儒宗，有知人之鉴。西晋初年，举秀才，

历阳羡、武康令,为政以宽惠为本,陆机荐补太子舍人。曾应南平内史王矩等率乡曲镇压石冰。陈敏之乱时,以脚疾为由不任伪职。琅邪王司马睿以他为吴国内史,与顾荣同受敬重。传见《晋书·贺循列传》。褰裳,撩起下裳,此处引申为态度坚决。

【译文】

　　所谓没有天子,并不是指群雄竞逐政权、帝位尚无归属的情况。在天下大乱之时选择君主并尊奉之来消弭祸乱,因而确定君臣名分,如张良选择事奉汉高祖,邓禹追随光武帝,这都是允当的。即使不能这样,而像范增追随项羽,郭嘉、荀攸依附曹操那样,也足可以显露自己。唯有到了晋惠帝时,有天子就像没有一样,人们都想成为天子而毫不谦让地互相争斗,大家都不知还有天子,像此种情况就可以称为国无天子。此时,顺逆已无常理,成败也无定势,强悍的臣子林立,依靠愚昧而求一逞;逆叛者是逆,顺从者也是逆,失败者是败,成功者也是败。想在此情况下事奉孤危的天子是不可能的,即使想扶持其为天子,也是必定不可得的。使人生或使人死,都是权臣在操持天子之权。那些在这种情况下还把自己置身于猖狂、凶狠、狡诈之徒之间的人,是将自己的性命置于朝不保夕的境地,这样做实在是太糊涂了,简直就是自寻死路。王戎得以免死,实属幸运;而王衍、陆机、潘岳之死,是自我毁灭的结果。顾荣、张翰、戴渊、贺循等人态度坚决地急于离去,并非是有远超他人的智慧,而是因为从来没有国无天子却可以做官的道理。

七　江南之能早定由孙吴时未尝以名法为治

　　晋有天下,初并蜀、吴,二方之民,习于割据之余,未有以绥之也;而中朝内乱,故赵廞、李特、张昌、石冰乘之以兴①。乃特之子孙窃蜀者数十年②,而江南早定,刘弘之功茂矣哉③!故以知国有干城④,虽乱而弗难定也。虽然,岂独弘之功哉？其地有人，而后可以相资而理。李特之乱，蜀土风靡而从之，尽三巴之士，仅一诡僻之范长生而已⑤。吴则贺循、华谭、周玘、顾荣皆洁身退处而为州郡所倚重⑥，民乱而士不与俱，则民且茶然而自废，张昌、石冰之首不难馘已，而陶侃得以行其志于不疑。呜呼！此非晋能得之，其所繇来者旧矣。

【注释】

①赵廞（xīn，？—301）：西晋巴西安汉（今四川南充）人。晋朝大臣。初为长安令，元康六年（296）以扬烈将军迁益州刺史。恰逢晋室衰乱，其有割蜀之志，于是倾仓廪赈济流民，收揽人心，并厚待流民首领李特兄弟以为帮手。他杀成都内史耿滕及西夷校尉陈总，自称大都督、大将军、益州牧。后忌惮李庠骁勇，将其杀害，引发李特等人众怒而引军进攻成都，败走后被杀。其事见于《晋书·李特载记》。张昌（？—304）：西晋义阳（今河南新野）人，蛮族。西晋蛮族起义军将领。少为平氏县吏，武力过人，好论攻战。太安二年（303），惠帝颁"壬午诏书"，征荆州武勇入蜀，引发蛮、汉怨恨，他与流民群起而反抗。他自更姓名为李辰，聚众立山都县吏丘沈为天子，易名为刘尼，称汉后裔，建元神凤。置百官，自任相国。后为镇南将军刘弘、大都护陶侃等击败斩杀。传见《晋书·张昌列传》。石冰（？—304）：西晋蛮族起义军将领。太安二年（303），随张昌起兵反晋，率军攻扬州，击败刺史陈徽，占领诸郡。又攻破江州，更置守长。临淮人封云起兵响应，攻徐州。恰逢议郎周玘起兵江东讨伐他，他帅兵拒玘，为周玘所杀。后又被广陵度支陈敏与征东将军刘准并力击破，为部将张统所杀。其事见于《晋书·张昌列传》等。

②乃特之子孙窃蜀者数十年:指李特死后,其弟李流继统余众。后
  其子李雄称帝,建立成汉,政权延续四十余年。

③刘弘(236—306):字和季,沛国相(今安徽淮北)人。晋朝大臣。
  少与晋武帝司马炎同居永安里。初为太子门大夫,累迁率更令,
  转太宰长史。为张华所器重,将他任命为宁朔将军、监幽州诸军
  事、领乌丸校尉,封宣城公。太安二年(302)与陶侃镇压张昌流
  民起义,任镇南将军,督荆州诸军事。劝课农桑,宽刑省赋,为百
  姓称颂。以功位进侍中、征南大将军、开府仪同三司。传见《晋
  书·刘弘列传》。

④干城:指能御敌而尽保卫责任的人。干,盾牌。

⑤范长生(? —318):字元,本名延久,又名九重,或名支,涪陵丹兴
  (今重庆黔江)人。成汉大臣,天师道首领。博学多识,善于天文
  术数。西晋末年,率千余家依居青城山。李流军饥困,得其资
  给,军势复振。李雄因他为蜀人所推崇,而欲迎立为君,他却反
  劝李雄自立。李雄称成都王时,拜其为丞相,尊称为范贤。李雄
  即帝位后,加尊其为四时八节天地太师,封西山侯。蜀人奉之如
  神,年近百岁而卒。其事散见于《资治通鉴·晋纪》《十六国春
  秋·蜀录》等。

⑥华谭(? —322):字令思,广陵(今江苏扬州)人。东晋大臣。太
  康年间举秀才至洛阳,晋武帝亲策,答对为第一。为郫城令,有
  知人善用之名。因镇压石冰有功,封都亭侯。王敦之乱时,他
  因疾不能入省,坐事免官。传见《晋书·华谭列传》。周玘
  (258—313):字宣佩,吴兴阳羡(今江苏宜兴)人。东晋大臣,平
  西将军周处之子。强毅如其父,而文学有所不及。早年举秀
  才,除议郎。先后率乡里私兵合官军平张昌、陈敏、钱璯,三定
  江南。后为吴兴太守,封乌程县侯。因不满北人执政,心怀怨
  望,与江东士族密谋发动政变,事泄忧愤而死。传见《晋书·周

玘列传》。

【译文】

西晋统一天下，兼并蜀汉和东吴之初，吴、蜀两国的民众，已习惯于割据的状态，因此没有能迅速安抚他们的方法。之后晋朝廷内乱，于是赵廞、李特、张昌、石冰等势力乘机兴起。李特的子孙窃据蜀地达数十年，而江南的叛乱却早早被平定，刘弘的功劳可谓显著啊！由此可知，若是国家有尽责御敌的捍卫者，即使发生祸乱也不难平定。尽管如此，这难道是刘弘一个人的功劳吗？是因为江南地区有人才，然后刘弘才可以借助他们来治理好江南。李特之乱发生时，蜀地之人群起响应，但整个巴蜀地区的士人中，仅有一个荒谬邪辟的范长生参与了叛乱。吴国的贺循、华谭、周玘、顾荣等人都能洁身自守，隐退闲居，为各州郡所器重。民众叛乱而士人不参与，则民众会逐渐理解而不得不自行停止叛乱。于是，张昌、石冰的首级就不难割下，而陶侃则可以践行其志向而不受猜忌。哎！这并不是因为晋朝能得到蜀、吴二国士人的心，而是这种趋势由来已久。

孙氏之不足与言治理也，而未尝立一权谋名法之标准，则江介之士民①，犹且优游而养其志。诸葛公贤于孙氏远矣②，乃尚名法以钳束其下，人皆自困于名法之中，而急于事功以为贤，则涵泳从容之意不复存于风俗，安所得高视远览以曙于贞邪逆顺之大者哉！诸葛之张也，不如孙氏之弛也。孙氏不知道而道未亡，诸葛道其所道而道遂丧。自其隆中养志之日，以管、乐自比，则亦管、乐而已矣！齐之所以速乱而燕旋敝也。管、乐者，自其功而言；申、商者，自其学而言也。申、商法行而民有贼心，君子所以重为诸葛惜也。

【注释】

①江介:江岸,沿江一带。

②诸葛公:指诸葛亮。

【译文】

东吴孙氏统治江南时,是不足以谈得上有所治理的,但孙氏未曾确立权谋名法的标准,因此江南地区的士民,尚能保持优游闲适而涵养其志向。诸葛亮比孙氏要贤明得多,可是他崇尚名法以钳制管束部下,人们都束缚于名法之中,而急于建立事功并以此为贤,因此从容求索、深入领会的意境不再存留于蜀地的风俗中,这样又怎能得到高瞻远瞩、明察忠贞奸邪和叛逆顺从的人士呢!诸葛亮严厉的治理手段,不如孙氏松弛的治理方略。孙氏不懂得道而道未亡,诸葛亮严守自己的治理之道而道却因此沦丧。他自从在隆中修身养志之时,就以管仲、乐毅自比,则也就是像管仲、乐毅那样的人罢了!即便有管仲、乐毅,齐国也是迅速发生祸乱,燕国也是很快就败亡。所谓管仲、乐毅,是就诸葛亮的功劳而言;而所谓申不害、商鞅,则是就诸葛亮的政治学术而言。推行申不害、商鞅的法家之术而民众产生了叛乱之心,这就是君子之所以深为诸葛亮感到惋惜的缘故啊。

八　司马颖启刘渊之乱由王浚之结鲜卑

刘渊虽挟桀骜不逞之材,然其始志亦岂遽尔哉?观其讥随、陆之无武①,绛、灌之无文②,则亦自期于随、陆、绛、灌之中而已矣。其既归五部,闻司马颖之败,尚欲为之击鲜卑、乌桓,则犹未必遽背晋而思灭之也③。司马颖延而挑之,刘宣等推而嗾之,始以流毒天下,而覆晋室。乃匈奴自款塞以来④,蕃育于西河有年矣,渊匪茹而逞,不再世而子孙宗族及其种类骈死于靳準⑤,无孑遗焉,则渊毒天下还以自毒,渊亦何利有颖之挑、宣之嗾,以糜烂冒顿以来数十传之苗裔部落于崇朝也⑥? 司马颖一溃其防,而河决鱼烂,灭其宗而赤渊之族,亦憯矣哉!

【注释】

①随、陆:指汉初名臣随何、陆贾,皆为能言善辩的使臣、谋士。

②绛、灌:指汉初名臣周勃、灌婴,皆为以骁勇著称的将领。

③"其既归"几句:五部,指匈奴五部。东汉献帝建安二十一年(216),南匈奴呼厨泉单于入朝于魏,被魏王曹操留于邺,分其众为五部,每部立其贵族为帅,称"五部帅"。这一组织一直延续到西晋时期。永安元年(304),司马颖成为皇太弟后,任命刘渊为屯骑校尉,等到晋惠帝六军战败时,司马颖又任命刘渊为冠军将军,监匈奴五部军事。不久,刘宣等人谋划召集五部人马起事,刘渊告诉司马颖,请求回乡参与葬礼,并表示愿意率匈奴部众为司马颖斩杀王浚、司马腾,于是得以回到左国城。事见《晋书·刘元海载记》。

④款塞:叩塞门而来降,比喻外族前来通好。

⑤靳準(? —318):出身匈奴靳氏部落,十六国时前赵人。初为前赵中护军。以两女为刘聪所宠,遂参与朝政,勾结刘粲,把持政权,官至大司空。刘粲即位后,他任大将军、录尚书事,独揽大权。不久杀粲自立,号大将军、汉大王,称藩于晋。后为部下所杀。其事见于《晋书·刘聪载记》。

⑥崇朝:指自早至午,整个早上。比喻时间短暂。

【译文】

刘渊虽然挟有桀骜不驯之材,然而他最初的志向就是这样的吗? 他讥笑随何、陆贾等人没有武将才能,而周勃、灌婴等人又缺乏文才,从中可以看出他对自己的期望也不过是能跻身于随何、陆贾、周勃、灌婴等人的行列中而已。他回到匈奴五部后,得知司马颖战败的消息,还想为晋朝攻打鲜卑与乌桓,则其未必想着立马背叛晋朝而意图灭晋。司马颖延用刘渊并对其进行挑拨,刘宣等人推举刘渊而又唆使其为乱,最终导致刘渊祸乱天下,推翻晋朝。匈奴自建安年间来降,在西河地区繁衍生息已有很多年了。刘渊不自量力、铤而走险以求一逞,传位不到两世,子孙宗族及其部众族裔都被靳準屠戮殆尽,则是刘渊祸害天下而最终祸害到自己。以此来看,他又从司马颖的挑拨和刘宣的唆使中得到了什么好处呢? 最终不过是在旦夕之间毁灭了冒顿以来传了数十代的族裔部落罢了。司马颖一旦毁坏了刘渊心中的提防,就导致洪水横流、鱼虾死亡的局面,最终使得刘渊宗族毁灭、族众灭绝,实在是惨痛的结局啊!

　　而推祸原所启,则王浚之结务勿尘先之也①。司马氏自讧于室,固未尝假外援而召之乱也。浚狡有余而力不足,乃始结鲜卑而开千余年之衅;颖惧鲜卑,乃晋渊以敌之;交相用夷,颖不救死,而浚伏其诛。流毒天下者,殃必及身。及身者,殃之券也②;祸延百世者,殃之余也。石敬瑭之妻子歼于契丹而无遗种③,岂或爽哉! 故王浚者,千古凶人之魁也,而效之者何相踵以自灭也!

【注释】

①王浚之结务勿尘:晋朝将领、都督幽州诸军事王浚认为天下将要大乱,因此欲与胡人结援,就将自己一个女儿嫁给务勿尘,又向中央建议封务勿尘为辽西公,把辽西郡封予务勿尘。之后务勿尘常率军随王浚作战。后被晋朝封为大单于。段部鲜卑自此具有辽西之地,逐渐发展壮大。事见《晋书·王浚列传》。王浚

(252—314),字彭祖,太原晋阳(今山西太原)人。西晋大臣。早年袭父爵为博陵县公,拜驸马都尉。惠帝时为东中郎将。曾承贾后旨,参与杀害愍怀太子。后徙宁朔将军、都督幽州诸军事,镇蓟,结姻于鲜卑段部。八王之乱时,率鲜卑兵讨伐成都王司马颖。怀帝即位后担任司空。永嘉年间,击败石勒,兼领冀州。永嘉之乱后,他假立皇太子,自领尚书令,欲谋僭号。后为石勒所杀。传见《晋书·王浚列传》。务勿尘,又作段勿尘、段务尘、务目尘,鲜卑人。西晋鲜卑段部首领,段匹磾之父。以遣军助东海王司马越征讨有功,由幽州刺史王浚表荐,封辽西公。怀帝即位,为大单于。

②券:凭证,保证,此处引申为必然结果。

③石敬瑭之妻子歼于契丹而无遗种:开运三年(946),契丹南下,后晋灭亡。次年三月,出帝石重贵、石敬瑭诸子、石敬瑭之妻李氏皆被辽太宗迁于契丹黄龙府,饱受折磨,最终死于异国他乡。事见《新五代史·晋家人传》。

【译文】

推究祸患产生的原因,则在于此前王浚结交务勿尘。司马氏集团内部发生混乱,起初并未借助外援从而招致他们祸乱中原。王浚狡黠有余而力量不足,因此开始勾结鲜卑人,从而开启了长达千余年的夷狄乱华的序幕。司马颖惧怕鲜卑人,于是晋升刘渊的职位以抵抗鲜卑。两方势力竞相利用夷狄,结果司马颖未获救而死,王浚则被杀。为害天下之人,其结果必然是祸害自身。害及自身,是其祸害本身所造成的必然结果;祸患延及百世,则是祸患之后的余祸所造成的。石敬瑭的妻子儿女都被契丹人所歼灭而未能留下遗种,这一定律难道会有差错吗?所以,王浚实在是千古罪人之首,而效仿他的人是何等络绎不绝,最终都自取灭亡!

九　嵇绍死不得其所

死而不得其所者,谓之刑戮之民[1],其嵇绍之谓与! 绍之不可死而死,非但逆先人之志节以殉雠贼之子孙也。惠帝北征,征绍诣行在,岂惠帝之暗能知绍而任之乎? 司马越召之耳。冏也、乂也、颖也、颙也、越也,安忍无亲,而为至不仁,一也。偶然而假托于正,奉土木偶人之孱主以逞,君子逆风,犹将避其腥焉。绍曰:"臣子扈卫乘舆,死生以之。"妄言耳。乐为司马越之厮役而忘其死也[2]。不知有父者,恶知有君。名之可假,势之可依,奉要领以从之[3],非刑戮之民而谁邪? 秦準谓绍曰:"卿有佳马乎[4]?"导之以免于刑戮而不悟,妄人之妄,以自毙而已矣。

【注释】

①刑戮之民:语出《礼记·表记》:"子曰:'以德报怨,则宽身之仁也;以怨报德,则刑戮之民也。'"意思是孔子说:"以德报怨是君子爱身之仁,以怨报德则会遭受刑戮。"

②厮役:指受人驱使的奴仆。

③要领:即腰领,指性命。

④卿有佳马乎:指嵇绍将要奔赴前线时,侍中秦準问嵇绍:"如今要前往危难之处,您有驯服的好马吗?"嵇绍严肃地说:"陛下亲征,以正义来讨伐叛逆,一定不战而胜。如果陛下有难,有为臣之节在,要骏马有何用!"听到的人没有不为之叹息的。事见《晋书·忠义列传》。

【译文】

死而不得其所的人,被称之为"刑戮之民",说的就是嵇绍这样的人吧！嵇绍不应当为司马氏而死却死于护主，不仅是违背了祖先的志节，为杀父仇贼的子孙殉葬。晋惠帝进行北征，征召嵇绍随行，以惠帝的昏庸怎能了解嵇绍并对其委以重任呢？实际是司马越所要求的而已。司马同、司马乂、司马颖、司马颙、司马越等人，残忍而不顾及骨血亲缘，他们的所作所为极为不仁，这一点他们是一致的。他们偶尔也会假托正宗，尊奉一个如同木偶般昏庸怯懦的君主以求一逞，身为君子，即便处在逆风之地，也应避开其腥臭之气。嵇绍却说："臣子护卫皇帝御车，死与生都要忠于职守。"这实在是荒唐之言。他是乐于做司马越的仆役而舍生忘死。不知有父母的人，哪里会知道有君主？有名可以借用，有势可以依凭，却携着自己的身家性命去追随别人，这样的人不是"刑戮之民"是什么呢？秦准对嵇绍说："你有良马吗？"他是为了引导嵇绍避免杀身之祸，而嵇绍却执迷不悟。愚妄之人的愚妄，最终只会导致其自取灭亡而已。

一○　琅邪王睿王导用老庄之术

宋高宗免于北行①，而延祀于杭州，幸也；琅邪王免于刘、石之祸②，而延祀于建康，非幸也。当颖、颙、腾、越交讧之日③，引身而去，归国以图存，卓矣哉！王之归，王导劝之也。导之察几也审，王之从谏也决，王与导之相得自此始，要其所以能然者有本矣。八王蟊争之日，晋室纷纭缪轕④，人困于其中而无术以自免。乃王未归国之先，一若无所短长浮沉于去就者；导以望族薄仕东海，而邪正顺逆之交，一无所表见。呜呼！斯所以不可及也。

【注释】

①宋高宗免于北行：指靖康之变时，金人将宋徽宗和宋钦宗父子以

及大量赵氏皇族、后宫妃嫔与贵卿、朝臣等共三千余人俘虏,北
上金国,而宋高宗因奉命在外、不在都城而免于被金人俘虏。后
来他在应天府建立南宋政权,其后南渡长江,最终迁都临安府,
政权延续了一百五十余年。

②琅邪王免于刘、石之祸:指琅邪王司马睿在永嘉之乱后南渡建
康,建立东晋政权之事。

③颖、颙、腾、越交讧之日:指八王之乱时,成都王司马颖试图擅权
专政而忌惮长沙王司马乂,便借机与河间王司马颙率兵讨伐司
马乂,而身为司空的司马越囚禁司马乂投降。后司马越不满司
马颖专权,起兵反颖,结果司马越大败。此后,其弟并州刺史东
瀛公司马腾及安北将军王浚起兵反颖,最终司马颖左支右绌,司
马颙废除皇太弟司马颖,令司马颖离开朝廷、返回封地成都国。
颙,即司马颙(?—306)。字文载,河内温县(今河南温县)人。
西晋宗室,晋武帝司马炎的堂兄弟。咸宁三年(277),封河间王。
迁北中郎将,监邺城。后任平西将军,镇长安。赵王伦篡位时,
他举兵响应齐王冏讨伐司马伦,进位侍中、太尉。永宁二年
(302)受密诏起兵讨伐司马冏,次年又与成都王司马颖合兵败长
沙王司马乂,随后其部将张方劫惠帝及司马颖至长安。永兴三
年(306),为东海王司马越所败。东海王越以诏书征其为司徒,
他行至新安雍谷时,为南阳王部将梁臣所杀。传见《晋书·河间
王颙列传》。腾,即司马腾(?—307)。字元迈,河内温县(今河
南温县)人。西晋宗室,司马懿从孙。晋初封东瀛公,官并州刺
史。八王之乱时,成都王司马颖劫惠帝于邺,他与幽州刺史王浚
联兵攻邺,逼司马颖挟惠帝归洛阳。进位安北将军,爵东燕王,
迁车骑将军。永嘉元年(307)进都督并冀二州诸军事,镇邺,封
新蔡王。生性吝色苛责,待下无恩惠,部下皆不为其所用。司马
颖原部将公师藩和汲桑等人起兵攻打邺城,城破被杀。传见《晋

书·宗室列传》。越，即司马越(? —311)。字元超，河内温县(今河南温县)人。西晋宗室，晋武帝司马炎的从兄弟。初为散骑侍郎、左卫将军、侍中。讨杨骏有功，迁尚书右仆射，领游击将军，别封东海王。河间王司马颙、成都王司马颖合兵讨长沙王乂时，他于洛阳擒司马乂，将其囚于金墉城，因功加尚书令。永兴元年(304)，挟持惠帝拥六军北征司马颖。荡阴之战战败后，奔还东海。后复起兵，并迎惠帝还洛阳，自为太傅、录尚书事。相继讨平司马颙、司马颖，专擅威权。永嘉五年(311)，由于匈奴等少数民族建立的独立政权势力愈来愈大，地方不稳，加上与苟晞数度交战，内部争斗不绝，司马越在项城忧惧而死。传见《晋书·东海王越列传》。

④繆辖(jiāo gé)：交错，杂乱。

【译文】

宋高宗免于被金人掳掠北上的命运，而最终定都杭州以延续赵宋王朝的统治，是幸运的；琅邪王司马睿免遭刘渊、石勒之祸，得以定都建康来延续晋朝统治，却并非幸事。当司马颖、司马颙、司马腾、司马越等人正在相互争斗之时，司马睿自己独自逃脱，回到自己的封国以谋划存亡大计，真是明智卓绝！司马睿回归属地，是王导劝说的结果。王导能够审时度势从而做出判断、给出建议，而司马睿则能够果断纳谏，司马睿与王导之间君臣相得的关系正是自此开始的。而之所以能够如此，也是有依据的。八王激烈争斗之时，晋王室的局势纷杂错乱，人人陷入其中而无法自拔。当司马睿没有回归封国之前，与那些浮沉于去就之间的人没表现出什么不同，而王导以豪族身份在东海王司马越那里担任不重要的官职，在邪正顺逆的各路势力交杂之际也并无特别表现。哎！这就是他俩当时并未能互相结合的原因。

老子曰："静为躁君①。"非至论也。乃所谓静者，于天下妄动之日,端凝以观物变,潜与经纶②,而属意于可发之几,彼躁动者,固不知我静中之动,而我自悠然有余地矣。天地亦广矣,物变有所始,必有所终矣。事之可为者,无有禁我以弗为;所难者,身处于葛藟脆脆之中③,而酒食相縻,赤绂相系④,于是而戈矛相寻不觉矣。静者日悠然天宇之内,用吾才成吾事者无涯焉,安能役役与人争漱洄于漩澓之中乎⑤!澄神定志于须臾,而几自审,言之有当者,从之自决矣。此王与导之得意忘言而莫逆于心者也。是术也,老、庄以之处乱世而思济者也。得则驰骋天下之至刚;不得,抑可以缘督而不近于刑⑥。琅邪之全宗社于江东,而导昌其家世,宜矣。

【注释】

①静为躁君:语出《老子》第二十六章:"重为轻根,静为躁君。"意思是厚重是轻率的根本,静定是躁动的主宰。

②经纶:本意为整理蚕丝,指规划、治理。

③葛藟(lěi)脆脆(wù niè):比喻困顿繁杂且危难的局势。语出《周易·困卦》爻辞:"困于葛藟,于脆脆,曰动悔有悔,征吉。"意思是受困于葛藟之类的藤条荆棘植物,有身处困顿不安之处,如果要动而解困,就不要迟疑后悔,立马行动就会变好。葛藟,为草本植物,类似于藤条荆棘之类。脆脆,即"脆脆",指困顿不安的样子。

④赤绂(fú):指象征身份的官职。赤,红色。绂,古代系印章的丝带。

⑤役役:指奔走钻营的样子。漩澓(xuán fú):水旋转回流成旋涡。

⑥缘督:指守中合道,顺其自然。语出《庄子·养生主》:"缘督以为经,可以保身,可以全生,可以养亲,可以尽年。"意思是顺其自然

而守中合道，就可以保全其身，保全天性，不为父母留下忧患，而自己可以安享天年。

【译文】

老子说："静定是躁动的主宰。"这一言论并非绝对地正确精辟。所谓的静，是指当天下出现动乱之时，沉着冷静地观察事物的变化，暗中规划处理诸项事宜，留意于即将可以有所行动的时机。而那些急躁盲动之人，当然不知道我是静中有动，而我却可以悠然处之，使诸事皆有余地。天地十分广阔，事物的变化既然有开始，也必然有所终结。凡是可为之事，没有什么可以阻止我，使我不能去做；其中的困难之处在于置身纷繁复杂、动荡不安的危急局势中，有美酒佳肴诱惑口腹，有高官厚禄笼络心智，在不知不觉之中刀兵就会渐起，发生战乱。能做到静的人在日常中悠然于宇宙天际之内，凭借自己的才干来成就自己的事业并不懈地努力追求，怎么可能会在动荡不安的局势下奔走钻营，以期与他人在是非的旋涡中争一时的高下呢？在须臾之间能澄定神志，则自然能够省察事机，遇到恰当的言论，便可以按照自己的意志加以决断，听从正确意见。这就是司马睿与王导可以彼此心领神会而不需要诉诸言语、在心中结为莫逆之交的原因。这种办法，正是老子、庄子用以在乱世生存而思虑救济民众的方法。若能成功运用此方法，则可以左右天下至为刚强的力量；即便无法成功运用，也可以守中合道、顺其自然从而免受刑罚。琅邪王司马睿能够在江南地区保全晋室宗庙，而王导得以使其家世更加显赫昌盛，都是理所应当的啊。

虽然，此以处争乱云扰之日而姑试可也；既安既定而犹用之，则不足以有为而成德业。王与导终始以之，斯又晋之所以绝望于中原也。孔子思小子之简，而必有以裁之①，非精研乎动静之几、与时偕行者，不足以与于斯。

【注释】

①孔子思小子之简,而必有以裁之:语本《论语·公冶长》:"子在陈,曰:'归与!归与!吾党之小子狂简,斐然成章,不知所以裁之。'"意思是孔子在陈国说:"回去吧!回去吧!我的弟子们志向远大而对事物缺乏谋断,写起文章来文采斐然,但他们还不知道怎样裁制自己。

【译文】

尽管如此,这一方法在身处相争纷乱之世时姑且可以一试;但当局势已然安定时仍然使用此法,则不足以有所作为而成就盛德大业。然而司马越和王导却始终采用此法,这又成了东晋不再对收复中原报以希望的原因所在。孔子考虑到自己的弟子们志向远大但行为粗率简单,而必定要对他们加以裁制,若不能精心钻研动静之道而采取与当时情势相适应的做法,则不足以做到这一点。

一一　刘弘保晋

晋保江东以存中国之统,刘弘之力也。弘任陶侃、诛张昌、平陈敏①,而江东复为完土。侃长以其才,而弘大以其量,唯弘能用侃,侃固在弘帡幪之中也②。夫弘又岂徒以其量胜哉!弘无往而不持以正者也。司马越之讨颙,颙假诏使弘攻越,弘不为颙攻越,亦不为越攻颙,而但移书以责其罢兵,正也,颙逆而越亦不顺也;恶张方之凶悖③,不得已择于二者之间而受越节度,亦正也;受越节度,终不北向以犯阙诛颙,亦正也;张光者,颙之私人,讨陈敏有功,不以颙故而抑之,亦正也;天下方乱,而一之以正,行乎其所当行,止乎其所当止,不为慷慨任事之容,不操偏倚委重之心,千载而下,如见其岳立海涵之气象焉。使晋能举国而任之,虽乱而可以不亡；惜乎其不能独任，而弘亦早世以终也！

【注释】

①陈敏（？—307）：字令通，庐江（今安徽合肥）人。西晋大臣。少有才干，以郡廉吏补尚书仓部令史。赵王司马伦篡位，东海、河间、成都三王起兵，久屯不散，京师仓廪空虚，其因议漕运，出为合肥度支，迁广陵度支。率运兵破石冰、封云，迁广陵相。后收兵据历阳，假皇太弟成都王司马颖之命，自任扬州刺史，并假江东大族顾荣等四十多人为将军、郡守。永兴二年（305）起兵反叛，占据吴越，自称都督江东军事、大司马，号楚公。修耕绩，兴水利，筑练塘以溉田百顷，后世享其利。然而并无远略，刑政无章，使得江东大族不满。周玘、顾荣遣使密报征东大将军刘准，刘准举兵进攻，陈敏失败被杀。传见《晋书·陈敏列传》。

②帲幪（píng méng）：帐幕，此处引申为荫护、庇护。

③张方（？—306）：河间（今河北献县）人。西晋名将。自幼贫贱，以材勇得幸于河间王司马颙。太安二年（303），司马颙与司马颖讨伐司马乂，以其为都督，自函谷关进逼洛阳并攻入洛阳，杀司马乂，大掠洛阳官私奴婢万余人，西返长安。被司马颙任为右将军、冯翊太守。荡阴之役后，占据洛阳，挟惠帝至长安。为中领军、录尚书事，领京兆太守。永兴二年（305），司马越进攻司马颙入关中，司马颙欲与司马越和解，担心张方不从，将其设计杀死。传见《晋书·张方列传》。

【译文】

　　东晋能保有江东而存续中国的统绪，这主要是刘弘的功劳。刘弘任用陶侃、诛灭张昌、平定陈敏，江东因此可以拥有完整的领土。陶侃富有才干，而刘弘则富有器量，只有刘弘善于任用陶侃，陶侃固然是处在刘弘的庇护下的。然而刘弘又哪里是仅以其器量来取得成功呢？刘弘无论做什么都坚持正道。司马越征讨司马颙,司马颙假借皇帝诏书令刘弘攻打司马越,而刘弘既不为司马颙去攻打司马越,也不为司马越而去攻打司马颙,只是向双方各致信件以责成其罢兵,实为正义之举,因为司马颙是叛逆,而司马越也并不顺从于朝廷。由于厌恶张方的凶悍悖逆,刘弘不得已在两者之间选择了司马越,受其节制,这也是正义之举;虽受司马越节制,却始终不率兵北犯朝廷以诛杀司马颙,这也是正义之举;张光是司马颙的亲信,他征讨陈敏有功,而刘弘不因为他是司马颙的亲信而故意压抑他,这也是正义之举。天下正处动乱之世,而刘弘却始终坚守正义,做其所当做的事,不做其不应当做的事,不故作慷慨担责的姿态,也不怀抱偏倚委重的私心,千年之后,依旧可见他像山岳般挺立不屈、像海洋般容纳百川的宏大气象。如果晋朝将国家大政都委任给他,则晋朝即使遭遇祸乱也可以免于灭亡。可惜晋朝未能让刘弘独掌国政,而刘弘也过早地去世了!

微弘,则周玘、顾荣、贺循无所惮而保其贞;微弘,则陶侃无所托以尽其才;微弘,则琅邪南迁,王导亦无资以立国。晋不能用弘,而弘能用晋。呜呼! 当危乱之世,镇之以静,虑之以密,守之以大正,而后可以为社稷之臣。挟才而急于去就者,益其亡尔。有土可凭,有人可用,而褊心诡亿以召乱①,曰:吾以行权。权其可与未可与立者道乎?

【注释】

①褊心:心胸狭窄。诡亿:摊钱,古代博戏名。此处引申为放手一搏。

【译文】

假如没有刘弘在,则周玘、顾荣、贺循等江东实力派就不会因有所忌惮而始终保持对晋朝的忠贞,陶侃就会无所依凭而难以完全施展才华,如此则琅邪王司马睿南迁江东时,王导也没有凭以立国的基础。晋朝不能重用刘弘,而刘弘却能为晋朝尽心尽力。哎!身处危乱之世,镇静处事,思虑缜密,坚守正道大义,只有这样才能成为社稷之臣。依仗自己的才能而急于去就的人,只会加速国家的败亡罢了。有土地可以依凭,有人才可加以利用,却心胸狭隘、铤而走险从而招致祸乱,还说自己在践行权变。难道权变是针对那些不足以建功立业的人说的吗?

一二 司马越鸩惠立怀无篡心

恶有天子中毒以死,而不能推其行弑之人者哉?惠帝之为司马越鸩也,无疑。越弑君,而当时天下不能穷其奸,因以传疑于后世,而主名不立①。当其时,司马模、司马腾皆唯恐无隙而不足以逞者②,然而胥中外为讳之,而模与腾不能藉以为名,史臣于百世之后,因无所据以正越弑逆之罪,何也?天下胥幸惠帝之死也。惠帝死,而乱犹甚,国犹亡;惠帝不死,则琅邪虽欲存一线于江东也,不可得矣。

【注释】

①主名:当事者,指主犯的名字。

②司马模(?—311):字元表,河内温县(今河南温县)人。西晋宗室,司马懿从孙。初封平昌公。八王之乱时,东海王司马越以其为北中郎将,镇守邺城。后迁镇东大将军,镇许昌,晋爵南阳王。永嘉元年(307),转征西大将军,开府,都督秦、雍、梁、益诸军事,镇守关中,因为关中饥馑,他销铜人钟鼎为釜器来易谷救饥荒。永嘉五年(311),汉赵军队攻打长安,司马模兵败投降汉赵,被汉赵河内王刘粲所杀。传见《晋书·宗室列传》。

【译文】

哪有天子中毒身亡,却不能找出弑君之人的情况呢？晋惠帝无疑是被司马越毒杀的。司马越弑君,而当时天下之人却不能追究、揭露其罪恶,因而使得这一疑案遗留后世,而弑杀惠帝的主犯不能确定。在当时,司马模、司马腾等人都唯恐没有机会来进行追究,以达到其目的,而朝廷内外却都为司马越隐讳此事,使得司马模与司马腾找不到可以假借的名分以借机起事;史官在百世以后,也因为没有证据而无法定司马越的弑君之罪。这是为什么呢？因为天下人都庆幸晋惠帝之死。惠帝死后,战乱仍旧严重,国家仍然败亡。假如惠帝不死,则即使琅邪王司马睿想要在江东称帝,从而保存命悬一线的华夏政权,也是无法实现的。

　　惠帝,必不可为天子者也;武帝护之而不易储,武帝病矣;然司马氏之子孙,特不如惠帝之甚耳,无一而不可以亡天下者,则将孰易而可哉？惠帝之必亡也,使晋有社稷之臣,行伊、霍之事①,而庶其定乎！司马越固亦有此心矣,然而不能者,司马伦已尝试焉②,而为天下僇;司马颖、司马颙皆将为之,而先伏其辜;越而行伊、霍之事,则颙与颖所不敢为者而身任其咎,以召天下之兵,越虑之熟矣。无如此土木之暗主何！不得已而听人之毙之,越之情亦苦矣。

【注释】

①行伊、霍之事:指像伊尹辅佐商汤、霍光辅佐汉昭帝一样,尽心辅佐。

②司马伦已尝试焉:指永康元年(300),司马伦使用离间计,使得太子司马遹被皇后贾南风害死,又鼓动司马遹旧部及齐王司马冏

起兵，废黜并杀死贾南风，自领侍中、相国、都督中外诸军事，加九锡。他逼迫晋惠帝退位，擅自称帝，改元建始。后齐王司马冏、河间王司马颙、成都王司马颖联兵讨伐，司马伦兵败被杀。事见《晋书·赵王伦列传》。

【译文】

　　晋惠帝是必定不能做天子的人，晋武帝庇护他而不改变皇储人选，这是晋武帝的错误。然而司马氏的子孙们，只是不像惠帝那样极度愚昧罢了，他们中没有一个人不具备能使天下灭亡的糟糕资质，那么又能换成谁来做君主以避免亡国呢？惠帝必然会败亡国家，如果晋朝有安邦济国的贤能之臣，仿效伊尹、霍光的举措，则国家大概是可能安定的吧！司马越固然有此心，然而却不能做到，因为司马伦已经尝试过了，最终却落得个被天下人所杀戮的结局；司马颖、司马颙都准备这样做，却都在成功前身死志灭。而司马越想要效仿伊尹、霍光的举措，这是司马颖和司马颙所不敢做的事，势必要承担弑君的罪责，从而招致天下兵马的攻击，司马越对此已经过了深思熟虑。对于像晋惠帝这般昏庸痴呆的君主又有什么其他办法呢？不得已而听任别人将惠帝杀死，司马越也是心怀苦衷啊。

　　贵戚之卿，有易位之责，而越不能；养昏汶之主以速即于亡①，而抑不可；顾怀帝之尚可有为，而非惠帝之死弗能立也。决出于倒行之一计②，而扳怀帝以立，已无私焉，故天下且如释重负而想望图存之机。故一时人心翕然，胥为隐讳，以免越宫官之辟③；后世亦存为疑案，而不推行鸩之人。夫人苟处不得已之势而志非逆者，则天讨不加，而清议不相摘发。弗能事也，弗能废也，社稷且岌岌焉，为天下任恶④，天下所矜而容之者也。怀帝立五年，而越无篡心，其专杀而畏寇,则司马氏骄昏之习也,不足深责也。

【注释】

①昏汶:指昏庸不明。汶,心中昏暗不明。

②倒行:做事违反常规或违背情理。此指弑君的行为。

③宫官之辟:指依照家法或国法处以死刑。宫,宗庙。官,国家。辟,大辟之刑。

④任恶:承担恶名。

【译文】

　　宗室重臣,负有更易君主的职责,而司马越却不能这样做;供奉昏庸不明的君主从而加速国家的灭亡,这也是不可取的。考虑到怀帝尚可有所作为,但是惠帝不死就无法拥立怀帝。在不得已的情况下,司马越做出了弑君这种倒行逆施的事,而拥立怀帝即位,证明自己并无私心,因此天下人如释重负并希冀国家有保全的转机。所以当时天下人心一致感到顺畅,都为司马越避讳隐瞒此事,使其免于遭受家法和国法的惩罚;后世也因此将此事列为疑案,而不去追究毒杀惠帝之人。假如一个人处在不得已的形势下,并非心存叛逆,则上天不会对其惩罚,而舆论也不会揭发指摘其罪过。君主不值得事奉,又不能将其废黜,社稷岌岌可危,在此情况下,为挽救天下而自己承担恶名,天下之人可以怜悯、包容他。晋怀帝即位五年,而司马越始终没有篡位之心。他专权嗜杀而畏惧敌寇,这是出于司马氏一族骄淫昏懦的积习,不值得加以深责。

一三　刘弘王导倚江东世族以定基

　　孟子言保国之道,急世臣①,重巨室②,盖恶游士之徒乱人国也。夫游士者,即不乱人国,而抑不足以系国之重轻,民望所不归也。主其地,习其教,然后人心翕然而附之。陈敏之乱,甘卓反正③,而告敏军曰:"所以戮力陈公者,正以顾丹阳、周安丰耳④,今皆异矣,汝等何为?"顾荣羽扇一麾,而数万人溃散。琅邪王镇建业,荣与纪瞻拜于道左⑤,而江东之业遂定。夫此数子者,皆孙氏有国以来所培植之世族也,率江东而定八王已乱之天下,抗五胡窥吞之雄心,立国百年而允定,孟子之言,于斯为烈矣。

【注释】

①世臣:指累世修德的旧臣。《孟子·梁惠王下》载孟子见齐宣王曰:"所谓故国者,非谓有乔木之谓也,有世臣之谓也。"意思是所谓的故国,不是说国中要有高大的树木,而是说要有累世功勋、与国家休戚相关的臣子。

②巨室:指世家望族。《孟子·离娄上》云:孟子曰:"为政不难,不得罪于巨室。"意思是孟子说为政并不难,要不得罪世家望族。

③甘卓(?—322):字季思,丹阳(今江苏南京)人。东晋将领,吴名将甘宁曾孙。初为郡主簿,察孝廉,州举秀才,为吴王常侍。因镇压张昌起义,赐爵都亭侯。永嘉之乱时,弃官归,与陈敏共谋起兵反叛,后受顾荣劝说背叛陈敏而反正,协助周玘平定陈敏叛乱。晋王司马睿初渡江,授扬威将军、历阳内史。王敦之乱时,一度起兵讨伐王敦,但因为迟疑不决而延误时机,最终在王敦击败朝廷军队并执掌朝政后选择退回驻地襄阳。不久即被王敦秘密命人杀害。传见《晋书·甘卓列传》。

④顾丹阳、周安丰:指被陈敏授予丹阳太守之职的顾荣和被陈敏授予安丰太守之职的周玘。

⑤纪瞻(约253—约324):字思远,丹杨秣陵(今江苏南京)人。东晋

名士。少与顾荣等为"五俊",举秀才、寒素,初辟为大司马东阁
祭酒。太安年间,弃官归家,与顾荣等共诛陈敏。琅邪王司马睿
为安东将军,引为军咨祭酒,转镇东长史。因讨伐周馥、华轶之
功,封都乡侯。加扬威将军、都督京口以南至芜湖诸军事,以拒
石勒。后与顾荣、王导劝司马睿即位,上疏谏诤,多所匡益,官至
尚书右仆射。晋明帝时迁领军将军、散骑常侍,甚被尊重。平定
王敦之乱后,拜骠骑将军。传见《晋书·纪瞻列传》。

【译文】

　　孟子说保有国家的方法,是注重任用累世修德的旧臣,重视世家望
族,大概是因为他厌恶那些祸乱别人国家的游士。所谓游士,即使不去
祸乱别人的国家,也完全不足以承担国家重任,这是因为他们在民众中
没有声望。主管一方土地,教化土地上的民众,然后人们才会齐心归
附。陈敏叛乱时,甘卓反正,劝说陈敏的叛军道:"原来我们为陈敏效
力,正是因为丹阳太守顾荣、安丰太守周玘,现在他们都改变了立场,你
们为什么还坚持跟随陈敏呢?"顾荣略施计策如同轻挥羽扇,就使陈敏
数万人溃散。琅邪王司马睿入主建业,顾荣与纪瞻等在道旁拜迎,司马
睿的江东基业从此奠定。上述这些人,都是孙吴建国以来所培植的世
家大族,他们统率江东民众来安定被八王扰乱的天下,挫败五胡吞并江
南的野心,使东晋得以立国百年而社稷安定。孟子的话在此得到了充
分的验证。

　　呜呼!地皆有人也,民皆有望也,用人者迫求之骤起喜
事之人①,而略老成物望之士,求民之归也难矣。光武所与
兴者,南阳崛起之流辈,而其收河北以为根本,则唯得耿弇、
寇恂、吴汉而大业定。刘焉倚东州兵为腹心②,以凌驾蜀人
而内乱;驯至于先主③,所与者皆平原初起之爪牙,故两世而

不收蜀一士之用④。其亡也,民且去之若遗也。刘弘、王导知此,而以树建业百年之基,就其地,得其人,定天下之大略也,允矣。

【注释】

①喜事:喜好生事。

②刘焉倚东州兵为腹心:指刘焉利用东州兵掌控益州。东汉末年,南阳及三辅一带流民数万家流入益州,被刘焉整编为军,号东州兵。东州兵中的代表人物有法正、吴懿等,他们构成了刘焉父子统治益州的骨干力量,与益州本土地主集团的矛盾较大。事见《后汉书·刘焉列传》。

③驯至:逐渐达到。

④两世而不收蜀一士之用:指蜀汉立国蜀地,以原本追随刘备的人士为基础,对刘璋旧人尽力拉拢,但对蜀地本土人士的拔擢却极为罕见。

【译文】

哎!各地皆有人才,民众都有寄予期望的对象,用人的人迫不及待地任用那些骤然崛起、喜好生事的人,而忽略那些老成持重、众望所归的人,这样的话,要想使得民众衷心归附是很难的。与光武帝刘秀一同起事的,是从南阳地区崛起的人士,而刘秀收取河北并以此为立国的根本,则唯有依靠耿弇、寇恂、吴汉等人的力量,才得以奠定了东汉的基业。刘焉倚靠东州兵作为自己的腹心,使其凌驾于本土的蜀人之上而引发了内乱。等到先主刘备统治之时,他所依靠的依旧是最初与他一同在平原郡起事的爪牙亲信,因而蜀国历经两世却不用蜀地一人。等到蜀汉灭亡时,民众纷纷背离它而不顾。刘弘和王导知道这一道理,而以此建立了东晋的百年基业。根据所治理地区的实际情况,任用当地有名望的人才,从而确定取得天下的宏大谋略,这是正确的做法。

怀　帝

【题解】

晋怀帝司马炽(284—313)字丰度,是晋武帝司马炎第二十五子,惠帝司马衷的异母弟,母亲为王媛姬。晋惠帝在位时,便册立其为皇太弟。光熙元年(306)晋惠帝离奇去世后,司马炽即位,次年便改元永嘉。他委任司马越为太傅辅政,政局基本由司马越把持。怀帝不满于司马越的专政,密诏苟晞加以讨伐,结果司马越病死而其部众皆为石勒所杀。此后匈奴、羯等少数民族势力日益发展壮大。怀帝无力挽救西晋王朝走向末路的颓势,最终在永嘉之乱中被刘聪俘虏,于建兴元年(313)被刘聪以毒酒鸩杀。

在"八王之乱"的过程中,诸王为了一己之私,竞相援引少数民族力量,使得刘渊、石勒、刘曜等少数民族将领开始出现在历史的舞台,终致"五胡乱华"。王夫之认为,追溯祸根,首先在于晋武帝司马炎错误地利用分封制,使诸子典兵,实无"百年之算"。而且,晋武帝急于更张曹魏注重名实的行政准则,猛然地松弛朝政"矫之以宽",只为俘获人心而不顾世风淫逸靡荡。另一方面,刘渊等少数民族将领之所以给西晋带来巨大的危机,除了诸王滥用夷将,还有晋室内斗消耗过甚与"怀、愍孤弱"的原因。王夫之指出,西晋王朝诸王起初就不应引狼入室,毁坏夷夏之防。华夏与夷狄分属各地而气理相异,本互不干扰。诸王滥用夷将，以致自身削弱之后，便无人给予制衡。即使王朝孤弱，但若有一强有力将领给予制衡并"持名义以临之"，如唐代郭子仪名震回纥那样，则可以取得胜利。

永嘉五年(311)，刘渊之子刘聪的军队攻破洛阳，俘晋怀帝，杀太子司马诠，史称"永嘉之变"。国都陷落、君主被俘之时，臣子是否应该以身殉国？对于此问题，历代文人史家皆有热议。王夫之感叹刘聪攻陷洛阳、擒获怀帝之时，"百官无一死者"，痛斥西晋大臣公卿根本不足以承担起"仗节死义"的道德使命。但他也明确反对愚直的"国君死社稷"之说，认为臣子"猎卫主之名"而使君臣同死孤城，实为愚蠢不忠，更是弃天下于不顾的不义之举。王夫之对于国家危亡之际君臣纲常与生死道义的这种理解，与其身处明清易代之际、目睹明末君臣的生死抉择的经历密切相关，读者需要联系明末史实加以理解。同时他也批评怀帝不仅不会驾驭将领，缺乏军事才能，而且怯懦无谋。若是其亲自率军御敌，并倚仗身处江东的琅邪王，则未必会败。此设想未免过于理想化，但体现了王夫之对于军事战略和君主才能的重视，也寄寓了他内心对于匡扶故国社稷的一种想望。

一　借夷狄以为竞而晋亡

晋武分诸王使典兵，晋不竞矣。彼皆膏粱纨袴之子也，教练不亲，束伍不禁，瓦合而徒炫其军容，足以乱尔，而不足以竞。乂、颖、颙、越之交相残杀，哄然而前，颓然而熠①，未尝有经旬之战守，而横尸万计，其以民命为戏久矣。不足以竞而欲相竞，于是乎不得不借夷狄以为强。刘渊之起，司马颖召之也②；石勒之起，苟晞用之也③；拓拔氏之起，刘琨资之也④；皆不足以竞，不获已而藉之以竞，而晋遂亡。中国之祸，遂千余年而不息。使竞在中国而无待于彼，不示以弱而绝其相陵之萌，则七国之反，赤眉、黄巾之乱，袁、曹、公孙、韩、马之争⑤，中国亦尝鼎沸矣，既折既摧而还归于定，亦恶至此哉！

【注释】

① 颓然而燋(jiān)：指因萎靡不振而溃败。颓然，萎靡不振的样子。燋，溃败。

② 刘渊之起，司马颖召之也：指八王之乱时，司马颖借用刘渊的力量进行争斗。永安元年(304)，司马颖击败司马乂，成为皇太弟，任命刘渊为屯骑校尉。不久，东海王司马越和陈眕等与晋惠帝征讨司马颖，驻扎在荡阴。司马颖任命刘渊为代理辅国将军，负责北城防守诸事务。后任命刘渊为北单于、参丞相军事。刘渊凭借部众及归附汉人，于元熙元年(304)自称汉王，并于永嘉二年(308)正式称帝。事见《晋书·刘元海载记》。

③ 石勒之起，苟晞用之也：指永嘉元年(307)，汲桑作乱，苟晞与汲桑部将石勒在阳平、平原二郡相持，苟晞追击汲桑和石勒，连破九垒，苟晞亦因而获升抚军将军，都督青、兖诸军事，封东平郡侯。但其却未能将石勒杀死，使得石勒投奔刘渊。后石勒卷土重来，苟晞却人心尽失，被石勒所捕。他投降后又图谋叛变，被杀。事见《晋书·苟晞列传》。苟晞(？—311)，字道将，河内山阳(今河南焦作)人。西晋末年名将。出身寒微，精通兵法，时人比之韩信、白起。八王之乱时，先后投靠多王，战败汲桑、吕朗、刘伯根、公师藩、石勒等人，威名甚盛，人称"屠伯"。累官大将军、录尚书事等，封东平郡公。后为石勒所败，遭其俘虏，署为司马。因图谋反叛石勒被杀。事见《晋书·苟晞列传》。

④ 拓拔氏之起，刘琨资之也：指光熙元年(306)九月，司马越为了扩张势力，派刘琨出任并州刺史、加振威将军、领护匈奴中郎将。

刘琨和拓跋鲜卑首领拓跋猗卢结为兄弟，并以此和前赵石勒等
大将战斗，互有胜负。事见《晋书·刘琨列传》。

⑤袁、曹、公孙、韩、马之争：指曹操先与袁绍争斗获胜，后于建安十
六年(211)进攻汉中张鲁。马超联合关中诸侯韩遂等起兵反抗
曹操，曾一度占领长安，但被曹操用离间计击败。其间公孙度割
据辽东，曹操表举其为武威将军，封永宁乡侯。事见《三国志》。

【译文】

晋武帝分封诸侯王，使其掌管军队，西晋的力量从此便不再强劲。
这些诸侯王都是锦衣玉食的纨绔子弟，对于他们所掌管的军队不能勤
加训练，严格管理，这样的队伍实为乌合之众，仅能炫耀军容，足以致
乱，却无法与敌军相匹敌。司马乂、司马颖、司马颙、司马越之间互相残
杀，其军队哄然向前，旋即因萎靡不振而溃败，不曾经过一旬以上的战
斗，就已然横尸数万，他们将百姓的生命视为儿戏已经很久了。不足以
和别人相争竞却想要相互争竞，因此不得不借助夷狄的力量来强化己
方。刘渊的兴起，是司马颖招揽他的结果；石勒的兴起，是苟晞任用他
的结果；拓跋氏的兴起，是刘琨借助其力量的结果。司马颖、苟晞、刘琨
本身的力量都不足以与别人匹敌，不得已而借助夷狄之力对抗敌人，西
晋因此而灭亡。中国的祸乱，由此持续千余年而不曾停止。如果是中
国内部的各方势力进行争竞而不借助外力，不向夷狄示弱从而杜绝其
欺凌中国的苗头，则七国之乱时，赤眉、黄巾等起义发生时，袁绍、曹操、
公孙度、韩遂、马腾之间相互争斗时，中国也曾经因此而天下鼎沸，然而
社稷虽遭到破坏和摧残，最终仍归于安定，哪里至于出现像西晋这般惨
痛的景象呢！

武帝无百年之算，授兵于孺子，司马颖之顽愚，延异类
以逞，不足诛也。若夫刘琨者，怀忠愤以志匡中国，而亦何
为尔邪？琨进索虏①，将以讨刘渊也。拒一夷而进一夷，事

卒不成,徒延拓拔猗卢于陉北②,不亦偾乎③! 夫琨不能驱市人以敌大寇也,诚难;然君子之自靖以忠于所事,亦为其所可为而已矣。智索力穷④,则归命朝廷,如魏胜、辛弃疾斯亦可矣⑤,未有急一时而忘无穷之祸者也。盖琨亦功名之士耳,志在功名而不闻君子之道,则功不遂、名不贞,而为后世僇,自贻之矣。前有不虑之君,后有不虑之臣,相仍以乱天下,国速亡,夷、夏之防永裂。呜呼! 将谁咎哉!

【注释】

① 索虏:南北朝时南朝对北朝的蔑称。

② 拓拔猗卢(? —316):十六国时期鲜卑拓跋部首领,拓跋猗㐌弟。公元295年为拓跋部西部酋长,居盛乐故城。308年继禄官总统三部,以汉人卫操、卫雄为左右辅相。屡助晋并州刺史刘琨讨刘聪、石勒,受封为大单于、代公,进封代王。修平城为南都,定刑法,后死于内乱。传见《魏书·序纪》。

③ 偾:同"颠",颠倒错乱。

④ 索:尽。

⑤ 魏胜(1120—1164):字彦威,宿迁(今江苏宿迁)人。南宋名将。绍兴三十一年(1161),率义士三百人,渡淮取涟水、海州,被任命为权知海州事。在任期间他蠲减租税,释放罪囚,犒劳战士,颇得人心。又曾创制如意战车数百、炮车数十,被推广于诸军。隆兴二年(1164),因议和撤海州戍,改知楚州。金兵趁和议未决,发起进攻。魏胜率军奋力抵抗而战死。传见《宋史·魏胜列传》。辛弃疾(1140—1207):原字坦夫,后字幼安,号稼轩居士,济南历城(今山东济南)人。南宋大臣、文学家。辛弃疾生于金国,青年时参与耿京起义,后受命渡江奉表,听闻耿京被叛

徒杀害的消息后，返回山东擒获叛徒，交给南宋朝廷处置，受到高宗嘉许。又献《美芹十论》《九议》等，条陈战守之策。此后先后在江西、湖南、福建等地为守臣。由于他与当政的主和派政见不合，故屡遭弹劾，数次起落，中年以后长期隐居。开禧北伐前后，宰臣韩侂胄曾征他入朝任枢密都承旨等官，但他旋即复遭攻击，心灰意冷，主动请辞，最终抱憾病逝。传见《宋史·辛弃疾列传》。

【译文】

晋武帝缺乏百年的长远谋划，将兵权授予不成熟的诸侯王们，而司马颖愚顽无知，延请夷狄作为外援以求一逞，固然是罪不容诛。而刘琨心怀忠贞悲愤有匡扶天下之志，怎么也这样做呢？刘琨进用鲜卑人拓拔猗卢，意欲借助其力量征讨刘渊。然而为了阻挡一伙夷狄却又引入另一伙夷狄，事情最终没能办成，却白白地将拓跋猗卢部族引入陉岭以北地区，这不也太颠倒错乱了吗？刘琨不能驱使市井之人来抵御强大的寇虏，处境当然是困难的；但是君子应当安定自身而忠于职守，只要尽自己的力量做到可做之事即可。等到智谋与力量都穷尽了，则可回朝廷复命，如同魏胜、辛弃疾等人的做法一样，没有因急于一时便能忘记无穷之祸的道理。大概刘琨也只是个追求功名的人而已，他志在功名而不曾与闻君子之道，所以功业不成，难保忠贞的声名，从而为后世所耻笑，这都是他自己造成的。前有虑事不周的君主，后有虑事不周的臣子，相继不断地祸乱天下，致使国家迅速灭亡，华夏与夷狄之间的防线永久破裂。哎！这种情况能归罪于谁呢？

二　石勒寇襄阳司马越失在不奉怀帝亲将

司马越出屯于项[①]，非无策也；其败，则越非济险之人，外为苟晞所乘，而内任王衍以偾事耳。刘聪、石勒绕雒阳而南侵襄、邓[②]，使晋君臣兵庶食绝援孤，画雒而困，其必蹙以待尽也无疑。重兵屯于外,则聪、勒进而越拟其后,必不敢凭陵而遽通三川③。故苟晞内讧,越死,众无主,王衍不敢任事,而后聪始决起以犯王都。越之出屯,不足以为越罪,明矣。雒阳之孤危,越不能辞其责;其失也,在秉国之日,不能推诚任贤、辑和东南、以互相夹辅,一出而无有可倚者。山简纵酒自恣而忘君父④,苟晞挟私争权而内相攻夺,张骏所遣北宫纯之一旅⑤,且屡战而疲矣;怀帝又恶越,必欲灭越而不恤,自龁之,还以自毙;越之处势如此,亦安得不郁郁以死而以溃哉!

【注释】

①项:项县,今河南沈丘。

②襄、邓:即襄阳(今湖北襄阳)、邓州(今河南邓州)。

③凭陵:侵扰,侵犯。三川:秦代郡名,治洛阳,辖今河南洛阳一带。因其地有河、洛、伊三条河川,故称"三川"。汉代改置为河南郡。后世多以"三川"指代洛阳至荥阳、许昌一带。

④山简纵酒自恣而忘君父:指永嘉之乱时,天下大乱,山简常醉酒宴饮于高阳池,常年优游,以致有儿歌嘲讽他。事见《晋书·山简列传》。山简(253—312),字季伦,河内怀县(今河南武陟西南)人。西晋大臣,山涛之子。初为太子舍人,累迁尚书左仆射,领吏部。永嘉三年(309)出为征南将军,都督荆、湘、交、广四州诸军事,镇襄阳。后与南中郎将杜蕤各派兵遣送雍州流民回关中,导致王如起义。王如进逼襄阳时,他退迁夏口,招纳流亡,江汉民众归附。传见《晋书·山简列传》。

⑤张骏所遣北宫纯之一旅:据《晋书》,派遣北宫纯者实为张轨,而非张骏。此事发生在永嘉二年(308),而张骏出生于永嘉元年

(307)，显误。张骏(307—346)，字公庭，十六国时前凉国主，凉州刺史张寔之子。公元 324—346 年在位。幼而奇伟，卓越不羁。建兴四年(316)，封霸城侯。建兴十二年(324)，叔父张茂病死后，他正式继位，拜凉州牧、护羌校尉，封西平公。他谨守人臣之节，效忠晋朝王室。秉政期间，勤劳政事，册立世子，极力扩张版图，夺取河南地区，尽有陇西之地，割据一方。传见《晋书·张骏列传》。北宫纯，复姓北宫，凉州姑臧(今甘肃武威)人。西晋末年将领，凉州刺史张轨部将。其人性格悍勇冲动，骁果善战。受张轨之命曾两次带兵拯救洛阳，打退匈奴汉国的进攻。永嘉之乱后，兵败被俘。汉赵以为尚书。靳准作乱时，见机举兵，兵败被杀。事见《资治通鉴·晋纪十二·中宗皇帝上·太兴元年》。

【译文】

司马越离开洛阳，屯兵于项地，并非无谋之举；司马越之所以失败，只是因为他不是能救危之人，外则被苟晞获得可乘之机，内则任用王衍以致败事罢了。刘聪、石勒绕过洛阳而南侵襄阳、邓州，造成西晋君臣兵民粮尽援绝，困守在洛阳，结果必然是被迫坐以待毙。将重兵驻扎在洛阳之外，刘聪、石勒如果进犯，则司马越即可以绕道其后，刘聪、石勒必定不敢轻易侵扰而迅速打通三川地区。由于苟晞内乱，司马越病死，其部众没有了主帅，王衍又不敢主持大局，然后刘聪才决心起兵进犯国都。司马越屯兵在外，不足以成为司马越的罪过，这是很清楚的。但是造成洛阳孤立危险的局面，司马越是不能推卸其责任的。他的过失是在当政之时不能推心置腹地任用贤材，也不能团结东南地区的势力，以与其相互配合、呼应；他一率大军出洛阳，都城就失去了可倚靠的力量。山简喜好纵酒自恣，在他的心中是没有君父的；苟晞怀着私心争权，从而导致了内部的互相攻斗；而张骏所派遣的北宫纯的一军，因为连续作战，变得十分疲惫；再加上晋怀帝又十分厌恶司马越，总想除掉司马越而不体恤他,这样自相倾轧,最终导致自己毁灭自己。司马越处在这样的形势下,怎能不抑郁而死从而导致溃败呢?

　　夫越非无心者,而特昧于从违耳。一秉政而唯王衍、庾敳、谢鲲、郭象、胡毋辅之虚浮之徒进①,以是为可靖兵戎之气乎? 一旦而欲建非常之功,跳出孤危,反兵内援,必不可得者。然其曰:"臣出,幸而破贼,国威可振,犹愈于坐待困穷。"亦何遽非死地求生之长算哉? 向令刘弘不死,使任山简之任,刘琨不北掣于王浚,张轨不远绝于凉州②,东连琅邪,视聪、勒所向而自外击之,晋且可以不亡。其不能者,越非其人,非策之不善也。

【注释】

①庾敳(ái,262—311):字子嵩,颖川鄢陵(今河南鄢陵西北)人。侍中庾峻之子,西晋名士。曾为陈留相,后迁吏部郎,参东海王越太傅军事。后为石勒所杀。传见《晋书·庾敳列传》。谢鲲(? —322):字幼舆,陈国阳夏(今河南太康)人。西晋名士。好《老》《易》,能歌而善鼓琴,与阮咸、王澄等人交游,任达不拘。东海王司马越征辟他为掾,转参军事,他以患疾为由辞官。左将军王敦征引他为长史,因讨杜弢有功,封咸亭侯。他知王敦将叛,多次进言提及。传见《晋书·谢鲲列传》。郭象(约252—312):字子玄,河南(今河南洛阳)人。西晋玄学家。曾任黄门侍郎,后被东海王司马越引为太傅主簿,在职专权。他好老庄之学,善于清谈,以注《庄子》与向秀齐名。力倡"独化论",主张名教即自然,为当时的玄学名士。传见《晋书·郭象列传》。胡毋辅之(约269—318):字彦国,泰山奉高(今山东泰安东)人。西晋大臣。

与王澄、王敦、庾敳号称"四友"，与毕卓、王尼、阮放、羊曼、桓彝、阮孚、谢鲲号称"江左八达"。东海王司马越听到胡毋辅之的高名，就召引为从事中郎，又补为振威将军、陈留太守。司马越死后，避乱渡过长江，被晋元帝司马睿任命为安东谘议祭酒，后迁扬武将军、湘州刺史、假节。传见《晋书·胡毋辅之列传》。

②张轨(255—314)：字士彦，安定乌氏(今甘肃平凉)人。西晋凉州刺史。十六国时期前凉建立者张寔之父。其家世习儒学，少年时受张华器重，在洛阳任散骑常侍。永宁元年(301)出任凉州刺史，在凉州兴办学校，安抚人民，击败入侵的鲜卑族。还于凉州恢复经济，使流移人士纷纷来此避难。传见《晋书·张轨列传》。

【译文】

司马越并非无心任事之人，只是不懂得从违之道。他一执掌国家大权就只任用王衍、庾敳、谢鲲、郭象、胡毋辅之这类虚华浮躁之徒，难道任用这班人就可以安定局势，从而消除兵戎之祸吗？想要在一旦之间建立非常之功，想先脱离孤立危险的洛阳，再回师内援，这必然是做不到的。然而司马越却说："臣率兵出击，有幸能够击破贼寇，则国威可因此振奋，总比坐待困穷的状况要强。"这又何尝不是置之死地而后生的选择呢？假使刘弘不死，让他担任山简的职务，刘琨不北受王浚牵制，张轨不远在凉州，向东则联合琅邪王司马睿，仔细观察刘聪、石勒的动向而从外部进行攻击，西晋尚且可以不亡。之所以没能办到，是因为司马越不是做这件事的合适人选，而非计策不好。

　　若夫越之不奉怀帝以出而置之危地，则罪也。玄宗往蜀，太子在灵武①，而安、史不能安于长安。诚使怀帝亲将以御狄于外，苟晞虽骄，山简虽慢，自不敢亢铁钺而坐视②。琅邪输江东之粟，饱士马以急攻，聪、勒其能入据空城以受四方之敌乎？越出而帝留，惴惴以居，藉藉以毙，越之罪大矣。虽然，或亦国君死社稷之说误之也③。若君臣同死孤城，而置天下于膜外④，虽猎卫主之名，亦将焉用此哉？

【注释】

①玄宗往蜀，太子在灵武：指安史之乱爆发时，太子李亨被玄宗任为天下兵马大元帅，领朔方、河东、平卢节度使，负责平叛。唐玄宗西逃入蜀地，而李亨在马嵬坡为百姓所留，与玄宗分道，北上至灵武，并于至德元载(756)在灵武即位。事见新、旧《唐书·肃宗本纪》。

②亢铁钺：指冒着杀身之祸违抗皇帝的旨意。亢，同"抗"，违抗。

③国君死社稷之说：指认为国君应当为保卫社稷而死、决不能抛弃社稷而逃离自己的都城的说法。《礼记·曲礼下》："国君去其国，止之曰：'奈何去社稷也！'大夫曰：'奈何去宗庙也！'士曰：'奈何去坟墓也！'国君死社稷，大夫死众，士死制。"孔颖达《礼记正义》曰："国君体国，以社稷为主，若有寇难，则以死卫之。"

④膜外：身外，置之度外。

【译文】

至于司马越不奉怀帝离开洛阳，而将他置于危险的境地，则确实是司马越的罪过。唐玄宗因安史之乱逃亡蜀地，太子李亨则前往灵武，如此安禄山和史思明就不能安稳地待在长安。倘若让怀帝亲自率军出征以外御夷狄，则苟晞虽然骄横，山简虽然急慢，也必定不敢冒杀身之祸来违抗天子的旨意，对其坐视不管。加上琅邪王司马睿输送江东地区的粮草供应军队，使军兵得以饱食从而迅速出击，刘聪、石勒能入据空城而受四方之敌吗？然而司马越自己率军而出却将怀帝留下，使他在城中惴惴不安，在混乱纷杂的境地中坐以待毙，司马越的这一罪过非常严重。尽管如此，他或许也是被"国君死社稷"的说法所误导了。

倘若君臣同死于孤城之中，而将天下的安危置于身外，则即使博得一个捍卫君主的美名，又有什么用呢？

三　苟晞欲尽诛流民杜弢挟以作乱

民愚无知，席安饱以为势，陵蔑孤弱①，士大夫弗能止焉，与之俱流而斁其仁恕之心②，忘出反之报③，自贻死亡以为国病，祸发不可御矣。

【注释】

①陵蔑：指凌侮蔑视。

②斁（dù）：败坏，此指败坏而丧失。

③出反之报：即出尔反尔，指自己怎样对待别人，别人就会怎样对待自己。语出《孟子·梁惠王下》："曾子曰：'戒之戒之，出乎尔者，反乎尔者也。'"

【译文】

有些民众愚蠢无知，凭恃自己的富裕作为威势，凌侮蔑视孤弱之人，而士大夫不但不能加以制止，反而与之同流合污而丧失了仁德宽恕之心。他们忘记了"出尔反尔"的古训，自己招致死亡而成为国家的隐患，这种情况下一旦祸乱爆发便无法抵御。

夷狄非我族类者也，蟊贼我而捕诛之，则多杀而不伤吾仁；如其困穷而依我，远之防之，犹必矜而全其生；非可乘约肆淫、役之残之、而规为利也①。汉纵兵吏残蹂西羌②，而羌祸不解，夷狄且然，况中国之流民乎？夫其阑入吾土，不耕而食，以病吾民，编人视之，其忿悁也必深。上无能养也，无能安也，弃坟墓，离亲戚，仰面于人以求免于冻馁，又岂其情之得已哉？役则役焉矣，驱则驱焉矣，不敌我十姓百家之相为朋比矣。愚民于是而以侮之为得计，士大夫于是而以制之为得势，有司于是以钳束驱除之为保我士民之功。一王之天下无分土，天地之生非异类，而摧残之若仇雠，伤和气，乖人理，激怨怒，则害于而家、凶于而国，皆自取之焉耳。

【注释】

①乘约肆淫：指乘机肆无忌惮地奴役、戕害他人。

②西羌：指羌人。西汉武帝时羌人勾结匈奴叛乱，武帝于元鼎六年（前111）平定了诸羌的叛乱，并在羌人居住的地区设置护羌校尉，加强管控。东汉时羌人大量内徙，定居在金城、陇西、汉阳等郡，但由于受到汉政府的残酷剥削和压制，不时发生叛乱，给东汉政府带来极大困扰。

【译文】

夷狄民族同我华夏之民并非同族，如果他们肆意侵扰我们而我们将其捕杀，即便多杀一些也不会损害我们的仁义。但是，如果他们因穷困无助而前来投靠我们，则可将他们安置在边远地区并加以防范，仍应怜悯他们而使其能够得以生存；不可以乘机肆无忌惮地奴役、戕害他们，甚至打算以此为利。汉朝放纵士兵官吏踩蹦残害羌人，从而导致羌祸不绝，夷狄之民尚且如此，更何况中国境内的流民呢？他们擅自闯入我们的领土，不从事农耕却要吃饭，给当地民众造成不良的影响，心胸狭窄的人看到这种情况，必定心怀愤恨和嫉恶。国家不能养活他们，也无法安置他们，致使其抛弃祖宗坟茔，离乡背井，远离亲人，抬头乞求仰仗别人以使自己免受冻饿之苦，这又岂是他们心甘情愿的呢？对这些流民想役使便役使，想驱逐便驱逐，他们甚至对抗不了当地民众十户百家联合起来的力量。因此，那些愚蠢的民众靠欺侮他们以为自己的计谋得以实现,士大夫凭借整治他们以为得势,官府于是把钳制、管束并且驱除他们当作是保一方士民的功劳。可是同一君王统治的天下中原本就没有不同的土地,天地所生所养的生民百姓都并非异类,然而他们却像对仇敌一样摧残流民,其结果必定是损伤和气,违背做人的道德规范,激发怨愤,最终害国害家,这都是咎由自取的结果啊。

西晋之末,蜀已覆于前矣[①]。刘弘薨,山简暗,荆湘之士民虐苦流民[②];而若冯素者,且持保固乡里之邪说,惑狂愚残忍之荀眺[③],欲尽诛之;四五万家一时俱起,杜弢挟之以作乱[④],天道之必然,人情之必致也。呜呼!眺欲尽诛之,独非人乎,事即成而何忍?况其袛以自贼也!迨其已反,则又或咎之曰:杀之之不速也。不仁者不可与言,有如是夫!

【注释】

①蜀已覆于前:指李特率流民入蜀之事。元康六年(296),氐人齐万年造反,关西一带兵祸扰乱,再加连年大荒,略阳、天水等六郡的百姓被迫向外流亡迁移。李特兄弟率领流民前往蜀地求食,被推举为首领。其子李雄后建立成汉政权。事见《晋书·李特载记》。

②荆湘之士民虐苦流民:永嘉五年(311),当时巴蜀地区的流民汝班、蹇硕等数万家,散布在荆、湘一带,遭到当地的大姓人家侵凌欺侮,致使流民心怀怨恨。事见《晋书·李特载记》。

③惑狂愚残忍之荀眺:指蜀地人杜畴、蹇抚等侵扰湘州,参军冯素因与汝班不和,向湘州刺史荀眺进言说流民都想造反。荀眺听信冯素之言,准备杀死全部流民。事见《晋书·杜弢列传》。

④杜弢(tāo)挟之以作乱:指面对荀眺准备杀害流民的危机,以汝

班、杜畴为代表的流民领袖以及众多的流民推举推举杜弢为首领。杜弢自称梁、益二州州牧、平难将军、湘州刺史,领军攻破郡县,并杀害当地官员,并放纵士兵大肆抢掠施暴。后荆州刺史王澄再派部将王机攻打杜弢,在巴陵将其战败。事见《晋书·杜弢列传》。杜弢(?—315),字景文,蜀郡成都(今四川成都)人。西晋大臣。初以才学著称,州举秀才。避乱南平,为太守应詹所礼遇。后为醴陵令。永嘉五年(311),巴蜀流人汝班、蹇硕等聚众起兵,推其为主。他自称梁益二州牧、平难将军、湘州刺史。连陷郡县,屡败晋军,后为王机所败。他投降朝廷后又再次反叛,率众溃逃时死在途中。事见《晋书·杜弢列传》。

【译文】

西晋末年,蜀地已经被李特率领的流民所占据。刘弘已死,山简昏庸不明,荆、湘一带的士民任意虐待流民;而像冯素这样的人,还提出所谓保固乡里的邪说,蛊惑狂傲愚蠢且生性残忍的荀眺,企图将流民全部杀掉。结果导致四五万家流民一时都揭竿而起,杜弢乘机借助流民的力量带头作乱,这是天道之所必然、人情之所必致的结果。哎!荀眺企图将流民全部杀掉,唯独他丧失人性了吗?即使事情真能做成,他又于心何忍呢?何况他这种做法最终只会戕害自身!等到流民已经造反,又会有人责怪说:"杀流民杀得太晚了。"对于不仁之人,是不能同他们说话的,他们竟愚昧恶劣到这个地步!

四　刘聪困帝雒阳公卿止寿春仓垣之幸

刘聪陷雒阳,执怀帝,百官无一死者。呜呼!若此之流而可责以仗节死义之道乎?雒阳之困危也,周馥请幸寿春而不听①,苟晞请幸仓垣而不果②,迨其后欲出而不能,悲哉!帝将迁而公卿止之,为之辞曰:效死以守社稷也。乃若其情,则有二焉:弗能固守,而依于所迁,则迁寿春而周馥为公辅矣,迁仓垣则苟晞为公辅矣,从迁之臣,弗能据尊荣也,此一情也。久宦于雒,而治室庐、置田园、具器服、联姻戚,将欲往而徘徊四顾,弗能捐割,此又一情也。故《盘庚》曰:"无总于货宝,生生自庸③。"总其心于田庐器服之中,仰不知有君,俯不知有躯命,故曰若此之流,恶可责以仗节死义乎?

【注释】

①周馥请幸寿春而不听:指周馥目睹群贼孔炽,洛阳孤危,于永嘉四年(310)同长史吴思、司马殷识上书,建策迎天子迁都寿春,令王浚、苟晞共平河朔,而后共开南下之路。因司马越和苟晞不合,而周馥未在上书前与司马越商议而招致司马越厌恶。迁都之事最终未能成行。事见《晋书·周馥列传》。

②苟晞请幸仓垣而不果:指洛阳被攻陷前,苟晞见当时洛阳正有饥荒,四周亦有乱事,于是上表请求迁都仓垣,并派从事中郎刘会率船数十艘,宿卫五百人和一千斛谷粮护送怀帝迁都。晋怀帝答应但朝中官员却因害怕潘滔而不肯迁都,宫中人员亦贪恋宫中财宝而不愿离开。晋怀帝最终还是决定到仓垣,但因没有足够士兵守卫,出宫不久就被盗贼掠夺,被逼折返。事见《晋书·苟晞列传》。

③无总于货宝,生生自庸:参见卷三"武帝二三"条注。

【译文】

刘聪攻陷洛阳,俘虏了晋怀帝,百官之中无一人为其殉节。哎!像这种人怎么可以要求其遵行仗节死义之道呢?当洛阳危困之时,周馥建议怀帝迁往寿春,怀帝不听;苟晞请求怀帝逃往仓垣,也无结果,等到后来怀帝想要出逃却已然不可能,真是可悲!怀帝想迁出洛阳而公卿们却加以阻止,他们说君主应该誓死守卫江山社稷。推究他们这样做的缘由,主要有两个方面:假如不能固守洛阳,依从怀帝转移,迁往寿春则周馥就会成为辅政大臣,迁往仓垣则苟晞将成为辅政大臣,随从迁移的官员们就不能再拥有以往的尊荣,这是一个方面;公卿们长期在洛阳做官居住,他们已置办大量的房屋、田园、器物服饰,相互间结为婚姻亲戚关系,一旦要离开,就必然犹豫徘徊,不忍心割舍这些,这是另一个方面。所以《尚书·盘庚》中写道:"不要聚敛财富,要为民谋生以立功。"一旦将心思全放在田庐家产、器物服饰上,就上不知有君主,下不知有身家性命,所以说像这种人怎么可以要求其仗节死义呢?

　　十金之产①,卒逢寇乱,不忍捐其鸡豚瓮缶,而肝脑涂地,妻子为俘,汴京士庶拥李纲以欢呼者②,此情而已矣。玄宗将奔蜀,杨国忠列炬请焚府库,帝曰:"留此以与贼,勿使掠夺百姓。"其轻视货贝之情,度越寻常远矣。是以唐终不亡也。

【注释】

①十金之产:十金,即十斤金或十镒金。据司马迁《史记·孝文本纪》所载:"上曰:'百金中民十家之产,吾奉先帝宫室,常恐羞之,何以台为!'"此处的十金之产,应指中等人家的财产。

②汴京士庶拥李纲以欢呼:宣和七年(1125),金兵逼近开封,宋钦宗有意南逃,负责开封防御的大臣李纲规劝钦宗:"如今六军将士的父母妻子都在都城,他们愿以死守城,万一他们在随陛下离开时一哄而散,回到都城,谁来保卫陛下? 而且敌兵知道您还没走,若派健壮的马迅速追击,如何抵御他们呢?"钦宗被说服,放弃南逃。李纲传旨语左右:"敢再说逃离京城的人,一律斩首!"禁卫君都拜伏在地上高呼万岁,六军将士,无不感泣流涕。事见

《宋史·李纲列传》。李纲(1083—1140),字伯纪,邵武(今福建邵武)人。北宋大臣。政和年间进士,官至宰相。金兵南下侵宋之时,他上御敌五策,并请徽宗传位太子。钦宗靖康元年(1126),为兵部侍郎、尚书右丞。金兵初围开封时,力主抗战,以尚书右丞任亲征行营使,坚守京城,力挫强敌。升知枢密院事,出为河东、河北宣抚使。高宗即位后,拜尚书右仆射兼中书侍郎。主张用两河义军抗金,却被投降派排斥。绍兴十年(1140)病逝。传见《宋史·李纲列传》。

【译文】

中等人家拥有些许财产,猝然遭逢天下大乱,不忍丢弃自己家的鸡、猪、坛、罐等琐碎财物,为此落得肝脑涂地、妻子儿女被俘的下场。北宋末年汴京的士人、民众拥护李纲守城、为其胜利欢呼,就是为了保护自己那点微薄的财产。唐玄宗将出逃四川时,杨国忠命人罗列火把,请求将府库财物尽数烧毁,唐玄宗却说:"留下这些财物给贼寇,以免他们再掠夺百姓。"玄宗看轻金银财物,这一点远超寻常之人。所以唐朝面临叛乱能始终不亡。

五　刘琨送石勒母非愚

刘琨送石勒之母以招勒①,而勒不服;高齐送宇文护之母②,而护旋攻之。不拘以为质,而欲以仁义动狡悍之寇,不已愚乎!曰:此未足以诮琨也。执人之父母,胁之以降,不降,则杀之以快意,此夷狄盗贼之行,有心者其忍效之乎?送之归,虽不足以怀之,而彼亦无辞以决于致死。曹嵩死而徐州屠,陶谦愚矣。琨非愚也,琨所以不能制勒者,怀、愍弱,琅邪孤,王浚挠之,其势不振;琨虽忼慨③,而旧为贾谧、司马越所污染④,威望不足以动人;抑且沉毅不如刘弘,精敏不如陶侃，勒是以睥睨之，知非己敌，而孰其听之？使琨而能如郭子仪也，则香火之誓⑤，动回纥而有余。回纥岂果畏鬼神、恤信义哉？有以制之，而又持名义以临之，蔑不胜焉。仁义有素，而声灵无拂⑥，则此一举也，足以折勒之狡而制其死命，故曰："仁者无敌⑦。"琨未全乎仁也，非仁过而愚也。若拘人之父母以胁其子，非人之所为也，固琨之所不忍而不屑者也。

【注释】

①刘琨送石勒之母以招勒：指石勒早年被卖到平原，与母亲王氏失散。后来刘琨派张儒送王氏给石勒，赠给石勒书信，希望能招抚石勒，与其共扶晋室，但被石勒所谢绝。事见《晋书·石勒载记》。

②高齐送宇文护之母：指北周联合突厥势力进攻北齐，破北齐长城使其恐惧不已。于是北齐君主打算归还被北齐幽禁的宇文护的母亲阎姬，并代阎姬修家书给宇文护。书信内容真挚感人，后又将宇文护之母送还北周。保定三年（563），突厥率军前来与宇文护相约共击北齐，宇文护本不欲与北齐交战，但又畏惧突厥，最终于同年九月率领大军伐齐。事见《周书·宇文护列传》。

③忼慨：愤激，激昂。

④污染：牵连。

⑤香火之誓：指唐代宗永泰元年（765），仆固怀恩引吐蕃和回纥联合进犯中原，郭子仪亲自前往回纥军内见回纥酋长药葛罗，并与之对饮盟誓道："大唐天子万岁！回纥可汗亦万岁！两国将相亦万岁！有负约者，身殒陈前，家族灭绝。"回纥人感动不已，药葛罗亦如此誓言，回纥罢兵而还。事见《旧唐书·郭子仪列传》。

⑥声灵：声势灵威。

⑦仁者无敌：语出《孟子·梁惠王上》："父母冻饿，兄弟妻子离散，彼陷溺其民，王往而征之，夫谁与王敌？ 故曰：'仁者无敌。'王请勿疑！"意思是父母受冻挨饿，兄弟妻子离散四方。他们使老百姓陷入深渊之中，而大王去征伐他们，有谁来和您抵抗呢？ 所以说：'施行仁政的人是无敌于天下的。'大王请不要疑虑！"

【译文】

刘琨将石勒的母亲送还给石勒以招抚他，但石勒却不归服；北齐送还宇文护的母亲，而宇文护却紧接着又攻打北齐。不将其母留作为人质，却想以仁义之心打动狡猾彪悍的贼寇，这不是很愚蠢吗？ 回答是：并不能因此事而讥讽刘琨。挟持他人的父母，从而胁迫其投降，如果不投降，则杀其父母以发泄愤恨，这是夷狄盗贼之流的行径，有良心的人又怎么忍心去效仿呢？ 将其父母送归，虽不足以怀柔对方，但对方也没有了与之决一死战的借口。曹嵩死而徐州被屠城，这是陶谦的愚蠢所导致的。刘琨并不愚蠢，他之所以不能制服石勒，是由于怀、愍二帝太过孱弱，琅邪王司马睿力孤势单，王浚阻挠扰乱刘琨，致使其威势不振；刘琨虽然慷慨激昂，但过去曾受贾谧、司马越恶名的牵连，其威望不足以鼓动他人；更何况他沉着刚毅不如刘弘，精干机敏不如陶侃，石勒因此十分蔑视刘琨，知道他并非自己的对手，又怎会听命于他呢？ 假如刘琨有像郭子仪那样的威望，则以订立盟誓的手段，就足以打动回纥人。回纥人难道真的敬畏鬼神、遵守信义吗？ 既有强大的力量加以制服，又持有名节给予安抚，如此则没有不胜的道理。若刘琨素以仁义著称，而其声势威灵不容拂逆，则送还石勒母亲这一举动，足可以折服石勒的狡诈而控制住他的命门，所以说："施行仁政的人是无敌于天下的。"刘琨是在仁义方面做得还不够完善，而不是因太仁义而显得愚蠢。至于拘禁他人父母以威胁其子，这不是人能做的事，刘琨固然不忍也不屑这样做。

六　王导不听陈頵改西晋旧制

王导秉江东之政，陈頵劝其改西晋之制①，明赏信罚，综名责实，以举大义，论者韪之，而惜导之不从。然使导亟从頵言，大反前轨，任名法以惩创久弛之人也，江东之存亡未可知也。语曰："琴瑟之不调，必改而更张之②。"非知治之言也。弦之不调，因其故而为节其缓急耳，非责之弦而亟易其故也。不调之弦，失之缓矣，病其缓而急张之，大弦急，小弦绝，而况可调乎？

【注释】

①陈頵(jūn)：字延思，陈国苦县（今河南鹿邑东）人。少好学，仕为郡督邮。齐王司马冏起事时，陈頵带兵前往，拜驸马都尉。后避难于江西，历阳内史朱彦引荐其为参军。镇东从事中郎袁琇荐陈頵于元帝，迁镇东行参军事，典法、兵二曹。陈頵向王导进书，希望可以改弦更张，明赏信罚。因其出身低微多有奏议，而为朝士所恶。后陶侃表其为梁州刺史，在任馁怀荒芜，甚有威惠。传见《晋书·陈頵列传》。

②琴瑟之不调，必改而更张之：语本《汉书·董仲舒传》："窃譬之琴瑟不调，甚者必解而更张之，乃可鼓也；为政而不行，甚者必变而更化之，乃可理也。"意思是就像琴和瑟声音不协调了，就需要改换新琴弦并重新张设后，才能再演奏；政策法令行不通，程度严重时就要变革更新，才能得到治理。

【译文】

王导执掌东晋朝政，陈頵劝他改革西晋原有的制度，注重赏罚分明，明晰权责，以助完成中兴大业。当时的议论者都认为这一建议很正确,而为王导未采纳感到可惜。假使王导立即听从陈颜建议,大改以往的规章制度,采用名法之术来惩戒久已松弛的人心,那么江东政权的存亡就未可知了。所谓"琴和瑟声音不协调了,就必定要改换新琴弦并重新张设",这句话并非是懂得治国道理的言论。琴弦发出的声音不准,只需要看具体情况而调节其松紧就可以,并非一定要归咎于琴弦而急于以旧换新。琴弦声音不协调,失误在于过缓,若担忧其过缓而重新张弦,则大弦会张得过紧而小弦会断绝,这样还能再调整吗?

晋代吏民之相尚以虚浮而乐于弛也久矣,一旦操之已蹙,下将何以堪之? 且当其时,所可资以共理者,周颛、庾亮、顾荣、贺循之流①,皆雒中旧用之士,习于通脱玄虚之风,未尝惯习羁络者;骤使奔走于章程,不能祗承②,而固皆引去。于是虔矫束湿之人③,拔自寒流以各逞其竞躁,吏不习,民不安,士心瓦解,乱生于内而不可遏矣。夫卞壶、陶侃④,固端严劼毖之士也⑤,导固引壶于朝端,任侃于方岳矣,潜移默化,岂在一旦一夕哉? 宋尝病其纪纲之宽、政事之窳矣,王安石迫于改更而人心始怨;元祐、绍圣、建中靖国屡惩屡改⑥,而宋乃亡。锻铁者,急于反则折。褊人憾前图之不令,矫枉而又之于枉,不可以治无事之天下,而况国步方蹙、人心未固之时乎?

【注释】

① 庾亮(289—340):字元规,颍川鄢陵(今河南鄢陵西北)人。东晋名臣,明穆皇后庾文君之兄。善谈论,好老庄之学。初为镇东将军司马睿西曹掾,转丞相参军。以讨华轶功,封都亭侯。元帝即位后,拜中书郎,累迁中领军。明帝时为中书监。王敦反叛时,

为左卫将军,与诸将讨王敦党羽钱凤、沈充。明帝病重,与司徒王导受遗诏辅成帝,徙中书令,政事皆决于庾亮。咸和二年(327),欲征历阳内史苏峻入朝以夺其兵权,引发苏峻起兵叛乱。叛乱平息后,出为豫州刺史,镇芜湖。图谋废王导,因为太尉郗鉴不从而罢。咸康五年(339),谋复中原,率众十万移镇石城,声援征伐诸军,诏令不许。因后赵陷邾城未能救,愤懑而卒。传见《晋书·庾亮列传》。

②祗承:敬奉,这里指承受。

③虔矫束湿:指假托圣人之道而驭下苛酷急切。虔矫,假借圣人之道来欺骗。束湿,捆扎湿物。形容旧时官吏驭下苛酷急切。

④卞壸(281—328):字望之,济阴冤句(今山东曹县西北)人。东晋名臣,卞粹之子。少知名,为"兖州八伯"之一。永嘉年间,除著作郎,袭父爵成阳公。司马睿镇建邺,召为从事中郎,委以选举。历世子师、太子詹事。转御史中丞,权贵匿避,迁吏部尚书。王含之乱时,为中军将军守卫京师,以功封建兴县公。明帝病重,与司徒王导等同受顾命,官至尚书令。成帝即位后,与中书令庾亮掌机要。断裁切直,不畏强御,举朝震肃。庾亮以苏峻终为祸乱,欲征之入朝。他固争以为不可,结果庾亮不听。后苏峻叛乱,他率军拒苏峻兵,力战而死。传见《晋书·卞壸列传》。

⑤端严劼毖(jié bì):端庄严肃而谨慎。劼毖,谨慎。

⑥元祐、绍圣、建中靖国屡惩屡改:指王安石变法后,宋哲宗元祐年间,宣仁高太后临朝,启用旧党,尽废新法,史称"元祐更化"。宋哲宗亲政后,恢复新法,史称"绍圣绍述"。宋徽宗即位后,又引发新旧党争。元祐、绍圣与建中靖国,分别为宋哲宗和宋徽宗年号。

【译文】

晋朝的官吏与民众崇尚虚浮而乐于松弛已经很久了,一旦改弦更张操之过急，人们将如何承受得了呢？况且当时所能与王导配合共同理政的，只有周颛、庾亮、顾荣、贺循这些人，他们都是西晋王朝的旧臣，已习惯于通达放纵、空泛虚浮的风气，而未曾习惯于被约束管制；骤然使其严格遵守规章制度，他们不能承受，当然会纷纷引退而去。于是那些假托圣人之道而驭下苛酷急切之人，被从寒门中提拔上来，他们各逞其轻率急躁，官吏感到不习惯，百姓感到不安，士人之心瓦解，祸乱就会起于内部而不可遏制。像下壶、陶侃这样的人，都是端庄严肃而又谨慎的士人，王导将下壶安排在朝中任职，而将陶侃出镇州郡，使其思想、性格逐渐改变，而这怎能在一朝一夕之间就可以实现呢？北宋王朝曾忧虑其统治纲纪宽柔、政务拖沓，王安石急于改弦更张从而致使民心开始生怨；此后在元祐、绍圣、建中靖国年间屡次鉴于之前的弊端而改弦更张，最终致使北宋灭亡。锻铁的人，若急于翻动铁材捶打就会使其折断。目光短浅的人恼恨此前制度不够完善，急于把弯的东西扳正，却又歪到了另一边。在太平无事的天下这种方法尚不能使用，更何况在国家情势紧迫、人心尚未稳固的时候呢？

　　且不但此也，汉末尚声誉，而曹操矫之以严；魏氏急名实，而司马矫之以宽；彼皆乐翘前人之过，形君人之非[1]，以快人心而使乐附于己。当导之世，王敦尝用此术矣；其后桓温又用此术矣；所以进趋利徼功之人而与为逆也。导唯无此不轨之志，故即因为革，从容调御而不自暴其能，夫导岂无颎之心哉？桓彝品藻之曰管夷吾[2]，则其不袭王衍诸人之荡泆以靡天下可知也[3]，又恶知其不服膺陈颎之谏而特不露其锋铓尔？有当世之略者，好恶不激，张弛不迫；褊人不知，求快一时，而怪其弗能为也，愚者何足与深言邪！

【注释】

①形:使显露。

②桓彝品藻之曰管夷吾:桓彝初到江东时,看到司马睿势力单薄,很为之担心。当王导和他纵论形势以后,他的态度发生变化,说:"我见到了江左的管仲,不再忧虑了。"事见《晋书·王导列传》。桓彝(276—328),字茂伦,谯国龙亢(今安徽怀远)人。东晋大臣,桓温之父。少孤贫,有识鉴。起家州主簿,累官尚书吏部郎。与王导、庾亮、温峤等深受明帝所信任。晋明帝即位,拜散骑常侍,从平王敦之乱,封万宁县男,迁宣城内史。颇有政绩,深受爱戴。晋成帝咸和三年(328)死于苏峻之乱。传见《晋书·桓彝列传》。品藻,品评,评鉴。

③荡泆:放纵,不受约束。

【译文】

不仅如此。东汉末年崇尚声誉名节,而曹操通过严苛之法对此加以矫正;曹魏急切地讲求政务实效,而司马氏代魏后改行宽大之政。曹操和司马氏都乐于显露自己相较前朝有所改弦更张,暴露前朝君主的过失,以大快人心,使其乐于归附自己。王导执政时期,王敦就曾用过这种手段,其后桓温也用过此种手段,他们都是为了吸引一些趋利邀功的人为己所用、与自己共谋叛逆。王导正是因为没有这样的图谋不轨之心,所以才以因循作为变革的手段,从容不迫地进行调整而不去显露自己。王导难道真的没有陈頵那般的变革之心吗?桓彝评价他是像管仲一样的人才,则他不会沿袭王衍等人的放纵做法而以奢靡影响天下,这是很清楚的,又哪里能知道他内心并不服膺陈頵的劝谏而只是特意不露出锋芒呢?心怀匡扶当世之大略的人,喜好与厌恶都不会过于激烈,在张与弛的尺度上也从容不迫。目光短浅的人不懂得这一点,只求痛快于一时,而责怪他们不能有所作为。这般愚蠢的人哪里值得与之深谈呢?

七 刘曜石勒不据雒阳寿春

王弥劝刘曜都雒①，曜不从，弥以是轻曜而背之。弥，盗魁之智耳，恶足以测狡夷之长算哉？石勒视刘曜而尤狡，张宾之慧，非弥所能测也。勒在葛陂②，孔苌请夜攻寿春③，据之以困江东，勒笑之，而从张宾北归据邺。勒横行天下，岂惴惴于纪瞻者？然而知瞻可胜，而江、淮之终不可据以为安，勒之智也。

【注释】

①王弥（？—311）：东莱（今山东莱州）人。魏玄菟太守王颀之孙，西晋叛民领袖。年少时游侠京都，多有谋略，骑射迅捷。永兴三年（306）参加刘伯根起义。刘伯根死后他率军转战青徐两州，攻杀官吏，有众数万，声势浩大。永嘉二年（308），率军进逼洛阳，为晋军所败。后归附刘渊为将，官至征东大将军。前赵光兴二年（311），与刘曜、石勒共同攻破洛阳。他向刘曜提出迁都洛阳的建议但不被采纳，刘曜还焚毁洛阳宫殿。王弥于是十分不满，领兵东走项关，准备回师青州，途中为石勒诱杀。传见《晋书·王弥列传》。

②葛陂：地名，在今河南新蔡西北，一说在今河南平舆东。

③孔苌（cháng）：十六国时后赵将领。骁勇善战，屡立战功，常任先锋之职。曾在永嘉之乱时劝石勒处死俘虏的晋室王公，先后与刘琨、鲜卑拓跋部、鲜卑段氏以及诸多民变者争战，为石勒立足河北做出了贡献。其事见于《晋书·石勒载记》。

【译文】

王弥劝刘曜定都洛阳，刘曜不予采纳，王弥因此轻视刘曜而背叛了他。王弥，不过是盗贼魁首的谋士罢了，哪里能够揣测到狡猾夷狄的长远打算呢？石勒与刘曜相比更为狡猾，张宾的智慧，也不是王弥所能窥测的。石勒屯兵葛陂时，孔苌建议其乘夜间进攻寿春，以便占据此地从而困住江东，石勒付之一笑，而听从张宾的建议撤军北还，据有邺城。石勒横行天下，怎会畏惧纪瞻呢？然而他知道即使能战胜纪瞻，终究也难以长期占据江、淮地区并凭恃其安定自身，这正是石勒的聪明之处啊。

　　江、淮之春有霖雨，常也；纪瞻与相持，不以雨为困而勒困，于此可以知地气、可以知天情矣。三代以上，淑气聚于北[1]，而南为蛮夷。汉高帝起于丰、沛[2]，因楚以定天下，而天气移于南。郡县封建易于人，而南北移于天，天人合符之几也。天气南徙，而匈奴始强，渐与幽、并、冀、雍之地气相得[3]。故三代以上，华、夷之分在燕山，三代以后在大河，非其地而阑入之，地之所不宜，天之所不佑，人之所不服也。是故拓拔氏迁于雒，而六镇据其穴以残之[4]，延及于齐、周，而元氏之族赤。守绪迁于蔡[5]，而完颜氏之族歼。耶律亡，而其支庶犹全于漠北[6]。蒙古亡，而其苗裔种姓君长塞外者且数百年[7]。舍其地之所可安，以犯天纪，则未有能延者。枳橘貉鸲之性[8]，黠者自喻之，昧者弗知也。王弥、孔苌之所以愚而徒资曜、勒之笑也。

【注释】

①淑气：指温和美好之气。

②丰、沛：指丰县、沛郡。丰县，秦后期置，西汉属沛郡。治所在今

江苏丰县。沛郡,西汉高帝改泗水郡置,治所在相县(今安徽淮
北西北)。《史记·樊郦滕灌列传》载樊哙等见高祖时曰:"始陛
下与臣等起丰沛,定天下。"

③幽、并、冀、雍:即幽州、并州、冀州、雍州。幽州,古"九州"之一,
在今北京、河北北部及辽宁一带。并州,古"九州"之一,约当今
山西、河北一带。冀州,古九州之一,在今山西和陕西间黄河以
东、河南和山西间黄河以北及山东西部、河北东南部。雍州,古
九州之一。在今陕西、甘肃二省和青海东部地区。

④六镇:北魏为防御北方柔然等部的侵扰,在京都平城东,阴山以
南,自西而东先后建立六个军事重镇:即沃野镇、怀朔镇、武川
镇、抚冥镇、柔玄镇、怀荒镇。北魏孝明帝末年,政治腐化,权贵
奢侈,守宰暴敛,赋役、兵役繁重,百姓纷纷逃亡或依附豪强。而
长期戍守北边的沃野等六镇的将卒因待遇骤降而不满,遂于正
光四年(523)爆发六镇起义,关陇、河北各族纷纷起兵响应,使得
北魏统治濒临崩溃。

⑤守绪迁于蔡:指完颜守绪面对蒙古军侵伐金的压力,率众逃往蔡
州,在蔡州被围困数月之后,传位于东面元帅完颜承麟,自己则
自缢而死。守绪,即金哀宗完颜守绪(1198—1234)。原名守礼,
女真名宁甲速,金宣宗完颜珣第三子。在位期间任用完颜陈和
尚、完颜合达等名将抗击蒙古,又尝试改善与西夏、南宋的关系,
并进行了一系列的改革,但是均以失败告终。他在位后期又犯了
一系列无法逆转的政治错误,如放弃汴梁、归德,起用跋扈的蒲察
官奴却又将其杀死等。后逃亡蔡州被困,禅位后自缢而死。事见
《金史·哀宗本纪》。

⑥耶律亡,而其支庶犹全于漠北:指辽灭亡后,契丹贵族耶律大石
率领部分辽遗民向西迁徙,以可敦城为根据地建立西辽政权,并
向西域、漠北、中亚等地区扩张,最终建都于虎思斡鲁朵。西辽

政权延续了近百年。

⑦蒙古亡,而其苗裔种姓君长塞外者且数百年:指元朝灭亡后,元惠帝逃亡塞北,仍以"大元"为国号,是为北元政权。此后蒙古人在塞外长期维系其政权,瓦剌、鞑靼等部迭次兴起。

⑧枳橘貉鸲(yù)之性:语本《周礼正义・冬官考工记》:"橘逾淮而北为枳,鸜鸲不逾济,貉逾汶则死,此地气然也。"意思是淮南的橘树,移植到淮河以北就变为枳树;八哥儿的分布范围不超过济水;貉这种动物,如果越过汶水往南,就会由于不适应较暖的生活环境而死亡。比喻人或事物因环境不同而改变性质。貉,狗獾,一种哺乳动物。鸲,即鸜(qú)鸲,鸟名,俗称八哥儿。

【译文】

江、淮地区的春天常有连绵大雨,纪瞻与石勒相对峙,习惯南方气候的他不会为雨所困,而石勒却会受到雨的困扰。由此就可以知道土地之气、知道天理所在了。夏、商、周三代以前,温和美好之气聚于北方,而南方则为蛮夷之地。汉高祖刘邦兴起于丰、沛之地,因据有楚地而定天下,这就致使上天之气开始移向南方。郡县和封建制度是由人来变换的,而南北方气象的转移则是由上天决定的,天人之道相互符合。天命气数向南迁徙,而北方匈奴开始强盛,渐渐与幽、并、冀、雍等州的地气相得益彰。所以三代以前,华夏与夷狄的分野在燕山一带,三代以后则移至黄河流域。如果不属本族之地却擅自闯入,将其地据为己有,则土地会不适宜其居住,上天也不加以保佑,人心也不会归服。所以拓跋氏迁都洛阳后,北方六镇的军兵占据其故地以作乱,此祸患一直延续到北齐、北周时,而元氏最终被灭族。金哀宗完颜守绪南迁到蔡州,不久完颜氏也被歼灭。耶律氏所建辽国虽亡,而其族支脉一系尚能保全于漠北一带。元政权灭亡,而其后代苗裔尚能在塞外做君王、酋长,延续数百年。抛弃能够安置其部族的土地,违反天纪纲常,则没有能够将自己的部族成功延续下来的人。淮南的橘树,移植到淮河以北就变为枳树；八哥儿的分布范围不超过济水；貉这种动物，如果越过汶水往南，就会由于不适应较暖的生活环境而死亡。狡黠的人对此自然了解，愚昧的人就不懂得了。这就是王弥、孔苌之所以如此愚蠢，而徒然招致刘曜、石勒耻笑的原因所在。

夫江、淮以南，米粟鱼盐金锡卉木蔬果丝枲之资①，彼岂不知其利；而欲存余地以自全其类也，则去之若惊。然则天固珍惜此土以延衣冠礼乐之慧命，明矣。天固惜之，夷且知之，而人弗能自保也，悲夫！中华之败类，罪通于天矣。虽然，夷而有曜、勒之识也，则自知此非其土，而勿固贪之为利以自殄其世也。

【注释】

①枲(xǐ)：大麻的雄株，只开雄花，不结果实，称"枲麻"。

【译文】

江、淮以南地区，米、粟、鱼、盐、金、锡、花卉、树木、蔬菜、水果、丝绸、麻布等各类物资十分丰富，夷狄怎能不知其中之利；然而刘曜、石勒等夷狄君主想要为汉人保留余地以保全自己的族类，所以才舍弃江南而不顾。如此则上天固然珍视南方这片土地，以其来延续华夏衣冠礼乐文化的血脉，这点是很清楚的。上天固然珍惜，夷狄也深知此理，而华夏之人却不能自保，实在可悲！那些中华的败类，犯有通天之罪。尽管如此，夷狄中有刘曜、石勒那样有见识之人，自知江南并非适合其生存的土地，因此并不贪图此地、以此为利而自毁其种族。

八　刘殷事君几谏为谄佞口实

刘聪之臣有刘殷者①，论史者或称以为贤。殷饰女以进于聪而固其宠,不足比数于人类者也。故其言曰:"事君当几谏②,凡人尚不可面斥其过,况万乘乎③?"论者以为贤,则且为谄佞者排摘忠直之口实④,殷虽不足比数于人类,而不可以不辨。

【注释】

①刘殷(?—312):字长盛,新兴(今山西忻州)人。西晋至十六国时期名士、官员。以孝闻名,博通经史,州郡屡辟不就。齐王司马冏辅政时,被征辟为大司马军谘祭酒,转拜新兴太守。永嘉初年,归附刘渊,将其女刘英、刘娥嫁给刘聪为左、右贵嫔,累官至侍中、太保、录尚书事。为相时从不犯颜忤旨,在公卿间常有谦卑辞让之色,能保持名位,以高寿而终。七子皆好儒学,各专经史。传见《晋书·刘殷列传》。

②几谏:指婉言劝谏。几,微。

③万乘:周制,天子地方千里,兵车万乘,后世因称天子为"万乘"。此指万乘之尊。

④排摘:排挤指责。

【译文】

刘聪手下的大臣中有名为刘殷的,有评论历史的人将其称为贤人。刘殷装扮自己的女儿将其进献给刘聪,以巩固自己受宠信的地位,他是不配被当作人类的。他曾说:"事奉君主应当婉言劝谏,普通人尚且不可以当面斥责其过错,更何况是万乘之尊的君主呢?"论史的人以此为贤明之言,这句话也将被阿谀奉承的人当成排挤、指责忠诚正直之人的口实。刘殷虽不配被当作人类,但对他的这句话却不可不加以明辨。

　　事父母而几谏者,既以不忍伤恩为重矣;且子日侍父母之侧，谏虽不切，而娓娓以继进，父母虽愎，亦无如其旦夕不相舍者何，而终必从之；非君之进见有时，言不伸而君且置之者也。父母之过，无安危存亡决于俄顷之大机，且过而夕改，无过矣。君操宗社生民之大命，言出而天下震惊，行出而臣工披靡，一失而贻九州亿万姓百年死亡之祸，待之宛转徐图，虽他日听之而悔无及矣。父母之过，即有导谀之者，淫朋而已矣，奴妾而已矣，其势不张，其徒不盛，其饰非簧惑之智①，不能凌我而出其上；微言而告父母以所未觉，彼未能结党强辩以折我。君而不善，则聚天下之僻而辩、巧而悍者，称天人、假理势以抗我；而孤忠固忧其不胜，微言如呐②，夺之者喧豗③，而气且为夺矣。凡此数者，谏父母易，而谏君难。处其难，而柔颜抑气、操瓦全之心，以若吐若茹、而伺君之颜色④，此怀禄固宠之便计，其为小人之道也无疑。况乎君臣义合⑤，非有不可离之去就哉！

【注释】

①簧惑：以巧言惑众。

②呐（nè）：说话迟钝、不流利。

③喧豗（huī）：指喧嚣吵闹的声音。

④若吐若茹：语出《诗经·大雅·烝民》："人亦有言，柔则茹之，刚则吐之。"意思是有句话说得好，软的吃下去，硬的吐出来。比喻恃强凌弱、忍气吞声。

⑤君臣义合：即君臣以义相合。孔颖达《毛诗正义》："君臣义合，道不行则去。"意思是君臣相处遵循相同的道义理想，如果不合乎此则臣子可以离去。

【译文】

侍奉父母而婉言劝谏,是以不忍伤害父子恩情为重;况且孩子每天侍奉父母身边,即使谏言并不深切,而只要能不断地娓娓道来,父母即使专横,也抵挡不住朝夕相处的骨肉亲情,最终必定听从其劝谏。这与君臣相见有一定时间限制、进言尚未透彻而君主已置若罔闻的情况不同。父母有错,不存在安危存亡决定于顷刻之间的情况,早上有过失而傍晚能改正,等同没有过错。君主掌握着宗庙社稷和百姓的命运,说出一句话就能让天下震动,有所举动而大小官员都随之而动,君主存在过失就会给九州亿万民众带来持续百年的死亡灾祸,如果用词婉转且缓缓进言以期其改正,即便有朝一日君王终于听从了相关意见,也为时已晚。父母犯下过失,即使有诱导其犯错的人,也不过是邪僻的朋友和奴仆妻妾而已,他们的势力并不强大,人数也不多,他们以巧言文过饰非、蛊惑人心,不能凌驾于我之上。用含蓄的言语将父母未察觉的事情告知他们,那些阿谀奉承的奸邪之人便不能相互勾结、强词狡辩来驳倒我、使我折服。倘若君主为政不善,身边聚集的都是天下最邪僻善辩、机巧凶悍的人,他们假借天命人事、事理形势以与我对抗,则孤忠之士必然会忧虑自己不能取胜,进言也迟钝缓慢,而与之争辩的奸邪淫巧之人则喧嚣吵闹、议论纷扰,进谏者在气势上就被对方所压制。凡此种种表明,劝谏父母容易,而劝谏君主则很难。身处此种困境,则和颜悦色、忍气吞声、怀着委曲求全的心思,观察君主的脸色而去进言,这是保全官位、巩固宠信的便利之计,毫无疑问属于小人之道。更何况君臣之间以义相合,臣下并非不能在双方道义不和的情况下离开君王呢!

刘聪凶暴嗜杀,殷以是为保其富贵之计则得矣。以献女媚夷之禽心,而姑取誉于天下,其术巧矣。本不足与深论,而邪说一倡,若苏轼《谏臣论》之类①,师其说以为诡遇之术②,君臣之义废,忠佞之防裂矣。

【注释】

①苏轼《谏臣论》：《谏臣论》应指苏洵的《谏论》，应是王夫之误记。《谏论》是苏洵有关臣子进谏的议论文章。全文分上下两篇。上篇就臣谏君立论，探讨怎样使君主顺利纳谏的问题，认为应当采用苏秦、张仪等纵横家的游说之术；下篇就君主角度立论，讨论怎样使臣子进谏的问题。

②诡遇：指用不正当的手段去追求、取得某种东西。

【译文】

刘聪凶残暴虐且嗜杀成性，刘殷以此作为保全富贵之计，达到了自己的目的。他进献女儿来阿谀谄媚夷狄的禽兽之心，而且姑且以此言获取天下人的赞誉，伎俩可谓精巧。他的言行本不足以深论，然而邪说一旦被提倡，像苏轼《谏臣论》之类的文章，人们纷纷师从其说，倡导不循正道以追求功名利禄的方法，如此则君臣大义尽废，忠臣与奸佞间的防线也破裂了。

愍　帝

【题解】

晋愍帝司马邺(300—317)字彦旗,是晋怀帝司马炽之侄、吴王司马晏之子,西晋末代皇帝。晋怀帝被俘后,司马邺在贾疋、阎鼎等人的裹挟下逃到长安,被拥立为皇太子。晋怀帝司马炽死后,司马邺于永嘉七年(313)正式即位。愍帝孤立长安,面对汉、赵政权的步步紧逼,分别任命琅邪王司马睿和南阳王司马保为左、右丞,同掌兵权,以图自保,从实际效果看却无异于画饼充饥。与此同时,司马睿等皇室成员与各世族大族纷纷南迁,西晋王朝已名存实亡。建兴四年(316)刘曜攻陷无兵可守的长安,愍帝投降,后被刘聪杀害,西晋至此灭亡。

王夫之认为,晋愍帝西逃长安并急于称帝犯了战略性的错误,这是导致西晋最终灭亡的直接原因。一方面,当时的长安已经不具备作为国都的条件,"芜旷而不可为奥区久矣";另一方面,长安缺乏军事地理优势,既不利于防守,也不利于和各方援兵进行呼应。这一分析体现了王夫之对于军事地理因素的重视。他还指出,愍帝"素不知兵",只是被贾疋、阎鼎等人依照名义临时奉立,势力本就孤弱的司马邺急于称帝,从而失去了司马睿和司马保的支持,以致最终坐困愁城。因此,唯有"缓称王、缓称帝",才能使众人不急于争夺功利名位。西晋自惠帝以来,就存在着天子并不能完全掌握政治权力的问题。王夫之直言,一旦天子权轻,忠诚用事之人就会不屑与弄权之人为伍,致使人心涣散,而这才是成败的关键。

一　愍帝西入长安处必亡之地

愍帝之西入长安①,必亡之势也。刘聪虽去雒阳,石勒虽去江、淮,而聪在平阳②,勒在邺,雒阳已毁,襄、邓已残,勒一逾河而即至雒,聪一逾河而即犯关中;长安孤县于一隅,亘南北而中绝,二虏夹之,旋发而旋至。张轨远在河西,孤军无辅;李特又割据巴、蜀,而西南之臂断;天下所仅全者江东耳,而汝、雒荒残,则声势不足以相及;贾疋、索綝、麹允崛起乍合之旅③,不足以系九鼎明矣。周顗等之中道而遁,非葸怯而背义也④,知其亡在旦夕,而江东之犹可为后图也。

【注释】

①愍帝之西入长安:指永嘉五年(311),汉赵军攻陷洛阳,掳走晋怀帝,司马邺到荥阳密县避难,豫州刺史阎鼎与司马邺舅父荀藩、荀组共谋拥立司马邺,联络雍州刺史贾疋,贾疋派州兵迎接护卫司马邺,到达长安。后阎鼎等人拥立司马邺为皇太子,得到晋怀帝死讯后,司马邺在长安即位称帝。事见《晋书·孝愍帝纪》。

②平阳:今山西临汾。

③贾疋(?—312):字彦度,武威姑臧(今甘肃武威)人。西晋大臣。少有智略,初辟公府,遂历显职。后迁安定太守,为雍州刺史丁绰所忌,南阳王司马模使军司谢班攻伐贾疋。他与胡人彭荡仲及诸氐、羌结盟,复入安定杀谢班。司马模死后,冯翊太守索綝等前往投靠,共谋兴复晋室,推贾疋为平西将军。怀帝以其为骠

骑将军、雍州刺史，封酒泉公。永嘉五年(311)，他率众向长安，与汉刘曜战于黄丘，大胜。后收复长安，迎奉司马邺为皇太子，加征西大将军。终为荡仲之子袭杀。传见《晋书·贾疋列传》。索綝(？—316)：字巨秀，敦煌(今甘肃敦煌西)人。西晋大臣。少举秀才，除郎中，迁长安令。永兴元年(304)，因成都王司马颖挟持惠帝南奔洛阳，受河间王司马颙之命与冯翊太守张方迎惠帝，拜鹰扬将军。后破刘聪军，除安西将军、冯翊太守。永嘉五年(311)，长安失陷，遂纠合义众，屡破刘聪军。后与冯翊太守贾疋等收复长安，奉司马邺为皇太子。建兴四年(316)，刘曜陷长安外城，其与大都督麹允退保小城，内外断绝。晋愍帝出降，随至平阳，为刘聪所杀。传见《晋书·索綝列传》。麹(qū)允(？—316)：凉州金城(今甘肃兰州)人。西晋末年大将领。家世为地方豪族。永嘉五年(311)，汉赵攻陷洛阳，掳走晋怀帝，麹允时任安夷护军、始平太守。他与冯翊太守梁纬等攻打阎鼎，将其击溃而逃。永嘉六年(312)，任雍州刺史。建兴元年(313)，司马邺继位，是为晋愍帝，任命麹允为尚书左仆射、领军将军、持节、西戎校尉、录尚书事，仍任雍州刺史。刘曜进攻长安时，曾击退刘曜。后与愍帝同被刘曜所俘，发愤自杀。传见《晋书·忠义列传》。

④蒽(xǐ)：害怕，胆怯。

【译文】

晋愍帝西逃至长安，实为必亡的态势。刘聪虽已离开洛阳，石勒也离开了江、淮一带，但刘聪占据平阳，石勒占据邺城，而洛阳已被毁坏，襄阳、邓州也已残破不堪。因此，石勒一越黄河就可以到达洛阳，刘聪一过黄河即可进犯关中。长安孤立一隅，群山横亘南北，中间的对外联系也被断绝，刘聪、石勒二虏夹逼长安，随时能起兵而来，且顷刻即至。张轨的军队远在河西，孤军无援；李特此时又割据巴、蜀之地，西南的援助全无，犹如臂膀已断；天下得以保全的区域只剩江南地区。汝州、洛

阳一带荒凉残破,其声势已不足以给予长安支援,而贾疋、索綝、麹允等
人的军队也只是突然崛起聚集的乌合之众,并不足以保卫国家,维系国
鼎不移,这显而易见。因此,周颛等人半途潜逃,并非是因胆怯畏惧而
背信弃义,而是因为他们知道国家的灭亡就在旦夕之间,而在江东地区
尚且还能做日后的打算。

　　长安自汉以来,芜旷而不可为奥区久矣①。聪、勒之不
急犯而据之也,以其地之不足恃也。名之为天子之都,而后
刘聪欲固获之矣。帝不入关,长安未即亡也。当其时,石勒
已舍淮、襄而北矣,雒阳虽生蔓草,而陈、汝、蔡、邓犹凭楚塞
以为固②,东则连寿、泗而与江东通其津梁③,西则连关、陕而
与雍、凉系其络脉。此率然之势④,首尾交应之形也。使愍
帝不舍中州,而权定都于陈、许、宛、汝之间,二虏之不敢即
犯辇毂明矣。疋、綝怀土而挟之以西,人无能与争,而但思
遁散,则不亡何待焉? 故嗣兴于丧乱之余者,非果英武之
姿,不可亟处危地以徼幸。非怯也,所系者重,一危而天下
遂倾也。

【注释】

①奥区:内地,腹地。

②陈、汝、蔡、邓:指魏晋之时的陈州、汝州、蔡州、邓州。陈州,治所
　在今河南淮阳。汝州,治所在今河南汝州。蔡州,治所在今河南
　汝南。邓州,治所在今河南邓州。

③寿、泗:指寿县、泗县。寿县,位于安徽淮河中游南部,古称寿阳、
　寿春、寿州。泗县,位于安徽东北部,今安徽宿州。津梁,指渡口
　和桥梁。

④率然之势：指像率然蛇那样前后遥相呼应的势头。《孙子·九
地》："故善用兵者，譬如率然。率然者，常山之蛇也。击其首则
尾至，击其尾则首至，击其中则首尾俱至。"

【译文】

长安自从汉末以来，荒芜空旷而不能作为腹心之地已经很久了。
刘聪、石勒不急于进犯并占据长安，就是因为该地不足以凭恃。愍帝将
长安作为天子的国都后，刘聪才决定夺取长安。假如晋愍帝不入关中，
则长安未必会立即沦陷。当时，石勒已舍弃淮河、襄阳地区北还，洛阳
虽然荒凉，而陈州、汝州、蔡州、邓州等地仍可凭恃楚地的隘口防线得以
稳固，东则连接寿、泗等地而与江南水网相通，西则连接关、陕等地而与
雍、凉一带前后遥相呼应，这是十分清楚的首尾交相呼应的形势。假使
愍帝不舍弃中原地区，暂且定都于陈、许、宛、汝等州之间，则刘聪与石
勒显然不敢轻易进犯天子车驾所在之地。然而，贾疋、索綝因留恋故土
而引挟愍帝西至长安，当时没有人加以阻止，却都考虑着逃散。如此，
西晋不亡更待何时？因此，君王想要在丧乱之世继承基业并振兴之，如
果没有英武超凡的才能，是不能立即待在危急存亡之地而心怀侥幸的。
这并非胆怯，而是因为其身系王朝兴亡的重担，一旦自身陷入危险，则
天下就有可能随即倾覆了。

夫夷狄亦何尝不畏中国哉？人所胥戴之共主，一再为
其所获，而后知中夏之无人，不足惮也。苻坚自将以趋淝
水①，高纬亲行以救晋阳②，皆以自速其亡，况素不知兵、徒以
名义推奉之愍帝乎？智者知此而已；而愚以躁者，乃挟天子
为孤注，而诮人畏沮③，不量力，不度势，徒败人国家，岂有
救哉！

【注释】

①苻坚自将以趋淝水：指已经统一北方的前秦苻坚，准备一举灭掉东晋，统一中国南北。他不听王猛、苻融等人的劝告，于建元十九年(383)，亲率步兵六十万、骑兵二十七万大举南侵，与东晋军隔淝水对峙。晋军军容整齐，令前秦军本就有畏惧之色；再加上苻坚答应退军，以让晋军渡过淝水而后战斗，实际意欲在晋军渡河之时发起进攻。没想到前秦军一退便呈现军心不稳、四散溃逃的情形。晋军乘势追击溃败的前秦军，令前秦军伤亡惨重，苻坚也中流矢受伤，单骑逃到淮北。史称"淝水之战"。事见《晋书·苻坚载记》。

②高纬亲行以救晋阳：指武平七年(576)，高纬在祁连池大举狩猎时，北周军攻打晋州。高纬得知后迅速返回晋阳准备出兵，后高纬从晋阳出发并率军队列阵前进，和北周齐王宇文宪相互对阵，大败北周军。随后，宇文邕前来救援晋州，大败北齐军队。高纬逃回晋阳，准备南逃。事见《北齐书·后主纪》。高纬(556—578)，字仁纲，渤海蓨县(今河北景县)人。北齐后主，齐武成帝高湛子。幼而令善，爱好文学。但其在位期间，任用奸佞，荒淫无道。诛杀兰陵王高长恭、丞相斛律光，自毁长城。政治腐败，军力衰落，使得朝廷摇摇欲坠。隆化二年(577)，北周武帝东征，大败北齐军队，他传位给幼主高恒，逃到青州，为北周军队所俘虏，降封温国公。周建德七年(578)，被诬参与宜州刺史穆提婆谋反，与安德王高延宗、高恒等人一起被赐死。传见《北齐书·后主纪》。

③诮：讥讽，责备。

【译文】

夷狄又何尝不畏惧中国呢？只是天下所同心共戴的君主，一再被夷狄擒获，然后夷狄就知道中国已经没有真正的人才了，不值得忌惮。

符坚亲率大军直趋淝水,高纬亲自出马来救晋阳,结果都迅速地自取灭亡,更何况那位丝毫不懂军事、仅因为名义就被推奉为君主的愍帝呢?明智的人懂得这个道理而停止跟随他,而愚蠢轻躁的人却挟持天子作为孤注一掷的筹码,嘲讽他人畏惧不前。不自量力,不审时度势,徒然败坏国家,哪里还有药可救呢?

然则肃宗拥朔方一隅之地①,与天下相隔绝,何为而成收复之功邪? 曰:禄山悍而愚,已据长安,意得而无远志,轻去幽、燕而丧其根本,是朝露将晞者也,故一隅攻之而已足。聪与勒各据狡兔之窟以相凌压,方兴而未戢,岂孤立之势所可敌哉? 势因乎时,理因乎势,智者知此,非可一概以言成败也。

【注释】

①肃宗:指唐肃宗李亨。

【译文】

既然如此,则唐肃宗坐拥朔方一隅之地,与天下其他地区相隔绝,他又为何能成功收复失地呢? 回答是:安禄山凶悍而愚蠢,既已占据长安,便意得志满而无长远之志,轻易便离开幽、燕地区从而丧失了根据地,这就如同晨露很快就会被太阳晒干,因此以一隅之地来进攻他就足够了。而刘聪与石勒则分别据有根据地来侵凌进逼,其势力方兴未艾,这岂是孤立无援的愍帝所能匹敌的呢? 势因时而变,理因势而变,智慧的人懂得顺应时势,不可以对成败一概而论。

二　陈頵正纲纪之说当自天子大臣先自俭让始

职官贱而士去其廷,封赏滥而兵逃其汛①,天子之权轻,物无与劝,而忠贞干理者羞与匪人为伍,其情中涣,此成败之枢机,持之不谨,则瓦解而莫能止。陈頵谏琅邪以金紫饰士卒,符策委仆隶②,非所以正纲纪。其言得矣。虽然,天下方乱,人心愈竞,死亡相枕,益不厌其荣宠之情,天子蒙尘,夷盗充斥,乃躁人得志以求名位之时也。重抑之,力裁之,项羽刓印,而韩信、陈平间行亟去③;张元、吴昊斥于韩、范,而导西夏以倡狂④;即才不如韩、陈,狡不加张、吴,乃以效于我而不足,以附夷狄盗贼而有余;守頵之说,抑无以敛躁动之人心而使顺于己。

【注释】

①汛:汛地,此指军队驻防之地。

②陈頵谏琅邪以金紫饰士卒,符策委仆隶:赵王司马伦篡位时,齐王司马冏、成都王司马颖、河间王司马颙起兵,杀死司马伦,并制定《己亥格》作为赏功的依据,意图收揽人心。司马睿到江东后,沿用《己亥格》对部下广加赏赐,结果造成本来是丞相等高级官员佩带的金印紫绶挂到了一般士卒的身上,用来调兵遣将的凭信符节、命官授爵的策书被送入仆从隶卒的家门之中。录事参军陈頵认为这不是重视国家礼仪制度、匡正法律纲纪的做法,会使轻率投机之士凭借军功和权谋取得高位而祸害国家,威胁皇权,请求停止这一做法。事见《晋书·陈頵列传》。

③间行:偷偷地走,从小路走。

④张元、吴昊斥于韩、范,而导西夏以倡狂:指北宋用兵西夏之时,有张姓、李姓二人向韩琦和范仲淹献策,但韩、范二人对此有所怀疑,便不予采用。张、吴二人负气逃往西夏,分别改名为张元、吴昊。他们被西夏国主元昊所用,为其建言献策,并帮助元昊大

败宋军,赢得好水川之战的胜利,并策划了定川寨之战。有关张元、吴昊的事迹,《宋史》只模糊述及,沈括的《梦溪笔谈》、洪迈的《容斋随笔》等宋人笔记亦有所提及,清人吴广成的《西夏书事》对其记载较详。

【译文】

官职若变得轻贱,则士人会离开朝廷;封赏过滥,则军兵会逃离驻防之地;君主权力过轻,则难以激励劝勉他人,而忠贞干练的人会羞于同那些庸碌无为的人为伍,于是造成人心涣散的局面。这是成败得失的关键所在,若操持不慎,政权就会瓦解,一发不可收拾。陈頵谏阻琅邪王司马睿以金印紫绶赋予士卒、以符命策书委任仆隶的做法,认为此举不能端正纲常法纪。他的谏言是正确的。尽管如此,国家处在动乱之际,人们愈加想要竞争利益;死亡接踵不断,人们越发追求尊荣宠幸。天子正在遭遇劫难,夷狄盗贼遍布中原华夏,这正是躁动轻率之人得志而求取功名地位的好时机。如果用重典压制这些人,大力裁减赏赐名额,就会像项羽摩挲官印而不肯封赏部下,韩信、陈平私下迅速离去;张元、吴昊受到韩琦、范仲淹的斥责,于是诱导西夏骚扰北宋的西北边陲那样的恶劣后果。即便不如韩信、陈平有才能,不如张元、吴昊狡黠,效力于晋朝固然有所不足,而依附夷狄盗贼则绰绰有余。如果司马睿真的依照陈頵的主张,也没办法使躁动之人的心收敛并归顺自己。

然则术其穷乎? 曰:此非立法于宽严之两涂所可定也。天子者,化之原也;大臣者,物之所效也。天子大臣急于功,则人以功为尚矣;急于位,则人以位为荣矣。俭者,先自俭也,让者,先自让也,非可绳人而卑约之者也。其为崛起而图王,则缓称王、缓称帝,而众志不争。其为承乱以兴复,则缓于监国、缓于继统,而人心不竞。汉高之战成皋也[①],项羽一日未平,则一日犹与韩、彭、张、吴齿[2],故韩信请王,终夺之而不敢怨。光武听耿弇而早自立[3],故赤眉已降,而天下之乱方兴。帷幕翼戴之臣,骤起而膺三公之位,其下愈贵,己愈踞其上而益尊,其上益尊,其下愈扳援而上以竞贵。更始之廷,人衔王爵,则关内侯、骑都尉之充盈不可禁也。

【注释】

①汉高之战成皋也:指公元前 205 年到公元前 203 年之间,西楚霸王项羽和汉王刘邦(即后来的汉高祖)围绕战略要地成皋(今河南荥阳汜水镇)而展开的一场决定汉楚兴亡的持久争夺战。史称"成皋之战"。该战役前后历时两年零三个月左右。在这场战争中,刘邦及其谋臣武将注意政治、军事、经济多方面的配合,将正面相持、翼侧迂回和敌后骚扰等策略加以巧妙运用,调动、疲惫、削弱直至战胜强敌项羽,是中国战争史上后发制人、疲敌制胜最终以弱胜强的成功典范。刘邦攻下成皋后,就近取得敖仓的粮食补给,使楚汉战争发生了有利于汉的根本变化。事见《史记·高祖本纪》。

②韩、彭、张、吴:指齐王韩信、梁王彭越、赵王张耳、长沙王吴芮。四人皆为刘邦所封的异姓王。

③光武听耿弇而早自立:指刘秀攻克邯郸、平定王郎后,刘玄召刘秀回长安,企图瓦解刘秀的势力。耿弇力劝刘秀不要听从刘玄的命令,而要"以义征伐",以夺取天下为志向。刘秀听从了他的意见,遂诛杀刘玄所派官吏,发兵平定残余的河北农民军,于更始三年(25)在鄗城正式称帝。事见《后汉书·耿弇列传》。

【译文】

这样一来,就真的没有办法了吗? 回答是:这并不是立法宽松或严厉所能够决定的。天子是教化的根本,而大臣是民众仿效的对象。天子和大臣急功近利,则他人也会崇尚功名;天子和大臣急于就位,则他人也以获得名位为荣。倡导节俭,首先应当自己节俭;倡导谦让,首先应当自我谦让,并不能用法律去约束、强迫他人做到节俭、谦让。一心崛起而力图成就王图霸业的人,应当缓称王、缓称帝,如此则众人不与其相争。承继乱世而希望兴复国家的人,应当缓于监国、缓于继承王业,如此则人心可以避免相互竞争。汉高祖刘邦在成皋之战时,项羽的军队一天不被消灭,刘邦就一直与韩信、彭越、张耳、吴芮等诸侯王平起平坐。所以韩信请封齐王,刘邦答应了他的请求,等到天下平定后再削夺他的王爵,韩信便不敢有所怨恨。汉光武帝刘秀听从耿弇的建议,过早地自立称帝,故而赤眉军虽已投降,天下之乱却仍方兴未艾。为自己出谋划策、拥戴自己的臣僚部属,骤然崛起而荣膺三公之位,其属下愈显贵,自己则踞于其上而愈加尊崇;自己愈加尊崇,下属则愈加攀援而上从而竞相显贵。更始帝时期的朝廷,人人拥有王爵,有关内侯、骑都尉头衔的人充斥朝廷,以至于无法禁止。

　　呜呼! 得而成,失而败,成而生,败而死,宗族县于刀俎,乌鸢睨其肉骨①,奋志以与天争成败,与人争生死,此志皎然与天下见之,则必有尘视轩冕、铢视金玉之心②,而后可鼓舞天下于功名之路。诸葛公曰:"惟淡泊可以明志③。"君与大臣之志明,则天下臣民之志定,岂恃综核裁抑以立纲纪哉! 倚于宽,倚于严,其失均,其败均矣。

【注释】

①乌鸢:乌鸦和老鹰。都以贪食著称。

②铢视:轻视。铢,古代重量单位,约二十四铢等于旧制一两。比喻极轻微的分量。

③惟淡泊可以明志：语本诸葛亮《诫子书》："非淡泊无以明志，非宁
　静无以致远。"意思是不把眼前的名利看得轻淡就不会有明确的
　志向，不能平静安详全神贯注地学习就不能实现远大的目标。

【译文】

　　哎！得则成功，失则败亡，成功则生，败亡则死，宗族亲朋的头颅悬
于刀斧之下，乌鸦和老鹰窥伺其骨肉，在此情况下奋发斗志，与天争成
败，同人争生死。这种志向清白坦荡地昭示于天下，则其人必有不贪图
官位名分、轻视金银财宝的心肠，而后便可鼓舞天下人走向正确的功名
之路。诸葛亮说道："惟淡泊可以明志。"倘若君主与大臣的志向明晰，
则天下臣民的意志便坚固稳定，何须倚靠综核名实、削减抑损的方法来
确立纲常法纪呢？偏倚于宽政或严政，其失误是同样的，其失败的结局
也是相同的。

三　琅邪不奉愍帝造雒阳之诏

　　愍帝诏琅邪王睿为左丞相，南阳王保为右丞相①，分督
陕东西诸军，令保帅西兵诣长安，睿发江东造雒阳，此危急
存亡相须以济之时也②。琅邪方定江东，不从北伐，视君父
之危若罔闻，姑置之而自保其境，信有罪矣。虽然，以纯忠
盛德之事责琅邪，而琅邪无辞；若其不能，则愍帝此诏，戏而
已矣。

【注释】

①南阳王保：即司马保（294—320）。字景度，河内温县（今河南温
　县）人。西晋宗室，南阳王司马模之子。初拜为南阳国世子。永
　嘉五年（311），为平西中郎将，东羌校尉，镇上邽。其父死后，据秦
　州，自号大司马，承制置百官。愍帝即位后，进位相国。至西晋

亡,愍帝死,自称晋王。后为部将所杀。传见《晋书·宗室列传》。

②须:需要。

【译文】

晋愍帝下诏任命琅邪王司马睿为左丞相,南阳王司马保为右丞相,分别督管陕州以东、以西诸军,令司马保率陕州以西的军队到长安来,司马睿则发江南之兵直抵洛阳,此时正是西晋各势力彼此依存、需要相互救济支援的危急存亡之时。琅邪王司马睿刚刚稳定了江东局势,因此不听从愍帝的北伐命令,他眼睁睁地看着君父身处危亡却如同未曾听闻过一样,姑且将其置于一旁而只自保江南之地,他确实是有罪的。尽管如此,若愍帝有足够的正当性而以纯忠盛德来责求琅邪王,那么琅邪王就没办法为自己辩驳;可如果愍帝没有足够的正当性去这样做,那么他的诏书就如同儿戏一般了。

　　帝之于二王也,名不足以相统,义不足以相长,道不足以相君。其为皇太子,非天下之必归心,而贾疋等之所奉也;其为天子也,非诸王之所共戴,麹允、索綝之所扳也。琅邪承八王之后,幸不为伦、颖、颙、越之争,繇王导诸人有观时自靖之智,而琅邪之度量弘远也。曾是一纸之诏,丞相分陕之虚名,遂足以鼓舞而折箠使之者哉①?名为愍帝之诏,实则索綝、麹允之令而已。以琅邪为君,以王导诸人为辅,而恬然唯綝与允之令以奔走恐后乎!

【注释】

①折箠:折断策马的杖,比喻轻易取得成功。

【译文】

晋愍帝之于南阳王、琅邪王,名分上并不足以统摄他们,大义上不足以为其首领,道义上不足以为其君王。愍帝成为皇太子,并非是因为天下人都归心于他,而是贾匹等人所尊奉的结果。他即位为天子,也不是诸王所共同拥戴的,而是麴允、索綝等人所尊奉推举的。琅邪王司马睿兴起于八王之乱后,幸而没有直接参与到司马伦、司马颖、司马颙、司马越的争斗中,这是由于王导等人有观察时事、安定自处的智慧,而琅邪王有宽宏阔达的气度。单凭一纸诏书,给予他丞相、分督陕州以东诸军的虚名,难道就足以鼓舞并轻易地役使他吗? 名为愍帝的诏书,实则是索綝、麴允等人的命令而已。以琅邪王司马睿为君主,以王导等人作为他的辅佐之臣,他们难道会安然接受索綝、麴允的命令而争先恐后地为之奔走效力吗?

　　綝与允有效忠之心,而不知道也。度德、量力、相时者,道也。使二子拥愍帝于长安,而不舍秦王之号,与二王齿[1],且虚大位以俟有功而论定;则犹可弗使孤危以免帝于俘虏,二子亦自救其死以立勋名。而二子方施施然贪佐命之功而不自度也,是以其亡无与救也。元帝闻长安之破,司马氏已无余矣,南阳王僻处而日就于危,不足赖也,然后徐即王位以嗣大统。读刘琨劝进之表,上下哀吁,求君之心切矣,然周嵩犹劝其勿亟急[2]。得人心者,徐俟天命,非浅人所可与知也。

【注释】

①齿:并列,同列。

②然周嵩犹劝其勿亟急:指太兴元年(318)百官劝司马睿称帝,周嵩则上疏劝其揖让,被贬出为新安太守。他临行又褒贬朝士,诋毁侍中戴邈,戴邈将此事上表司马睿,司马睿知道后大怒,将其

收付廷尉,欲以大不敬治罪,因忌惮其兄周顗(yǐ),故而隐忍未发。事见《晋书·周嵩列传》。周嵩,字仲智,汝南安成(今河南平舆)人。周顗之弟。晋朝官员,为人狷直果敢,常常恃才傲物。晋元帝朝,累迁御史中丞,在王导受王敦牵连而被疏远时,曾上书为王导申辩。王敦杀周顗后,周嵩与王敦结怨,终为王敦所诬害。传见《晋书·周嵩列传》。

【译文】

索綝和麴允有忠君报国之心,却不懂得忠君报国之道。揣度德行、衡量力量、看准时机,此三者相统一,才为道。假使索綝和麴允二人在长安拥立愍帝时仍沿袭愍帝的秦王称号,与琅邪王、南阳王地位相同,空出君主之位,根据三人的功劳大小再加以定夺,就不会造成长安孤危而愍帝最终被俘的局面,索綝和麴允二人也可以自免于死而立下功勋。然而二人却洋洋自得,贪图辅佐愍帝创业即位的虚名而不自量力,因此他们的灭亡是无可挽救的。晋元帝司马睿闻知长安已被刘曜攻破,司马氏皇族已没有其他人了,而南阳王司马保身处偏僻之地、处境日益危险,早已不足依赖,因此他可以从容即位称帝,从而承继大统。读刘琨所上的劝进表,举朝上下哀叹不已,可见其渴求司马睿称帝的心情极为迫切。即便如此,周嵩仍旧劝司马睿不要急于称帝。得人心的人,应该慢慢等待天命的安排,这不是肤浅之人所能懂得的道理。

四　王浚信石勒之奉表而死于勒

好谀者,大恶在躬而犹以为善,大辱加身而犹以为荣,大祸临前而犹以为福;君子以之丧德,小人以之速亡,可不戒哉!

【译文】

喜好被人阿谀奉承的人,身犯大罪尤且自以为善,侮辱及身尤且以之为荣,大祸临头尤且自以为福。君子因此而丧德,小人因此而速亡,能不加以警戒吗？

　　石勒之横行天下，杀王弥如圈豚，背刘聪如反掌，天下闻其名，犹为心惕；而一为卑谄之辞以媚王浚，浚遂信之而不疑。唐高祖之起晋阳，疾下西京，坐收汾、晋而安辑之，岂为人下者？一为屈巽之辞以诱李密①，密遂信之而不疑。浚死于勒，密禽于唐，在指顾之间，不知避也。浚之凶悖，迷此也宜矣。密起兵败衄，艰难辛苦已备尝矣，而一闻谀言，如狂醉而不觉。天下之足以丧德亡身者，耽酒嗜色不与焉，而好谀为最。元祐诸君子，且为蔡京所惑②，勿仅以责之骄悖黠奸之浚与密也。

【注释】

①一为屈巽之辞以诱李密：指李密强盛之时，欲为盟主，写信给李渊称其为兄，希望可以合力灭隋。高祖见信知其心意，也希望可以利用李密来阻挡东都之兵。于是回信中称其为弟，态度谦卑地夸奖阿谀李密，以助长其骄傲的心气。李密因此对李渊放心，专心与王世充军队周旋对抗。后来李密兵败后投奔李渊，但终因叛唐而被杀。事见《新唐书·李密列传》。屈巽之辞，指谦逊辞让之辞。巽，卑顺，谦让。

②元祐诸君子，且为蔡京所惑：指宋神宗死后，高太后垂帘听政而任用守旧派推翻新法。司马光重新掌权后，恢复差役法，限期五天，臣僚们都担心太急迫，只有蔡京如约完成，其辖区全部改雇役为差役，没一人违反。他到政事堂向司马光汇报，司马光对其称赞有加。宋哲宗元祐八年（1093），宋哲宗亲政，用章惇为相，全面恢复变法新政，严酷打击元祐党人，而蔡京一反此前对于差

役法的态度,完全依照章惇意思来推行差役法。后来宋徽宗即
位亲政,令中书省进呈元祐年间反对新法及在元符年间有过激
言行的大臣姓名,蔡京让人数列这些元祐旧党的罪状,而首列司
马光,并称之为奸党,刻石于文德殿门,又自书大碑,遍班郡国。
事见《宋史·蔡京列传》。

【译文】

　　石勒横行天下,杀王弥如同杀猪一般,背叛刘聪易如反掌,天下人听
到他的名字,心中都有所警惕。而他一用奉承之言来献媚讨好王浚,王
浚就对他深信不疑。唐高祖起兵晋阳,迅速攻下长安,坐收汾水、晋阳之
地并很快稳住了局势,他哪里是甘居人下的人呢? 然而他一用谦逊辞让
的谄媚之语引诱李密,李密就对他深信不疑。结果王浚被石勒杀死,李
密被唐朝擒获,危险分明就在一瞬间,他们却不能避开。王浚十分凶悍
悖逆,受石勒蒙蔽也理所应当。李密跟随杨玄感起兵失败后四处流窜,
已经备尝艰难困苦,但一听到奉承之言就如同狂醉般沉迷其中而不觉
醒。天底下足以令人丧德亡身的事物中,耽酒好色并不在其列,而喜好
阿谀奉承实为最严重的。北宋时元祐诸君子尚且被蔡京所蛊惑蒙蔽,因
此不能仅仅以此来责备骄狂悖逆、狡黠奸诈的王浚和李密。

五　元帝不任陶侃使王敦都督江湘

　　建大业者,必有所与俱起之人,未可忘也;乃厚信而专
任之,则乱自此起。元帝之得延祚于江东,王氏赞之也,而
卒致王敦之祸,则使王敦都督江、湘军事①,其祸源矣。

【注释】

　　①使王敦都督江、湘军事:指建兴三年(315),晋武帝拜王敦为镇东
　　大将军、开府仪同三司、都督江扬荆湘交广六州诸军事、江州刺

史,封汉安侯,给予其自行选置刺史以下官吏的特权。事见《晋书·王敦列传》。

【译文】

想成就大业的人,必定要有与他共同起事的人,这是不可忘记的道理。可是如果对他们非常信任而一意任用他们,祸乱就会由此而产生。晋元帝司马睿能够在江南延续晋朝国祚,是靠王氏家族的支持和辅佐;而最终招致王敦之祸,则让王敦都督江、湘等六州军事,是其祸乱的源头。

王氏虽有翼戴之功,而北拒石勒于寿春者,纪瞻以江东之众捍之于淮右①,相从渡江之人,未有尺寸之效也。若夫辑宁江、湘②,奠上流以固建业者,则刘弘矣;弘之所任以有功,则陶侃矣;平陈敏,除杜弢,皆侃也,侃功甫奏,而急遣王敦夺其权而踞其上,左迁侃于广州,以快敦之志,使侃欲效忠京邑,而敦已扼其吭而不得前,何其悖也! 侃之得成功于荆、湘者,刘弘推诚不疑,有以大服其心尔。至是而侃不可保矣。迨其后有登天之梦③,而苏峻之乱,踌躇不进,固将曰专任侃而侃且为敦,而不知其不然也。敦杀其兄而不恤④,侃则输忱刘弘而不贰,其贞邪亦既较然矣。侃之不得为纯忠,帝启之,敦又首乱以倡之,而侃终不忍为敦之为;疑之制之,王氏之私,岂晋之利哉!

【注释】

①淮右:指淮水以西一带。在今皖北、豫西淮河北岸一带。

②辑宁:安抚,安定。

③登天之梦:指陶侃登天折翼之梦。陶侃曾梦见自己身上长出八

只翅膀并飞上天,见天上有天门九重。他登上了八扇门,唯有第九扇门登不上。这时有一个守门人用杖将他击落,他坠地后,折断了左翼。等他醒来,觉得左腋疼痛,前往厕所,见一身穿红衣的人说道:"您是长者,所以特来报告。您以后会成为公侯,位及八个州的都督。"有善于看相的人对陶侃说:"您左手中指有竖理,会成为公侯,富贵不止。"陶侃用针扎手见血,洒在墙壁上而为"公"字,以纸缠绕,而"公"字愈明。等到他都督八州,据长江上流,手握重兵,开始有觊觎皇位的异志,但每每想到折翼之梦,就打住了。事见《晋书·陶侃列传》。

④敦杀其兄而不恤:指王敦在做西晋扬州刺史时,因私愤而杀了担任荆州刺史的堂兄王澄。事见《晋书·王澄列传》。

【译文】

王氏家族虽有拥戴晋元帝称帝之功,然而是纪瞻率领江南军民在淮右一带顽强抗击,才得以在寿春北距石勒,与司马睿共同渡江南迁的人,并没有建立尺寸之功。至于安定江、湘地区,稳定长江上流以巩固建业的人,则是刘弘。受刘弘任用而立下功勋的,则是陶侃。平定陈敏的叛乱,清除杜弢的祸患,都是陶侃的功劳。然而陶侃刚立下功勋,司马睿就急忙派遣王敦夺去陶侃的权力并位居其上,把陶侃贬谪到广州,从而满足王敦的愿望,使得陶侃即使想效忠京师,王敦也已扼住其咽喉要道而无法向前。这是何等的谬误啊!陶侃之所以能在荆、湘地区取得成功,是因为刘弘对他推心置腹地以诚相待,毫不怀疑,使其心悦诚服。到此时,陶侃的忠心已经不能保证了。等到后来他做了登天之梦,苏峻发动叛乱时,他率军踌躇不前。固然有人会说如果当初像任用王敦一样专任陶侃,那么陶侃就是另一个王敦。然而他们却不知道实际情况并非如此。王敦杀其兄而毫无悯恤之心,陶侃则忠心于刘弘始终不变,他们的忠贞、奸邪于此便有鲜明的对比。陶侃不能做到志虑忠纯,首先是司马睿的安排引起其不满,继而王敦又带头发动叛乱而倡导臣下叛君,而陶侃始终不忍做王敦所做之事。猜疑陶侃、抑制陶侃,都是出于王氏的一己私利,哪里是对晋朝有利的事呢?

俱起之臣,虽无大权,而固相亲昵;新附者,虽权藉盛^①,而要领非其所操,腹心非其所测。故萧、曹与高帝俱兴,而参帷幄、定危疑,则授之张良、陈平;握重兵、镇重地,则授之韩信、彭越;新附者喜于见信,而俱起者安焉。韩信曰:"陛下善于将将。"此之谓也。元帝怀翼戴之恩,疑才臣而疏远之,幸王导之犹有忌,而敦之凶顽不足以饵人心使归己,不然,司马氏其能与王氏分天下乎? 有陶侃而不知任,帝之不足有为,内乱作而外侮终不能御也,不亦宜乎!

【注释】
①权藉:权力,权势。

【译文】
与君主共同起事的臣子,即使没有执掌大权,也本来就与君王非常亲近;新归附的人,即使权势极盛,也不能掌握国家政务的要领,揣测不到君主的心思。因此萧何、曹参与汉高祖一同起兵,而在帷幄中参谋军事、在危险疑虑之中定下计策的任务,却由张良、陈平负责;掌握重兵、镇守要地之任,则由韩信、彭越负责。新归附的人乐于被信任,而共同举事的人也能安心。韩信曾说:"陛下善于统率将领。"说的就是这个道理。晋元帝感激王氏的拥戴之恩,猜疑有才能的臣子并疏远他们,所幸王导尚且有所忌惮,而王敦的凶顽不足以诱导众人归附于他,不然的话,司马氏能与王氏共享天下吗? 有陶侃这样的人才却不能加以重用,晋元帝不足以有所作为,内部祸乱发生而且也无法抵御外敌欺侮,这不也是理所当然的吗？

六　损聪明以延访嘉言自至

受谏之难也，非徒受之之难，而致人使谏之尤难也。位尊矣，人将附之而恐逆之，然附尊位者，非知谏者也；权重矣，人将畏之而早已惴之，然畏重权者，非能谏者也；位尊而能屈以待下，权重而能逊以容人，可以致谏矣，而固未可也。所尤患者，才智有余，而勤于干理，于是乎怀忠欲抒者，夙夜有欲谏之心，而当前以沮，遂以杜天下之忠直，而日但见人之不我若，则危亡且至而不知。

【译文】

接受谏言的困难，并非只是难在接受谏言，能够让人愿意进谏才是尤为困难的。地位尊崇的人，人们往往加以依附而不敢对他有所违背，然而那些依附于地位尊崇之人的人，并非懂得进谏之人；权势很重的人，人们往往对他们心怀畏惧而早已揣摩其心思，然而畏惧权势的人，也并非能进谏的人。如果地位尊贵却能屈身待下，权势很重却能谦逊容人，按理说这样的人可以使别人进谏了吧？实际上却未必可以。尤其值得忧虑的，是有些人才智很高而勤于治理，于是那些心怀忠诚、想要直抒己见的人，日夜都有想向其进谏的心思。当他们当面向其进谏时，却因才智不足而受到其挫伤，这种人于是便杜绝天下忠诚正直之人的进谏，整天只觉得他人不如自己，这样则危亡将至也不知道。

夫人之有才，或与吾等，而有所长则有所短矣。且人之有才，而或出吾下，见吾之长，则自有长焉而疑其短矣。夫言之得，计之善，固有其理显著，人各与知，而才智有余者，或顾不察者矣。且有才不逮，智不若，偶然一得而允合于善者矣。抑有谋之协，虑之深，而辞不足以达意者矣。尤有彼亦一善，此亦一善，在我者挥斥而见长，在彼者迟回而见绌者矣。然而君子所乐闻者，非必待贤智多闻之能为我师者也；正此才智出己之下，而专思一理、顺人情而得事之中者也。彼且闻我之恢恢有余，献其所长，而恐摘以所短，则悃愊自好之士①，不欲受迂阔浅鄙之讥，以资我之笑玩，而抑虑我之搜幽摘微，以穷己于所未逮，则夙夜之怀忠，必不能胜当前之恧缩。我即受之，而彼犹欿然恐其不当②。此教人使谏之难，君子之所虑，而隐恶扬善、乐取于人之所以圣与！

【注释】

①悃愊（kǔn bì）：至诚，诚实。

②欿（kǎn）：忧愁，担忧。

【译文】

有的人才能和我相当，但是有所长则必有短；有的人才能不及我，看到我的长处，即使自己有长处也难免会怀疑那是自己的短处。至于言论正确，计划完善，固然会因为其道理显而易见，人们可以预先知道，但即使才智有余之人，也会有一时的不察。况且还有才能不高、智慧有所不及的，偶然有一些见解也可能成为善策。也有谋略得当、思虑深远却词不达意的人。尤其有那种那里有一善策、这里有一善策，在我之处则智慧闪现、意气奔放而见其长处，在别处则迟疑犹豫、徘徊不前而见其短处的人。然而君子所乐于听闻的，并非一定是贤能智慧且多有听闻、足以成为自己老师的人的话，那些才智不如自己，却专研一理、顺乎人情而在某些事情上有正确见解的人，也能成为我的老师。别人听说我宏大宽阔，进献他的长处，而又恐我指摘他的短处，因此那些至诚自爱的人不愿受迂浮浅鄙之人的讥讽，成为我取笑的对象，而又担心我会搜寻他们细小的问题，将自己所未能考虑到的东西尽数指出，如此则夙夜心怀忠诚，也不能胜过当下惭愧瑟缩的心境。即便此时我接受了进谏，而对方仍旧担心自己所进言的内容有所不当。这正是教人进谏的难处，是君子所忧虑的事情，也是能为他人隐恶扬善、乐于汲取他人长处的人之所以称得上圣人的原因啊！

　　隗瑾之告张寔曰①："明公为政，事无巨细，皆自决之，群下受成而已；宜少损聪明以延访，则嘉言自至，何必赏也？"允矣其知道之言乎！

【注释】

①隗瑾之告张寔：建兴四年（316），张寔下达命令，凡所属的官吏、百姓有能指出自己过错的，奖赏布帛、羊、米。隗瑾向其说："现在您处理政事，事无巨细，都是自己来决断。有时兴师发布命令，州府的其他官员都不知道。万一有什么失误，无人代您受责。下级官吏们畏惧您的权威，都服从您的成命罢了。像这样，即使赏赐千金，他们终究也还是不敢说。我认为应当稍微减少一点儿您的聪明，凡是各种政事，都拿到下级官员们中去访求意见，使他们把心里所想的都说出来，然后选择采用。这样有益的建议自然会来，何必赏赐呢？"张寔高兴地采纳了这个建议，将隗瑾提升了三级。事见《资治通鉴·晋纪十一·孝愍皇帝下·建兴四年》。

【译文】

隗瑾曾告诉张寔道："明公您主持政务，事无巨细，都要亲自决断，下属只是遵守施行而已。您应该稍微收敛您的聪明来访求意见,这样自然会有人献上嘉言善策,何必靠赏赐来获取意见呢?"此言非常恰当,是明晓进言之道的话啊!